HEYNE
BÜCHER

Von Robert Ludlum
sind als Heyne-Taschenbücher erschienen

Die Matlock-Affäre · Band 01/5723
Das Ostermann-Wochenende · Band 01/5803
Der Rheinmann-Tausch · Band 01/5948
Das Jesus-Papier · Band 01/6044
Das Scarlatti-Erbe · Band 01/6136
Der Gandolfo-Anschlag · Band 01/6180
Der Matarese-Bund · Band 01/6265
Der Borowski-Betrug · Band 01/6417
Das Parsifal-Mosaik · Band 01/6577
Der Holcroft-Vertrag · Band 01/6744
Die Aquitaine-Verschwörung · Band 01/6941
Die Borowski-Herrschaft · Band 01/7705

ROBERT LUDLUM

DAS KASTLER-MANUSKRIPT

Roman

Deutsche Erstveröffentlichung

WILHELM HEYNE VERLAG
MÜNCHEN

HEYNE ALLGEMEINE REIHE
Nr. 01/5898

Titel der amerikanischen Originalausgabe
THE CHANCELLOR MANUSCRIPT
Deutsche Übersetzung von Heinz Nagel

14. Auflage

Printed in Germany 1992
Umschlaggestaltung: Atelier Ingrid Schütz, München
Gesamtherstellung: Elsnerdruck, Berlin

ISBN 3-453-01395-6

PROLOG

3. Juni 1968

Der dunkelhaarige Mann starrte die Wand vor sich an. Sein Stuhl war ebenso wie der Rest des Mobiliars angenehm anzusehen, aber keineswegs bequem. Der Stil war Early American, die Ausführung spartanisch, gerade als sollten jene, denen eine Audienz mit dem Bewohner des inneren Büros bevorstand, in strenger Umgebung über die beeindruckende Chance nachdenken, die ihnen gewährt werden sollte.

Der Mann war Ende der Zwanzig und hatte ein kantiges Gesicht mit scharfgeschnittenen Zügen, so als hätte ein Künstler sie geschnitzt, dem die Einzelheiten bewußter als das Ganze waren. Es war ein Gesicht, das in stillem Gegensatz zu sich stand, auffällig und doch unausgeglichen. Die Augen wirkten einnehmend, sie lagen tief und waren von hellem Blau und hatten etwas Offenes, Fragendes an sich. Im Augenblick schienen sie die Augen eines blauäugigen Tieres zu sein, bereit in jede Richtung zu wandern, fest, vorsichtig.

Der Name des jungen Mannes war Peter Kastler, und sein Gesichtsausdruck war ebenso starr wie die Haltung, die er in dem Sessel einnahm. Seine Augen blickten verärgert.

Noch eine weitere Person hielt sich in dem Vorzimmer auf: eine Sekretärin in mittleren Jahren, deren dünne, farblose Lippen stets gespannt wirkten und deren graues Haar straff in einem Knoten im Nacken zusammengebunden war, der wie ein verblichener Helm aus Flachs wirkte. Sie war die Prätorianergarde, der Wachhund, der über den Mann hinter der Eichentür auf der anderen Seite ihres Schreibtisches wachte.

Kastler sah auf die Uhr; die Sekretärin warf ihm einen mißbilligenden Blick zu. Jede Andeutung von Ungeduld war in diesem Büro fehl am Platz; die Audienz selbst war alles.

Es war drei Viertel sechs; alle anderen Büros waren bereits geschlossen. Die kleine Universität von Park Forest im Mittleren Westen bereitete sich auf einen Abend im späten Frühling vor, und der immer näher rückende Termin der Abschlußprüfungen steigerte das Gefühl kontrollierter Trunkenheit.

Park Forest gab sich Mühe, die Unruhe, die so viele Universitäten erfaßt hatte, von sich fernzuhalten. In einem Ozean der Turbulenz war sie eine Sandbank, die nichts stören konnte. Mit sich selbst in Frieden, im Wesen ohne Störung. Und ohne Brillanz.

Diese fundamentale Abwesenheit jeglicher mit der Außenwelt befaßten Sorgen, so ging die Rede, war es, die den Mann hinter der Eichentür nach Park Forest gebracht hatte. Er suchte Unzugänglichkeit, wenn nicht Anonymität, die ihm natürlich niemals gewährt werden konnte. Munro St. Claire war unter Roosevelt und Truman Undersecretary of State gewesen; Sonderbotschafter für Eisenhower, Kennedy und Johnson. Seine Wege hatten ihn über den ganzen Erdball geführt, stets mit offenem Portefeuille, beauftragt, die Sorgen seiner Präsidenten und seine persönliche Erfahrung an die Unruheherde der Welt zu tragen. Daß er sich dafür entschieden hatte, als Gastprofessor für Politik ein Frühjahrssemester in Park Forest zu verbringen — eine Zeit in der er die Aufzeichnungen ordnen wollte, welche die Grundlage seiner Memoiren bilden sollten — war ein Coup, der den Aufsichtsrat dieser wohlhabenden, aber im Wesen unbedeutenden Universität verblüfft hatte. Aber sie hatten ihre Skepsis beiseite geschoben und St. Claire die Isoliertheit garantiert, die er in Cambridge, New Haven oder Berkeley nie gefunden hätte.

So ging die Rede.

Und Peter Kastler dachte über die wesentlichen Punkte von St. Claires Geschichte nach, um sich selbst von seiner eigenen abzulenken. Aber nicht ganz. Im Augenblick waren die wichtigen Punkte seiner eigenen unmittelbaren Existenz so entmutigend, wie man sich das nur gerade vorstellen konnte. Vierundzwanzig Monate verloren, in akademischer Vergessenheit vergeudet. Zwei Jahre seines Lebens!

Die Universität von Park Forest hatte seine Doktorarbeit mit acht zu einer Stimme verworfen. Die eine Gegenstimme war natürlich die seines Doktorvaters und als solche ohne Einfluß auf die anderen gewesen. Man hatte Kastler Frivolität vorgeworfen, bewußte Verzerrung historischer Fakten, oberflächliche Recherchen, zu guter Letzt sogar das Schlimmste — er habe verantwortungslos anstelle beweisbarer Daten schiere Erfindungen eingesetzt. Es gab daran gar nichts zu deuteln: Kastler hatte versagt; es gab keine Einspruchsmöglichkeit, denn sein Versagen war absolut.

Aus schwindelnden Höhen war er in tiefe Niedergeschlagenheit abgesunken. Vor sechs Wochen hatte das *Foreign Service Journal* der Georgetown-Universität sich bereit erklärt, vierzehn Auszüge aus seiner Doktorarbeit zu veröffentlichen. Insgesamt etwa dreißig Seiten. Sein Berater hatte das zustandegebracht, indem er eine Kopie an akademische Freunde in Georgetown gesandt hatte, die seine Arbeit für hoch interessant und beängstigend hielten. Das *Journal* stand auf dem gleichen Niveau wie *Foreign Affairs*; die einflußreichsten Leute im Land lasen es. Das mußte Folgen haben; jemand mußte etwas anbieten.

Aber die Herausgeber des *Journal* hatten eine Bedingung gestellt: Angesichts der Eigenart seiner Arbeit mußte die Doktorarbeit angenommen werden, ehe sie bereit waren, das Manuskript zu veröffentlichen. Ohne dieses Prüfsiegel der Universität waren sie dazu nicht bereit.

Und jetzt kam natürlich eine Veröffentlichung nicht mehr in Frage.

Ursprünge eines globalen Konflikts lautete der Titel. Bei dem Konflikt handelte es sich um den Zweiten Weltkrieg, und die Ursprünge waren eine fantasievolle Interpretation der Männer und der Kräfte, die in den Katastrophenjahren von 1926 bis 1939 aufeinandergeprallt waren. Es nützte überhaupt nichts, dem Geschichtsausschuß zu erklären, daß es sich bei der Arbeit um eine interpretierende Analyse, kein juristisches Dokument handelte. Er hatte eine Kardinalssünde begangen: er hatte historischen Persönlichkeiten erfundene Dialoge unterlegt. Für die akademischen Haine von Park Forest war solcher Unsinn nicht akzeptabel.

Aber Kastler wußte, daß seine Arbeit in den Augen des Ausschusses noch einen anderen, schwerer wiegenden Mangel aufwies. Er hatte seine Doktorarbeit voll Empörung und Erregung geschrieben, und Empörung und Erregung hatten in Dissertationen keinen Platz.

Die Prämisse, die Giganten der Finanzwelt hätten passiv zugesehen, wie eine Bande von Psychopathen das Deutschland der Nach-Weimarer-Zeit geformt hatte, war lächerlich. Ebenso lächerlich wie offenkundig falsch. Die multinationalen Gesellschaften waren nicht imstande, das Nazi-Wolfsrudel schnell genug zu füttern; je kräftiger das Rudel, desto gieriger auch der Appetit des Marktes.

Die Ziele und Methoden des deutschen Wolfsrudels wurden im Interesse einer ausweitenden Wirtschaft bequem verschleiert. Verschleiert, zum Teufel! Toleriert wurden sie, am Ende sogar, als die Kurven auf den Gewinn- und Verlustgrafiken schnell anstiegen, *akzeptiert*. Die Finanziers attestierten dem kranken Nazi-Deutschland wirtschaftliche Gesundheit. Und zu den Kolossen der internationalen Finanz, die den Adler der Wehrmacht fütterten, gehörte eine Zahl der ehrenwertesten industriellen Adressen Amerikas.

Da lag das Problem. Er konnte nicht vortreten und jene Firmen beim Namen nennen, weil er nicht über schlüssige Beweise verfügte. Die Leute, die ihm die Information gegeben und ihn zu anderen Quellen geführt hatten, ließen nicht zu, daß ihre Namen gebraucht wurden. Es waren verängstigte, müde, alte Männer, die von Regierungs- und Firmenpensionen lebten. Was immer in der Vergangenheit geschehen war, gehörte auch der Vergangenheit an. Sie waren nicht bereit, das Risiko einzugehen, daß die Großmut ihrer Wohltäter sich von ihnen abwandte. Sollte Kastler ihre privaten Gespräche veröffentlichen, würden sie alles ableugnen. So einfach war das.

Aber *so einfach* war es in Wirklichkeit nicht. Es *war* geschehen. Die Geschichte war *nicht* berichtet worden, und Peter drängte es danach, eben dies zu tun. Es lag ihm fern, alte Männer zu vernichten, die nur Weisungen erfüllt hatten, die sie nicht begriffen hatten, und die den Hirnen anderer entsprungen waren, die in den Firmenhierarchien so weit oben angesiedelt gewesen waren, daß sie sie nur selten zu Gesicht bekommen hatten. Aber es war einfach falsch, Geschichte, die nirgends aufgezeichnet war, nicht zu registrieren.

Also hatte Kastler die einzige Wahl getroffen, die ihm offengestanden hatte: Er hatte den Namen der Industriegiganten geändert, aber in solcher Weise, daß an ihrer Identität kein Zweifel blieb. Jeder, der eine Zeitung las, würde wissen, wer sie waren.

Und das war der unverzeihbare Fehler, den er begangen hatte. Er hatte provozierende Fragen gestellt, die nur wenige als sinnvoll anerkennen wollten. Wenn Firmen und Stiftungen Universitäten mit Geldern bedachten, wurde die Universität von Park Forest stets mit sehr wohlwollenden Augen gesehen; Park Forest war kein gefährlicher Campus. Warum sollte dieser Zustand durch die Arbeit eines einzigen Kandidaten, der sich habilitieren wollte, gefährdet werden — selbst wenn es sich nur um eine entfernte Gefahr handelte?

Herrgott! Zwei *Jahre*. Es gab natürliche Alternativen. Er konnte seine Arbeit einer anderen Universität widmen und die ›Ursprünge‹ an anderer Stelle vorlegen. Aber was dann? War es das wert? Würde er es ertragen, daß man seine Arbeit zum zweitenmal zurückwies? Eine Zurückweisung zu erfahren, die in den Schatten seiner eigenen Zweifel lag? Denn Peter war mit sich selbst ehrlich. Er hatte keine so einzigartige oder brillante Arbeit geschrieben. Er hatte einfach einen Abschnitt in der jüngeren Geschichte gefunden, der ihn wütend machte, weil er so viele Parallelen zur Gegenwart enthielt. Nichts hatte sich geändert; die Lügen von vor vierzig Jahren existierten immer noch. Aber er wollte nicht einfach alles aufgeben; er *würde* das nicht alles aufgeben. Er würde das, was er sich erarbeitet hatte, auch berichten. Irgendwie.

Doch Empörung war kein Ersatz für qualifizierte Recherchen. Sorge um lebende Gewährsleute war schwerlich eine Alternative für objektive Erkundungen. Peter mußte widerstrebend einräumen, daß die Position, die der Ausschuß bezogen hatte, nicht ungerechtfertigt war. Er war im akademischen Sinn weder Fisch noch Fleisch; das was er geliefert hatte, waren teils Fakten, teils Fantasie gewesen.

Zwei Jahre! Vergeudet!

Das Telefon der Sekretärin summte, es klingelte nicht. Das Summen erinnerte Kastler an das Gerücht, man habe spezielle Einrichtungen geschaffen, die sicherstellen sollten, daß Washington Munro St. Claire zu jeder Tages- oder Nachtzeit erreichen konnte. Es hieß, diese Einrichtungen seien der einzige Punkt, in dem St. Claire von seiner selbst auferlegten Unzugänglichkeit abwich.

»Ja, Mr. Ambassador«, sagte die Sekretärin, »ich schicke ihn hinein . . . Ja, es ist schon gut. Wenn Sie mich brauchen, kann ich bleiben.« Offensichtlich wurde sie nicht gebraucht, und Peter hatte den Eindruck, daß sie darüber nicht glücklich war. Die Prätorianergarde wurde entlassen. »Sie müssen um halb sieben beim Empfang des Dekans sein«, fuhr sie fort. Einen Augenblick herrschte Schweigen; dann antwortete die Frau: »Ja, Sir. Ich rufe an und sage, daß Sie bedauern. Gute Nacht, Mr. St. Claire.«

Sie sah Kastler an. »Sie können jetzt hineingehen«, sagte sie, und ihre Augen blickten fragend.

»Danke.« Peter erhob sich aus dem unbequemen Stuhl mit der geraden Rückenlehne. »Ich weiß auch nicht, weshalb ich hier bin«, sagte er.

In dem mit Eiche getäfelten Büro mit den Kathedralenfenstern erhob sich Munro St. Claire hinter dem antiken Tisch, der ihm als Schreibtisch diente. Er ist ein alter Mann, dachte Kastler, als er auf die ausgestreckte rechte Hand zuging, die der andere ihm über den Tisch hinhielt. Viel älter, als er aus der Ferne wirkte, wenn er mit festem Schritt über den Campus ging. Hier in seinem Büro schien sein hochgewachsener, schlanker Körper mit dem Raubvogelkopf und dem verblichenen blonden Haar Mühe zu haben, sich aufrecht zu halten, und doch stand er aufrecht da, als weigerte er sich, irgendwelchen Schwächen nachzugeben. Seine Augen waren groß, zeigten aber keine erkennbare Farbe, wirkten in ihrem stetigen Blick eindringlich, aber nicht ohne Humor. Seine schmalen Lippen hatten sich unter seinem gepflegten, weißen Schnurrbart zu einem Lächeln verzogen. »Kommen Sie, kommen Sie, Mr. Kastler. Es ist mir ein Vergnügen, Sie wiederzusehen.«

»Ich kann mich nicht erinnern, daß wir uns schon einmal begegnet wären.«

»Gut für Sie! Lassen Sie mir das nicht durchgehen.« St. Claire lachte und wies auf einen Stuhl vor dem Tisch.

»Ich wollte Ihnen nicht widersprechen, ich habe nur . . .« Kastler hielt inne, als er begriff, daß alles, was er sagen würde, albern klingen würde. Er setzte sich.

»Warum nicht?« fragte St. Claire. »Wenn Sie mir widersprechen, wäre das nichts im Vergleich zu dem, was Sie einer Legion zeitgenössischer Wissenschaftler angetan haben.«

»Wie bitte?«

»Ihre Dissertation. Ich habe sie gelesen.«

»Das schmeichelt mir.«

»Ich war sehr beeindruckt.«

»Danke, Sir. Andere waren das nicht.«

»Ja, das habe ich gehört. Man hat mir gesagt, daß der Habilitationsausschuß sie abgelehnt hat.«

»Ja.«

»Eine verdammte Schande. Sie haben viel harte Arbeit hineingesteckt. Und einige sehr originelle Gedanken.«

Wer sind Sie, Peter Kastler? Haben Sie eigentlich eine Ahnung, was Sie angerichtet haben? Männer, die man bereits vergessen hatte, haben ihre Erinnerung durchforscht und flüstern jetzt angsterfüllt. Georgetown wimmelt von Gerüchten. Von einer obskuren Universität im Mittleren Westen ist ein Dokument eingegangen, das sich als Bombe erweisen wird. Ein belangloser Student hat uns plötzlich an etwas erinnert, an das sich niemand erinnern möchte. Mr. Kastler, Inver Brass kann nicht zulassen, daß Sie weitermachen.

Peter sah, daß die Augen des alten Mannes gleichzeitig ermutigend und doch desinteressiert waren. Er konnte nichts verlieren, wenn er direkt war. »Wollen Sie damit andeuten, daß Sie vielleicht . . .?«

»Nein«, unterbrach St. Claire scharf und hob die Hand. »Nein, niemals. Ich würde mir unter keinen Umständen anmaßen, eine solche Entscheidung in Frage zu stellen; das steht mir nicht zu. Und ich befürchte, die Ablehnung beruhte auf gewissen durchaus zulässigen Kriterien. Nein, ich würde mich da unter keinen Umständen einschalten. Aber ich möchte Ihnen gern einige Fragen stellen, vielleicht Ihnen auch ein paar Ratschläge erteilen.«

Kastler beugte sich vor. »Was für Fragen?«

St. Claire lehnte sich in seinem Sessel zurück. »Zuerst, was Sie angeht. Ich bin bloß neugierig. Ich habe mit Ihrem Doktorvater gesprochen, aber das ist natürlich aus zweiter Hand. Ihr Vater ist Journalist, Zeitungsmann?«

Kastler lächelte. »Er würde sagen, *war*. Er geht nächsten Januar in Pension.«

»Ihre Mutter schreibt auch, oder?«

»Ja, ein wenig. Artikel in Zeitschriften, Frauenkolumnen. Sie hat vor Jahren Kurzgeschichten geschrieben.«

»Das geschriebene Wort enthält für Sie also keine Schrecken.«

»Was wollen Sie damit sagen?«

»Der Sohn eines Mechanikers geht mit weniger Zittern und Zagen an einen Vergaser heran, der nicht funktioniert, als der Abkömmling eines Ballettmeisters. Ganz allgemein gesprochen natürlich.«

»Ganz allgemein gesprochen, würde ich Ihnen recht geben.«

»Exakt.« St. Claire nickte.

»Wollen Sie mir etwa sagen, meine Dissertation sei ein defekter Vergaser?«

St. Claire lachte. »Wir wollen den Dingen nicht vorgreifen. Sie haben Ihre Diplomarbeit in Journalismus geschrieben und beabsichtigen offensichtlich auch, zur Zeitung zu gehen.«

»Irgendeine Form der Medien jedenfalls. Ich weiß noch nicht genau, welche.«

»Und doch haben Sie dieser Universität zugemutet, Ihnen einen Doktortitel in den Geschichtswissenschaften zu erteilen. Sie haben es sich also anders überlegt.«

»Eigentlich nicht. Meine Überlegungen waren noch gar nicht abgeschlossen.« Wieder lächelte Peter, diesmal etwas verlegen. »Meine Eltern behaupten immer, ich sei berufsmäßiger Student. Nicht, daß es ihnen etwas ausmacht, ich hatte ein Stipendium für das Diplom. Ich habe in Vietnam gedient, also zahlt die Regierung für mein Studium hier. Außerdem gebe ich Nachhilfestunden. Offen gestanden, ich bin beinahe Dreißig und weiß immer noch nicht recht, was ich machen soll. Aber ich glaube, das ist heutzutage gar nicht mehr so selten.«

»Ihre Arbeiten scheinen anzudeuten, daß Sie eine gewisse Vorliebe für das akademische Leben haben.«

»Wenn sie das taten, so gilt das heute nicht mehr.«

St. Claire warf ihm einen Blick zu. »Sagen Sie mir etwas über die Dissertation selbst. Sie haben da überraschende Andeutungen gemacht und beunruhigende Schlüsse gezogen. Im Wesen klagen Sie ja viele der Führer der freien Welt — und ihre Institutionen — an, vor vierzig Jahren die Augen gegenüber der Drohung, die Hitler darstellte, geschlossen zu haben. Oder was noch schlimmer ist, direkt und indirekt das Dritte Reich finanziert zu haben.«

»Nicht aus ideologischen Gründen. Um des wirtschaftlichen Vorteils willen.«

»Scylla und Charybdis?«

»Das akzeptierte ich. Und jetzt, heute, wiederholen ...«

»Trotz allem, was der Habilitationsausschuß sagte«, unterbrach ihn St. Claire mit leiser Stimme, »müssen Sie doch umfangreiche Recherchen angestellt haben. Wie umfangreich?«

Was hat das in Ihnen ausgelöst? Das ist es, was wir wissen müssen, weil wir wissen, daß Sie nicht locker lassen werden. Sind Sie von Männern gelenkt worden, die nach all diesen Jahren Rache suchten? Oder war es — was viel schlimmer wäre — ein Zufall, der Ihre Empörung zum Ausbruch gebracht hatte? Gewährsleute können wir unter Kontrolle halten; wir können sie widerlegen, zeigen, daß sie unrecht haben. Aber Zufälligkeiten können wir nicht unter Kontrolle halten. Auch nicht Empörung, die aus einem Zufall entstanden ist. Aber Sie dürfen das nicht fortsetzen, Mr. Kastler. Wir müssen Mittel und Wege finden, um Sie aufzuhalten.

Kastler hielt einen Augenblick inne; die Frage des alten Diplomaten war unerwartet gekommen. »Recherchen? Viel mehr, als der Ausschuß glaubt. Viel weniger, als gewisse Schlüsse gerechtfertigt hätten. Das ist so ehrlich gesprochen, wie ich nur kann.«

»Es ist ehrlich. Sind Sie bereit, mir Einzelheiten zu nennen? Sie haben kaum Quellenangaben gemacht.«

Plötzlich fühlte Peter sich unsicher. Was als Diskussion begonnen hatte, verwandelte sich langsam in ein Verhör. »Warum ist das wichtig? Es gibt sehr wenig Dokumentation, weil die Leute, mit denen ich sprach, das so wollten.«

»Dann sollten Sie ihre Wünsche respektieren; unbedingt. Gebrauchen Sie keinen Namen.« Der alte Mann lächelte; sein Charme war ungewöhnlich.

Wir brauchen keine Namen. Namen lassen sich leicht aufdek-

ken, sobald wir die richtigen Punkte entdeckt haben. Aber es wäre besser, keine Namen zu verfolgen. Viel besser. Das Flüstern würde sonst wieder beginnen. Es gibt bessere Mittel und Wege.

»Also gut. Ich habe Leute interviewt, die während der Zeit von 1923 bis 1939 aktiv waren. Regierungsbeamte — in erster Linie im Außenministerium — Leute aus der Industrie und den Banken. Außerdem sprach ich mit einem runden halben Dutzend von Offizieren der Kriegsakademie und der Abwehr. Und keiner, Mr. St. Claire, *kein einziger* ließ zu, daß ich seinen Namen gebrauchte.«

»Haben sie Ihnen so viel Material geliefert?«

»Ein großer Teil lag in dem, worüber sie *nicht* sprechen wollten. Und dann waren da beiläufige Bemerkungen, seltsame Sätze, denen oft nichts folgte, die mich häufig weiterbrachten. Es sind jetzt alte Männer, alle — oder fast alle — in Pension. Ihre Gedanken wanderten; ebenso wie ihre Erinnerung. Eigentlich ist es eine traurige Sammlung; sie sind ...« Kastler hielt inne. Er wußte nicht, wie er weitersprechen sollte.

St. Claire half ihm. »Im großen und ganzen verbitterte Abteilungsleiter und Bürokraten aus dem mittleren Bereich, die von unzulänglichen Pensionen leben müssen. Umstände wie diese führen häufig zu verärgerten und manchmal verzerrten Erinnerungen.«

»Ich glaube nicht, daß das fair ist. Was ich erfuhr, was ich schrieb, ist die Wahrheit. Deshalb wird jeder, der meine Arbeit liest, wissen, welches jene Firmen waren, und wie sie operierten.«

St. Claire tat den Satz ab, als hätte er ihn nicht gehört. »Wie sind Sie an diese Leute gekommen? Was hat Sie zu ihnen geführt? Wie bekamen Sie Zugang zu ihnen?«

»Mein Vater hat mir am Anfang den Weg geebnet, später kamen andere dazu. Eine Art natürliche Entwicklung; Leute, die sich an andere Leute erinnerten.«

»Ihr Vater?«

»Er war Anfang der fünfziger Jahre Washingtoner Korrespondent des Scripps-Howard ...«

»Ja«, unterbrach St. Claire mit leiser Stimme. »Mit seiner Unterstützung haben Sie also Ihre erste Liste zusammengestellt.«

»Ja. Etwa ein Dutzend Namen von Männern, die im Vorkriegs-Deutschland beschäftigt waren. In der Regierung und außerhalb. Wie gesagt, diese Leute führten mich dann zu anderen. Und außerdem habe ich natürlich alles gelesen, was Trevor-Roper und

Shirer und die deutschen Autoren geschrieben haben. *Das* ist alles dokumentiert.«

»Wußte Ihr Vater, was Sie suchten?«

»Ihm genügte, daß ich hinter einem Doktortitel her war.« Kastler grinste. »Mein Vater hat nur eineinhalb Jahre eine Oberschule besucht. Das Geld war damals knapp.«

»Wollen wir dann sagen, daß er weiß, was Sie gefunden haben? Oder zumindest glauben, gefunden zu haben.«

»Eigentlich nicht. Ich dachte, meine Eltern würden die Arbeit dann lesen, wenn sie fertig war. Jetzt weiß ich nicht, ob sie sie lesen wollen; für sie wird das ein ziemlicher Schlag sein.« Peter lächelte. »Der ewige Student schafft es nicht.«

»Ich dachte, Sie hätten gesagt, *berufsmäßiger* Student«, verbesserte der Diplomat.

»Ist das etwas anderes?«

»In der Vorgehensweise denke ich schon.« St. Claire lehnte sich schweigend vor, seine großen Augen musterten Peter. »Ich würde mir gern die Freiheit nehmen, die augenblickliche Situation so zusammenzufassen, wie ich sie sehe.«

»Natürlich.«

»Im Wesen verfügen Sie über das Material für eine einwandfreie theoretische Analyse. Interpretationen der Geschichte sind, seien sie nun doktrinärer oder revisionistisch, ein nie endender Stoff für Debatten und Untersuchungen. Geben Sie mir recht?«

»Selbstverständlich.«

»Ja, natürlich, sonst hätten Sie das Thema ja von Anfang an nicht gewählt.« St. Claire blickte beim Sprechen zum Fenster hinaus. »Aber eine unorthodoxe Interpretation der Ereignisse — besonders, wenn es um eine Periode der jüngsten Geschichte geht — die einzig und allein auf den Schriften anderer beruht, würde doch kaum das Unorthodoxe rechtfertigen, oder? Ich meine, die Historiker hätten sich doch ganz bestimmt schon lange auf das Material gestürzt, wenn sie geglaubt hätten, etwas daraus machen zu können. Aber das konnten sie in Wirklichkeit nicht, also sind Sie über die akzeptierten Quellen hinausgegangen und haben verbitterte, alte Männer und eine Handvoll widerstrebener ehemaliger Abwehrspezialisten interviewt und ganz spezielle Meinungen aufgenommen.«

»Ja, aber . . .«

»Ja, *aber«*, unterbrach St. Claire und wandte sich vom Fenster ab. »Sie selbst sagten ja, daß diese Lagebeurteilungen häufig auf ›beiläufigen Bemerkungen‹ beruhten. Und Ihre Gewährsleute lehnen es ab, genannt zu werden. Um Ihre eigenen Worte zu gebrauchen, Ihre Recherchen rechtfertigten zahlreiche Schlüsse nicht.«

»Doch, das taten sie schon. Die Schlüsse *sind* gerechtfertigt.«

»Aber man wird sie nie akzeptieren. Keine anerkannte Autorität, sei sie nun akademisch oder juristisch. Und mit Recht, so wie ich die Dinge beurteile.«

»Dann haben Sie unrecht, Mr. St. Claire. Weil ich nämlich *nicht* unrecht habe. Es ist mir gleichgültig, wie viele Ausschüsse das behaupten. Die Fakten sind da. Sie ruhen unter der Oberfläche, aber niemand will über sie sprechen. Selbst heute noch nicht, vierzig Jahre später. Weil sich alles wiederholt! Eine Handvoll Firmen verdient auf der ganzen Welt Millionen, indem sie Militärregierungen unterstützen und als unsere *Freunde* bezeichnen, unsere ›Erste Verteidigungslinie‹. Wenn sie ausnahmsweise einmal nicht Gewinn- und Verlustrechnungen studieren, ist es das, was sie beschäftigt . . . schon gut, vielleicht kann ich keine Dokumentation liefern, aber ich werde nicht die Arbeit von zwei Jahren einfach wegwerfen. Ich werde nicht aufhören, weil ein Ausschuß mir sagt, daß ich akademisch nicht akzeptabel sei. Tut mir leid, aber *das* ist für *mich* nicht akzeptabel.«

Das ist es, was wir wissen mußten. Würden Sie am Ende einen Kompromiß schließen und die Seiten wechseln? Andere hielten das für möglich, aber ich nicht. Sie wußten, daß Sie recht hatten, und das ist für einen jungen Menschen eine zu große Versuchung. Jetzt müssen wir Sie entmachten.

St. Claire blickte auf Peter herunter, ließ seine Augen nicht los. »Sie kämpfen auf dem falschen Feld. Sie haben die Zustimmung der falschen Leute gesucht. Suchen Sie sie anderswo. Wo es nicht wichtig ist, ob die Dokumentation vollständig ist.«

»Ich verstehe nicht.«

»Ihre Dissertation enthält einige ausgezeichnete romanhafte Züge. Warum konzentrieren Sie sich nicht darauf?«

»Was?«

»Schreiben Sie einen Roman. Niemanden interessiert, ob ein Roman genau oder historisch authentisch ist. Das ist einfach nicht wichtig.« Wieder beugte St. Claire sich vor, und seine Augen ließen Kastler nicht los. »Schreiben Sie einen Roman. Mag sein, daß man Sie dann immer noch ignoriert. Aber zumindest haben Sie eine Chance, daß man Sie hört. Ihren augenblicklichen Weg weiter zu verfolgen, ist sinnlos. Sie vergeuden auf die Weise nur noch ein Jahr oder zwei oder drei. Am Ende — wofür? Schreiben

Sie einen Roman. Lassen Sie Ihren Zorn dort ab, und dann leben Sie Ihr Leben weiter.«

Peter starrte den Diplomaten an; er war verunsichert, konnte seine eigenen Gedanken nicht mehr ordnen, und wiederholte so nur das eine Wort. »Roman?«

»Ja. Jetzt sind wir ja, glaube ich, wieder bei diesem defekten Vergaser, obwohl die Analogie vielleicht schrecklich ist.« St. Claire lehnte sich in seinem Sessel zurück. »Wir waren ja übereingekommen, daß Worte für Sie keinen Schrecken enthalten. Sie haben den größten Teil Ihres Lebens Papier gesehen, das mit Worten gefüllt war. Jetzt sollen Sie Ihre Arbeit mit anderen Worten reparieren. Sie auf andere Weise angehen, eine Weise, die keine akademische Bestätigung erfordert.«

Peter atmete langsam aus. Dann hielt er ein paar Augenblicke den Atem an, weil St. Claires Analyse ihn völlig betäubt hatte. »Einen *Roman?* Das ist mir nie in den Sinn gekommen . . .«

»Ich behaupte, im Unterbewußtsein schon«, warf der Diplomat ein. »Sie zögerten nicht, Handlung — und Reaktionen — zu erfinden, wenn das Ihren Zwecken diente. Und Sie haben doch, weiß Gott, die Bestandteile einer faszinierenden Story. Weit hergeholt, meiner Ansicht nach, aber durchaus spannende Lektüre für einen Sonntagnachmittag. Reparieren Sie den Vergaser; das ist ein anderer Motor. Einer mit weniger Substanz vielleicht, aber doch recht vergnüglich. Vielleicht hört dann jemand auf Sie. Auf dieser Ebene wird das niemand. Offen gestanden, sollte es auch niemand.«

»Ein Roman. Verdammt will ich sein.«

Munro St. Claire lächelte. Seine Augen wirkten immer noch seltsam unbeteiligt.

Die Nachmittagssonne verschwand hinter dem Horizont. Lange Schatten dehnten sich über den Rasen. St. Claire stand am Fenster und blickte hinaus. In der ruhigen Beschaulichkeit der Szene lag Arroganz; sie war in einer Welt, die von so viel Unruhe geschüttelt wurde, deplaziert.

Er konnte jetzt Park Forest verlassen. Seine Arbeit war getan, der sorgfältig orchestrierte Schluß nicht perfekt, aber ausreichend.

Ausreichend bis an die Grenze der Täuschung.

Er sah auf die Uhr. Eine Stunde war verstrichen, seit der verwirrte Kastler sein Büro verlassen hatte. Der Diplomat ging zu seinem Schreibtisch zurück, setzte sich und griff nach dem Telefon. Er wählte 202 und dann sieben weitere Zahlen. Augenblicke später war ein zweimaliges Klicken in der Leitung zu hören, dann ein Pfeifen. Jeder, der den Code nicht kannte, hätte einfach angenommen, daß der Apparat nicht funktionierte.

St. Claire wählte fünf weitere Ziffern. Diesmal war nur ein Klicken zu hören, dann meldete sich eine Stimme.

»Inver Brass. Band läuft.« Die Stimmlage deutete auf Boston, aber die Sprachmelodie auf einen Mitteleuropäer.

»Hier Bravo. Verbinden Sie mich mit Genesis.«

»Genesis ist in England. Dort drüben ist es schon nach Mitternacht.«

»Ich fürchte, darauf kann ich keine Rücksicht nehmen. Können Sie mich verbinden? Ist die Position dort steril?«

»Wenn er noch in der Botschaft ist, ja, Bravo. Sonst das Dorchester. Dort gibt es keine Garantie.«

»Versuchen Sie es bitte in der Botschaft.«

Die Leitung wurde tot, als die Zentrale von Inver Brass die Verbindung herstellte. Drei Minuten später war eine andere Stimme zu hören; klar und unverzerrt, als führte er das Gespräch nur auf eine Entfernung von ein oder zwei Straßen, nicht 4000 Meilen. Die Stimme klang abgehackt, erregt, aber nicht ohne Respekt. Auch nicht ohne ein gewisses Maß an Furcht.

»Hier ist Genesis. Ich wollte gerade gehen. Was ist geschehen?«

»Es ist erledigt.«

»Gott sei Dank!«

»Die Dissertation ist abgewiesen worden. Ich habe dem Habilitationsausschuß klargemacht — ganz privat natürlich — daß sie radikaler Unsinn sei. Sie würden sich in der ganzen akademischen Welt lächerlich machen. Sie sind empfindlich; das sollten sie auch sein. Sie sind mittelmäßig.«

»Das freut mich.« Dann folgte eine kurze Pause aus London. »Wie war seine Reaktion?«

»Wie ich sie erwartet hatte. Er hat recht und weiß das auch; deshalb ist er frustriert. Er hatte nicht die Absicht, aufzuhören.«

»Hat er die jetzt?«

»Ich glaube schon. Die Idee sitzt ganz tief. Wenn nötig, werde ich auf indirektem Weg etwas nachhaken, ihn mit den richtigen Leuten in Verbindung bringen. Vielleicht brauche ich das gar nicht zu tun. Er hat Fantasie; oder genauer gesagt, seine Empörung ist echt.«

»Und Sie sind überzeugt, daß das die beste Lösung ist?«

»Sicher. Die Alternative wäre, daß er seine Recherchen fortsetzt und dabei schlafende Hunde weckt. Ich möchte nicht, daß das in Cambridge oder Berkeley passiert, würden Sie das wollen?«

»Nein. Außerdem interessiert sich vielleicht niemand für das, was er schreibt, und er findet keinen Verleger. Ich glaube, das könnten wir erreichen.«

St. Claires Augen verengten sich kurz. »Mein Rat ist, daß wir uns da heraushalten. Wir würden ihn noch mehr frustrieren, ihn zurücktreiben. Lassen wir doch den Dingen ihren natürlichen Lauf. Wenn er einen Roman daraus macht, ist das Beste, was wir uns erhoffen können, eine kleine Auflage einer ziemlich amateurhaften Arbeit. Dann hat er gesagt, was er zu sagen hatte, und es erweist sich als belangloses Werk mit dem üblichen Hinweis bezüglich lebender oder toter Personen. Wenn wir uns einschalten, könnte das Fragen auslösen; das liegt nicht in unserem Interesse.«

»Sie haben natürlich recht«, sagte der Mann in London. »Aber das haben Sie ja meistens, Bravo.«

»Danke. Und auf Wiedersehen, Genesis. Ich werde hier in ein paar Tagen weggehen.«

»Wohin gehen Sie?«

»Das weiß ich noch nicht genau. Vielleicht zurück nach Vermont. Vielleicht auch weit weg. Mir gefällt das Bild unserer nationalen Landschaft nicht.«

»Um so mehr Grund, in Verbindung zu bleiben«, sagte die Stimme in London.

»Vielleicht. Aber dann kann auch sein, daß ich schon zu alt bin.«

»Sie können nicht verschwinden. Das wissen Sie doch, oder?«

»Ja. Gute Nacht, Genesis.«

St. Claire legte den Hörer auf, ohne auf das Abschiedswort aus London zu warten. Er wollte einfach nichts mehr hören.

Ein Gefühl des Ekels hatte ihn erfaßt. Das war nicht das erste Mal und würde auch nicht das letzte Mal sein. Es war die Funktion von Inver Brass, Entscheidungen zu treffen, die andere nicht treffen konnten, Menschen und Institutionen vor den moralischen Anklagen zu schützen, die erst die Nachwelt erhob. Was vor vierzig Jahren recht war, war heute mit dem Bann belegt.

Verängstigte Männer hatten anderen verängstigten Männern zugeflüstert, daß man Peter Kastler aufhalten mußte. Es war nicht richtig, wenn dieser obskure Kandidat für einen Doktortitel Fragen stellte, die vierzig Jahre später keinen Sinn hatten. Dies waren andere Zeiten, völlig andere Umstände.

Und doch gab es da gewisse Grauzonen. Die Verantwortung war

keine beschränkte Doktrin. Am Ende waren alle verantwortlich. Auch Inver Brass war da keine Ausnahme. Deshalb mußte man Peter Kastler die Gelegenheit geben, seiner Empörung Luft zu machen. In gewisser Weise enthob ihn das der Konsequenzen. Oder der Katastrophe.

St. Claire stand auf und blickte auf die Papiere, die seinen Schreibtisch bedeckten. Er hatte in den letzten Wochen den größten Teil seiner persönlichen Habseligkeiten entfernt. Von *ihm* war nur noch sehr wenig in dem Büro; und das war so, wie es sein sollte.

Morgen würde er nicht mehr hier sein.

Er ging zur Tür und griff automatisch nach dem Lichtschalter und bemerkte erst dann, daß überhaupt kein Licht eingeschaltet war. Er hatte die ganze Zeit im Schatten gestanden, war auf und ab gegangen, dagesessen.

Buchbesprechung in *The New York Times*
vom 10. Mai 1969, Seite 3.

Reichstag! ist gleichzeitig verblüffend, einsichtig, peinlich und unglaublich. Peter Kastlers erster Roman will uns glauben machen, daß die Nazipartei in ihren Anfängen von nichts weniger als einem Kartell internationaler Banker und Industriellen — aus Amerika, Großbritannien und Frankreich — finanziert wurde, und dies offenbar mit voller, wenn auch unausgesprochener Billigung der jeweiligen Regierungen. Kastler zwingt uns dazu, dies zu glauben. Seine Erzählung raubt einem den Atem; die Personen seines Romans treten förmlich aus den Seiten heraus und werden zu Gestalten aus Fleisch und Blut, Menschen mit Stärken und Schwächen, wie sie eine diszipliniertere Schreibe vielleicht zunichte gemacht hätte. Mr. Kastler schreibt voll Empörung und viel zu melodramatisch, und trotzdem ist sein Buch faszinierend. Und am Ende stellt der Leser sich die bange Frage: Kann es sein, daß alles so war?

The Washington Post, Welt der Bücher
22. April 1970, Seite 3

In *Sarajevo!* läßt Kastler den Schüssen vom August 1914 dieselbe Behandlung angedeihen, die seinen *Blitzkrieg* im letzten Jahr zum Bestseller machten.

Die Kräfte, die in der Julikrise im Jahre 1914 aufeinanderprallten, gleich nach der Ermordung des Erherzogs Ferdinand durch den Verschwörer Gabrilo Princip, werden abstrahiert, neu angeordnet und von Mr. Kastler mit so viel Leben erfüllt, daß am Ende niemand als Engel hervortritt und das Ganze zu einem Triumph des Bösen wird. Der Held des Autors — in diesem Fall ein britischer Agent, der sich in eine serbokroatische Untergrundorganisation eingschlichen hat, welche die melodramatische Bezeichnung *Die Einheit des Todes* trägt — löst die einzelnen Schichten der Täuschung eine nach der anderen ab, so wie man eine Zwiebel häutet, Schichten, die von den Provokateuren des Reichstags, des Foreign Office und der Deputiertenkammer angebracht wurden. Die Marionetten werden als das offenbart, was sie sind, und die Drähte, an denen sie hängen, werden bis zu den industriellen und wirtschaftlichen Interessen zurückverfolgt, die sie auf allen Seiten des Konflikts bewegen.

Und so kommt einer dieser selten diskutierten Zufälle zum anderen.

Mr. Kastler scheint an einem Verschwörungskomplex hohen Grades zu leiden. Er setzt sich damit auf faszinierende Weise auseinander, ohne daß die Lesbarkeit darunter leiden würde. *Sarajevo!* sollte noch populärer werden als *Reichstag!*

The Los Angeles Times, die Bücherspalte
4. April 1971, Seite 20

Gegenschlag! ist der bisher beste Roman Kastlers, obwohl die vielfach verschlungene Handlung aus Gründen, die ich nicht zu durchschauen vermag, auf einem ungewöhnlichen Irrtum in den Recherchen beruht, den man von diesem Autor nicht erwarten würde. Sie befaßt sich mit geheimen Operationen der Central Intelligence Agency in bezug auf ein sich ausbreitendes Schrekkensregiment einer auswärtigen Macht in einer Universitätsstadt in New England. Mr. Kastler sollte wissen, daß der CIA nach ihrer Charta aus dem Jahre 1947 jegliche Inlandstätigkeit verboten ist.

Sieht man von dieser Unstimmigkeit ab, ist *Gegenschlag!* hervorragend. Kastlers bisherige Bücher haben bereits bewiesen, daß er hochgradige Spannung erzeugen kann, daß man sich manchmal wünscht, schneller lesen und blättern zu können. Aber in diesem Werk kommt noch eine Charakterisierung hinzu, die für ihn neu ist.

Kastlers detailliertes Wissen über die letzten Feinheiten des

Spionage- und Abwehrgeschäfts feiert hier wieder einmal Triumphe — und das trotz seines Irrtums in bezug auf die CIA.

Doch dabei läßt er es nicht bewenden — mit der gleichen Akribie befaßt er sich auch mit den Empfindungen seiner Akteure — und dies in einer absolut atemberaubenden Situation, die deutliche Parallelen zu den Rassenunruhen aufweist, die vor einigen Jahren in Boston zu einigen Morden führten. Kastler hat sich endgültig in die erste Reihe der zeitgenössischen Autoren geschoben.

Die Handlung selbst ist verwirrend einfach: Ein Mann wird dazu ausgewählt, eine bestimmte Aufgabe zu erfüllen, auf die er kaum vorbereitet ist. Er wird gründlich von der CIA ausgebildet, aber während der ganzen Ausbildung wird keinerlei Versuch unternommen, den grundlegenden Fehler zu beheben. Wir begreifen bald: Dieser Fehler soll zu seinem Tode führen. Ein kompliziertes Netz ineinander übergreifender Verschwörungen. Und ebenso wie bei Kastlers früheren Büchern, fragen wir uns auch diesmal: Ist das die Wahrheit? Ist dies wirklich geschehen? War es vielleicht so?

Herbst. Bucks County, ein Meer von gelben, grünen und goldenen Tönen. Kastler lehnte an der Motorhaube eines silberfarbenen Mark IV Continental, den Arm um die Schultern einer Frau gelegt. Sein Gesicht war jetzt voller, die ausgeprägten Züge schienen weniger miteinander in Konflikt zu stehen, wirkten weicher und waren doch noch scharf geschnitten. Seine Augen waren auf ein weißes Haus gerichtet, das am Fuß einer langgewundenen Zufahrt lag, die über die wogenden Felder führte. Und zu beiden Seiten der Zufahrt ragte ein hoher, weißer Zaun.

Das Mädchen in Kastlers Begleitung hielt die Hand, die auf ihrer Schulter ruhte. Sie war ebenso von dem Anblick beeindruckt wie er. Sie war ziemlich groß, und ihr braunes Haar fiel ihr weich über das fein geschnittene und doch seltsam stark wirkende Gesicht. Ihr Name war Catherine Lowell.

»Es ist genauso, wie du es mir geschildert hast«, sagte sie und faßte seine Hand fester. »Es ist schön. Wirklich sehr schön.«

»Das erleichtert mich aber sehr«, sagte Kastler und blickte zu ihr hinunter.

Sie blickte zu ihm auf. »Du hast es gekauft, nicht wahr? Du bist nicht bloß ›interessiert‹, du hast es gekauft!«

Peter nickte. »Ich hatte Konkurrenz. Ein Bankier aus Philadelphia wollte schon eine Anzahlung leisten. Ich mußte mich entscheiden. Wenn es dir nicht gefällt, wird er es mir sicher abnehmen.«

»Sei nicht albern, es ist einfach himmlisch!«

»Du hast es noch nicht von innen gesehen.«

»Das brauche ich nicht.«

»Gut. Ich würde es dir nämlich lieber auf dem Rückweg zeigen. Die Besitzer sind bis Donnerstag ausgezogen. Hoffentlich sind sie das. Am Freitag nachmittag bekomme ich eine große Lieferung aus Washington. Ich lasse es mir hierher liefern.«

»Die Abschriften?«

»Zwölf Kisten aus der Regierungsdruckerei. Morgan mußte einen Lastwagen schicken. Nürnberg, die Aufzeichnungen der Alliierten Tribunale. Willst du raten, welchen Titel das Buch bekommen soll?«

Catherine lachte. »Ich kann mir Tony Morgan jetzt gut vorstellen, wie er in seinem Büro auf und ab rennt, wie eine Katze in grauem Flanell. Und dann schlägt er plötzlich mit der Faust auf den Schreibtisch und schreit, erschreckt jeden, der ihn hören kann, also die meisten Leute im ganzen Gebäude. ›Ich hab's! Diesmal machen wir es ganz anders! *Nürnberg* werden wir's nennen — mit einem Ausrufezeichen!‹«

Peter lachte mit. »Du machst dich über meinen geheiligten Lektor lustig.«

»Niemals. Wenn es ihn nicht gäbe, würden wir jetzt in eine Mietwohnung im fünften Stock ziehen, ohne Lift, nicht auf eine Farm, die für einen Landedelmann gebaut ist.«

»Und seine Lady.«

»Und seine Lady.« Catherine drückte seinen Arm. »Weil wir von Lastwagen reden, sollten da nicht Umzugswagen in der Einfahrt stehen?«

Kastler lächelte; es war ein verlegenes Lächeln. »Abgesehen von ein paar speziellen Gegenständen, über die es eine eigene Liste gibt, mußte ich es möbliert kaufen. Die ziehen in die Karibik. Wenn du willst, kannst du ja alles rauswerfen.«

»Du liebe Güte, wenn das keine Angabe ist!«

»Wir sind bloß reich«, erwiderte Peter. »Sag nichts dazu, bitte. Komm, fahren wir weiter. Wir haben noch etwa drei Stunden Highway und dann noch zweieinhalb auf Nebenstraßen. Es wird bald dunkel.«

Catherine wandte sich ihm zu, hob ihm das Gesicht entgegen, so daß ihre Lippen sich beinahe berührten. »Ich werde jede Meile, die wir fahren, nervöser werden. Am Ende werde ich Zuckungen haben und zusammenhanglos reden wie ein Idiot. Ich dachte immer, dieser rituelle Tanz, wenn man den Eltern vorgestellt wird, sei seit gut zehn Jahren abgeschafft.«

»Davon hast du nichts gesagt, als ich deine Eltern kennenlernte.«

»Ach du liebe Güte! Die waren so beeindruckt, allein schon davon, im gleichen Raum mit dir zu sein, daß du überhaupt nichts zu tun brauchtest — nur dazusitzen und zu strahlen!«

»Was ich nicht tat. Ich mag deine Eltern. Ich denke, du wirst meine auch mögen.«

»Werden sie mich mögen? Das ist es, was mich beschäftigt.«

»Keinen Augenblick«, sagte Peter und zog sie an sich. »Lieben werden sie dich. Genau wie ich dich liebe. O *Gott*, ich liebe dich!

Das ist richtig, Genesis. Dieser Peter Kastler läßt sich von der Regierungsdruckerei alles kopieren, was mit Nürnberg zu tun hat. Die Sachen sollen an eine Adresse in Pennsylvania geliefert werden.

Uns betrifft das nicht, Banner. Venice und Christopher sind da meiner Meinung. Wir werden nichts unternehmen. Das ist die Entscheidung.

Das ist ein Fehler! Jetzt befaßt er sich schon wieder mit dem Deutschland-Thema.

Lange nachdem die Fehler begangen wurden. Es gibt da keine Verbindung. Wir haben Jahre vor Nürnberg deutlich erkannt, was wir anfänglich nicht sahen. Es gibt keine Verbindung zu uns. Zu keinem von uns, auch zu Ihnen nicht.

Aber sicher können Sie da nicht sein.

Wir sind sicher.

Was meint Bravo?

Bravo ist außer Landes. Er ist nicht informiert worden und wird auch nicht informiert.

Warum nicht?

Aus Gründen, die Sie nicht betreffen. Das geht einige Jahre zurück. Ehe wir von Inver Brass berufen wurden.

Das ist falsch, Genesis.

Und Sie sind überarbeitet, und das ist unnötig. Man hätte Sie nie gerufen, wenn Ihre Sorgen berechtigt wären, Banner. Sie sind ein außergewöhnlicher Mann. Daran hatten wir nie Zweifel.

Trotzdem ist es gefährlich.

Der Verkehr auf der Pennsylvania Turnpike schien um so schneller zu fließen, je dunkler es wurde. Nebelschwaden schoben sich plötzlich über die Straße, verzerrten die Scheinwerferbalken der entgegenkommenden Fahrzeuge. Dann peitschte Regen so schnell auf die Windschutzscheibe, daß die Scheibenwischer nicht mehr mitkamen.

Man spürte die zunehmende Nervosität, auch Kastler spürte sie. Fahrzeuge rasten vorbei, hinterließen Schwaden von Gischt; die Fahrer schienen zu spüren, wie sich ein paar Stürme auf das westliche Pennsylvania zuschoben, und ihr Instinkt trieb sie nach Hause.

Die Stimme aus dem Radio des Continental war präzise und eindringlich.

Wir empfehlen allen Pkw-Fahrern, die Straßen in der Gegend Jamestown-Warren zu meiden. Sollten Sie unterwegs sein, empfehlen wir, die nächste Ausfahrt zu benutzen. Wir wiederholen: die Sturmwarnungen vom Lake Erie sind jetzt bestätigt worden. Winde von Orkanstärke . . .

»In etwa vier Meilen ist eine Ausfahrt«, sagte Peter und blickte durch zusammengekniffene Augen durch die Windschutzscheibe. »Die nehmen wir. Zwei- oder dreihundert Meter weiter ist ein Restaurant.«

»Woher weißt du das?«

»Wir sind gerade an einem Pittsfield-Schild vorbeigekommen; das war früher immer eine Wegmarke für mich. Das bedeutete, daß ich noch eine Stunde Fahrt bis nach Hause hatte.«

Kastler begriff nie, wie es dazu kommen konnte; es war eine Frage, die ihn den Rest seines Lebens quälen würde. Der Regen peitschte wie eine Wand herunter, eine undurchsichtige Wand wie ein Wasserfall. Der schwere Wagen schlingerte förmlich, wie eine kleines Boot im sturmgepeitschten Meer.

Und plötzlich bohrten sich Scheinwerferbalken blendend durch das Heckfenster, brachen sich grell im Spiegel. Weiße Punkte erschienen vor seinen Augen, verdeckten selbst den Regenguß vor dem Glas. Nur das blendende, weiße Licht sah er noch.

Dann war es neben ihm! Ein riesiger Sattelschlepper überholte ihn auf der gefährlichen Straße, mitten im peitschenden Regen! Peter schrie den Fahrer durch das geschlossene Fenster an; der Mann war verrückt. Sah er denn nicht, was er da tat? Konnte er den Mark IV nicht im Sturm sehen? War er von Sinnen?

Das Unglaubliche geschah. Der mächtige Sattelschlepper schob sich auf ihn zu! Dann kam der Aufprall; das stählerne Chassis seines Anhängers krachte gegen den Continental. Metall schmetterte gegen Metall. Der Verrückte drängte ihn von der Straße! Der

Mann war betrunken oder von dem Sturm in Panik getrieben! Durch den peitschenden Regen konnte Kastler die Umrisse des Fahrers oben auf seinem Sitz erkennen. Er sah den Mark IV gar nicht! Er wußte nicht, was er tat!

Jetzt ein zweiter, dröhnender Aufprall mit solcher Gewalt, daß Peters Fenster zersprang. Die Räder des Mark IV blockierten, der Wagen schoß nach rechts, auf ein Vakuum der Dunkelheit zu, jenseits des Banketts.

Die Motorhaube hob sich im Regen; dann taumelte der Wagen über die Böschung, stürzte nach unten.

Catherines Schreie übertönten das Geräusch des zersplitternden Glases, des sich verbiegenden Stahles, als der Continental sich mehrmals überschlug. Jetzt kreischte Metall gegen Metall, so als kämpfte jeder Streifen, jedes Blech darum, den Aufprall zu überstehen.

Peter warf sich auf den Ursprung des Schreis zu — auf Catherine — aber ein stählerner Schaft hielt ihn fest. Das Automobil verbog sich, rollte, stürzte die Böschung hinunter.

Die Schreie hörten auf. Alles hörte auf.

1

Die fünfte Limousine rollte langsam durch die dunklen, von Bäumen gesäumten Straßen von Georgetown. Sie hielt vor einer Marmortreppe an, die durch in Stein gehauenes Blattwerk zu einem zwanzig Meter entfernten Eingang in einer Säulenhalle führte. Dieser Eingang strahlte ebenso wie der Rest des Hauses den Eindruck stiller Größe aus, den das gedämpfte Licht hinter den Säulen, die den Balkon darüber trugen, noch verstärkte.

Die vier vorangehenden Limousinen waren in Abständen von drei bis sechs Minuten gekommen; die Abstände waren Absicht. Man hatte sie von fünf verschiedenen Verleihfirmen von Arlington bis Baltimore gemietet.

Sofern ein Beobachter in jener stillen Straße den Wunsch verspüren sollte, die Identität des jeweiligen Passagiers eines jeden Fahrzeugs zu erfahren, würde ihm das nicht gelingen. Man konnte keinen durch den Mietvertrag ausfindig machen, und keiner der Chauffeure hatte einen seiner Fahrgäste zu Gesicht bekommen. Eine undurchsichtige Glasscheibe trennte den Fahrer von seinem Passagier, und keiner durfte den Sitz hinter dem Steuer verlassen, während der Passagier den Wagen betrat oder verließ. Man hatte die Fahrer sorgfältig ausgewählt.

Alles war auf die Sekunde genau abgestimmt wie ein Orchester und in Einklang gebracht worden. Zwei Limousinen waren zu Privatflugplätzen gefahren worden, wo man sie eine Stunde lang abgesperrt und unbewacht an bestimmten Stellen der Parkplätze abgestellt hatte. Als die Stunde um gewesen war, waren die Fahrer zurückgekehrt — im Wissen, daß die Passagiere inzwischen Platz genommen hatten. Die anderen drei Fahrzeuge waren auf die gleiche Weise an drei unterschiedlichen Orten bereitgestellt worden: der Union Station von Washington, dem Shopping Center von McLean, Virginia, und dem Country Club in Chevy Chase, Maryland — dem der betreffende Passagier nicht angehörte.

Zu guter Letzt stand für den Fall, daß ein Beobachter in jener stillen Straße in Georgetown den Versuch machen sollte, die aussteigenden Passagiere zu beeinträchtigen, eine blondhaariger Mann im Schatten des Balkons über der Säulenhalle an der Marmortreppe, um ihn daran zu hindern. Der Mann trug ein transistorisiertes Hochleistungsmikrofon an einem Riemen um den Hals und konnte durch dieses Mikrofon Befehle zu anderen Männern auf der Straße durchgeben, wobei er sich einer Sprache bedienen würde, die nicht Englisch war. Er hielt einen Karabiner in der Hand, an dessen Lauf ein Schalldämpfer befestigt war.

Der fünfte Passagier stieg aus der Limousine und ging die Marmortreppe hinauf. Das Automobil rollte lautlos davon; es würde nicht zurückkehren. Der blonde Mann auf dem Balkon sprach leise ins Mikrofon; die Tür unter ihm wurde geöffnet.

Der Konferenzsaal lag im oberen Stockwerk. Die Wände waren mit dunklem Holz getäfelt, die Beleuchtung indirekt. In der Mitte der östlichen Wand stand ein antiker Franklin-Ofen, hinter dessen eisernem Gitter man ein Feuer glühen sehen konnte, obwohl es ein lauer Frühlingsabend war.

In der Mitte des Raums stand ein großer, kreisförmiger Tisch. Um ihn saßen sechs Männer, deren Alter von Mitte der Fünfzig bis in die Achtzig reichte. Zwei fielen in die erste Kategorie: ein Mann mit südlich wirkenden Zügen und ergrauendem, gewelltem Haar und ein Mann mit sehr bleicher Haut und einem nordischen Gesicht und dunklem, geradem Haar, das glatt über seine breite Stirn nach hinten gekämmt war. Er saß zur Linken des Sprechers der Gruppe, der in der Mitte Platz genommen hatte. Der Sprecher war ein Mann Ende der Siebzig; ein Haarkranz umgab seinen sonst kahlen Kopf, und seine Züge wirkten müde — oder verwüstet. Gegenüber dem Sprecher hatte ein schlanker, aristokratisch wirkender Mann mit dünn werdendem, weißem Haar und einem perfekt gestutzten, weißen Schnurrbart Platz genommen. Er mochte reichliche siebzig Jahre alt sein. Zu seiner Rechten saß ein großer Neger mit einem mächtigen Kopf und einem Gesicht, das man sich gut aus ghanaischem Mahagoniholz geschnitzt vorstellen konnte. Zu seiner Linken schließlich der älteste und gebrechlichste Mann im Saal; ein Jude mit einer Yarmulke auf dem haarlosen, hageren Schädel.

Alle ihre Stimmen waren weich, ihre Sprache gepflegt, die Augen aufmerksam und durchdringend. Jedem der Männer sah man eine stille Vitalität an, die aus außergewöhnlicher Kraft rührte.

Und jeder war unter einem einzigen Namen bekannt, der für alle am Tisch Anwesenden eine besondere Bedeutung hatte. Kein anderer Name wurde je in diesem Kreis gebraucht. In einigen Fällen hatte das betreffende Mitglied den Namen nahezu vierzig Jahre benutzt; in anderen Fällen war er weitergegeben worden, wenn Vorgänger gestorben waren und man Nachfolger gewählt hatte.

Es waren nie mehr als sechs Männer. Der Sprecher war als Genesis bekannt — tatsächlich war er bereits der zweite Mann, der den Namen trug. Früher war er als Paris bekannt gewesen, eine Identität, die jetzt der Südländer mit dem ergrauenden, welligen Haar übernommen hatte.

Andere waren als Christopher, Banner und Venice bekannt. Und dann war da Bravo.

Dies waren die Männer von Inver Brass.

Jeder hatte den gleichen Aktendeckel vor sich liegen und darauf ein einziges Blatt Papier. Abgesehen von den Namen in der linken oberen Ecke der Seite wären die übrigen, mit Maschine geschriebenen Worte für jeden anderen außer diesen Männern bedeutungslos gewesen.

Genesis sagte jetzt: »Wichtiger als alles andere ist, daß die Akten um jeden Preis sichergestellt und vernichtet werden. In diesem Punkt darf es keine Meinungsverschiedenheiten geben. Wir haben endlich ermittelt, daß sie in einem Schranksafe untergebracht sind, der in die Stahlwand des begehbaren Kleiderschrankes links hinter dem Schreibtisch eingelassen ist.«

»Das Schloß des Kleiderschrankes wird von einem Schalter in der mittleren Schublade aus gesteuert«, sagte Banner mit leiser Stimme. »Der Safe wird von einer Serie elektronischer Relais geschützt, von denen das erste von seiner Wohnung aus ausgelöst werden muß. Ohne dieses erste Relais läßt sich keines der anderen betätigen. Um einzubrechen, wären zehn Dynamitstäbe erforderlich; für den Einsatz eines Schneidbrenners werden etwa vier Stunden geschätzt, wobei der Alarm bereits ausgelöst wird, wenn die Temperatur der Umgebung des Safes um nur wenige Grad ansteigt.«

Auf der anderen Tischseite fragte Venice, dessen schwarzes Gesicht in der schwachen Beleuchtung kaum zu sehen war: »Ist die Position des ersten Relais bestätigt worden?«

»Ja«, antwortete Banner. »Im Schlafzimmer. In dem Regal über dem Kopfteil.«

»Wer hat es bestätigt?« fragte Paris, das südländische Mitglied von Inver Brass.

»Varak«, antwortete Genesis vom Südende des Tisches. Einige Köpfe nickten langsam. Der greisenhafte Jude rechts von Banner fragte diesen: »Und was ist mit den anderen?«

»Die medizinischen Akten der Zielperson wurden aus La Jolla in Kalifornien besorgt. Wie Sie wissen, Christopher, lehnt er es ab, sich in Bethesda untersuchen zu lassen. Die letzte kardiologische

Analyse deutet auf geringfügige Hypochlorämie hin, ist aber in keiner Weise gefährlich. Allerdings könnte die Tatsache für sich schon genügen, um zu rechtfertigen, daß man ihm die erforderliche Digitalisdosis beibringt, aber dabei besteht natürlich die Gefahr, daß das bei einer Autopsie herauskommt.«

»Er ist ein alter Mann.« Das kam von Bravo, einem Mann, der selbst älter als die betreffende Person war. »Warum sollte eine Autopsie in Betracht gezogen werden?«

»Weil er eben ist, wer er ist«, sagte Paris, der Südländer, dessen Stimme auch verriet, daß er seine Jugend in Kastilien verbracht hatte. »Wahrscheinlich läßt sich das nicht vermeiden. Und das Land würde die Aufregung eines weiteren Attentates nicht ertragen. Das würde zuvielen gefährlichen Leuten den willkommenen Anlaß geben, im Namen des Patriotismus eine Anzahl schrecklicher Dinge in Bewegung zu setzen.«

»Ich behaupte«, unterbrach Genesis, »daß, wenn eben diese gefährlichen Männer — und ich meine damit unzweideutig 1600 Pensylvania Avenue — daß, wenn diese Leute und die Zielperson sich einigen, die Schrecken, von denen Sie sprechen, vergleichsweise winzig sein werden. Der Schlüssel, Gentlemen, befindet sich in den Akten der Zielperson. Und diese Akten werden präsentiert wie rohes Fleisch für hungrige Schakale. Diese Akten in den Händen von 1600 würden zu einer Regierung durch Zwang und Erpressung führen. Wir alle wissen, was jetzt geschieht. Wir *müssen* handeln.«

»Ich muß mich widerstrebend Genesis anschließen«, sagte Bravo. »Unsere Informationen zeigen, daß 1600 die unattraktiven Grenzen überschritten hat, die wir in früheren Administrationen erlebt haben. Es gibt kaum mehr eine Agentur oder eine Abteilung, die nicht verseucht worden ist. Aber neben diesen Akten wirkt eine Untersuchung durch die Steuerbehörde farblos. Sowohl ihrem Wesen nach und — das ist viel gefährlicher — was den Status der Betroffenen angeht. Ich bin nicht sicher, daß wir über eine Alternative verfügen.«

Genesis wandte sich dem jüngeren Mitglied an seiner Seite zu. »Banner, würden Sie bitte zusammenfassen?«

»Ja, natürlich.« Der schlankwüchsige Mann um die Fünfzig nickte, machte eine kurze Pause und legte dann die Hände vor sich auf den Tisch. »Es gibt hier wenig hinzuzufügen. Sie haben den Bericht gelesen. Die geistigen Prozesse des Subjekts haben sich schnell verschlechtert; ein Internist vermutet Arteriosklerose, aber es gibt keine Möglichkeit, die Diagnose zu bestätigen. Die Akten von La Jolla werden vom Subjekt kontrolliert. An Ort und Stelle. Er schirmt die medizinischen Daten ab. In psychiatrischer Hinsicht gibt es überhaupt keine Meinungsverschiedenheiten: der manisch-depressive Zustand hat sich verstärkt und ein Stadium von akuter Paranoia erreicht.« Der Mann hielt inne und drehte den Kopf halb zu Genesis herum, ohne dabei aber jemand anderen am Tisch auszuschließen. »Offen gestanden, genügt mir das schon, um meine Stimme abzugeben.«

»Wer ist zu dieser übereinstimmenden Beurteilung gelangt?« fragte der alte Jude, der als Christopher bekannt war.

»Drei einander unbekannte Psychiater, die aufgefordert wurden, unabhängige Berichte abzugeben. Die Berichte wurden kollektiv von unserem eigenen Mann interpretiert. Das einzig denkbare Urteil war akute Paronoia.«

»Wie haben diese drei Psychiater ihre Diagnose gefunden?« Venice lehnte sich vor und faltete die großen, schwarzen Hände, während er die Frage stellte.

»In einem Zeitraum von dreißig Tagen wurden Infrarot-Telekameras in jeder vorstellbaren Situation eingesetzt, in Restaurants, der Presbyterianischen Kirche, beim Eintreffen und Verlassen aller öffentlichen und privaten Veranstaltungen. Zwei Lippenleser lieferten Abschriften von allem, was gesagt wurde; die Texte waren identisch. Außerdem stehen uns ausführliche und, ich sollte vielleicht sagen, erschöpfende Berichte von unseren eigenen Gewährsleuten im Bureau zur Verfügung. Es gibt keine Möglichkeit, die gezogenen Schlüsse anzuzweifeln. Der Mann ist verrückt.«

»Und was ist mit 1600?« Bravo starrte den jüngeren Mann an.

»Sie kommen näher, machen laufend Fortschritte. Sie sind schon so weit gegangen, eine formelle interne Übereinkunft vorzuschlagen mit dem offenkundigen Ziel, die Archive in die Hand zu bekommen. Das Subjekt ist mißtrauisch; er hat sie schon alle gesehen, und die in 1600 sind nicht die besten. Aber er bewundert ihre Arroganz, ihren *Machismo,* und sie streicheln ihn. Das ist übrigens das Wort, das benutzt wird. Streicheln.«

»Wie passend«, erwiderte Venice. »Machen sie Fortschritte?«

»Ich fürchte, ja. Es gibt Beweise, daß das Subjekt dem Oval Office einige Dossiers geliefert hat — oder zumindest die gefährlichsten Informationen, die sie enthalten. Es ist schon zu Übereinkünften gekommen, sowohl im Bereich der Politik als auch in bezug auf die Wahlen. Zwei Bewerber um die Nominierung aus den Reihen der Opposition haben sich bereit erklärt, ihre Bewerbung zurückzuziehen — der eine, weil seine Finanzen erschöpft sind, der andere infolge von Instabilität.«

»Bitte erklären Sie das näher«, entschied Genesis.

»Ein krasser Fehler in Worten oder durch eine Handlung, die ihn aus dem Präsidentschaftsrennen wirft, aber nicht ernsthaft genug ist, um seinen Status im Kongreß zu gefährden. In diesem Fall unvernünftiges Verhalten während der Vorwahlen. Diese Dinge sind sorgfältig überlegt.«

»Beängstigend sind sie«, sagte Paris ärgerlich.

»Sie gehen vom Subjekt aus«, sagte Bravo. »Können wir noch einmal zum Thema Autopsie kommen. Läßt sich das unter Kontrolle halten?«

»Das wird vielleicht gar nicht nötig sein«, antwortete Banner, der jetzt die Hände voneinander gelöst hatte und sie, mit den Handflächen nach unten, auf den Tisch gelegt hatte. »Wir haben einen Mann aus Texas eingeflogen, einen Fachmann für kardiovaskulare Forschung! Er nimmt an, er habe mit einer prominenten Familie an der Ostküste von Maryland zu tun. Ein Patriarch, der langsam seinen Verstand verliert und ungeheueren Schaden anrichten kann, und dessen organische und psychiatrische Symptome nicht voneinander unterscheidbar sind. Es gibt ein Digitalispräparat, das in Verbindung mit einer intravenösen Luftinjektion möglicherweise unentdeckbar ist.«

»Wer überwacht diesen Aspekt?« fragte Venice, der sichtlich nicht überzeugt war.

»Varak«, sagte Genesis. »Er hat das ganze Projekt unter Kontrolle.«

Wieder nickten Köpfe.

»Noch Fragen?« erkundigte sich Genesis.

Schweigen.

»Dann wollen wir abstimmen«, fuhr Genesis fort und holte einen kleinen Block unter dem Umschlag hervor. Er riß sechs Blätter ab und gab fünf nach links weiter. »Die römische Ziffer I bedeutet Zustimmung, II Ablehnung. Wie üblich gilt ein unentschiedenes Ergebnis als Ablehnung.«

Die Männer von Inver Brass machten ihre Zeichen, falteten die Papiere zusammen und gaben sie Genesis zurück. Er breitete sie vor sich aus.

»Das Abstimmungsergebnis ist einstimmig, Gentlemen. Das Projekt läuft.« Er wandte sich Banner zu. »Bitte bringen Sie Mr. Varak herein.«

Der jüngere Mann stand auf und ging zur Tür. Er öffnete sie, nickte der draußen im Korridor stehenden Gestalt zu und kehrte zum Tisch zurück.

Varak trat ein und schloß die Tür hinter sich. Er war derselbe Mann, der auf dem dunklen Balkon über dem Eingangsportal Wache gehalten hatte. Jetzt hielt er nicht mehr den Karabiner in der Hand, aber um seinen Hals hing immer noch das Transistormikrofon, und zu seinem linken Ohr führte ein dünner Draht. Sein Alter war schwer zu bestimmen, irgendwo zwischen Fünfunddreißig und Fünfundvierzig — jene Jahre, die aktive Männer mit starken, muskulösen Körpern so leicht verwischen. Sein Haar war hellblond und kurz geschnitten. Sein Gesicht war breit und hatte hohe Backenknochen, was zusammen mit seinen leicht schräg liegenden Augen auf slawische Abkunft deutete. Im Gegensatz zu seinem Aussehen freilich war seine Sprache weich — mit einem Akzent, der an Boston erinnerte, und einem Sprachrhythmus, der auf Mitteleuropa deutete.

»Ist die Entscheidung getroffen?« fragte er.

»Ja«, antwortete Genesis. »Positiv.«

»Sie hatten keine Wahl«, sagte Varak.

»Haben Sie schon einen Zeitplan aufgestellt?« Bravo beugte sich vor, und seine Augen blickten aufmerksam und doch irgendwie unbeteiligt.

»Ja. In drei Wochen. In der Nacht vom 1. Mai; die Leiche wird am Morgen entdeckt werden.«

»Dann wird die Nachricht am 2. Mai verbreitet.« Genesis sah die Mitglieder von Inver Brass an. »Bereiten Sie Erklärungen vor, wo Sie glauben, daß diese benötigt werden. Einige von uns sollten außer Landes sein.«

»Sie vermuten, daß der Tod auf normale Weise gemeldet werden wird«, sagte Varak, und seine weiche Stimme hob sich dabei etwas, um das Gegenteil anzudeuten. »Ohne Kontrollen würde ich das nicht garantieren.«

»Warum?« fragte Venice.

»Ich glaube, 1600 wird in Panik geraten. Diese Kerle würden die Leiche im Kleiderschrank des Präsidenten auf Eis legen, wenn sie glaubten, daß ihnen das die Zeit verschafft, um Zugang zu den Archiven zu bekommen.«

Varaks bildhafte Sprache ließ einige der am Tisch Anwesenden lächeln.

Genesis meinte: »Dann müssen Sie es garantieren, Mr. Varak. *Wir* werden die Archive haben.«

»Ausgezeichnet. Noch etwas?«

»Nein.«

»Danke«, sagte Gensis und nickte leicht. Varak verließ den Raum schnell. Genesis stand auf und griff nach dem Blatt mit den maschinengeschriebenen Worten in Code. Dann beugte er sich vor und sammelte die sechs kleinen Blätter mit der römischen Ziffer I ein. »Die Sitzung ist geschlossen, Gentlemen. Wie üblich ist jeder von Ihnen selbst für die Vernichtung aller Notizen verantwortlich.«

Einer nach dem anderen traten die Männer von Inver Brass an den Franklin-Ofen. Das erste Mitglied nahm den Deckel mit der Zange ab, die daneben an der Wand hing. Er ließ das Blatt Papier vorsichtig auf die brennenden Kohlen fallen; die anderen taten es ihm gleich.

Die letzten zwei Männer, die sich dem Ritual unterzogen, waren Genesis und Bravo. Sie standen etwas abseits von den anderen.

Genesis sagte leise: »Danke, daß Sie zurückgekommen sind.«

»Sie sagten mir vor vier Jahren, daß ich nicht verschwinden könnte«, erwiderte Munro St. Claire. »Sie hatten recht.«

»Ich fürchte, da ist noch mehr«, sagte Genesis. »Ich fühle mich nicht wohl. Ich habe nur noch sehr wenig Zeit.«

»O Gott ...«

»Bitte. Ich bin es, der Glück hat.«

»Was? Wie?«

»Die Ärzte haben mir zwei oder drei Monate gegeben. Vor zehn Wochen. Ich habe natürlich darauf bestanden, daß sie offen zu mir waren. Sie sind unheimlich akkurat; das kann ich spüren. Ich kann Ihnen versichern, es gibt kein anderes Gefühl, das dem gleichkommt. Es hat etwas Absolutes an sich und damit auch etwas Angenehmes.«

»Tut mir leid. Mehr, als ich in Worte fassen kann. Weiß es Venice?« St. Claires Augen wanderten zu dem hünenhaften Neger hinüber, der sich leise in der Ecke mit Banner und Paris unterhielt.

»Nein. Ich wollte, daß nichts unsere Entscheidung heute abend beeinträchtigt.« Genesis ließ das mit Maschine beschriebene Papier in den gelben Schein des Ofens fallen. Dann knüllte er die sechs Stimmzettel von Inver Brass zu einem Ball zusammen und ließ auch den in die Flammen fallen.

»Ich weiß nicht, was ich sagen soll«, flüsterte St. Claire mitfühlend und musterte dabei die eigenartig friedlichen Augen von Genesis.

»Ich schon«, erwiderte der Sterbende und lächelte. »Sie sind jetzt wieder zurückgekehrt. Die Ressourcen, die Ihnen zur Verfügung stehen, sind viel umfangreicher als die von Venice. Oder die eines jeden anderen der hier Anwesenden. Wir wollen einmal annehmen, daß Sie das zu Ende führen, falls ich sozusagen abberufen werde.«

St. Claire blickte auf das Blatt, das er in der Hand hielt. Auf den Namen in der linken oberen Ecke. »Er hat einmal versucht, Sie zu vernichten. Beinahe wäre es ihm gelungen. Ich werde dafür sorgen, daß es durchgeführt wird.«

»Nicht so.« Die Stimme von Genesis klang fest und mißbilligend. »Daran darf nichts Persönliches sein, kein Rachegefühl. Das ist nicht unsere Art; das kann *nie* unsere Art sein.«

»Es gibt Zeiten, in denen verschiedene Ziele miteinander vereinbar sind. Selbst moralische Ziele. Ich erkenne einfach die Tatsache an. Der Mann ist eine Gefahr.«

Munro St. Claire blickte noch einmal auf das Blatt, das er in der Hand hielt. Auf den Namen in der linken oberen Ecke.

John Edgar Hoover.

Er zerknüllte das Papier in der Hand und ließ es ins Feuer fallen.

2

Peter Kastler lag im feuchten Sand, die Wellen klatschten sanft gegen seinen Körper. Er starrte zum Himmel; das Grau begann zurückzuweichen und machte dem Blau Platz. Die Morgendämmerung zog über dem Strand von Malibu herauf.

Er drückte die Ellbogen in den Sand und setzte sich auf. Sein Nacken schmerzte, und in ein paar Augenblicken würde er den stechenden Schmerz in den Schläfen spüren. Er hatte sich in der vergangenen Nacht betrunken und in der Nacht vorher auch, verdammt.

Seine Augen wanderten zu seinem linken Bein, unter seiner Unterhose. Die dünne Narbe, die von seiner Wade über die Kniescheibe bis zum unteren Teil seines Schenkels reichte, war eine zackige, weiße Linie, umgeben von sonnengebräunter Haut. Es tat immer noch etwas weh, wenn man sie berührte, aber die komplizierte chirurgische Behandlung, die sich unter der Narbe verbarg, war erfolgreich gewesen. Er konnte fast wieder normal gehen, und an die Stelle des Schmerzes war nur ein etwas gefühlloses, steifes Gefühl getreten.

An der linken Schulter war das anders; dort ließ der Schmerz nie ganz nach, war nur manchmal etwas betäubt. Die Ärzte sagten, der größte Teil der Bänder wäre abgerissen und verschiedene Sehnen zerdrückt worden; es würde länger dauern, bis sie heilten.

Er hob geistesabwesend die rechte Hand und spürte die leichte Verdickung seiner Haut, die vom Haaransatz über das rechte Ohr bis zur Schädelbasis hinunterführte. Sein Haar bedeckte jetzt den größten Teil der Narbe, und man konnte den Bruch an seiner Stirn nur auf kurze Distanz erkennen. Während der letzten Wochen hatten mehr Frauen darüber Bemerkungen gemacht, als er sich gern erinnern wollte. Die Ärzte hatten ihm gesagt, sein Kopf sei aufgeschlitzt gewesen, wie wenn man mit einer Rasierklinge durch eine weiche Melone schneidet; ein halber Zentimeter höher oder tiefer und er wäre tot gewesen. Wochenlang hatte er sich inständig gewünscht, es wäre so gekommen. Er wußte, daß dieser Wunsch vorübergehen würde. Er wollte nicht sterben, er war nur nicht sicher, ob er ohne Cathy leben wollte.

Die Zeit würde die Verletzungen heilen, die inneren und die äußeren, daran zweifelte er nie. Er wünschte sich nur, daß das alles schneller ging, daß seine rastlose Energie wieder zurückkehrte, und daß die frühen Stunden des Tages dann wieder mit Arbeit angefüllt waren, nicht mit pochenden Schläfen und vager Besorgnis darüber, wie er sich in der vergangenen Nacht wohl benommen haben mochte.

Aber selbst wenn er nüchtern blieb, würde die Sorge bleiben. Er war seinem Element entrissen; die exotischen Stämme, die Beverly Hills und Malibu bewohnten, machten ihn konfus. Sein Agent hatte es in seiner Weisheit für richtig gehalten, daß er nach Los Angeles ging — Hollywood, warum sprach er es nicht aus, dachte es nicht? Hollywood — um am Drehbuch von *Gegenschlag!* mitzuwirken! Die Tatsache, daß er vom Drehbuchschreiben keine Ahnung hatte, hatte offenbar nichts zu besagen. Der furchterregende Joshua Harris, der einzige Agent, den er je gekannt hatte, hatte ihm erklärt, dies sei ein geringfügiger Mangel, der aber durch eine beachtliche Summe Geldes ausgeglichen werden würde.

Peter hatte die Logik, die hinter dieser Behauptung stand, nicht durchschaut. Aber schließlich war es seinem Mitautor ebenso ergangen. Die beiden Männer waren sich inzwischen dreimal begegnet — auf insgesamt vielleicht fünfundvierzig Minuten — wovon wiederum vielleicht zehn dem Drehbuch gewidmet waren. Und natürlich war noch nichts niedergeschrieben worden. Nicht in seiner Gegenwart jedenfalls.

Und doch war er hier in Malibu, bewohnte ein Strandhaus im Wert von 100 000 Dollar, fuhr einen Jaguar und belastete sämtliche Rechnungen aus den Lokalen zwischen Newport Beach und Santa Barbara dem Studio.

Man brauchte sich gar nicht zu betrinken, um in einer solchen Situation Schuldgefühle zu empfinden. Jedenfalls nicht Mr. Kastlers kleiner Junge, dem man schon in den frühen Jahren seines jungen Lebens gesagt hatte, daß man sich alles, was man bekommt, verdienen muß, ebenso wie man das ist, was man lebt.

Andererseits hatte dieses Leben in Joshua Harris' Gedanken ganz vorn gestanden, als er den Vertrag ausgehandelt hatte. Peter hatte in dem Haus in Pennsylvania nicht gelebt, im äußersten Fall konnte man das existieren nennen.

In den drei Monaten nach seiner Entlassung aus dem Hospital hatte er kaum eine Zeile an dem Nürnberg-Buch geschrieben.

Nichts. Wann würde er wieder anfangen? Irgend etwas anfangen?

Sein Kopf schmerzte jetzt. Der Schmerz war so intensiv, daß ihm die Tränen in die Augen traten und sein Magen zu revoltieren begann. Peter stand auf und ging mit unsicheren Schritten zum Strand. Vielleicht half es, wenn er ein paar Züge schwamm.

Er tauchte unter und sprang dann wieder auf und blickte zum Haus. Was, zum Teufel, hatte er überhaupt am Strand verloren? Er hatte letzte Nacht doch ein Mädchen mit nach Hause gebracht. Dessen war er sicher. Fast sicher.

Er hinkte, von Schmerzen geplagt, über den Sand zur Treppe des Strandhauses. Am Geländer blieb er stehen, atmete schwer und blickte zum Himmel auf. Die Sonne war inzwischen durchgebrochen, brannte den Nebel weg. Es würde wieder ein heißer, stickiger Tag werden. Er drehte sich um und sah, daß zwei Bewohner von Malibu Beach etwa eine Viertelmeile von ihm entfernt ihren Hund am Strand spazierenführten.

Es ging nicht, daß er sich in nassen Unterhosen am Strand sehen ließ. Das ihm noch verbliebene Gefühl von Anstand drängte ihn zum Haus zurück.

Anstand und Neugierde. Und das unbestimmte Gefühl, daß in der letzten Nacht etwas Unangenehmes geschehen war. Wie das Mädchen wohl aussehen würde? Blond, erinnerte er sich, und mit einem großen Busen. Und wie hatten sie es geschafft, von Beverly Hills, wo auch immer sie dort gewesen waren, nach Malibu zu fahren? Die vage Erinnerung des unangenehmen Zwischenfalls stand irgendwie mit dem Mädchen in Verbindung, aber er konnte sich nicht erinnern, wie oder weshalb.

Er packte das Geländer und zog sich die Treppe hinauf, bis er die Terrasse aus Redwoodbrettern erreicht hatte. Redwood und weißer Stuck und schwere Balken — das war das Strandhaus. Eine Mischung aus Malibu und frühem Tudorstil.

Die Glastüren ganz rechts standen teilweise offen. Das war der Eingang zum Schlafzimmer. Auf dem Tisch neben der Tür stand eine halbleere Flasche Pernod. Der Liegestuhl neben der Flasche war umgeworfen. Daneben lag ein Paar riemenloser Sandalen.

Langsam kam die Erinnerung zurück. Er hatte das Mädchen mit dem dramatischen Busen geliebt — unbefriedigend, wie er sich erinnerte — und war von Ekel erfüllt oder vielleicht auch, um sich damit zu verteidigen, auf die Veranda hinausgegangen und hatte dort Pernod getrunken, ohne ein Glas dazu zu benutzen.

Warum hatte er das getan? Woher war der Pernod? Welchen Unterschied machte es eigentlich, ob seine Leistung im Bett befriedigend gewesen war oder nicht, wo er sich doch bloß einen bereitwilligen Körper aus Beverly Hills mitgebracht hatte? Er konnte sich nicht erinnern, und so hielt er sich am Geländer fest und ging auf den umgekippten Stuhl und die offene Glastür zu.

In dem Pernod schwammen tote Fliegen; eine lebende kreiste zögernd um den Hals der Flasche. Kastler überlegte, ob er den umgestürzten Stuhl aufheben sollte, entschied sich dann aber dagegen. Sein Kopf schmerzte; nicht nur die Schläfen, sondern auch der gewundene Korridor aus Haut zwischen seinem Haaransatz und der Schädelbasis. Der Schmerz pochte wellenförmig, als würde er von einem unsichtbaren Strahl gelenkt.

Ein Warnsignal. Er mußte sich langsam bewegen.

Vorsichtig hinkte er durch die Tür. Das Zimmer befand sich in chaotischem Zustand. Kleider waren über das Mobilar gestreut, Aschenbecher umgekippt, ihr Inhalt über den Boden verstreut; vor dem Nachttisch war Glas zerbrochen; das Telefon war aus der Steckdose gerissen.

Das Mädchen lag auf dem Bett, sie lag seitlich da, die Brüste zusammengepreßt, gespannt, angeschwollen wie zwei zugespitzte Kugeln. Das blonde Haar fiel ihr über das Gesicht, das in einem Kissen vergraben war. Der untere Teil ihres Körpers war mit dem Laken zugedeckt, ein Bein stand vor, so daß man das von der Sonne gebräunte Fleisch an der Innenseite ihres Schenkels sehen konnte. Als Peter sie ansah, spürte er eine provozierende Regung im Unterleib. Er atmete ein paar Augenblicke lang tief ein, der Anblick der Brüste des Mädchens, ihres Beins und ihres Gesichts, das unter dem blonden Haar verborgen war, erregte ihn.

Er war immer noch betrunken. Das wußte er, weil er plötzlich begriff, daß er das Gesicht des Mädchens nicht sehen wollte. Er wollte sich nur an einem Gegenstand befriedigen; daß es sich dabei um eine Person handelte, wollte er nicht zur Kenntnis nehmen.

Er ging einen Schritt auf das Bett zu. Glassplitter lagen ihm im Weg; sie erklärten die Sandalen draußen auf der Terrasse. Wenigstens war er so geistesgegenwärtig gewesen, sie zu tragen. Und das Telefon. Er erinnerte sich, wie er ins Telefon gebrüllt hatte.

Die Frau drehte sich auf den Rücken. Ihr Gesicht war hübsch, auf jene harmlose kalifornische Art. Keck, gebräunt, mit zu kleinen, regelmäßigen Zügen, als daß man auf Charakter hätte schließen müssen. Ihre großen Brüste lösten sich voneinander, das Laken fiel herunter, so daß man ihre Scham und die kräftigen Schenkel sehen konnte. Peter trat an das Fußende des Bettes und zog die nasse Unterhose herunter. Er konnte Sand an seinen Fingerspitzen fühlen. Er setzte das rechte Knie auf das Bett, vorsichtig darauf bedacht, daß ihm die Beine nicht den Dienst versagten, und ließ sich auf die Laken nieder.

Die Frau schlug die Augen auf. Als sie sprach, tat sie das mit einer weichen, wohlmodulierten Stimme, die vom Schlaf erfüllt war. »Komm schon, Schatz. Fühlst du dich besser?«

Kastler kroch neben sie. Ihre Hand strich über seine halb angeschwollene Erektion, umhüllte sie sanft.

»Muß ich mich bei dir entschuldigen?« fragte er.

»Nein, zum Teufel. Bei dir vielleicht, aber nicht bei mir. Wie ein Bock hast du mich gebumst, aber ich glaube nicht, daß es dir gutgetan hat. Und dann bist du wild geworden und hinausgerannt.«

»Tut mir leid.« Er griff nach ihrer linken Brust, die Warze spannte sich unter dem Druck seiner Finger. Das Mädchen stöhnte und begann, ihn mit kurzen, schnellen Bewegungen in sich hineinzuziehen. Sie war entweder schauspielerisch sehr begabt oder eine sehr erfahrene Sexualpartnerin, die nur wenig Anregung brauchte.

»Mir ist immer noch am ganzen Körper warm. Du hast einfach nicht aufgehört. Richtig abgemüht hast du dich, aber für dich ist nichts passiert. Aber, *Jesus*, für mich . . . fick mich, Lämmchen. Komm schon, fick mich«, flüsterte sie.

Peter verbarg sein Gesicht zwischen ihren Brüsten. Ihre Beine teilten sich, luden ihn ein. Aber der Schmerz in seinem Kopf nahm zu, unerträglicher, bohrender Schmerz, der seinen ganzen Schädel vibrieren ließ.

»Ich kann nicht. Ich kann nicht.« Er konnte kaum reden.

»Sei ganz ruhig. Ganz ruhig mußt du jetzt sein«, sagte das Mädchen. Sie schob ihn zurück, so daß seine Schultern wieder die Laken berührten. »Ganz ruhig bleiben, Schatz, und laß mich das machen.«

Die Augenblicke verschwammen ineinander. Er spürte, wie ihm die Kräfte schwanden, dann die schnellen Bewegungen der beiden Hände des Mädchens und die feuchte Nässe ihrer Lippen, liebkosend, herausfordernd. Er begann, wieder zum Leben zu erwachen. Er brauchte das.

Verdammt. Für irgend etwas mußte er doch taugen.

Er zog ihren Kopf zu sich herunter. Sie stöhnte und spreizte die Beine; alles war Süße, Feuchte und weiches Fleisch. Er packte sie unter den Armen und zog sie neben sich. Ihr Atem ging jetzt schnell, laut, ein kehliges Stöhnen.

Er konnte jetzt nicht aufhören. Er durfte nicht zulassen, daß der Schmerz dazwischenkam. Verdammt!

»O Peter, du bist einmalig. Herrgott, der Größte bist du! Komm schon, Lämmchen! Jetzt. *Jetzt!*«

Der ganze Körper des Mädchens begann zu zucken. Ihr Flüstern grenzte jetzt an Schreie.

»O *Jesus!* Herrgott! Du machst mich verrückt, Liebster! Du bist der Allerbeste! Einen wie dich hat's noch nie gegeben! Oh! *O Gott!*«

Er explodierte förmlich in ihr, war plötzlich leer und ausgepumpt, sein ganzer Körper schlaff, und der Schmerz in seinen Schläfen ging zurück. Wenigstens für *etwas* taugte er. Er hatte sie erregt, sie dazu gebracht, ihn zu begehren.

Und dann hörte er ihre Stimme, ganz professionell. »So, Lämmchen. Das war doch nicht so schwierig, oder?«

Er sah sie an. Ihr Ausdruck war der einer Schauspielerin, die sich ihren Applaus verdient hat. Ihre Augen waren wie Tod und Plastik.

»Du bekommst noch Geld«, sagte er mit weicher Stimme, kalt.

»Nein, nicht von dir.« Sie lachte. »Von dir nehme ich kein Geld. Er bezahlt mich gut.«

Kastler erinnerte sich jetzt an alles. Die Party, den Streit, die Fahrt in betrunkenem Zustand von Beverly Hills nach hierher, sein Ärger am Telefon.

Aaron Sheffield, Filmproduzent, Eigentümer von *Gegenschlag!*

Sheffield war auf der Party gewesen, seine junge Frau im Schlepptau. Um es genau zu sagen, es war Sheffield gewesen, der ihn angerufen hatte, ihn aufgefordert hatte, mitzukommen. Es hatte keinen Grund gegeben, nicht anzunehmen, und einen sehr guten, mitzukommen: der Co-Autor des Drehbuchs von *Gegenschlag!* war der Gastgeber gewesen.

Keine Sorge. Ein Klassebuch hast du geschrieben.

Aber letzte Nacht gab es Grund zur Besorgnis. Sie wollten ihm das in angenehmer Umgebung sagen. Mehr als angenehm.

Das Studio hatte einige ›sehr besorgte‹ Anrufe aus Washington bezüglich der Verfilmung von *Gegenschlag!* erhalten. Man hatte sie darauf hingewiesen, daß es in dem Buch einen größeren Fehler gab: die Central Intelligence Agency war nicht im Inland tätig. Sie befaßte sich nicht mit Operationen innerhalb der Grenzen der Vereinigten Staaten. Die im Jahre 1947 verfaßte Charta der CIA hatte das ausdrücklich verboten. Aaron Sheffield hatte sich deshalb bereit erklärt, das Drehbuch in diesem Punkt abzuändern. Aus Kastlers CIA würde ein Elitecorps unzufriedener ehemaliger Abwehrspezialisten werden, die außerhalb der Zuständigkeit und der Verantwortung der Regierung tätig waren.

Was soll's, hatte Aaron Sheffield gesagt. *Vom dramaturgischen Standpunkt her betrachtet, ist das ohnehin besser so. Auf die Weise haben wir zwei Arten von Schurken, und Washington ist glücklich.*

Aber Kastler war wütend. Er wußte, wovon er redete. Er hatte mit wahrhaft verärgerten Leuten gesprochen, die für die Agency gearbeitet hatten und über das, was man von ihnen verlangt hatte, empört waren. Empört, weil es illegal war, und empört, weil es keine Alternativen gab. Ein Wahnsinniger namens J. Edgar Hoover hatte alle Kanäle zwischen dem FBI und dem CIA abgebrochen. Die Männer des CIA würden sich selbst um die inländischen Informationen kümmern müssen, die man ihnen vorenthielt. Bei wem sollten sie sich denn beklagen? Bei Mitchell? Nixon?

Wenn *Gegenschlag!* eine Bedeutung hatte, dann lag diese in dem Mißbrauch der Agency. Das zu ändern, hieß, einen wichtigen Bestandteil des Buches zunichte machen. Peter hatte heftigen Widerstand geleistet, und je ärgerlicher er wurde, desto mehr, so schien es, trank er. Und je mehr er trank, desto herausfordernder war das Mädchen neben ihm geworden.

Sheffield hatte sie nach Hause gefahren. Peter und das Mädchen waren auf dem Rücksitz des Wagens gewesen, den Rock über die Hüfte geschoben, die Bluse aufgeknöpft, so daß ihre riesigen Brüste, über die immer wieder die Schatten huschten, ihn wild gemacht hatten. Auf betrunkene Art wild.

Und dann waren sie zusammen hineingegangen, während Sheffield weggefahren war. Das Mädchen hatte zwei Flaschen Pernod gebracht, ein Geschenk von Aaron, und dann hatten ihre Spiele ernsthaft begonnen. Wilde Spiele, betrunkene, nackte Spiele.

Bis die stechenden Schmerzen in seinem Schädel ihn aus diesen Spielen gerissen, ihm ein paar Augenblicke der Klarheit geliefert hatten. Er war ans Telefon getaumelt, hatte wie verrückt in seinem Notizbuch nach Sheffields Nummer gesucht und wütend die Tasten gedrückt.

Er hatte Sheffield angebrüllt, ihm jede Beleidigung, die ihm in den Sinn gekommen war, an den Kopf geworfen, seine Einwände hinausgebrüllt — und seine Schuld — weil man ihn manipuliert hatte. In *Gegenschlag!* würde es keine Änderungen geben.

Und wie er jetzt auf dem Bett lag, neben sich das blonde Mädchen, erinnerte Kastler sich an Sheffields Worte am Telefon.

»Ruhig, Junge. Was macht es Ihnen schon aus? Sie haben kein Einspruchsrecht bei dem Drehbuch. Wir waren doch nur höflich. Jetzt steigen Sie schon runter von ihrem hohen Roß. Sie sind auch bloß ein lausiger, kleiner Lohnschmierer wie wir anderen auch.«

Das blonde Mädchen, das neben Peter auf dem Bett lag, war Sheffields Frau.

Kastler drehte sich zu ihr herum. Die leeren Augen waren jetzt etwas heller, aber immer noch tot. Ihr Mund öffnete sich, und eine erfahrene Zunge strich sinnlich über ihre Lippen, sandte eine unmißverständliche Botschaft aus.

Die den Applaus gewöhnte Schauspielerin war bereit zum nächsten Auftritt.

Verdammt, war doch egal! Er griff nach ihr.

3

Der Mann, dessen Gesicht zu den bekanntesten im ganzen Land zählte, saß allein am Tisch zehn im Mayflower Restaurant an der Connecticut Avenue. Der Tisch stand an einem Fenster, und der Mann blickte immer wieder abwesend, aber nicht ohne eine gewisse Feindseligkeit durch die Scheibe auf die Passanten draußen.

Er war exakt um elf Uhr fünfunddreißig eingetroffen; er würde jetzt zu Mittag essen und um zwölf Uhr vierzig wieder gehen. Das war seit mehr als zwanzig Jahren eine feste Gewohnheit für ihn. Die Stunde und fünf Minuten waren die feste Gewohnheit, nicht das Mayflower. Das Mayflower war eine Änderung aus der letzten Zeit, seit Harvey's, ein paar Straßen weiter, geschlossen hatte.

Das Gesicht mit dem ausgeprägten Kinn, dem lang gezogenen Mund und den Augen, die auf eine Überfunktion der Schilddrüse deuteten, hatte sich aufgelöst. Wo früher einmal kräftige Kinnladen Energie verraten hatten, waren jetzt nur noch herunterhängende Backen; faltiges, bräunliches Fleisch wucherte über die Schlitze, die einmal Augen gewesen waren; die borstigen Haarsträhnen verrieten das ausgeprägte Selbstbewußtsein, das ein Teil seiner alles verneinenden Einstellung war.

Sein üblicher Begleiter war nicht zu sehen. Seine geschwächte Gesundheit und zwei Schlaganfälle hielten ihn fern. Das weiche, verzärtelte Gesicht — das um Männlichkeit buhlte — war seit Jahrzehnten eine Blume für den stacheligen Kaktus gewesen. Der Mann, der im Begriff stand, zu Mittag zu essen, blickte über den Tisch, als erwartete er, seinen attraktiven Gegenpol zu sehen. Daß er niemanden sah, schien ein periodisches Zittern seiner Finger und ein immer wiederkehrendes Zucken seiner Mundwinkel auszulösen. Er schien ganz von seiner Einsamkeit umfangen; seine Augen huschten herum, lauerten auf echte und eingebildete Unbilden, die ihn umgaben.

Einer seiner Lieblingskellner war heute wegen Erkrankung nicht zum Dienst erschienen; das war für ihn ein persönlicher Affront. Er sorgte dafür, daß alle es erfuhren.

Fruchtsalat, mit etwas Hüttenkäse in der Mitte, war für Tisch zehn bestimmt. Man richtete den Teller auf dem offenen Regal aus rostfreiem Stahl in der Küche her und brachte es zur Theke. Der blonde zweite Hilfskoch, der nur aushilfsweise beschäftigt wurde, musterte die einzelnen Tabletts und prüfte ihr Aussehen mit geübtem Blick. Jetzt hatte er sich den Fruchtsalat vorgenommen; er hielt ein Brett mit Notizen in der Hand und musterte die Tabletts, die vor ihm standen.

Unter dem Brett mit der Klammer hielt er waagrecht eine dünne, silberne Zange, deren Backen die weiche, weiße Kapsel umfaßten. Der blonde Mann lächelte einem gehetzten Kellner zu, der durch die Tür des Speisesaals hereinkam; im gleichen Augenblick stieß er die silberne Zange in den Berg Hüttenkäse unter seinem Brett, zog sie wieder zurück und ging weiter.

Sekunden später sah er sich die Bestellung für Tisch zehn noch einmal an, schüttelte den Kopf und schob den Hüttenkäse mit einer Gabel zurecht.

Die Kapsel enthielt eine schwache Dosis von Lyserginsäure Diäthylamid. Die Kapsel würde sich auflösen und das Narkotikum etwa sieben bis acht Stunden nach der Aufnahme freigeben.

Die geringfügige Belastung und die Desorientierung, die darauf folgen würden, würden genügen. Zum Zeitpunkt des Todes würde es keine Spuren im Blutstrom geben.

Die Frau in mittleren Jahren saß in einem Zimmer ohne Fenster. Sie lauschte der Stimme, die aus den Wandlautsprechern kam, und wiederholte die Worte dann ins Mikrofon eines Tonbandgerätes. Ihr Ziel war es, die inzwischen bereits vertraute Stimme aus den Lautsprechern, so gut dies möglich war, zu imitieren. Jeder Laut, jede Nuance, die affektierte, kurze Pause, die etwas zischenden S-Lauten folgte.

Die Stimme aus den Lautsprechern war die von Helen Gandy, seit Jahren die persönliche Sekretärin von John Edgar Hoover.

In einer Ecke des kleinen Studios standen zwei Koffer. Beide waren voll gepackt. In vier Stunden würde sich die Frau mit den beiden Koffern auf einer Transatlantikmaschine auf dem Kurs nach Zürich befinden. Dies war die erste Etappe einer Reise, die sie am Ende nach Süden, auf die Balearen, und dort zu einem Haus am Meer in Mallorca führen würde. Aber zuerst war da Zürich, wo die Staatsbank auf ihre Unterschrift hin eine vorher vereinbarte Summe auf die Barclays Bank einzahlen würde, die den Betrag wiederum in zwei Raten auf ein Konto ihrer Zweigniederlassung in Palma transferieren würde. Die erste Zahlung würde sofort erfolgen, die zweite in achtzehn Monaten.

Varak hatte sie eingestellt. Er war fest davon überzeugt, daß es für jede Aufgabe die genau richtige Person gab, die diese Aufgabe erfüllen konnte. Die computerisierten Datenbänke im Nationalen Sicherheitsrat waren unter strengster Geheimhaltung programmiert worden, von Varak allein, bis sie die Person lieferten, die er suchte.

Sie war Witwe, eine ehemalige Radioschauspielerin. Sie und ihr Mann waren 1954 in eine der Säuberungsaktionen McCarthys geraten und hatten sich davon nie erholen können. Dieser Wahnsinn wurde damals vom Federal Bureau of Investigation sogar noch ausdrücklich gefördert. Ihr Mann, den viele für ein bedeutendes Talent hielten, arbeitete sieben Jahre nicht. Am Ende jener Zeit brach ihm vor Kummer das Herz. Er war in einer Station der U-Bahn, auf dem Weg zu einem Bürojob in einer Bank in der Innenstadt, gestorben. Die Frau war beruflich jetzt seit achtzehn

Jahren erledigt; der Schmerz und das Gefühl, zurückgestoßen zu werden, und die Einsamkeit hatten sie ihrer Fähigkeit beraubt, mit anderen in Wettbewerb zu treten.

Jetzt gab es keinen Wettbewerb. Man sagte ihr nicht, weshalb sie das tat, was sie tat. Nur, daß das kurze Gespräch am anderen Ende der Leitung mit einem ›Ja‹ enden mußte.

Der Empfänger des Anrufs war ein Mann, den die Frau aus ganzer Seele verabscheute. Ein Mittäter, mitverantwortlich für den Wahnsinn, der ihr Leben gestohlen hatte.

Es war kurz nach neun Uhr abends, und der Telefonservice-Wagen war ein vertrauter Anblick am Thirtieth Street Place im nordwestlichen Washington. Die kurze Straße war eine Sackgasse, die mit den imposanten Toren der Residenz des peruanischen Gesandten endete. Das nationale Wappen prangte auf den steinernen Säulen. Wenn man die Straße etwas weiter nach links hinunterging, sah man sich dem verblaßten Ziegelhaus gegenüber, das dem Direktor des Federal Bureau of Investigation gehörte. Eine oder beide Residenzen waren dauernd damit beschäftigt, ihre Funk- und Fernmeldeanlagen auf den neuesten Stand zu bringen.

Und gelegentlich patrouillierten unmarkierte Lieferwagen, aus deren Dächern Antennen stachen, durch die Gegend. Es hieß, daß John Edgar Hoover solche Patrouillen anordnete, um unerwünschte elektronische Überwachungsanlagen zu überprüfen, die möglicherweise von feindlichen ausländischen Regierungen dort angebracht worden waren.

Das Außenministerium erhielt häufig Beschwerden des peruanischen Botschafters. Das war peinlich; das Außenministerium hatte keine Möglichkeit, etwas zu unternehmen.

Hoovers Privatleben war gleichsam eine Verlängerung seiner beruflichen Macht.

Und Peru war ohnehin nicht sehr wichtig.

Der Telefonwagen fuhr die Straße hinunter, kehrte um und fuhr den Weg, den er gekommen war, zurück bis zur Dreißigsten Straße, wo er fünfzig Meter weit nach rechts bog und dann noch einmal nach rechts in eine Reihe von Garagen hinein. Am Ende des Garagenkomplexes war eine Steinmauer, welche die hintere Grundstücksgrenze von 4936 Thirtieth Street Place, Hoovers Anwesen, bildete. Über und hinter den Garagen waren andere Häuser, deren Fenster Hoovers Grundstück überblickten. Der Mann in dem Werkstattwagen wußte, daß sich hinter einem jener Fenster ein Agent des FBI befand, ein Mitglied einer Gruppe, welche die Umgebung vierundzwanzig Stunden am Tag überwachte. Die Teams waren geheim und wurden jede Woche abgelöst.

Der Fahrer des Werkstattwagens wußte auch, daß der Betreffende jetzt routinemäßig eine besondere Nummer bei der Telefongesellschaft anrufen würde. Eine ganz einfache Frage, die ein seltsames Summen in der Leitung übertönen würde: Worin bestand das Problem, daß um diese Stunde ein Werkstattwagen in diese Gegend entsandt werden mußte?

Und die zuständige Person in der Telefongesellschaft würde nachsehen und die Wahrheit sagen, so wie man sie ihr bekannt gegeben hatte. Ein Kurzschluß in einem Schaltkasten. Verdächtig: ein neugieriges Eichhörnchen, das sich am Isoliermaterial gütlich getan hatte. Der Schaden verursachte das hörbare Summen in der Leitung. Ob der Anrufer das nicht hörte?

Ja, er hörte es.

Varak hatte vor Jahren, zu Anfang seiner Tätigkeit im Nationalen Sicherheitsrat, gelernt, nie zu einfache Antworten zu geben, wenn eine Überwachungsstelle Auskunft wollte. Eine zu einfache Antwort würde nicht akzeptiert werden, ebensowenig wie eine übermäßig komplizierte. Der Mittelweg war immer richtig.

Das Hochfrequenzradiotelefon in dem Werkstattwagen summte: ein Signal. Ein aufmerksamer FBI-Mann hatte bei der Telefongesellschaft angefragt. Der Fahrer bremste ab, wendete erneut und fuhr fünfunddreißig Meter zur nächsten Telefonstange. Sein Blick auf Hoovers Wohnhaus war frei und unbehindert. Er parkte und wartete, hatte auf dem Vordersitz Blaupausen ausgebreitet, als studierte er sie.

Agenten gingen oft noch spät in der Nacht Streifen. Alle Möglichkeiten mußten berücksichtigt werden.

Der Telefonwagen stand jetzt achtzig Meter nordwestlich von 4936 Thirtieth Street Place. Der Fahrer verließ seinen Sitz, kroch in den hinteren Teil des Wagens und schaltete seine Anlage ein. Er mußte genau sechsundvierzig Minuten warten. Während dieser Zeit mußte er den Stromfluß, der in Hoovers Wohnung empfangen wurde, genau festhalten. Die stärkeren Ladungen bestimmten die Stromkreise des Alarmsystems; die schwächeren waren Licht, Radio- und Fernsehgeräte. Es war von entscheidender Wichtigkeit, das Alarmsystem zu definieren, aber nicht weniger wichtig war das Wissen, daß in dem Bereich rechts unten Strom verbraucht wurde. Das bedeutete, daß im Zimmer des Mädchens elektrische Anlagen eingeschaltet waren. Es war von großer Wichtigkeit, das zu wissen. Annie Fields, seit undenklichen Zeiten Hoovers persönliche Haushälterin, war im Hause.

Die Limousine bog nach rechts von der Pennsylvania Avenue ab in die Zehnte Straße und verlangsamte ihre Fahrt vor dem Westeingang zum FBI. Die Limousine war identisch mit derjenigen, die den Direktor täglich in sein Büro brachte — bis zu der leicht verbeulten Chromstoßstange, die Hoover nicht hatte reparieren lassen, um den Chauffeur James Crawford ständig an seine Ungeschicklichkeit zu erinnern. Natürlich war es nicht derselbe Wagen; der wurde Tag und Nacht bewacht. Aber niemand, nicht einmal Crawford, hätte den Unterschied feststellen können.

Der Fahrer sprach die entsprechenden Worte in das Mikrofon am Armaturenbrett, und die mächtigen Stahltore des Eingangsportals öffneten sich. Der Nachtwächter salutierte, als die Limousine durch das Betongebäude rollte, durch die drei Tore hintereinander auf die schmale, kreisförmige Einfahrt. Ein zweiter Wachposten des Justizministeriums sprang aus dem Südeingang, griff nach der rechten Hintertür und riß sie auf.

Varak stieg schnell aus und dankte dem erstaunten Posten. Der Fahrer und ein dritter Mann — der neben dem Fahrer saß — stiegen ebenfalls aus und grüßten freundlich, aber leise.

»Wo ist der Direktor?« fragte der Wachmann. »Das ist Mr. Hoovers persönlicher Wagen.«

»Wir sind auf seine Anweisung hier«, sagte Varak ruhig. »Er möchte, daß man uns sofort zur Sicherheitsabteilung bringt. Die sollen ihn anrufen. Sie kennen die Nummer; sie läuft über Zerhacker. Ich fürchte, es handelt sich um einen Notfall. Bitte beeilen Sie sich.«

Der Wachmann sah die drei gut gekleideten, höflichen Männer an. Seine Besorgnis ließ nach; diese Männer kannten die höchst geheimen Torcodes, die jede Nacht wechselten; außerdem hatten sie Anweisung, den Direktor selbst anzurufen. Über das Zerhackertelefon der Sicherheitsabteilung. Diese Nummer durfte *nie* benutzt werden.

Der Wachmann nickte und führte die Männer zu dem Tisch der Sicherheitsstelle im Korridor und kehrte zu seinem Posten draußen zurück. Hinter der breiten Stahlplatte mit den Myriaden von Drähten und kleinen Fernsehschirmen saß ein Senioragent, der sich in seiner Kleidung kaum von den drei Männern unterschied, die jetzt auf ihn zugingen. Varak zog eine in Plastik eingeschweißte Ausweiskarte aus der Tasche und sprach den Mann an.

»Agenten Longworth, Krepps und Salter«, sagte er und legte die Karte auf die Theke. »Sie müssen Parke sein.«

»Richtig«, erwiderte der Agent und nahm Varaks Karte entgegen und griff nach den beiden anderen, die ihm gereicht wurden. »Sind wir uns schon einmal begegnet, Longworth?«

»Seit zehn oder zwölf Jahren nicht mehr. Quantico.«

Der Agent warf einen kurzen Blick auf die Ausweise, legte sie auf die Theke zurück und kniff nachdenklich die Augen zusammen. »Yeah, jetzt erinnere ich mich. Al Longworth, ist lange her.« Er streckte dem anderen die Hand hin und Varak schüttelte sie. »Wo waren Sie denn?«

»La Jolla.«

»Mann, Sie müssen Beziehungen haben!«

»Deshalb bin ich hier. Dies sind meine zwei besten Leute im südlichen Kalifornien. *Er* hat mich gestern abend angerufen.« Varak lehnte sich über die Theke. »Ich habe schlechte Nachrichten, Parke. Gar nicht gut«, sagte er im Flüsterton. »Es sieht so aus, als würden wir bald ›offenes Territorium‹ bekommen.«

Der Gesichtsausdruck des Agenten veränderte sich schlagartig; es war offensichtlich, daß das Gehörte ihm einen Schock versetzt hatte.

Unter den dienstälteren Beamten des Bureau bedeutete ›offenes Territorium‹ das Undenkbare: der Direktor war krank. Ernsthaft, vielleicht tödlich erkrankt.

»O mein Gott ...«, murmelte Parke.

»Er möchte, daß Sie ihn über Zerhacker anrufen.«

»Herrgott!« Unter den gegebenen Umständen war dies offensichtlich das Letzte, was der Agent tun wollte. »Was will er denn? Was soll ich sagen, Longworth? Jesus!«

»Er möchte, daß wir in den Flaggenraum gebracht werden. Sagen Sie ihm, daß wir hier sind; lassen Sie sich seine Instruktionen bestätigen und klären Sie einen der Männer für die Relais.«

»Die Relais? Weshalb?«

»Fragen Sie ihn.«

Parke starrte Varak einen Augenblick lang an und griff dann nach dem Telefon.

Fünfzehn Straßen weiter südlich, im Keller eines Gebäudes der Telefongesellschaft, saß ein Mann vor einem Schaltbrett auf einem Hocker. An seinem Jackett trug er eine Plastikkarte mit seiner Fotografie und darunter in großen Lettern das Wort *Inspector*. An seinem rechten Ohr hing eine Muschel, die mit einem Verstärker auf dem Boden verbunden war; neben dem Verstärker stand ein kleiner Cassettenrecorder. Drähte führten in Spiralen zu anderen Drähten am Schaltbrett.

Die winzige Birne an dem Verstärker glühte auf. Das Zerhackertelefon in der Sicherheitsabteilung des FBI war in Betrieb. Die Augen des Mannes blickten starr auf einen Knopf an dem Cassettenrecorder; er lauschte in der typischen Haltung des erfahrenen Fachmannes. Jetzt drückte er den Knopf; das Band setzte sich in Bewegung, dann schaltete er sofort wieder ab. Er wartete ein paar Augenblicke und drückte dann den Knopf erneut, und wieder drehten sich die Spulen.

Fünfzehn Straßen weiter nördlich hörte Varak Parke zu. Die Worte waren aus einer Anzahl von Bändern herausgeschnitten, zugeschnitten, überarbeitet und noch einmal verfeinert worden. Wie geplant, würde die Stimme am anderen Ende der Leitung lauter als eine normale Stimme klingen; es würde die Stimme eines Mannes sein, der sich seine Krankheit nicht eingestehen wollte, der sich Mühe gab, normal zu erscheinen, und dabei unnormal sprach. Das paßte nicht nur in psychologischer Hinsicht zu dem Subjekt, es hatte auch noch einen weiteren Nutzen. Die Lautstärke verlieh Autorität, und die Autorität verringerte die Wahrscheinlichkeit, daß jemand die Täuschung entdeckte.

»Ja, was ist?« Die barsche Stimme war deutlich zu hören.

»Mr. Hoover, hier spricht Senioragent Parke, Sicherheitsabteilung. Hier sind die Agenten Longworth, Krepps und ...« Parke hielt inne, er hatte den Namen vergessen und sein Gesichtsausdruck war verwirrt.

»Salter«, flüsterte Varak ihm zu.

»Salter, Sir. Longworth, Krepps und Salter. Sind hier eingetroffen und haben gesagt, ich solle Sie anrufen, damit Sie die Instruktionen bestätigen. Sie sagten, ich solle sie nach oben in Ihr Büro bringen, einer soll für die Relais geklärt ...«

»Diese Männer«, unterbrach die Stimme am anderen Ende der Leitung ihn hart, »sind auf meine persönliche Anweisung dort. Tun Sie, was sie sagen. Sie sollen jede Unterstützung bekommen, niemand darf etwas erfahren. Ist das klar?«

»Ja, Sir.«

»Wie war noch einmal Ihr Name?«

»Senioragent Lester Parke, Sir.«

Am anderen Ende war eine Pause; Varaks Muskeln spannten sich, er hielt den Atem an. Die Pause war zu lang!

»Das werde ich mir merken«, kamen schließlich die Worte. »Gute Nacht, Parke.« Ein abschließendes Klicken war aus dem Hörer zu vernehmen.

Varak atmete jetzt wieder. Selbst das mit dem Namen hatte funktioniert; man hatte ihn aus einem Gespräch herausgeschnitten, in dem er sich über die Zunahme des Verbrechertums im Rock Creek Park beklagt hatte.

»Er klingt schrecklich, nicht wahr?« Parke legte den Hörer auf und griff unter die Theke, um drei Passierscheine herauszuholen.

»Er ist ein sehr mutiger Mann«, sagte Varak. »Hat er sich nach Ihrem Namen erkundigt?«

»Yeah«, erwiderte der Agent und schob die Passierscheine in die automatische Schaltuhr.

»Wenn das Schlimmste passiert, könnte es sein, daß Sie eine Prämie bekommen«, fügte Varak hinzu und wandte den Kopf von seinen beiden Begleitern ab.

»Was?« Parke blickte auf.

»Ein persönliches Vermächtnis. Nichts Offizielles.«

»Ich verstehe nicht.«

»Das erwartet man auch nicht von Ihnen. Aber Sie haben ja gehört, was der Mann gesagt hat; ich habe es auch gehört. Überlegen Sie sich gut, was Sie tun, wie es so schön heißt. Wenn nicht, sind Sie mir verantwortlich ... Der Direktor ist der beste Freund, den ich je hatte.«

Parke starrte Varak an. »La Jolla«, sagte er.

»La Jolla«, nickte Varak.

Das besagte viel mehr als nur den Namen einer Küstenstadt in Kalifornien. Seit Jahren waren Gerüchte und Geschichten im Umlauf — die großen Pläne eines Monarchen im Ruhestand, eine Villa mit Blick über den Pazifik, Geheimregierung, welche die Geheimnisse einer Nation in ihren Mauern barg.

Die Frau mit dem traurigen Gesicht blickte auf die Zeiger der Uhr an der Wand in dem kleinen Studio. Noch fünfundfünfzig Sekunden. Das Telefon stand auf dem Tisch vor dem Tonbandgerät, das sie dazu benutzt hatte, um die Worte zu üben. Immer wieder, eine ganze Woche der Übung für eine einzige Vorstellung, die nur eine Minute dauern würde.

Übung. Vorstellung.

Worte aus einem fast vergessenen Lexikon.

Sie war nicht dumm. Der fremde, blonde Mann, der sie bezahlt hatte, hatte ihr sehr wenig erklärt, aber genug, um sie wissen zu lassen, daß das, was sie tun sollte, etwas *Gutes* war. Ausgedacht von viel besseren Menschen als dem Mann, mit dem sie in ... vierzig Sekunden ... telefonieren würde.

Die Frau dachte nach, während sie zusah, wie sich der Sekundenzeiger langsam weiterschob. Einmal hatten sie gesagt, ihr Mann sei talentiert; alle hatten das gesagt. Er war auf dem Weg dazu, ein Star zu werden, ein *echter* Star, nicht nur jemand mit einem fotogenen Gesicht. Alle hatten das gesagt.

Und dann kamen andere Leute, sagten, sein Name stünde auf einer Liste. Einer sehr wichtigen Liste, die bedeutete, daß er kein guter Bürger wäre. Und alle, die auf jener Liste standen, bekamen einen Stempel aufgedrückt.

Subversiv.

Und dieser Stempel wurde ganz legitim erteilt. Schmallippige, junge Männer in dunklen Anzügen begannen in Studios und den Büros von Produzenten aufzutauchen.

Federal Bureau of Investigation.

Dann gingen sie hinter verschlossene Türen und führten private Gespräche.

Subversiv. Das war ein Wort, das mit dem Mann in Verbindung stand, mit dem sie gleich sprechen würde.

Sie griff nach dem Telefon. »Das ist für dich, mein Liebster«, flüsterte sie. Sie war bereit; das Adrenalin floß, wie es früher geflossen war. Und dann überkam sie große Ruhe. Sie war voll Selbstvertrauen, war wieder in ihrem Fach. Die größte Vorstellung ihres Lebens begann.

John Edgar Hoover lag im Bett und versuchte, sich auf den Fernsehschirm auf der anderen Seite des Zimmers zu konzentrieren. Er wechselte die ganze Zeit mit dem Fernschalter die Stationen; keines der Bilder war klar. Das seltsame hohle Gefühl in seiner Kehle ärgerte ihn. Er hatte das noch nie zuvor erlebt; es war gerade, als hätte man ihm ein Loch in den Hals gebohrt und zuviel Luft in seine Lungen gelassen. Aber da war kein Schmerz, nur ein unangenehmes Gefühl, das irgendwie mit dem verzerrten Geräusch in Verbindung stand, das jetzt von dem Fernseher kam.

Auf und ab. Lauter, dann wieder leiser.

Und seltsamerweise hatte er Hunger. Er hatte nie um diese Zeit Hunger gehabt; er hatte sich dazu abgerichtet.

Es war alles sehr lästig, und das kleine Klingeln seines Privattelefons machte es noch ärgerlicher. Höchstens zehn Leute in Washington hatten die Nummer; er fühlte sich jetzt einer Krise nicht gewachsen. Er griff nach dem Telefon und sagte ärgerlich: »Ja? Was ist denn?«

»Mr. Hoover. Tut mir leid, Sie stören zu müssen. Aber es ist dringend.«

»Miß Gandy?« Was war denn nur mit seinem Gehör? Gandys Stimme schien auf- und abzuschwellen, zuerst lauter, dann wieder leiser. »Was ist los, Miß Gandy?«

»Der Präsident hat von Camp David aus angerufen. Er ist zum Weißen Haus unterwegs und möchte, daß Sie sich heute abend mit Mr. Haldeman treffen.«

»Heute abend? Warum?«

»Er hat gesagt, ich solle Ihnen mitteilen, es sei eine äußerst wichtige Angelegenheit, und es gehe um Informationen, welche die CIA in den letzten achtundvierzig Stunden gesammelt hat.«

John Edgar Hoover konnte nicht verhindern, daß sich seine Stirn runzelte. Die Central Intelligence Agency war etwas Widerliches, eine Bande von Heuchlern und Speichelleckern, die von den Liberalen angeführt wurde. Man konnte ihr nicht vertrauen. Ebensowenig konnte man dem augenblicklichen Bewohner des Weißen Hauses vertrauen, aber wenn er Informationen besaß, die rechtmäßig dem Bureau gehörten, und diese Informationen von genügender Wichtigkeit waren, um einen Mann — ausgerechnet *diesen* Mann — mitten in der Nacht auszusenden, um sie zu überbringen, dann hatte es keinen Sinn, sich zu sträuben.

Hoover wünschte sich, das hohle Gefühl in seiner Kehle würde aufhören. Es war wirklich unangenehm. Und dann war da noch etwas lästig. »Miß Gandy, der Präsident hat diese Nummer. Warum hat er nicht selbst angerufen?«

»Er wußte, daß Sie auswärts essen, er weiß, daß Sie es nicht mögen, wenn man Sie in einem Restaurant stört. Ich sollte das Zusammentreffen koordinieren.«

Hoover kniff die Augen zusammen und blickte durch seine Brille auf die Uhr auf dem Nachttisch. Es war nicht mitten in der Nacht; es war gerade Viertel nach zehn. Das hätte er wissen müssen. Er hatte Tolsons um acht Uhr verlassen und vorgegeben, er sei plötzlich müde. Der Nachrichtendienst des Präsidenten war auch nicht besonders gründlich. Er war nicht in einem Restaurant gewesen, er war bei Clyde gewesen.

Er war so müde, daß er früher als gewöhnlich zu Bett gegangen war. »Ich werde Haldeman empfangen. Hier draußen.«

»Das hatte ich angenommen, Sir. Der Präsident meinte, Sie würden vielleicht einige Aktenvermerke diktieren wollen, Anweisungen an eine Anzahl von Außenbeamten. Ich habe mich angeboten, mit Mr. Haldeman hinauszufahren. Der Wagen des Weißen Hauses holt mich ab.«

»Das ist sehr freundlich, Miß Gandy. Die haben bestimmt etwas sehr Interessantes.«

»Der Präsident will, daß niemand erfährt, daß Mr. Haldeman Sie besuchen kommt. Er sagte, das wäre sehr peinlich.«

»Benutzen Sie den Seiteneingang, Miß Gandy. Sie haben ja den Schlüssel. Ich lasse den Alarm abschalten und verständige die Überwachung.«

»Wie Sie wünschen, Mr. Hoover.«

Die Frau in mittleren Jahren legte den Telefonhörer vor dem Bandgerät auf die Gabel und lehnte sich in ihrem Sessel zurück. Sie hatte es getan! Sie hatte es wirklich getan! Alles hatte gestimmt, der Rhythmus, jede Tonnuance, die unmerklichen Pausen, der leicht nasale Klang. Perfekt!

Das Bemerkenswerte daran war, daß es keinen einzigen Augenblick des Zögerns gegeben hatte. Es kam ihr vor, als wären die Schrecken vor zwanzig Jahren in wenigen Augenblicken ausgelöscht worden.

Sie hatte noch einen weiteren Anruf zu tätigen. Hier konnte sie jede Stimme einsetzen, die sie wollte, je unauffälliger, desto besser. Sie wählte.

»Weißes Haus«, sagte die Stimme an der Leitung.

»FBI, Schatz«, sagte die Schauspielerin mit leicht südlichem Tonfall. »Das ist nur eine Information für die Akten, nichts Dringendes. Der Direktor hat heute abend um neun Uhr Mr. Haldemans Nachricht erhalten. Ich soll nur den Eingang bestätigen, sonst nichts.«

»Okay, registriert. Heißer Tag heute, wie?«

»Aber eine schöne Nacht«, erwiderte die Schauspielerin. »Die schönste Nacht, die ich kenne.«

»Da hat jemand aber noch etwas vor, Verabredung mit einem tollen Mann, wie?«

»Etwas viel Besseres als das. Viel besser. Gute Nacht, Weißes Haus.«

»Gute Nacht, Bureau.«

Die Frau erhob sich aus ihrem Sessel und griff nach ihrer Handtasche. »Jetzt haben wir es getan, mein Liebster«, flüsterte sie. Ihr letzter Auftritt war ihr bester gewesen. Sie war gerächt. Sie war frei.

Der Fahrer des Telefonwagens studierte das Diagramm aufmerksam. Unten links und links Mitte gab es in den schwereren Stromkreisen Brüche. Das bedeutete, daß in jenen Abschnitten die Alarmanlagen abgeschaltet worden waren: die Einfahrt, die Tür der Steinmauer und der Weg dahinter, der zum hinteren Teil des Hauses führte.

Alles lief planmäßig. Der Fahrer sah auf die Uhr; es war fast schon Zeit, auf die Telefonstange zu klettern. Er überprüfte den Rest seiner Ausrüstung. Wenn er einen Schalter umlegte, würde in Hoovers ganzem Haus der elektrische Strom unterbrochen werden. Licht, Fernseher und Radios würden flackern und dann in einer schnellen Folge von Störungen wieder funktionieren. Die Störungen würden zwanzig Sekunden andauern, nicht länger. Die Zeit reichte, die kurzzeitige Ablenkung genügte.

Aber bevor jener Schalter umgelegt wurde, gab es noch etwas anderes zu erledigen. Wenn etwas, was seit Jahren unveränderte Gewohnheit war, auch heute wiederholt wurde, würde ein Hindernis wirksam werden. Er sah wieder auf die Uhr.

Jetzt.

Er öffnete die Tür des Werkstattwagens und sprang hinaus. Dann lief er schnell zu dem Telefonmast, hakte ein Ende des langen Sicherheitsgurtes aus und warf es um das Holz, schnappte den Haken dann an seinem Gürtel fest. Er hob die Stiefel, den linken zuerst, dann den rechten und trat die Dornen in das Holz.

Er sah sich um. Niemand zu sehen. Er klatschte den Sicherheitsgurt ein Stück über sich um die Stange und begann zu klettern. In weniger als dreißig Sekunden war er oben angelangt.

Der Lichtkegel der Straßenlampe war zu hell und gefährlich. Die Lampe hing an einem kurzen Metallträger unmittelbar über ihm. Er griff in die Tasche und holte eine Luftdruckpistole heraus, die mit Bleikugeln geladen war. Ein prüfender Blick nach unten, auf die Straße, die Fenster über den Garagen. Dann richtete er die Luftpistole auf die beleuchtete Glaskugel und betätigte den Abzug.

Es klang wie ein Spucken. Und gleich darauf ein helles Aufflackern — dann ging das Licht aus.

Er wartete lautlos; kein Geräusch zu hören. In der Finsternis öffnete er die Klappe seiner Gerätetasche und holte einen zwölf Zentimeter langen Metallzylinder heraus. Es war der Lauf einer seltsam aussehenden Waffe. Aus einem anderen Fach nahm er eine kräftige Stahlstange und befestigte sie an dem Zylinder; die Stange lief in eine gebogene Schulterstütze aus. Aus einer dritten Tasche in dem ledernen Werkzeugbehälter holte der Fahrer ein Infrarotteleskop, das genau auf das Oberteil des Zylinders abgestimmt war; es war selbstsperrend, und, sobald es einmal an Ort und Stelle saß, sehr genau. Schließlich griff der Mann in sein Jackett und holte das Teil mit dem Abzug heraus. Er ließ es an der Unterseite des Laufes einschnappen und prüfte das lautlos arbeitende Schloß; alles war bereit, blieb nur noch die Munition.

Er klemmte sich die seltsame Waffe unter den linken Arm, schob die rechte Hand in die Tasche und holte einen Stahlbolzen heraus, dessen hinteres, sich verbreiterndes Ende mit Leuchtfarbe bestrichen war. Er schob den Bolzen in die Kammer, und zog den Verschluß zurück. Der Hammer war jetzt gespannt, die Waffe schußbereit.

Seine Uhr zeigte zweiundzwanzig Uhr vierundvierzig; wenn die alte Gewohnheit auch diese Nacht eingehalten wurde, würde er das in Kürze wissen. Zwölf Meter über dem Boden hängend, spannte der Mann seinen Sicherheitsgurt, bis sein Körper gegen den Mast gepreßt war. Er hob die Waffe und drückte sich die gebogene Stütze gegen die Schulter.

Er sah durch den leuchtenden, grünen Kreis, der das Visier bildete, und bewegte es sorgfältig, bis er die Hintertür des Hauses des Direktors deutlich sehen konnte. Trotz der herrschenden Finsternis bot sich ihm ein klares Bild; das Fadenkreuz war exakt auf die Eingangsstufen gerichtet.

Er wartete. Die Minuten verstrichen langsam. Er warf einen verstohlenen Blick auf die Uhr; zweiundzwanzig Uhr dreiundfünfzig. Viel länger konnte er nicht warten; er mußte zu dem Wagen zurückkehren, um den Schalter umzulegen.

Ausgerechnet heute! Er würde nicht seiner Gewohnheit folgen.

Dann sah er das Außenlicht! Die Tür öffnete sich; der Mann spürte eine Welle der Erleichterung.

Durch sein Infrarotteleskop war jetzt das mächtige Tier zu sehen. Es war Hoovers riesiger Bullenbeißer, von dem das Gerücht ging, er wäre einer der bösartigsten Hunde, die man sich vorstellen konnte. Es hieß, dem Direktor bereitete der Vergleich Vergnügen, die man zwischen den Gesichtern von Herr und Hund anstellte.

Die jahrelang geprägte Gewohnheit wurde auch heute geübt. Jeden Abend zwischen dreiviertel elf und elf ließen Hoover oder Annie Fields den Hund hinaus, damit er innerhalb der Umfriedung herumlaufen konnte; seine Kot wurde dann am Morgen entfernt.

Die Tür schloß sich, das Außenlicht blieb brennen. Der Mann an der Telegrafenstange bewegte seine Waffe, ließ sie seinem Opfer folgen. Jetzt ruhte das Fadenkreuz auf dem mächtigen Hals des Tieres.

Der Fahrer betätigte den Abzug; ein kurzes, metallisches Klikken war zu hören. Er konnte durch sein Zielfernrohr sehen, wie sich die Augen des Bullenbeißers weiteten; das mächtige Maul öffnete sich, aber kein Laut war zu hören.

Das Tier fiel betäubt zu Boden.

Ein unauffälliger, grauer Wagen rollte am 4936 Thirtieth Street Place vorbei und blieb etwa dreißig Meter davon entfernt stehen. Ein hochgewachsener Mann in einem dunklen Anzug stieg auf der Beifahrerseite aus und sah sich auf der Straße um. In der Nähe der Residenz des peruanischen Botschafters führte eine Frau einen Dalmatiner spazieren. In der anderen Richtung, vielleicht zweihundert Meter entfernt, ging ein Paar langsamen Schrittes auf eine beleuchtete Eingangstür zu.

Sonst war nichts zu sehen.

Der Mann sah auf die Uhr und spürte die leichte Ausbuchtung seiner Jackentasche.

Er hatte genau eine halbe Minute, dreißig Sekunden, und danach würde er exakt zwanzig Sekunden haben. Er nickte dem Fahrer zu und ging schnell zur Einfahrt zurück. Die Kreppsohlen seiner Schuhe bewegten sich völlig lautlos über das Pflaster. Jetzt hatte er die von Schatten bedeckte Einfahrt erreicht und ging, ohne seine Schritte zu verlangsamen, auf die Tür in der Mauer zu und zog eine kleine Luftpistole aus dem Gürtel, nahm sie in die linke Hand. Der Bolzen war eingelegt; er hoffte, ihn nicht gebrauchen zu müssen.

Wieder sah er auf die Uhr. Elf Sekunden; er würde noch drei zulegen. Ein letzter Blick auf den Schlüssel, den er in der rechten Hand hielt.

Jetzt.

Er schob den Schlüssel ein, drehte ihn um, öffnete die Tür und betrat das Grundstück, ließ die Tür fünfzehn Zentimeter weit offen stehen. Der riesige Hund lag im Gras, das Maul offen, den mächtigen Kopf gegen den Boden gepreßt. Der Fahrer des Telefonwagens hatte seine Aufgabe wirksam erledigt. Er würde beim Hinausgehen den Bolzen entfernen; am Morgen würde keine Spur des Betäubungsmittels mehr feststellbar sein. Er schob die Luftpistole in die Tasche zurück.

Jetzt ging er schnell auf die Tür im Erdgeschoß zu, zählte dabei in Gedanken die Sekunden ab. Er konnte sehen, wie im ganzen

Haus die Lichter flackerten. Nach seiner Schätzung blieben noch neun Sekunden, als er den zweiten Schlüssel einschob.

Das Schloß ließ sich nicht betätigen! Die Zuhaltungen waren verklemmt. Er rüttelte wütend an dem Schlüssel.

Vier Sekunden, drei ... seine Finger — seine Chirurgenfinger, die auch in Chirurgenhandschuhen steckten — schoben den zackigen Metallstreifen schnell und geschickt in der zackigen Öffnung hin und her, als wäre er ein Skalpell in Fleisch.

Zwei Sekunden, eine ...

Das Schloß öffnete sich!

Der große Mann trat ein und ließ auch diese Tür offenstehen.

Er stand im Flur und lauschte. Die Lichter brannten wieder gleichmäßig. Von der anderen Seite des Hauses war aus dem Zimmer der Haushälterin das Geräusch eines Fernsehers zu hören, oben waren die Geräusche schwächer, aber deutlich zu unterscheiden; die Elf-Uhr-Nachrichten. Der Arzt überlegte einen Augenblick lang, was die Elf-Uhr-Nachrichten morgen wohl bringen würden. Er wünschte, er könne dann in Washington sein, um sie zu hören.

Er ging auf die Treppe zu und fing an, hinaufzusteigen. Ganz oben blieb er vor der Tür rechts von der Treppe stehen. Die Tür, die zu dem Mann führte, den aufzusuchen er über zwei Jahrzehnte gewartet hatte.

In Haß gewartet hatte. Tiefem Haß, den er nie vergessen konnte.

Er drehte vorsichtig den Knopf und öffnete die Tür. Der Direktor war eingenickt, sein schwerer Kopf war nach vorn gesunken, so daß ihm die Hautfalten an den Wangen über den dicken Hals fielen. Seine fetten, feminin wirkenden Hände hielten die Brille, die er in seiner Eitelkeit nur selten in der Öffentlichkeit benutzte.

Der Arzt ging an den Fernseher und drehte die Lautstärke hoch, so daß das Geräusch den Raum erfüllte. Dann trat er wieder an das Fußende des Bettes und starrte auf den Gegenstand seines Abscheus hinunter.

Der Kopf des Direktors fuhr herunter, dann sofort wieder in die Höhe. Sein Gesicht war verzerrt. »Was?«

»Setzen Sie Ihre Brille auf«, sagte der Arzt so laut, daß er den Lärm des Fernsehers übertönte.

»Was soll das? Miß Gandy? Wer sind Sie? Sie sind nicht ...« Hoover setzte zitternd seine Brille auf.

»Schauen Sie genau hin. Zweiundzwanzig Jahre ist es her.«

Die hervortretenden Augen unter den Fleischwülsten hinter den Brillengläsern suchten ihr Ziel. Das, was sie sahen, veranlaßte ihren Besitzer, aufzustöhnen. »Sie! Wie ...?«

»Zweiundzwanzig Jahre«, fuhr der Arzt mechanisch fort, aber laut genug, daß der Direktor ihn trotz des Sirenenlärms im Fernseher hören konnte. Er griff in die Tasche und holte eine Injektionsspritze heraus. »Ich habe jetzt einen anderen Namen. Ich praktiziere in Paris, wo meine Patienten die Geschichten auch gehört haben, aber sich nicht darum kümmern. *Le médicin americain* gilt als einer der besten im ganzen Hospital ...«

Plötzlich zuckte der Arm des Direktors zum Nachttisch hinüber. Der Arzt warf sich nach vorn und preßte das weiche Handgelenk gegen die Matratze. Hoover begann zu schreien; der Arzt trieb ihm den Ellbogen in den Mund und schnitt damit jeden Laut ab. Er hob den nackten, zitternden Arm.

Mit den Zähnen biß der Arzt die Gummispitze der Nadel ab. Er schob die Spritze in das gummiartige Fleisch der freigelegten Armbeuge. »Das ist für meine Frau und meinen Sohn. Für alles, was Sie mir gestohlen haben.«

Der Fahrer des grauen Wagens drehte sich in seinem Sitz herum und blickte zu den Fenstern im Obergeschoß des Hauses. Die Lichter wurden fünf Sekunden lang ausgeschaltet, dann flammten sie wieder auf.

Der unbekannte Arzt hatte seine Arbeit getan; er hatte den Schalter am Kopfbrett des Bettes gefunden und betätigt. Es galt, keine Sekunde zu verlieren.

Der Fahrer hob das Mikrofon, drückte den Knopf und sprach: »Phase eins abgeschlossen«, sagte er mit auffällig britischem Akzent.

Das Büro erstreckte sich über beinahe dreizehn Meter. Der schwere Mahagonischreibtisch am einen Ende stand etwas erhöht, zwei niedrigen, üppig gepolsterten Ledersesseln gegenüber, so daß die Besucher gezwungen waren, den Blick etwas nach oben zu richten. Hinter dem Schreibtisch, so daß man die Wand nicht sehen konnte, reihten sich Flaggen; das Banner des Federal Bureau of Investigation teilte sich die Mittelposition mit der der Nation.

Varak stand reglos vor dem Schreibtisch, die Augen auf die zwei Telefone gerichtet. Der Hörer des einen Instruments lag neben der Gabel, die Verbindung führte zu einem Telefon im Keller des Gebäudes, zu einem Mann im Relaisraum, wo alle Alarmanlagen überwacht wurden. Das andere Telefon war intakt; ein Direktapparat, der nicht mit der Zentrale des Bureaus verbunden war. Auf dem kreisrunden Etikett in der Mitte der Wählscheibe war keine Nummer angegeben.

Die mittlere Schublade des Schreibtisches stand offen. Neben ihr stand ein zweiter Mann, dessen rechte Hand vom Licht der Schreibtischlampe beleuchtet wurde. Er hatte sie mit nach oben gerichteter Handfläche in der Schublade, und seine Finger berührten einen kleinen Schalter, der in den Schreibtisch eingelassen war.

Das Telefon begann zu klingeln. Varak nahm bei der ersten Andeutung des Geräusches ab. Er sagte leise nur ein Wort: »Flaggen.«

»Phase eins abgeschlossen«, kam die Antwort über den Draht.

Varak nickte. Der Mann vor ihm betätigte den unsichtbaren Schalter.

Vier Stockwerke tiefer beobachtete ein dritter Mann ein Schaltbrett mit dunklen Quadraten, das in die Wand eingelassen war. Er hörte das Pfeifen aus dem offenen Telefon, das in Reichweite neben ihm auf dem Stahltisch lag.

Plötzlich zerriß das Schrillen einer Glocke die Stille. Ein rotes Licht mitten auf dem Brett leuchtete grell auf.

Der Mann drückte das Quadrat unter dem grellroten Licht.

Stille.

Ein uniformierter Posten kam durch die Korridortüre gerannt, die Augen geweitet.

»Wir führen hier einen Test durch«, sagte der Mann vor dem Schaltbrett und legte ruhig den Hörer auf. »Das sagte ich Ihnen doch.«

»Herrgott!« erregte sich der Mann und atmete tief. »Ihr Nachtkriecher treibt mich noch in den Infarkt.«

»Dazu würde ich es nicht kommen lassen«, sagte der Mann und lächelte.

Varak sah zu, wie Salter die Tür des begehbaren Schrankes hinter den Flaggen öffnete und in dem Raum das Licht anknipste. Die beiden Telefone lagen wieder auf ihren Gabeln; es würde noch einen Anruf geben. Von Varak an Bravo.

Nicht Genesis. Genesis war tot.

Der Mann war jetzt Bravo. Er würde erfahren, daß der Auftrag erledigt war.

Ein paar Meter vor den Flaggen standen zwei Metallkörbe auf Rädern. In den Korridoren des Büros boten sie einen vertrauten Anblick; hier rollten Dutzende wie sie und bewegten Berge von Papier von einem Büro zum anderen. In ein paar Minuten würden sie mit hunderten, vielleicht sogar ein paar tausend Akten gefüllt und ins Untergeschoß gebracht werden, an einem Senioragenten namens Parke vorbei zu einer wartenden Limousine. Die Akten von John Edgar Hoover würden einem Verbrennungsofen zugeführt werden.

Und ein langsam heranwachsendes Viertes Reich würde seiner Stützen beraubt sein.

»Varak! *Schnell*!«

Der Ruf kam aus dem Raum hinter den Flaggen. Varak rannte hinein.

Der stählerne Safe stand offen, die Schlösser der einzelnen Fächer waren aufgeschlossen, die vier Schubladen herausgezogen.

Die beiden Schubladen links drohten unter der Last der Papiere zu bersten. Die Akten A bis L waren da.

Die beiden Schubladen rechts waren leer. Die Metallplatten, welche die Aktendeckel voneinander trennen, sie aufrechthalten sollten, fielen gegeneinander, enthielten nichts.

Die Akten M bis Z fehlten. Eine Hälfte von Hoovers Schrank voll Unrat war verschwunden.

4

Kastler lag in der Sonne und las die *Los Angeles Times*. Die Schlagzeilen schienen ihm fast unwirklich, so, als wäre das, worüber sie berichteten, in Wirklichkeit nicht möglich, irgendwie ein Produkt seiner Fantasie. Endlich war der Mann tot. J. Edgar Hoover war ganz unbedeutend in seinem Bett gestorben, so wie Millionen alter Männer starben. Ohne Drama, ohne Folgen. Einfach die Unfähigkeit seines Herzens, mit den Jahren Schritt zu halten. Aber mit jenem Tod ging Erleichterung durch das Land; das spürte man selbst in dem Zeitungsartikel, der über den Tod berichtete.

Die Erklärungen, die der Kongreß und die Administration abgegeben hatten, waren, wie nicht anders zu erwarten, scheinheilig, sie troffen von unechtem Lob. Aber selbst in jenen wohlgewählten Worten konnte man deutlich die Krokodilstränen sehen. Die Erleichterung war allgegenwärtig.

Kastler faltete die Zeitung zusammen und schob sie in den Sand, damit sie ihm nicht weggeweht wurde. Er wollte nicht weiterlesen.

Und, was seiner Stimmung noch viel näher kam, er wollte auch nicht schreiben. Herrgott! Wann würde er das wollen? Würde er das je wollen? Er hatte einfach keine Lust, war es zufrieden, sich verwöhnen zu lassen, seine Passivität zu genießen.

Die Ironie des Ganzen lag darin, daß er reich wurde. Joshua Harris hatte vor einer halben Stunde aus New York angerufen, um zu berichten, daß das Studio die nächste Rate pünktlich bezahlt hatte.

Peter bekam eine Menge Geld dafür, daß er absolut nichts tat. Seit der Episode mit Sheffields Frau hatte er sich nicht einmal die Mühe gemacht, ins Studio zu gehen oder irgend jemanden wegen *Gegenschlag!* anzurufen.

Keine Sorge. Du hast ein Klassebuch geschrieben, Süßer.

Meinetwegen.

Er hob die linke Hand und drehte sie so herum, daß er auf die Uhr am Handgelenk sehen konnte. Es war fast halb neun; es war schnell Morgen geworden. Die Luft war feucht, die Sonne schien zu grell, und der Sand war bereits zu heiß. Langsam stand er auf. Er würde hineingehen und sich in einen klimatisierten Raum setzen und etwas trinken müssen.

Warum nicht? Wie hieß dieser Satz? *Ich trinke nie vor fünf Uhr nachmittags. Gott sei Dank ist es irgendwo fünf Uhr!*

War es schon nach fünf — fünf Uhr morgens — an der Ostküste? Nein, er brachte das immer durcheinander; es war genau umgekehrt. An der Ostküste war es noch nicht einmal halb zwölf.

Der Himmel war bedeckt, die Luft schwer und drückend. Der gleichmäßige Nieselregen drohte in einen Wolkenbruch überzugehen. Die Menschenmenge auf der Capitol Plaza war still; die halblauten Sprechchöre der Kriegsdienstgegner hinter den Barrikaden mischten sich in das Summen der Menge und drohten, ebenso wie der Nieselregen, lauter zu werden, sobald der Regen lauter wurde.

Hier und dort öffnete sich ein Regenschirm; gerippte Kreise aus schwarzem Tuch sprangen auf, spannten sich über gleichgültigen Gesichtern. Die Augen waren stumpf, ablehnend, leblos. Eine Strömung der Angst war zu verspüren, das letzte Erbe vielleicht des Mannes, dessen Leiche in dem riesigen Leichenwagen transportiert wurde, dessen Ankunft sich um fünfundzwanzig Minuten verspätet hatte. Und plötzlich war die mächtige schwarze Limousine da, bog lautlos aus der von Bäumen gesäumten Einfahrt über die Betonfläche des Platzes.

Stephan Varak stellte fest, daß die Menge zurückzuweichen schien, obwohl niemand der Limousine den Platz versperrt hatte. Ein weiterer Beweis für dieses Erbe der Angst, dachte er.

Zu beiden Seiten der Stufen standen reihenweise Soldaten mit vom Regen durchtränkten Uniformen. Ihre Augen blickten starr nach vorn. Es war elf Uhr fünfundzwanzig. Der Leichnam von John Edgar Hoover sollte einen ganzen Tag und eine ganze Nacht lang aufgebahrt bleiben. Dies war eine Ehre, die man in der ganzen Geschichte der Nation noch keinem Zivilbeamten erwiesen hatte.

War es vielleicht der Wunsch der Nation, sich selbst und der Welt zu beweisen, daß er wirklich tot war — dieser Mann, der wie ein Riese aus dem Morast der Korruption emporgestiegen war, die das ursprüngliche Bureau of Investigation einmal gewesen war, emporgestiegen, um eine effiziente, außergewöhnliche Organisation daraus zu bilden, um dann im Lauf der Jahre sich wieder aufzulösen, stets vom Glauben an die eigene Unfehlbarkeit erfüllt. Wenn er nur aufgehört hätte, ehe das Fieber ihn gepackt hatte, dachte Varak.

Acht Soldaten waren gemessenen Schrittes vorgetreten und standen jetzt an der hinteren Tür der schwarzen Limousine, auf jeder Seite vier. Die schwere Klappe schwang in die Höhe; der in eine Flagge gehüllte Sarg glitt heraus, senkte sich ein paar Zentimeter, als die Hände der Soldaten die vorstehenden Stahlgriffe erfaßten und ihn aus dem Wagen zogen. Mit quälend langsamen Schritten bewegten sich die Soldaten durch den immer dichter werdenden Regen auf die Stufen zu.

Jetzt begannen sie, die fünfunddreißig Stufen zum Eingang der Rotunde hinaufzusteigen. Ihre leblosen Augen waren starr nach vorn gerichtet, auf nichts; ihre Gesichter waren vom Schweiß und dem Regen durchtränkt, und unter den Aufschlägen der Uniformen konnte man die zum Bersten gespannten Sehnen sehen; ihre Kragen waren von den Schweißströmen geschwärzt, die über ihre Hälse rannen.

Es schien, als hielte die versammelte Masse gemeinsam den Atem an, bis der Sarg die oberste Stufe erreicht hatte. Die Soldaten blieben in Hab-acht-Stellung stehen; dann setzten sie sich erneut in Bewegung und schleppten ihre Last durch die mächtigen Bronzeportale der Rotunde.

Varak wandte sich dem Kameramann neben ihm zu. Beide

standen auf einer kleinen, etwas erhöhten Plattform. Die in Metall geprägten Initialen unter der dicken Linse der Kamera gehörten einem Fernsehsender in Seattle, Washington. Die Station gehörte einem Kooperativ der Westküste an; sie war an diesem Morgen auf der Capitol Plaza nicht mit eigenem Personal vertreten.

»Kriegen Sie alles?« fragte Varak in französischer Sprache.

»Jede Gruppe, jede Reihe, jedes Gesicht, das ich in den Sucher bekomme«, erwiderte der Franzose.

»Ist das schwache Licht — der Regen — ein Problem?«

»Bei diesem Film nicht. Es gibt keinen empfindlicheren.«

»Gut. Ich gehe hinauf.«

Varak, der seinen NSC-Lichtbildausweis am linken Revers trug, bahnte sich den Weg durch die Menge und ging an den Wachmännern vorbei. Er sprach den uniformierten Diensthabenden an.

»Ist die Treppe zu den Dokumenten schon abgesperrt?«

»Ich weiß nicht, Sir.« Die Augen des Mannes flogen über die Instruktionen, die vor ihm auf dem Tisch lagen. »Hier steht nichts, daß sie geschlossen werden soll.«

»Verdammt, das sollte sie aber«, sagte Varak. »Notieren Sie sich das.«

Varak ging weg. Es gab keinen wichtigen Grund, gerade diese Treppe zu schließen, aber indem er den Befehl erteilte, hatte Varak dem Wachmann klargemacht, daß er eine Autoritätsperson war. Wenn ihre Kommunikationsgeräte aus irgendeinem Grund nicht funktionieren sollten, würde er schnellen Zugang zu einem Telefon brauchen, ohne erst wertvolle Zeit zum Zweck seiner Identifizierung zu vergeuden. Jetzt war sichergestellt, daß diese wertvollen Augenblicke nicht vergeudet wurden; der Mann würde sich an ihn erinnern.

Er eilte die Treppe hinauf, nahm bei jedem Schritt zwei Stufen und stellte sich hinter die Menge, die den Eingang bis zur Rotunde erfüllte. Ein schwitzender Kongreßabgeordneter versuchte, sich hindurchzuarbeiten; er war betrunken und stolperte zweimal. Ein jüngerer Mann, offensichtlich sein Assistent, holte ihn schließlich ein, packte ihn am linken Ellbogen und zog ihn aus der Menge heraus. Der Kongreßabgeordnete vollführte eine ungeschickte halbe Drehung und prallte mit den Schultern gegen die Wand.

Als Varak unwillkürlich sein schwitzendes, verwirrtes Gesicht musterte, erinnerte er sich, daß der Kongreßabgeordnete den FBI in aller Öffentlichkeit beschuldigt hatte, sein Telefon abzuhören; das war dem Direktor höchst peinlich gewesen. Und dann hatten die Anklagen plötzlich aufgehört. Plötzlich tauchten die versprochenen Beweise nicht auf; der Mann hatte nichts mehr zu sagen.

Wahrscheinlich ist das eine der verschwundenen Akten, vermutete Varak und ging den Korridor hinunter auf eine Tür zu. Er nickte einem Wachposten zu, der seine NSC-Plakette studierte und ihm dann die Tür öffnete. Dahinter waren die schmalen Stufen, die zur Kuppel der Rotunde führten.

Drei Minuten später kniete Varak neben einem zweiten Kameramann, der fünfzig Meter über dem Boden der Rotunde Stellung bezogen hatte. Sie befanden sich auf dem oberen Gang, der seit Jahren für Touristen gesperrt war. Das leise Summen der Kamera war kaum zu hören; sie war dreifach isoliert und das Teleobjektiv war fest verschraubt. Es war unmöglich, Kamera oder Operateur von unten aus zu sehen. Einige Meter entfernt standen drei Kartons mit Filmen.

Unten hatten die Träger jetzt den Sarg auf den Katafalk gestellt. Hinter den gespannten Seilen drängten sich mit nur wenig Würde die Führer der Nation und wetteiferten miteinander darum, gesehen und anerkannt zu werden. Die Ehrenwache bezog Position, jede Waffengattung war vertreten. Irgendwo in der mächtigen Halle klingelte zweimal nacheinander ein Telefon. Varak griff instinktiv in die Tasche und holte das kleine Radio heraus, das seine Verbindung zu den anderen darstellte. Er hielt es sich ans Ohr, legte den Schalter um und lauschte. Nichts — er atmete wieder.

Eine Stimme schwebte herauf; Edward Elson, der Senatskaplan, ein Priester der Presbyterianischen Kirche, sprach das Eröffnungsgebet. Dem schloß sich Warren Burger an, der mit seiner Elogie begann. Varak hörte die Worte, und seine Kinnmuskeln spannten sich.

»... ein Mann voll stiller Courage, der nie bereit war, seine Prinzipien dem Geschrei der Öffentlichkeit zu opfern ... der seinem Land diente und sich die Bewunderung aller verdiente, die an geordnete Freiheit glaubten.«

Wessen Prinzipien? Was ist geordnete Freiheit? überlegte Varak und blickte auf die Szene hinunter. Doch für solche Gedanken war jetzt nicht die Zeit. Er flüsterte dem Kameramann etwas zu; diesmal bediente er sich der tschechischen Sprache. »Alles in Ordnung?«

»Ja, wenn ich keine Krämpfe bekomme.«

»Sie müssen sich hin und wieder strecken, aber sie dürfen nicht aufstehen. Ich löse Sie alle vier Stunden auf dreißig Minuten ab.

Benutzen Sie das Zimmer am zweiten Gang; ich bringe Ihnen zu essen.«

»Auch nachts?«

»Dafür bezahlt man Sie. Ich möchte das Gesicht jedes einzelnen, der durch die Bronzetüren kommt. Jedes einzelne verdammte Gesicht.«

Jenseits der hallenden Worte, welche die Kuppel erfüllten, konnte er jetzt ein anderes Geräusch hören. Weit in der Ferne, draußen, hinter Barrikaden im Regen, auf der anderen Seite des Platzes hatten die Kriegsdienstverweigerer jetzt ihr eigenes Totenlied begonnen. Nicht für die Leiche unter ihm in der Rotunde, sondern für Tausende auf der anderen Seite der Welt, ein liturgisches Drama wurde in bitterer Ironie aufgeführt.

»Jedes Gesicht«, wiederholte Varak.

Das von dem Springbrunnen in die Höhe geschleuderte Wasser fiel in Kaskaden in den kreisförmigen Teich im Garten vor der presbyterianischen Kirche herunter. Hinter dem Springbrunnen ragte der weiße Marmorturm in bescheidenem Glanz in die Höhe. Zur Rechten führte die zweispurige Fahrbahn unter einem steinernen Säulenbogen hindurch, während links eine Türe in die Kirche führte. Das Ganze wirkte eher wie eine Kasse, an der man Wegezoll entrichten mußte, nicht wie ein geschützter Eingang in das Haus Gottes.

Varak hatte seine Kameras in Position gebracht und die beiden erschöpften Kameraleute mit Kaffee und Benzedrin vollgepumpt. In ein paar Stunden würde alles vorüber sein. Beide würden viel reicher sein als ein paar Tage vorher; beide würden nach Hause fliegen. Einer nach Prag, einer nach Marseille.

Die Limousinen trafen ab neun Uhr fünfundvierzig ein; das Begräbnis war für elf Uhr angesetzt. Der Tscheche war draußen; diesmal war der Franzose derjenige, der unter ungünstigen Bedingungen arbeiten mußte; er kniete — aber nicht im Gebet — in einer etwas erhöhten Türnische links vom Altar. Er und seine Kamera waren von schweren Vorhängen verborgen; die offiziell aussehende Identifizierungsmarke, die an seiner Brusttasche steckte, trug den Stempel der Archivabteilung.

Niemand äußerte Zweifel an der Marke; niemand wußte, was sie zu bedeuten hatte.

Die Trauernden verließen ihre Wagen und schoben sich nach innen; die Kameras liefen. Die feierlichen Klänge der Orgel erfüllten die Kirche. Ein Militärchor von fünfundzwanzig Männern in goldbetreßten, schwarzen Uniformröcken marschierte wie Schlafwandler in das Chorgestühl.

Der Gottesdienst begann. Endlose Worte aus dem Mund jener, die liebten, und jener, die haßten. Gebete und Pslamen, Rezitationen und Zitate. Irgendwie kalt, zu gelenkt, dachte Varak. Nicht, daß es ihm etwas bedeutete; die Kameras liefen.

Und dann hörte er die vertraute, scheinheilige Stimme des Präsidenten der Vereinigten Staaten, deren besonderer Tonfall dem Anlaß angepaßt war. Ein atemloses, hohles Echo.

»Der Trend alles verzeihender Nachgiebigkeit, ein Trend, der auf gefährliche Weise das Erbe unserer Nation als eines gesetzestreuen Volkes angenagt hat, wird sich jetzt wenden. Das amerikanische Volk ist heute der Respektlosigkeit gegenüber dem Gesetz müde. Amerika möchte zum Gesetz als Richtschnur seines Lebens zurückkehren ...«

Varak wandte sich ab und verließ die Kirche.

Es gab Besseres zu tun. Er überquerte den geschnittenen Rasen, ging vorbei an einer Reihe von Frühlingsblumen zu einem mit Schieferplatten belegten Weg, der zum Springbrunnen führte. Er setzte sich auf den Brunnensims und spürte den feuchten Nebel im Gesicht. Er holte einen Stadtplan aus der Tasche und studierte ihn.

Ihr letzter Haltepunkt war der Kongreßfriedhof. Sie würden vor dem Leichenzug eintreffen und ihre Kameras so aufbauen, daß man sie nicht sehen konnte. Sie würden die letzten Augenblicke fotografieren, in denen die Leiche von J. Edgar Hoover der Erde anvertraut wurde, jene Augenblicke, in denen seine sterbliche Hülle begraben wurde.

Aber nicht seine Präsenz. Seine Präsenz würde man so lange spüren, wie die Archive fehlten.

Die Akten M bis Z. Geschätzte Zahl: 3000. Dreitausend Akten, welche die Regierung formen, die Gesetze und die Einstellung des Landes verändern konnten.

Wer hatte sie? Wer *war* es?

Wer auch immer es war, war auf dem Film aufgezeichnet. Es mußte so sein; es gab keinen anderen Schluß. Keiner, der ein Fremder in Washington war, hätte die komplizierten Sicherheitsanlagen durchbrechen und sie stehlen können.

Irgendwo in den zehntausenden von Metern, die sie aufgezeichnet hatten, ein Gesicht. Und ein Name, der zu dem Gesicht gehörte. Er würde jenes Gesicht und jenen Namen finden, dachte Varak ärgerlich. Er mußte.

Es war undenkbar, daß es ihm nicht gelang.

5

Der Film rollte durch den Projektor, warf Bilder auf die Wand. Vergrößerte Gesichter tauchten auf, eines nach dem anderen. Varak rieb sich müde die Augen; er hatte diesen Film in den letzten drei Monaten bestimmt fünfzigmal gesehen.

M bis Z. Vierzehn Buchstaben. Höchstwahrscheinlich war es ein Gesicht mit einem Namen, der mit einem dieser Buchstaben begann. Der Mann, der die Archive gestohlen hatte, würde bestimmt die Möglichkeit nicht übersehen haben, daß sich auch seine Akte darunter befand. Aber welcher Mann? Mathematisch betrachtet, waren die Wahrscheinlichkeiten unendlich, und seit ihm in den Sinn gekommen war, daß ja schließlich auch noch Decknamen hinzukommen konnten, nur noch größer. Ein Mann mit einem Namen, der mit einem K oder mit einem G begann — ein Kleindienst oder ein Grey — konnten dem Bureau als ›Nelson‹ oder ›Stark‹ bekannt sein. Tatsächlich waren ›Nelson‹ und ›Stark‹ dann Kleindienst und Grey.

Der Keller des Hauses in Georgetown war in ein Studio mit einem Büro und einem Wohnraum daneben umgebaut worden. Die Filme, die Fotografien, die Schachteln voll Papier — Personalakten, Spesenabrechnungen, Telefonrechnungen — es war überwältigend. Und man konnte keine Mitarbeiter zum Sortieren und Zusammenfügen einsetzen. Nur ein Mann durfte Zugang zu dem Material haben. Auch nur einer mehr, und die Gefahr der Entdeckung stieg ins Quadrat, ja ins Unermeßliche.

Aber es konnte einfach nicht mit einem Fremden angefangen haben! Ganz zu Anfang mußte ein Freund stehen, ein enger Freund, ein Kollege. Anders gab das Ganze keinen Sinn; es gab einfach zu viele Sperren und Schranken, als daß ein Fremder sie hätte überwinden können. Ein Fremder konnte einfach nicht all die unsichtbaren Schalter kennen und die Alarmanlagen in geheimen Räumen außer Kraft setzen, die Tag und Nacht bewacht wurden.

Aber welche Freunde? Welche Kollegen? Seit dreizehn Wochen arbeitete er sich jetzt durch die voluminösen Akten, Dossiers, Filme und Fotografien und war noch keinen Schritt weiter gekommen. Jedes einzelne ungewöhnliche Gesicht, von M bis Z, jeder Fetzen Information, der nicht ins Schema paßte, in irgendeiner Akte, einem Interview oder einer Spesenabrechnung, hatte eine erschöpfende Überprüfung der betreffenden Person zur Folge gehabt. Und all das hatte zu nichts geführt.

Varak trat in das kleine, fensterlose Büro. Manchmal war ihm, als würde er nie mehr die Sonne sehen oder gar frische Luft atmen. Er blickte zu der Korkplatte an der Wand; die Schreibtischlampe war nach oben gerichtet und beleuchtete eine fotografische Vergrößerung von Hoovers letztem Willen und Testament.

Die Gesamtsumme seines Nachlasses stand in der rechten, oberen Ecke, war mit kräftigen Strichen eines Filzstiftes hingeschrieben. Sie betrug 551 500 Dollar.

Dazu gehörte der Immobilienbesitz am Thirtieth Street Place, Bankkonten, Aktien, Obligationen und versorgungsrechtliche Ansprüche im Gesamtbetrag von 326 500 Dollar. Ein Haus in Georgetown war mit einem Schätzwert von 100 000 Dollar aufgeführt, und dann waren da noch diverse Öl-, Gas- und Mineralrechte in Texas und Louisiana im Wert von 125 000 Dollar. Gesamtsumme: 551 500 Dollar.

Der Haupterbe war ein Mann, der fast fünfzig Jahre sein Freund gewesen war, und ihn in der Leitung des Bureaus vertrat, Clyde Tolson. Ihm hatte er fast alles hinterlassen; nach *seinem* Tode sollte das Erbe zwischen den Boys-Clubs und dem Damon Runyon Fund aufgeteilt werden. Eine Mauer.

Kleinere Legate von 2000, 3000, 5000 Dollar waren für seinen Chauffeur James Crawford, seine Haushälterin Annie Fields und die resolute Helen Gandy, seine Sekretärin, ausgesetzt. Drei Leute, die ihr Leben in seinem Dienst verbracht hatten, wurden mit Trinkgeldern abgespeist. Nicht sehr sympathisch, aber auch eine Wand, über die er nicht hinaus kam.

Und dann waren da noch jene, die überhaupt nicht erwähnt wurden. Acht Überlebende der Hoover-Familie. Vier Nichten und vier Neffen, darunter einer, der zehn Jahre im Bureau verbracht hatte. Die meisten waren an seinem Grab gewesen.

Keiner von ihnen war in Hoovers Testament erwähnt. Wieder eine Mauer, hinter der sich vielleicht ein Raum verbarg, der mit Wut und Verachtung angefüllt war, aber jedenfalls keine Akten.

Soweit der letzte Wille von John Edgar Hoover, Gigant und Mythos. Soweit alles andere!

Verdammt!

Varak ging ins Wohnzimmer. Wohnzimmer, Schlafzimmer, Speisezimmer, *Zelle*. Tatsächlich hatte Bravo ihm mehr geliefert, als er brauchte. Bravo hatte ihm auch spezifische Anweisungen erteilt, für den Fall, daß der Diplomat starb. Inver Brass mußte um jeden Preis geschützt werden.

Seltsam, wenn er an Bravo dachte, dann immer nur unter diesem Namen, nicht als Munro St. Claire. Wenn er an sie dachte, dann nie unter ihren rechtmäßigen Namen. Bravo war einfach Bravo.

Sein Telefon klingelte; die Amtsleitung.

»Mr. Varak?« Das war Bravo.

»Ja, Sir?«

»Ich fürchte, jetzt hat es angefangen. Ich bin in der Stadt. Bleiben Sie, wo Sie sind. Ich komme so schnell es geht.«

St. Claire lehnte sich in dem ledernen Sessel zurück und atmete einige Male tief durch. Das war seine Art, an eine Krise heranzugehen. Ruhig.

»Im Lauf der letzten vierundzwanzig Stunden hat es zwei überraschende Rücktritte gegeben«, sagte er. »Leutnant General Bruce MacAndrew im Pentagon und Paul Bromley im GSA. Sind Ihnen die beiden bekannt?«

»Ja. MacAndrew. Bromley kenne ich nicht.«

»Was halten Sie von dem General?«

»Eine ganze Menge. Er drückt gelegentlich Meinungen aus, die im Widerspruch zu einer Menge Leute dort drüben stehen.«

»Genau. Er stellt einen mäßigenden Einfluß dar und genießt dennoch hohes Ansehen. Und doch bricht er seine Karriere plötzlich ab — auf dem Höhepunkt.«

»Wie kommen Sie darauf, daß sein Rücktritt etwas mit den Akten zu tun hat?«

»Weil es bei Bromley so war. Ich komme gerade von ihm. Paul Bromley ist ein fünfundsechzigjähriger Bürokrat und war den größten Teil seiner Laufbahn beim GSA (General Services Administration — Verwaltung der Dienstleistungsbetriebe der amerikanischen Bundesregierung. Anm. des Übersetzers). Er nimmt seine Tätigkeit sehr ernst.«

»Ich kenne ihn«, unterbrach Varak. »Zumindest habe ich von ihm gehört. Vor einem reichlichen Jahr hat er in einem Senatshearing bezüglich Kostenüberschreitungen ausgesagt. Er hat die Zahlungen an C-Forty kritisiert.«

»Und hat dafür einen kräftigen Rüffel erhalten. Seitdem war er damit beauftragt, die Kantinenbetriebe im Kongreß zu überwachen oder ähnlich wichtige Statistiken zu überprüfen. Aber vor einem Monat haben die Mächtigen vom GSA einen Fehler gemacht. Sie haben eine schlechte Beurteilung in seine Akten eintragen lassen und damit eine Beförderung verhindert. Bromley hat sie verklagt. Er baute die Klage auf seiner C-Forty-Aussage auf . . . das ist jetzt erledigt. Er tritt mit sofortiger Wirkung zurück.«

»Hat er Ihnen den Grund gesagt?«

»Ja. Er hat einen Telefonanruf bekommen.« Bravo machte eine Pause und schloß die Augen. »Bromley hat eine Tochter. Sie ist Anfang Dreißig, verheiratet, wohnt außerhalb von Milwaukee. Es ist ihre zweite Ehe und offensichtlich eine gute. Ihre erste war das nicht. Sie war noch ein Teenager und ihr Mann gerade Zwanzig. Sie nahmen beide Drogen und lebten beide auf der Straße. Sie hat sich verkauft, um die Narkotika bezahlen zu können. Bromley hat seine Tochter fast drei Jahre nicht gesehen. Bis eines Tages ein Mann in sein Haus kam und ihm sagte, sie sei wegen Mordes an ihrem Mann verhaftet worden.«

Varak brauchte den Rest nicht zu hören. Die Anwälte des Mädchens hatten auf kurzzeitige Unzurechnungsfähigkeit plädiert. Dem schlossen sich einige Jahre der Rehabilitierung und der psychiatrischen Behandlung an. Es gab eine Kriminalakte, die all die häßlichen Einzelheiten enthielt. Anschließend nahm Bromleys Frau ihre Tochter im Haus ihrer Eltern in Wisconsin auf. Die Dinge normalisierten sich wieder. Das Mädchen fand ins normale Leben zurück und heiratete einen Ingenieur, der für eine Firma im Mittleren Westen arbeitete, und begann Babys zu bekommen.

Jetzt, zehn Jahre später, bedeutete ein solcher Telefonanruf, daß die Vergangenheit zurückkehren konnte. Laut und öffentlich. Das würde nicht nur die Tochter zerstören, sondern einer Familie ein Kainsmal aufdrücken. Es sei denn, Paul Bromley zog seine Anzeige zurück und ließ sich pensionieren.

Varak beugte sich auf der Couch vor. »Weiß ihr Mann Bescheid?«

»Im Prinzip ja, aber wahrscheinlich nicht jede Einzelheit. Aber damit hat es natürlich noch nicht sein Bewenden. Sie würden die Wohnung wechseln müssen, wieder von vorn beginnen. Aber es wäre aussichtslos. Man würde sie finden.«

»Natürlich«, nickte Varak. »Hat Bromley die Stimme des Anrufers beschrieben?«

»Ja. Sie hat im Flüsterton gesprochen ...«

»Wegen des Effekts«, warf Varak leise ein. »Das verfehlt nie seine Wirkung.«

»Oder zur Tarnung. Er konnte nicht sagen, ob es eine Männer- oder eine Frauenstimme war.«

»Aha. Ist ihm sonst irgend etwas aufgefallen?«

»Nein. Bromley hat sehr sorgfältig zugehört. Er ist Buchhalter; das Ungewöhnliche zieht ihn aus. Er sagt, das Seltsamste daran sei gewesen, daß die Stimme so mechanisch klang.«

»War es vielleicht eine Bandaufzeichnung?«

»Nein. Sie hat auf das reagiert, was er sagte. Das können die nicht geahnt haben.«

Varak lehnte sich zurück. »Warum ist er zu Ihnen gekommen?«

Bravo gab nicht gleich Antwort. Als er dann sprach, klang Trauer aus seiner Stimme, so als hielte er sich aus irgendwelchem abstrakten Grund für verantwortlich. »Nach dieser Zeugenaussage über den C-Forty-Fonds wollte ich mich mit Bromley treffen. Ein Bürokrat aus den mittleren Rängen, der bereit war, sich mit dem Pentagon anzulegen. Ich habe ihn zum Abendessen eingeladen.«

»Hier?«

»Nein, natürlich nicht. Wir haben uns in einer Landgaststätte in Maryland getroffen.« Bravo hielt inne.

»Sie haben mir immer noch nicht gesagt, weshalb er gerade mit Ihnen Verbindung aufgenommen hat.«

»Weil ich ihn damals dazu aufgefordert hatte. Ich habe keinen Augenblick geglaubt, daß er damit durchkommen würde, dem Pentagon Schwierigkeiten zu machen. Ich habe ihm gesagt, er solle sich an mich wenden, wenn es zu irgendwelchen Maßnahmen gegen ihn käme.«

»Warum sind Sie überzeugt, daß der Betreffende, der Bromley angerufen hat, die Hoover-Archive hat? Die Probleme seiner Tochter sind schließlich in den Gerichtsakten festgehalten.«

»Etwas, das die Stimme gesagt hat. Er hat Bromley gesagt, er hätte das ganze ›rohe Fleisch‹, das es über ihn und seine Familie gab. Wissen Sie, was ›rohes Fleisch‹ bedeutet?«

»Ja«, erwiderte Varak und machte keinen Hehl aus seiner Abscheu. »Das war einer von Hoovers Lieblingsausdrücken. Trotzdem paßt hier etwas nicht zusammen. Bromleys Name beginnt mit einem B.«

»Das hat Bromley erklärt, obwohl ich ihm natürlich nichts von den Akten gesagt habe. Er hatte sowohl im Pentagon als auch im Bureau einen Decknamen: Viper.«

»So, als wäre er ein feindlicher Agent.«

»Genau.«

»Und was ist mit MacAndrew? Haben wir da etwas?«

»Ich denke schon. Wir interessieren uns schon seit einigen Jahren für ihn. Er war einer der wenigen Soldaten, die absolut daran glaubten, daß die zivilen Verfassungsorgane die volle Gewalt über das Militär haben sollten. Offen gestanden, hätte er eines Tages ein Kandidat für Inver Brass sein können. Wir haben ihn studiert; das war schon, ehe Sie kamen. In seinen Dienstakten war ein Loch. Die

Symbole deuteten an, daß er in der fraglichen Periode — acht Monate im Jahre 1950 — in G-Zwo, PSA, tätig war.«

»Psychiatric Systems Analyses«, sagte Varak. »Bei seinem Dienstrang schaltet man diese Abteilung gewöhnlich nur bei Überläufern ein.«

»Ja. Uns hat das natürlich überrascht. Wir wollten uns den Aktenvermerk in G-Zwo ansehen und stellten fest, daß man ihn ebenfalls entfernt hatte. Wir fanden nur den Satz ›Courierlieferung, FBI, DS.‹ Domestic Security — Sicherheit Inland. Ich bin sicher, daß Sie sich den Rest selbst zusammenreimen können.«

»Ja«, sagte Varak. »Sie haben sich seine FBI-Akte beschafft, und dort war ebenfalls nichts. Anschließend haben Sie bei Domestic Security nachgesehen. Immer noch nichts. ›Rohes Fleisch‹.«

»Ganz richtig. Jedes Papier, jeder Nachtrag, der irgendwie mit der Sicherheit zu tun hatte, ging über Hoovers Schreibtisch. Und, wie uns bekannt ist, betraf ›Sicherheit‹ einen sehr weiten Bereich. Sexuelle Aktivitäten, Trinkgewohnheiten, vertrauliche Dinge aus dem Ehe- und Familienleben, die persönlichsten Einzelheiten aus dem Leben eines Menschen — nichts war ihm zu unbedeutend oder zu abwegig. Hoover brütete über diesen Akten wie Krösus über seinem Gold. Drei Präsidenten wollten ihn ablösen, aber keiner tat es.«

Varak lehnte sich vor. »Die Frage ist, was eigentlich in MacAndrews Dienstakten stand? Es gibt nichts, das uns daran hindern würde, ihn jetzt zu fragen.«

»*Uns?*«

»Das läßt sich arrangieren.«

»Durch einen Mittelsmann?«

»Ja. Es wird keine Verbindung zu uns geben.«

»Sicher nicht«, sagte Bravo. »Aber was dann? Angenommen, Sie finden irgendeinen Charakterfehler, sei er nun sexueller Natur oder nicht, was haben Sie dann? Wenn es sich um einen permanenten Zustand gehandelt hätte, würde MacAndrew sicher seine hohe Freigabestufe nicht mehr haben.«

»Es ist einfach weitere Information. Irgendwo werden all diese Einzelheiten den schwachen Punkt in der Kette erkennbar machen. Dann wird sie brechen.«

»Das ist es, worauf Sie die ganze Zeit warten, nicht wahr?«

»Ja. Dazu wird es kommen. Wer auch immer die Archive gestohlen hat, hat einen scharfen Verstand, aber es wird trotzdem geschehen.«

Beide Männer verstummten. Varak wartete darauf, daß der

andere seine Absicht billigte; Bravo war tief in Gedanken versunken.

»Diese Kette wird sich nicht so leicht brechen lassen«, sagte St. Claire. »Es gibt keinen besseren als Sie, und Sie sind in den letzten drei Monaten keinen Schritt weiter gekommen. Sie sagen, ein ›erstklassiger Verstand‹, aber das wissen wir nicht. Wir wissen nicht, ob wir es mit einem oder mehreren zu tun haben, einem Mann oder vielen.«

»Wenn es einer ist«, nickte Varak, »sind wir nicht einmal sicher, daß es ein Mann ist.«

»Aber wer auch immer es sein mag, die ersten Schritte sind getan.«

»Dann lassen Sie mich jemanden auf MacAndrew ansetzen.«

»Warten Sie ...« Bravo verschränkte die Hände unter dem Kinn. »Einen Zwischenträger? Einen blinden Kontakt?«

»Ja. Einen, den man nicht zu uns zurückverfolgen kann.«

»Haben Sie einen Augenblick Geduld mit mir. Ich habe das wirklich noch nicht zu Ende gedacht. Sie können mir dabei helfen. Sagen Sie, wie haben Sie sich das gedacht?«

Varak sah St. Claire an. Der Diplomat fuhr fort. »Gehe ich richtig in der Annahme, daß ein blinder Kontakt, so wie Sie diesen Terminus in bezug auf Überwachung oder Verhör anwenden, jemand ist, der das, was Sie wissen müssen, herausfindet, ohne daß Sie selbst sich einschalten müssen?«

»Das ist richtig. Ein blinder Kontakt hat seine eigenen Gründe, dieselbe Information für sich zu bekommen. Der Trick liegt darin, diese Information von dem blinden Kontakt zu bekommen, ohne daß er erfährt, was mit ihm geschieht.«

»Dieser Blinde wird also mit äußerster Sorgfalt ausgewählt.« Das war eine Feststellung, keine Frage.

»Meistens kommt es nur darauf an, jemanden mit denselben Interessen zu finden«, antwortete Varak. »Das kann schwierig sein.«

»Aber wir könnten die Hilfe einer Untersuchungsbehörde in Anspruch nehmen. Ich meine, es liegt ja durchaus im Bereich unserer Möglichkeiten, die Behörden — oder selbst eine Zeitung — darauf hinzuweisen, daß Hoovers Archive ihn überlebt haben.«

»Sicher. Das würde dann nur dazu führen, daß der Betreffende, in dessen Besitz sie sich befinden, noch weiter in den Untergrund getrieben wird.«

Bravo erhob sich von seinem Sessel und ging ziellos auf und ab. »In den Zeitungen sind die Akten kaum erwähnt. Das ist seltsam, weil ihre Existenz bekannt war. Es ist gerade, als wollte niemand über sie sprechen.«

»Man schreibt nicht darüber, also weiß keiner etwas, also besteht auch keine Gefahr«, sagte Varak.

»Ja, genau. Ganz Washington. Selbst die Medien. Niemand weiß, ob er in den Akten erwähnt ist oder nicht. Also herrscht Schweigen. Und wenn die Menschen schweigen, triumphiert das Böse. Wie recht Burke doch hatte. Wir sehen jetzt, wie es geschieht.«

»Andererseits«, konterte der Abwehrmann, »ist es nicht immer die beste Lösung, das Schweigen zu brechen.«

»Das kommt darauf an, wer es bricht.« Bravo blieb stehen. »Sagen Sie, könnte man mit einer ganz scharfen, professionell eingesetzten Lupe einen der Leute ausfindig machen, die an Hoovers Tod beteiligt waren?«

»Nein«, antwortete der andere überzeugt.

»Wo sind sie? Ich meine, genau.«

»Die beiden Telefonleute sind in Australien, im Busch von Kimberly; sie werden nie zurückkommen. Sie hätten sonst eine Anklage wegen Totschlag im Marine Corps zu erwarten. Der Mann, der sich unter dem Decknamen ›Salter‹ betätigt hat, ist in Tel Aviv; nichts ist für ihn wichtiger als das Heilige Land oder der Heilige Krieg. Wir versorgen ihn mit Einzelheiten über die palästinensischen Terroristen. Er lebt nur für seine Sache, und wir helfen ihm dabei. Die Schauspielerin ist in Mallorca; sie hat eine Schuld beglichen und will nicht mehr als das, was sie bekommen hat. Der Engländer, der den Wagen und die Phase eins übernommen hatte, ist wieder bei MI-Sechs. Er hat sich als Doppelkurier in Ostberlin Geld von den Russen geben lassen; er weiß, daß ich die Fakten besitze, die zu seiner Exekution führen könnten. Und über den Arzt in Paris, der eigentlich die geringste Sorge ist, wissen Sie selbst Bescheid. Jeder hatte ein Motiv, und keiner kann aufgespürt werden. Sie sind Tausende von Meilen entfernt.«

St. Claire starrte Varak an. »Sie haben jemanden ausgelassen. Was ist mit dem Mann in dem Alarmraum? Dem, der den Decknamen ›Krepps‹ benutzt hat?«

Varak erwiderte Bravos Blick. »Ich habe ihn getötet. Das war meine Entscheidung, und ich würde sie wieder treffen.«

St. Claire nickte. »Sie sagen damit also, daß alle Personen, alle *Fakten*, so gut verborgen sind, daß sie nie entdeckt werden können. Hoovers Tod kann nie etwas anderem als natürlichen Ursachen zugeschrieben werden.«

»Genau. Natürliche Ursachen.«

»Wenn wir also einen Blinden einschalten würden, gäbe es keine Gefahr, daß dieser Mann zufällig die Wahrheit entdeckt. Hoovers Todesursache bleibt außer Reichweite.«

»Außer Reichweite.«

Bravo begann wieder, auf und ab zu gehen. »Ich habe Sie nie gefragt, weshalb es nie zu einer Autopsie kam.«

»Befehl vom Weißen Haus. Wie ich höre, auf sehr diskrete Weise weitergegeben.«

»Das Weiße Haus?«

»Sie hatten einen Grund. Den habe ich ihnen geliefert.«

St. Claire fragte nicht weiter; er wußte, daß Varak die Struktur des Weißen Hauses studiert hatte und konnte sich seine Strategie ungefähr ausmalen, eine ganz und gar professionelle Strategie. »Außer Reichweite«, wiederholte Bravo. »Das ist äußerst wichtig.«

»Für wen?«

»Für einen Blinden, den die Fakten nicht einschränken. Für einen Mann, den nur ein Konzept interessiert. Eine Theorie, die nicht bei jedem Schritt bewiesen werden muß. Ein solcher Mann könnte einen Alarm auslösen und möglicherweise auch den gegenwärtigen Besitzer der Akten dazu bringen, ans Licht zu treten.«

»Jetzt kann ich Ihnen nicht folgen. Ohne erkennbare Fakten gibt es kein Motiv für einen Blinden. Was könnte er zu erfahren hoffen? Was könnten wir erfahren?«

»Vielleicht eine ganze Menge. Das Wort, auf das es ankommt, lautet *Fakten*.« St. Claire starrte die Wand über Varaks Kopf an. Seltsam, dachte er. Er hatte lange Zeit nicht an Peter Kastler gedacht. Und wenn er an ihn gedacht hatte — wenn er seinen Namen in einer Zeitung oder in einer Buchkritik gelesen hatte — dann immer leicht amüsiert. Er hatte dann immer den verwirrten Studenten von vor sechs Jahren vor sich gesehen, der damals nach Worten gesucht hatte. Seitdem hatte Kastler die Worte gefunden, eine große Zahl von Worten.

»Ich fürchte, ich verstehe nicht, worauf Sie hinauswollen«, sagte Varak.

Bravo senkte den Blick. »Haben Sie je von einem Schriftsteller namens Peter Kastler gehört?«

»*Gegenschlag!*« sagte Varak. »Das habe ich gelesen. Eine Menge Leute drüben in Langley hat das ganz schön heiß gemacht.«

»Es war doch nur ein Roman.«

»Aber der Wahrheit gefährlich nahe. Dieser Kastler hat eine

Menge falscher Begriffe und unkorrekter Prozeduren verwendet, aber unter dem Strich hat er ganz genau das beschrieben, was wirklich geschehen ist.«

»Weil die Fakten ihn nicht eingeschränkt haben. Kastler sucht sich ein Konzept heraus, findet eine Situation und sucht sich *ausgewählte* Fakten. Und die ordnet er dann so an, daß sie zur Wirklichkeit, so wie er sie wahrnimmt, passen. Ursache und Wirkung binden ihn nicht; er *schafft* sie. Sie sagen, er hätte einer Menge Leute drüben in Langley Angst gemacht. Das glaube ich; er hat eine große Leserschaft. Und er recherchiert auch gründlich. Angenommen, es würde bekannt, daß er Recherchen für ein Buch über Hoover, über seine letzten Tage, anstellt?«

»Über die *Archive*«, fügte Varak hinzu und beugte sich vor. »Kastler als den Blinden benutzen. Ihm sagen, daß die Archive verschwunden sind. Und wenn er anfängt sie zu suchen, wird er Alarmsignale auslösen und dann können wir zugreifen.«

»Fahren Sie nach New York, Mr. Varak. Bringen Sie alles in Erfahrung, was es über ihn zu erfahren gibt. Die Leute seiner Umgebung, seine Art zu leben, seine Arbeitsmethoden. Alles eben. Kastler hat einen Verschwörungskomplex. Wir werden ihn mit einer Verschwörung programmieren, die er unwiderstehlich finden wird.«

6

»Mr. Peter Kastler?« fragte das Mädchen von der Telefonvermittlung.

Peter hob die Hand über die Bettdecke und versuchte, das Zifferblatt seiner Uhr abzulesen. Es war beinahe zehn Uhr; die Morgenbrise blies die Vorhänge durch die offene Verandatüre.

»Ja?«

»Ferngespräch aus New York. Mr. Anthony Morgan verlangt Sie. Augenblick bitte.«

»Bitte.« In der Leitung war zuerst ein Klicken, dann ein Summen zu vernehmen. Dann hörte das Summen auf.

»Hi. Mr. Kastler?«

Peter würde diese Stimme aus Tausenden herauskennen. Sie gehörte der Sekretärin seines Redakteurs. Wenn sie je einen schlechten Tag hatte, gab es niemanden, der das merkte. »Hallo, Radie? Wie geht's denn?« Kastler hoffte, daß es ihr besser ginge als ihm.

»Prima. Wie ist's denn in Kalifornien?«

»Hell, feucht, grün. Sie können sich's raussuchen.«

Das Mädchen lachte. Es war ein angenehmes Lachen. »Wir haben Sie doch nicht etwa geweckt, oder? Sie stehen ja immer so früh auf.«

»Nein, Radie, ich war am Strand«, log Kastler, ohne zu wissen, warum.

»Augenblick bitte. Ich verbinde Sie jetzt mit Mr. Morgan.« Ein Klicken war zu hören, dann noch eines.

»Hallo, Peter?«

»Wie geht's dir, Tony?«

»Herrgott, laß doch mich aus dem Spiel, wie geht's *dir*? Mary hat mir gesagt, daß du gestern abend angerufen hast. Tut mir leid, daß ich nicht zu Hause war.«

Jetzt erinnerte sich Kastler. »Entschuldige, ich war betrunken.«

»Davon hat sie nichts gesagt, bloß, daß du so richtig wütend warst.«

»War ich auch. Bin ich auch. Und betrunken war ich auch. Bitte, entschuldige dich für mich bei Mary.«

»Nicht nötig. Was du ihr erzählt hast, hat sie auch böse gemacht. Sie begrüßte mich an der Tür mit einem Vortrag, wie ich meine Autoren zu beschützen hätte. Also, was ist mit *Gegenschlag!*?«

Peter drehte den Kopf auf dem Kissen zur Seite und räusperte sich. Er gab sich Mühe, nicht verbittert zu klingen. »Gestern nachmittag um halb fünf hat mir ein Bote des Studios den fertigen ersten Entwurf des Drehbuchs gebracht. Ich wußte gar nicht, daß wir angefangen haben.«

»Und?«

»Die haben das völlig verdreht. Jetzt ist es das genaue Gegenteil von dem, was ich geschrieben habe.«

Morgan wartete einen Augenblick und antwortete dann leise: »Verletzter Stolz, Peter?«

»Du lieber Gott, nein. Das weißt du auch. Ich habe nicht gesagt, daß es schlecht geschrieben wäre; im Gegenteil, ein Teil davon ist sogar verdammt gut. Wirklich, sehr effektiv. Wenn es das nicht wäre, würde ich mich wohler fühlen. Aber es ist eine Lüge.«

»Josh hat mir gesagt, daß sie den Namen der Agency geändert hätten ...«

»Alles haben die geändert!« unterbrach ihn Kastler, dessen Augen von dem plötzlichen Blutandrang im Kopf schmerzten. »Die Leute von der Regierung sind alle die reinsten Engel. Keinen einzigen unreinen Gedanken haben die im Kopf. Und wenn manipuliert wird, sind das immer *›die anderen‹*. Vertreter der Gewalt und der Revolution und — so wahr mir Gott helfe! — mit einem ›leichten europäischen Akzent‹. Alles, was in dem Buch stand, ist umgekrempelt worden. Warum, zum Teufel, haben die es dann überhaupt gekauft?«

»Was hat Josh denn gesagt?«

»So weit ich mich erinnere, und ganz vage tue ich das, habe ich ihn gegen Mitternacht nach meiner Zeit erreicht. Ich glaube in New York war das schon drei Uhr früh.«

»Bleib im Haus. Ich spreche mit Josh. Einer von uns beiden ruft dich wieder an.«

»Okay.« Peter wollte sich schon noch einmal bei Morgans Frau entschuldigen, als ihm klar wurde, daß der Lektor noch nicht fertig war. Es war eines jener Schweigen, das in Wirklichkeit bedeutete, daß es noch mehr zu sagen gab.

»Peter?«

»Ja?«

»Wenn Josh das jetzt hinbiegen kann? Ich meine, mit deinem Vertrag mit dem Studio.«

»Da gibt es nichts hinzubiegen«, unterbrach ihn Kastler erneut. »Die brauchen mich nicht; die wollen mich gar nicht.«

»Vielleicht wollen sie deinen Namen. Schließlich bezahlen sie dafür.«

»Den kriegen sie aber nicht. Nicht so, wie die den Film machen. Ich sage dir doch, er wird das genaue Gegenteil von dem, was ich geschrieben habe.«

»Ist das wichtig für dich?«

»Als Literatur — nein, zum Teufel. Was meine eigene persönliche Aussage angeht — ja, zum Teufel. Schließlich macht ja sonst keiner diese Aussage.«

»Das habe ich mir gerade überlegt. Ich dachte, du wärest inzwischen so weit, um mit dem Nürnberg-Buch anzufangen.«

Peter starrte zur Decke. »Noch nicht, Tony. Bald, aber noch nicht jetzt. Wir sprechen ein anderes Mal darüber.«

Er legte den Hörer auf, dachte plötzlich nicht mehr an die Entschuldigung. Vielmehr dachte er über Morgans Frage und die Antwort, die er darauf gegeben hatte, nach.

Wenn nur der Schmerz wegginge. Und das taube Gefühl. Beides war zurückgegangen, aber da war dieser Schmerz immer noch, und wenn er den Schmerz oder das taube Gefühl wahrnahm, drängten sich ihm auch noch die Erinnerungen auf. Das zersplitternde Glas, das blendende Licht, das ächzende Metall. Die Schreie. Und sein Haß, der einem Mann galt, der hoch oben in einem Lastwagen saß und im Sturm verschwunden war. Und der eine Tote und einen Halbtoten zurückgelassen hatte.

Kastler schwang die Beine über den Bettrand und stellte sie auf den Boden. Er stand nackt auf und sah sich nach seiner Badehose um. Es war schon ziemlich spät für seine morgendliche Schwimmpartie; draußen war inzwischen heller Tag. Irgendwie empfand er Schuld, gerade als hätte er ein wichtiges Ritual nicht befolgt. Und was noch schlimmer war, er begriff, daß dieses Ritual an die Stelle von Arbeit getreten war. Er sah seine Badehose über einem Stuhl liegen und ging darauf zu. Das Telefon klingelte erneut. Er wechselte seine Richtung und meldete sich.

»Hier Joshua, Peter. Ich habe gerade eine Stunde mit Aaron Sheffield gesprochen.«

»Der ist fein raus. Übrigens, das mit gestern abend tut mir leid.«

»Heute morgen«, verbesserte ihn der Agent nicht unfreundlich. »Mach dir da keine Sorgen. Du hast zuviel gearbeitet.«

»Betrunken war ich.«

»Das auch. Sprechen wir über Sheffield.«

»Ja, das müssen wir wohl. Ich nehme an, du hast das, was ich dir gestern nacht erzählte, in etwa mitgekriegt.«

»Ich bin sicher, daß halb Malibu Beach die besseren Sätze Wort für Wort wiederholen könnte.«

»Wie sieht er es denn? Ich geb' jedenfalls nicht nach.«

»Vom juristischen Standpunkt aus betrachtet, ist ihm das gleichgültig. Du hast nichts in der Hand. Du hast kein Einspruchsrecht bei dem Drehbuch.«

»Das verstehe ich. Aber reden kann ich. Ich kann Interviews geben. Ich kann verlangen, daß man meinen Namen entfernt. Ich könnte sogar versuchen, die Gerichte dazu zu bewegen, den Titel zu ändern. Ich wette, daß ich da eine Handhabe hätte.«

»Das ist unwahrscheinlich.«

»Josh, die haben alles verändert, den Sinn völlig entstellt!«

»Es könnte sein, daß die Gerichte nur das Geld sehen, das man dir bezahlt hat, und dann gar nicht beeindruckt wären.«

Kastler blinzelte wieder und rieb sich die Augen. Dann atmete er müde aus. »Ich denke, du sagst da, daß die nicht beeindruckt wären. Basta. Ich bin kein Solschenizyn mit seinen Lagern in Sibirien. Und kein Dickens mit den geschundenen Kindern. Also schön, was kann ich tun?«

»Darf ich deutlich werden?«

»Wenn du so anfängst, hast du keine besonders guten Nachrichten.«

»Vielleicht kommt doch eine heraus.«

»Jetzt weiß ich, daß es schrecklich sein wird. Raus damit.«

»Sheffield will einen Eklat vermeiden, ebenso das Studio. Die wollen nicht, daß du Interviews gibst oder in Talkshows auftrittst. Die wissen, daß du das tun kannst, und wollen sich die Peinlichkeit ersparen.«

»Ich verstehe. Damit kommen wir zum Kern der Sache: Bruttoeinnahmen an den Kassen. Die sind ihr wesentlicher Stolz.«

Harris schwieg ein paar Augenblicke. Als er fortfuhr, klang seine Stimme besonders weich. »Peter, eine Kontroverse dieser Art wird die Kasseneinnahmen nicht einmal um ein Zehntelprozent verringern. Eher würde es sie in die Höhe jagen.«

»Warum machen die sich dann solche Sorgen?«

»Sie wollen einfach vermeiden, daß es ein Gerede gibt.«

»Hm, hier draußen lebt doch alles dauernd von Gerede. Die kennen das ja gar nicht mehr. Ich glaube das einfach nicht.«

»Sie sind bereit, deinen Vorschlag voll zu erfüllen, deinen Namen, wenn du das wünschst, aus dem Vorspann zu streichen — aus dem Titel natürlich nicht — und zusätzlich fünfzig Prozent des ursprünglichen Kaufpreises zu zahlen.«

»Herrgott ...« Kastler war wie benommen. Die Zahl, auf die Joshua Harris sich bezog, lag in der Größenordnung einer Viertelmillion Dollar. »Wofür?«

»Dafür, daß du weggehst und in bezug auf die Änderungen keinen Wirbel machst.«

Peter starrte auf die aufgeblähten Vorhänge der Verandatüren. Irgend etwas stimmte hier nicht, dessen war er ganz sicher.

»Bist du noch da?« fragte Harris.

»Augenblick mal. Du sagst, eine Auseinandersetzung würde die Kasseneinnahmen nur noch steigern. Und doch ist Sheffield bereit, so viel Geld auszugeben, bloß um eine Kontroverse zu vermeiden. Da muß er doch verlieren. Ich kapier' das einfach nicht.«

»Ich bin auch nicht sein Beichtvater. Ich habe nur gehört, um welchen Betrag es ging. Vielleicht möchte er, daß keiner ihm an die Eier geht.«

»Nein, glaube mir, daß ich Sheffield kenne. Ich weiß genau, wie der Mann arbeitet. Dem macht es nichts aus, wenn ihm einer an die Eier geht.« Plötzlich begriff Kastler. »Sheffield hat einen Partner, George. Und das ist nicht das Studio. Das ist die Regierung. Das ist Washington! Sie sind es, die die Kontroverse vermeiden wollen. Um einen besseren Dichter, als ich es je sein werde, zu zitieren: ›Sie können das Licht des Tages nicht ertragen!‹ Verdammt noch mal, das ist es.«

»Das ist mir auch in den Sinn gekommen«, wandte Harris ein.

»Sag Sheffield, er soll sich seinen Bonus sonstwohin stecken. Ich bin nicht interessiert!«

Wieder machte der Agent eine kurze Pause. »Ich kann dir ebensogut den Rest auch noch erzählen. Sheffield hat Aussagen aus ganz Los Angeles, auch den nördlichen und südlichen Nachbarorten gesammelt. Kein angenehmes Bild. Du wirst da als ein wilder Alkoholiker und als äußerst gefährlich dargestellt.«

»Wenn es Sheffield nur guttut! Eine Kontroverse heizt die Kasseneinnahmen an. Und wir verkaufen dann doppelt so viele Bücher!«

»Er sagte, er hätte noch mehr«, fuhr Harris fort. »Er behauptete, Aussagen von Frauen zu haben, die dich bezichtigen, sie vergewaltigt und körperlich mißhandelt zu haben. Er hat Fotografien — Polizeifotos — die den Schaden zeigen, den du angerichtet hast. Darunter eine, die ein Mädchen aus Beverly Hills zeigt — sie ist vierzehn Jahre alt. Er hat Freunde, die beschwören wollen, daß sie dir Narkotika weggenommen hätten, als du in ihren Wohnungen die Besinnung verloren hättest. Er sagt, du wärest sogar auf seine Frau losgegangen, er wolle das lieber nicht an die Öffentlichkeit bringen, sei aber bereit, es zu tun, wenn er müsse. Er sagt, sie hätten hinter dir wochenlang aufräumen und saubermachen müssen.«

»Das sind alles Lügen! Josh, das ist verrückt! Daran ist kein Funken Wahrheit!«

»Genau das könnte das Problem sein. Ein paar Körnchen Wahrheit sind vermutlich schon dabei. Ich meine nicht die Vergewaltigung oder das mit dem Rauschgift; für so etwas lassen sich leicht Beweise fabrizieren. Aber getrunken hast du, du hast Anrufe nicht erwidert, und da waren auch Frauen. Und ich kenne Sheffields Frau. Der traue ich alles zu, nur bin ich sicher, daß du nichts mit ihr zu tun hattest.«

Kastler taumelte aus dem Bett. Alles schien sich um ihn herum zu drehen, er empfand stechenden Schmerz in den Schläfen. »Ich weiß nicht, was ich sagen soll! Ich glaube das alles nicht!«

»Ich weiß, was ich sagen soll; ich weiß, was ich glauben muß«, sagte Joshua Harris. »Die spielen nach ganz anderen Regeln, als ich sie kenne.«

Varak beugte sich auf dem Samtsofa nach vorn und klappte seinen Aktenkoffer auf, der auf dem Tisch stand. Er holte zwei Aktendeckel heraus, legte sie vor sich und schob den Koffer zur Seite. Die Morgensonne fiel durch die Fenster herein, die ihm den Blick auf den südlichen Central Park boten, und erfüllten die elegante Hotelsuite mit gelblich-weißem Licht.

Auf der anderen Seite des Zimmers hatte Munro St. Claire sich aus einer Karaffe auf einem silbernen Tablett eine Tasse Kaffee eingeschenkt. Er saß dem Mann von der Abwehr gegenüber.

»Wollen Sie wirklich nicht auch eine Tasse?« fragte Bravo.

»Nein danke. Ich habe heute morgen schon ein paar Kannen Kaffee getrunken. Übrigens, ich bin Ihnen wirklich dankbar, daß Sie hergeflogen sind. Das spart mir Zeit.«

»Jeder Tag ist von entscheidender Wichtigkeit«, erwiderte St. Claire. »Jede Stunde, die diese Archive verschwunden bleiben, ist eine Stunde zuviel. Was haben Sie jetzt?«

»So ziemlich alles, was wir brauchen. Meine wichtigsten Quellen waren Kastlers Lektor Anthony Morgan und sein Agent, ein Mann namens Joshua Harris.«

»Haben sie Sie ohne weiteres unterstützt?«

»Es war nicht schwierig. Ich habe sie überzeugt, das sei das übliche Vorgehen in einem Freigabeverfahren.«

»Freigabeverfahren — wofür denn?«

Varak entnahm dem linken Aktendeckel ein Blatt. »Kastler hatte sich vor seinem Unfall von der Regierungsdruckerei Abschriften über Nürnberger Tribunale schicken lassen. Er schreibt an einem Roman über die Nürnberger Prozesse. Seiner Ansicht nach ist Nürnberg ein großer Schwindel gewesen, und er glaubt, Tausende von Nazis seien straffrei ausgegangen und hätten die Möglichkeit bekommen, in alle möglichen Länder auszuwandern und riesige Summen Geldes mitzunehmen.«

»Da hat er unrecht. Das war die Ausnahme, keineswegs die Regel«, sagte Bravo.

»Trotzdem, einige dieser Abschriften tragen immer noch Geheimvermerke. Die hat er nicht bekommen, aber das weiß er nicht. Ich habe angedeutet, daß er sie doch bekommen hat, und daß ich mit einer Routineüberprüfung beauftragt sei. Nichts Ernsthaftes. Außerdem sagte ich, ich sei einer von Kasterls Fans. Ich ließ durchblicken, daß es mir Spaß mache, mich mit Leuten zu unterhalten, die ihn kennen.«

»Hat er dieses Nürnberg-Buch schon geschrieben?«

»Er hat noch nicht einmal damit angefangen.«

»Ich würde gern wissen, warum.«

Varak warf einen Blick auf ein anderes Blatt und meinte dann: »Kastler wäre im vergangenen Herbst beinahe bei einem Autounfall ums Leben gekommen. Die Frau, die sich in seiner Gesellschaft befand, ist getötet worden. Nach den ärztlichen Akten wäre er nach weiteren zehn Minuten an inneren Blutungen und patogener Toxämie gestorben. Er lag fünf Monate im Krankenhaus. Man hat ihn wieder zusammengeflickt und erwartet eine fünfundachtzig- bis neunzigprozentige Wiederherstellung. Zumindest, was den physischen Teil angeht.« Varak hielt inne und blätterte um.

»Wer war die Frau?« fragte Bravo leise.

Varak wandte sich dem Aktendeckel zu seiner Rechten zu. »Sie hieß Catherine Lowell; sie hatten fast ein Jahr zusammengelebt und beabsichtigten zu heiraten. Sie waren zu seinen Eltern im nordwestlichen Pennsylvanien unterwegs. Ihr Tod war für Kastler ein schrecklicher Schock. Anschließend litt er lange Zeit unter Depressionen. In gewissem Maß tut er das immer noch, sagen sein Lektor und sein Agent.«

»Morgan und Harris«, fügte Bravo hinzu, als ob er sich die Namen einprägen wollte.

»Ja. Sie haben seinen Genesungsprozeß mitverfolgt und mit ihm gelitten; zuerst die physischen Verletzungen, dann die Depressionen. Beide Männer sagten, sie hätten im Verlauf der letzten paar Monate einige Male geglaubt, er sei als Schriftsteller erledigt.«

»Eine ganz vernünftige Annahme. Er hat ja nichts mehr geschrieben.«

»Das sollte er jetzt tun. Er ist in Kalifornien und arbeitet am Drehbuch von *Gegenschlag!* Obwohl niemand von ihm sehr viel Arbeit erwartet. Er hat keine Erfahrung im Filmgeschäft.«

»Warum hat er dann den Auftrag bekommen?«

»Wegen seines Namens, meint Harris. Und weil das der Filmgesellschaft bei seinem nächsten Buch einen Vorteil über andere verschafft. Jedenfalls hat Harris den Vertrag so eingefädelt.«

»Und das heißt, daß er Kastler einfach beschäftigen wollte, weil er an nichts arbeitete.«

»Nach Harris' Ansicht belasteten das Haus in Pennsylvania und seine Erinnerungen Kastler. Deshalb wollte er, daß er nach Kalifornien ging.« Varak legte ein paar Seiten um. »Hier steht es. Eine wörtliche Aussage von Harris. Er wollte, daß sein Klient ›die völlig normalen Exzesse eines Bewohners von Malibu erlebte.‹«

Bravo lächelte. »Und haben diese Exzesse eine positive Wirkung?«

»Es gibt einen gewissen Fortschritt. Nicht viel, aber ein wenig.« Varak blickte auf. »Und das ist etwas, das wir nicht zulassen dürfen.«

»Was meinen Sie?«

»Kastler ist für uns in einem psychologisch geschwächten Zustand wesentlich wertvoller.« Der Abwehrmann deutete auf die beiden Aktendeckel. »Die restlichen Papiere hier schildern einen ziemlich normalen Menschen vor dem Unfall. Was an Feindseligkeit oder Exzessen in ihm steckte, übertrug sich auf seine schriftstellerische Arbeit. In seinen normalen Lebensgewohnheiten traten sie nicht zutage. Wenn er in diese Normalwelt zurückkehrt, wird er vorsichtig sein und sich zurückziehen, wenn wir das gar nicht wollen. Ich möchte verhindern, daß er zu einem psychologischen Gleichgewicht zurückkehrt, möchte ihn in einem Zustand der Angst halten.«

St. Claire nahm einen Schluck aus seiner Tasse, ohne auf die Worte des anderen einzugehen. »Fahren Sie bitte fort. Schildern Sie mir seine Lebensumstände.«

»Eigentlich gibt es da nicht viel zu schildern. Er hat ein Apartment in einer alten Backsteinvilla an der Einundsiebzigsten Straße. Er pflegt früh aufzustehen, gewöhnlich noch, bevor es hell wird, und arbeitet dann. Er benutzt keine Schreibmaschine; er schreibt auf gelb liniertes Papier, läßt die Seiten dann kopieren und bedient sich eines Schreibbüros in Greenwich Village.« Wieder blickte Varak auf. »Das könnte uns bei unseren Recherchen nützen. Wir können die Originale abfangen und uns selbst Kopien machen.«

»Und was ist, wenn er in Pennsylvania arbeitet und seine Manuskriptseiten per Boten liefern läßt?«

»Dann müssen wir uns eben Zugang zu dem Büro im Village verschaffen.«

»Ja, natürlich. Weiter bitte.«

»Sonst gibt es nicht mehr viel Wichtiges. Er hat Lieblingsrestaurants, in denen man ihn kennt. Er läuft Ski, spielt Tennis — beides wird ihm vielleicht in Zukunft nicht mehr möglich sein. Seine Freunde, sieht man einmal von Morgan und Harris ab, sind ebenfalls Schriftsteller oder Journalisten, und seltsamerweise ein paar Rechtsanwälte in New York und Washington. Das wäre es wohl schon.« Varak klappte den rechten Aktendeckel zu. »Jetzt würde ich gern auf etwas anderes kommen.«

»Ja?«

»Ich glaube, ich weiß schon, wie man Kastler programmieren muß, aber ich brauche Unterstützung. Ich werde die Longworth-Deckung benutzen; die ist garantiert sicher. Longworth lebt in Hawaii und hält sich dort verborgen. Wir sind uns ziemlich ähnlich — selbst die Narbe stimmt — und seine FBI-Akten sind überprüfbar. Trotzdem sollten wir noch einen zusätzlichen Köder haben, dem Kastler sich nicht entziehen kann.«

»Bitte, werden Sie deutlicher.«

Varak hielt inne und sagte dann voll Überzeugung: »Wir haben ein Verbrechen, aber keine Verschwörung, keine zumindest, die wir identifizieren können. Er muß seinen eigenen Mutmaßungen, seinem eigenen Verdacht nachgehen. Und wir haben keine, die wir ihm liefern können. Wenn wir welche hätten, würden wir ihn überhaupt nicht brauchen.«

»Worauf wollen Sie denn hinaus?« fragte St. Claire, der das Zögern in Varaks Augen bemerkte.

»Ich möchte ein zweites Mitglied von Inver Brass einsetzen. Nach meiner Ansicht den einzigen, der Ihnen, was das Ansehen in der Öffentlichkeit angeht, nahekommt. Sie nennen ihn Venice. Richter Daniel Sutherland. Ich möchte Kastler zu ihm schicken können.«

Der Diplomat blieb ein paar Augenblicke lang stumm. »Um dem Gewicht zu verleihen, was Sie Kastler sagen? Als unwiderlegbare Bestätigung?«

»Ja. Um das zu belegen, was wir über die verschwundenen Archive behaupten. Das ist alles, was ich brauche. Sutherlands Stimme wird der Köder sein, dem Kastler nicht widerstehen kann.«

»Das ist gefährlich«, sagte Bravo mit leiser Stimme. »Kein Angehöriger von Inver Brass sollte je sichtbar in eine Strategie eingeschaltet werden.«

»Die Umstände erfordern es. Sie habe ich nicht in Betracht gezogen, weil Sie schon einmal mit Kastler zu tun hatten.«

»Ich verstehe. Es würde Anlaß zu Fragen geben. Ich werde mit Venice sprechen . . . Aber jetzt möchte ich, wenn Sie gestatten, auf etwas, das Sie sagten, zurückkommen. Kastlers psychologischer Zustand. Wenn ich Sie richtig verstanden habe . . .«

»Sie haben mich richtig verstanden«, unterbrach Varak mit leiser Stimme. »Wir dürfen nicht zulassen, daß Kastler sich erholt. Es darf nicht dazu kommen, daß er wieder ganz logisch und rational funktioniert. Er muß Aufmerksamkeit auf sich und seine Recherchen lenken. Und wenn er sprunghaft bleibt, dann wird er zur Gefahr. Und wenn diese Gefahr groß genug ist, werden die Leute, in deren Besitz sich die Archive befinden, sich gezwungen sehen, diese Gefahr auszuschalten. Und wenn das geschieht — dann werden wir zur Stelle sein.«

Bravo beugte sich vor und wirkte plötzlich besorgt. »Ich glaube, das geht über die Grenzen hinaus, die wir festgelegt haben.«

»Ich wußte nicht, daß wir Grenzen festgelegt hatten.«

»Eigentlich schon. Jedenfalls dürfen wir Peter Kastlers Leben nicht in Gefahr bringen.«

»Ich bin der Ansicht, daß das eine logische Ausweitung unserer Strategie ist. Um es ganz klar zu sagen, die ganze Strategie taugt vielleicht ohne diesen Faktor nichts. Ich bin der Ansicht, daß wir im Extremfall bereit wären, Kastlers Leben gegen jene Archive einzutauschen. Sie nicht?«

St. Claire sagte nichts.

7

Kastler stand an der Glastür, die ihm den Blick auf den Strand bot, und schob erneut die Vorhänge auseinander. Der blonde Mann war immer noch da. Seit mehr als einer Stunde war er jetzt dort draußen und ging in der heißen Nachmittagssonne auf und ab, das Hemd am Kragen offen, das Jackett über die Schulter gelegt, und sank mit den Schuhen in den warmen Sand.

Er ging auf dem kurzen Strandstreifen zwischen der Veranda aus Redwood und dem Wasser auf und ab und blickte immer wieder zu Peters Haus zurück. Er war mittelgroß und muskulös. Seine Schultern waren breit und dick und spannten den Stoff seines Hemdes.

Kastler hatte ihn das erste Mal gegen Mittag gesehen. Er hatte reglos im Sand gestanden und zu der Redwood-Veranda heraufgeblickt; er hatte ihn fixiert, dessen war Peter sicher.

Inzwischen war der Anblick des Mannes mehr als lästig geworden; er irritierte ihn. Der erste Gedanke, der Kastler gekommen war, war der, daß Aaron Sheffield beschlossen hatte, ihm einen Wachhund anzuhängen. In *Gegenschlag!* steckte jetzt eine Menge Geld. Und unter Umständen, die beunruhigende Fragen aufwarfen, man hatte ihm noch wesentlich mehr Geld angeboten.

Peter mochte keine Wachhunde. Nicht diese Art jedenfalls. Er zog die Vorhänge zurück, schob die Tür auf und trat auf die

Veranda hinaus. Der Mann blieb stehen und stand jetzt wieder reglos im Sand.

Sie sahen einander an, und Peters Zweifel begannen sich zu verflüchtigen. Der Mann war seinetwegen dort draußen, wartete auf ihn. Peters Gereiztheit schlug in Ärger um. Er trat auf die Treppe zu, ging zum Strand hinunter. Der Mann blieb stehen, wo er war, machte keine Anstalten, auf ihn zuzugehen.

Der Teufel soll Sie holen, dachte Kastler. In diesem privaten Bereich von Malibu gab es nur sehr wenige Leute, aber wenn jemand zusah, mußte der Anblick einer hinkenden, mit Jeans bekleideten Gestalt, deren Oberkörper nackt war, und die auf einen voll bekleideten Mann zuging, der reglos vor einem Strandhaus stand, höchst seltsam gewirkt haben. Ja, wirklich seltsam; der blonde Fremde hatte etwas Eigenartiges an sich. Dabei wirkte er durchaus sympathisch, seine Gesichtszüge sogar beinahe freundlich. Und doch war etwas Drohendes an ihm. Als Kastler nährkam, erkannte er, was es war: die Augen des Mannes waren wach. Das waren nicht die Augen eines Schnüfflers, wie ihn vielleicht ein besorgter Studioangestellter eingestellt haben könnte.

»Hier draußen ist es warm«, begann Peter unvermittelt. »Ich frage mich, warum Sie dauernd in der Hitze auf und ab gehen. Besonders, wo Sie die ganze Zeit mein Haus beobachten.«

»Ihr gemietetes Haus, Mr. Kastler.«

»Dann sollten Sie mir das, denke ich, erklären«, erwiderte Peter, »da Sie ja meinen Namen und offensichtlich auch die näheren Umstände meines Mietvertrages kennen. Das kommt doch nicht etwa daher, daß Ihre Auftraggeber die Miete bezahlen?«

»Nein.«

»Womit ich schon den ersten Punkt gewonnen hatte. Das habe ich nämlich auch nicht vermutet. Und jetzt haben Sie die Wahl — entweder befriedigen Sie meine Neugierde oder ich rufe die Polizei.«

»Ich möchte sogar, daß Sie noch mehr tun. Sie haben Verbindungen nach Washington. Ich möchte, daß Sie eine dieser Verbindungen anrufen und meinen Namen in den Personalakten des Federal Bureau of Investigation überprüfen lassen.«

»Dem *was*?« erschrak Peter. Der Mann hatte ganz leise gesprochen, und doch klang seine Stimme eindringlich.

»Ich stehe nicht im aktiven Dienst«, fügte der Mann schnell hinzu. »Ich bin nicht in offizieller Eigenschaft hier. Aber mein Name steht in den Personalakten des Bureau. Das können Sie überprüfen.«

Kastler starrte den Mann an. »Warum sollte ich das tun?«

»Ich habe Ihre Bücher gelesen.«

»Das ist Ihre Angelegenheit, nicht die meine. Jedenfalls ist das kein Grund.«

»Ich denke doch. Das ist nämlich der Grund, daß ich mir die Mühe gemacht habe, Sie zu finden.« Der Mann zögerte, so als wüßte er nicht, wie er fortfahren solle.

»Weiter.«

»In jedem Ihrer Bücher zeigen Sie, daß gewisse Ereignisse sich vielleicht nicht so zugetragen haben, wie die Leute das glauben. Vor einem knappen Jahr hat sich etwas ereignet, das in diese Kategorie fällt.«

»Was war das?«

»Ein Mann ist gestorben. Ein sehr mächtiger Mann. Es hieß, er sei eines natürlichen Todes gestorben. Das stimmt nicht. Er ist ermordet worden.«

Peter starrte den Fremden an. »Gehen Sie zur Polizei.«

»Das kann ich nicht. Wenn Sie mich überprüfen, werden Sie das verstehen.«

»Ich bin Schriftsteller. Ich schreibe Romane. Warum kommen Sie zu mir?«

»Das habe ich Ihnen doch gesagt. Ich habe Ihre Bücher gelesen. Ich glaube, die einzige Möglichkeit, diese Geschichte zu erzählen, besteht darin, ein Buch zu schreiben. Ein Buch von der Art, wie Sie sie schreiben.«

»Romane.« Damit stellte Peter keine Frage.

»Ja.«

»Aber Sie sagen doch, daß es sich nicht um eine Erfindung handelt, sondern um eine Tatsache.«

»Das glaube ich. Ich bin nicht sicher, daß ich es beweisen kann.«

»Und Sie können nicht zur Polizei gehen.«

»Nein.«

»Dann gehen Sie doch zu einer Zeitung. Suchen Sie sich einen Journalisten, der die Sache recherchiert. Davon gibt es Dutzende.«

»Keine Zeitung würde einen solchen Bericht annehmen. Das müssen Sie mir glauben.«

»Warum, zum Teufel, sollte ich das?«

»Sobald Sie sich über mich erkundigt haben, werden Sie das vielleicht. Mein Name ist Alan Longworth. Ich war zwanzig Jahre lang Spezialagent des FBI. Vor fünf Monaten bin ich in den Ruhestand getreten. Ich hatte mein Büro in San Diego ... und nördlich davon. Ich lebe jetzt in Hawaii. Auf der Insel Maui.«

»Longworth? Alan Longworth? Soll mir dieser Name etwas sagen?«

»Nein. Ganz bestimmt nicht. Erkundigen Sie sich. Das ist alles, worum ich Sie bitte.«

»Und wenn ich es tue? Was dann?«

»Ich komme morgen früh wieder hierher. Wenn Sie weiter mit mir sprechen wollen, dann gut. Wenn nicht, verlasse ich Sie.« Wieder zögerte der blonde Mann, und seine blauen Augen musterten Kastler eindringlich. »Ich bin weit gereist, um Sie zu finden. Ich bin Risiken eingegangen, die ich eigentlich nicht hätte eingehen sollen. Vielleicht habe ich sogar eine Übereinkunft gebrochen, die mich mein Leben kosten kann. Also muß ich Sie noch um eines bitten. Ich möchte Ihr Wort darauf.«

»Was ist sonst?«

»Erkundigen Sie sich nicht nach mir. Tun Sie nichts; vergessen Sie, daß ich hierhergekommen bin. Vergessen Sie, daß wir miteinander gesprochen haben.«

»Aber Sie sind doch hierhergekommen. Wir haben miteinander gesprochen. Für Bedingungen ist es jetzt ein wenig spät.«

Longworth zögerte einen Augenblick. »Hatten Sie nie Angst?« fragte er. »Nein, wahrscheinlich haben Sie das nicht. Nicht so. Seltsam, Sie schreiben doch über Angst; Sie scheinen zu verstehen, was Angst ist.«

»Sie sehen nicht so aus, als würden Sie sich leicht Angst machen lassen.«

»Da haben Sie, glaube ich, recht. Die Akten im Bureau würden das wahrscheinlich bestätigen.«

»Nennen Sie Ihre Bedingung.«

»Erkundigen Sie sich nach mir. Bringen Sie alles in Erfahrung, was geht, sagen Sie alles, was Sie wollen, nur eines sagen Sie bitte nicht — sagen Sie nicht, daß wir uns begegnet sind, wiederholen Sie nicht, was ich gesagt habe.«

»Das ist verrückt. Was soll ich dann sagen?«

»Ich bin sicher, daß Ihnen irgend etwas einfallen wird. Sie sind doch Schriftsteller.«

»Das braucht doch nicht zu bedeuten, daß ich ein guter Lügner bin.«

»Sie reisen viel. Sie könnten sagen, daß Sie in Hawaii von mir gehört haben. *Bitte*.«

Peter bewegte die Füße im heißen Sand. Sein gesunder Menschenverstand riet ihm, diesen Mann einfach stehen zu lassen; an diesem eindringlichen, und doch irgendwie kontrollierten Gesicht und den scharfen Augen war etwas Ungesundes. Aber seine Instinkte versagten seinem gesunden Menschenverstand das Recht der Entscheidung. »Wer ist dieser Mann, der gestorben ist? Der, von dem Sie sagen, daß man ihn ermordet hat?«

»Das sage ich Ihnen jetzt nicht. Morgen werde ich es Ihnen sagen, wenn Sie dann weiterreden wollen.«

»Warum nicht jetzt?«

»Sie sind ein bekannter Schriftsteller. Ich bin überzeugt, daß viele Leute zu Ihnen kommen und Ihnen Dinge erzählen, die verrückt klingen. Wahrscheinlich tun Sie das alles so schnell ab, wie Sie das auch tun sollten. Ich möchte nicht, daß Sie mich einfach so abtun. Ich möchte, daß Sie sich überzeugen, daß ich ein gewisses Gewicht habe.«

Peter nickte bedächtig. Was Longworth sagte, war nicht unvernünftig. In den letzten drei Jahren — seit *Reichstag!* — hatten ihn viele Leute bei Cocktailpartys zur Seite genommen oder sich ihm in Restaurants einfach gegenüber gesetzt, um ihm irgendwelche verrückten Informationen zu vermitteln, von denen sie einfach *wußten,* daß sie ihn interessierten. Die Welt war angefüllt von Verschwörungen. Und Leuten, die gerne an Verschwörungen beteiligt gewesen wären.

»Also gut«, sagte Kastler. »Sie heißen Alan Longworth. Sie haben zwanzig Jahre als Spezialagent gearbeitet; vor fünf Monaten sind Sie in den Ruhestand getreten und wohnen jetzt in Hawaii.«

»Maui.«

»Das steht dann ja sicher in Ihrer Akte.«

Als Longworth das Wort *Akte* hörte, zuckte er zusammen. »Ja. In meiner Akte.«

»Jeder kann sich über den Inhalt einer bestimmten Akte informieren. Sagen Sie mir etwas, das Sie besonders identifiziert.«

»Ich habe schon überlegt, ob Sie das fragen würden.«

»Ich bemühe mich, in meinen Büchern überzeugend zu sein; das ist einfach eine Logik, die sich Schritt für Schritt entwickelt, ohne Zwischenräume. Wenn Sie wollen, daß ich mich überzeuge, müssen Sie die Zwischenräume ausfüllen.«

Longworth legte sein Jackett von der rechten Schulter auf die linke und knöpfte mit der rechten Hand sein Hemd auf. Eine häßliche, gebogene Narbe führte von seiner Brust bis unter seinen Gürtel. »Ich glaube nicht, daß Sie damit konkurrieren können.«

Peter spürte, wie sein Blut aufwallte. Aber es hatte keinen Sinn, näher auf Longworth' Worte einzugehen. Wenn der Mann das war, was er zu sein behauptete, hatte er sich die Zeit genommen, seine Fakten zu sammeln. Ohne Zweifel waren dabei viele Einzelheiten über Peter Kastler ans Licht gekommen.

»Wann kommen Sie morgen?«

»Wann ist es Ihnen angenehm?«

»Ich stehe früh auf.«

»Ich werde früh hier sein.«

»Acht Uhr.«

»Bis acht Uhr also.« Longworth drehte sich um und ging den Strand hinunter.

Peter blieb stehen, wo er war, und blickte ihm nach, bemerkte erst jetzt, daß der Schmerz an seinem Bein verschwunden war. Er war den ganzen Tag da gewesen, aber jetzt war er verschwunden. Er würde Joshua Harris in New York anrufen, im Osten war es jetzt ungefähr fünf; es war also noch Zeit. Es gab einen Anwalt in Washington, einen gemeinsamen Freund, dem es nicht schwerfallen würde, die Informationen über Alan Longworth zu beschaffen. Joshua hatte einmal im Scherz gesagt, daß der Anwalt eigentlich Tantiemen für *Gegenschlag!* fordern sollte, er hatte Kastler bei seinen Recherchen sehr geholfen.

Während Peter die Verandatreppe hinaufstieg, ertappte er sich dabei, wie er ungeduldig wurde. Ein seltsam befriedigendes Gefühl war das, das er sich nicht ganz erklären konnte.

Vor einem knappen Jahr hat sich etwas ereignet . . . Ein Mann ist gestorben. Ein sehr mächtiger Mann. Es hieß, er sei eines natürlichen Todes gestorben. Das stimmt nicht. Er ist ermordet worden . . .

Peter eilte über die Veranda auf die Glastür zu und das Telefon, das er dahinter wußte.

Der Morgenhimmel wirkte verärgert. Dunkle Wolken hingen über dem Ozean; bald würde es regnen. Kastler war entsprechend gekleidet, war das schon seit mehr als einer Stunde; er trug ein Nylonjackett über seinen Khakihosen. Es war dreiviertel acht — dreiviertel elf in New York. Joshua hatte versprochen, bis halb acht anzurufen — im Osten halb elf. Weshalb die Verzögerung? Longworth würde um acht kommen.

Peter goß sich die nächste Tasse Kaffee ein, seine fünfte war das heute.

Das Telefon klingelte.

»Da hast du dir aber einen seltsamen Burschen ausgesucht, Peter«, sagte Harris in New York.

»Warum sagst du das?«

»Nun, unser gemeinsamer Freund in Washington sagt, daß dieser Alan Longworth etwas getan hat, was keiner von ihm erwartete. Er ist im falschen Augenblick in den Ruhestand getreten.«

»Hatte er seine zwanzig Jahre?«

»Knapp.«

»Das reicht doch für eine Pension, oder?«

»Sicher. Wenn man zusätzlich noch ein Gehalt bezieht. Das ist bei ihm nicht der Fall, aber darauf kommt es gar nicht an.«

»Worauf dann?«

»Longworth wurde außergewöhnlich gut beurteilt. Und was besonders wichtig ist, Hoover selbst hatte ihn bereits für eine Beförderung in die höchsten Ränge ausgewählt. Hoover persönlich hat seiner Akte eine handschriftliche Beurteilung hinzugefügt. Man möchte eigentlich glauben, daß so jemand nicht einfach in den Ruhestand tritt.«

»Andererseits könnte er sich mit solchen Zeugnissen natürlich auch einen erstklassigen Job außerhalb besorgen. Eine Menge FBI-Leute tun das. Arbeitet er für irgend jemanden, und das Bureau weiß das nicht?«

»Unwahrscheinlich. Die halten sich ausführliche Akten über ihre pensionierten Agenten. Und außerdem, weshalb wohnt er dann in Maui? Dort ist wirklich nicht viel los. Jedenfalls hat unser Freund keinen Hinweis gefunden, daß er irgendwo angestellt wäre. Er tut nichts.«

Peter starrte zum Fenster hinaus; es hatte inzwischen leicht zu regnen begonnen. »Stimmen die anderen Einzelheiten?«

»Ja«, antwortete Harris. »Sein Büro war in San Diego. Offensichtlich war er Hoovers persönlicher Verbindungsmann mit La Jolla.«

»La Jolla? Was bedeutet das?«

»Das war Hoovers liebster Urlaubsort. Longworth war für sämtliche Verbindungsaktivitäten zuständig.«

»Was ist mit der Narbe?«

»Sie ist unter ›unveränderliche Kennzeichen‹ aufgeführt, aber ohne Erklärung, und damit kommen wir zum seltsamsten Teil seiner Akte. Seine letzten ärztlichen Unterlagen fehlen, die letzten zwei jährlichen Untersuchungen. Das ist höchst ungewöhnlich.«

»Das Ganze ist sehr unvollständig«, meinte Peter. »Die ganze Geschichte.«

»Genau«, pflichtete Joshua ihm bei.

»Wann ist er in den Ruhestand getreten?«

»Letzten März. Am zweiten.«

Kastler dachte über das Datum nach. In den letzten drei Jahren hatten manche Daten eine besondere Bedeutung für ihn gewonnen. Er hatte sich angewöhnt, wenn es um Daten ging, besonders aufmerksam zu sein. Was sagte ihm dieser zweite März? Warum beschäftigte er ihn?

Durch das Küchenfenster sah er die Gestalt von Alan Longworth im Regen auf das Haus zugehen. Aus irgendeinem Grund löste dieser Anblick ein anderes Bild in ihm aus. Das Bild von ihm selbst. Im Sand in der hellen Morgensonne. Und das Bild einer Zeitung.

2. Mai. Edgar Hoover war am 2. Mai gestorben.

Ein Mann ist gestorben. Ein sehr mächtiger Mann. Es hieß, er sei eines natürlichen Todes gestorben. Das stimmt nicht. Er ist ermordet worden.

»Herrgott«, sagte Peter mit leiser Stimme ins Telefon.

Sie gingen in dem leichten Nieselregen am Strand entlang. Longworth wollte im Haus nicht sprechen, auch sonst nicht in irgendeinem Gebäude, in dem vielleicht elektronische Überwachungsgeräte angebracht sein konnten. Er war dafür zu erfahren.

»Haben Sie sich über mich erkundigt?« fragte der Mann mit den blonden Haaren.

»Sie haben doch gewußt, daß ich das tun würde«, sagte Peter. »Ich habe gerade aufgelegt.«

»Sind Sie befriedigt.«

»Wenn Sie damit meinen, ob ich überzeugt bin, daß Sie der sind, der Sie zu sein behaupten, ja. Daß Sie gute Beurteilungen haben, daß Hoover persönlich Ihre Fähigkeiten anerkannt hat, und daß Sie vor fünf Monaten in den Ruhestand getreten sind — ja, das alles hat man mir bestätigt.«

»Ich habe nicht erwähnt, daß es eine persönliche Beurteilung von Hoover gibt.«

»Die ist aber da.«

»Natürlich ist die da. Ich habe unmittelbar für ihn gearbeitet.«

»Sie hatten Ihr Büro in San Diego, wie Sie das behauptet haben. Sie waren sein Verbindungsmann mit La Jolla.«

Longworth lächelte, ein Lächeln ohne jeden Humor. »Ich habe mehr Zeit in Washington verbracht als ich je in San Diego verbrachte. Oder La Jolla. Aber das finden Sie nicht in meinen Akten.«

»Warum nicht?«

»Weil der Direktor nicht wollte, daß es bekannt wurde.«

»Noch einmal, warum nicht?«

»Ich sagte Ihnen doch, daß ich für ihn gearbeitet habe. Persönlich.«

»In welcher Weise?«

»Mit seinen Archiven. Seinen persönlichen Archiven. Ich war ein Bote. La Jolla bedeutete viel mehr als nur den Namen eines Dorfs an der Pazifikküste.«

»Das ist mir jetzt zu geheimnisvoll.«

Der blonde Mann blieb stehen. »So wird es auch bleiben. Wenn Sie noch mehr wissen wollen, muß das von jemand anderem kommen.«

»Jetzt werden Sie arrogant. Wie kommen Sie darauf, daß es mich interessieren könnte?«

»Weil Sie nicht verstehen können, weshalb ich in den Ruhestand getreten bin. Niemand konnte das. Es leuchtete niemandem ein. Ich habe nur die Mindestpension und kein zusätzliches Einkommen. Wenn ich beim Bureau geblieben wäre, dann wäre ich möglicherweise Abteilungsleiter geworden, vielleicht sogar Vizedirektor.«

Longworth setzte sich wieder in Bewegung. Peter blieb neben ihm und empfand keinerlei Schmerz in seinem Bein. »Also gut, weshalb haben Sie sich pensionieren lassen? Weshalb haben Sie keinen Job?«

»In Wahrheit bin ich gar nicht in den Ruhestand getreten. Man hat mich auf einen anderen Regierungsposten versetzt und mir gewisse Garantien gegeben. Mein Dienstherr — nur daß Sie das in keiner Akte finden werden — ist das State Department, die Pazifikabteilung. Sechstausend Meilen von Washington entfernt. Wenn ich in Washington geblieben wäre, wäre ich getötet worden.«

»Schon gut, hören Sie jetzt auf!« Kastler blieb stehen. »Ich kann mir recht gut vorstellen, worauf Sie hinauswollen. Ich bin es langsam leid. Sie wollen behaupten, daß J. Edgar Hoover ermordet worden ist. Er ist der ›mächtige Mann‹, den Sie meinten.«

»Dann haben Sie es sich selbst zusammengereimt«, sagte der Agent.

»Das ist ein ziemlich logischer Schluß, und ich glaube keinen Augenblick daran. Das ist lächerlich.«

»Ich habe nicht gesagt, daß ich es beweisen kann.«

»Das will ich auch hoffen. Das ist lächerlich. Er war ein alter Mann, der schon geraume Zeit Herzprobleme hatte.«

»Vielleicht. Vielleicht auch nicht. Ich habe nie jemanden gekannt, der je seine ärztlichen Akten gesehen hat. Die Originale wurden ihm direkt zugeschickt, und Kopien durften keine gemacht werden. Er verfügte über die Mittel, solche Anweisungen auch durchzusetzen. Und an seiner Leiche durfte keine Autopsie durchgeführt werden.«

»Er war über siebzig.« Peter schüttelte angewidert den Kopf. »Sie haben eine blühende Fantasie.«

»Ist das in Romanen nicht immer so? Fangen Sie nicht mit einem Konzept an? Einer Idee?«

»Zugegeben. Aber die Art von Romanen, die ich schreibe, muß zumindest glaubwürdig sein. Es muß eine gewisse Realität dahinterstehen oder wenigstens der Anschein davon.«

»Wenn Sie unter Realität Fakten verstehen, dann gibt es ja einige.«

»Nennen Sie sie.«

»Zunächst einmal mich selbst. Im letzten März trat eine Gruppe von Leuten an mich heran, die sich nicht identifizieren wollten, die aber immerhin genügend Einfluß besaßen, an den höchsten und geheimsten Drähten im State Department zu ziehen und eine Versetzung zu bewirken, die Hoover nie zugelassen hätte. Selbst ich weiß nicht, wie sie das bewerkstelligten. Es ging um gewisse Informationen, die Hoover zusammengestellt hatte. Akten über einige tausend Leute.«

»Waren das dieselben Leute, die Ihnen die Garantien gaben? Für jene Dienstleistungen, auf die Sie nicht näher eingehen wollen?«

»Ja. Ich glaube — ich bin nicht sicher — aber ich glaube, die Identität eines dieser Männer zu kennen. Ich bin bereit, sie Ihnen zu nennen.« Longworth blieb stehen; er war wieder unsicher, ebenso wie er das gestern gewesen war. In seinen Augen war jetzt wieder jener eindringliche Blick.

»Weiter«, sagte Kastler ungeduldig.

»Ich habe also Ihr Wort, daß Sie meinen Namen ihm gegenüber nie verwenden werden?«

»Verdammt, ja. Um offen zu sein, ich habe das Gefühl, daß wir uns in ein paar Minuten voneinander verabschieden und ich nie mehr an Sie *denken* werde.«

»Haben Sie je von Daniel Sutherland gehört?«

Peters Gesichtsausdruck ließ sein Erstaunen erkennen. Daniel Sutherland war ein Riese im übertragenen Sinn ebenso wie in bezug auf seine Körpergröße. Ein hünenhafter Neger, dessen außergewöhnliche Leistungen seiner Körpergröße in nichts nachstanden, ein Mann der vor einem halben Jahrhundert aus der Hitze und dem Dreck der Felder von Alabama hervorgekrochen und in die höchsten Kreise des Gerichtssystems der Nation aufgestiegen war. Er hatte zwei Berufungen an den Obersten Gerichtshof abgelehnt und hatte das aktivere Richterdasein vorgezogen. »Der Richter?«

»Ja.«

»Natürlich, wer hätte nicht von ihm gehört? Warum glauben Sie, daß er Mitglied der Gruppe war, die mit Ihnen Verbindung aufgenommen hat?«

»Ich sah seinen Namen auf einem Dokument des State Departments, einer sogenannten Suchmeldung, die sich mit mir befaßte. Ich hätte das nicht sehen sollen, aber ich habe es gesehen. Gehen Sie zu ihm. Fragen Sie ihn, ob es eine Gruppe von Männern gab, die sich wegen der letzten zwei Jahre in Hoovers Leben Sorgen machte.«

Diese Aufforderung war unwiderstehlich. Die Geschichten, die sich um Sutherland rankten, hatten fast legendären Charakter. Peter nahm jetzt Alan Longworth viel ernster als noch Sekunden vorher.

»Mag sein, daß ich das tue. Was für Fakten haben Sie noch?«

»Eigentlich nur noch eine Sache von wirklichem Gewicht. Der Rest ist im Vergleich dazu unbedeutend. Höchstens noch ein Mann. Ein General namens MacAndrew. General Bruce MacAndrew.«

»Wer ist das?«

»Bis vor ganz kurzer Zeit ein sehr wichtiger Mann im Pentagon. Alles hatte sich richtig für ihn gefügt — wahrscheinlich hätte er bloß mit dem Kopf zu nicken brauchen, um Vorsitzender der Vereinigten Stabschefs zu werden. Und dann hat er plötzlich, ohne sichtlichen Grund, alles weggeworfen. Uniform, Laufbahn, Stabschefs, alles.«

»In gewisser Weise Ihnen nicht unähnlich«, meinte Kastler. »Vielleicht in etwas größerem Maßstab.«

»Mir sehr unähnlich«, erwiderte Longworth. »Ich besitze Informationen über MacAndrew. Wir wollen sagen, daß diese Informationen auf jene Dienstleistungen zurückreichen. Etwas ist ihm vor einundzwanzig, zweiundzwanzig Jahren widerfahren. Offensichtlich weiß niemand genau, was — oder wenn es jemand weiß, dann gibt es keiner zu — aber es war jedenfalls ernsthaft genug, daß man es aus seinen Dienstakten entfernte. Acht Monate in den Jahren 1950/51, das ist alles, woran ich mich erinnere. Aber man könnte das mit jenem einem wichtigem Faktum — jenem grundlegenden Faktum, das Sie suchen, Kastler — in Verbindung bringen, und das macht mir Angst.«

»Und was ist das?«

»Hoovers private Archive. MacAndrew könnte damit in Verbindung stehen. Über dreitausend Dossiers, ein Querschnitt durch das ganze Land. Regierung, Wirtschaft, Universitäten, Militär; von den Mächtigsten bis zu den anderen weiter unten. Sie werden vielleicht Gegenteiliges hören, aber ich sage die Wahrheit. Jene Archive sind verschwunden, Kastler. Man hat sie seit Hoovers Tod nicht auffinden können. Jemand hat sie, und jetzt setzt dieser Jemand sie ein.«

Peter starrte Longworth an. »Hoovers Archive? Das ist doch Wahnsinn.«

»Denken Sie darüber nach. Das ist meine Theorie. Derjenige, der diese Akten besitzt, hat Hoover getötet, um sie in seinen Besitz zu bringen. Sie haben sich nach mir erkundigt; ich habe Ihnen zwei Namen genannt, bei denen Sie sich erkundigen können. Mir ist gleichgültig, was Sie zu MacAndrew sagen, aber Sie haben mir Ihr Wort gegeben, mich dem Richter gegenüber nicht zu erwähnen. Und ich will nichts von Ihnen. Ich möchte nur, daß Sie darüber nachdenken, sonst nichts. Denken Sie über die Möglichkeiten nach.«

Ohne in irgendeiner Weise anzudeuten, daß er damit alles gesagt hatte, ohne ein Kopfnicken und ohne die geringste Handbewegung drehte Longworth sich um und ging ebenso, wie er das am Tag zuvor getan hatte, über den Strand davon. Peter stand benommen im leichten Regen und sah zu, wie der ehemalige FBI-Mann auf die Straße zuzulaufen begann.

8

Kastler stand an der Bar des Restaurants an der Sechsundfünfzigsten Straße East. Es gab sich redliche Mühe, wie ein englisches Landgasthaus aus dem letzten Jahrhundert zu wirken, und Peter fühlte sich in ihm wohl. Die Atmosphäre dort eignete sich für ein in die Länge gezogenes Mittagessen mit langen, tiefschürfenden Gesprächen.

Er hatte Tony Morgan und Joshua Harris angerufen und sie gebeten, sich dort mit ihm zu treffen. Dann hatte er die Nachmittagsmaschine von Los Angeles genommen. Zum erstenmal seit vielen Monaten hatte er in seiner eigenen Wohnung geschlafen — wie normal er sich doch dabei vorkam. Er hätte viel früher zurückkommen müssen. Seine falsche Zuflucht in Kalifornien war wie ein Gefängnis für ihn geworden.

Und jetzt geschah es. Irgend etwas in seinem Kopf war aufgebrochen, eine Barrikade war niedergerissen worden und hatte aufgestaute Energie freigesetzt. Er hatte keine Ahnung, ob irgend etwas von dem, was Longworth ihm gesagt hatte, einen Sinn ergab. Nein, es war einfach zu lächerlich. Allein die Vorstellung einer Ermordung Hoovers widersprach jeder Vernunft. Und doch war es eine faszinierende Prämisse. Und jede Story begann mit einer Prämisse. Die Möglichkeiten waren die größte Herausforderung, die sich ihm je gestellt hatte. Würde ein außergewöhnlicher Mann namens Sutherland einräumen, daß es auch nur eine entfernte Chance gab, daß jemand Hoover ermordet hatte? Und war es dann möglich, ein lang verschwundenes Stück Papier in der Militärakte eines Generals namens MacAndrew damit in Verbindung zu bringen?

Irgendeine Spiegelung im Fenster zog seinen Blick nach draußen. Dann lächelte er, als er die Gestalten von Anthony Morgan und Joshua Harris nebeneinander auf den Eingang zukommen sah. Die beiden Männer argumentierten, aber nur jemand, der sie sehr gut kannte, hätte das begriffen. Für den beiläufigen Beobachter waren sie einfach zwei Leute, die sich leise unterhielten, ihre Umgebung nicht wahrnahmen, und wie es schien, nicht einmal sich selbst.

Tony Morgan war die physische Verkörperung des Absolventen einer der guten Universitäten der Ostküste, der in New York zum Verleger geworden war. Er war schlank und hochgewachsen, mit den etwas nach vorn geneigten Schultern zu vieler Jahre gespielten Interesses an den Meinungen geringerer Sterblicher; sein Gesicht war schmal, die Züge glatt und die braunen Augen immer etwas fern und doch nie leer. Einreihige anthrazitfarbene Anzüge oder Tweedjacken im englischen Stil über den unvermeidlichen guten Flanellhosen waren für ihn wie eine Uniform. Er und Brooks Brothers hatten den größten Teil seiner einundvierzig Jahre gemeinsam verbracht, und keiner sah Anlaß zum Wechsel.

Aber Kleidung und Aussehen reichten nicht aus, um das quecksilberhaft bewegliche Wesen Anthony Morgans zu verkörpern. Dazu mußte man auch noch seinen manchmal explosionsartig ausbrechenden Enthusiasmus kennen. Seinen ansteckend missionarischen Eifer um Manuskripte, an denen noch gearbeitet wurde, oder die Entdeckung eines aufregenden neuen Talents. Morgan war der Inbegriff des Verlegers und dazu ein Lektor von seltenem Einfühlungsvermögen.

Und wenn Morgan irgendwie der klösterlich asketischen Welt des akademischen New England entsprungen zu sein schien, so hatte man bei Joshua Harris den Eindruck, als wäre er irgendwie unberührt aus einem eleganten Königshof des frühen 18. Jahrhunderts in die Gegenwart getreten. Von stattlicher Statur und Haltung, wirkte Harris beherrschend eindrucksvoll. Er bewegte seinen mächtigen Körper elegant und tat jeden Schritt überlegt, so, als bewegte er sich in einer feierlichen Prozession. Auch er war Anfang der Vierzig, und ein schwarzer Kinnbart, der einem sonst angenehmen Gesicht etwas Dämonisches verlieh, verbarg seine Jahre.

Peter wußte, daß es Dutzende von Herausgebern und Agenten in New York gab, die ähnliche, vielleicht auch größere Bedeutung hatten, und ihm war auch klar, daß weder Morgan noch Harris allgemein geliebt wurden. Er hatte oft die Stimmen der Kritiker gehört: Tonys Arroganz und seine häufig verfehlte Begeisterung und Joshs Freude an unangenehmen Konfrontationen, die häufig auf dem unbegründeten Vorwurf irgendwelcher Beleidigungen beruhten. Aber Kastler focht das nicht an. Für ihn waren diese Männer die besten.

Peter zeichnete seine Barrechnung ab und ging ins Foyer. Josh trat durch die Eingangstür, die Tony ihm aufhielt und der, als wäre das ganz natürlich, einem jungen Paar, das dazwischengetreten war, den Vortritt ließ. Ihre Begrüßung war zu laut, zu beiläufig. Peter sah die Sorge in den Augen der beiden Männer, jeder betrachtete ihn, als studierte er einen etwas verwirrten Bruder.

Ihr Tisch war der, den sie stets benutzten. In einer Ecke, etwas abseits von den anderen. Auch ihre Drinks waren die üblichen, und Kastler war gleichzeitig amüsiert und etwas verstimmt, als er sah, wie scharf Josh und Tony ihn beobachteten, als der Whisky kam.

»Ihr könnt den Alarm abblasen. Ich verspreche euch, nicht auf dem Tisch zu tanzen.«

»Aber wirklich, Peter ...«, begann Morgan.

»Jetzt komm schon ...« setzte Harris hinzu.

Er war ihnen wichtig. Das war das, worauf es ankam. Und dann ging der Augenblick vorüber, und das Unausgesprochene wurde akzeptiert. Es gab Geschäfte zu besprechen: Kastler begann.

»Ich habe einen Mann kennengelernt; fragt mich nicht, wen, ich würde es euch nicht sagen. Wir wollen sagen, ich bin ihm am Strand begegnet, und er hat mir in groben Zügen eine Story erzählt, die ich keinen Augenblick lang glaube, aber die vielleicht die Basis für ein Buch sein könnte.«

»Ehe du weitererzählst«, unterbrach ihn Harris, »hast du irgendeine Vereinbarung mit ihm getroffen?«

»Er will nichts haben. Ich habe ihm nur mein Wort gegeben, daß ich ihn nie identifizieren würde.« Peter hielt inne, sah Joshua Harris an. Der Literaturagent hatte die Nachforschungen angestellt; er hatte in Washington angerufen. »Du bist übrigens der einzige, der das könnte. Namentlich. Aber das darfst du nicht. Das hast du mir versprochen.«

»Weiter«, sagte Joshua Harris.

»Vor einigen Jahren begannen einige Männer in Washington, über etwas unruhig zu werden, was sie für eine sehr gefährliche Situation hielten. Mehr als gefährlich, vielleicht katastrophal. J. Edgar Hoover hatte ein paar tausend Dossiers über die einflußreichsten Leute im Land zusammengestellt. Im Kongreß, dem Senat, dem Pentagon, dem Weißen Haus. Berater des Präsidenten und des Kongresses, führende Fachleute in einem Dutzend unterschiedlicher Bereiche. Je älter Hoover wurde, desto größer wurde ihre Sorge. Gerüchte begannen sich zu verbreiten, daß Hoover jene Akten tatsächlich *benutzte*, um Leute einzuschüchtern, die sich gegen ihn stellten.«

»Augenblick, Peter«, unterbrach Morgan. »Diese Geschichte — und Variationen davon — sind seit Jahren im Umlauf. Worauf willst du hinaus?«

Kastler sah Morgan voll an. »Ich will einiges überspringen. Hoover starb vor vier Monaten, und es wurde keine Autopsie zugelassen. Und jene Akten fehlten.«

Am Tisch herrschte Schweigen. Morgan beugte sich vor und drehte langsam sein Glas in der Hand, so daß die Eiswürfel im Whisky kreisten. »Das ist ein ziemlich großer Sprung. Hoover war beinahe achtzig; er hatte ein schwaches Herz.«

»Wer sagt denn, daß die Akten fehlen?« fragte Harris. »Es könnte doch sein, daß man sie vernichtet, durch den Aktenwolf gedreht hat. Oder vergraben.«

»Natürlich könnte das sein«, pflichtete Peter ihm bei.

»Aber du deutest an, daß jemand Hoover um der Akten willen getötet hat«, sagte Morgan.

»Ich deute es nicht an, ich behaupte es. Als Prämisse eines Romans, nicht als Tatsache. Ich habe nicht gesagt, daß ich daran glaube, aber ich denke, ich könnte es glaubwürdig machen.«

Wieder herrschte Schweigen. Morgan sah Harris an, dann Peter.

»Das ist eine sensationelle Idee«, sagte er vorsichtig. »Eine mächtige Hypothese. Vielleicht zu mächtig, zu offenkundig. Du würdest eine solide Basis aufbauen müssen, und ich weiß nicht, ob das möglich ist.«

»Dieser Mann am Strand«, sagte Joshua. »Dieser Mann, den keiner von uns beiden identifizieren wird. Glaubt er es?«

Kastler starrte in sein Glas. Er erkannte, daß seine Stimme, als er Harris antwortete, ebenso unsicher wie sein Urteil war. »Ich weiß es wirklich nicht. Ich kann mir vorstellen — und mehr ist es wirklich nicht — daß er glaubt, daß jemand irgendwo diesen Mord vorbereitete. Das reichte ihm aus. Das reichte ihm. Wenigstens dazu, mir zwei Gewährsleute zu nennen, bei denen ich mich näher erkundigen kann.«

»Leute, die mit Hoover in Verbindung standen?« fragte Morgan.

»Nein, er ist nicht so weit gegangen, das zu behaupten. Er sagte, es handle sich um pure Hypothesen. Ein Name bezieht sich auf jene Gruppe in Washington, die sich wegen der Archive und der Art und Weise, wie Hoover sie gebrauchte, Sorgen machte. Der andere ist ziemlich weit hergeholt. Er bezieht sich auf über zwanzig Jahre alte Informationen, die verschwunden sind.«

Morgan ließ Peter nicht aus den Augen. »Das könnten die Grundlagen sein, die du brauchst.«

»Sicher. Aber wenn an dieser Gruppe auch nur ein Funken Wahrheit ist, würde ich eine völlig fiktive Persönlichkeit aus ihm machen müssen. Wenn ich dir seinen Namen nennen würde, würdest du das verstehen. Über den anderen weiß ich überhaupt nichts.«

»Du willst uns also nicht sagen, wer sie sind?« fragte Joshua.

»Jetzt noch nicht. Ich wollte nur hören, wie ihr auf die Idee reagiert. Auf einen Roman, der sich mit der Ermordung Hoovers befaßt. Ermordet von Leuten, die von jenen Akten wußten, und sich selbst in ihren Besitz setzen wollten.«

»Sensationell«, wiederholte Morgan.

»Das wird dich einiges kosten«, sagte Harris und sah den Verleger an.

9

Kongreßabgeordneter Walter Rawlins, Abkömmling der Rawalinses von Roanoke, einer Dynastie ohne Substanz, sah man von ihrem politischen Einfluß auf das Commonwealth von Virginia ab, saß in der Bibliothek seiner Vorstadtvilla in Airlington. Es war schon nach Mitternacht, und das einzige Licht im Raum kam von einer in Form eines Steigbügels gehaltenen Messinglampe, die auf seinem Schreibtisch unter vergrößerten Fotografien verschiedener Angehöriger der Rawlins-Familie stand, die in verschiedenen Stadien der Jagd auf verschiedenen Pferden saßen.

Er war allein im Haus. Seine Frau verbrachte das Wochenende in Roanoke, und das Mädchen hatte seinen freien Tag, was auch seine freie Nacht bedeutete; das schwarze Miststück konnte den Donnerstag gar nicht erwarten, um ihren Schwarzen Hintern herumzuschwenken. Rawlins grinste und hob ein Glas an die Lippen und nahm einen langen Schluck Sour Mash. Ein verdammt wohlgerundeter Niggerhintern war das, und er hätte sie gern zum Bleiben aufgefordert, wenn er nur dem anderen Miststück im Haus hätte trauen können. Seine Frau hatte *gesagt*, daß sie mit der Cessna nach Roanoke fliegen würde, aber ebensogut konnte sie dem Piloten sagen, er solle umkehren und wieder auf dem kleinen Flugplatz von McLean landen. Dieses verdammte Miststück von Frau konnte ebensogut jetzt unten auf der Straße in ihrem Wagen auf genau den richtigen Augenblick warten, um ins Haus zurückzukommen.

Das wäre ein gefundenes Fressen für sie, ihn dabei zu erwischen, wie er es mit dem Niggermädchen trieb.

Rawlins kniff die Augen zusammen. Dann sah er zu seinem Schreibtisch hinüber, zu dem Telefon, das dort stand. Das verdammte Ding klingelte. Dabei war das seine Büroleitung, seine Verbindung nach Washington. Verdammt!

Das Telefon hörte nicht auf zu klingeln. Verdammt! Er konnte es nicht leiden, wenn er telefonieren mußte und schon ein wenig getrunken hatte. Er arbeitete sich etwas unsicher aus dem Sessel hoch, hielt sein Glas fest und ging etwas schwankend zum Schreibtisch hinüber.

»Ja? Was ist denn los?«

»Guten Abend.«

Die Stimme, die aus dem Hörer klang, sprach im Flüsterton, hoch und ausdruckslos. Er konnte nicht einmal sagen, ob es ein Mann oder eine Frau war.

»Wer zum Teufel, spricht denn? Woher haben Sie diese Nummer?«

»Das ist beides ohne Bedeutung. Aber was ich Ihnen jetzt sagen werde, ist wichtig.«

»Gar nichts werden Sie mir sagen. Ich spreche nicht mit . . .«

»*Newport News*, Rawlins!« Die Flüsterstimme spuckte ihm die

Worte förmlich entgegen. »An Ihrer Stelle würde ich nicht auflegen.«

Rawlins erstarrte. Durch den Alkoholnebel, der ihn umgab, starrte er das Telefon an, das er in der Hand hielt. Dann hob er den Hörer langsam ans Ohr, hielt den Atem an. »Wer sind Sie? Was wollen Sie? Newport . . .« Mehr brachte er nicht heraus.

»Drei Jahre ist es her, Congressman. Wenn Sie scharf nachdenken, erinnern Sie sich bestimmt. Der Gerichtsbeamte von Newport News hat den Zeitpunkt des Todes auf eine halbe Stunde nach Mitternacht geschätzt. Etwa die gleiche Zeit wie jetzt übrigens. Das Datum war der 22. März.«

»Wer, zum Teufel, sind Sie?« Rawlins spürte die Übelkeit, die in ihm aufstieg.«

»Ich habe Ihnen doch gesagt, daß das nicht wichtig ist. Jedenfalls nicht wichtiger als das kleine schwarze Mädchen in Newport News. Wie alt war sie denn, Congressman? Vierzehn? Was war denn? Das war grotesk, nicht wahr? Es hieß, sie sei ziemlich zugerichtet gewesen, man hatte sie geschlagen.«

»Ich weiß nicht, wovon Sie reden! Mit mir hat das jedenfalls nichts zu tun!« Rawlins führte das Glas zum Mund und trank. Der größte Teil des Whiskys rann ihm über das Kinn. »Ich war nicht in . . .«

»Newport News?« unterbrach ihn die Flüsterstimme. »In der Nacht vom 22. März 1969? Ich denke doch. Ich habe hier sogar den detaillierten Flugplan einer Cessna-Maschine, die auf einem Privatflugplatz zehn Meilen nördlich von Newport News gelandet und dann wieder gestartet ist. Und da ist auch eine Beschreibung des Passagiers: blutbefleckte Kleider, betrunken. Soll ich sie Ihnen vorlesen?«

Rawlins ließ das Glas fallen. Es zerschellte auf dem Boden. »Sie . . . *hören Sie . . . auf*!«

»Sie brauchen sich keine Sorgen zu machen. Sehen Sie, Sie sind Vorsitzender eines Ausschusses im Repräsentantenhaus, der mich interessiert. Ich bin nur nicht damit einverstanden, daß Sie sich gegen die Vorlage H.R. drei fünfundsiebzig stellen. Sie werden Ihre Haltung ändern, Rawlins. Sie werden diese Vorlage unterstützen . . .«

Phyllis Maxwell ging an der Rezeption im Hay-Adams vorbei auf den Lafayette Room zu. Die übliche Schar von Gästen wartete darauf, daß man ihnen Plätze anwies; sie betraf das nicht. Der Oberkellner des Lafayette würde sie sehen und sie an den anderen vorbei zu ihrem Tisch führen. Sie hatte sich eine Viertelstunde verspätet; das war gut. Der Mann, mit dem sie zum Essen verabredet war, würde bereits nervös sein, etwas beunruhigt, und sich fragen, ob sie die Verabredung vergessen hatte; das war sehr gut. Er würde defensiv eingestellt sein.

Sie blieb an einem bis zum Boden reichenden Spiegel stehen und war mit dem Bild zufrieden, das sich ihr bot. Gar nicht übel, dachte sie. Überhaupt nicht übel für ein früher einmal einfaches Mädchen mit etwas Übergewicht namens Paula Mingus aus Chillicothe, Ohio, die jetzt gute siebenundvierzig war. Sie war . . . nun, elegant bezeichnet es am besten. Sie war schlank, die Beine gut geformt, die Brüste fest, der Hals lang — fast griechisch, könnte man sagen — und die Perlenkette schmeichelte ihr. Und ein gutes Gesicht. Wieder paßte das Wort *elegant* am besten. Ihre Augen waren natürlich auffällig; das fand jeder. Glänzend, wißbegierig, die Augen einer erfahrenen Journalistin. Sie verstand es, ihre Augen zu gebrauchen, durchbohrte jeden, den sie interviewte, und ließ keinen Augenblick einen Zweifel an dem, was sie meinte: *Keine Sekunde glaube ich dir. Du mußt es schon besser anstellen.*

Sie hatte mit ihren Augen eine Menge Wahrheiten aus einer Menge Lügner herausgeholt. Mehr als einmal hatte sie ganz Washington mit einer unwiderlegbaren Story erschreckt, von der viele wußten, daß es sie gab, doch nie glaubten, sie würden sie je gedruckt sehen. Sie hatte die Leute, die sie ausfragte, gezwungen, weiter zu reden, häufig nur, indem sie stumm blieb und die Arbeit ihren Augen überließ.

Natürlich gab es Zeiten, wenn ihre Augen mehr taten, als nur zweifeln; häufig versprachen sie etwas, aber sie machte sich nichts vor siebenundvierzig war nicht siebenundzwanzig, ob nun elegant oder nicht. Und je weiter die Jahre fortschritten, desto häufiger fragten sie mehr, als daß sie versprachen. Aus einer Anzahl von Gründen.

Sie nannte sich Phyllis Maxwell, nicht Paula Mingus aus Chillicothe; der erste Chefredakteur, der ihr erlaubt hatte, ihren Namen unter eine Story zu setzen, hatte ihn vor einem Vierteljahrhundert geändert. Und sie war gut; sie nahm ihre Arbeit ernst. Sie suchte sich die schwierigen Aufträge.

So wie heute. Irgend etwas an der gegenwärtigen Wahlkampagne war faul, oberfaul. Geld in atemberaubenden Beträgen wurde von Stiftern eingetrieben, die das eigentlich gar nicht wollten. Nicht näher definierte Drohungen und Zusagen, für die es keine Garantien gab, wurden als Waffen eingesetzt.

»Miß Maxwell! Schön, daß Sie uns die Ehre geben.« Das war der Oberkellner des Lafayette.

»Danke, Jacques.«

»Hier entlang, bitte, Miß Maxwell. Sie werden schon erwartet.«

Ja, das tat er. Ein junger Mann mit einem Gesicht wie ein Cherubim mit roten Backen und eifrigem Blick sprang beflissen auf. Wieder einer von diesen blankgeputzten Lügnern; es gab sie überall. *Sie müssen sie streicheln.* Phyllis hörte die Anweisung förmlich.

»Tut mir leid, daß ich mich verspätet habe«, sagte sie.

»Wer hat sich verspätet? Ich bin gerade erst gekommen.« Er lächelte.

»Dann haben Sie sich verspätet, nicht wahr.« Das war eine Feststellung, die der andere mit einem linkischen Lächeln hinnahm. »Macht nichts. Nehmen Sie einen Drink. Sie brauchen einen, und mir schadet er auch nicht.«

Er nahm einen. Drei. Und seine Eggs Benedict rührte er kaum an. Er konnte das Warten nicht ertragen. »Ich sage Ihnen, Phyl, Sie sind auf der falschen Spur! Sie wollen doch nicht den Ast absägen, auf dem Sie sitzen!«

»Sie bringen Ihre Metaphern durcheinander. Leute wie Sie tun das oft. Gewöhnlich dann, wenn sie etwas zu verbergen haben.«

»Wir haben nichts zu verbergen.«

»Dann wollen wir doch zum Geschäft kommen«, unterbrach sie. Sie mochte keinen Small-talk; ihre Technik war es, geradewegs auf die Dinge loszugehen, und dabei hatte sie meistens Erfolg. »Meine Information ist die folgende: man hat zwei Fluglinien, die sich um neue Routen bewerben, gesagt — und zwar auf nicht besonders subtile Art — daß das CAB eine ablehnende Haltung, et cetera einnehmen würde, sofern nicht größere Wahlspenden, et cetera, et cetera. Die Teamsters sind an eine größere Spedition herangetreten. Umfangreiche Wahlspenden, sonst könnte es zu einem Streik kommen. Die größte Pharmazeutikfirma im Osten wurde zwei Tage, nachdem man sie zu einem Wahlbeitrag aufgefordert hatte, mit einer Untersuchung seitens der FDA bedroht. Sie haben bezahlt. Es wird keine Untersuchung geben. Vier Banken. Vier *führende* Banken, Paul. Zwei in New York, eine in Detroit, eine in Los Angeles — die sich alle um Zusammenschlüsse mit anderen Instituten bemühten — erhielten die Auskunft, ihre Anträge könnten jahrelang festliegen, sofern sie nicht ein gewogenes Ohr fänden. Beiträge wurden geleistet; plötzlich waren die

Anträge bewilligt. Und alles das ist bestätigt und dokumentiert. Ich habe Namen, Daten und Zahlen. Es ist meine Absicht, sehr schrill zu pfeifen, wenn Sie mir keine Antworten liefern können, die diese acht Beispiele vom Rest des Wahlfeldzuges isolieren. Ich meine, wirklich *isolieren*. Sie werden weder diese Wahl noch irgendeine andere kaufen. Mein Gott, wie dumm Sie doch sind! Das haben Sie doch gar nicht nötig!«

Der Mann mit den roten Pausbäckchen wurde bleich. »Sie sehen das alles völlig falsch! Die radikale Haltung, die von der Opposition eingenommen wird, würde diese Nation in Stücke reißen. Ihre Grundfesten schwächen, ihre fundamentalen Freiheiten . . .«

»Ach, hören Sie schon auf, Sie Esel!«

»Miß Maxwell?« Das war Jacques. Er hielt ein Telefon in der Hand. »Anruf für Sie. Soll ich einstöpseln?«

»Bitte.«

Der Oberkellner schob den Stecker in die Dose. Dann verbeugte er sich und ging.

»Hier Phyllis Maxwell.«

»Tut mir leid, daß ich Sie beim Essen störe.«

»Entschuldigen Sie, ich kann Sie nicht hören.«

»Ich werde versuchen, deutlicher zu sprechen.«

»Wer spricht?« Die Stimme am Telefon flüsterte. Unheimlich ausdruckslos und hoch. »Soll das ein Witz sein?«

»Ganz entschieden nicht, Miß Mingus.«

»Ich schreibe unter dem Namen Maxwell. Die Tatsache, daß Sie meinen Familiennamen kennen, schockiert mich nicht. Er steht in meinem Paß.«

»Ja, ich weiß«, kam die seltsam schreckliche, geflüsterte Antwort. »Ich habe den Namen auf der Einreiseliste der Insel Saint Vincent gesehen. In den Grenadines, *Miß* Mingus.«

Alles Blut schoß aus Phyllis Maxwells Gesicht: ein schrecklicher Schmerz durchschoß ihren Kopf, ihre Hand zitterte. Sie fürchtete, ihr würde übel werden.

»Sind Sie noch da?« fragte die schreckliche Flüsterstimme.

»Wer sind Sie?« Sie konnte kaum sprechen.

»Jemand, dem Sie vertrauen können. Seien Sie versichert, daß es so ist.«

Gott! Die Insel! Wie war das möglich? Wen konnte das interessieren? Was für eine widerliche Mentalität gehörte dazu? Um die Rechtschaffenheit zu verteidigen! Aber all diese selbstgerechten Leute hatten unrecht. Das war Freiheit. Freiheit vor Argwohn und Verstohlenheit. Wem taten sie denn weh?

Jedes Jahr verließ Phyllis Maxwell Washington auf drei Wochen, um sich in Caracas zu erholen. Aber Paula Mingus blieb nicht in Caracas; sie — und andere — flogen auf die Grenadines, *ihre* Insel. Und dort waren sie ganz sie selbst. Frauen, die dort ihre Erfüllung in der Liebe fanden. Mit anderen Frauen.

Paula Mingus war lesbisch. Phyllis Maxwell — im Interesse ihres Berufes und unter großem Verzicht — bekannte sich nicht dazu.

»Sie sind widerlich«, flüsterte sie als Antwort auf das schreckliche Flüstern.

»Die meisten Leute würden dieses Wort eher für sie gebrauchen. Sie würden zu einem schmutzigen Witz werden, und Ihre Karriere wäre am Ende. Wenn diese unwiderlegbare Story veröffentlicht würde.«

»Was wollen Sie?«

»Sie müssen diesem ehrlichen jungen Mann in Ihrer Gesellschaft klarmachen, daß Sie die Themen, über die Sie ohne Zweifel bereits gesprochen haben, nicht weiter verfolgen werden. Sie werden nichts veröffentlichen.«

Phyllis Maxwell legte den Hörer auf. Tränen traten in ihre glänzenden, professionellen Augen. Was sie sagte, war kaum zu hören. »Gibt es denn nichts, wovor Sie haltmachen?«

»Phyl, ich schwöre Ihnen . . .«

»O Gott! Stehlt doch das ganze Land!« Sie stand auf und rannte aus dem Restaurant.

Carroll Quinlan O'Brien, seinen Kollegen im Bureau als Quinn bekannt, betrat sein Büro und nahm hinter dem Schreibtisch Platz. Es war beinahe acht Uhr. Die Nachtschicht hatte schon vor einiger Zeit begonnen, und die Hälfte der Büros stand daher leer. Aber vierundsechzig Prozent aller Gewaltverbrechen fanden zwischen neunzehn Uhr dreißig abends und sechs Uhr früh statt, überlegte O'Brien, und das wichtigste Instrument des Landes, das die Einhaltung der Gesetze erzwingen sollte, war in dieser Zeit nur zur Hälfte besetzt.

Die Kritik war nicht berechtigt. Das Bureau war keine Polizeibehörde, vielmehr war es eine Institution, die sich mit der Ermittlung von Fakten befaßte, und die meisten Daten fand man am besten, wenn der Rest des Landes wach war. Nein, die Kritik war wirklich nicht berechtigt, obwohl im Augenblick eine umfangreiche Umorganisation stattfand; das sagten alle.

Sie konnten ja mit Hoovers lächerlichem Begriff *Seat of Govern-*

ment anfangen. S.O.G. Ebensogut konnte man FBI sagen, und das war viel weniger anmaßend.

Es gab so vieles, das irgendwie vorsintflutlich wirkte, dachte O'Brien. Konfuse Organisationspläne. Widersprüchliche und sich überlappende Einsatzgebiete; Stärke, wo sie unnötig war, Schwäche, wo Stärke gefragt war. Kleidungsvorschriften, Verhaltensregeln — gesellschaftlich, sexuell, und was das Denken betraf. Strafen, die für unerlaubtes Verhalten ausgesetzt waren, Verweise, denen man durch Schmeichelei und Beflissenheit entgehen konnte. Angst, Angst, *Angst*. Damit war das Bureau geleitet worden, solange Quinn sich erinnern konnte.

Vier Jahre lang hatte er den Mund gehalten. Er und ein paar andere, die ehrlich der Meinung waren, Vernunft in die oberen Bereiche des Federal Bureau of Investigation tragen zu können. Ihre Position brachte es mit sich, daß sie wirkliche Unregelmäßigkeiten im Auge behalten konnten, Dinge, die sich möglicherweise zu Gefahren auswachsen konnten. Und sie konnten es anderen dann sagen, wenn sie es wissen mußten.

Er selbst hatte ziemlich regelmäßig Informationen an die jeweiligen Abwehrinstitutionen weitergeleitet, wenn die Wut des Direktors über wirkliche oder auch nur eingebildete Beleidigungen eine unmittelbare Verbindungsaufnahme verhinderte. Daran erinnerte er sich jetzt, als sein Blick auf das kleine silberne Kleeblatt fiel, das an einer Kette an seinem Füllhalterständer hing. Es handelte sich um ein Geschenk von Stefan Varak vom NSC. Zum erstenmal war er Varak vor zwei Jahren begegnet, als Hoover sich geweigert hatte, Daten über UN-Personal des Ostblocks zu liefern. Der Nationale Sicherheitsrat brauchte diese Information. O'Brien war einfach zu Abteilung I gegangen, hatte Kopien hergestellt und sie Varak während ihres ersten gemeinsamen Dinners gegeben. Seitdem hatte es viele solche Dinners gegeben. Er hatte eine ganze Menge von Varak gelernt.

Jetzt war Hoover tot, und einige Dinge würden sich ändern. Alle sagten das. Quinn war erst bereit, es zu glauben, wenn er die entsprechenden Anweisungen zu sehen bekam. Dann würde vielleicht die Entscheidung von vor vier Jahren einen Sinn ergeben.

Er hatte sich oder seiner Frau nie etwas vorgemacht. Seine Versetzung zum FBI war politische Kosmetik. Er war Mitarbeiter der Staatsanwaltschaft in Sacramento gewesen, als sein Status als Reserve-Offizier dazu geführt hatte, daß er nach Vietnam eingezogen wurde. Man hatte ihn dort nicht mit juristischen Arbeiten beschäftigt. Vielmehr war er aus Gründen, die entfernt mit seiner

Arbeit zu tun hatten, zu G 2 versetzt worden. Ein über vierzigjähriger Anwalt, der plötzlich Ermittlungsarbeiten für die militärische Abwehr durchführen sollte. Das war 1964 gewesen. Schließlich unerwarteter Einsatz in vorderster Kampflinie in den Nordsektoren, Gefangennahme, zwei Jahre des Überlebens unter primitivsten Umständen, und schließlich Flucht.

Er war im März 1968 geflohen und hatte sich durch strömenden Regen quer durch die feindlichen Linien nach Südwesten durchgearbeitet, in das UN-Territorium. Er hatte fünfzig Pfund verloren; er war nur ein Schatten seiner selbst gewesen. Und war als Held zurückgekehrt.

Es war eine Zeit, in der man Helden suchte. Man brauchte sie dringend. Unzufriedenheit hatte sich ausgebreitet, der Mythos begann zu verblassen. Auch das FBI blieb davon nicht verschont, und Quinns Talente als Ermittler waren weithin bekannt; Hoover war von Helden beeindruckt. Also hatte man ihm ein Angebot gemacht. Und der Held hatte akzeptiert.

Er hatte sich dabei von ganz einfachen Gründen leiten lassen. Wenn er ziemlich weit oben auf der Leiter anfangen und schnell und gut lernen konnte, würden sich im Justizministerium weitere Gelegenheiten bieten. Viel mehr als in Sacramento. Jetzt war er ein neunundvierzigjähriger ehemaliger Held, der sehr gut gelernt und den Mund gehalten hatte. *Sehr* gut hatte er gelernt, und das war es, was ihm jetzt zu schaffen machte.

Irgend etwas stimmte nicht. Etwas, das hätte geschehen sollen, war nicht geschehen. Ein lebenswichtiges Element von Hoovers diktatorischem Regime war weder offengelegt noch erklärt worden.

J. Edgar Hoover hatte Hunderte — vielleicht sogar Tausende — höchst explosiver Akten in seinem persönlichen Besitz gehabt. Akten mit vernichtenden Informationen über viele der einflußreichsten und mächtigsten Männer und Frauen der Nation.

Doch seit Hoovers Tod war kein Wort über jene Akten zu hören gewesen. Man hatte weder verlangt, daß ihre Existenz bestätigt wurde, noch hatte es empörte Forderungen gegeben, sie zu vernichten. Es war gerade, als wollte niemand mit ihrer Aufdeckung in Verbindung gebracht werden. Die Angst, so in einen Strudel hineingezogen zu werden, war zu groß, und wenn nichts gesagt wurde, bestand immerhin die Möglichkeit, daß man sie vergaß.

Aber das war nicht realistisch; irgendwo mußten jene Akten sein. Also hatte Quinn angefangen, Fragen zu stellen. Begonnen hatte er mit den Räumen, in denen die Aktenvernichtungsanlagen standen. Aber aus Hoovers Büro war seit Monaten nichts mehr gekommen. Dann hatte er die Mikrofilm- und Mikropunktlabors überprüft. Doch soweit sich irgend jemand dort erinnern konnte, waren keine Akten mehr verkleinert worden. Schließlich hatte er die Eingangsbücher überprüft — alles, das direkt in bezug auf genehmigte Lieferungen oder Abgaben mit Hoover in Verbindung stand. Nichts.

Seinen ersten Hinweis fand er in den Logbüchern der Sicherheitsabteilung. Eine späte Eintragung durch Zerhacker autorisiert, in der Nacht vom 1. Mai, der Nacht vor Hoovers Tod. Ihn hatte die Eintragung verblüfft. Drei Agenten — Salter, Krepps und ein Mann namens Longworth — waren um elf Uhr siebenundfünfzig eingelassen worden, aber es hatte keine Freigabe für sie gegeben. Nur eine Bestätigung über den privaten Zerhacker des Direktors. Aus Hoovers Haus. Es hatte einfach keinen Sinn gegeben. Anschließend hatte Quinn den Senioragenten kontaktiert, der die drei eingelassen hatte, Lester Parke. Es war nicht leicht gewesen. Parke war einen Monat nach Hoovers Tod in den Ruhestand getreten, mit einer bescheidenen Pension, aber immerhin genügend Geld, um sich eine Eigentumswohnung in Fort Lauderdale zu kaufen. Auch das war ihm nicht ganz logisch erschienen.

Parke hatte nichts aufklären können. Der Senioragent hatte Quinn gesagt, daß er in jener Nacht mit Hoover selbst gesprochen hätte. Hoover selbst hatte eindeutige und vertrauliche Anweisung gegeben, die Agenten einzulassen. Das weitere sollte von ihnen selbst kommen.

Also hatte Quinn sich bemüht, drei Agenten namens Salter, Krepps und Longworth ausfindig zu machen. Aber ›Salter‹ und ›Krepps‹ waren Decknamen, Namen, für die es eine Biografie gab, und die von verschiedenen Agenten zu verschiedenen Zeiten für Geheimoperationen gebraucht wurden. Es gab *keinerlei* Hinweise, wonach die Namen im Mai ausgegeben worden waren; wenn es solche Hinweise gab, hatte Quinn keinen Zutritt dazu.

Die Information über Longworth war vor einer reichlichen Stunde hereingekommen. Sie war so verblüffend, daß Quinn seine Frau angerufen und ihr gesagt hatte, er würde zum Abendessen nicht nach Hause kommen.

Longworth war zwei Monate vor Hoovers Tod in den Ruhestand getreten! Er lebte jetzt auf Hawaii. Da dies die bestätigte Information war, was hatte Longworth dann in der Nacht vom 1. Mai in Washington zu tun, am Westeingang? O'Brien wußte, daß er ernsthafte, unerklärte Diskrepanzen in offiziellen Aufzeichnungen gefunden hatte, und war überzeugt, daß sie in Verbindung mit den Akten standen, von denen niemand sprach. Morgen früh würde er zum Generalstaatsanwalt gehen.

Sein Telefon klingelte und erschreckte ihn. Er griff danach. »O'Brien«, sagte er, ohne seine Überraschung zu verbergen; sein Telefon klingelte nur selten nach fünf Uhr abends.

»Han Chow!« Das Flüstern brannte in seinem Ohr. »Erinnern Sie sich an die Toten von Han Chow.«

Carroll Quinlan O'Brien stockte der Atem. Seine Augen waren plötzlich blind geworden; Dunkelheit und weißes Licht traten an die Stelle seiner vertrauten Umgebung. »Was? Wer sind Sie?«

»Die haben Sie angebettelt, erinnern Sie sich, wie die gebettelt haben?«

»*Nein!* Ich weiß nicht, wovon Sie reden? Wer spricht?«

»Natürlich wissen Sie das«, fuhr die Flüsterstimme fort. »Der Cong-Kommandant hat mit Vergeltungsmaßnahmen gedroht — Exekutionen — wenn jemand aus Han Chow entkäme. Nur sehr wenige waren dazu imstande, es um der anderen willen nicht zu tun. Aber nicht Major O'Brien. Nicht Sie.«

»Das ist eine Lüge! Es gab keine Übereinkunft! Gar keine!«

»Sie wußten ganz genau, daß es eine solche Übereinkunft gab. Und Sie haben sich nicht darum gekümmert. In Ihrer Baracke waren neun Männer. Sie waren der Gesündeste. Sie sagten ihnen, sie würden gehen, und die anderen haben Sie angebettelt, es nicht zu tun. Am nächsten Morgen, als Sie weg waren, schaffte man sie in die Felder hinaus und erschoß sie.«

O Gott! O heilige Maria, Mutter Gottes! Es war nicht so, wie es sein sollte! Sie konnten die Artillerie in der Ferne durch den Regen hören. Nie wieder würde sich ihnen eine solche Chance bieten! So nahe! Er brauchte sich nur bis zu den Kanonen durchzuschleichen Zu den amerikanischen Kanonen! Sobald er durchgekommen war, würde er das Lager von Han Chow auf einer Karte identifizieren, und man würde es einnehmen können. Die Männer — die sterbenden Männer — würden befreit werden! Aber der Regen und die Krankheit und die Nacht brachten ihn durcheinander. Er fand die Kanonen nie. Und die Männer starben.

»Erinnern Sie sich?« Das Flüstern klang jetzt ganz weich. »Acht Männer exekutiert, damit der Major eine Parade in Sacramento bekommen konnte. Wußten Sie, daß Han Chow weniger als zwei Wochen darauf eingenommen wurde?«

Tun Sie es nicht, O'Brien! Tun Sie es nicht! Wenn sie so nahe sind, wird Charlie fliehen und uns hinten lassen! Die nehmen uns nicht mit. Wir würden sie aufhalten. Töten werden sie uns auch nicht! Es sei denn, Sie geben ihnen Anlaß dazu. Den dürfen Sie ihnen nicht geben! Nicht jetzt! Das ist ein Befehl, Major!

Ein halbverhungerter Oberstleutnant hatte diese Worte in der Dunkelheit gesprochen, der einzige andere Offizier in der Hütte.

»Sie verstehen nicht«, sagte er ins Telefon. »Sie haben alles verdreht. Das war nicht so!«

»Doch, so war es, Major«, widersprach die Flüsterstimme langsam. »Man hatte Monate später bei einem toten Vietcong ein Papier gefunden. Auf dem Papier war das letzte Zeugnis eines Oberstleutnant, der gewußt hatte, was die Gefangenen von Han Chow erwartete. Acht Männer sind erschossen worden, weil Sie einem direkten Befehl Ihres Vorgesetzten nicht gehorcht haben.«

»Davon ist nie geredet worden . . . Warum?«

»Die Paraden hatten stattgefunden. Das genügte.«

Quinn O'Brien fuhr sich mit der Hand an die Stirn. In ihm war alles leer. »Warum sagen Sie mir das?«

»Weil Sie sich für Dinge interessiert haben, die Sie nichts angehen. Sie werden das künftig bleiben lassen.«

10

Die hünenhafte Gestalt von Daniel Sutherland stand am anderen Ende seines Dienstzimmers vor dem Bücherregal. Er bot seinem Besucher sein Profil, so daß man die Schildpattbrille auf seinem mächtigen Schädel und das schwere Buch in seinen prankenartigen, schwarzen Händen sehen konnte. Jetzt drehte er sich halb herum und sprach; seine Stimme klang tief, voll und angenehm.

»Präzedenzen, Mr. Kastler. Das Gesetz wird nur zu oft von Präzedenzfällen gestaltet, die für sich allein nur zu häufig unvollkommen sind.« Sutherland lächelte, klappte das Buch zu und schob es behutsam an seinen Platz im Regal zurück. Er ging mit ausgestreckter Hand auf Peter zu. Trotz seiner Jahre bewegte er sich flüssig und voll Würde. »Mein Sohn und meine Enkeltochter verschlingen Ihre Bücher. Es hat sie sehr beeindruckt, daß Sie mich besuchen wollten. Es ist wirklich ein großes Manko, daß ich noch nicht Gelegenheit hatte, Ihre Bücher zu lesen.«

»Ich bin es, der beeindruckt ist, Sir«, erwiderte Peter und meinte diese Bemerkung durchaus ernst. »Danke, daß Sie sich Zeit für mich genommen haben. Ich will Sie nicht lange in Anspruch nehmen.«

Sutherland lächelte, ließ Peters Hand los und deutete auf einen Stuhl, von denen mehrere einen Konferenztisch umstanden. »Bitte, setzen Sie sich.«

»Danke.« Peter wartete, bis der Richter sich selbst einen Stuhl ausgewählt und am Kopfende des Tisches Platz genommen hatte. Jetzt setzten sich beide.

»Nun, was kann ich für Sie tun?« Sutherland lehnte sich zurück; der Ausdruck seines dunklen Gesichts war freundlich und nicht ohne Humor. »Ich muß gestehen, daß ich fasziniert bin. Sie sagten meiner Sekretärin, es ginge um eine persönliche Angelegenheit, und doch sind wir uns noch nie begegnet.«

»Ich weiß nicht recht, wo ich anfangen soll.«

»Auf die Gefahr hin, Ihre schriftstellerische Abneigung gegenüber Klischeebegriffen zu beleidigen — warum nicht beim Anfang?«

»Das ist es ja gerade. Ich kenne den Anfang nicht. Ich bin nicht einmal sicher, daß es einen gibt. Und wenn es einen gibt, kann es sein, daß Sie finden, ich hätte kein Recht, davon zu wissen.«

»Dann werde ich es Ihnen ja sagen, nicht wahr?«

Peter nickte. »Ich bin einem Mann begegnet. Ich kann nicht sagen, wer er ist oder wo wir uns begegnet sind. Er erwähnte Ihren Namen in bezug auf eine kleine Gruppe einflußreicher Leute hier in Washington. Er sagte, diese Gruppe sei vor einigen Jahren zu dem ausdrücklichen Zweck gebildet worden, die Aktivitäten von J. Edgar Hoover zu überwachen. Er sagte, seiner Ansicht nach seien Sie der Mann, der für die Existenz dieser Gruppe verantwortlich ist. Ich möchte Sie fragen, ob das stimmt.«

Sutherland bewegte sich nicht. Seine großen, dunklen Augen, die durch die Linsen seiner Brillen verstärkt wurden, waren ausdruckslos. »Hat dieser Mann noch andere Namen erwähnt?«

»Nein, Sir. Nicht in bezug auf die Gruppe. Er sagte, sonst kenne er niemanden.«

»Darf ich fragen, wie mein Name an die Oberfläche kam?«

»Sagen Sie damit, daß es stimmt?«

»Ich wäre Ihnen dankbar, wenn Sie zuerst meine Frage beantworteten.«

Peter überlegte einen Augenblick. Solange er Longworth nicht benannte, konnte er die Frage beantworten. »Er sah ihn auf etwas, das er eine Suchmeldung nannte. Offensichtlich bedeutete das, daß Sie eine spezielle Information erhalten sollten.«

»Worüber?«

»Über ihn, denke ich. Und ebenso über jene Leute, von denen

bekannt war, daß sie von Hoover unter Negativ-Überwachung gestellt worden waren.«

Der Richter atmete tief. »Der Mann, mit dem Sie sprachen, heißt Longworth. Ein ehemaliger Feldagent, Alan Longworth, augenblicklich als Angestellter des State Department registriert.«

Kastler spannte seine Bauchmuskeln an, um so sein Erstaunen zu verbergen. »Dazu kann ich nichts sagen«, meinte er etwas hilflos.

»Das brauchen Sie nicht«, erwiderte Sutherland. »Hat Mr. Longworth Ihnen auch gesagt, daß er der Spezialagent war, der diese negative Überwachung leitete?«

»Der Mann, mit dem ich sprach, nahm darauf Bezug. Aber nur beiläufig.«

»Dann will ich das etwas ausführen.« Der Richter verlagerte sein Gewicht in seinem Sessel. »Um zuerst Ihre anfängliche Frage zu beantworten. Ja, es hat eine solche Gruppe besorgter Persönlichkeiten gegeben, und ich betone dabei, daß ich in der Vergangenheit spreche. *Hat gegeben.* Was meine Mitwirkung angeht, so war die unwesentlich und beschränkte sich auf gewisse juristische Aspekte der Angelegenheit.«

»Ich verstehe nicht, Sir. Welcher Angelegenheit?«

»Mr. Hoover war bedauerlicherweise recht produktiv, wenn es darum ging, unbestätigte Behauptungen aufzustellen. Und was noch schlimmer war, er hüllte sie oft in Anschuldigungen ein und bediente sich dabei provozierender Gemeinplätze, gegen die es wenig juristische Mittel gab. Angesichts seiner Stellung ein höchst bedauerliches Fehlverhalten.«

»Und so wurde also diese Gruppe besorgter Männer . . .«

»Und Frauen, Mr. Kastler«, unterbrach Sutherland.

»Und Frauen«, fuhr Peter fort, »gebildet, um die Opfer von Hoovers Angriffen zu schützen.«

»Im wesentlichen ja. In seinen letzten Jahren konnte er sehr bösartig sein. Er sah überall Feinde. Man ließ gute Leute gehen und vertuschte die Gründe. Später, oft Monate später, kam man dann dahinter, daß der Direktor die Hand im Spiel gehabt hatte. Wir versuchten, diese Welle von Fehlern aufzuhalten.«

»Würden Sie mir sagen, wer dieser Gruppe sonst noch angehörte?«

»Natürlich nicht.« Sutherland nahm die Brille ab und hielt sie mit den Fingerspitzen fest. »Wir wollen es dabei bewenden lassen, daß es Leute waren, die durchaus imstande waren, deutlichen Widerspruch vorzubringen. Stimmen, die man nicht einfach überhören konnte.«

»Dieser Mann, von dem Sie sprachen, dieser pensionierte Agent . . .«

»Ich habe nicht *pensioniert* gesagt.« Wieder unterbrach ihn Sutherland. »Ich sagte, *ehemalig*.«

Peter zögerte, nahm dann die Zurückweisung an. »Sie sagten, dieser ehemalige Feldagent hätte die Leitung der Überwachungsaktivitäten gehabt?«

»Gewisser spezifischer Überwachungsaktivitäten. Hoover war von Longworth beeindruckt. Er setzte ihn auf einen Posten, auf dem er die Daten über die einzelnen Zielobjekte mit bewiesener oder potentieller Antipathie gegenüber dem Bureau oder Hoover selbst koordinieren konnte. Die Liste war sehr umfangreich.«

»Aber er hat seine Tätigkeit für Hoover offenbar eingestellt.« Wieder hielt Kastler inne. Er wußte nicht, wie er die Frage formulieren sollte. »Sie haben gerade gesagt, er stünde jetzt in den Diensten des State Department. Wenn ja, dann hat man ihn unter höchst ungewöhnlichen Umständen aus den Diensten des Bureau entfernt.«

Sutherland setzte sich die Brille wieder auf und ließ die Hand ans Kinn sinken. »Ich weiß, was Sie mich fragen wollen. Sagen Sie, welchen Zweck verfolgen Sie mit diesem Besuch heute nachmittag?«

»Ich versuche, mir klar darüber zu werden, ob genügend Grundlage für ein Buch über Hoovers letztes Jahr vorhanden ist. Über seinen Tod, um es offen zu sagen.«

Die Hand des Richters fiel herunter — er saß völlig reglos da und starrte Peter an. »Ich bin nicht sicher, ob ich Sie richtig verstehe. Warum kommen Sie zu mir?«

Jetzt lächelte Peter. »Die Romane, die ich schreibe, erfordern ein gewisses Maß an Glaubwürdigkeit. Natürlich sind es keine Tatsachenberichte, aber ich versuche, soviel an erkennbaren Fakten einzubauen, wie nur gerade geht. Ehe ich mit einem Buch anfange, spreche mit vielen Leuten; ich versuche, mir ein Gefühl für ihre Konflikte zu beschaffen.«

»Offensichtlich haben Sie mit dieser Methode großen Erfolg. Mein Sohn billigt ihre Schlüsse sehr; in dem Punkt war er gestern abend ausgesprochen hartnäckig.« Sutherland lehnte sich vor und stützte die Arme auf die Platte des Konferenztisches. Jetzt war wieder eine Spur von seinem Humor in seinen Augen zu sehen. »Und ich billige das Urteil meines Sohnes. Er ist ein ausgezeichneter Anwalt, wenn er auch vor Gericht ein wenig hektisch wirkt. Sie können doch für sich behalten, was man Ihnen vertraulich sagt, nicht wahr, Mr. Kastler?«

»Natürlich.«

»Ebenso auch Identitäten. Aber selbstverständlich ist es so. Sie werden nicht zugeben, daß Sie mit Alan Longworth gesprochen haben.«

»Ich würde nie den Namen einer Person benutzen, sofern die betreffende Person das nicht ausdrücklich gebilligt hat.«

»Vom juristischen Standpunkt aus betrachtet, würde ich das auch empfehlen.« Sutherland lächelte. »Ich fühle mich, als wäre ich Teil einer Schöpfung.«

»So weit würde ich nicht gehen.«

»Die Bibel auch nicht.« Wieder lehnte der Richter sich in seinem Sessel zurück. »Also gut. Jetzt ist es ohnehin Vergangenheit. Nicht einmal besonders außergewöhnlich; in Washington geschieht so etwas jeden Tag. Ein wichtiger Bestandteil des Gleichgewichtssystems unserer Regierung, denke ich manchmal.« Sutherland hielt inne und hob vorsichtig die rechte Hand, so daß er Peter die Handfläche hinhielt. »Wenn Sie irgendeinen Teil von dem, was ich Ihnen jetzt sage, nutzen wollen, müssen Sie das diskret tun, und dabei bedenken, daß unser Ziel ein ehrenwertes war.«

»Ja, Sir.«

»Im letzten März wurde Alan Longworth von einer Regierungsagentur die Frühpensionierung angeboten, und man versetzte ihn insgeheim in eine andere Abteilung. Die Versetzung erfolgte in einer Weise, die ihn ganz aus dem Sichtkreis des Bureau entfernen sollte. Die Gründe lagen auf der Hand. Als wir erfuhren, daß Longworth Koordinator dieser negativen Überwachung — übrigens eine sehr gute Formulierung — war, zeigten wir ihm die Gefahren, die Hoovers Machtmißbrauch mit sich brachte. Er war sofort bereit, uns zu unterstützen; zwei Monate lang brütete er über Hunderten von Namen, und versuchte sich zu erinnern, welche Namen auf den Listen standen und worin die schädliche Information bestand. Er reiste viel und alarmierte diejenigen, von denen wir glaubten, daß wir sie warnen sollten. Bis zu Hoovers Tod war Longworth unser Abschreckungsmittel, sozusagen unsere Verteidungswaffe. Er war sehr wirkungsvoll.«

Peter begann, den fremden, blonden Mann in Malibu zu verstehen. In ihm mußte es miteinander in Konflikt stehende Loyalitäten geben; der Agent mußte von Schuldgefühl zerrissen sein. Das erklärte sein seltsames Verhalten, die plötzlichen Anklagen, sein abruptes Verschwinden.

»Als Hoover starb, war der Auftrag dieses Mannes also erledigt?«

»Ja, nach Hoovers plötzlichem, und wie ich sagen muß, unerwartetem Tod bestand keine Notwendigkeit mehr für eine derartige Defensivoperation. Sie endete mit seiner Beisetzung.«

»Was geschah mit ihm?«

»Soweit mir bekannt ist, hat man ihn reichlich entschädigt. Das State Department hat ihn, wie ich glaube, auf einen Druckposten versetzt. Er verlebt jetzt die restliche Zeit seines Vertrages in angenehmer Umgebung und mit sehr wenig Arbeit.«

Peter beobachtete Sutherland aus der Nähe. Er mußte die Frage stellen; jetzt gab es keinen Anlaß, das nicht zu tun. »Was würden Sie sagen, wenn ich Ihnen jetzt erklärte, daß mein Informant Zweifel an Hoovers Tod hat?«

»Tod ist Tod. Wie kann man da zweifeln?«

»Die Art seines Sterbens. Natürliche Ursache.«

»Hoover war ein alter Mann. Ein kranker Mann. Ich würde sagen, Longworth — Sie wollen seinen Namen nicht benutzen, aber ich tue das — leidet vielleicht unter heftigem psychologischem Druck. Selbstanklagen, Schuld — ungewöhnlich wäre das nicht. Er hatte eine persönliche Beziehung zu Hoover. Vielleicht hat er jetzt das Gefühl, ihn verraten zu haben.«

»Das dachte ich auch.«

»Was plagt Sie dann?«

»Etwas, was dieser Mann, mit dem ich sprach, sagte. Er sagte, Hoovers private Archive seien nie aufgefunden worden. Sie seien gleichzeitig mit Hoovers Tod verschwunden.«

In den Augen des Negers blitzte irgend etwas — Kastler wußte nicht, was es war, Wut vielleicht. »Sie sind vernichtet worden. Sämtliche persönlichen Papiere Hoovers sind durch den Aktenwolf gedreht und verbrannt worden. Das hat man uns versichert.«

»Wer?«

»Das ist eine Information, die ich Ihnen wirklich nicht weitergeben kann. Wir sind zufrieden; das ist alles, was ich Ihnen sagen kann.«

»Was aber, wenn man sie nicht vernichtet hat?«

Daniel Sutherland erwiderte Peters Blick. »Das wäre eine außergewöhnliche Komplikation. Eine, über die ich nicht weiter nachdenken möchte«, sagte er entschieden. Dann kehrte sein Lächeln zurück. »Aber die Möglichkeit besteht kaum.«

»Warum nicht?«

»Weil wir es sonst schon lange wüßten, nicht wahr?«

Peter war verstört. Zum erstenmal klang Sutherlands Stimme nicht sehr überzeugend.

Er mußte vorsichtig sein, erinnerte sich Peter selbst, während er die Stufen des Gerichtsgebäudes hinunterging. Er suchte keine konkreten Fakten, nur etwas, das glaubwürdig war. Das war es, hinter dem er her war. Ereignisse, die aus dem Zusammenhang gerissen waren, und dazu benutzt werden konnten, die unvermeidliche Kluft zwischen Realität und Fantasie zu überbrücken.

Dazu war er jetzt imstande. Daniel Sutherland hatte ihm die Antwort auf das grundlegende Rätsel geliefert: Alan Longworth. Der Richter hatte den FBI-Agenten mit einsichtgebietender Einfachheit erklärt. Alles steckte in dem einzigen Wort *Gewissensbisse*. Longworth hatte sich gegen seinen Mentor gewandt, den Direktor, der ihm den vertraulichsten Auftrag zugeteilt hatte, den man sich vorstellen konnte, und der persönliche Empfehlungen in seine Dienstakten geschrieben hatte. Es war für Longworth ganz natürlich, Schuldgefühl zu empfinden, gegen jene zurückzuschlagen, die seinen Verrat herbeigeführt hatten. Gab es eine bessere Möglichkeit dazu, als jenen Todesfall in Zweifel zu ziehen?

Dies zu wissen, befreite Peters Vorstellungsvermögen. Es nahm jedes Gefühl der Verpflichtung von ihm, das er sonst vielleicht Longworth gegenüber hätte empfinden können. Er war imstande, das ganze Konzept so aufzunehmen, wie es war — als eine faszinierende Idee für ein Buch. Ein Spiel, einfach nur ein Spiel, und der Schriftsteller in Kastler fing an, Vergnügen daran zu empfinden.

Er trat vom Bürgersteig und winkte ein vorbeirollendes Taxi heran. »Zum Hay-Adams-Hotel«, sagte er dem Fahrer.

»Es tut mir leid, Sir, das ist eine nicht registrierte Nummer«, sagte die Dame von der Vermittlung und bediente sich für diese Worte jener besonderen Herablassung, welche die Bell-Telefongesellschaft für Informationen dieser Art bereithielt.

»Aha. Danke.« Peter legte auf und lehnte sich ins Kissen zurück. Er war nicht überrascht; er hatte MacAndrews Namen nicht im Telefonbuch von Rockville, Maryland, finden können. Ein Reporter aus Washington, den er kannte, hatte ihm gesagt, daß der pensionierte General in einem gemieteten Haus draußen auf dem Land wohne und dort schon seit einigen Jahren lebte.

Aber Kastler war nicht umsonst Sohn eines Zeitungsmannes. Er richtete sich auf und schlug das Telefonbuch auf, das neben ihm lag. Er fand den Namen, den er suchte, gleich und wählte neun und dann die Nummer.

»United States Army, Pentagon«, sagte die männliche Stimme am anderen Ende der Leitung.

»Lieutnant General Bruce MacAndrew bitte.« Peter sprach Namen und Rang in abgehackter Redeweise aus.

»Augenblick, Sir«, kam die Antwort, und Sekunden darauf, wie nicht anders erwartet: »Hier ist kein General MacAndrew registriert, Sir.«

»Vor einem Monat war es das noch, Soldat«, sagte Kastler voll Autorität. »Geben Sie mir die Information.«

»Ja, Sir.«

»Pentagon, Information. Guten Tag.« Diesmal eine Frauenstimme.

»Irgendwo scheint da etwas nicht zu stimmen. Hier spricht Colonel Kastler. Ich komme gerade aus Saigon und versuche, General MacAndrew zu erreichen, Leutnant General B. MacAndrew. Ich habe hier einen Brief des Generals vom 12. August. Arlington. Ist er versetzt worden?«

Die Frau brauchte höchstens eine halbe Minute, um die Information zu finden. »Nein, Colonel. Nicht versetzt. Pensioniert.«

Peter gestattete sich eine angemessene Pause des Schweigens. »Ich verstehe; seine Wunden waren ziemlich schwer. Finde ich ihn im Walter-Reed-Hospital?«

»Ich habe keine Ahnung, Colonel.«

»Dann geben Sie mir bitte seine Telefonnummer und seine Adresse.«

»Ich weiß nicht, ob ich . . .«

»Junge Frau«, unterbrach Peter. »Ich bin gerade zehntausend Meilen geflogen. Der General ist ein enger Freund von mir; ich mache mir große Sorgen. Habe ich mich klar ausgedrückt?«

»Ja. Sir. Adresse ist keine angegeben. Die Nummer, die hier steht, ist Vorwahl . . .«

Kastler schrieb mit. Dann bedankte er sich bei der Frau, drückte die Gabel nieder und wählte erneut.

»Hier bei General MacAndrew.« Die gedehnte Stimme am anderen Ende der Leitung gehörte offensichtlich einer Hausangestellten.

»Kann ich bitte den General sprechen?«

»Er ist nicht hier. Er kommt in einer Stunde wieder. Darf ich mir Ihren Namen notieren?«

Peter überlegte. Es hatte keinen Sinn, Zeit zu vergeuden. »Hier ist der Botendienst des Pentagon. Wir haben hier eine Lieferung für den General, aber die Adresse ist undeutlich geschrieben. Welche Hausnummer haben Sie in Rockville?«

»RFD dreiundzwanzig, die Old Mill Street.«

»Danke.« Er legte auf und lehnte sich wieder in die Kissen zurück und erinnerte sich an das, was Longworth über MacAndrew gesagt hatte. Der Agent hatte ihm erklärt, der General hätte eine hervorragende Laufbahn aufgegeben, darunter sogar die Aussicht, Vorsitzender der Vereinigten Stabschefs zu werden, ohne daß irgend jemand den Grund dafür kannte. Longworth hatte angedeutet, es könne vielleicht eine Verbindung zwischen fehlenden Informationen in MacAndrews Dienstakten und dem Rücktritt des Generals geben.

Eine Idee kam ihm. Warum hatte Longworth überhaupt die Rede auf MacAndrew gebracht? Was bedeutete MacAndrew für ihn?

Kastler setzte sich plötzlich auf. Hatte Longworth in seinem Wunsch, sich bei den Leuten zu rächen, die ihn manipuliert hatten, seinerseits den General manipuliert? Hatte der Agent selbst schädliche Informationen über MacAndrew benutzt?

Wenn dem so war, spielte Longworth ein gefährliches Spiel. Eines, das weit über das hinausging, was sich durch Gewissensbisse erklären ließ. Es hing von dem General ab — was für eine Art von Mann war er?

Er war mittelgroß, breitschultrig und kräftig gebaut und trug eine Khakihose und ein am Kragen offenes weißes Hemd. Sein Gesicht war das typische Gesicht eines Berufssoldaten; die Haut straff gespannt, die Falten tief eingegraben, die Augen ausdruckslos. Er stand unter der Tür des alten Hauses an der alten Landstraße, ein Mann in mittleren Jahren, der sich etwas über den Fremden wunderte, dessen Gesicht ihm auf unbestimmte Weise bekannt vorkam.

Peter war die Reaktion gewöhnt. Seine gelegentlichen Auftritte in Fernseh-Talkshows hatten das bewirkt. Die Leute wußten nur selten, wer er war, waren aber meist sicher, ihn schon irgendwo einmal gesehen zu haben.

»General MacAndrew?«

»Ja?«

»Wir kennen uns nicht«, sagte er und streckte ihm die Hand hin. »Mein Name ist Peter Kastler. Ich bin Schriftsteller. Ich würde mich gern mit Ihnen unterhalten.«

War das Angst, was er in den Augen des Generals sah? »Natürlich, ich habe Sie schon gesehen. Im Fernsehen. Ihre Fotografie. Ich habe, glaube ich, eines Ihrer Bücher gelesen. Kommen Sie herein, Mr. Kastler. Entschuldigen Sie mein Erstaunen, aber ich — nun — Sie sagten ja schon, wir sind uns noch nie begegnet.«

Peter trat ein. »Ein gemeinsamer Freund hat mir Ihre Adresse gegeben, aber Ihre Nummer steht nicht im Telefonbuch.«

»Ein gemeinsamer Freund? Wer ist das?«

Kastler beobachtete die Augen des Generals. »Longworth, Alan Longworth.«

Keinerlei Reaktion.

»Longworth? Ich glaube nicht, daß ich ihn kenne. Aber das muß ich ja wohl. Hat er unter mir gedient?«

»Nein, General. Ich glaube, er ist ein Erpresser.«

»Wie bitte?«

Das *war* Angst. Die Augen huschten kurz zur Treppe hinüber und richteten sich dann wieder auf Peter.

»Können wir sprechen?«

»Ja, ich denke, das sollten wir. Entweder das, oder ich muß Sie hinauswerfen.« MacAndrew drehte sich um und deutete auf einen Eingangsbogen. »In meinem Arbeitszimmer«, sagte er kurz.

Der Raum war klein und mit dunklen Ledersesseln, einem massiven Eichenschreibtisch und einigen Andenken aus der militärischen Laufbahn des Generals an den Wänden ausgestattet. »Setzen Sie sich«, sagte MacAndrew und wies auf einen Sessel vor dem Schreibtisch. Das war ein Befehl. Der General blieb stehen.

»Vielleicht bin ich unfair gewesen«, sagte Peter.

»Irgend etwas waren Sie jedenfalls«, erwiderte MacAndrew. »Also, was soll das Ganze?«

»Warum sind Sie in den Ruhestand gegangen?«

»Das geht Sie nichts an.«

»Vielleicht haben Sie recht; vielleicht geht es mich wirklich nichts an. Aber es gibt noch jemanden außer Ihnen, den es angeht.«

»Wovon, zum Teufel, reden Sie?«

»Ich habe über einen Mann namens Longworth von Ihnen gehört. Er deutete an, man habe Sie vielleicht dazu gezwungen, Ihren Abschied zu nehmen. Vor einigen Jahren sei etwas geschehen, und man habe die Informationen aus Ihren Dienstakten entfernt. Er ließ durchblicken, daß die Information Teil einer Sammlung verschwundener Akten wurde. Akten, die unterdrückte Fakten enthielten, welche die betreffenden Personen vernichten könnten. Er erweckte bei mir den Eindruck, als würden Sie damit bedroht, daß diese Information an die Öffentlichkeit gelangt. Und damit habe man Sie dazu gebracht, Ihren Abschied zu nehmen.«

Einen Augenblick lang stand MacAndrew schweigend, wie erstarrt da, und in seinen Augen leuchtete eine seltsame Mischung aus Haß und Angst. Als er dann zu reden begann, klang seine Stimme ausdruckslos. »Hat dieser Longworth gesagt, worin diese Information bestand?«

»Er behauptete, es nicht zu wissen. Der einzige Schluß, den ich ziehen kann, ist, daß es sich um etwas so ungeheuer Gefährliches handelte, daß Sie den Anweisungen folgen mußten. Wenn ich so sagen darf, scheint mir Ihre Reaktion diese Annahme zu bestätigen.«

»Sie Schweinehund.« Die Verachtung, die von dem anderen ausging, war absolut. »Sie wissen nicht, wovon Sie reden.«

Peter wich seinem Blick nicht aus. »Was Sie quält, geht mich wirklich nichts an, und ich hätte vielleicht nicht hierher kommen sollen. Ich war neugierig. Neugierde ist die Berufskrankheit aller Schriftsteller. Aber ich will Ihr Problem nicht erfahren — glauben Sie mir, ich wünsche mir diese Belastung gar nicht. Ich wollte nur wissen, warum man mir Ihren Namen gegeben hatte, und jetzt weiß ich es, glaube ich. Sie sind ein Stellvertreter. Ein ziemlich erschreckendes Beispiel.«

MacAndrews Blick wurde etwas weniger feindselig. »Stellvertreter wofür?«

»Für jemanden, dem man die Pistole gegen den Kopf hält. Wenn jene Akten wirklich verschwunden sind und sich in den Händen eines Fanatikers befinden und dieser Fanatiker die Information gegen eine andere Person benutzen wollte — nun, dann sind Sie das, was jene andere Person wäre.«

»Ich kann Ihnen nicht folgen. Warum sollte jemand Ihnen meinen Namen geben?«

»Weil Longworth möchte, daß ich etwas in solchem Maß glaube, daß ich ein Buch darüber schreibe.«

»Aber warum ich?«

»Weil vor Jahren etwas geschah, und Longworth Zugang zu der Information hatte. Das weiß ich jetzt. Sehen Sie, General, ich glaube, er hat uns beide benutzt. Er hat mir Ihren Namen gegeben, und ehe er ihn mir gab, drohte er, Ihr Geheimnis zu verraten. Er wollte ein Opfer. Ich denke ...«

Weiter kam Kastler nicht. Mit der Schnelligkeit, die er in hundert Kampfsituationen gelernt hatte, sprang MacAndrew ihn an. Seine Hände waren plötzlich wie Klauen und bohrten sich in den Stoff von Peters Jacke, drückten ihn nach unten, rissen ihn dann gleich wieder hoch.

»Wo ist er?«

»Hey! Um Himmels willen ...«

»Longworth! Wo er ist? Raus damit, Sie Schweinehund!«

»Sie blöder Hund. Lassen Sie mich *los*!« Peter war größer als der Soldat, aber MacAndrews Stärke nicht gewachsen. »Verdammt noch mal, passen Sie auf meinen Kopf auf!«

Es war dumm, das zu sagen, aber etwas anderes kam ihm nicht in den Sinn. Der Soldat preßte ihn gegen die Wand, und das kantige Gesicht mit den wild blickenden Augen war nur wenige Zentimeter von dem seinen entfernt.

»Ich habe Sie etwas gefragt. Jetzt geben Sie mir Antwort. Wo kann ich Longworth finden?«

»Ich weiß nicht! Ich bin ihm in Kalifornien begegnet.«

»Wo in Kalifornien?«

»Er wohnt nicht dort. Er wohnt in Hawaii. Verdammt, lassen Sie mich los!«

»Sobald Sie mir gesagt haben, was ich wissen will!« MacAndrew zog Kastler zu sich heran und stieß ihn dann wieder gegen die Wand. »Ist er in Honolulu?«

»Nein!« Peters Kopf schmerzte unerträglich, und der Schmerz breitete sich von seiner rechten Schläfe aus, schoß in seinen Nacken. »Er lebt auf Maui. Um Himmels willen, Sie müssen mich loslassen! Sie verstehen nicht ...«

»Den Teufel tue ich! Fünfunddreißig Jahre beim Teufel. Wo man mich braucht. *Braucht.* Verstehen Sie das!« Das war keine Frage.

»Ja ...« Peter packte die Handgelenke des Soldaten mit aller Kraft, die ihm noch geblieben war. Der Schmerz war unerträglich. Er sprach ganz langsam: »Ich habe Sie gebeten, mir zuzuhören. Mir ist es gleichgültig, was geschehen ist; es geht mich nichts an. Was *mich* interessiert, ist, daß Longworth Sie benutzt hat, um sich an mich heranzumachen. Kein Buch ist so viel wert. Es tut mir leid.«

»*Leid?* Dafür ist es ein wenig spät!« Wieder explodierte der Soldat und schmetterte Peter erneut gegen die Wand. »All das ist wegen einem verdammten Buch passiert?«

»Bitte! Sie können doch nicht ...«

Hinter der Tür krachte etwas. Es kam aus dem Wohnzimmer. Und dann war ein schreckliches Stöhnen zu hören — eine Art Singsang, halb verrückt. MacAndrew erstarrte, und seine Augen wanderten zur Tür. Er ließ Peter los und warf ihn gegen den Schreibtisch, während er gleichzeitig nach der Tür griff. Er zog sie auf und verschwand ins Wohnzimmer.

Kastler stützte sich auf den Schreibtischrand. Der ganze Raum kreiste um ihn. Er atmete wiederholt tief durch, um wieder zu sich zu kommen, um den Schmerz zu vertreiben, der in seinem Schädel pulste. Jetzt hörte er es wieder. Das klagende, verrückte Singen. Es wurde lauter; jetzt konnte er die Worte unterscheiden.

». . . draußen ist es schrecklich, aber das Feuer ist so schön, und da wir nicht wissen, wohin wir sollen gehen . . . soll es schneien! Laß es schneien! Laß es schneien . . .«

Peter hinkte zur Tür des Arbeitszimmers. Er sah ins Wohnzimmer — und wünschte sich, er hätte es nicht getan.

MacAndrew kauerte auf dem Boden und hielt eine Frau in den Armen. Sie trug ein zerrissenes Negligé, das ihr verblichenes Nachthemd, das seinerseits alt und abgetragen war, nur teilweise bedeckte. Rings um sie waren Fragmente von zersplittertem Glas. Der Stiel des zerschlagenen Weinglases rollte lautlos über den Teppich. Jetzt bemerkte MacAndrew seine Anwesenheit. »Jetzt wissen Sie, worin diese schädliche Information besteht.«

». . . und da wir nicht wissen, wohin wir gehen sollen, laß es schneien! Laß es schneien! . . .«

Jetzt wußte es Peter. Das erklärte das alte Haus draußen auf dem Land, das Telefon, dessen Nummer nicht eingetragen war und das Fehlen einer Adresse in der Informationszentrale des Pentagon. General Bruce MacAndrew lebte isoliert, weil seine Frau geistesgestört war.

»Ich verstehe«, sagte Kastler leise. »Aber ich verstehe auch nicht. Ist das der Grund?«

»Ja.« Der Soldat zögerte, dann wanderte sein Blick zu seiner Frau zurück, und er hob ihren Kopf, so daß er in ihre Augen sehen konnte. »Es war ein Unfall; die Ärzte sagten, man müßte sie wegschicken. Das wollte ich nicht tun.«

Peter verstand. Hochrangige Generale im Pentagon hatten kein Recht auf gewisse Tragödien. Andere Arten schon. Tod, oder Verstümmelung auf dem Schlachtfeld zum Beispiel. Aber nicht das, eine geistesgestörte Frau. Frauen mußten tief im Schatten eines Soldatenlebens bleiben. Es durfte keine Störungen geben.

». . . und wenn wir uns schließlich den Gute-Nacht-Kuß geben, dann will ich nicht hinaus in den Sturm . . .«

MacAndrews Frau starrte Peter an. Ihre Augen weiteten sich. Ihre schmalen, blassen Lippen öffneten sich, und sie schrie. Und dem Schrei folgte der nächste Schrei. Und dann noch einer. Sie drehte den Kopf herum, und ihre Nackenmuskeln spannten sich, und ihre Schreie wurden immer wilder, unkontrollierter.

MacAndrew hielt sie fest in den Armen und starrte Kastler an. »Nein!« brüllte der General. »Kommen Sie heraus! Gehen Sie zum Licht! Ans Licht, sage ich; Sie sollen Ihr Gesicht über den Schirm halten. *Ins Licht*, verdammt!«

Peter tat stumpf, was man von ihm verlangte. Er schob sich auf eine Lampe zu, die auf einem niedrigen Tisch stand, und ließ ihren Lichtschein auf sein Gesicht fallen.

»Schon gut, Mal. Alles ist gut. Alles.« MacAndrew wiegte seine Frau in den Armen, das Gesicht gegen das ihre gedrückt. Ihre Schreie ließen nach.

Jetzt schluchzte sie nur noch, tief und schmerzerfüllt.

»Und jetzt verschwinden Sie hier«, sagte er zu Kastler.

11

Der Old Mill Pike verließ Rockville in westlicher Richtung, ehe sie nach Süden in die Maryland-Nationalstraße bog, die nach Washington führte. Die Fernstraße verlief beinahe zwanzig Meilen von MacAndrews Haus entfernt, und die alte Landstraße, die zu ihm führte, war aus der Landschaft förmlich herausgeschnitten, wand sich immer wieder um mächtige Felsbrocken oder mit Felsen übersäte Hügel. Es war kein reiches Land. Aber abgelegen, isoliert.

Wie MacAndrew nach einem solchen Platz gesucht haben mußte, dachte Kastler. Die untergehende Sonne stand direkt vor ihm und erfüllte die Windschutzscheibe mit blendender Helle. Er klappte die Sonnenblende herunter, aber das half nicht viel. Seine Gedanken kehrten zu der Szene zurück, die er gerade verlassen hatte.

Warum hatte die geistesgestörte Frau so hysterisch auf seinen Anblick reagiert? Er war im Schatten gewesen, als sie ihn das erste Mal erblickt hatte. Als er dann MacAndrews Befehl nachgekommen und ins Licht getreten war, hatte sie sich beruhigt. War es möglich, daß er irgend jemandem ähnelte? Unmöglich. Die Fenster des alten Hauses waren klein, und die Bäume draußen waren voll und hoch und versperrten der späten Nachmittagssonne den Weg. Die Frau des Generals konnte ihn nicht so deutlich gesehen haben. Vielleicht war es also gar nicht sein Gesicht. Aber was hätte es sonst sein können? Was für Alpträume waren es, die er in ihr geweckt hatte?

Longworth war verabscheuenswürdig, und doch hatte er das bewiesen, was er beweisen wollte. Gab es denn eine bessere

Möglichkeit, als die pathetische Gestalt von MacAndrew als Objekt brutaler Erpressung darzustellen? Wenn man von Longworth' Prämisse ausging, daß Hoovers Privatarchive noch existierten und zum Schaden anderer auf so widerwärtige Art benutzt werden konnten, so war der General das perfekte Subjekt. Der Mann in Kastler war empört, der Schriftsteller herausgefordert. Das Konzept stimmte ohne Zweifel — darin steckte Stoff für einen Roman. Er hatte einen Anfang, der auf Vorgängen der jüngsten Zeit beruhte — dafür hatte Daniel Sutherland die Fakten geliefert. Und ein Beispiel dafür, was hätte sein können; er selbst hatte das beobachtet.

Er spürte, wie etwas in ihm danach drängte, wieder zu schreiben.

Ein silberfarbener Wagen holte auf, rollte jetzt neben ihm; Peter verlangsamte seine Fahrt, damit der andere in dem grellgelben Sonnenlicht überholen konnte. Der Fahrer mußte die Straße kennen, dachte Kastler. Nur jemand, der hier jede Kurve genau kannte, würde überholen, ganz besonders, wenn die Sonne ihm in die Augen schien.

Aber der silberfarbene Wagen überholte nicht. Er blieb parallel, und wenn Peters Augen ihn nicht täuschten, verringerte er sogar den Abstand zwischen ihnen. Kastler blickte hinüber. Vielleicht versuchte der Fahrer, ihm irgendein Zeichen zu geben.

Doch das war nicht der Fall — das tat *sie* nicht. Eine Frau saß am Steuer. Ihr dunkles Haar, das von einem breitkrempigen Hut gekrönt war, fiel ihr bis auf die Schultern. Sie trug eine Sonnenbrille, und ihr Mund war mit rotem Lippenstift bemalt und betonte so ihre blasse, weiße Haut. Ein orangefarbenes Tuch quoll aus dem Kragen ihres Jacketts. Sie starrte gerade nach vorn, als hätte sie den Wagen neben sich gar nicht bemerkt.

Peter drückte ein paarmal auf die Hupe; die Wagen waren nur noch ein paar Zentimeter voneinander entfernt. Die Frau reagierte nicht. Jetzt führte die Straße einen Abhang hinunter und beschrieb gleichzeitig eine scharfe Kurve nach rechts. Wenn er bremste, würde er gegen den silbernen Wagen stoßen, das wußte er. Er hielt das Steuer fest, um den Wagen um die Kurve zu lenken, und sein Blick wanderte immer wieder zwischen der Straße und dem so gefährlich nahen Wagen neben ihm hin und her. Er konnte jetzt deutlicher sehen; ein paar Bäume standen zwischen ihm und der Sonne.

Es war eine S-Kurve; er drehte das Steuer nach links, den Fuß vorsichtig auf der Bremse. Jetzt blendete ihn das Licht wieder. Er konnte den Graben hinter der Böschung kaum erkennen. Er erinnerte sich daran, ihn gesehen zu haben, als er vor einer Stunde in umgekehrter Richtung gefahren war.

Dann kam der Aufprall! Der silberfarbene Wagen kollidierte mit der Flanke des seinen. Er versuchte, ihn von der Straße zu drängen. Die Frau versuchte, ihn über die Böschung zu drücken! Sie versuchte, ihn zu töten.

Das war wieder genauso wie in Pennsylvania! Der silberne Wagen war ein Mark IV Continental. Dieselbe Wagenmarke, die er in jener schrecklichen Nacht in dem Sturm gefahren hatte. Mit Cathy.

Unten am Ende des Abhangs war ein gerades Straßenstück. Er trat das Gaspedal durch, und sein Wagen schoß plötzlich davon.

Der Continental hielt schritt; sein gemieteter Chevrolet war ihm weit unterlegen. Sie erreichten das gerade Straßenstück, ließen den Abhang hinter sich. Die Panik, die Kastler erfaßt hatte, hinderte ihn am klaren Denken, und das wußte er auch. Er sollte einfach anhalten. *Den verdammten Wagen zum Halten bringen* ... Aber das konnte er nicht. Er mußte diesem schrecklichen silbernen Schemen entkommen.

Sein Atem ging stoßweise, und er drückte immer noch den Gashebel gegen den Wagenboden. Jetzt war er ein Stück vor dem Continental, aber die silberne Masse aus Stahl schoß wieder nach vorn, und sein glitzernder Kühlergrill stieß gegen seine Tür.

Die dunkelhaarige Frau starrte scheinbar völlig desinteressiert nach vorn, so, als wäre sie sich des schrecklichen Spiels gar nicht bewußt, das sie spielte.

»Aufhören! Was soll das?« schrie Peter durch das offene Fenster. Sie reagierte überhaupt nicht. Jetzt fiel der Mark IV wieder ein Stück zurück. Hatte sie seine Rufe gehört? Er umfaßte das Steuer mit seiner ganzen Kraft; Schweiß bedeckte seine Hände und rann ihm von der Stirn, verstärkte die Blendung noch, die von der Sonne ausging.

Jetzt durchfuhr ein Ruck den Wagen; sein Kopf zuckte zurück und krachte dann nach vorn gegen die Windschutzscheibe. Der Aufprall kam von hinten. Im Rückspiegel konnte er die glitzernde Motorhaube des Continental sehen. Es krachte wieder gegen den Kofferraum des Chevrolet, und noch einmal. Er bog nach links aus; der Mark IV folgte ihm. Das Pochen hielt an. Peter fuhr im Zickzack. Wenn er jetzt anhielt, würde der größere, schwerere Wagen ihn einfach niederwalzen.

Er hatte keine andere Wahl. Er riß das Steuer ruckartig nach rechts; der Chevrolet flog mit einem Satz von der Straße. Ein letzter Stoß von hinten drehte den Mietwagen halb zur Seite; er schlitterte weg, und das hintere Ende krachte seitwärts gegen einen Stacheldrahtzaun.

Aber er hatte die Straße verlassen!

Sein Fuß drückte erneut das Gaspedal nieder. *Er mußte entkommen.* Der Wagen raste ins Feld.

Der dumpfe Knall einer Kollision ertönte. Peter duckte sich, schwebte über dem Steuer, wurde mit dem ganzen Körper aus dem Sitz gehoben. Der Motor drehte mit lautem Heulen durch, aber der Chevrolet war zum Stillstand gekommen.

Er war gegen einen großen Felsbrocken im Feld geprallt. Unwillkürlich bog sich sein Kopf zum Sitz zurück; Blut rann ihm aus der Nase, mischte sich in den Schweiß, der sein Gesicht bedeckte.

Durch das offene Fenster sah er den silbernen Wagen im grellen Sonnenlicht in westlicher Richtung davonrasen. Das war das letzte, was er sah, ehe sich seine Augen schlossen.

Er konnte nachher nicht sagen, wie lange er von Finsternis umgeben gelegen hatte. In der Ferne hörte er den Klang einer Sirene. Dann stand eine uniformierte Gestalt vor dem Fenster. Eine Hand griff herein und schaltete die Zündung ab.

»Können Sie antworten?« fragte der Straßenbeamte.

Peter nickte. »Ja, ich bin schon in Ordnung.«

»Das würde ich nicht sagen.«

»Das ist nur Nasenbluten«, erwiderte Kastler und griff nach seinem Taschentuch.

»Soll ich einen Ambulanzwagen herbeifunken?«

»Nein. Helfen Sie mir auszusteigen. Ich will ein wenig herumgehen.«

Das tat der Beamte. Peter hinkte auf das Feld und tupfte sich das Gesicht ab, fand langsam wieder Klarheit.

»Was ist denn passiert, Mister? Ich brauche Ihren Führerschein und die Wagenpapiere.«

»Das ist ein Mietwagen«, sagte Kastler und holte die Brieftasche heraus und entnahm ihr seinen Führerschein. »Wie kommt es, daß Sie hier sind?«

»Die Zentrale hat einen Anruf vom Besitzer dieses Landstücks bekommen. Dort drüben. Diese Farm.« Der Streifenbeamte deutete auf ein Haus in der Ferne.

»Die haben bloß angerufen? Sie sind nicht herausgekommen?«

»Es war eine Frau. Ihr Mann ist nicht zu Hause. Sie hat den Knall gehört und dann das Heulen des Motors. Die Umstände waren verdächtig, also hat man ihr gesagt, sie solle im Haus bleiben.«

Kastler schüttelte verwirrt den Kopf. »Den Wagen hat auch eine Frau gefahren.«

»Welchen Wagen?«

Peter sagte es ihm. Der Beamte hörte ihm zu; er holte ein Notizbuch aus der Tasche und schrieb sich alles auf.

Als Kastler fertig war, studierte der Streifenbeamte die Notizen, die er sich gemacht hatte. »Was tun Sie in Rockville?«

Peter wollte nichts über MacAndrew sagen. »Ich bin Schriftsteller. Wenn ich arbeite, mache ich oft lange Fahrten. Das verschafft mir Klarheit im Kopf.«

Der Beamte blickte von seinem Notizbuch auf. »Warten Sie hier. Ich rufe die Zentrale.«

Fünf Minuten später kam der Mann von dem Streifenwagen zurück. Er schüttelte den Kopf. »*Jesus!* Was die heutzutage auf die Straße lassen! Die haben sie erwischt, Mr. Kastler. Alles, was Sie sagen, paßt.«

»Was wollen Sie damit sagen?«

»Die haben das blöde Stück außerhalb von Gaithersburg entdeckt! Sie hat das gleiche Spiel mit einem Lkw von der Post versucht. Was sagen Sie dazu? Mit einem Post-Lkw! Jetzt haben die sie eingelocht. Man hat ihren Mann angerufen.«

»Wer ist sie denn?«

»Die Frau von irgendeinem Lincoln-Mercury-Händler in Pikesville. Schon wegen Fahrens in betrunkenem Zustand bekannt; man hat ihr vor ein paar Monaten den Führerschein weggenommen. Trotzdem wird sie eine Geldstrafe und Bewährung kriegen. Ihr Mann hat Beziehungen.«

Peter spürte die Ironie des Ganzen. Zehn Meilen weiter hinten hielt ein zerbrochener Mann, ein Soldat ohne Zukunft, eine geistesgestörte Frau in den Armen. Zehn oder zwanzig Meilen weiter vorn raste ein Autohändler die Straße entlang, und der Ärger hatte schon angefangen.

»Ich sollte wohl die Autovermietung wegen des Wagens anrufen«, sagte Kastler.

»Keine Sorge«, erwiderte der Streifenbeamte und griff ins Innere des Chevrolet. »Ich nehme die Schlüssel. Sagen Sie denen einfach meinen Namen, und ich warte hier auf den Abschleppwagen. Sagen Sie Ihnen, sie sollen nach Donelly fragen. Officer Donelly in Rockville.«

»Das ist sehr nett von Ihnen.«

»Kommen Sie, ich fahr' sie nach Washington.«

»Können Sie das machen?«

»Die Zentrale hat das geklärt. Der Unfall hat sich innerhalb unserer Bezirksgrenzen ereignet.«

Peter sah den Streifenbeamten an. »Woher wußten Sie denn, daß ich in Washington wohne?«

Einen Augenblick lang wurden die Augen die Streifenbeamten ausdruckslos. »Sie sind ganz schön durcheinander. Sie selbst haben das vor ein paar Minuten erwähnt.«

Der silberne Continental hielt hinter der nächsten Straßenbiegung. Das Heulen der Sirene wurde in der Ferne leiser. Bald würde es ganz verstummen, und der Mann in Uniform würde seinen Auftrag erledigen. Ein Mann, den man dafür bezahlte, daß er die Rolle eines nicht existenten Polizeibeamten namens Donelly spielte, mit der Aufgabe, Peter Kastler falsche Informationen zu liefern. Das war Teil des Plans — ebenso wie der silberne Continental, dessen Anblick den Schriftsteller erschrecken und Erinnerungen an die Nacht hervorrufen sollte, in der er beinahe getötet worden war.

Alles mußte schnell und gründlich orchestriert werden; jeder Faden der Wahrheit, der Halbwahrheit und der Lüge schnell in das Netz verwoben werden, so daß Kastler nicht imstande sein würde, eines vom anderen zu unterscheiden. Und das Ganze mußte binnen weniger Tage bewerkstelligt werden.

Der Schlüssel lag in Kastlers Bewußtsein, sein Leben spielte keine Rolle. Nur die Archive waren wichtig.

Der Fahrer des Wagens nahm den breitkrempigen Hut und die Sonnenbrille ab. Jetzt schraubten seine Hände schnell den Deckel einer Cremedose auf; er zog Kleenex-Tücher aus einer Schachtel, die auf dem Sitz stand, tauchte sie in die Creme und fuhr sich damit über den Mund, bis der Lippenstift verschwand. Halstuch und Jacke flogen auf den Boden des Wagens. Schließlich zog sich Varak die dunkelbraune, schulterlange Perücke herunter. Auch sie wanderte auf den Wagenboden. Er sah auf die Uhr. Es war zehn Minuten nach sechs.

Bravo war inzwischen verständigt worden. Vielleicht hatte die Flüsterstimme inzwischen mit einer weiteren Person aus den Privatarchiven Hoovers Verbindung aufgenommen. Es gab da einen Kongreßabgeordneten namens Walter Rawlins, er war Vorsitzender des mächtigen Zuteilungsausschusses des Kongresses. Sein Verhalten in der letzten Woche hatte seine Kollegen auf dem Capitol Hill erschreckt. Rawlins war ein ausgesprochener Rassist und hatte seine hartnäckige Haltung in bezug auf einige Gesetzesvorlagen — ganz besonders eine — ohne jede Erklärung gewandelt. Er hatte an ein paar wichtigen Sitzungen nicht teilgenommen, Sitzungen, in denen abgestimmt worden war, und an denen er sich ursprünglich verpflichtet hatte, teilzunehmen.

Wenn jemand Rawlins unter Druck gesetzt hatte, würde man Peter Kastler einen anderen Namen zuspielen.

Als Peter auf die Lifttüren zuging, sah er sich im Spiegel der Hotelhalle. Er sah ziemlich schlimm aus. Sein Jackett war zerrissen, seine Schuhe schmutzig, das Gesicht mit Schmutz und verkrustetem Blut bedeckt. Er war nicht gerade das Abbild wohlgeordneter Bürgerlichkeit, an das das Hay-Adams gewöhnt war; er hatte den Eindruck, daß die Angestellten am Empfang alle darum beteten, daß er die Halle so schnell wie möglich verließ, was auch durchaus seinen Intentionen entsprach. Er wünschte sich jetzt nichts so sehr wie eine heiße Dusche und einen kalten Drink.

Während er auf den Lift wartete, sah er eine Frau näherkommen. Es war die Journalistin Phyllis Maxwell, deren Gesicht ihm aus zahlreichen im Fernsehen übertragenen Pressekonferenzen vertraut war.

»Mr. Kastler? Peter Kastler?«

»Ja. Miß Maxwell, nicht wahr?«

»Jetzt fühle ich mich geschmeichelt«, sagte sie.

»Ich auch«, antwortete er.

»Um Himmels willen, was ist Ihnen passiert? Hat man Sie überfallen?«

Peter lächelte. »Nein, nicht überfallen. Nur ein kleiner Unfall.«

»Sie sehen zum Erschrecken aus.«

»Darüber sind wir uns einig. Ich fahre jetzt auf mein Zimmer, um mich wieder ein wenig in Ordnung zu bringen.«

Der Lift kam; die Türen öffneten sich. Phyllis Maxwell fragte schnell: »Wären Sie nachher mit einem Interview einverstanden?«

»Du lieber Gott, warum denn?«

»Ich bin Journalistin.«

»Aber ich bin doch nicht interessant.«

»Natürlich sind Sie das. Sie sind Bestseller-Autor und wahrscheinlich in Washington, um Recherchen für ein weiteres Buch wie *Gegenschlag!* zu machen. Ich entdecke Sie dabei, wie Sie durch die Halle des Hay-Adams hinken und dabei aussehen, als wären Sie von einem Lastwagen überfahren worden. Wenn das nicht interessant ist!«

»Ich hinke schon seit einiger Zeit, und der Unfall war unbedeutend.« Peter lächelte. »Wenn ich an einem Buch arbeitete, würde ich nicht darüber sprechen.«

»Selbst wenn das der Fall wäre, und Sie nicht wollten, daß es an die Öffentlichkeit gelangt, würde ich es nicht drucken.«

Peter wußte, daß sie die Wahrheit sprach. Er erinnerte sich, wie sein Vater sie eine der besten Korrespondentinnen in Washington genannt hatte. Und das bedeutete, daß sie Washington kannte, es studiert hatte; vielleicht würde sie ihm einiges sagen können, was er wissen wollte. »Okay«, sagte er. »Geben Sie mir eine Stunde Zeit, ja?«

»Gut. In der Bar?«

Kastler nickte. »Okay. Bis in einer Stunde also.« Er betrat die Liftkabine und kam sich ziemlich albern vor. Beinahe hätte er ihr vorgeschlagen, daß sie oben in seiner Suite warten solle. Phyllis Maxwell war eine höchst attraktive Frau.

Er duschte fast zwanzig Minuten lang, viel länger als gewöhnlich. Das war ein Teil seines Wiederherstellungsprozesses, wenn er erregt oder deprimiert war. Er hatte da in den letzten Monaten einige Tricks gelernt, Kleinigkeiten, die ihm halfen, sein eine Zeitlang verlorenes Gleichgewicht wieder herzustellen. Er legte sich nackt aufs Bett und starrte zur Decke, sein Atem ging tief.

Die Zeit verstrich; langsam kehrte Ruhe in ihm ein. Er zog einen braunen Freizeitanzug an und ging hinunter.

Sie saß an einem kleinen Tisch in der Ecke. Die Bar war so schwach beleuchtet, daß er sie kaum sehen konnte, aber die flackernden Kerzen lenkten seine Aufmerksamkeit auf die Züge ihres ebenmäßigen Gesichtes. Phyllis Maxwell mochte nicht die jüngste Frau im Raum sein, aber die bestaussehendste war sie ohne Zweifel.

Ihr Gespräch war entspannt und angenehm. Peter bestellte Drinks und dann eine zweite Runde. Sie unterhielten sich über ihr bisheriges Leben, ihre Zeit in Erie, Pennsylvania, beziehungsweise Chillicothe, Ohio, das sie dann nach New York oder Washington geführt hatte. Peter bestellte einen dritten Drink.

»Das sollte ich nicht«, sagte Phyllis fest, aber nicht fest genug. »Ich kann mich nicht erinnern, wann ich zuletzt drei Drinks hintereinander genommen habe. Das stört meine Stenografie. Aber dann kann ich mich auch nicht erinnern, wann ich das letzte Mal einen höchst attraktiven ... jungen Romanschriftsteller interviewt habe.« Ihre Stimme wurde tiefer, irgendwie nervös, dachte Kastler.

»Nicht so besonders attraktiv und, weiß Gott, nicht so jung.«

»Nun, ich bin das ja auch nicht. Die Tage meiner respektlosen Jugend haben sich abgespielt, als Sie noch Algebra lernten.«

»Das ist ausgesprochen herablassend und darüber hinaus unrichtig. Sehen Sie sich doch um, meine Beste. Es gibt hier niemanden, der Ihnen das Wasser reichen könnte.«

»Gott sei Dank ist es dunkel. Sonst müßte ich jetzt sagen, daß Sie ein charmanter Lügner sind.« Die Drinks kamen; die Kellnerin ging. Phyllis holte ein kleines Notizbuch heraus. »Sie möchten nicht über das sprechen, woran Sie gerade arbeiten. Gut. Dann sagen Sie mir, was Sie von den heutigen Romanen halten. Sind die modernen Romane wieder unterhaltend?«

Peter sah in ihre besorgten Augen. Das Licht der Kerzen ließ sie größer erscheinen und machte ihr Gesicht weich. »Ich wußte gar nicht, daß Sie für die Witzseite schreiben. Oder hat man mich in eine Kategorie eingeteilt?«

»Habe ich Sie beleidigt? Ich halte das für ein interessantes Thema. Was denkt ein gut bezahlter Schriftsteller, der ankommt? Ihre Theorien haben Sie ja, weiß Gott, deutlich dargelegt. Witzig sind die keineswegs.«

Kastler grinste. Phyllis Maxwell drückte sich klar und bündig aus; für einen Schriftsteller, der sich zu ernst nahm, mußte das vernichtend sein. Peter antwortete vorsichtig, darauf bedacht, das Thema zu wechseln. Sie kritzelte ein paar Notizen hin, während er sprach. Wie er das nicht anders erwartet hatte, verstand sie sich hervorragend darauf, ein Interview zu lenken.

Ihre Gläser waren inzwischen wieder leer. Peter deutete mit einer Kopfbewegung darauf. »Noch eine Runde?«

»Nein, danke! Jetzt habe ich mich gerade verschrieben.«

»Wo essen Sie zu Abend?«

Phyllis zögerte. »Ich bin verabredet.«

»Das glaube ich nicht.«

»Warum nicht?«

»Sie haben nicht auf die Uhr gesehen. Frauen pflegen auf die Uhr zu sehen, wenn sie zum Abendessen verabredet sind.«

»Nicht alle Frauen sind gleich, junger Mann.«

Peter griff über den Tisch, legte die Hand auf ihr Handgelenk. »Wann sind Sie zum Abendessen verabredet?« Sie zuckte bei seiner Berührung zusammen. Dann nahm sie das Spiel wieder auf. »Das ist nicht fair.«

»Kommen Sie schon, wann?«

Sie lächelte, blinzelte dann. »Halb neun?«

»Dann vergessen Sie es«, sagte er und nahm die Hand weg. »Er hat schon lange aufgegeben und ist gegangen. Es ist zehn Minuten nach neun. Sie werden mit mir zu Abend essen müssen.«

»Sie sind unverbesserlich.«

»Wir essen hier, ja?«

Wieder zögerte sie. »Also gut.«

»Würden Sie lieber woanders hin gehen?«

»Nein, hier ist es mir recht.«

Peter grinste. »Möglicherweise würden wir gar keinen Unterschied feststellen können.« Er winkte der Kellnerin zu und deutete ihr in Zeichensprache an, sie solle noch einmal dasselbe bringen. »Ich weiß, ich weiß. Ich bin unverbesserlich«, sagte er. »Darf ich jetzt *Ihnen* ein paar Fragen stellen? Sie kennen Washington ebensogut wie irgend jemand, der mir in den Sinn kommt.«

»Wo ist Ihr Notizbuch?« Sie steckte ihres in die Handtasche.

»Bei mir läuft im Kopf ein Band.«

»Das klingt nicht gerade beruhigend. Was wollen Sie wissen?«

»Erzählen Sie mir von J. Edgar Hoover.«

Als Phyllis den Namen hörte, zuckte sie zusammen, und ihre Augen suchten den Kontakt mit den seinen. Irgendwie wirkte ihr Blick ärgerlich, fand Kastler. »Er war ein Ungeheuer. Ich kann über Tote Böses sagen, ohne die geringsten Gewissensbisse zu empfinden.«

»Durch und durch schlecht?«

»In letzter Zeit ja. Ich lebe seit sechzehn Jahren in Washington. Ich kann mich an kein Jahr erinnern, in dem er nicht jemanden von außergewöhnlichem Wert zerstört hat.«

»Das ist stark.«

»Ich empfinde das auch so. Ich habe ihn verabscheut. Ich habe gesehen, was er tat. Wenn es je ein Beispiel für fleischgewordenen Terror von der Hand eines Menschen gab, dann war er das. Niemand hat je darüber berichtet. Ich glaube auch nicht, daß es je dazu kommen wird.«

»Warum nicht?«

»Das Bureau wird ihn schützen. Er war der Monarch. Seine Kronprinzen werden nicht zulassen, daß ein Makel auf sein Bild fällt. Davor haben sie Angst und dazu auch allen Anlaß.«

»Wie können sie es verhindern?«

Phyllis lachte spöttisch, es klang wie ein Husten. »Nicht können, sie haben es bereits getan. Die Öfen, mein Lieber, kleine Roboter in dunklen Anzügen sind durch das ganze Gebäude gegangen und haben alles verbrannt, das ihrem verblichenen Abgott auch nur im entferntesten hätte gefährlich werden können. Die sind darauf aus, daß er heiliggesprochen wird; das ist der beste Schutz, den sie sich wünschen können. Dann läuft alles wieder wie gewohnt.«

»Sind Sie da sicher?«

»Es heißt — und ich gebe zu, daß das kein Beweis ist — daß Clyde in Eddies Haus auftauchte, ehe die Leiche kalt war. Man sagt, er und ein paar Hofschranzen seien mit tragbaren Aktenwölfen von Zimmer zu Zimmer gegangen.«

»Dieser Tolson?«

»Die Tulpe selbst. Was er nicht verbrannt hat, hat er zu Geld gemacht.«

»Gibt es Zeugen?«

»Ich denke schon.« Phyllis hielt inne. Die Bedienung war an den Tisch getreten; sie nahm die leeren Gläser weg und ersetzte sie durch frische.

Peter blickte zu dem Mädchen auf. »Sollten wir einen Tisch im Speisesaal reservieren?«

»Ich erledige das schon, Sir«, erwiderte die Kellnerin und ging weg.«

»Auf den Namen . . .«

»Ich weiß, Sir. Maxwell.« Das Mädchen ging.

»Jetzt bin ich beeindruckt«, sagte Kastler und lächelte, als er das befriedigte Leuchten in Phyllis' Augen sah. »Weiter. Gab es Zeugen?«

Anstatt zu antworten, beugte sie sich vor. Ihre Bluse war oben offen, und er konnte ihre schwellenden Brüste sehen. Peter wurde von ihnen angezogen; sie schien sein Interesse nicht zu bemerken.

»Sie arbeiten an einem Buch über Hoover, nicht wahr?«

»Nicht über den Menschen. Nicht seine Geschichte als solche, obwohl sie ein wichtiger Teil davon ist. Ich muß alles in Erfahrung bringen, was ich kann. Sagen Sie mir, was Sie wissen. Ich verspreche Ihnen, daß ich das dann näher erkläre.«

Sie begann in der Bar und setzte ihren Bericht beim Essen fort. Es war eine zornige Darstellung, und die professionelle Art, wie sie sie lieferte, steigerte den Zorn noch. Phyllis würde nie etwas drucken, was sie nicht beweisen konnte, und Beweise waren unmöglich, trotz der Wahrheit.

Sie sprach von Senatoren und Kongreßabgeordneten und Kabinettsmitgliedern, die man alle dazu gebracht hatte, nach Hoovers Pfeife zu tanzen oder seinen Groll zu riskieren. Sie beschrieb mächtige Männer, die weinten und dann stumm blieben, wo

Schweigen ihnen doch verhaßt war. Sie schilderte in allen Einzelheiten, was Hoover nach dem Mord an den beiden Kennedys und Martin Luther King getan hatte. Sein Benehmen war geradezu obszön gewesen, seine Freude offensichtlich.

»Die Presse ist überzeugt, daß er der Warren-Kommission wichtige Informationen vorenthielt. Gott allein weiß, wie gefährlich diese Information war; sie hätte vielleicht die Urteilssprüche in Dallas verändern können. Und in Los Angeles. *Und* in Memphis. Wir werden es nie erfahren.«

Sie schilderte Hoovers Einsatz elektronischer Abhörgeräte; er war der Gestapo würdig. Niemand war verschont geblieben. Feinde und potentielle Feinde waren in Schach gehalten worden. Man hatte Bänder geklebt und geschnitten, und der Beweis der Schuld lag allein schon darin, jemanden gekannt zu haben, lag in Andeutungen, Anklagen, Hörensagen und fabrizierten Beweisen.

Peter spürte hinter ihren Worten eine Wut, die über bloße Verachtung hinausging. Sie trank Wein während des Essens, nachher Brandy. Als sie geendet hatte, schwieg sie einige Augenblicke und zwang sich dann zu einem Lächeln. Ihre Wut hatte einen großen Teil des Alkohols verbrannt; sie besaß die volle Kontrolle über sich, war aber nicht mehr ganz nüchtern.

»So, jetzt kommen wir zu ihrem Versprechen. Und ich habe versprochen, es nicht zu drucken. Woran arbeiten Sie? Wieder so etwas wie *Gegenschlag!*?«

»Nun, eine gewisse Parallele liegt wohl vor. Es handelt sich um einen Roman, der auf der Theorie aufbaut, daß Hoover ermordet worden ist.«

»Faszinierend. Aber nicht plausibel. Wer würde das wagen?«

»Jemand, der Zugang zu seinen Privatarchiven hatte. Deshalb fragte ich Sie ja, ob es Zeugen für die Verbrennung oder Vernichtung von Hoovers Papieren gibt. Jemand, der tatsächlich sah, wie sie vernichtet wurden.«

Phyllis schien fasziniert, ihre Augen hielten ihn fest. »Und wenn sie nicht zerstört wurden?«

»Das ist die Annahme, von der ich ausgehe. Romanhaft natürlich.«

»Was meinen Sie?« Ihre Stimme war ausdruckslos und plötzlich kalt.

»Daß, wer auch immer — im Roman — Hoover getötet hat, jetzt jene Akten besitzt und ebenso zur Erpressung imstande ist, wie Hoover das war. Nicht nur imstande, sondern es tatsächlich betreibt. Einflußreiche Leute unter Druck setzt und sie zwingt, das zu tun, was er von ihnen will. Hoover war geradezu krankhaft auf Sex fixiert, also wird das die Hauptwaffe sein. Das wirkt immer. Einfache Erpressung, aber höchst wirksam.«

Phyllis rutschte auf ihrem Stuhl nach hinten, ihre Hände lagen flach auf dem Tisch. Peter konnte sie kaum hören. »Mit einer Flüsterstimme am Telefon, Mr. Kastler? Sagen Sie, soll das alles ein schrecklicher Scherz sein?«

»Ob das was sein soll?«

Sie starrte ihn an, die Augen geweitet, voll seltsamer Angst. »Nein, das kann es nicht sein«, fuhr sie mit derselben entfernt klingenden, kalten Stimme fort. »Ich war hier in der Lobby; aus freien Stücken. Ich habe Sie gesehen, und nicht Sie mich ...«

»Phillys, was ist denn?«

»Du lieber Gott, ich verliere den Verstand ...«

Er griff über den Tisch nach ihrer Hand. Sie war kalt, zitterte. »He, kommen Sie.« Er lächelte beruhigend. »Ich glaube, dieser letzte Brandy war Ihnen zu stark.«

Ihre Augen gingen auf und zu. »Finden Sie mich wirklich attraktiv?«

»Natürlich tue ich das.«

»Können wir auf Ihr Zimmer gehen?«

Er sah sie an, versuchte zu verstehen. »Das brauchen Sie mir nicht vorzuschlagen.«

»Sie wollen mich nicht haben, wie?« Aber so, wie ihre Worte klangen, war das keine Frage.

»Ich glaube schon, daß ich Sie will, sehr sogar. Ich ...«

Plötzlich beugte sie sich vor und griff fast gewalttätig nach seiner Hand, schnitt ihm das Wort ab. »Gehen wir hinauf«, sagte sie.

Sie stand über ihm, nackt, neben dem Bett. Ihre festen Brüste straften ihre Jahre Lügen. Ihre Hüften wölbten sich einladend unter ihrer schlanken Taille; ihre Schenkel wirkten wie die einer griechischen Statue. Er griff nach ihrer Hand, zog sie zum Bett.

Sie setzte sich zögernd. Er ließ ihre Hand los, berührte ihre Brust. Sie zitterte und hielt den Atem an, und dann drehte sie sich plötzlich unerwartet herum und strich mit der Hand über seinen Leib, fuhr zwischen seine Schenkel.

Wortlos rollte sie sich über ihn und drückte ihr Gesicht gegen seine Wange. Er konnte die Nässe ihrer Tränen spüren. Jetzt rollte sie sich neben ihn, breitete die Beine aus, zog ihn über sich.

»Schnell! Mach *schnell*!«

Peter hatte noch nie einen so seltsamen Sexualakt erlebt. Die nächsten paar Minuten — sie verschwammen ineinander, verwirrten ihn, waren ohne Erklärung — liebte er einen Körper, der völlig ohne Reaktion war. Es war, als liebte er totes Fleisch.

Dann war es vorüber, und er zog die Beine weg, hob die Brust von ihren festen, aber völlig unerregten Brüsten. Er blickte auf sie hinunter und empfand gleichzeitig Mitgefühl und Verwirrung. Ihr Hals war gebogen, das Gesicht seitlich ins Kissen gepreßt. Ihre Augen waren fest geschlossen, Tränen strömten ihr über die Wangen. Aus ihrer Kehle rang sich ein halberSticktes Schluchzen.

Er berührte ihr Haar, fuhr mit den Fingern durch die Haarsträhnen. Sie zitterte und preßte ihr Gesicht noch tiefer ins Kissen. Ihre Stimme klang angespannt. »Ich glaube, mir wird übel.«

»Das tut mir leid. Soll ich ein Glas Wasser holen?«

»Nein!« Ihr von Tränen überströmtes Gesicht wandte sich ihm zu. Ohne die Augen zu öffnen schrie sie, und ihr Schrei erfüllte den Raum. »Aber du kannst es ihnen sagen! Du kannst es ihnen jetzt sagen!«

»Es war der Brandy«, flüsterte er. Sonst fiel ihm nichts ein.

12

Kastler hörte zuerst die Vögel. Er schlug die Augen auf und blickte zu dem Oberlicht empor, das er zwischen den schweren Balken seines Schlafzimmers in die Decke eingebaut hatte. Das Licht fiel gefiltert von den Ästen der hohen Bäume herein.

Er war zu Hause. Es schien ihm, als wäre er jahrelang weggewesen. Und es war ein ganz besonderer Morgen. Der erste Morgen seines Lebens, in dem er in seinem eigenen Haus arbeiten wollte.

Er stieg aus dem Bett, zog den Morgenrock an und ging hinunter. Alles war so, wie er es verlassen hatte. Aber um ein Vielfaches ordentlicher. Er war froh, daß er die Möbel des letzten Eigentümers behalten hatte; sie waren bequem und mit viel Holz gemacht und verbreiteten ein Gefühl der Wohnlichkeit.

Er ging durchs Zimmer zu der Tür, die in die Küche führte. Sie war fleckenlos, alles lag, wo es hingehörte. Er war Mrs. Alcott dankbar, der stets streng blickenden, aber freundlichen Haushälterin, die er mit dem Haus geerbt hatte.

Er braute Kaffee und trug ihn in sein Arbeitszimmer. Auch der letzte Eigentümer hatte es als Arbeitszimmer benutzt; es lag an der Westseite des Hauses, mit Riesenfenstern, die auf den Garten hinausblickten.

Die Kartons mit den Nürnberger Unterlagen waren säuberlich neben der Tür aufgestapelt, neben seinem Kopiergerät. Dort hatte er sie ganz bestimmt nicht hinterlassen; er hatte sie geöffnet und ihren Inhalt über den ganzen Boden verstreut. Wer sich wohl die Mühe gemacht haben mochte, sie wieder einzupacken? Wieder kam ihm Mrs. Alcott in den Sinn. Oder ob Josh und Tony hergekommen waren und versucht hatten, ein weiteres Stück seines Lebens wieder zusammenzusetzen?

Die Kartons würden in der Ecke bleiben. Nürnberg konnte warten. Er hatte etwas anderes zu tun. Er ging zu dem langen Klapptisch unter dem Fenster hinüber. Alles, was er brauchte, war dort. Zwei gelbe Blocks lagen links neben dem Telefon, und seine gespitzten Bleistifte standen in dem Zinnkrug daneben. Er trug seine Werkzeug zu dem großen Kaffeetisch vor der Ledercouch und setzte sich. Es gab kein Zögern. Die Gedanken ebenso schnell, wie er sie zu Papier bringen konnte.

An: Anthony Morgan, Lektor

Exposé: Hoover-Manuskript — ohne Titel

Im Prolog ist eine bekannte Militärpersönlichkeit — ein sympathischer Mann, ein Denker, von der Art eines George Marshall — vom Einsatz in Südostasien zurückgekehrt. Er trägt sich mit der Absicht, das Militär-Establishment von Washington mit Beweisen über wesentlich übertriebene Erfolgsschätzungen und, was noch wichtiger ist, auch den Beweis von Inkompetenz und Korruption in den oberen Rängen zu konfrontieren. Als Folge dieser Ungeschicklichkeit und der entstellten Berichterstattung in Saigon ist es zu unnötigen Verlusten gekommen. Einige seiner Kollegen, die wissen, was er beabsichtigt, haben ihn dazu zu überreden versucht, es nicht zu tun; sie behaupten, der Zeitpunkt sei katastrophal gewählt. Er erwidert darauf, daß die augenblickliche Kriegsführung ebenfalls katastrophal sei.

Ein Fremder tritt an den Soldaten heran und übermittelt ihm eine Nachricht, die sich auf ein Ereignis bezieht, das vor Jahren stattfand; ein Ereignis, das aus kurzfristiger Verwirrung unter extremer Belastung stattfand, aber ein Akt von derartiger Ungehörigkeit, ja, sogar Schamlosigkeit war — daß der Soldat, sollte es bekannt werden, diskreditiert würde und sein Ruf, seine Laufbahn, seine Frau und seine Familie davon vernichtet würden.

Der Fremde verlangt, daß der Soldat den Saigon-Bericht vernichtet und keinerlei Anklagen erhebt und stumm bleibt. Im wesentlichen soll er den militärischen Status quo unverändert lassen — und damit auch weitere Verluste zulassen. Widrigenfalls würde die belastende Information veröffentlicht werden. Er bekommt vierundzwanzig Stunden Zeit zum Überlegen.

Eine besonders lange Liste von Gefallenen aus Saigon verstärkt die Mißstimmung des Soldaten. Der Augenblick der Entscheidung rückt heran. Trotz seiner Qualen sieht er sich am Ende außerstande, sich dem Befehl des Fremden zu widersetzen.

In seinem Wohnzimmer entnimmt er seiner Aktentasche eine Akte (das belastende Material, das er aus Südostasien mitgebracht hat), zerknüllt die Blätter und verbrennt sie im Kamin.

Die Szene wechselt. Wir sehen den Fremden eine riesige Stahlkammer im Federal Bureau of Investigation betreten. Er tritt an einen Schrank, öffnet ihn und legt die Akte des Soldaten dort wieder ab. Er schließt die Schublade und versperrt sie.

Auf dem Schild vorn an der Schublade steht in Druckbuchstaben: A — L — Eigentum des Direktors.

Peter lehnte sich auf der Couch zurück und überflog, was er geschrieben hatte. Er fragte sich, ob sich MacAndrew wohl in dem Soldaten erkennen würde. Nach allem, was er über ihn erfahren hatte, paßte das fiktive Bild. Man würde den Einfluß des Generals in Saigon vermissen, aber das Establishment des Pentagon würde ihn nicht vermissen.

Im Einleitungskapitel werden vier oder fünf einflußreiche, sehr unterschiedliche Leute — innerhalb und außerhalb der Regierung — gezeigt, die alle in der Hand von Erpressern sind. Die Erpresser sind nur daran interessiert, abweichende Meinungen zu unterdrücken. Sie setzen Führer legitimer Organisationen unter Druck, die Unterprivilegierte, Enttäuschte und Angehörige von Minoritäten vertreten. Anklagen, die auf entfernten Beziehungen, Andeutungen und künstlich fabrizierten Beweisen beruhen, werden ihnen entgegengeschleudert und beeinträchtigen ihre Wirksamkeit. Das Land ist auf dem Weg in den Polizeistaat.

Peter hielt inne und überdachte noch einmal die Worte, die er geschrieben hatte. Jemanden gekannt zu haben, Andeutungen und künstlich fabrizierte Beweise. Das waren die Worte, die Phyllis Maxwell gebraucht hatte.

Er wandte sich wieder seinem Manuskript zu.

Die Hauptperson wird sich von dem üblichen Helden eines Spannungsromans unterscheiden. Ich sehe in ihm einen attraktiven Anwalt, Mitte der Vierzig, verheiratet mit zwei oder drei Kindern. Sein Name ist Alexander Meredith. *Er ist so etwas wie ein Spätentwickler, der gerade erst beginnt, seine Fähigkeiten zu erkennen. Er ist nach Washington gekommen und hat dort einen Sonderauftrag des Justizministeriums übernommen. Sein Spezialgebiet ist Strafrecht. Er ist ein Mann mit Sinn für Details, gleichzeitig aber einer breiten Wissensbasis.*

Man hat ihn engagiert, um die Vorgehensweise gewisser Abteilungen des Federal Bureau of Investigation unter die Lupe zu nehmen — eine Aufgabe, die sich infolge der alarmierenden Zunahme fragwürdiger Methoden der Außenagenten des Bureaus als notwendig erwiesen hat. Unbewiesene Behauptungen sind an die Öffentlichkeit gelangt. Die Zahl der illegalen Durchsuchungen und Festnahmen hat sich vervielfacht. Die Justizbehörden machen sich Sorgen, künftig könnten legitime Fälle wegen Verfassungsbruch von den Gerichten abgewiesen werden.

Meredith ist seit einem Jahr in dieser Position tätig, und etwas, das mehr oder weniger als Routineauftrag angefangen hat, hat sich zu einer Folge atemberaubender Enthüllungen ausgewachsen.

Innerhalb des Federal Bureau of Investigation gibt es eine Geheimoperation mit dem Ziel, inkriminierende Informationen über einen weiten Bereich von Persönlichkeiten der Öffentlichkeit, aber auch der Privatwelt zu sammeln. Meredith erkennt die Verbindung zwischen einigen Zeitungsberichten über einflußreiche Männer, die plötzlich erstaunlich unerwartete Dinge tun, und einigen Namen, die er im Bureau ausfindig gemacht hat. Natürlich handelt es sich dabei um die im ersten Kapitel beschriebenen Opfer. Zwei sind verblüffend. Der erste ist ein Richter am Obersten Gericht — ein Mann, von dem bekannt ist, daß Hoover ihn verabscheut, der plötzlich aus dem Gerichtsdienst zurücktritt. Der zweite ist ein farbiger Anführer der Bürgerrechtsbewegung, der öffentlich von Hoover verurteilt wurde, und den man tot auffindet. Selbstmord.

Beunruhigt beginnt Meredith eine Suche nach konkreten Beweisen illegaler Praktiken des FBI. Er schleicht sich in das Vertrauen leitender, Hoover nahestehender, Persönlichkeiten ein, gibt Sympathien vor, die er in Wirklichkeit nicht besitzt. Immer tiefer und tiefer gräbt er, und was er entdeckt, macht ihm nur noch mehr Angst.

In der obersten Etage des Bureaus gibt es eine kleine Gruppe von

Fanatikern, die Hoover blind ergeben sind. Sie führen Befehle des Direktors in dem vollen Wissen aus, daß davon viele absolut illegal sind. Meredith stellt fest, daß es einen Mann gibt, der dem Außenbüro in La Jolla, Kalifornien, zugewiesen ist, und der als Hoovers Revolvermann tätig ist. Jedesmal, wenn eine Person von nationaler Bedeutung etwas Unerwartetes tut, befindet er sich am Schauplatz des Geschehens. Seine Beschreibung stimmt mit der des Fremden *im Prolog überein.*

Kastler legte den Bleistift beiseite und leerte seine Kaffeetasse. Er dachte über Alan Longworth, Hoovers ›Revolvermann‹ nach. Longworth blieb für ihn ein Rätsel. Wenn man davon ausging, daß der Agent aus Gewissensbissen wegen seines Verrats an Hoover nach Malibu gekommen war, warum sollte er dann eigentlich seine gegenwärtige Existenz in Hawaii aufs Spiel setzen? Warum hatte er eine Übereinkunft gebrochen, die ihn das Leben kosten konnte? Warum hatte er zu guter Letzt Peter zu Daniel Sutherland geschickt, der den ehemaligen FBI-Mann sofort identifiziert hatte?

Lastete so viel Schuldgefühl auf Longworth, daß von seinem eigenen Interesse nichts mehr übriggeblieben war? War sein Bedürfnis nach Rache so überwältigend, daß sonst nichts mehr für ihn Bedeutung hatte? Offenbar war dies der Fall. Er hatte nicht gezögert, MacAndrew dabei zu vernichten. Und weil Longworth das getan hatte, empfand Kastler keinerlei Skrupel dabei, ein Porträt des Mannes in seinen Roman einzubauen.

Meredith sammelt seine Beweise; sie sind abstoßend. J. Edgar Hoover hat einige tausend Akten über die einflußreichsten Leute der Nation gesammelt. Sie enthalten alle möglichen Gerüchte, Halbwahrheiten und Lügen. Und außerdem wimmeln diese Dokumente, da ja nur wenige Menschen Heilige sind, von dokumentierten Fakten belastender Natur. Sexuelle Besonderheiten und Abweichungen werden in allen Einzelheiten ausgebreitet, Dinge, deren Veröffentlichung Hunderte von Männern und Frauen vernichten könnte, die sonst verantwortungsbewußt, ja manchmal geradezu brillant handeln.

Die Existenz dieser Akten stellt eine Gefahr für das Land dar. Das Schrecklichste von allem ist, daß Hoover sie tatsächlich benutzt. *Er nimmt systematisch Kontakt mit Dutzenden von Personen auf, von denen er annimmt, daß sie in Opposition zu von ihm begünstigten politischen Strömungen stehen, droht ihre privaten Schwächen aufzudecken, wenn sie ihre Position nicht aufgeben.*

Meredith weiß, daß die gefährlichste Frage von allen beantwortet werden muß: Handelt Hoover allein, oder hat er Verbündete? Wenn er nämlich mit seinen ideologischen Glaubensgenossen in der Abwehr, dem Kongreß oder dem Weißen Haus einen Pakt geschlossen hat, kann die Republik leicht dem Zusammenbruch nahe sein.

Meredith beschließt, sein Beweismaterial zu einem stellvertretenden Staatsanwalt zu bringen. Von diesem Augenblick an wird sein Leben buchstäblich unerträglich. Der stellvertretende Staatsanwalt ist ein anständiger Mann, wenn auch jetzt verängstigt. Dennoch ist er die Waffe; Mitarbeiter von ihm haben Einzelheiten aus Alex' Bericht ins Bureau zurücksickern lassen. Der stellvertretende Staatsanwalt entfernt dieses Material und liefert es, zum erstenmal in seiner Laufbahn couragiert, insgeheim ins Büro eines Senators.

Peter lehnte sich auf der Couch zurück, streckte die Arme aus. Er hatte schon einen Prototyp für seinen Senator. Vor weniger als einem Jahr war der Mann von seiner Partei zur Nominierung als Präsidentschaftskandidat ausersehen gewesen. Die feurige Integrität seiner Augen hatte Millionen in seinen Bann gezogen. Der amtierende Präsident war der gedanklichen Klarheit des Senators, seinem Weitblick und seiner Fähigkeit, mit den Massen in Verbindung zu treten, in keiner Weise gewachsen. Seine überlegte, ruhige Darstellung aller wichtigen politischen Anliegen hatte ihm im ganzen Land großen Beifall eingetragen. Und dann war ihm etwas widerfahren. In ein paar kurzen Minuten, an einem schneereichen Wintermorgen, war seine Kampagne zusammengebrochen. Ein Mitstreiter hatte eine ungeschickt formulierte, maßlose Rede gehalten und damit politischen Selbstmord begangen; der Senator schied aus dem Rennen aus.

Kastler lehnte sich zurück und holte einen frischen Bleistift aus dem Zinnkrug.

Ein ganzes System psychologischer Einschüchterung kommt jetzt gegen Meredith zum Einsatz. Jeder Schritt, den er tut, wird überwacht; man läßt ihn nicht mehr aus den Augen. Telefonanrufe — einige obszön, einige mit der Drohung physischer Gewalt — erreichen seine Frau. Seine Kinder werden in der Schule von FBI-Agenten in bezug auf ihren Vater verhört. Autos warten nachts vor dem Haus der Merediths, Taschenlampen leuchten in verdunkelte Fenster. Jeder Tag wird ein neuer Alptraum. Die Nächte sind noch schlimmer.

Ziel des Ganzen ist es, Meredith' Glaubwürdigkeit zu erschüttern, indem sein Leben in Mißkredit gebracht wird. Er geht zu den Behörden, versucht, die Männer im Bureau ebenso zu konfrontieren, wie jene, die ihn verfolgen; er wendet sich an seinen Kongreßabgeordneten. Doch alle Versuche, dem persönlichen Terror, dem er ausgesetzt ist, zu entkommen, scheitern. Er wird an den Rand der Resignation getrieben. Selbst der stellvertretende Staatsanwalt will nichts mehr mit ihm zu tun haben. Der Mann ist gewarnt worden. Hoovers heimtückische Helfershelfer sind überall.

Sie werden feststellen, daß ich Hoovers Namen gebraucht habe. Man könnte sagen, ich sage ohne Skrupel Schlechtes über die Toten ...

Es war nicht so, daß man sagen *könnte*, dachte Kastler und hielt einen Augenblick inne. Phyllis Maxwell hatte es gesagt.

... und ich beabsichtige auch, diesen Namen im Buch zu gebrauchen. Ich sehe keinen Anlaß, die Identität auch nur im geringsten zu verschleiern oder sie mit irgendwelchem Unsinn zu kaschieren, indem ich ihn zum Beispiel J. Edwin Haverford nenne, Prätor des Federated Branch of Intelligence. Ich möchte ihn beim Namen nennen. Ein gefährlicher Größenwahnsinniger, den man vor zwanzig Jahren aus dem Amt hätte treiben sollen. Ein Monstrum ...

Wieder Phyllis Maxwell. Wenn er darüber nachdachte, mußte er sagen, daß die Journalistin ein solch eindringliches — und groteskes — Porträt gemalt hatte, daß sie so ein Sprungbrett für ihn war, wie Longworth das gewesen war. Ihre Wut war ansteckend.

... dessen Taktiken eher zu denen des Dritten Reiches paßten als zu jenen einer demokratischen Gesellschaft. Ich möchte, daß meine Leser sich über J. Edgar Hoovers *Manipulationen empören. (Du solltest das also wohl besser der Rechtsabteilung zeigen — Steve wird wahrscheinlich eine Herzattacke bekommen und dann eine Nachlaßüberprüfung einleiten, um zu sehen, ob es irgendwelche Verwandten gibt, die uns verklagen könnten.)*

Das Material bis zu diesem Punkt wird etwa sechs Kapitel, oder, grob gerechnet, ein Drittel des Buches in Anspruch nehmen. An diesem Punkt wird sich das Schwergewicht der Handlung von Meredith auf die Opfer von Hoovers Erpressung verlagern. In erster Linie auf den Senator, und ich werde darstellen, daß Hoover es war, der ihn verfolgte.

Da die Opfer beträchtlichen Einfluß in der Regierung haben, ist es durchaus glaubwürdig, daß zwei von ihnen miteinander in Berührung kommen. Hier wird es der Senator und ein Mitglied des Kabinetts sein, der sich dem Präsidenten widersetzt hat, und daher zum Rücktritt gezwungen wurde. Ich stelle mir eine Szene vor, in der zwei starke Persönlichkeiten zugeben, Hoover gegenüber hilflos zu sein. Es sind wertvolle Giganten, die ein alter Schakal in die Enge getrieben hat.

Aber aus ihrem Zusammentreffen entwickelt sich ein positives Ergebnis. Sie erkennen das Offenkundige: wenn Hoover sie mundtot machen konnte, kann er auch andere zum Schweigen bringen. Also sammeln sie eine Gruppe von Männern ...

Peter nahm den Stift vom Papier. Er erinnerte sich der Worte Daniel Sutherlands über die Gruppe in Washington: »Und Frauen, Mr. Kastler.« Aber welche Art von Frauen würde diese Gruppe aufnehmen? Oder auswählen? Er lächelte versonnen. Warum nicht eine Journalistin? Eine Person, die Phyllis Maxwell nachempfunden war. Doch in einem Punkt anders; in dem Buch mußte die Frau ein Opfer sein, ehe sie Mitglied der Gruppe wurde. Das war wichtig.

... und Frauen, mit dem Ziel, eine Verteidigungslinie gegen Hoovers heimtückische Attacken aufzubauen. Sie haben einen Ausgangspunkt: Hoovers Revolvermann. Sie wenden sich an die Abwehrbehörden und erhalten insgeheim jegliche Information, die über den Mann erhältlich ist. Akten, Dienstzeugnisse, Bankauszüge, Kreditauskünfte — eben alles.

Kastler hörte mit Schreiben auf. Da war es wieder, das Rätsel namens Longworth. Sutherland hatte gesagt, sie hätten an das Gewissen des Agenten appelliert und ihn mit einem Druckposten in Maui belohnt, ihm Sicherheitsgarantien geliefert. All das war vielleicht glaubwürdig, aber was hatte Hoover unterdessen unternommen? War er einfach auf seinem Hintern sitzen geblieben und hatte gesagt: »Schon gut, Alan, mein Junge. Deine zwanzig Jahre sind um, du hast dir deine Pension verdient und gehst mit meinen besten Wünschen in einen angenehmen Ruhestand.«

Unwahrscheinlich. Der Hoover, den man ihm beschrieben hatte, hätte Longworth töten lassen, ehe er ihn freigab.

Es mußte eine andere Erklärung geben.

Die Gruppe des Senators tritt an den Revolvermann heran. Eine Kombination von Maßnahmen setzt ihn so unter Druck, daß er zusagt; eine medizinische Täuschung wird vorbereitet. Der Mann beklagt sich über anhaltende Leibschmerzen und wird ins Walter-Reed-Hospital geschickt. Der ›Bericht‹ wird an Hoover weitergeleitet. Der Agent hat Mastdarmkrebs. Die Geschwüre haben sich bereits so weit ausgebreitet, daß er nicht mehr zu retten ist: seine Lebenserwartung beträgt höchstens noch einige Monate.

Hoover hat keine Alternativen. Er gibt den Mann frei, in der Meinung, der Agent ginge nach Hause, um zu sterben.

So wird der Anti-Hoover-Kern gebildet. Der ›pensionierte‹ Agent wird isoliert und eingesetzt. Es wird darzulegen sein, daß er nicht nur Zugang zu den Akten hatte, sondern, weniger Heiliger als Opportunist, auch alle Dossiers mit einem Appetit bebrütet hat, die eines KGB-Bürokraten inmitten einer Reinigungsaktion würdig gewesen wäre.

Er liefert der Anti-Hoover-Gruppe Hunderte von Namen und Biografien. Namen und Fakten führen zu anderen Namen und zusätzlichen Fakten. Eine Liste potentieller Opfer wird zusammengestellt.

Ihr Umfang ist erschütternd. Sie enthält nicht nur mächtige Männer in den drei wichtigen Bereichen der Regierung, sondern auch Führungspersönlichkeiten aus der Industrie, den Gewerkschaften, der akademischen Welt und der Welt der Medien.

Der Kern — das ist der Name der Washington-Gruppe — muß sofort handeln.

Vertrauliche Treffen werden arrangiert. Der Agent wird zu Dutzenden gefährdeter Personen geschickt und warnt sie vor Hoovers Dossiers.

Ihre Strategie wird in schnell aufeinanderfolgenden Szenen beschrieben werden. Ich habe nicht vor, die einzelnen Informationen ausführlich zu beschreiben. Es wäre zu verwirrend, eine ganz neue Gruppe von Personen einzuführen.

Was diese Personen angeht, werde ich gleich auf sie kommen. Ich möchte zuerst die Entwicklung der Handlung weiter darstellen.

Peter nahm einen neuen Bleistift.

Der Wendepunkt stellt sich durch zwei Ereignisse ein: das erste ist die Kontaktaufnahme des Kerns mit Alexander Meredith. Das zweite ist die Entscheidung seitens zweier oder dreier Mitglieder des Kerns, Hoover zu töten.

Zu dieser Entscheidung kommt es stufenweise, denn diese Männer sind keine Killer. Sie gelangen langsam zu der Ansicht, daß Mord hier eine akzeptable Lösung ist, und das ist ihr nicht akzeptabler Fehler. Als Meredith davon erfährt, wissend, daß dies die Entscheidung von Persönlichkeiten hohen Intellekts ist, werden all seine Wertmaßstäbe auf eine schwere Belastungsprobe gestellt. Für ihn kann Mord keine Lösung sein. Er kämpft jetzt gegen miteinander im Wettstreit stehende Kräfte an: die Fanatiker des Büros und jene des Kerns.

Seine Bemühungen, den Mord zu verhindern und das illegale Vorgehen des Bureaus an die Öffentlichkeit zu tragen, liefern den Schwung, um das Buch zu Ende zu führen.

Im schriftstellerischen Sinn wird der schwierigste Aspekt der Erzählung genau das sein, was Alex Meredith erschreckt: die Entscheidung seitens zweier oder dreier außergewöhnlicher Leute, Mord als Lösung zu akzeptieren.

Hier werden die logischen Schritte sehr sorgfältig aufgebaut werden müssen, damit niemand auf die Idee kommt, es gäbe auch andere Lösungsmöglichkeiten. Ich glaube, man wird den Mord schließlich akzeptieren, wenn zwei Ereignisse aus der jüngsten Geschichte ›neu arrangiert‹ werden; der Rückzug des qualifiziertesten Mannes aus dem Rennen um die Präsidentschaft und der Rücktritt eines hoch angesehenen Richters vom Obersten Gerichtshof.

Der Kern erkennt in diesen beiden Katastrophen das Werk von J. Edgar Hoover. Dem politischen Leben der Vereinigten Staaten wird irreparabler Schaden zugefügt.

Der Bleistift brach ab, seine Spitze hatte dem Druck nicht standgehalten, den er darauf ausübte. Er begann wieder zornig zu werden, und diesen Zorn brauchte er später, wenn er den Roman selbst schrieb. Jetzt war die Zeit, nachzudenken.

Die Geschichte hatte eine friedliche Lösung geliefert. Der Tod eines Wahnsinnigen und die Vernichtung seiner Giftsammlung hatte es dem Kern erlaubt — wenn Sutherland recht hatte — sich aufzulösen. Der Alarm war abgeblasen.

Dies waren die Fakten. Aber er hatte hier nicht mit historischer Wirklichkeit zu tun. Was würde eine solche Gruppe besorgter, ehrenwerter Leute tun, wenn sie sich dem Zusammenbruch all der Gewichte und Gegengewichte konfrontiert sah, die für die offene demokratische Regierungsform so lebenswichtig waren? Würde eine solche Gruppe eine Exekution in Betracht ziehen? Einen Mord?

In einem Sinn würden sie keine Alternative haben. Und doch stiegen sie, wenn sie so handelten, auf dasselbe Niveau wie der Ermordete hinab. Deshalb würden nicht alle einer solchen Lösung zustimmen, und daher konnte eine Lösung dieser Art nicht offen vorgeschlagen werden.

Aber zwei, vielleicht auch drei, würden darin vielleicht die einzige Entscheidung sehen, die getroffen werden konnte. Und hier würde der Fehler des Kerns liegen. Mord ist Mord, und nur der Umstand des Krieges ändert seine Definition. Wer Mord als Lösung einsetzt, ist am Ende nicht besser als sein Opfer. Der Kern würde also zwei oder drei Mitglieder in seinen Reihen beherbergen, die zu überzeugten Killern werden würden.

So wie Peter es in seinem Roman sah:

Im Kern gibt es zwei Männer und vielleicht eine Frau (die dramatischen Möglichkeiten hier sind interessant), von hohem Rang, die den Prinzipien ergeben sind, für die der Rest der Gruppe eintritt. Doch wir erleben einen stufenweisen Wandel in ihrer Perspektive. Dieser Wandel entsteht aus Enttäuschung und Angst, echtem Abscheu gegenüber Hoovers Fortschritten und der offensichtlichen Wirkungslosigkeit des Kerns. Die Manipulation einer Präsidentenwahl und eine Veränderung in der Zusammensetzung des Obersten Gerichtshofes treibt diese Enttäuschung auf ihren Höhepunkt. Sie fühlen sich gegen die Wand gedrückt, ohne Alternativen. Außer Mord.

Aber das würde nur die Hälfte des Krebsgeschwürs entfernen, und die andere Hälfte sind Hoovers Archive. Sie müssen in ihre Gewalt kommen. Es darf nicht zugelassen werden, daß diese Archive nach seinem Tod in die Hände seines Nachfolgers fallen.

Die Rebellen im Inneren des Kerns denken sich einen Plan für die Exekution und den Diebstahl aus. Ich glaube, dieser Plan sollte in dokumentarischem Stil geschrieben werden, wobei seine Genialität und die Erkenntnis, daß ihn jeden Augenblick ein Fehler zum Scheitern bringen könnte, die Spannung steigert.

Soweit möchte ich die Handlung an diesem Punkt darstellen.

Peter streckte die Arme und zuckte zusammen, als ein scharfer Schmerz durch die Muskeln seiner linken Schulter schoß. Aber er dachte nicht lange darüber nach, seine Konzentration galt ganz dem Blatt vor ihm. Jetzt würde es beginnen.

Die Leute.

Er begann mit Schatten, formlosen Gebilden, die langsam Gestalt annahmen. Namen. So wie es seine Gewohnheit war, würde er seine Darsteller skizzieren, jeden auf ein paar Seiten beschränkt, im Wissen, daß jeder seinerseits zu seinen oder ihren Freunden und Feinden führen würde, Bekannten und Unbekannten. Personen riefen andere Personen ins Leben; so einfach war das häufig.

Neben denen, die er bereits in Betracht gezogen hatte — der Soldat im Prolog, Alexander Meredith, Hoovers Revolvermann, der Senator und das Kabinettsmitglied — würde er jetzt die Gruppe skizzieren — den Kern. Ihm würden einige Männer außerhalb der Regierung angehören: ein Wissenschaftler, ein Anwalt. Und ohne Zweifel ein Richter, aber kein Neger — das konnte er nicht tun. Es gab nur einen Daniel Sutherland. Und die Frau: sie würde er sich sehr sorgfältig überlegen. Er würde der Versuchung widerstehen, ein zu deutliches Abbild von Phyllis Maxwell zu erfinden. Aber einige Aspekte ihrer Person würden in das Buch Eingang finden.

Er lehnte sich vor und begann.

Es gibt da einen Mann, Anfang der Siebzig, einen Anwalt namens . . .

Er wußte nicht, wie lange er geschrieben hatte. Die Zeit verlor ihre Bedeutung für ihn, so völlig konzentrierte er sich. Die Sonne hatte ein Viertel ihres Weges am Himmel zurückgelegt, und ihre Strahlen fielen jetzt durch die Oberlichte herein.

Er blickte auf die Blätter neben dem gelben Block; er hatte nicht weniger als neun Personen skizziert. Seine Energie floß; er war dankbarer, als er das in Worten ausdrücken konnte, weil sich endlich die Worte wieder eingestellt hatten.

Das Telefon klingelte, riß ihn aus seinen Gedanken. Er ging durch das Zimmer und hob ab.

»Hallo?«

»Spricht dort ein Schriftsteller namens Kastler? Peter Kastler?«

Der Mann am anderen Ende der Leitung sprach mit ausgeprägtem Südstaatenakzent.

»Ja, hier spricht Peter Kastler.«

»Was tun Sie mir an? Sie haben nicht das Recht ...«

»Wer spricht dort?«

»Sie wissen verdammt gut, wer ich bin.«

»Ich fürchte, nein.«

»Koh-misch, Ihr Freund Longworth hat mich in Washington besucht.«

»*Alan* Longworth?«

»Sie haben es erfaßt. Und Sie stöbern auf den falschen Feldern herum! Wenn Sie noch einmal so etwas wie 1861 anzetteln wollen, dann machen Sie nur weiter so. Aber Sie sollten auch wissen, was Sie damit tun.«

»Ich habe nicht die entfernteste Ahnung, wovon Sie reden. Jetzt sagen Sie mir, wer Sie sind!«

»Congressman Walter Rawlins. Heute ist Mittwoch. Ich bin am Sonntag in New York. Wir werden uns treffen.«

»Werden wir das?«

»Ja. Ehe wir uns beide die verdammten Schädel abknallen lassen.«

13

Er hatte etwas getan, das er noch nie zuvor getan hatte. Er hatte angefangen, das Buch zu schreiben, ehe Morgan dem Exposé zugestimmt hatte. Er konnte einfach nicht anders. Die Worte sprangen ihm förmlich aus dem Kopf auf das Papier.

Mit leichtem Schuldgefühl gestand Peter sich ein, daß es nichts zu bedeuten hatte. Die Story war alles. Durch diese Story wurde ein Ungeheuer namens Hoover als das dargestellt, was es gewesen war. Es war wichtig für Kastler — irgendwie wichtiger als alles, was er je zuvor zu tun versucht hatte — daß der Mythos, der Hoover umgab, zerstört wurde. Und zwar mußte das so schnell wie möglich geschehen, damit sich so etwas nie wiederholen konnte.

Aber an einem Tag mußte er die Arbeit unterbrechen. Er hatte sich einverstanden erklärt, sich mit Rawlins zu treffen. Er wollte sich nicht mit ihm treffen; er hatte Rawlins gesagt, daß Alan Longworth, ganz gleich, was er zu ihm auch gesagt hatte, welche Drohungen er vorgebracht hatte, nicht sein Freund war. Peter wollte nichts mehr mit ihm zu tun haben.

Aber Longworth war vor vier Tagen, als Rawlins angerufen

hatte, in Washington gewesen. Er war nicht nach Hawaii zurückgekehrt. Das Rätsel war wieder aufgetaucht, warum?

Kastler beschloß, die Nacht in seiner New Yorker Wohnung zu bleiben. Er hatte Joshua Harris versprochen, mit ihm zu Abend zu essen.

Er fuhr auf der alten Straße parallel zum Ufer des Delaware nach Norden, fuhr durch das Städtchen Lambertville und bog dann nach Westen auf die Nationalstraße 202. Wenn der Ortsverkehr nicht zu dicht war, würde er die Fernstraße in fünfundvierzig Minuten erreichen; und von der Ausfahrt 14 war es noch eine reichliche halbe Stunde bis New York.

Er fand fast keinen Verkehr vor. Ein paar Lastwagen mit Heu oder Milch schoben sich vorsichtig aus ungepflasterten Landstraßen auf den Highway, und hin und wieder überholten ihn Wagen, welche die Geschwindigkeitsgrenze überschritten; Reisevertreter, die ihre Tagesarbeit vollbracht hatten und jetzt zum nächsten Hotel rasten. Wenn ihm danach war, konnte er so ziemlich alles überholen, was es auf der Straße gab, dachte er und strich über das dicke Steuerrad. Sein Wagen war ein Mercedes 450 SEL.

Die Angst hatte ihn bei der Auswahl seines Wagens bestimmt. Er hatte den schwersten gewählt, den er finden konnte. Es ergab sich, daß der sofort erhältliche Wagen dunkelblau war. Das war ihm recht, alles, so lange es nur nicht . . .

Silber?

Silber! Er konnte nicht glauben, was er sah.

Hinter ihm! In dem großen Konvexspiegel außen war der glitzernde Kühlergrill, von der Krümmung des Spiegels vergrößert, geradezu riesig! Ein silberner Wagen! Der silberne Continental!

Seine Augen mußten ihn täuschen. So mußte es sein. Er hatte fast Angst, den Fahrer anzusehen; aber er brauchte sich dazu nicht umzudrehen.

Der silberne Wagen ging längsseits, jetzt hatte er den Fahrer direkt vor Augen.

Es war die Frau! Dieselbe Frau! *Zweihundert Meilen entfernt!* Der große Hut, das lange, dunkle Haar und die Sonnenbrille, die fahlweiße Haut und die grellroten Lippen über dem orangeroten Halstuch. Das war Wahnsinn!

Er drückte das Gaspedal nieder; der Mercedes machte einen Satz. Nichts konnte mit ihm Schritt halten!

Doch genau das tat der Continental. Mühelos. *Mühelos!* Und die makabre Lenkerin des Wagens starrte gerade nach vorn.

Als ob daran nichts Ungewöhnliches wäre, nichts, was sich vom Alltäglichen abhob. Gerade nach vorn. Auf nichts!

Peter sah auf den Tachometer. Die Nadel zitterte an der Hundert-Meilen-Marke. Sie befanden sich auf einer geteilten Straße; die Wagen auf der anderen Seite waren nur Farbstriche. Wagen. *Laster!* Dort vorne waren zwei Lastwagen! Sie folgten einander über eine lange Kurve, welche die Straße beschrieb. Kastler nahm den Fuß vom Gaspedal; er würde warten, bis er näher heran war.

Jetzt! Er trat die Bremse; der Continental schoß davon, bog nach rechts, um ihm den Weg zu versperren.

Noch einmal, *jetzt*! Er trat auf das Gaspedal, drehte das Steuer nach links, bog auf die linke Straßenseite, und sein Motor brüllte auf, als er an dem schrecklichen silbernen Ding und der wahnsinnigen Frau vorbeijagte, die es steuerte.

Er raste an den beiden Fernlastern in der Kurve vorbei, erschreckte die Fahrer. Die Räder des Mercedes berührten den Grasstreifen in der Mitte, so daß die Reifen aufheulten.

Ringos. Das Schild auf der Straße trug die Aufschrift *Ringos!*

Es hatte einmal einen Ringo gegeben, vor vielen Jahren, an einem Ort, an dem viele gestorben waren, einen Revolvermann, der in seiner Wut um sich geschossen hatte.

Die Schießerei am O.K. Corral.

Warum dachte er an solche Dinge? Weshalb schmerzte sein Kopf so?

Was, zum Teufel, geschah mit ihm?

Sein Kopf drohte zu bersten.

In der Ferne, vielleicht eine Meile entfernt, konnte er einen gelben Lichtkreis sehen, der in der Luft hing. Einen Augenblick lang wußte er nicht, was es war.

Es war eine Verkehrsampel an einer Straßenkreuzung. Drei Wagen vor ihm verlangsamten ihre Fahrt, einer links, zwei rechts. Er konnte nicht überholen. Jetzt waren sie eine halbe Meile entfernt. Er bremste den Mercedes ab.

O Gott! Hier war er wieder!

Der Continental rückte schnell näher, und sein Kühlergrill wurde im Rückspiegel größer. Aber die Verkehrsampel war jetzt unmittelbar vor ihm; beide Wagen würden anhalten müssen.

Er mußte sich in den Griff bekommen, mußte den Schmerz, der in seinem Schädel tobte, in den Griff bekommen und tun, was er tun mußte! Dieser Wahnsinn mußte aufhören.

Er bog hinter den beiden Wagen nach rechts und wartete, was

der Continental tun würde. Er bog in die linke Fahrspur, hinter den einzelnen Wagen, hielt aber direkt neben dem Mercedes an.

Kastler riß die Tür auf und sprang hinaus. Er rannte zu dem Continental hinüber, packte den Türgriff und zog mit aller Kraft daran. Die Tür war versperrt. Er hämmerte gegen die Scheibe.

»Wer sind Sie? Was soll das?«

Das ausdruckslose Gesicht — eine makabre Maske eines Gesichts — starrte hinter der Scheibe gerade nach vorn. Die Frau gab durch nichts zu erkennen, daß sie ihn überhaupt wahrgenommen hatte.

Peter riß an dem Türgriff und schmetterte die Hand noch einmal gegen das Fenster. »Sie können mir das nicht antun!«

Die Fahrer in den anderen Wagen starrten zu ihm herüber. Die Ampel hatte auf Grün geschaltet, aber niemand fuhr weiter.

Kastler rannte um die Motorhaube des Continental herum zur Fahrerseite, riß am Türgriff, schlug auf die Scheibe ein. »Sie blödes Weib! Wer sind Sie? Was wollen Sie?«

Das schrecklich bleiche Gesicht, das von dem Haar, der Brille und dem Hut verborgen wurde, drehte sich herum und starrte zu ihm hinauf. Es *war* eine Maske, schrecklich und völlig ausdruckslos. Weißer Puder und Lippen, die von feurig rotem Lippenstift betont waren. Er studierte hier irgendein obszönes, riesiges Insekt, das wie ein Clown herausgeputzt war.

»Verdammt, antworten Sie doch! *Antworten Sie mir!*«

Nichts. Nichts, nur der schrecklich starre Blick der Maske.

Die Wagen vorn setzten sich in Bewegung. Peter hörte die Motoren aufheulen. Er hielt sich an der Tür fest, von dem makabren Bild hinter dem Fenster förmlich hypnotisiert; wieder trommelte er gegen das Glas.

»Wer . . .?«

Der Motor des Continental brüllte auf. Peters Hand ließ den Türgriff los, und der Mark IV machte einen Satz, schoß durch die Kreuzung und jagte davon.

Peter versuchte, das Nummernschild zu lesen. Doch da war keines.

»Du blöder Hund! Ich schlag dir den Schädel ein, du Motherfucker!«

Doch nicht er hatte das gebrüllt. Der erste der beiden Laster, den er in der Kurve so verrückt überholt hatte, war zwanzig Meter entfernt zum Stillstand gekommen. Über der Stufe zur Fahrerkabine öffnete sich eine Tür, und ein hünenhafter Fahrer kletterte heraus, einen riesigen Schraubenschlüssel in der Hand. »Du blöder Hund! Du hättest mich beinahe von der Straße gedrängt!«

Peter hinkte zu seinem Mercedes. Er warf sich hinein und knallte die Tür zu, drückte gleichzeitig den Schließknopf. Der Fernfahrer war nur noch wenige Schritte entfernt, den Schraubenschlüssel hoch erhoben.

Der Motor des Mercedes lief noch. Kastler griff nach dem Schalthebel und zog ihn nach hinten, trat kräftig auf das Gaspedal, die andere Hand am Steuer. Der 450 SEL heulte auf; Peter packte das Steuer fester und schoß davon.

Es war ein Alptraum. Ein gottverdammter *Alptraum*!

Er saß schon seit mehr als einer Stunde im Wohnzimmer seines Apartments. Die Lampe auf dem Klavier war die einzige Lichtquelle; durch das halb offenstehende Fenster drangen die Geräusche des nächtlichen New York herein. Er brauchte Luft, und diese Geräusche beruhigten ihn. Er schwitzte immer noch, und im Zimmer war es kühl.

Er mußte seine Panik überwinden. Er mußte nachdenken. Irgend jemand versuchte, ihn dazu zu treiben, daß er den Verstand verlor. Er mußte sich wehren; mußte diese schreckliche Maske finden. Er mußte zurück — mußte zu der Landstraße in Maryland, wo das schreckliche Gesicht das erste Mal aufgetaucht war.

Wie hatte dieser Streifpolizist in Rockville geheißen? Conally? Donovan? Er hatte den Namen der Autovermietung am Dulles Airport angegeben; er würde dort anrufen und den Namen herausfinden. Dann würde er den Streifenbeamten anrufen und fragen ...

Das Telefon klingelte. Er zuckte zusammen und stand auf. Das mußte der Kongreßabgeordnete aus Virginia sein. Sonst wußte niemand, daß er in der Stadt war. Rawlins hatte gesagt, er würde im Lauf des Abends anrufen, sie konnten sich dann verabreden.

»Hallo?«

»Peter?«

Es war Joshua Harris. Kastler hatte ihn völlig vergessen. »He, tut mir leid, alter Freund. Ich hatte ein paar Probleme. Ich bin gerade angekommen.«

»Was ist denn?« Aus Harris' Stimme klang Besorgnis.

»Ich ...« Nein, er würde es Joshua nicht sagen. Nicht jetzt. Alles war noch zu wirr. »Nichts Ernsthaftes. Eine Reparatur am Wagen. Hat länger gedauert, als ich dachte. Wo bist du?«

»Ich wollte gerade in das Restaurant fahren, das Richelieu, du erinnerst dich doch?«

Ja, er erinnerte sich. Aber er war jetzt nicht in der Stimmung, gemächlich in einem eleganten Restaurant eine Mahlzeit einzunehmen. Das würde ihn verrückt machen, und er würde sich nicht entscheiden können, ob er seinem Literaturagenten vertrauen oder nicht vertrauen sollte.

»Würde es dir etwas ausmachen, wenn wir das einen Tag verschieben, sofern dir das paßt? Ehrlich gesagt, ich habe von halb fünf Uhr heute früh bis vier Uhr nachmittags gearbeitet. Dann noch die Fahrt . . . ich bin richtig durchgedreht.«

»Dann wird das Hoover-Buch also etwas?«

»Es geht besser und schneller voran, als ich für möglich gehalten hätte.«

»Fein, Peter. Das freut mich für dich. Seltsam, daß Tony mir nichts gesagt hat.«

Kastler ließ ihn nicht weiterreden. »Er weiß noch gar nichts. Das ist das längste Exposé, das ich je gemacht habe; er wird ein paar Tage brauchen, um es zu lesen.«

Warum sagte er eigentlich nicht, daß er mit dem verdammten Buch schon angefangen hatte?

»Du wirst mir natürlich eine Kopie bringen«, sagte Harris. »Ich traue euch beiden nicht. Wenn man euch mit so vielen Manuskriptseiten allein läßt . . .«

»Morgen abend, das verspreche ich.«

»Also, morgen abend. Ich werde anrufen und den Tisch umbestellen. Gute Nacht, Peter.«

»Gute Nacht.« Kastler legte auf und ging an das Fenster, von dem aus man auf die Einundsiebzigste Straße hinunterblicken konnte. Es war eine stille, von Bäumen gesäumte Straße, eine Gegend, wie man sie gewöhnlich mit einer anderen Epoche dieser Stadt in Verbindung brachte.

Während er zum Fenster hinaussah, merkte er plötzlich, daß sich ihm ein anderes Gesicht aufdrängte. Er wußte, daß das Bild nicht wirklich war, aber er war nicht imstande, es zu verdrängen. Es war das makabre Gesicht in dem Continental. Er blickte wieder jene schreckliche Maske an! Sie war im Glas, starrte ihn an, da waren die unsichtbaren Augen hinter der riesigen, dunklen Brille, der grellrote Lippenstift über dem weißen Puder.

Peter schloß die Augen und fuhr sich mit der Hand an die Stirn. Was hatte er tun wollen, ehe Josh anrief? Es hatte etwas mit diesem schrecklichen Bild im Fenster zu tun. Und dem Telefon. Er hatte telefonieren wollen.

Das Telefon klingelte. Aber es hatte doch vor ein paar Augenblicken erst geklingelt. Es konnte doch nicht schon wieder klingeln.

Aber es klingelte. Herrgott! Er mußte sich hinlegen, seine Schläfen schmerzten, und er war nicht sicher — *du mußt den Hörer abnehmen*. Er hinkte durchs Zimmer.

»Kastler?«

»Ja.«

»Rawlins. Sind Sie morgens wach?«

»Soll das ein Witz sein?«

»Hm?«

»Ich arbeite früh immer.«

»Das ist mir egal. Kennen Sie einen Ort hier in New York, der sich The Cloisters nennt?«

»Ja.« Peter hielt den Atem an. War das auch ein schrecklicher Witz? The Cloisters war einer der Lieblingsorte von Cathy gewesen. An wie vielen Sonntagen im Sommer waren sie dort über den Rasen gegangen? Aber Rawlins konnte das nicht wissen. Oder doch?

»Seien Sie morgen früh um halb sechs dort. Nehmen Sie den Westeingang; das Tor wird offen sein. Etwa hundert Meter nördlich davon gibt es einen Weg, der in einen offenen Hof führt. Dort treffen wir uns.« Es klickte, und die Leitung war tot.

Der Mann aus den Südstaaten hatte sich da einen seltsamen Ort und eine noch seltsamere Stunde ausgewählt. Die Wahl eines verängstigten Mannes. Alan Longworth hatte wieder Angst ausgelöst; er würde ihn aufhalten müssen, diesen ›pensionierten‹ Agenten, diesen Revolverhelden mit Gewissenbissen.

Aber jetzt war nicht die Zeit, über Longworth nachzudenken. Peter wußte, daß er jetzt ausruhen mußte. Es würde bald halb fünf sein.

Er ging ins Schlafzimmer, schlüpfte aus den Schuhen und knöpfte sein Hemd auf. Dann setzte er sich auf den Bettrand, und plötzlich fiel er, ohne es zu wollen, nach rückwärts, und sein Kopf sank ins Kissen.

Und dann kamen die Träume. Und die Alpträume.

Das Gras war vom Tau feucht, und am östlichen Himmel waren die ersten Strahlen der Morgensonne zu sehen. Überall standen Statuen und knorrige Bäume, die aus fernen Jahrhunderten zu stammen schienen. Jetzt fehlte nur noch Lautenmusik oder sanfte Stimmen, die Madrigale sangen.

Kastler fand den Weg. Er war von Blumen gesäumt und führte über einen kleinen Hügel auf Steinmauern zu, die sich als die Nachbildung eines Klostergartens aus einem französischen Kloster aus dem 13. Jahrhundert erwiesen. Er ging auf die Mauer zu und blieb vor einem alten Bogen stehen. Im Inneren des Hofes gab es Marmorbänke und künstlerisch angeordnete Miniaturbäume. Gespenstische Stille herrschte. Er wartete.

Die Minuten strichen dahin; das frühe Morgenlicht wurde etwas heller, hell genug, um das glänzende Weiß des Marmors ausmachen zu können. Peter sah auf die Armbanduhr. Es war zehn Minuten vor sechs. Rawlins hätte schon vor zwanzig Minuten da sein müssen.

Oder hatte der Kongreßabgeordnete sich dafür entschieden, doch nicht zu kommen? War seine Angst so groß?

»*Kastler.*«

Peter drehte sich um, die Flüsterstimme hatte ihn erschreckt. Sie kam aus einer Gruppe von Büschen, die etwa zehn Meter entfernt standen, Blattwerk, das ein Podest im Gras umgab. Auf dem Sockel war der in Stein gehauene Kopf eines mittelalterlichen Heiligen zu sehen. Jetzt trat eine Männergestalt aus dem Schatten.

»Rawlins? Wie lange sind Sie schon hier?«

»Etwa eine dreiviertel Stunde.« Rawlins ging auf Peter zu. Er bot ihm nicht die Hand.

»Warum haben Sie so lange gewartet, bis Sie herauskamen?« fragte Peter. »Ich bin seit halb sechs hier.«

»Seit fünf Uhr dreiunddreißig«, sagte der Mann aus den Südstaaten. »Ich wollte sehen, ob Sie allein gekommen sind.«

»Das bin ich. Reden wir.«

»*Gehen* wir.« Sie entfernten sich wieder von dem Sockel mit dem Heiligenkopf. »Haben Sie etwas am Bein?« fragte Rawlins.

»Eine alte Sportverletzung. Oder eine Kriegswunde. Sie können es sich aussuchen. Ich will nicht gehen. Ich will hören, was Sie zu sagen haben. Ich habe nicht um dieses Treffen gebeten und habe zu tun.«

Rawlins Gesicht rötete sich. »Da drüben ist eine Bank.«

»In dem Hof waren auch Bänke.«

»Und vielleicht Mikrofone.«

»Sie sind verrückt. Und Longworth auch.«

Der Kongreßabgeordnete gab keine Antwort, bis sie die weiße, schmiedeeiserne Bank erreicht hatten. »Longworth ist Ihr Partner, nicht wahr? Bei dieser Erpressung.« Rawlins setzte sich. Das schwere Licht fiel auf sein Gesicht; die Selbstsicherheit, die noch vor ein paar Sekunden von ihm ausgegangen war, war verschwunden.

»Nein«, antwortete Peter. »Ich habe keinen Partner, ich bin auch kein Erpresser.«

»Aber Sie schreiben ein Buch.«

»Damit bestreite ich meinen Lebensunterhalt. Ich schreibe Romane.«

»Sicher. Deshalb hatten die Boys vom CIA ja eine Menge schmutziger Unterwäsche auszugeben. Ich hab' schon von dem Buch gehört. *Gegenschlag!* hieß es.«

»Ich glaube, Sie übertreiben. Was wollen Sie mir sagen?«

»Lassen Sie die Finger davon, Kastler.« Der Kongreßabgeordnete sprach mit ausdrucksloser Stimme. »Die Information, die Sie haben, ist nicht einmal einen Fingerhut voll Pisse wert. Oh, zum Teufel, mich können Sie ruinieren, aber ich werde auf ganz legale Weise meinen Arsch retten; das kann ich. Und dann sind Sie für das, was darauf folgt, verantwortlich.«

»Welche Information? Was Longworth Ihnen gesagt hat, ist gelogen. Ich habe über Sie keine Information.«

»Sie wollen mich wohl verscheißern. Ich leugne ja gar nicht, daß ich Probleme habe. Ich weiß, was Leute wie Sie über mich denken. Ich gebrauche das Wort *Nigger* viel öfter, als Sie das gern hören möchten. Und wenn ich voll bin, hab' ich nun mal gern hübsches schwarzes Fleisch um mich — verdammt noch mal, dabei spricht das doch wohl für mich; und dann bin ich mit einer Misthure verheiratet, die mich jederzeit verpfeifen und mir so ziemlich alles wegnehmen kann, was ich nördlich von Roanoke besitze. Das mag alles stimmen, Junge, aber ich tu meine Arbeit auf dem Hügel! Und ich bin kein Killer! Kapieren Sie das?«

»Sicher. Die ganz normale Pflanzerfamilie. Ein bißchen altmodisch und liebenswert. Sie haben mir genug gesagt. Ich gehe jetzt.«

»Nein, das tun Sie nicht!« Rawlins war aufgestanden und versperrte Peter den Weg. »Bitte. Hören Sie mir zu. Ich mag eine ganze Menge sein, aber als Redneck können Sie mich nicht abstempeln. (Redneck — Slangbezeichnung für armen weißen Farmer in den Südstaaten. Anm. d. Übersetzers) Keiner ist das heute mehr, der genügend Verstand hat, um ins Haus zu gehen, wenn's regnet. Die Zeiten und die Motive stimmen einfach nicht mehr. Die ganze Welt verändert sich, und wenn man das nicht mitkriegt und davor die Augen verschließt, fordert man doch ein verdammtes Blutbad heraus. Keiner kann dabei gewinnen; alle bloß verlieren.«

»Motive?« Kastler studierte das Gesicht des Südstaatlers. Es wirkte jetzt völlig ungekünstelt. »Worauf wollen Sie hinaus?«

»Ich habe mich nie gegen vernünftige Veränderungen gestellt. Aber ich wehre mich wie eine Wildkatze, die man in einen Käfig gesteckt hat, wenn diese Änderungen unvernünftig und verantwortungslos sind. Entscheidungen, bei denen es um Millionen von Dollar geht, an Leute zu übertragen, die dazu nicht qualifiziert sind, die nicht schlau genug sind, um reinzugehen, wenn's regnet, die schaden allen.«

Peter war fasziniert, so wie er das immer war, wenn Bild und Substanz miteinander in Konflikt gerieten. »Was hat das denn mit dem zu tun, was ich angeblich haben soll?«

»Die haben mich in Newport News reingelegt! Die haben mir eine Menge Sour Mash eingetrichtert und mich in finstere Gassen geführt, die ich noch nie gesehen habe. Mag sein, daß ich dieses kleine Mädchen gebumst habe, aber umgebracht habe ich sie nicht! Ich wüßte ja gar nicht, wie man das tut, was die mit dem Mädchen gemacht haben! Aber ich weiß, wer es getan hat. Und diese schwarzen Schweine wissen auch, daß ich das weiß. Die sind schlimmer als der schlimmste Abschaum. Das sind Niggernazis, die ihresgleichen umbringen und sich hinter . . .«

Irgendwo in der Ferne, hinter ihnen, war ein Geräusch zu hören, wie wenn jemand ausspuckt. Und dann geschah das Unglaubliche — das *Unvorstellbare*. Kastler starrte den anderen voll Schreck an und war unfähig, sich zu bewegen.

Rawlins Mund war aufgesprungen. Ein roter Kreis hatte sich über seiner rechten Augenbraue gebildet. Blut schoß heraus, zuerst in einem dicken Strahl und dann in einem dünnen Rinnsal, das sich über die aschfahle Haut und das starre Auge ergoß. Aber der Körper stand immer noch da, im Tod erstarrt. Und dann gaben Rawlins Beine langsam nach, wie in einem schrecklichen Ballett, und seine Leiche fiel vornüber, brach in dem feuchten Gras zusammen.

Ein halb ersticktes Geräusch entrang sich Peters Kehle, er merkte erst jetzt, daß er den Atem angehalten hatte. Und dann wollte er schreien, aber da kam kein Laut, der Schock, den er empfand, war so groß, daß der Schrei nicht zustandekam.

Wieder ein spuckendes Geräusch; die Luft zitterte über ihm. Und noch eines, jetzt ein leises *Pinngg*, und die Erde unter ihm explodierte. Eine Kugel war von der Bank abgeprallt! Das, was von seinen Instinkten übriggeblieben war, ließ ihn aufspringen, er warf sich nach links, ins Gras, rannte aus dem Zielgebiet. Jetzt waren mehrere dieser spuckenden Geräusche zu hören, und Gras und Boden explodierten noch ein paarmal. Ein Steinbrocken pfiff an seinem Ohr vorbei; ein paar Zentimeter näher, und er hätte ihn geblendet oder sogar getötet. Plötzlich scharrte seine Stirn an einer harten Fläche, seine Handfläche schmerzte, als sie sich gegegen zackigen Stein preßte. Er war gegen irgendein Monument geprallt, ein steinernes Medaillon, das von Büschen umgeben war.

Er drehte sich herum. Er war verborgen. Aber ringsum waren die Schüsse zu hören.

Und dann kamen die Schreie, hysterisch, halb verrückt. Sie kamen von dort *drüben*, und *dort* und *dort*! Bewegten sich, rannten, wurden leiser. Und am Ende eine Stimme, ein Brüllen, hart und kehlig, Gehorsam erzwingend.

»Verschwinden Sie hier!«

Eine kräftige Hand packte die Vorderseite seiner Jacke, knüllte sein Hemd zusammen, und zog ihn hinter dem steinernen Schild hervor. Eine zweite Hand hielt eine große Automatic, auf deren Lauf ein dicker Zylinder geschraubt war. Die Waffe war in die Richtung gewandt, aus der die Schüsse kamen; Feuer und Rauch entquollen ihr.

Peter war außerstande, etwas zu sagen, konnte nicht protestieren. Über ihm war der blondhaarige Longworth. Der von ihm verachtete Alan Longworth rettete ihm das Leben!

Er warf sich durch die Büsche, stürzte sich ins Gras dahinter. Mit Füßen und Händen arbeitete er sich voran. Er hatte keine Luft mehr in den Lungen, aber jetzt galt es nur zu fliehen. Er rannte durch den Garten.

14

Er ging wie ein Schlafwandler durch die Straßen. Ort und Zeit waren ihm verlorengegangen. Er war völlig desorientiert. Sein erster Impuls war, sich nach Hilfe umzusehen, die Polizei zu holen, *irgend jemanden* zu holen, der dem Chaos, das er nur mit Mühe überlebt hatte, Ordnung aufprägen konnte. Aber da war niemand. Er näherte sich einigen Fußgängern, aber die sahen ihn nur an, die abgerissene Kleidung, den Schmutz, und schüttelten ihn ab, eilten davon. Er taumelte auf die Straße hinaus; Hupen tönten, Wagen wichen ihm aus. Nirgends war Polizei zu sehen, nirgends ein Streifenwagen in diesem stillen Teil der Stadt.

Seine Schläfen tobten. Seine linke Schulter schmerzte, und seine Stirn fühlte sich an, als wäre jemand mit einer Feile darübergefahren. Er betrachtete seine rechte Handfläche. Die Haut war rot; an einigen Stellen war Blut an die Oberfläche getreten.

Langsam — er hatte den Eindruck, meilenweit zu Fuß gegangen zu sein — begann Kastler wieder zu sich zurückzufinden. Es war eine seltsame Erkenntnis, ein noch seltsamerer Vorgang. Wissen und doch nicht zu wissen, und dabei den gefährlichen Geisteszustand zu erkennen, in dem er sich befand. Auf unbestimmte Weise begriff er, daß die Verteidigungswaffen, die ihm zur Verfügung standen, nicht ausreichten, um all die Attacken abzuwehren, die seinen Geist, seine Vernunft bedrängten. Also versuchte er, die Bilder aus seinem Bewußtsein zu verdrängen. Er war ein Mann, der sich verzweifelte Mühe gab, sich selbst wieder in den Griff zu bekommen. Er mußte Entscheidungen treffen.

Er sah auf die Uhr und kam sich wie ein verlorener Reisender in einem fremden Land vor, dem man gesagt hatte, wenn er bis zu einem bestimmten Zeitpunkt nicht ein bestimmtes Ziel erreicht hatte, hatte er irgendwo einen falschen Weg eingeschlagen. Er hatte viele Male einen falschen Weg eingeschlagen. Er blickte auf das Straßenschild; ein Name, den er noch nie gehört hatte.

Die Sonne sagte ihm, daß es Morgen war. Dafür war er dankbar. Er war vier Stunden durch die Straßen gegangen.

Vier Stunden. Mein Gott, ich brauche Hilfe.

Sein Wagen! Der Mercedes war noch bei den Cloisters, parkte auf der Straße vor dem Westeingang. Er steckte die Hand in die Hosentasche und holte die Spange heraus, in der sein Geld steckte. Er hatte genug für ein Taxi.

»Hier ist das Westtor, Mac«, sagte der Fahrer mit dem größten Gesicht. »Aber Mercedes sehe ich keinen. Wann haben Sie ihn abgestellt?«

»Heute früh.«

»Haben Sie das Schild nicht gesehen?« Der Fahrer deutete zum Fenster hinaus. »Hier ist viel Verkehr.«

Er hatte in einer Abschleppzone geparkt.

»Es war finster«, sagte Peter, wie um sich zu entschuldigen. Dann nannte er dem Fahrer seine Adresse in Manhattan.

Das Taxi bog aus der Lexington Avenue nach links in die Einundsiebzigste Straße; Kastler riß erstaunt die Augen auf. Sein Mercedes parkte vor dem Backsteinhaus, direkt vor der Treppe, die zu seinem Apartment führte. Er stand da in unwirklichem Glanz, die dunkelblaue Farbe blitzte in der Sonne. In der ganzen Straße gab es keinen zweiten Wagen wie diesen.

Einen wahnsinnigen Augenblick lang fragte sich Peter, wie der Wagen von der anderen Straßenseite herübergekommen war, wo er ihn am Abend zuvor geparkt hatte. Cathy mußte das gewesen sein. Sie tat das oft, wegen der Parkvorschriften. Wagen mußten bis acht Uhr entfernt werden.

Cathy? O Gott, was stimmte nur nicht mit ihm?

Er wartete auf dem Bürgersteig, bis das Taxi verschwunden war. Dann ging er auf den Mercedes zu, sah ihn sorgfältig und prüfend an, als inspizierte er einen Gegenstand, den er seit Jahren nicht mehr gesehen hatte. Man hatte ihn gewaschen und poliert und ihn innen ausgesaugt und das Armaturenbrett gesäubert, alle Metallteile blitzten.

Er holte sein Schlüsseletui heraus; der Weg hinauf über die Treppen kam ihm endlos vor. An der Außenseite der Tür hing ein mit Maschine beschriebener Zettel, der an das Holz geheftet war.

Die Dinge sind außer Kontrolle geraten. Es wird nicht wieder passieren. Und Sie werden mich nie wieder sehen.

Longworth

Kastler riß den Zettel von der Tür. Dann sah er sich das Papier sorgfältig an. Die e's standen etwas höher, das Papier war ziemlich dick und oben abgeschnitten.

Der Zettel war auf seiner Schreibmaschine getippt worden. Das Papier war sein Briefpapier, man hatte seinen Namen entfernt.

»Er heißt Alan Longworth. Josh hat sich über ihn erkundigt.« Peter lehnte sich gegen das Fenster und starrte auf den Mercedes hinunter, der immer noch auf der Straße stand.

Anthony Morgan saß in einem Ledersessel auf der anderen Seite des Zimmers, und seine lange, schlanke Gestalt wirkte ungewöhnlich steif.

»Du siehst ja schlimm aus. Hast du letzte Nacht viel getrunken?«

»Nein. Ich habe nicht gut geschlafen. Und wenn ich dann wieder eingeschlafen war, kamen die Alpträume. Das ist auch noch eine Geschichte ...«

»Aber kein Alkohol«, unterbrach Morgan.

»Ich hab' doch gesagt, daß ich nichts getrunken habe!«

»Und Josh ist in Boston?«

»Ja. Sein Büro hat gesagt, er käme mit der Vier-Uhr-Maschine zurück. Wir wollten heute zusammen zu Abend essen.«

Morgan stand auf; er war jetzt offensichtlich überzeugt und sagte eindringlich: »Um Himmels willen, warum hast du dann nicht die Polizei gerufen? Was, zum Teufel, meinst du eigentlich, daß du da machst? Du hast gesehen, wie ein Mann getötet wurde.

Ein Kongreßabgeordneter ist vor deinen Augen ermordet worden!«

»Ich weiß, ich weiß. Willst du noch etwas Schlimmeres hören? Ich hatte einfach Mattscheibe. Vier Stunden bin ich herumgelaufen wie im Nebel. Ich weiß nicht einmal, wo ich war.«

»Hast du schon etwas im Radio gehört? Inzwischen ist das doch sicher schon bekannt.«

»Ich hatte es nicht eingeschaltet.«

Tony ging zu dem Radio im Bücherregal und schaltete eine Nachrichtenstation ein, ließ die Lautstärke aber ganz schwach. Dann ging er wieder zu seinem Klienten und zwang Kastler, sich vom Fenster abzuwenden. »Hör mir zu. Es ist gut, daß du mich angerufen hast. Aber im Augenblick solltest du die Polizei anrufen. Ich möchte wirklich wissen, warum du das nicht getan hast!«

Kastler mußte nach Worten suchen. »Ich weiß nicht. Ich kann dir das wirklich nicht sagen.«

»Schon gut, schon gut«, sagte Morgan besänftigend.

»Ich spreche gar nicht von Hysterie. Langsam lerne ich, damit zu leben. Das ist etwas anderes.« Er zeigte seine verletzte Hand. »Ich bin mit dem Wagen nach Fort Tryon gefahren. Sieh dir meine Hand an. Am Steuerrad sollten meine Fingerabdrücke, vielleicht ein paar Blutflecken sein. Das Gras war feucht, und es gab Schlamm. Sieh dir meine Schuhe und mein Jackett an. Im Wagen sollten Spuren sein. Aber der Wagen ist gewaschen worden; er sieht aus, als wäre er gerade aus dem Schaufenster gerollt. Ich weiß nicht einmal, wie er hierher zurückkam. Und der Zettel an der Tür. Er ist auf meiner Schreibmaschine geschrieben, meinem Papier. Und ich kann mich für ein paar Stunden nach dem . . . dem Irrsinn, diesem Wahnsinn, an nichts erinnern!«

»Peter, hör auf!« Morgan packte Kastler an den Schultern und erhob die Stimme. »Das ist kein Roman. Du bist jetzt keiner deiner Romanhelden! Das ist die Wirklichkeit. Es ist wirklich passiert.« Er senkte die Stimme. »Ich rufe jetzt die Polizei.«

Zwei Detektive vom Zweiundzwanzigsten Revier unterbrachen Peters Erzählung hin und wieder mit Fragen. Der Ältere war um die Fünfzig und hatte welliges, graues Haar. Der Jüngere war mit Kastler etwa gleichaltrig, ein Neger. Beides waren aufmerksame, erfahrene Beamte, die sich große Mühe gaben, Peter zu beruhigen.

Als Kastler geendet hatte, ging der Ältere ans Telefon, und der Jüngere sprach von *Sarajewo*! Es hatte ihm sehr gut gefallen.

Erst als der Ältere wieder zu ihnen trat, begriff Kastler, daß der

Neger ihn davon abgehalten hatte, das Telefongespräch mitzuhören. Peter bewunderte sein Geschick, er würde sich das merken.

»Mr. Kastler«, begann der grauhaarige Detektiv vorsichtig, »es scheint da ein Problem zu geben. Als Mr. Morgan uns anrief, schickten wir ein Team nach Fort Tryon. Um Zeit zu sparen, schickten wir die Leute von der Gerichtsmedizin gleich mit; um sicherzustellen, daß keiner dort Spuren verwischte, riefen wir das Revier in der Bronx an und baten sie, Streifenpolizisten aufzustellen. Doch an der Stelle, die Sie uns genannt haben, gibt es keine Hinweise auf Schüsse. Keinerlei Beschädigungen des Bodens.«

Peter starrte den Mann ungläubig an. »Das ist verrückt. Das ist falsch! Ich war dort!«

»Unsere Männer sind sehr gründlich.«

»Dann waren sie eben nicht gründlich genug! Bilden Sie sich ein, ich würde eine solche Geschichte einfach erfinden?«

»Ziemlich gut wäre sie ja«, sagte der Farbige und lächelte. »Vielleicht probieren Sie bloß neues Material an uns aus.«

»He, warten Sie mal!« Morgan drang vor. »So etwas würde Peter nie tun.«

»Das wäre sehr unsinnig«, sagte der ältere Mann und nickte, ohne ihm damit zuzustimmen. »Es ist gegen das Gesetz, ein Verbrechen falsch zu melden. Jedes beliebige Verbrechen, von Mord und Totschlag ganz zu schweigen.«

»Sie sind *wirklich* verrückt ...« Peters Stimme wurde leiser. »Sie glauben mir wirklich nicht. Sie bekommen Ihren kleinen Bericht über das Telefon, halten ihn für das Wort Gottes und schließen, daß ich mondsüchtig bin. Ich möchte nur wissen, was für Polizeibeamte Sie eigentlich sind?«

»Sehr gute«, sagte der Farbige.

»Das glaube ich nicht. Ganz und gar nicht glaube ich das, verdammt!« Kastler hinkte ans Telefon. »Es gibt eine Möglichkeit das aufzuklären; schließlich liegt es fünf oder sechs Stunden zurück.« Er wählte und fing dann zu sprechen an: »Washington — Information? Ich möchte die Büronummer von Congressman Walter Rawlins, Repräsentantenhaus.«

Er wiederholte die Nummer, als die Frau von der Vermittlung sie ihm gab. Tony Morgan nickte. Die Detektive beobachteten ihn wortlos.

Er wählte erneut. Das Warten kam ihm endlos vor; sein Puls hetzte. Trotz seines eigenen unwiderlegbaren Wissens mußte er sich vor den beiden Polizeibeamten selbst beweisen.

Die Stimme einer Frau war aus der Leitung zu hören, halblaut und offensichtlich mit einem starken Südstaatenakzent. Er verlangte den Kongreßabgeordenten.

Und als er dann ihre Worte hörte, fuhr ihm wieder der Schmerz durch die Schläfen, und vor seinen Augen verschwamm alles.

»Es ist einfach schrecklich, Sir. Die Familie, die diesen schrecklichen Schaden erlitten hat, hat es erst vor wenigen Minuten erfahren. Der Kongreßabgeordnete ist letzte Nacht verstorben. Er ist an einem Herzanfall gestorben, den er im Schlaf hatte.«

»Nein. *Nein!*«

»Wir empfinden alle so, Sir. Einzelheiten über das Begräbnis werden ...«

»Nein! Das ist eine Lüge! Machen Sie mir das nicht weis! Es ist eine Lüge! Vor fünf, sechs Stunden — in New York! Eine *Lüge!*«

Peter spürte die Arme, die ihn an den Schultern festhielten, merkte, wie man ihm das Telefon wegnahm und ihn zurückschob. Er schlug um sich, trieb dem Polizisten hinter ihm rücksichtslos die Ellbogen in die Seite. Jetzt war seine rechte Hand frei; er packte den ihm am nächsten befindlichen Kopf, seine Hand schoß vor und riß dem Mann das halbe Haar vom Kopf. Dann zerrte er den Kopf in die Höhe; der Mann war auf die Knie gefallen.

Tony Morgans Gesicht war vor dem seinen, zuckte vor Schmerz, aber er machte keine Anstalten, sich selbst zu schützen.

Morgan. Morgan, sein *Freund*. Was tat er?

Peter sackte zusammen; blieb völlig reglos. Arme senkten ihn zu Boden.

»Sie verzichten auf eine Anzeige«, sagte Morgan, der mit einem Tablett ins Schlafzimmer kam. »Sie waren sehr verständnisvoll.«

»Das heißt, daß ich verrückt bin«, fügte Kastler vom Bett aus hinzu. Er hatte einen Eisbeutel auf der Stirn liegen.

»Verdammt, nein. Du bist erschöpft. Du hast viel zuviel gearbeitet. Die Ärzte haben dir abgeraten ...«

»Tony, jetzt hör doch auf!« Peter setzte sich auf. »Alles, was ich gesagt habe, stimmt!«

»Okay. Hier ist dein Drink.«

Kastler nahm das Glas, trank aber nicht. Er stellte es auf den Nachttisch. »Nein, so geht das nicht, alter Freund.« Er deutete auf einen Stuhl. »Setz dich. Ich möchte jetzt ein paar Dinge klarstellen.«

»Also gut.« Morgan ließ sich in den Stuhl fallen. Er streckte die langen Beine aus; seine beiläufige Art konnte Peter nicht täuschen. Sein Blick verriet seine Besorgnis.

»Ganz ruhig, ganz vernünftig«, fuhr Kastler fort. »Ich glaube, ich weiß, was geschehen ist. Und es wird nicht wieder passieren, was Longworth' Zettel erklärt. Er möchte, daß ich das glaube; weil er überzeugt ist, daß ich sonst Schreikrämpfe bekommen könnte.«

»Wann hattest du denn Zeit zum Nachdenken?«

»In diesen vier Stunden, die ich auf den Straßen herumirrte. Mir war das zuerst nicht klar, aber in der Zeit haben sich die einzelnen Stücke zusammengefügt. Und als du dich dann mit der Polizei im Erdgeschoß unterhieltest, sah ich das Muster dahinter.«

Morgan blickte von seinem Glas auf. »Sprich nicht wie ein Schriftsteller. ›Muster‹, ›Stücke, die sich zusammenfügten‹. Das ist doch alles Bockmist.«

»Nein, das ist es nicht. Weil Longworth gezwungen ist, wie ein Schriftsteller zu denken. Er muß so wie ich denken, begreifst du das nicht?«

»Nein, aber sprich nur weiter.«

»Man muß Longworth aufhalten; er weiß, daß ich das weiß. Er verpaßte mir bruchstückweise Informationen und ein klägliches Beispiel von dem, was hätte passieren können, wenn Hoovers Akten noch existierten. Du darfst nicht vergessen, er kannte die Akten; er kannte eine Menge gefährlicher Informationen. Und dann, um sicherzustellen, daß ich wirklich den Köder aufgegriffen hatte, lieferte er mir ein weiteres Beispiel: ein Kongreßabgeordneter aus den Südstaaten mit Problemen, ein Mann, der in eine widerliche Vergewaltigungsgeschichte mit einem Negermädchen und einem Mord verwickelt war, den er nicht begangen hatte. Longworth hat die Kräfte in Bewegung gesetzt, und ich steckte mitten dazwischen. Aber als dann alles in Gang gekommen war, wurde ihm klar, daß er zu zweit gegangen war. Die Falle führte zu einem Mord; damit hatte er nicht gerechnet. Als er es erkannte, rettete er mir das Leben.«

»Und rettete damit das Buch?«

»Ja.«

»*Nein!*« Morgan stand auf. »Du redest wie ein kleiner Pfadfinderjunge an einem Lagerfeuer. Und warum auch nicht? Schließlich ist das dein Beruf; alle Schriftsteller sind wie Pfadfinderjungen an einem Lagerfeuer. Aber, um Himmels willen, du darfst das nicht mit der Wirklichkeit verwechseln.«

Kastler studierte Morgans Gesicht. Was er erkannte, war offensichtlich. »Du glaubst mir nicht, nicht wahr?«

»Willst du die Wahrheit hören?«

»Seit wann haben wir denn die Regeln geändert?«

»Also gut.« Tony leerte sein Glas. »Ich glaube, du bist zu den Cloisters gefahren. Wie du hineingekommen bist, weiß ich nicht; wahrscheinlich bist du über eine Mauer geklettert. Ich weiß, wie gern du früh aufstehst, und die Cloisters bei Morgendämmerung müssen etwas ganz Besonderes sein ... Ich nehme an, du hast von Rawlins Tod gehört ...«

»Wie konnte ich denn? Sein Büro sagte, es sei gerade erst bekanntgegeben worden!«

»Entschuldige. Du hast das gehört, nicht ich.«

»Herrgott!«

»Peter, ich will dir ja nicht weh tun. Vor einem Jahr hat niemand gewußt, ob du leben oder sterben würdest; so nahe warst du dem Tod. Du hast einen schrecklichen Verlust erlitten; Cathy war dein ein und alles, das wußten wir alle. Vor sechs Monaten dachten wir alle — *ich* glaubte das ehrlich — daß du als Schriftsteller erledigt wärst. Es steckte einfach nicht mehr in dir; der Wunsch war abgestorben; der kleine Junge am Lagerfeuer war auf dem Pennsylvania Turnpike gestorben. Selbst als du aus dem Krankenhaus kamst, gab es ganze Tage — Wochen — in denen du kein Wort sagtest. *Nichts*. Dann fing das Trinken an. Und dann, vor weniger als drei Wochen, bricht plötzlich dein persönlicher Vulkan aus. Du fliegst von der Küste herüber, erregter als ich dich je gesehen habe, voll Energie, darauf erpicht, wieder an die Arbeit zu gehen. Wirklich erpicht ... Verstehst du denn nicht?«

»Ob ich das verstehe?«

»Der menschliche Verstand ist etwas Komisches. Er erträgt es nicht, so schnell von null Meilen in der Stunde auf Mach eins beschleunigt zu werden. Irgend etwas muß dabei zerbrechen. Du selbst hast gesagt, du hättest vier Stunden lang nicht gewußt, wo du warst.«

Kastler bewegte sich nicht. Er sah Morgan an, und dabei durchliefen miteinander in Widerspruch stehende Gedanken sein Bewußtsein. Er ärgerte sich über den Lektor, ärgerte sich darüber, daß er ihm nicht glaubte, und doch war er in seltsamer Weise erleichtert. Vielleicht war es besser so. Morgan war seinem Wesen nach darauf eingestellt, ihn zu schützen; die Ereignisse des letzten Jahres hatten diesen natürlichen Instinkt noch verstärkt. Wenn er Peter glaubte, dann gab es für Peter keine Frage, was der andere tun würde. Morgan würde verhindern, daß er das Buch schrieb.

»Okay, Tony. Vergessen wir es. Es ist vorbei. Ich fühle mich noch nicht ganz wohl. Dir kann ich das nicht vormachen. Ich weiß nicht.«

»Ich schon«, erwiderte Morgan mit sanfter Stimme. »Trinken wir einen Schluck.«

Munro St. Claire musterte Varak, als dieser durch die Tür der Bibliothek des Diplomaten in Georgetown trat. Der Agent trug den rechten Arm in der Schlinge und an der linken Halsseite ein Stück Heftpflaster. Varak schloß die Tür und ging auf den Schreibtisch zu, hinter dem Bravo mit grimmiger Miene saß.

»Was ist passiert?«

»Alles erledigt. Seine Cessna stand auf dem Flughafen von Westchester. Ich habe ihn nach Arlington geflogen und dann einen Arzt angesprochen, den wir im NSC häufig gebrauchen. Seine Frau hatte keine Wahl, sie wollte auch keine. Rawlins war nicht gegen Mord versichert. Außerdem ist sie ein ziemlich schmutziges Buch. Ich habe ihr ein paar Episoden vorgelesen.«

»Was ist mit den anderen?« fragte Bravo.

»Es waren drei; einer ist getötet worden. Als Kastler weg war, hörte ich auf zu schießen und versteckte mich im Gebüsch. Rawlins war tot; was wollten sie denn sonst noch? Sie flohen und nahmen die Leiche ihres Kollegen mit. Ich habe die Gegend gründlich abgekämmt, die Patronenhülsen aufgehoben und das Gras wieder in Ordnung gebracht; nach mir gab es keine Spuren mehr.«

Bravo stand auf, sein Zorn war offenkundig. »Was Sie getan haben, geht weit über das hinaus, was wir sanktioniert hatten! Sie haben Entscheidungen getroffen, von denen Sie wußten, daß ich sie nicht billigen würde, Schritte unternommen, die zwei Männern das Leben kosteten und beinahe zu Kastlers Tod geführt hätten.«

»Einer jener Männer war selbst ein Killer«, erwiderte Varak ohne Ausdruck. »Und Rawlins war bereits markiert, bei ihm war es nur eine Frage der Zeit. Was Kastler angeht, so hätte ich bei dem Versuch, ihn zu retten, fast selbst das Leben verloren. Ich glaube, ich habe für meine falsche Einschätzung der Situation bezahlt.«

»Falsche Einschätzung der Situation? Wer hat Ihnen das Recht dazu gegeben?«

»Sie. Sie alle.«

»Aber es gab doch Grenzen! Das hatten Sie doch verstanden.«

»Ich hatte verstanden, daß es Hunderte von verschwundenen Akten gibt, die dazu benutzt werden können, dieses Land in einen Polizeistaat zu verwandeln! Bitte vergessen Sie das nicht.«

»Und ich bitte Sie, nicht zu vergessen, daß hier nicht die Tschechoslowakei ist. Und nicht Lidice 1942. Sie sind kein dreizehnjähriger Junge, der über Leichen kriecht und jeden tötet, der vielleicht Ihr Feind sein könnte. Man hat Sie nicht vor dreißig Jahren hierhergebracht, damit Sie Ihr eigener Henker werden.«

»Man hat mich hierhergebracht, weil mein Vater für die Alliierten arbeitete! Meine Familie ist massakriert worden, weil er für sie tätig war.« Varaks Augen umwölkten sich. Er hatte Mühe, die Tränen zurückzuhalten, wenn er an den sonnigen Morgen des 10. Juni 1942 dachte. Ein Morgen des Todes überall, ein Morgen nach vielen Nächten, in denen er sich in den Bergwerken versteckt hatte, und der Tage und Nächte, in denen er als Dreizehnjähriger Kerben in die Stützen eines Bergwerkschachts geschnitten hatte, von denen eine jede einen toten Deutschen symbolisierte. Aus einem Kind war ein beachtlicher Killer geworden. Bis die Briten ihn herausgeholt hatten.

»Wir haben Ihnen alles gegeben«, sagte Bravo und senkte die Stimme. »Alle Verpflichtungen sind eingelöst worden, und wir haben an keiner Stelle gespart. Die besten Schulen, alle Vorteile ...«

»Und die Erinnerungen, Bravo. Vergessen Sie die nicht.«

»Und die Erinnerungen«, nickte Munro St. Claire.

»Sie mißverstehen mich«, sagte Varak schnell. »Ich suche keine Sympathie. Ich sage Ihnen nur, daß ich nichts vergessen habe.« Varak trat einen Schritt näher an die Schreibtischkante. »Ich habe achtzehn Jahre für das Privileg bezahlt, das nicht zu vergessen. Bereitwillig bezahlt. Ich bin der beste Mann im NSC und suche die Nazis in jeder Form, in der sie wieder auferstanden sind, und mache Jagd auf sie. Und wenn Sie glauben, daß es einen Unterschied zwischen dem gibt, wofür diese Archive stehen, und den Zielen des Dritten Reiches, dann irren Sie sich gewaltig.«

Varak hielt inne. Das Blut war ihm ins Gesicht gestiegen. Er war nahe daran zu schreien, aber das kam natürlich nicht in Frage. Munro St. Claire beobachtete den Agenten stumm. Langsam ließ seine eigene Wut nach.

»Sie sind sehr überzeugend. Ich werde Inver Brass einberufen. Man muß sie informieren.«

»Nein. Berufen Sie keine Versammlung ein. Noch nicht.«

»Für diesen Monat ist bereits eine Versammlung angesetzt. Wir müssen einen neuen Genesis wählen. Ich bin zu alt; und Venice und Christopher sind es auch. Bleiben nur Banner und Paris. Das ist eine furchtbare ...«

»Bitte.« Varak stützte sich mit beiden Händen auf die Schreibtischkante. »Berufen Sie diese Versammlung nicht ein.«

St. Claires Augen verengten sich. »Warum nicht?«

»Kastler hat das Buch begonnen. Der erste Teil des Manuskripts ist vorgestern abgeliefert worden. Ich bin in das Schreibbüro eingebrochen. Ich habe es gelesen.«

»Und?«

»Ihre Theorie ist vielleicht genauer, als Sie dachten. Kastler sind einige Dinge eingefallen, die mir nie in den Sinn gekommen sind. Und Inver Brass ist auch erwähnt.«

15

Und dann lag eines Tages plötzlich Kälte in der Luft. Aus dem Herbst wurde Winter. Die Wahlen waren vorbei, die Ergebnisse ebenso vorhersehbar wie der Frost, der die Felder von Pennsylvania bedeckte. Doppelzüngigkeit und die Werbekünste der Madison Avenue hatten wieder ihren Sieg über linkische Amateure davongetragen. Niemand gewann etwas Wertvolles, geschweige denn die Republik.

Peter hatte sich nicht viel um Politik gekümmert. Sobald die Akteure einmal im Spiel waren, gab es nicht mehr viel, das ihn interessierte. Aber der Roman fraß ihn förmlich auf. Jeder Morgen war für ihn ein persönliches Abenteuer. Er hatte die Handlungszüge vervollkommnet, die Personen der Handlung hatten Leben gewonnen.

Er arbeitete am siebten Kapitel, in dem anständige Männer langsam anfingen, einen unanständigen Entschluß zu treffen: den Entschluß zum Mord. Die Tötung von J. Edgar Hoover.

Ehe er ein Kapitel schrieb, machte er sich stets ein Exposé; anschließend legte er es zur Seite und warf nur noch selten einen Blick darauf. Es war eine Technik, die Anthony Morgan ihm vor Jahren empfohlen hatte:

Du mußt immer wissen, wohin du gehst, dir ein Ziel setzen, damit du nicht ins Treiben kommst. Aber kämpfe nicht gegen die natürliche Neigung zum Wandern an.

Es war seltsam mit Tony, dachte Kastler, während er sich über den Tisch beugte. Seit diesem unglaublichen Wahnsinn bei den Cloisters vor ein paar Wochen hatten sie sich einige Male unterhalten, aber Morgan hatte den Zwischenfall nie erwähnt. Es war, als wäre es nie geschehen.

Aber Morgan hatte die ersten hundert Seiten des Romans gelesen. Er sagte, Peter habe nie etwas Besseres geschrieben. Das war alles, worauf es ankam. Das Buch war alles.

Kapitel 7 — Exposé
Ein verregneter Nachmittag in einer Hotelsuite in Washington. Der Senator sitzt vor einem Fenster und sieht zu, wie der Regen gegen die Scheiben patscht. Seine Gedanken schweifen dreißig Jahre in die Vergangenheit, in seine Collegezeit. Damals fand jenes Ereignis statt, das ihn drei Jahrzehnte später, als es ans Licht kam, aus dem Rennen um die Präsidentschaft warf. Es war die Indiskretion, mit der Hoovers Bote ihn konfrontiert hatte. Er konnte sich nicht erinnern, wie oder wann es geschehen war. Seine Gefühle waren ihm durchgegangen, waren wild und indiskret geworden. Aber da war es: seine jugendliche Unterschrift auf der Mitgliedskarte einer Organisation, die sich später als Teil des kommunistischen Apparates erwiesen hatte. Unschuldig natürlich; ohne Zweifel war das, was er getan hatte, zu verteidigen — eigentlich sogar lächerlich. Aber nicht, wenn es um die Präsidentschaft ging. Es reichte aus, ihn zu disqualifizieren. Das hätte es natürlich nicht, wenn seine augenblickliche politische Philosophie in Einklang mit der des Direktors des Federal Bureau of Investigation gewesen wäre.

Die Ankunft der Journalistin unterbricht den Gedankengang des Senators, die Kolumnistin, die Hoover ebenfalls zum Schweigen gebracht hat, und die jetzt Teil des Kerns ist. Der Senator steht auf und bietet ihr einen Drink an.

Die Frau erwidert, sie sei gar nicht hier, wenn sie akzeptieren könne. Sie erklärt, sie sei Alkoholikerin und habe seit fünf Jahren keinen Schluck mehr getrunken, sei aber vorher manchmal tagelang betrunken gewesen. Das war der Hebel, den Hoover bei ihr ansetzen konnte. Während einer dieser Perioden von Trunkenheit waren Fotografien gemacht worden.

»Am besten beschreibt man es als indezentes Verhalten mit verschiedenen, nicht besonders sympathischen Herrn. Aber ich kann mich wirklich nicht daran erinnern. Du lieber Gott, wie könnte ich auch?«

Hoover hat die Fotografien. Sie ist mit Erfolg zum Schweigen gebracht worden.

Das dritte Mitglied des Kerns trifft ein. Diese dritte Person ist das ehemalige Kabinettsmitglied, das im ersten Kapitel beschrieben wurde, und dessen Indiskretion in der Tatsache besteht, daß er homosexuell ist.

Er bringt eine erschreckende Nachricht. Hoover hat einen kurzzeitigen Pakt mit dem Weißen Haus geschlossen. Sämtliche namhaften Kandidaten der Opposition werden ausgeschaltet. Wo keine Fakten existieren, werden Unterstellungen unter dem Siegel des FBI eingesetzt. Der Name des Bureaus reicht aus, um bei Politikern Unheil anzurichten. Bis sich jemand verteidigen kann, ist der Schaden bereits angerichtet.

Die Opposition wird ihre schwächsten Kandidaten ins Feld schicken; die Wahl des gegenwärtigen Amtsinhabers ist gesichert. Der Vereinbarung liegt zugrunde, daß Hoover um nichts weniger gefährliche Waffen besitzt, die er gegen das Weiße Haus einsetzen kann. Im Wesen wird der Direktor bald sämtliche Angelpunkte und Hebel des Landes kontrollieren; er wird die wahre Macht ausüben.

»Er ist zu weit gegangen. Die Leichen türmen sich zu schnell auf. Man muß ihn entfernen, wie, ist mir gleichgültig. Selbst wenn das bedeutet, daß man ihn töten muß.«

Der Senator ist von den Worten des Kabinettmitgliedes erschüttert. Er weiß, was es bedeutet, Hoovers Messer zu fühlen, aber es gibt legitime Wege, ihn zu bekämpfen. Er entnimmt seiner Aktentasche Meredith' Bericht.

Man beschließt, an den Boten heranzutreten, den Mann, der mit Hoovers Privatarchiven arbeitet. Man wird keinen Aufwand scheuen, ihn zu gewinnen; sie brauchen die Archive.

»Zuerst die Archive. Wenn man sie so benutzen kann, wie Hoover sie benutzt, kann man sie auch umdrehen. Man kann sie auch zu einem guten Zweck einsetzen! Dann die Exekution. Es gibt keinen anderen Weg.« Das Kabinettsmitglied läßt sich von der einmal getroffenen Entscheidung nicht abbringen.

Der Senator ist nicht bereit, weiter zuzuhören; er weigert sich, diese Aussage zu akzeptieren. Er verläßt den Raum und erklärt, er werde eine Zusammenkunft mit Meredith arrangieren.

Peter hielt inne. Das war für den Anfang genug; er konnte mit der eigentlichen Arbeit beginnen.

Er griff nach seinem Bleistift und begann.

Er verlor jedes Gefühl für Zeit, verlor sich ganz in den sich immer höher stapelnden Blättern. Dann lehnte er sich auf der Couch zurück und blickte zum Fenster, leicht erstaunt, winzige Schneeflocken in der Luft zu sehen. Er mußte sich wieder daran erinnern, daß es schon Dezember war. Wo waren die Monate hingegangen?

Mrs. Alcott hatte ihm vor einer Stunde die Zeitung gebracht, und ihm war jetzt nach einer Pause zumute. Es war halb elf; er hatte seit dreiviertel fünf geschrieben. Er griff nach der Zeitung, die am Tischrand lag, und klappte sie auf.

Die Schlagzeilen waren die üblichen. Verhandlungen in Paris gelähmt — was immer das bedeutete. Menschen starben, was *das* bedeutete, wußte er.

Plötzlich starrte Peter eine Spalte in der rechten unteren Ecke der Titelseite an. Ein scharfer Schmerz zuckte durch seine Schläfen.

GENERAL BRUCE MACANDREW OFFENSICHTLICH OPFER EINES MORDES
Leiche in Waikiki an den Strand gespült.

Waikiki! O mein Gott! Hawaii!

Es war eine makabre Geschichte. MacAndrews Leiche trug zwei Einschüsse; die erste Kugel hatte seine Kehle durchschlagen, die zweite war unter dem linken Auge in seinen Schädel eingedrungen. Der Tod war sofort eingetreten, und zwar vor zehn bis zwölf Tagen.

Offenbar wußte niemand, daß der General in Hawaii gewesen war. Es gab keine Hotel- oder Flugreservierungen auf seinen Namen. Auch Befragungen der Militärbehörden der Insel lieferten keine Informationen; er hatte mit niemandem Verbindung aufgenommen.

Peter las weiter und erschrak erneut über eine Spaltenüberschrift weiter unten auf der Seite.

FRAU VOR FÜNF WOCHEN GESTORBEN

Die Information war sehr spärlich. Sie war einfach »nach einer langen Krankheit, die in den letzten Jahren ihre Aktivitäten stark beeinträchtigt hatte, gestorben«. Wenn der Reporter mehr wußte, hatte er das barmherzig unterdrückt.

Dann nahm der Bericht eine seltsame Wendung. Wenn der Reporter gegenüber Mrs. MacAndrew barmherzig gewesen war, war die Art und Weise, wie er MacAndrew behandelte, des Hoover-Romanes würdig.

Nach unseren Informationen geht die Polizei von Hawaii Gerüchten nach, wonach ein ehemaliger hochrangiger Offizier mit verbrecherischen Elementen in Verbindung stand, die von der malaiischen Halbinsel aus in Honolulu aktiv sind. Auf den Inseln von Hawaii sind viele pensionierte Militärs und ihre Familien ansässig. Ob diese Gerüchte in irgendeiner Beziehung zu dem Mordopfer stehen, ließ sich noch nicht mit Sicherheit feststellen.

Warum wurden sie dann erwähnt, dachte Peter verärgert und erinnerte sich an das klägliche Bild des Soldaten, der seine Frau im Arm gehalten hatte. Er blätterte um, um die Fortsetzung des Artikels zu finden. Es gab eine kurze Biografie, die sich mit den militärischen Einsätzen MacAndrews befaßte und in einem Hinweis auf den plötzlichen und unerwarteten Rücktritt des Generals und seinen Differenzen mit den Vereinigten Stabschefs gipfelte; dann folgten Spekulationen hinsichtlich der immensen Kosten, welche die Krankheit seiner Frau mutmaßlich verursacht hatte, und eine subtile Andeutung, daß der starrsinnige General außergewöhnlichem psychologischen Druck ausgesetzt gewesen war. Die Verbindung zwischen diesem ›Druck‹ und den an anderer Stelle erwähnten ›Gerüchten‹ wurde dem Leser förmlich aufoktroyiert.

Dann nahm der Artikel wieder eine andere Wendung und überraschte Peter aufs neue. Er hatte nicht gewußt, daß MacAndrew eine erwachsene Tochter hatte. Nach der Beschreibung in dem Artikel war sie eine sehr selbständige, höchst verärgerte Frau.

Als wir sie in ihrem New Yorker Apartment erreichten, reagierte die Tochter des Generals, Alison MacAndrew, 31, Werbezeichnerin für die Welton Green Agentur, einer Werbeagentur an der Third Avenue, sehr verärgert auf die Spekulationen hinsichtlich des Todes ihres Vaters. »Zuerst haben sie ihn aus der Armee vertrieben, und jetzt versuchen sie, seinen Ruf zu zerstören. Ich habe in den letzten zwölf Stunden einige Male mit den Behörden in Hawaii telefoniert. Sie haben den Schluß gezogen, daß mein Vater getötet wurde, als er den bewaffneten Angriff von Einbrechern abzuwehren versuchte. Seine Brieftasche, die Armbanduhr, sein Siegelring und Geld sind gestohlen worden.«

Danach befragt, weshalb es keine Aufzeichnungen bei den Fluglinien oder in den Hotels gäbe, erwiderte Miß MacAndrew: »Das ist nicht ungewöhnlich. Er und meine Mutter sind gewöhnlich unter fremdem Namen gereist. Wenn die Armeeleute in Hawaii gewußt hätten, daß er dort Ferien macht, hätte er keine ruhige Minute gehabt.«

Peter begriff, was sie damit sagte. Wenn MacAndrew mit seiner geistesgestörten Frau irgendwohin reiste, gebrauchte er natürlich einen falschen Namen, um sie zu schützen. Aber MacAndrews Frau war tot. Und Kastler wußte, daß der General nicht nach Hawaii gereist war, um dort Ferien zu machen. Er war dort hingereist, um einen Mann namens Longworth zu finden.

Longworth hatte ihn getötet.

Peter ließ die Zeitung aus der Hand fallen. Ekel überkam ihn, zum Teil Wut, zum Teil Schuldgefühl. Was hatte er getan? Was hatte er zugelassen? Ein anständiger Mann ermordet! Und wofür?

Für ein Buch.

In seinem messianischen Drang, seine eigene Schuld zu sühnen, hatte Longworth erneut getötet. *Erneut*. Denn er war ebenso sicher schuld an Rawlins Tod in den Cloisters, als wenn er selbst den Abzug der Waffe betätigt hätte, deren Kugel den Kongreßabgeordneten getötet hatte. Und jetzt, eine halbe Welt entfernt, gab es wieder einen Todesfall, wieder einen Mord.

Kastler erhob sich unsicher von der Couch, ging ziellos im Zimmer herum, jenem geschützten Zufluchtsort, wo ein Roman geschrieben wurde, wo Leben und Tod nur Produkte seiner Fantasie waren. Aber außerhalb jenes Raumes waren Leben und Tod Wirklichkeit. Und sie berührten ihn, weil sie ein Teil seines Romans waren; die Worte auf dem Papier waren den Motiven entsprungen, die andere Leben antrieben, die Morde ausgelöst hatten. *Wirkliche* Leben und der *wirkliche* Tod.

Was geschah? Ein Alptraum, realistischer und grotesker als alles, was er sich hätte erträumen können, spielte sich vor dem Hintergrund eines Romanes ab. Ein *Alptraum*.

Er blieb vor dem Telefon stehen, als hätte ihm jemand den Befehl erteilt, sich nicht zu rühren. Die Gedanken an MacAndrew beschworen das Bild eines silbernen Mark IV Continental herauf und das einer Maske von einem Gesicht hinter dem Steuer.

Plötzlich erinnerte Peter sich, was er vor Monaten hatte tun wollen, vor jenem Telefonanruf von Walter Rawlins, der in dem Wahnsinn von Fort Tryon gegipfelt hatte. Er war im Begriff gewesen, die Polizei von Rockville, Maryland, anzurufen! Das hatte er nie getan; er hatte jenen Anruf nie getätigt. Er hatte sich geschützt, indem er das Ganze vergessen hatte. Jetzt erinnerte er sich. Selbst an den Namen des Streifenbeamten erinnerte er sich. Er hieß Donally.

Er wählte die Auskunft und ließ sich die Vorwahl für Rockville geben. Dreißig Sekunden später sprach er mit einem Sergeanten namens Manero. Er schilderte den Zwischenfall auf der Landstraße, nannte das Datum und identifizierte Officer Donally.

Manero zögerte. »Sind Sie sicher, daß Sie mit Rockville sprechen wollen, Sir?«

»Natürlich bin ich das.«

»Welche Farbe hatte der Streifenwagen, Sir?«

»Farbe? Weiß ich nicht. Schwarz und weiß oder blau und weiß. Welchen Unterschied macht das denn?«

»In Rockville gibt es keinen Officer Donally, Sir. Unsere Fahrzeuge sind grün mit weißen Streifen.«

»Dann war er eben grün! Der Streifenbeamte hat gesagt, er heiße Donally. Er hat mich nach Washington gefahren.«

»Er hat Sie nach — einen Augenblick, Sir.«

Ein Klicken ertönte in der Leitung. Kastler starrte zum Fenster hinaus und betrachtete die vom Wind herumgewehten Schneeflocken und fragte sich, ob er im Begriff war, den Verstand zu verlieren. Dann war Manero wieder in der Leitung.

»Sir, ich habe jetzt die Aufzeichnungen für die Woche vom zehnten. Es gibt hier keinen Hinweis auf einen Unfall, in den ein Chevrolet und ein Lincoln Continental verwickelt waren.«

»Es war ein silberner Mark IV! Donally sagte mir, daß man ihn aufgehalten hatte! Eine Frau mit einer dunklen Sonnenbrille war mit einem Postwagen kollidiert.«

»Ich wiederhole, Sir. Es gibt keinen Officer Donally.«

»Verdammt noch mal, natürlich gibt es den!« Peter konnte nicht anders, er mußte schreien. Der Schweiß brach ihm aus; der bohrende Schmerz an seinen Schläfen verstärkte sich. Er erinnerte sich jetzt ganz deutlich. »Ich weiß es doch! Er sagte, sie sei eine Trinkerin! Polizeibekannt, das hat er gesagt. Sie war die Frau eines Lincoln-Mercury-Händlers in — in Pikesville!«

»Einen Augenblick!« Jetzt hob auch der Sergeant seine Stimme. »Soll das alles ein Witz sein? Meine Schwiegereltern wohnen in Pikesville. Es gibt dort keinen Lincoln-Händler. Wer, zum Teufel, könnte sich denn dort einen leisten? Und auf diesem Revier gibt es auch keinen Polizeibeamten namens Donally. Jetzt gehen Sie aus der Leitung. Sie behindern unsere Polizeiarbeit!«

Der Beamte legte auf. Kastler stand unbeweglich da und konnte die Worte nicht glauben, die er gehört hatte. Die versuchten, ihm einzureden, daß er sich das Ganze nur eingebildet hatte!

Die Wagenvermietung am Dulles Airport! Er hatte vom Hay-Adams aus telefoniert und mit dem Stationsleiter gesprochen. Der

Mann hatte ihm versichert, daß alles erledigt würde: die Agentur würde ihm einfach eine Rechnung schicken. Er wählte.

»Ja, natürlich, ich erinnere mich an unser Gespräch, Mr. Kastler. Ihr letztes Buch hat mir sehr viel Freude ...«

»Haben Sie den Wagen zurückbekommen?«

»Ja, natürlich.«

»Dann mußte jemand mit einem Abschleppwagen nach Rockville fahren. Hat der einen Polizeibeamten namens Donally gesehen? Können Sie das für mich in Erfahrung bringen?«

»Das wird nicht nötig sein. Am nächsten Morgen stand der Wagen auf unserem Parkplatz. Sie sagten, Ihrer Meinung nach würde er beschädigt sein, aber das war nicht der Fall. Ich erinnere mich noch genau, wie der Mann aus der Werkstatt sagte, das sei einer der saubersten Wagen gewesen, die wir je zurückbekommen hätten.«

Peter gab sich Mühe, Gleichmut zu bewahren. »Mußte derjenige, der den Wagen zurückbrachte, etwas unterschreiben?«

»Ja, natürlich.«

»Wer war das?«

»Wenn Sie einen Augenblick warten, kann ich das feststellen.«

»Ich warte.« Peter umkrampfte den Telefonhörer mit aller Kraft; seine Unterarmmuskeln schmerzten. Draußen fielen die Schneeflocken.

»Mr. Kastler?«

»Ja?«

»Ich fürchte, da ist ein Fehler gemacht worden. Nach dem, was unser Parkplatzverwalter sagt, haben Sie auf der Rechnung unterschrieben. Das muß offensichtlich ein Mißverständnis gewesen sein. Weil der Wagen an Sie vermietet war, dachte der Mann, der ihn zurückbrachte, wahrscheinlich ...«

»Das war kein Fehler«, unterbrach Peter leise.

»Wie bitte?«

»Danke«, sagte er und legte den Hörer auf die Gabel.

Plötzlich war es klar. Alles. Die schreckliche Maske von einem Gesicht. Der silberne Continental. Ein sauberer, reparierter Chevrolet auf einem Parkplatz in Washington. Ein fleckenloser Mercedes vor seiner New Yorker Wohnung. Ein Zettel an der Tür.

Es war Longworth. Immer Longworth. Das groteske, gepuderte Gesicht, das lange, dunkle Haar, die schwarze Brille ... und die Erinnerung an eine schreckliche Nacht des Todes vor einem Jahr in einem Sturm. Longworth hatte seine Recherchen gründlich gemacht; er versuchte, ihn in den Wahnsinn zu treiben. Aber *warum*?

Kastler ging zur Couch zurück; er mußte sich setzen und abwarten, bis das Bohren in seinen Schläfen aufhörte. Sein Blick fiel auf die Zeitung, und er wußte, was er tun mußte.

Alison MacAndrew.

16

Er fand ihren Namen in dem New Yorker Telefonbuch, das er in Pennsylvania aufbewahrte, aber die Nummer war abgemeldet worden. Was besagen wollte, daß man ihr eine neue, nicht im Telefonbuch verzeichnete Nummer zugeteilt hatte.

Er rief die Welton-Green-Agentur an; eine Sekretärin erklärte ihm, daß Miß MacAndrew einige Tage abwesend sein würde. Sie gab keine nähere Erklärung ab, und er fragte nicht danach.

Aber immerhin hatte er die Adresse. Es war ein Apartmenthaus an der Vierundfünfzigsten Straße Ost. Er kannte es; es lag am Fluß. Er hatte keine andere Wahl. Er mußte diese Frau sehen und mit ihr sprechen.

Er warf ein paar Kleider in den Mercedes, steckte sein Manuskript in eine Aktentasche, und fuhr in die Stadt.

Sie öffnete die Tür; ihre großen, braunen Augen vermittelten gleichzeitig den Eindruck von Intelligenz und Wißbegierde. Wißbegierde, in die sich vielleicht Ärger mischte, trotz der Trauer, die aus ihrem Gesicht sprach. Sie war groß und anscheinend ähnlich reserviert wie ihr Vater, aber ihre Gesichtszüge waren die ihrer Mutter. Zerbrechlich, fein geschnitten, elegant, hochmütig. Ihr hellbraunes Haar war unauffällig geschnitten. Sie trug beigefarbene Hosen und eine gelbe, am Hals offene Bluse. Sie hatte dunkle Ringe um die Augen, sichtbare Zeichen ihrer Trauer, aber nicht einer Trauer, die zur Schau gestellt wurde.

»Mr. Kastler?« fragte sie direkt, ohne ihm die Hand anzubieten.

»Ja«, nickte er. »Danke, daß Sie mich empfangen.«

»Sie klangen am Haustelefon sehr überzeugend. Bitte, treten Sie ein.«

Er betrat die kleine Wohnung. Das Wohnzimmer war modern und zweckmäßig, mit klaren, scharfen Linien, geprägt von Glas und Chrom. Es wirkte wie von einem Innenarchitekten gestaltet, eisig und kühl, und doch irgendwie durch die Anwesenheit der

Besitzerin bequem gemacht. Abgesehen von ihrer direkten Art ging von Alison MacAndrew eine Wärme aus, die sie nicht unterdrücken konnte. Sie deutete auf einen Sessel; er setzte sich. Sie nahm im gegenüber auf der Couch Platz.

»Ich würde Ihnen einen Drink anbieten, aber ich bin nicht sicher, ob ich möchte, daß Sie so lange bleiben.«

»Ich verstehe.«

»Trotzdem bin ich beeindruckt. Wahrscheinlich sogar etwas von Ehrfurcht erfüllt.«

»Du lieber Gott, warum?«

»Ich habe Ihre Bücher durch meinen Vater vor einigen Jahren ›entdeckt‹. Sie sehen in mir eine Ihrer Verehrerinnen, Mr. Kastler.«

»Um meines Verlegers willen wünsche ich mir, daß es noch zwei oder drei wie Sie gibt. Aber das ist nicht wichtig. Das ist nicht der Grund meines Hierseins.«

»Mein Vater war auch einer«, sagte Alison. »Er hatte Ihre drei Bücher; er hat mir gesagt, Sie seien sehr gut. Er hat *Gegenschlag!* zweimal gelesen. Er sagte, es sei erschreckend und höchst wahrscheinlich wahr.«

Peter war verblüfft. Der General hatte ihm dieses Gefühl nicht vermittelt. Keine Bewunderung, die über vages — sehr vages — Erkennen hinausging. »Das wußte ich nicht. Er hat nichts davon gesagt.«

»Er neigte nicht zu Schmeichelei.«

»Wir sprachen über andere Dinge. Dinge, die ihm viel wichtiger waren.«

»Das haben Sie am Telefon auch gesagt. Ein Mann hat Ihnen seinen Namen genannt und angedeutet, man habe meinen Vater gezwungen, aus der Armee auszuscheiden. Warum? Wie? Ich glaube, daß das lächerlich ist. Nicht, daß es nicht viele gegeben hätte, die wollten, daß er abtrat, aber sie konnten ihn nicht zwingen.«

»Was ist mit Ihrer Mutter?«

»Was wollen Sie wissen?«

»Sie war krank.«

»Ja, sie war krank«, nickte die junge Frau.

»Die Armee wollte, daß Ihr Vater sie wegschickte. Dazu war er nicht bereit.«

»Das war seine Entscheidung. Es ist müßig zu fragen, ob sie bessere Pflege erfahren hätte, wenn er das getan hätte. Er hat sich, weiß Gott, den Weg ausgewählt, der für ihn der schwerste war. Er hat sie geliebt, das war es, worauf es ankam.«

Kastler beobachtete sie scharf. Die harte Patina, die abgehackten, präzisen Worte waren nur ein Teil ihrer Fassade. Darunter, das spürte er, lag ein weicher Kern, war sie verletzbar, und sie gab sich große Mühe, das zu verbergen. Er konnte nicht anders; er mußte sich vortasten, das ergründen. »Sie klingen, als hätten Sie das nicht. Sie geliebt, meine ich.«

In ihren Augen blitzte kurz Ärger auf. »Meine Mutter wurde ... krank, als ich sechs Jahre alt war. Ich habe sie eigentlich nie gekannt. Ich habe die Frau nie gekannt die mein Vater geheiratet hat, die, an die er sich so lebhaft erinnerte. Erklärt Ihnen das etwas?«

Peter blieb einen Augenblick stumm. »Es tut mir leid. Ich habe mich sehr dumm benommen. Natürlich erklärt es das.«

»Nicht sehr dumm. Ein Schriftsteller sind Sie. Ich habe fast drei Jahre mit einem Schriftsteller zusammengelebt. Sie spielen mit Leuten. Sie können einfach nicht anders.«

»Das will ich aber nicht«, widersprach er.

»Ich habe gesagt, Sie können nicht anders.«

»Kenne ich Ihren Freund?«

»Kann schon sein. Er schreibt für das Fernsehen; er lebt jetzt in Kalifornien.« Sie nannte keinen Namen. Statt dessen griff sie nach einem Päckchen Zigaretten und einem Feuerzeug, das neben ihr auf einem Tischchen lag. »Warum glauben Sie, daß man meinen Vater aus dem Militärdienst gedrängt hat?«

Kastler war verwirrt. »Das habe ich doch gerade gesagt. Ihre Mutter.«

Sie legte das Feuerzeug auf den Tisch zurück, und ihre Augen hielten die seinen fest. »Was?«

»Die Armee wollte, daß er sie wegschickte. In eine Anstalt. Das hat er abgelehnt.«

»Und Sie glauben, daß das der Grund war?«

»Ja, das glaube ich.«

»Dann haben Sie unrecht. Wie Sie sicher inzwischen festgestellt haben, haben mir viele Dinge an der Armee mißfallen, aber ihre Einstellung gegenüber meiner Mutter gehört nicht dazu. Mehr als zwanzig Jahre waren die Männer in der Umgebung meines Vaters sehr mitfühlend, die über ihm und die unter ihm. Sie halfen ihm, wann immer sich dazu Gelegenheit bot. Jetzt sind Sie überrascht.«

Das stimmte. Der General hatte das ausgesprochen. *Jetzt wissen Sie, worin diese schädliche Information besteht ... Die Ärzte sagten, man müßte sie wegschicken ... Das wollte ich nicht tun.* Das waren seine Worte gewesen. »Ja, das bin ich wohl.« Er beugte sich vor. »Warum hat Ihr Vater dann seinen Abschied genommen? Wissen Sie das?«

Sie inhalierte den Rauch ihrer Zigarette. Ihre Augen schweiften durch das Zimmer, sahen Dinge, die Peter nicht sehen konnte. »Er sagte, er sei erledigt, nichts habe mehr Bedeutung für ihn. Als er mir das sagte, wurde mir klar, daß etwas in ihm aufgegeben hatte. Ich glaube, ich wußte schon damals, daß es um das übrige auch bald geschehen sein würde. Nicht so, wie es dann kam, natürlich, aber irgendwie. Und selbst das. Bei einem Überfall erschossen — ich habe darüber nachgedacht. Es paßt so gut. Ein letzter Protest. Sich am Ende etwas zu beweisen.«

»Was meinen Sie damit?«

Alisons Blick wanderte zu ihm zurück. »Um es so einfach wie möglich auszudrücken — mein Vater verlor den Willen, weiterzukämpfen. In jenem Augenblick, in dem er mir gegenüber diese Worte gebrauchte, war er der traurigste Mann, den ich je gesehen habe.«

Peter gab nicht gleich Antwort. Was er gehört hatte, beunruhigte ihn. »Sind das die Worte, die er gebrauchte? ›Nichts hätte mehr Bedeutung für ihn?‹«

»Im Wesen ja. Er war das alles leid. Die Intrigen im Pentagon können sehr grausam sein. Sie hören nie auf. Es geht immer um Waffen, Waffen und noch mehr Waffen. Mein Vater sagte immer, daß sei alles sehr verständlich. Die Männer, die heute an der Spitze der Armee stehen, waren einmal junge Offiziere in einem Krieg, der wirklich etwas zu bedeuten hatte, und der von Waffen gewonnen wurde. Wenn wir jenen Krieg verloren hätten, wäre da nichts gewesen.«

»Wenn Sie sagen, ein Krieg, ›der wirklich etwas zu bedeuten hatte‹, soll das heißen . . .?«

»Das soll heißen, Mr. Kastler«, unterbrach die junge Frau, »daß mein Vater sich fünf Jahre lang unserer Politik in Südostasien widersetzt hat. Er kämpfte dagegen an, wann immer er Gelegenheit dazu hatte. Es war eine sehr einsame Position. Ich glaube, das Wort, das man dafür gebraucht, heißt *Paria.*«

»Du lieber Gott . . .« Peters Gedanken wanderten unwillkürlich zu dem Hoover-Roman zurück. Zu dem Prolog. Der General, den er erfunden hatte, war der Paria, den Alison MacAndrew gerade beschrieben hatte.

»Mein Vater hatte keine politischen Interessen; seine Meinung hatte nichts mit Politik zu tun. Das war eine rein militärische Überlegung. Er wußte, daß man den Krieg nicht auf konventionelle Weise gewinnen konnte, und unkonventionelle Waffen einzusetzen, war für ihn undenkbar. Wir konnten ihn nicht gewinnen, weil es bei denen, die wir unterstützten, keinen wirklichen Einsatz, keine Überzeugung gab. Aus Saigon kamen mehr Lügen, als in sämtlichen Kriegsgerichtsverfahren der ganzen Militärgeschichte gebraucht wurden — das sagte er. Er sah in dem Ganzen eine ungeheure Verschwendung menschlichen Lebens.«

Kastler lehnte sich auf der Couch zurück. Er mußte Klarheit in seine Gedanken bekommen. Er hörte hier Worte, die er geschrieben hatte. Einen Roman. »Ich wußte, daß der General gegen gewisse Aspekte dieses Krieges war. Aber ich dachte nie, daß er sich auch mit der Korruption und den Lügen auseinandergesetzt hat.«

»Das war das Wesentliche, womit er sich auseinandersetzte. Und er war darin sehr heftig. Er war dabei, Hunderte widersprüchlicher Berichte zu katalogisieren, logistische Falschdarstellungen, Kopfzählungen. Einmal sagte er mir, wenn die Kopfzählungen nur zu fünfzig Prozent richtig waren, hätten wir den Krieg 1968 gewonnen.«

»Was haben Sie gesagt?« fragte Peter ungläubig. Das waren die Worte, die *er* gebraucht hatte.

»Was ist denn?« fragte Alison.

»Nichts. Bitte, fahren Sie fort.«

»Es gibt nicht mehr viel zu sagen. Er wurde von Konferenzen ausgeschlossen, von denen er wußte, daß er an ihnen eigentlich hätte teilnehmen sollen, wurde bei Sitzungen ignoriert. Je mehr er kämpfte, desto mehr geriet er in Ungnade. Schließlich erkannte er, daß alles vergebens war.«

»Was ist mit den Berichten, die er katalogisierte? Die Lügen, die aus Saigon kamen?«

Alison wandte den Blick ab. »Die waren das letzte, worüber wir sprachen«, sagte sie mit leiser Stimme. »Ich fürchte, das war nicht gerade meine beste Stunde. Ich war verärgert. Ich habe ihn beschimpft und bedauere das jetzt zutiefst. Ich erkannte nicht, wie niedergeschlagen er war.«

»Was war mit den Berichten?«

Alison hob den Kopf und sah ihn an. »Ich glaube, für ihn sind diese Berichte zu einem Symbol geworden. Sie repräsentierten Monate, vielleicht Jahre weiterer Agonie, in denen er sich gegen Männer wandte, mit denen er gemeinsam gedient hatte. Er war einfach nicht mehr dazu imstande. Er konnte es nicht ertragen. Also gab er auf.«

Wieder lehnte Peter sich vor. Seine Stimme klang jetzt hart, ganz bewußt. »Das klingt aber gar nicht wie der Berufssoldat, mit dem ich sprach.«

»Ich weiß, daß es das nicht tut. Deshalb habe ich ihn ja angeschrien. Sehen Sie, ich konnte mich mit ihm auseinandersetzen, im guten Sinn mit ihm streiten. Wir waren mehr als Vater und Tochter. Wir waren Freunde. Auf gewisse Weise Gleichberechtigte. Ich mußte schnell heranwachsen; er hatte sonst niemanden, mit dem er reden konnte.«

Der Augenblick lastete schwer auf ihnen. Kastler ließ ihn verstreichen. »Vor ein paar Minuten haben Sie gesagt, ich habe unrecht. Jetzt bin ich an der Reihe. Ein Rücktritt war für Ihren Vater doch das letzte, was er tun wollte. Und er ist auch nicht nach Hawaii geflogen, um dort Ferien zu machen. Er ist hingegangen, um den Mann zu finden, der ihn aus der Armee vertrieben hat?«

»Was?«

»Ihrem Vater ist vor Jahren etwas zugestoßen. Etwas, von dem er nicht wollte, daß irgend jemand es erfuhr. Dieser Mann fand das heraus und bedrohte ihn. Ich konnte Ihren Vater sehr gut leiden. Ich hatte dieselbe Meinung wie er und ich fühle mich schrecklich schuldig. Ich meine das ganz ehrlich und kann es nicht anders ausdrücken. Und ich möchte Ihnen davon erzählen.«

Alison MacAndrew saß reglos da, die großen Augen auf ihn gerichtet. »Hätten Sie jetzt gern diesen Drink?« fragte sie.

Er berichtete ihr, erzählte ihr alles, woran er sich erinnern konnte. Von dem blondhaarigen Fremden am Strand von Malibu bis zu dem erstaunlichen Telefongespräch, das er am Morgen mit der Polizei von Rockville geführt hatte. Nur den Mord in Fort Tryon ließ er aus; wenn es eine Verbindung gab, so wollte er sie nicht damit belasten.

Indem er alles erzählte, kam er sich billig vor; ein Romanschreiber auf der Suche nach einer großen Verschwörung. Er wäre nicht überrascht gewesen, hätte sie Empörung gezeigt, ihn dafür verurteilt, daß er das Werkzeug war, das zum Tod ihres Vaters geführt hatte. In einem sehr realen Sinn wollte er ihr Urteil, so tief war die Schuld, die er empfand.

Statt dessen schien sie die Tiefe seines Gefühls zu verstehen. Sie gab sich große Mühe, seine Schuld zu lindern, sagte ihm, wenn alles das stimmte, was er ihr erzählt hatte, dann wäre er kein Schurke, sondern ein Opfer. Aber unabhängig von allem, was *er* glaubte, *sie* würde die Theorie nicht akzeptieren, daß es in der

Vergangenheit ihres Vaters irgendeine Episode gab, die so schwer auf ihm lastete, daß eine Drohung, dieses Geheimnis zu offenbaren, ihn zum Rücktritt zwingen konnte.

»Mir leuchtet das nicht ein. Wenn es wirklich so etwas gäbe, hätte man das schon vor Jahren gegen ihn einsetzen können.«

Kastler erinnerte sich an seinen Prolog und hatte beinahe Angst, die Frage zu stellen: »Was ist mit seinem Bericht über die Korruption in Saigon?«

»Was soll damit sein?«

»Ist es nicht möglich, daß die versucht haben, ihn aufzuhalten?«

»Ich bin sogar sicher, daß sie das getan haben. Aber es war nicht das erste Mal, daß er so etwas tat. Seine Berichte, die er von draußen hereinschickte, waren immer sehr kritisch. Er liebte die Armee, er wollte, daß sie sich immer wieder selbst übertraf. Er hätte das nie veröffentlicht, wenn es das ist, worauf Sie hinauswollen.«

»Ja, das ist es.«

»Nie. Das würde er nie tun.«

Peter verstand nicht und drängte auch nicht nach einer Erklärung, aber die offensichtliche Frage mußte er stellen. »Warum ist er nach Hawaii gegangen?«

Sie sah ihn an. »Ich weiß, was Sie glauben, und kann Sie nicht widerlegen. Aber ich weiß, was er mir gesagt hat. Er hat gesagt, er wolle weit weg, eine lange Reise machen. Es gab nichts, das ihn daran hätte hindern können. Mutter lebte ja nicht mehr.«

Das war keine Antwort; die Frage blieb in der Luft hängen. Also redeten sie weiter. Stundenlang, wie es schien. Schließlich sagte sie es. Die Leiche ihres Vaters würde am nächsten Tag in New York eintreffen; eine Linienmaschine würde sie aus Hawaii dorthin bringen. Am Kennedy Airport würde eine Militäreskorte den Sarg übernehmen, ihn in eine Militärmaschine verladen und nach Virginia schaffen. Das Begräbnis sollte am Tag darauf in Arlington stattfinden. Sie war nicht sicher, daß sie der Qual gewachsen sein würde.

»Wird jemand mit Ihnen kommen?«

»Nein.«

»Erlauben Sie mir, mitzukommen?«

»Es gibt keinen Grund ...«

»Ich denke doch«, sagte Peter mit fester Stimme.

Sie standen zusammen auf dem riesigen Betonfeld, das normalerweise zum Verladen von Fracht diente. Zwei Armee-Offiziere standen einige Meter links von ihnen in Hab-Acht-Stellung. Der Wind war kräftig und wirbelte Papierfetzen und Blätter von den Bäumen in der Ferne auf und ließ sie durch die Luft kreisen. Die riesige DC 10 kam zum Stillstand. Kurz darauf schob sich eine riesige Rumpfplatte zur Seite, ein elektrischer Lastkarren näherte sich und baute sich darunter auf. Sekunden später wurde der Sarg abgesenkt.

Alisons Gesicht war plötzlich aschfahl, ihr ganzer Körper wie erstarrt. Das Zittern begann an ihren Lippen, erreichte ihre Hände, ihre braunen Augen blickten starr, Tränen begannen ihr über die Wangen zu rollen. Peter legte ihr den Arm um die Schultern.

Sie hielt sich, so lange sie konnte, aufrecht — viel länger und in viel mehr Schmerz, als vernünftig war. Kastler konnte die Krämpfe spüren, die durch ihre Arme zuckten; er hielt sie fest. Schließlich ertrug sie es. Sie drehte sich um und stürzte gegen ihn, verbarg ihren Kopf an seinem Mantel, schluchzte.

»Es tut mir leid . . . es tut mir wirklich leid«, flüsterte sie. »Ich habe mir selbst versprochen, daß es nicht dazu kommen würde.«

Er hielt sie an sich gedrückt und sagte mit leiser Stimme. »He, kommen Sie schon. Das ist doch erlaubt.«

17

Peter hatte seine Entscheidung getroffen, aber sie sorgte dafür, daß er sie änderte. Er war im Begriff gewesen, das Buch aufzugeben; man hatte ihn manipuliert. Der Tod von MacAndrew war für ihn das Symbol des Preises jener Manipulation gewesen. Er hatte das gegenüber Alison angedeutet.

»Nehmen wir an, Sie hätten recht«, hatte sie zu ihm gesagt. »Ich glaube nicht, daß es so ist, aber nehmen wir es einmal an. Ist das nicht ein Grund mehr, weiterzumachen?«

Das war es.

Er saß auf der anderen Seite des Mittelganges in der Maschine der Air Force. Sie wollte allein sein; er spürte das, verstand. Unter ihnen, im Laderaum der Maschine, befand sich die Leiche ihres Vaters. Sie hatte viel nachzudenken, und er konnte ihr nicht helfen. Alison war ein sehr verschlossener Mensch, auch das verstand er.

Und sie war auch unberechenbar. Das hatte er erfahren, als er sie am Nachmittag mit dem Taxi abgeholt hatte. Er hatte ihr gesagt, daß er im Hay-Adams in Washington angerufen und dort Zimmer für sie bestellt hätte.

»Seien Sie doch nicht albern. In dem Haus in Rockville ist genügend Platz. Wir werden dort bleiben. Ich finde, das sollten wir.«

Warum sollten sie das? Er ging nicht weiter auf die Frage ein.

Kastler klappte seinen Aktenkoffer auf und entnahm ihm den ledergebundenen Schreibblock, der ihn überall auf seinen Reisen begleitete. Er war ein Geschenk von Joshua Harris gewesen, zwei Jahre war das jetzt her. In der Innentasche der Lederhülle steckte eine Reihe gespitzter Bleistifte. Er zog einen heraus und schrieb auf den Block: *Kapitel 8 — Exposé.*

Ehe er anfing, dachte er noch einmal über Alisons Bemerkung am vergangenen Abend nach.

... angenommen, es wäre so. Ist das nicht ein Grund mehr, weiterzumachen?

Er sah die Worte, die er gerade geschrieben hatte: *Kapitel 8 — Exposé*. Beunruhigend, wie sich das traf. Dies war das Kapitel, in dem Meredith wegen eines schrecklichen Geheimnisses, das auf ihm selbst lastet, fast zum Wahnsinn getrieben wird.

Alex verläßt sein Büro im Federal Bureau of Investigation früher als gewöhnlich. Er weiß, daß man ihn beschattet, und versucht daher, in der Menge unterzutauchen, indem er in schmale Gassen und kurze Straßen geht, durch ein paar Gebäude, die er durch den einen Eingang betritt und durch einen anderen wieder verläßt. Er springt auf einen Bus, der ihn bis auf eine Straße zu dem Apartmentgebäude bringt, wo der stellvertretende Staatsanwalt wohnt. Sie haben ein Zusammentreffen vereinbart.

Am Eingang des Apartmentgebäudes gibt ihm der Portier einen Zettel von dem stellvertretenden Staatsanwalt. Er will Alex nicht empfangen. Er will nichts mehr mit ihm zu tun haben. Wenn Meredith nicht aufhört, würde er sich gezwungen sehen, sein seltsames Verhalten anderen zu melden. Nach seiner Ansicht ist Alex aus dem Gleichgewicht geraten, fühlt sich wegen eingebildeter Beleidigungen verfolgt.

Meredith ist verblüfft, der Anwalt in ihm wütend. Da gibt es doch Beweise. Der Staatsanwalt ist also ebenfalls unter Druck gesetzt worden, so wie vor ihm viel andere. Hoovers Macht ist es gelungen, jeden einzelnen Zug von Meredith zu blockieren. Die brutale Macht des FBI reicht überallhin.

Vor dem Apartmentgebäude sieht er den Wagen des Bureau, der seine Spur aufgenommen hat. Er sieht einen Fahrer und einen Mann neben ihm; sie starren Alex stumm an. Dies ist ein Teil der Strategie der Angst, die in einem Menschen dann immer stärker wird, wenn er weiß, daß man ihn beobachtet, besonders nachts. Das paßt zu Hoovers Methoden.

Meredith nimmt sich ein Taxi zu der Garage, wo sein Wagen abgestellt ist. Wir sehen ihn den Memorial Parkway hinunterrasen, aus dem Verkehr immer wieder ausscheren und erneut in ihn eintauchen, stets den FBI-Wagen hinter sich wissend.

Dann wechselt er impulsiv die Richtung, verläßt den Highway an einer ihm unbekannten Ausfahrt in Richtung Virginia. Der Ehemann und Vater in ihm rebelliert. Er wird seine Verfolger nicht wieder zu seinem Haus zurückführen, zu seiner Frau und seinen Kindern. Seine Angst schlägt in Wut um.

Es kommt zu einer Jagd über Landstraßen. Die Geschwindigkeit, die vorbeirasende Landschaft und die kreischenden Reifen jedesmal, wenn sie um eine Kurve biegen, sie alle tragen zu Alex wachsender Panik bei. Er ist ganz allein, befindet sich gleichsam in einem Labyrinth, wird gejagt, kämpft ums Überleben. Wir erkennen, daß die wilde Jagd ihm zusetzt. Sein Gefühl, jegliche Orientierung verloren zu haben, verstärkt sich. Meredith beginnt zu zerbrechen.

In der immer dichter werdenden Dunkelheit berechnet Alex eine plötzlich vor ihm auftauchende Kurve falsch. Er tritt auf die Bremsen, der Wagen bricht aus, verläßt die Straße und durchbricht einen Zaun, rollt ins Feld.

Verletzt, an der Stirn vom Aufprall an der Windschutzscheibe blutend, steigt Meredith aus dem Wagen. Er sieht das FBI-Fahrzeug auf der Straße. Er rennt schreiend auf den Wagen zu. Sein Gemütszustand verlangt nach Gewalt, nach körperlicher Auseinandersetzung.

Doch er bekommt sie nicht so, wie er sie sich wünscht. Statt dessen steigen die beiden FBI-Leute aus dem Wagen und überwältigen ihn schnell. Sie durchsuchen ihn nach Waffen, erwecken den Anschein berufsmäßigen Vorgehens.

Der Fahrer sagt mit kühler Stimme: »Treiben Sie es nicht zu weit, Meredith. Wir haben für Leute wie Sie nicht viel übrig. Männer, die eine Uniform anziehen und für die andere Seite arbeiten.«

Alex bricht zusammen. Das ist das Geheimnis, das in seiner Vergangenheit vergraben liegt. Vor Jahren, im Korea-Krieg, war

Meredith als junger, knapp zwanzigjähriger Leutnant gefangengenommen und von der Gegenseite zerbrochen worden. Er war nicht allein; damals gab es Hunderte wie ihn. Männer, die von physischen und psychologischen Foltern in den Wahnsinn getrieben worden waren. Die Armee verstand das; die Genfer Konventionen waren verletzt worden. Man hatte den zerbrochenen Männern damals zugesichert, man würde alle Aufzeichnungen, die auf ihren Alptraum hindeuteten, vernichten. Sie hatten ihren Militärdienst in Ehren geleistet; sie waren mit Dingen konfrontiert worden, auf welche die Armee sie nie vorbereitet hatte. Jeder konnte sein Leben weiterleben, ohne mit Strafe rechnen zu müssen.

Jetzt erkennt Alex, daß dieser dunkelste Augenblick seines Lebens Männern bekannt ist, die bereit sind, dieses Wissen gegen ihn zu benutzen. Dieses Wissen auf brutale Art gegen ihn, ja sogar gegen seine Frau und seine Kinder zu benutzen.

Die FBI-Agenten lassen ihn frei. Er trottet im Zwielicht die Landstraße hinunter.

Peter klappte seinen Block zu und sah zu Alison hinüber. Sie starrte gerade vor sich hin, ihre Augen waren geweitet und starr. Die aus zwei Mann bestehende Militäreskorte saß vorn in der Maschine, fern dem privaten Leid.

Sie spürte, daß er sie ansah, und drehte sich halb zu ihm hinüber, zwang sich zu einem Lächeln. »Arbeiten Sie?«

»Ja. Aber jetzt nicht mehr.«

»Das freut mich. Jetzt fühle ich mich besser. Nicht, als hätte ich sie unterbrochen.«

»Das ist doch wirklich nicht der Fall. Sie haben mich doch dazu gebracht, daß ich weitermache, erinnern Sie sich nicht?«

»Wir werden bald dort sein«, sagte sie mechanisch.

»Höchstens noch zehn oder fünfzehn Minuten, denke ich.«

»Ja.« Sie vertiefte sich wieder in ihre Gedanken, blickte zum Fenster hinaus auf den strahlend blauen Himmel draußen.

Die Maschine begann ihren Anflug auf Andrews Field.

Sie rollten aus, verließen die Maschine und wurden aufgefordert, in der Offiziershalle im Terminal 6 zu warten.

Der einzige Anwesende in der Halle war ein junger Militärkaplan, dem man offenbar befohlen hatte, sie zu erwarten. Er war erleichtert und gleichzeitig irgendwie verblüfft, daß seine Gegenwart überflüssig schien.

»Es ist sehr freundlich von Ihnen, daß Sie hier sind«, sagte

Alison, »aber mein Vater ist vor einigen Tagen gestorben. Der Schock hat sich schon gelegt.«

Der Priester schüttelte ihr würdevoll die Hand und ging. Alison wandte sich Peter zu. »Sie haben den Gottesdienst für morgen früh zehn Uhr in Arlington angesetzt. Ich habe das Minimum an Zeremoniell verlangt; nur ein Offizierszug im Friedhofsgelände. Es ist fast sechs. Was meinen Sie, gehen wir irgendwo Abendessen und fahren dann zum Haus?«

»Sehr gut. Soll ich einen Wagen mieten?«

»Nicht nötig. Die stellen uns einen.«

»Das bedeutet aber einen Fahrer, nicht wahr?«

»Ja.« Wieder runzelte Alison die Stirn. »Sie haben recht. Das kompliziert die Dinge. Haben Sie Ihren Führerschein mit?«

»Natürlich.«

»Lassen Sie den Wagen auf Ihren Namen eintragen. Macht Ihnen das etwas aus?«

»Überhaupt nicht.«

»Ohne einen Dritten ist es einfacher«, sagte sie. »Militärfahrer sind die typischen Kundschafter für ihre vorgesetzten Offiziere. Selbst wenn wir ihn nicht aufforderten, ins Haus zu kommen, bin ich sicher, daß er Anweisung hat, auf dem Grundstück zu bleiben, bis jemand ihn ablöst.«

Das konnte Verschiedenes bedeuten. »Was meinen Sie?« fragte er.

Alison sah seine Vorsicht. »Wenn meinem Vater vor Jahren etwas widerfuhr, das ihm so schrecklich schien, daß es sein Leben verändern konnte, dann ist es durchaus möglich, daß es in dem Haus in Rockville irgendeinen Hinweis darauf gibt, was das war. Er hat sich Andenken von seinen verschiedenen Einsatzorten aufgehoben. Fotografieren, Dienstlisten, Dinge, die ihm wichtig waren. Ich denke, wir sollten sie uns alle gründlich ansehen.«

»Ich verstehe. Das machen besser zwei als drei«, fügte Peter hinzu, der seltsam erleichtert war, daß Alison das gemeint hatte. »Vielleicht machen Sie das lieber allein. Ich kann Notizen für Sie machen.«

Sie sah ihm in die Augen und musterte ihn auf jene seltsame, unverbindliche Art, die ihn so an ihren Vater erinnerte. Aber in ihrer Stimme lag Wärme. »Sie sind sehr aufmerksam. Ich bewundere das an Ihnen. Ich bin es nicht. Ich wollte, ich wäre es, aber ich glaube, so etwas kann man nicht erzwingen.«

»Ich hab' eine Idee«, sagte er. »Ich besitze ein Talent, das uns hier nützlich sein kann. Ich kann verdammt gut kochen. Sie sind darauf erpicht, schnell nach Rockville zu kommen. Ich auch. Warum halten wir nicht unterwegs an einem Supermarkt an, und ich kaufe ein paar Dinge? Steaks und Kartoffeln und Scotch, zum Beispiel.«

Sie lächelte. »Das würde uns eine Menge Zeit sparen.«

»Geht klar.«

Sie nahmen die östlichen Straßen, die ins Hügelland von Maryland führten, und machten an einem Laden in Randolph Hills Station, um Lebensmittel und Whisky zu kaufen.

Es begann bereits dunkel zu werden. Die Dezembersonne war hinter den Hügeln versunken, über die Windschutzscheibe des Militärwagens tanzten in die Länge gezogene Schatten und erzeugten seltsame Gebilde, die schnell kamen und gingen. Als er von der Hauptstraße abbog und den Wagen in die gewundene Seitenstraße lenkte, die zum Haus des Generals führte, erreichte er den flachen Streifen Farmland, und sah die Umrisse des Stacheldrahtzaunes und das Feld dahinter, dort hatte vor drei Monaten beinahe sein Leben verloren.

Die Straße beschrieb einen scharfen Bogen. Er ließ den Fuß auf dem Gaspedal, hatte irgendwie Angst, das Tempo zu verringern. Er mußte hier weg. Der Schmerz saß jetzt wieder hoch an seiner rechten Schläfe, breitete sich nach unten aus, pulsierte an seinem Schädelansatz. Schneller!

»Peter! Um Himmels willen!«

Die Reifen quietschten; er hielt das Steuer umkrampft, als sie um die Kurve rasten und sie hinter sich ließen. Dann bremste er, verringerte das Tempo.

»Ist etwas?« fragte sie.

»Nein«, log er. »Tut mir leid. Das war unbedacht.« Er spürte, daß sie ihn beobachtete; er hatte sie keinen Augenblick lang täuschen können. »Das ist nicht wahr«, fuhr er dann fort. »Ich erinnerte mich daran, wie ich das letzte Mal hier war, als ich Ihren Vater und Ihre Mutter besuchte.«

»Ich dachte auch an meinen letzten Besuch«, sagte sie. »Es war im vergangenen Sommer. Ich war auf ein paar Tage hergekommen. Ich sollte eine Woche bleiben, aber es hat nicht geklappt. Ich bin schließlich mit ein paar bösen Worten abgereist und wünsche mir heute, ich hätte das nicht gesagt.«

»Als er Ihnen sagte, daß er den Dienst quittieren wolle?«

»Da hatte er es bereits getan. Ich glaube, das hat mich damals ziemlich gestört. Wir hatten immer über wichtige Dinge diskutiert.

Und dann kam es zur wichtigsten Entscheidung seines Lebens, und ich wurde gar nicht gefragt. Ich habe schreckliche Dinge gesagt.«

»Er traf eine ungewöhnliche Entscheidung, ohne sie Ihnen zu erklären. Ihre Reaktion war ganz natürlich.«

Sie verstummten; die letzten zehn Meilen sagte keiner von beiden irgend etwas von Bedeutung. Die Nacht war schnell gekommen; der Mond war aufgegangen.

»Da ist es. Der weiße Briefkasten«, sagte Alison.

Kastler verlangsamte die Fahrt, bog in die verborgene Einfahrt, die von dem dichten Blattwerk zu beiden Seiten und den tief hängenden Ästen der Bäume fast völlig verdeckt war. Wäre der Briefkasten nicht gewesen, hätten sie die Einfahrt leicht übersehen können.

Das Haus stand in gespenstischer Isoliertheit da, alltäglich und allein und still. Mondlicht fiel durch die Bäume und überzog den Vorplatz mit Schattenornamenten. Die Fenster waren kleiner, als Peter sie in Erinnerung hatte, das Dach niedriger. Alison stieg aus und ging langsam den schmalen Weg zur Tür. Kastler folgte ihr, er trug die Lebensmittel und den Whisky aus dem Laden in Randolph Hills. Sie schloß die Tür auf.

Sie rochen es beide sofort. Es war nicht besonders stark, nicht einmal unangenehm, aber es erfüllte den ganzen Raum. Ein moschusähnlicher Geruch, schwach aromatisch, ein absterbender Duft, der aus dem geschlossenen Raum in die Nachtluft entwich. Alison kniff die Augen im Mondlicht zusammen und hielt den Kopf etwas schief. Peter beobachtete sie; einen Augenblick lang schien sie zu schaudern.

»Mutter«, sagte sie.

»Parfüm?«

»Ja. Aber sie ist vor über einem Monat gestorben.«

Kastler erinnerte sich an das, was sie im Wagen gesagt hatte. »Sie sagten, Sie seien letzten Sommer hiergewesen. Waren Sie denn nicht hier, als man sie ...«

»Zur Beerdigung?«

»Ja.«

»Nein. Ich wußte nicht, daß sie gestorben war. Mein Vater rief mich an, als alles vorbei war. Es gab keine Todesanzeigen, praktisch keinen Gottesdienst. Es war ein privates Begräbnis, nur er und die Frau, an die er sich erinnerte, so wie kein anderer sich an sie erinnerte.« Alison trat in die finstere Eingangshalle und schaltete das Licht an. »Kommen Sie, wir stellen die Tüten in die Küche.«

Sie gingen durch das kleine Eßzimmer zu einer Pendeltür, die in die Küche führte. Alison schaltete das Licht ein; man konnte jetzt altmodische Anrichten und Schränke stehen sehen, die in seltsamem Kontrast zu einem modernen Kühlschrank standen. Als wäre ein futuristischer Gegenstand in eine Küche aus den dreißiger Jahren eingedrungen. Peter überkam die eigene Erinnerung an das Haus. Abgesehen vom Arbeitszimmer des Generals war alles, was er gesehen hatte, altmodisch, so, als wäre es absichtlich nach dem Stil einer anderen Epoche eingerichtet worden.

Alison schien seine Gedanken zu lesen. »Mein Vater hat, wo immer das möglich war, die Umgebung rekonstruiert, die sie mit ihrer Kindheit in Verbindung brachte.«

»Das ist eine außergewöhnliche Liebesgeschichte.« Das war alles, was er sagen konnte.

»Es war ein außergewöhnliches Opfer«, sagte sie.

»Ihnen war das nicht recht, nicht wahr?«

Die Frage schien ihr nichts auszumachen. »Ja, da haben Sie recht. Er war ein außergewöhnlicher Mann. Er war zufällig mein Vater, aber das hatte nichts zu besagen. Er war ein Mann voll Ideen. Ich habe einmal gelesen, eine Idee sei ein größeres Denkmal als eine Kathedrale. Das glaube ich auch. Aber seine Kathedrale — oder seine Kathedralen — wurden nie gebaut. Immer, wenn ihm etwas wichtig war, wurde er abgelenkt. Er hatte nie die Zeit, seine Ideen zu verwirklichen. Er hatte *sie* im Schrank.«

Kastler ließ sie nicht los. »Sie sagten, die Männer seiner Umgebung hätten Mitgefühl für ihn empfunden. Sie hätten ihm auf jede nur mögliche Art geholfen.«

»Natürlich haben sie das getan. Er war nicht der einzige mit einer Frau, die durchgedreht hatte. Nach allem, was man in Westpoint hört, kommt das ziemlich häufig vor. Aber er war anders. Er hatte etwas Echtes zu sagen. Und wenn sie es nicht hören wollten, erdrückten sie ihn mit Freundlichkeit. ›Der arme Mac! Seht doch, womit er leben muß!‹«

»Sie waren seine Tochter, nicht seine Frau.«

»Ich *war* seine Frau! In jeder Beziehung, nur im Bett nicht! Und manchmal fragte ich mich, ob das — das hat jetzt nichts zu sagen. Ich habe mich befreit.« Sie stützte sich auf eine Anrichte. »Es tut mir leid. Ich kenne Sie nicht so gut. Ich kenne niemanden so gut.« Sie beugte sich über die Anrichte.

Peter widerstand dem Drang, sie in die Arme zu nehmen. »Glauben Sie denn, Sie seien das einzige Mädchen auf der Welt, das so empfunden hat? Das glaube ich nicht, Alison.«

»Es ist kalt.« Sie richtete sich halb auf; er berührte sie immer noch nicht. »Ich kann die Kälte spüren. Die Heizung muß ausgegangen sein.« Jetzt stand sie aufrecht da und wischte sich mit dem Handrücken die Tränen weg. »Verstehen Sie etwas von Heizungen?«

»Gas oder Öl?«

»Ich weiß nicht.«

»Ich werde nachsehen. Ist das die Tür in den Keller?« Er deutete auf eine Tür an der rechten Wand.

»Ja.«

Er fand den Lichtschalter und ging die schmale Treppe hinunter, blieb unten stehen. Die Heizung war in der Mitte des niedrigen Raumes; an der linken Mauer stand ein Öltank. Sie *war* ausgegangen; eine feuchte Kühle herrschte im Keller, als wäre eine Außentür offengeblieben.

Aber die Tür, die nach draußen führte, war verriegelt. Er überprüfte den Füllzustand des Öltanks; die Skala zeigte halbvoll an, aber es war natürlich möglich, daß das Gerät nicht funktionierte. Warum sollte die Heizung sonst ausgeschaltet sein? Es paßte nicht zu MacAndrew, ein Haus auf dem Land im Winter ohne Heizung zu lassen. Er klopfte gegen den Öltank. Hohl oben; voll weiter unten. Die Skala stimmte also.

Er hob die Deckplatte vom Heizkessel und sah, worin das Problem bestand. Das Pilotlicht war ausgegangen. Die Brennerflamme war ausgegangen. Unter normalen Umständen bedurfte es eines kräftigen Windstoßes, um sie auszulöschen. Oder eine verstopfte Leitung. Aber die Heizung war erst in jüngster Zeit überprüft worden. Kastler sah einen schmalen Plastikklebestreifen mit dem Datum der letzten Inspektion. Sie lag sechs Wochen zurück.

Peter las die Gebrauchsanweisung. Sie war fast identisch mit der an der Heizung seiner Eltern.

Roten Knopf sechzig Sekunden drücken. Streichholz unter ...

Er hörte ein plötzliches, scharfes Klappern; er zuckte unwillkürlich zusammen. Seine Bauchmuskeln spannten sich; er drehte den Kopf herum, das *Ratatat* irgendwo hinter ihm ließ ihn erstarren. Jetzt hörte es auf.

Dann fing es wieder an! Er fuhr herum und ging auf die Treppe zu. Jetzt blickte er nach oben.

Oben an der Kellerwand stand ein Fenster offen. Es war etwa in Bodenhöhe; der Wind von draußen warf es hin und her.

Das war die Erklärung. Der Wind vom Fenster hatte die

Brennerflamme gelöscht. Kastler ging auf die Wand zu, hatte plötzlich wieder Angst.

Die Glasscheibe war zerschlagen worden. Er konnte unter seinen Schuhen hören, wie Glas zermahlen wurde. Jemand war in MacAndrews Haus eingebrochen!

Es ging viel zu schnell. Einen Augenblick lang war er nicht imstande, Befehle von seinem Bewußtsein an seinen Körper zu senden.

Schreie kamen von oben. Immer wieder! Alison!

Er rannte die schmale Treppe zur Küche hinauf. Alison war nicht da, aber ihre Schreie waren immer noch zu hören. Wie von einem Tier, erschreckt, verängstigt.

»Alison! Alison!«

Er rannte ins Eßzimmer.

»Alison!«

Die Schreie verstummten plötzlich, und an ihre Stelle trat ein leises Jammern und Schluchzen. Sie kamen von der anderen Seite des Hauses, jenseits des Ganges und des Wohnzimmers. Von MacAndrews Arbeitszimmer!

Peter raste durch das Zimmer, trat einen Stuhl weg, der ihm im Weg stand, fegte einen anderen gegen die Wand. Er stieß die Tür des Arbeitszimmers auf, rannte hinein.

Alison kniete auf dem Boden, hielt ein verblichenes, blutbesudeltes Nachthemd in der Hand. Und rings um sie lagen zerschlagene Parfümflaschen. Der Geruch war jetzt überwältigend und Übelkeit erregend.

Und an der Wand, mit blutroter Farbe hingeschmiert, standen die Worte: *Mac the Knife. Killer von Chasŏng.*

18

Die Farbe an der Wand fühlte sich weich an, war aber nicht naß. Das Blut an dem zerrissenen Nachthemd war feucht. Das Arbeitszimmer des Generals war gründlich von Fachleuten durchsucht worden. Man hatte den Schreibtisch in seine Bestandteile zerlegt und die Lederpolster sorgfältig aufgeschlitzt. Die Verkleidungen unter den Fensterbänken und die schweren Gardinen waren zerlegt, bzw. entfernt worden, der Bücherschrank seines Inhalts beraubt, und die einzelnen Bände aufgeschnitten worden.

Peter führte Alison in die Küche zurück und füllte dort zwei Gläser mit Scotch. Er ging in den Keller zurück, setzte die Heizung in Gang und verstopfte das zerbrochene Fenster mit Lumpen. Wieder oben, entdeckte er im Wohnzimmer, daß der Kamin funktionierte; mehr als ein Dutzend Holzscheite lagen in einem großen Weidenkorb rechts von dem Kamingitter. Er entzündete ein Feuer und setzte sich mit Alison davor auf die Couch. Langsam verblaßte der Schrecken, aber die Fragen blieben.

»Was ist Chasŏng?« fragte er.

»Ich weiß nicht. Ich glaube, das ist ein Ort in Korea, aber ich bin nicht sicher.«

»Wenn wir das herausfinden, erfahren wir vielleicht auch, was dort geschehen ist. Was die hier suchten.«

»Alles Mögliche kann geschehen sein. Es war Krieg und . . .« Sie hielt inne, blickte in die Flammen.

»Und er war ein Soldat, der andere Soldaten in den Kampf schickte. Vielleicht war es so einfach. Jemand, der einen Sohn oder einen Bruder verloren hat, jemand, der Rache suchte. Ich habe schon von solchen Dingen gehört.«

»Aber warum gerade er? Es hat Hunderte wie ihn gegeben. Und er war dafür bekannt, daß er seine Männer führte, nicht hinten blieb. Keiner hat je einen seiner Befehle in Zweifel gezogen. Nicht so.«

»Doch. Jemand hat das getan«, sagte Peter. »Jemand, der sehr krank ist.«

Sie sah ihn einige Augenblicke lang an, ohne zu antworten. »Sie wissen, was Sie sagen, nicht wahr? Ob krank oder nicht, was auch immer der oder die Betreffende weiß oder zu wissen glaubt, es ist die Wahrheit.«

»So weit habe ich mir das noch gar nicht überlegt. Ich bin nicht sicher, daß das daraus folgert.«

»Das muß es. Mein Vater hätte nie allem, an das er glaubte, den Rücken gekehrt, wenn es etwas anderes gewesen wäre.« Sie schauderte. »Was mag es sein, das er getan hat?«

»Es hatte etwas mit Ihrer Mutter zu tun.«

»Unmöglich.«

»Ist es das? Ich habe dieses Nachthemd an dem Nachmittag gesehen, an dem ich hier war. Da trug sie es. Sie war gestürzt. Rings um sie lagen Glasscherben.«

»Sie zerbrach immer alles Mögliche. Sie konnte sehr destruktiv sein. Das Nachthemd ist ein letzter, grausamer Scherz. Ich glaube, das soll die Impotenz meines Vaters symbolisieren. Das war kein Geheimnis.«

»Wo war Ihre Mutter während des Korea-Krieges?«

»In Tokio. Wir waren beide dort.«

»Das war 1950 oder 1951?«

»Ja, um die Zeit. Ich war sehr jung.«

»Etwa sechs Jahre alt?«

»Ja.«

Peter nippte an seinem Scotch. »War das die Zeit, als Ihre Mutter krank wurde?«

»Ja.«

»Ihr Vater hat gesagt, es hätte einen Unfall gegeben. Erinnern Sie sich, was geschah?«

»Ich *weiß*, was geschah. Sie ist ertrunken. Ich meine, sie ertrank wirklich. Sie haben sie mit Elektroschocks wieder zum Leben erweckt, aber der Sauerstoffmangel hatte schon zu lange angedauert. Er reichte aus, um die Gehirnschäden zu verursachen.«

»Wie ist es passiert?«

»Sie geriet in die Strömung am Strand von Funabashi. Sie wurde hinausgetrieben. Die Leute vom Rettungsdienst konnten sie nicht mehr rechtzeitig erreichen.«

Eine Weile schwiegen beide. Kastler leerte sein Glas, stand auf und stocherte im Feuer herum. »Soll ich uns etwas zu essen machen? Anschließend können wir dann ...«

»Ich gehe dort nicht mehr hinein!« sagte sie mit überlauter Stimme und unterbrach ihn dabei. Sie starrte ins Feuer. Dann blickte sie auf. »Sie müssen entschuldigen. Ich habe wirklich keinen Grund, Sie anzuschreien.«

»Sonst ist ja niemand hier«, antwortete er. »Wenn Ihnen nach Schreien zumute ist ...«

»Ich weiß«, unterbrach sie, »es ist erlaubt.«

»Ich denke, das ist es.«

»Und Ihre Toleranz hat keine Grenzen?« Sie stellte die Frage mit leiser Stimme, und in ihren Augen war eine sanfte Heiterkeit zu sehen. Er konnte ihre Wärme spüren. Und wie verletzlich sie war.

»Ich glaube nicht, daß ich besonders tolerant bin. Das ist eigentlich kein Begriff, den man oft mit mir in Verbindung bringt.«

»Vielleicht werde ich das auf die Probe stellen.« Alison stand von dem Sofa auf und trat auf ihn zu, legte ihm die Hände auf die Schultern. Mit den Fingern der rechten Hand strich sie leicht die Umrisse seiner linken Wange, seiner Augen und schließlich seiner Lippen nach. »Ich bin kein Schriftsteller. Ich zeichne Bilder; das sind meine Worte. Und ich bin im Augenblick nicht imstande, das zu zeichnen, was ich denke oder fühle. Also erbitte ich einfach Ihre Toleranz, Peter. Geben Sie mir die?«

Sie lehnte sich gegen ihn, die Finger immer noch auf seinen Lippen, und drückte den Mund gegen den seinen, zog die Finger erst weg, als ihre Lippen sich weiteten.

Er konnte das Zittern in ihrem Körper spüren, als sie sich gegen ihn schob. Ihre Bedürfnisse entsprangen der Erschöpfung und der plötzlichen, alles überwältigenden Einsamkeit, dachte Peter. Sie verlangte verzweifelt nach dem Ausdruck der Liebe, denn man hatte ihr eine andere Liebe weggenommen. Etwas — vielleicht sogar irgend etwas — mußte an die Stelle dieser Liebe treten, wenn auch nur für einen Augenblick, einen kurzen Moment.

O Gott, er verstand das. Und weil er es verstand, wollte er sie. In gewisser Weise war es eine Bestätigung der Agonie, die ihn quälte. Sie war aus derselben Erschöpfung, derselben Art von Einsamkeit und Schuld entstanden. Plötzlich wurde ihm bewußt, daß er monatelang niemanden gehabt hatte, mit dem er reden hatte können, man hatte niemanden in seine Nähe gelassen.

»Ich will nicht hinaufgehen«, flüsterte sie, und ihr Atem an seinem Mund ging schnell, und ihre Finger gruben sich in seinen Rücken, als sie sich an ihn klammerte.

»Wir gehen nicht hinauf«, antwortete er leise und griff nach den Knöpfen ihrer Bluse.

Sie wandte sich halb von ihm ab und fuhr sich mit der rechten Hand an den Hals. Mit einer einzigen Handbewegung riß sie die Bluse weg, mit einer zweiten öffnete sie sein Hemd. Ihr Fleisch berührte sich.

Er war erregt, ganz schnell, und in einer Art und Weise, wie er das seit Monaten nicht mehr gewesen war. Seit Cathy. Er führte sie zur Couch und hakte vorsichtig ihren Büstenhalter auf. Er fiel herunter, legte ihre weichen, gerundeten Brüste frei, ihre Brüste mit den erweckten, harten Brustwarzen. Sie zog seinen Kopf herunter, und während sein Mund über ihre Haut wanderte, griff sie nach seiner Gürtelschnalle. Sie legten sich hin, und die Erleichterung, die sie überkam, war herrlich.

Alison fiel in tiefen Schlaf, und Peter wußte, daß es keinen Sinn hatte zu versuchen, sie nach oben in ein Bett zu bringen. Statt dessen brachte er Decken und Kissen herunter. Das Feuer war fast ausgebrannt. Er hob Alisons Kopf an, schob ihr das weichste Kissen darunter und drapierte eine Decke über ihren nackten Körper. Sie bewegte sich nicht.

Er legte zwei Decken vor dem Kamin auf dem Boden aus, nur wenige Meter von der Couch entfernt, und legte sich hin. In den letzten paar Stunden hatte er einige Dinge begriffen, aber nicht, wie erschöpft er selbst war. Er schlief sofort ein.

Als er aufwachte, erschrak er, wußte einen Augenblick lang nicht, wo er war. Das Geräusch eines Holzscheits hatte ihn geweckt, das in das Aschenbett heruntergefallen war. Von den kleinen Fenstern neben der Haustür kam schwaches Licht; es war früher Morgen. Er sah zu Alison auf der Couch hinüber. Sie schlief noch. Ihr tiefer Atem hatte sich nicht verändert. Er hob das Handgelenk, um auf die Uhr zu sehen. Es war zwanzig Minuten vor sechs. Er hatte beinahe sieben Stunden geschlafen.

Er stand auf, zog die Hosen an und ging in die Küche. Die Tüten mit den Lebensmitteln standen immer noch ungeöffnet da, und er räumte sie weg. Nach einigem Suchen in den altmodischen Schränken fand er einen Kaffeetopf. Es war ein Filtertopf, ganz zur Einrichtung passend; er war bestimmt schon vierzig Jahre alt. Im Kühlschrank war Kaffee, und Peter versuchte, sich zu erinnern, wie man mit gemahlenem Kaffee und einem Filtertopf umging. Er tat sein Bestes und ließ den Filtertopf schließlich auf kleiner Flamme stehen.

Er ging ins Wohnzimmer zurück. Leise zog er den Rest seiner Kleider an, ging in die Halle zurück und trat ins Freie. Ihre beiden Koffer und seine Aktentasche würden ihnen in einem gemieteten Wagen nicht viel nützen, der draußen in der kleinen Einfahrt parkte.

Es war kalt und feucht. Der Winter von Maryland konnte sich noch nicht recht entscheiden, ob er Schnee bringen oder sich mit eisigem Nebel begnügen sollte. Die Feuchtigkeit in der Luft drang ihm jedenfalls in alle Poren. Peter öffnete die Wagentür und griff nach dem Gepäck auf dem Rücksitz.

Plötzlich erstarrte sein Blick; er war außerstande, den Schreckenslaut zu unterdrücken, der sich seiner Kehle entrang. Der Anblick, der sich ihm bot, war widerlich, grotesk.

Und er erklärte das Blut an den Wänden von MacAndrews Arbeitszimmer und an dem Nachthemd.

Auf seinem Koffer, der auf dem Sitz lag, über dem von Alison, den er auf den Boden gestellt hatte, lagen die abgetrennten Hinterbeine eines Tierkadavers, seine häßlichen Sehnen standen ein Stück über dem blutgetränkten Pelz hervor. Und auf dem Leder, mit dem Finger ins Blut gemalt, war das Wort zu lesen:

CHASŎNG

Ein Schaudern der Furcht und des Ekels verdrängte den Schock, den Peter empfand. Er schob sich rückwärts aus dem Wagen, seine Augen huschten über das dichte Blattwerk und zur Straße hinaus. Er ging vorsichtig um den Wagen herum, kniete nieder und hob einen Steinbrocken auf, wußte nicht, weshalb er das tat, und gewann doch seltsamerweise von dem Gewicht der primitiven Waffe nur wenig Sicherheit.

Ein Zweig knackte! Irgendwo war ein Stück Holz abgebrochen. *Dort* oder *dort, Schritte.*

Jemand rannte. Rannte ganz plötzlich! Auf Kies.

Peter wußte nicht, ob das Geräusch oder die Tatsache, daß die Schritte sich entfernten, seine Furcht lösten, jedenfalls rannte er so schnell er konnte hinter den Schritten her. Sie wurden leiser; jetzt bewegten sich die laufenden Füße auf einer harten Fläche, nicht auf Kies. Die Straße!

Er brach durch die Büsche, Zweige peitschten sein Gesicht, Wurzeln und Baumstümpfe behinderten ihn. Dann erreichte er die Straße; fünfzig Meter entfernt konnte er eine Gestalt in dem schwachen frühen Morgenlicht zu einem Wagen rennen sehen. Dampf mischte sich in den Morgennebel; der Motor des Wagens wurde angelassen. Eine unsichtbare Hand im Inneren öffnete die rechte Tür; die Gestalt sprang hinein, und der Wagen schoß im Halbdunkel davon.

Peter stand auf der Straße, Schweiß rann ihm über die Stirn. Er ließ den Steinbrocken fallen und wischte sich das Gesicht.

Er erinnerte sich an die Worte, Worte, die eine ärgerliche Frau im Kerzenlicht im Hay-Adams in Washington ausgesprochen hatte.

Fleischgewordener Terror von der Hand eines Menschen.

Das war es, was er jetzt erlebte. Jemand wollte Alison MacAndrew so erschrecken, saß die dabei den Verstand verlor. Aber *warum*? Ihr Vater war tot. Welchen Nutzen brachte es, die Tochter zu erschrecken?

Er beschloß, Alison einen Teil des Schrecklichen vorzuenthalten. Er *wollte* ihr das ersparen. Alles hatte sich zu schnell ereignet, aber er wußte, daß eine Leere in ihm im Begriff war, ausgefüllt zu werden. Alison war in sein Leben getreten.

Er fragte sich, ob es dabei bleiben würde. Diese Frage war plötzlich sehr wichtig für ihn. Er wandte sich um und ging zum Wagen zurück, entfernte die blutdurchtränkten Tierbeine und warf sie ins Gehölz. Dann hob er die beiden Koffer und seine Aktentasche heraus und trug sie ins Haus. Er war froh, daß Alison noch schlief.

Alisons Koffer ließ er im Korridor stehen und trug den seinen samt der Aktentasche in die Küche. Er erinnerte sich daran, daß man Blut leichter mit kaltem als mit heißem Wasser entfernte. Er drehte den Wasserhahn auf, fand Papiertücher und rieb in einer Viertelstunde das besudelte Leder sauber. Die verbleibenden Spuren schabte er mit der Klinge eines Brotmessers weg, bis auch die Umrisse der Buchstaben verschwanden.

Dann öffnete er, aus Gründen, die er sich selbst nicht erklären konnte, seine Aktentasche, entnahm ihr seinen Schreibblock und legte ihn in der altmodischen Küche auf den Tisch. Der Kaffee brodelte. Er schenkte sich eine Tasse ein und ging zum Tisch zurück. Dann klappte er den Block auf und starrte das gelbe Blatt an, das er zur Hälfte mit Worten gefüllt hatte. Es war nicht nur ein morgendlicher Zwang; irgendwie kam es ihm richtig vor, jetzt den Versuch zu machen, seine Gedanken zu untersuchen und sie durch das Bewußtsein eines anderen zu Papier zu bringen. Er hatte nämlich gerade etwas erlebt, das er einer Person zugeschrieben hatte, die er selbst geschaffen hatte. Man war ihm in der Dunkelheit gefolgt.

Die FBI-Agenten lassen Meredith frei. Er geht im Zwielicht über die Landstraße.

Jetzt folgt eine zeitliche Lücke.

Meredith ist nach Hause zurückgekehrt. Er erzählt seiner Frau, daß er am Memorial Parkway einen Unfall hatte, daß der Wagen zur Reparatur abgeschleppt wird. Sie glaubt ihm nicht.

»Hier sagt keiner mehr die Wahrheit«, schreit sie. »Ich kann das nicht mehr ertragen! Was geschieht mit uns?«

Alex weiß, was mit ihnen geschehen ist. Hoovers Strategie der Angst ist zu wirkungsvoll. Die Spannung ist unerträglich geworden. Selbst ihre sehr starke Ehe ist in Gefahr zu zerbrechen. Er ist geschlagen. Er akzeptiert das Ultimatum seiner Frau: sie werden Washington verlassen. Er wird das Justizministerium verlassen und wieder eine private Kanzlei aufmachen, ein Teil von ihm ist tot. Der professionellste Teil. Hoover hat gesiegt.

Wieder eine Lücke. Es ist nach Mitternacht. Alex' Familie liegt im Bett. Er ist unten im Wohnzimmer geblieben. Nur eine einzige Tischlampe brennt, das Licht ist schwach, überall Schatten. Er hat viel getrunken. In seine Angst mischt sich die Erkenntnis, daß alles, woran er geglaubt hat, bedeutungslos ist.

In seinem betrunkenen Zustand geht er an einem Fenster vorbei. Verängstigt schiebt er die Vorhänge auseinander und blickt hinaus.

Er sieht einen FBI-Wagen an der Straße stehen. Männer beobachten sein Haus.

Und da zerbricht etwas in ihm. Der Alkohol, die Furcht, die Depression und seine Angst verbinden sich und erzeugen Hysterie. Er rennt zur Haustür, geht hinaus. Er schreit nicht, statt dessen zwingt er sich ein groteskes Schweigen auf, ein verschwörerisches *Schweigen. In seiner Trunkenheit will er zu denen gehen, die ihn quälen, und sich ergeben, sich ihrer Gnade ausliefern, einer von ihnen werden. Seine Panik ist identisch mit seinem psychologischen Kollaps im Krieg vor Jahren.*

Er rennt die Straße hinunter. Der Wagen ist verschwunden. Er hört Stimmen in der Dunkelheit, kann aber niemanden sehen. Er rennt hinter den unsichtbaren Stimmen her, und ein Stück von ihm fragt sich, ob er den Verstand verloren hat, und ein anderes Stück wünscht sich verzweifelt nur das eine, sich ergeben zu können, aufgeben zu können, und die Sieger um Vergeben betteln zu dürfen.

Er weiß nicht, wie lange er herumgerannt ist, aber die Nachtluft, sein schwerer Atem und die physische Anstrengung verdrängen die Auswirkungen des Alkohols. Er beginnt, sich wieder in den Griff zu bekommen. Er geht zum Haus zurück, weiß nicht, wo er sich befindet. Er muß ein paar Meilen gerannt sein.

Und dann entdeckt er den FBI-Wagen. Er steht im Schatten hinter einer Straßenbiegung. Niemand sitzt in dem Wagen; die Männer, die ihm gefolgt sind, ihn beobachtet, ihn gequält haben, sind ebenfalls auf den finsteren, stillen Straßen unterwegs.

Er hört Schritte in der Dunkelheit. Hinter ihm, vor ihm, zu seiner Rechten, seiner Linken. Sie nehmen den gleichen Rhythmus wie sein Herzschlag an, werden lauter, bis sie wie Kesselpauken klingen — drohend, betäubend.

Jetzt erkennt er ein Straßenschild; weiß, wo er ist. Er beginnt wieder zu rennen, und die Schritte halten den Takt, erzeugen erneut Panik. Er rennt mitten auf der Straße, biegt um Ecken, rennt wie ein Wahnsinniger.

Er sieht sein Haus. Plötzlich erfüllt ihn noch größerer Schock, erfüllt ihn neue Angst, die überwältigend ist. Er hat die Haustür offengelassen. Und vorn am Bürgersteig parkt ein fremder Wagen.

Er rennt schneller, auf den fremden Wagen zu, bereit, wenn nötig, zu töten.

Aber der Mann im Wagen ist erst vor wenigen Minuten eingetroffen. Er hat dort gewartet, geglaubt, Alex sei vielleicht mit einem Hund spazierengegangen, und hat sorglos die Tür offengelassen.

»Gehen Sie morgen nachmittag um halb sechs ins Carteret Hotel, Himmer 1201. Fahren Sie mit dem Lift ins oberste Stockwerk und gehen Sie dann auf der Treppe hinunter, ins zwölfte Stockwerk. Männer werden dort sein, die Sie beobachten. Wenn man Ihnen folgt, werden wir die Verfolger von Ihnen abziehen.«

»Was soll das alles? Wer sind Sie?«

»Ein Mann will sich mit Ihnen treffen. Er ist ein Senator.«

»Peter, wo bist du?« Das war Alison. Ihre erschreckte Stimme hallte aus dem Wohnzimmer herüber. Das Geräusch rief ihn in die andere Welt, die wirkliche Welt, zurück.

»In der Küche«, rief er und warf einen Blick auf den Koffer; das Leder war immer noch feucht, man konnte die Stelle sehen, wo er geschabt hatte. »Ich komme gleich«, sagte er.

»Laß nur«, erwiderte Alison erleichtert. »Im Kühlschrank muß Kaffee sein, der Topf steht im rechten Schrank oben.«

»Hab' ich schon gefunden«, antwortete er und hob den Koffer auf und drehte ihn um, so daß die feuchte Stelle zur Wand sah. »Der Kaffee ist nicht besonders geworden, ich versuche es noch einmal.«

Er ging schnell zum Tisch zurück, trug den Topf an den Ausguß und begann, den antiquierten Mechanismus zu zerlegen. Er warf den feuchten Kaffeesatz in eine leere Einkaufstüte und drehte den Wasserhahn auf.

Sekunden darauf kam Alison durch die Tür, in eine Decke gehüllt. Ihre Augen begegneten sich, und die Botschaft — das, was sie verband — war klar. Peter empfand bei ihrem Anblick Schmerz; es war ein angenehmer, warmer Schmerz.

»Du bist in mein Leben gekommen«, sagte sie mit weicher Stimme. »Ich möchte wissen, ob du bleiben wirst.«

»Das habe ich mich bei dir auch gefragt. In meinem Leben.«

»Nun, wir werden sehen, nicht wahr?«

19

Varak trat ohne das übliche Klopfen in Bravos Arbeitszimmer.

»Das ist mehr als ein Mann«, sagte er. »Oder, wenn es einer ist, dann befehligt er andere. Sie sind zum erstenmal ans Licht getreten. Kastler glaubt, es wendet sich gegen das Mädchen. Das tut es natürlich nicht; es gilt ihm.«

»Dann wollen sie ihn aufhalten.« Bravo meinte das nicht als Frage.

»Und wenn er sich nicht aufhalten läßt«, fügte Varak hinzu, »dann werden sie ihn von der Spur ablenken. Ihn täuschen.«

»Erklären Sie das bitte.«

»Ich habe mir die Bänder angehört. Wenn Sie wollen, können Sie sie sich auch anhören. Und sie sehen; Audio und Video. Sie haben MacAndrews Arbeitszimmer zerlegt, etwas gesucht ... oder die Illusion vermittelt, etwas zu suchen. Ich neige zu letzterem. Die Täuschung liegt in dem Namen. *Chasŏng*. Sie wollen, daß er glaubt, daß das ein Schlüssel ist.«

»Chasŏng?« sagte Bravo und überlegte. »Das reicht weit zurück, wenn ich mich nicht täusche. Ich erinnere mich, wie Truman deshalb explodiert ist. Die Schlacht von Chasŏng, Korea.«

»Ja. Ich habe vor fünf Minuten einen Computerausdruck aus den Archiven von G Zwo bekommen. Chasŏng war unsere schlimmste Niederlage nördlich des achtunddreißigsten Breitengrades. Es war ein nicht genehmigter Angriff ...«

»Und es ging um belangloses Terrain«, unterbrach St. Claire. »Ein paar bedeutungslose Hügel. Das erste in einer Reihe von Debakeln, die schließlich zu MacArthurs Entlassung führten.«

»So steht es natürlich nicht da.«

»Natürlich. Und?«

»MacAndrew war damals Colonel. Er war einer der Befehlshaber.«

Bravo überlegte.

»Korrespondiert Chasŏng zeitlich mit den fehlenden Einzelheiten in MacAndrews Personalakte?«

»Ungefähr. Das muß es ja auch, wenn es Kastler täuschen soll. Wer auch immer Hoovers Akten besitzt, kann nicht genau wissen, was MacAndrew Kastler gesagt hat. Ein Mann in Panik, der die Entdeckung fürchtet, baut seine Tarnung häufig auf genauer Chronologie und falschen Informationen auf.«

»›Als die Bank vor zehn Tagen ausgeraubt wurde, war ich im Kino.‹«

»Genau.«

»Auf dieser Ebene wird es ziemlich intellektuell, nicht wahr?«

»Das Schachturnier hat begonnen. Ich glaube, Sie sollten sich die Bänder ansehen und anhören.«

»Gut.«

Die beiden Männer verließen Bravos Arbeitszimmer und gingen zu dem Lift mit der Bronzetür am Ende des vorderen Korridors.

Eine Minute später betraten St. Claire und Varak das kleine Studio im Keller. Die Geräte standen bereit.

»Wir fangen ganz vorn an. Zuerst kommt das Videoband.« Varak schaltete den Videoprojektor ein. Der leere Vorlauf erzeugte ein weißes Quadrat auf der Wand. »Die Kamera war zu auffällig, um sie im Haus unterzubringen. Sie wird übrigens elektronisch ausgelöst. Bitte, denken Sie daran.«

Das Bild von MacAndrews Haus erschien an der Wand. Aber das Licht war nicht das des frühen Abends, dem Zeitpunkt, als Kastler und das Mädchen eingetroffen waren. Statt dessen war helle Sonne.

Der Agent legte einen Schalter um. Das Band kam zum Stillstand; das Bild an der Wand blieb stehen. »Ja«, sagte Varak. »Die Kamera ist ausgelöst worden. Sie ist sehr empfindlich. Es war um drei Uhr nachmittags. Jemand hat das Haus betreten, offensichtlich von hinten, außer Sichtweite der Kamera.« Er legte den Schalter wieder um, und das Band setzte seinen Lauf fort. Dann hielt es wieder an. Der Projektor schaltete sich automatisch ab. Wieder sah St. Claire Varak fragend an.

»Sie sind jetzt im Haus. Die Kamera ist ausgeschaltet. Wir gehen auf Audio.« Der Agent drückte einen Knopf auf seinem Bandgerät.

Die Geräusche von Schritten waren zu hören, eine Tür öffnete sich, das Quietschen eines Scharniers, wieder Schritte, eine zweite Tür, die geöffnet wurde. »Es sind zwei Männer«, sagte Varak. »Oder vielleicht auch ein Mann und eine schwere Frau. Nach der Dezibel-Aufzeichnung wiegt jeder über siebzig Kilo.« Eine Folge raschelnder Geräusche und dann ein seltsames, unheimliches Blöken. Das Geräusch wiederholte sich, diesmal deutlicher und auf seine Art beängstigend. Varak sagte: »Das ist ein Tier. Aus der Familie der Schafe, würde ich sagen. Vielleicht auch ein Schwein. Ich werde das später schärfer einstellen.«

Die nächsten Minuten waren mit harten, schnellen Geräuschen angefüllt. Papier, das geschnitten wurde, Leder und Stoff, die man aufschlitzte, Schubladen, die man öffnete. Schließlich das Klirren von Glas und dazwischen die jämmerlichen Schreie des unbekannten Tieres, Schreie, die plötzlich in ein Kreischen übergingen.

»Das Tier wird getötet«, erklärte Varak ruhig.

»Du lieber Gott!« sagte St. Claire.

Dann kam eine menschliche Stimme aus dem Lautsprecher. Zwei Worte.

Gehen wir.

Das Band hielt an. Varak schaltete das Gerät ab. »Die nächste Aufzeichnung ist etwa drei Stunden später. Kastler und MacAndrews Tochter treffen ein. Es gibt eine zwanzig Sekunden lange Video-Aufnahme des Hauses; die Eindringlinge verlassen es — wieder außer Kamera-Reichweite. Wir haben also keine Bilder.« Der Agent hielt inne, als wüßte er nicht, wie er das, was jetzt kam, erklären sollte. »Ich habe ein Stück herausgeschnitten und werde es, mit Ihrer Erlaubnis, vernichten. Es ist nicht relevant. Es etabliert nur die Tatsache, daß Kastler und das Mädchen eine Beziehung eingegangen sind. Wahrscheinlich auf kurze Zeit.«

»Ich verstehe und danke Ihnen«, sagte Bravo.

Wieder erschien kurz das Haus an der Wand. Es war jetzt Nacht. Man konnte einen Wagen sehen, der über den Plattenweg zur Haustür fuhr. Alison stieg aus und stand einen Augenblick da und blickte zu dem Haus hinüber. Sie ging den Plattenweg hinunter. Kastler erschien jetzt, er trug Einkaufstüten. Sie blieben auf der kleinen Veranda stehen, redeten kurz, dann klappte das Mädchen seine Handtasche auf und suchte einen Schlüssel. Sie nahm ihn heraus und öffnete die Tür. Die beiden schienen sich über irgend etwas zu wundern. Eine weitere Diskussion folgte, diesmal erregter als zuvor, und dann gingen sie hinein. Als die Tür sich schloß, hielt das Video-Band an. Varak drückte wortlos den Knopf des Tonwiedergabegerätes.

Kommen Sie, wir stellen die Tüten in die Küche. Das Mädchen. Schritte, das Rascheln von Papier, das metallische Ächzen eines Scharniers, dann ein längeres Schweigen. Schließlich sprach die Frau wieder.

Mein Vater hat, wo immer das möglich war, die Umgebung rekonstruiert, die sie mit ihrer Kindheit in Verbindung brachte.

Kastler: *Es war eine außergewöhnliche Liebesgeschichte.*

Es war ein außergewöhnliches Opfer. Das Mädchen.

Ihnen war das nicht recht, nicht wahr. Kastler.

Ja, da haben Sie recht. Er war ein außergewöhnlicher Mann ...

Plötzlich beugte Varak sich vor und legte den Schalter um. »Das ist der Schlüssel: die *Mutter*. Ich würde alles, was ich weiß, darauf aufbauen. Chasŏng ist eine Täuschung. Hören Sie die nächste halbe Stunde sehr, *sehr* genau hin. Der Schriftsteller in Kastler klammert sich instinktiv an ihr fest, aber sie hat es ihm ausgeredet. Nicht absichtlich, weil ich nicht glaube, daß sie etwas weiß.«

»Ich werde sehr sorgfältig zuhören, Mr. Varak.«

Das taten sie beide. Einige Male sah Bravo sich gezwungen, die Augen weghuschen zu lassen, auf nichts hin, als Reaktion auf das

Unerwartete: auf den Schrei des Mädchens aus dem Arbeitszimmer ihres Vaters, auf das Schluchzen und die Tränen, die folgten, auf Kastlers Mitgefühl und sein scharfes Verhör. Die Fantasie des Schriftstellers ließ sich nicht aufhalten. Seine ursprüngliche Unterstellung stimmte, überlegte St. Claire. In weniger als neun Wochen hatte Kastler erstaunliche Fortschritte erzielt. Weder er noch Varak wußten, wie oder weshalb. Aber der Mord an Walter Rawlins stand irgendwie in Beziehung zu den Archiven, und jetzt gab es diesen General, diesen Einzelgänger. Seine selbstbewußte Tochter und ein Täuschungsmanöver mit dem Etikett Chasöng. Jedenfalls war es gelungen, die Gegenseite aus ihrem Versteck zu locken. Männer waren aus dem Dunkel getreten, und die Geräusche ihres Handelns waren aufgezeichnet.

St. Claire wußte nicht, wohin Kastler sie führte. Nur daß Hoovers Archive nähergerückt waren.

Wieder erschienen die Bilder an der Wand: Kastler trat aus dem Haus, öffnete die Wagentür und fuhr zurück. Dann ging er vorsichtig um den Wagen herum, hob einen Stein auf, rannte ins Gebüsch, kehrte zurück, warf zwei nicht erkennbare Gegenstände aus dem Wagen, entfernte die Koffer und ging ins Haus zurück.

Jetzt wieder die Tonaufzeichnung: laufendes Wasser und Schaben.

»Ich habe vor einer Stunde das Band angehalten und das Bild studiert. Er entfernt den Namen Chasöng vom Koffer«, erklärte Varak. »Er möchte nicht, daß das Mädchen ihn sieht.«

Wieder Schweigen. Die Mikrofone zeichneten das Kratzen eines Bleistifts auf Papier auf. Varak ließ das Band vorlaufen, bis wieder Stimmen zu hören waren.

Peter, wo bist du?

In der Küche.

Eine Diskussion über Kaffee, schnelle Schritte, undeutliche Bewegung.

Du bist in mein Leben gekommen. Ich möchte wissen, ob du bleiben wirst. Leise von Alison MacAndrew gesprochen.

Das habe ich mich bei dir auch gefragt. In meinem Leben.

Nun, wir werden sehen, nicht wahr.

Vorbei. Varak schaltete das Tonbandgerät ab und richtete sich auf. Bravo blieb sitzen, die aristokratischen Finger unter dem Kinn verschränkt.

»Dieses Schaben, das wir gehört haben«, sagte er. »Können wir annehmen, daß er geschrieben hat?«

»Ich denke schon. Es paßt zu seinen Gewohnheiten.«

»Erstaunlich, nicht wahr? Inmitten von all dem hat er sich wieder um seinen Roman gekümmert.«

»Ungewöhnlich vielleicht. Ich weiß nicht, ob es auch erstaunlich ist. Wenn wir alles richtig machen, wird sein Roman für ihn sehr echt.«

Bravo löste seine Finger voneinander und legte die Hände auf die Armlehnen seines Sessels. »Was uns wieder zu jenem Roman und Ihrer Interpretation führt. Auch wenn es mir immer noch nicht eingehen will — glauben Sie immer noch, daß derjenige, den wir suchen, ein Mitglied von Inver Brass ist?«

»Lassen Sie mich vorher eine Frage stellen. Als ich Sie bat, eine Besprechung einzuberufen, haben Sie da den Mitgliedern die Information gegeben, die ich empfohlen habe? Daß Kastler das Mädchen getroffen hatte?«

»Wenn ich das nicht getan hätte, hätte ich es Ihnen gesagt.«

»Ich weiß, daß Sie das mißbilligten.«

»Das beruhte auf meiner Überzeugung. Und eben diese Überzeugung hat mich veranlaßt, Ihren Rat zu befolgen, und wäre es nur, um zu beweisen, daß Sie unrecht hatten.« Bravos Worte klangen abgehackt, fast unfreundlich. »Aber jetzt bitte Ihre Antwort. Sind Sie immer noch überzeugt, daß ein Angehöriger von Inver Brass die Akten hat?«

»Das werde ich in ein oder zwei Tagen wissen.«

»Das ist keine Antwort.«

»Ich habe keine bessere. Offen gestanden, ich glaube, daß ich recht habe, alles deutet darauf hin.«

St. Claire richtete sich auf. »Weil ich Ihnen von Kastler und dem Mädchen berichtete und MacAndrews Namen genannt habe?«

»Nicht nur den Namen«, antworteteVarak. »Auch die Tatsache, daß acht Monate aus seinen Personalakten fehlten.«

»Das besagt gar nichts! Wer Hoovers Archive hat, weiß das.«

»Genau. Diese Täuschung — dieses Chasŏng — ereignete sich während jener acht Monate. Ich glaube, wir dürfen annehmen, daß, was auch immer in Chasŏng geschah, welche militärische Entscheidung auch immer MacAndrew in jenen acht Monaten traf oder zu treffen ablehnte, nicht genügend Schaden angerichtet haben kann, um seinen Rücktritt zu erzwingen. Wenn das der Fall gewesen wäre, hat es genug Leute im Pentagon gegeben, die ihn schon vor langer Zeit dazu gezwungen hätten.«

»Ein unangenehmer Zwischenfall vielleicht«, nickte Bravo, »aber kein katastrophaler. Ein Teil der Archive, aber nicht der wichtige Teil.«

»Ein Tarnung dafür«, pflichtete Varak ihm bei. »Es muß noch etwas anderes geschehen sein. Vielleicht stand es in Beziehung dazu, wahrscheinlich aber nicht. Wenn wir einmal davon ausgehen, daß es eine ursächliche Verbindung gibt — was wir annehmen müssen — dann ist es dieses andere, das uns zum augenblicklichen Besitzer von Hoovers Archiven führen kann.«

»Was Sie mir damit sagen« — St. Claires Augen wichen denen des anderen aus — »ist, daß in den vierundzwanzig Stunden zwischen der Zusammenkunft von Inver Brass und Kastlers Eintreffen in MacAndrews Haus der Köder aus den Akten herausgelöst wurde. In jener Nacht hatte Inver Brass das erste Mal von Kastler gehört, ganz zu schweigen von MacAndrew.«

»Das erste Mal, daß Inver Brass — als *Gruppe* — von Kastler gehört hatte. Das gilt aber nicht für denjenigen, der die Archive besitzt. Er wußte es, weil Kastler mit zwei der Opfer Verbindung aufgenommen hatte. MacAndrew und Rawlins. Ich glaube nicht, daß es Zweifel daran gibt, daß sie Opfer waren.«

»Also gut, das akzeptiere ich.« Bravo stand auf. »Das Ganze konzentriert sich also auf eine ganz spezielle Information: Peter Kastler hatte mit der Tochter des Generals Verbindung aufgenommen ... Sie waren zu dem Haus in Rockville unterwegs. Und um zu vermeiden, daß dieses Zusammentreffen zu einer leeren Wand führte, wurde der Köder Chasŏng ausgelegt. Um Kastler in eine andere Richtung zu treiben.«

»Genau«, sagte Varak entschieden. »Warum sonst *überhaupt* Chasŏng einführen?«

»Trotzdem«, meinte St. Claire, »warum muß es ein Mitglied von Inver Brass sein?«

»Weil sonst niemand wußte, daß Kastler mit dem Mädchen Verbindung aufgenommen hatte. Das kann ich Ihnen versichern. Abgesehen von unserer Anzapfleitung sind seine Telefone steril; er wird von niemandem außer uns überwacht. Und doch wird binnen zwölf Stunden nach der Zusammenkunft von Inver Brass in MacAndrews Haus eingebrochen und eine komplizierte Täuschung für Kastler vorbereitet. Diese zwölf Stunden reichten aus, um MacAndrews Dossier zu untersuchen und auf Chasŏng als geeigneten Köder zu stoßen.

St. Claire nickte betrübt. »Das klingt sehr überzeugend.«

»Die Tatsachen sind überzeugend. Ich wünschte, sie wären es nicht.«

»Ich, weiß Gott, auch. Ein Mitglied von Inver Brass! Die höchstgeehrten Männer der Nation. Sie sprechen von einer Wahrscheinlichkeit. Ich hätte diese Wahrscheinlichkeit für unmöglich gehalten.«

»Kastler nicht. Für ihn stand sie von Anfang an fest. Sie haben das selbst gesagt, als wir anfingen: er wird nicht von Fakten oder langjähriger Gewohnheit eingeschränkt. Übrigens, er nennt *sein* Inver Brass den ›Kern‹.«

St. Claire starrte die Wand an, auf die noch vor wenigen Minuten die Bilder projiziert worden waren. »Die Realität und die Fantasie. Erstaunlich.« Er verstummte.

»Das ist doch, was wir wollen«, sagte Varak. »Was wir uns erhofften.«

»Ja, natürlich. In ein oder zwei Tagen werden Sie es genau wissen, sagen Sie?«

»Wenn Sie noch eine Besprechung einberufen, garantiere ich es sogar. Nach MacAndrews Begräbnis. Ich möchte, daß Inver Brass noch zwei Namen zugespielt werden.«

»Oh? Welche?«

»Zuerst eine Journalistin, Phyllis Maxwell. Sie ...«

»Ich weiß, wer sie ist. Warum?«

»Ich bin nicht sicher — sie ist vorher nicht an die Oberfläche getreten. Aber Kastler ist ihr begegnet und hat eine Person in seinen Roman aufgenommen, die ihr verblüffend ähnlich ist.«

»Ich verstehe. Und wer noch?«

Varak zögerte. Er rechnete offensichtlich mit Widerstand. »Paul Bromley. Der Mann von der GSA.«

»Nein!« Der Diplomat reagierte erregt. »Das lasse ich nicht zu. Bromley hat mein Wort! Und außerdem gibt das keinen Sinn. Bromley beginnt mit B. Wir sind hinter Namen her, die zwischen M und Z liegen!«

»Bedenken Sie, daß Bromleys Codebezeichnung Viper ist«, erwiderte Varak. »Diese Codebezeichnung wird seit über zwanzig Monaten vom Pentagon, von G Zwo und dem Bureau benutzt. Er ist seit dem August verschwunden, praktisch untergetaucht. Er ist für eine Menge Leute in Washington gefährlich, aber niemand hat von ihm gehört. Viper ist der vergessene Mann und daher ideal für unsere Zwecke geeignet.«

Bravo ging langsam auf und ab. »Der Mann hat viel gelitten. Sie verlangen sehr viel.«

»Wenig, verglichen mit dem, was wir wollen. Nach allem, was ich über Bromley weiß, würde er, glaube ich, als erster zustimmen.«

St. Claire schloß die Augen und dachte über all das Schreckliche nach, das Bromley durchgemacht hatte. Der alternde, reizbare Buchhalter, der den Mut besessen hatte, allein gegen das Pentagon anzutreten. Sein Lohn war eine drogensüchtige Tochter, die, nachdem sie drei Jahre verschwunden war, als eine aus dem Gleichgewicht geratene Mörderin zurückgekehrt war; und jetzt, da seine Welt wieder ins Lot gekommen war, drohten die Alpträume wieder zurückzukehren. Er sollte als Köder benutzt werden.

Aber Stefan Varak war in seinem Bereich, in den dunklen Winkeln seines exotischen Berufes, brillant. Und er hatte recht.

»Machen Sie sich an die Arbeit«, sagte St. Claire. »Ich werde Inver Brass heute abend zusammenrufen.«

Die Trommeln wirbelten leise. Ein dumpfes Donnergrollen, das der Dezemberwind trug. Das Grab lag im Nordabschnitt des Friedhofes von Arlington. Die Ehrenwache stand an der Westflanke. Die starre Phalanx trug den unausgesprochenen Befehl der Armee: *Der Sarg wird so weit getragen werden und nicht weiter. Dann wird man ihn in die Erde senken. Wir stehen hier in militärischem Glanz, um Respekt zu fordern. Dieser Respekt soll erwiesen werden. Aber stumm. Es wird keine Bezeugungen von privatem Leid geben, denn das ist unziemlich. Dies ist militärischer Boden. Wir sind Männer. Tote Männer.*

Beängstigend, dachte Kastler, der einige Schritte hinter Alison stand, die am Fuß der abgegrenzten Fläche auf einem einzelnen, einfachen schwarzen Stuhl saß. Man berührte sich nicht, hatte keine Beziehung. Zu nichts, nur zu dem Ritual.

Wir werden den Ziffern nach zur Ruhe gelegt. Abzählen!

Rings um die quadratische Grabstelle jenseits der Ketten standen die Seniorbeamten des Pentagon. Etwa ein Dutzend waren vor Alison getreten, hatten leise zu ihr gesprochen, ihre Hände gehalten. Sie war der griechische Chor, der Peter sagte, wer die Spieler in bezug auf ihren Vater waren. Und seine Augen blieben aufmerksam. Es war durchaus möglich, daß jemand hier am Grab das Geheimnis von Chasŏng kannte. Er konnte nur die Gesichter studieren und seiner Fantasie freien Lauf lassen.

Ein Mann, der mit MacAndrew etwa gleichaltrig war, zog Peters Aufmerksamkeit auf sich. Er war ein Major, seine Gesichtshaut war dunkel. Aus dem Mittelmeergebiet, dachte Kastler. Er stand während des kurzen Gottesdienstes stumm da und redete mit niemandem. Als der Sarg vom Leichenwagen über den Rasen zum Grab getragen wurde, blieben die Augen des Mannes nach vorn gerichtet; er reagierte überhaupt nicht auf die Gegenwart des Verblichenen.

Nur während der kurzen Rede des Kaplans zeigte der Major Anzeichen von Bewegung. Es war ganz kurz — nur ein Aufflackern — in seinen Augen, seinen Mundwinkeln. Der Ausdruck des Hasses.

Peter beobachtete ihn. Einen Augenblick lang schien der Major zu merken, daß man ihn beobachtete, und einen Augenblick lang berührte sein Blick den Kastlers. Wieder blitzte der Haß auf und verschwand dann. Er sah weg.

Als die Feierlichkeit vorüber war und man der Tochter des begrabenen Soldaten die Flagge gegeben hatte, traten die Offiziere einer nach dem anderen vor, um das zu sagen, was man von ihnen erwartete.

Aber der Major mit dem dunklen Teint drehte sich um und ging weg, ohne etwas zu sagen. Peter beobachtete ihn. Er erreichte einen kleinen Hügel jenseits der ausgefransten Reihen von Gräbern und blieb stehen. Langsam drehte er sich um und blickte zurück. Eine einzeln stehende Gestalt zwischen den Grabsteinen.

Kastler hatte das instinktive Gefühl, daß der Major einen letzten Blick auf MacAndrews Grab werfen wollte, wie um sich zu überzeugen, daß der Gegenstand seines Hasses wirklich tot war. Es war ein Augenblick von seltsamer Kälte.

»Ich konnte deine Augen hinter mir spüren«, sagte Alison, als sie in der Limousine Platz nahmen, die sie vom Arlington-Friedhof nach Washington bringen sollte. »Einmal habe ich dich angesehen. Du hast die Menge studiert. Und ich weiß, daß du jedes Wort gehört hast, das man zu dir gesagt hat. »Hast du jemanden Interessanten gefunden?«

»Ja«, antwortete Peter. »Einen Major. Er sah aus wie ein Italiener oder ein Spanier. Er ist nicht zu dir gekommen. Er war der einzige Offizier, der dir nicht persönlich kondoliert hat.«

Alison blickte zum Fenster hinaus auf die vorüberziehenden Gräber. Sie sprach mit leiser Stimme, damit der Chauffeur sie nicht hören konnte. »Ja, ich habe ihn gesehen.«

»Dann muß dir auch aufgefallen sein, wie er sich verhalten hat. Es war sehr seltsam.«

»Es war normal. Für ihn. Er trägt seine Feindschaften wie einen Orden. Sie sind ein Teil seiner Orden.«

»Wer ist das?«

»Sein Name ist Pablo Ramirez. Er kommt aus San Juan, einer der ersten Puertorikaner, der in West Point ausgebildet wurde.

Wahrscheinlich könnte man ihn den Vorzeige-Puertorikaner nennen, nur daß man damals diesen Ausdruck noch nicht kannte.«

»Kannte er deinen Vater?«

»Ja, sie haben zusammen gedient. Ramirez hat zwei Jahre nach ihm sein Examen gemacht.«

Peter berührte sie am Arm. »Haben sie zusammen in Korea gedient?«

»Du meinst Chasŏng?«

»Ja.«

»Ich weiß nicht. Korea, ja. Auch in Nordafrika im Zweiten Weltkrieg und vor ein paar Jahren in Vietnam. Aber ob in Chasŏng, weiß ich nicht.«

»Das würde ich gern wissen. Warum mochte er deinen Vater nicht?«

»Ich weiß nicht, ob er ihn nicht gemocht hat. Auch nicht mehr, als er andere nicht mochte. Ich habe *Feindschaften* gesagt. Plural.«

»Warum?«

»Er ist immer noch Major. Die meisten seiner Altersgenossen sind schon Oberstleutnant oder richtige Oberste oder Brigadegeneräle.«

»Ist seine Feindschaft berechtigt? Hat man ihn übergangen, weil er Puertorikaner ist?«

»Oh, wahrscheinlich schon. Das ist eine ziemlich geschlossene Gesellschaft. Und ich habe schon oft die Witze gehört: ›Du mußt aufpassen, wenn du Ramirez zu einer Cocktailparty bei der Marine mitnimmst. Die könnten ihm einen Kellnerfrack anziehen.‹ In der Marine sind die Puertorikaner immer noch Ordonnanzen und so etwas.«

»So etwas erzeugt natürlich Feindschaft.«

»Sicher tut es das. Das ist nicht alles. Ramirez hatte viele Chancen — mehr als die meisten — wahrscheinlich eben, *weil* er Angehöriger einer Minderheit ist. Er hat nicht viel aus seinen Chancen gemacht.«

Peter sah zum Fenster hinaus, er war etwas beunruhigt. Der Blick, den er in Ramirez' Augen gesehen hatte, war gezielter Haß gewesen, ein Haß, der sich auf bestimmte Gegenstände oder Personen richtete. MacAndrews Sarg. MacAndrews Grab. MacAndrew.

»Was hat dein Vater von ihm gehalten?« fragte er.

»Etwa das, was ich dir gerade gesagt habe. Er war ein Leichtgewicht, hitzköpfig und zu leicht erregbar. Überhaupt nicht verläßlich. Dad hat es zweimal abgelehnt, Beförderungen für ihn zu befürworten. Davon abgesehen, hat er nicht viel gesagt.«

»Was meinte er damit, wenn er sagte ›überhaupt nicht verläßlich‹?«

Alison runzelte die Stirn. »Da müßte ich nachdenken. Hauptsächlich, wenn es um Recap und Recon ging, denke ich.«

»Das ist nett. Ich hab' nicht die leiseste Ahnung, wovon du redest.«

Sie lachte. »Entschuldige. So nennt man die schriftlichen Berichte ans Feldhauptquartier. Zusammenfassende Kampfberichte und Aufklärung, ›rekognoszieren‹, wie die alten Militärs das nennen.«

»Das hilft mir auch nicht weiter, aber ich glaube, ich weiß schon, was du meinst. Dein Vater wollte damit sagen, daß Ramirez ein Lügner ist. Entweder gefühlsmäßig oder absichtlich.«

»Wahrscheinlich. Er ist nicht wichtig, Peter.« Alison legte die Hand auf die seine. »Das ist jetzt vorbei. Erledigt, vergangen, *vorbei*. Dank dir, mehr als ich je sagen kann.«

»Das mit uns ist noch nicht vorbei«, sagte er.

Sie hielt seinen Blick fest. »Hoffentlich nicht.« Dann lächelte sie. »Ein Hotel ist eine herrliche Idee. Wir werden uns einen ganzen Tag lang verwöhnen lassen und an überhaupt nichts denken. Ich bin es einfach leid, nachzudenken. Und dann, morgen, gehe ich zu dem Anwalt und erledige alles. Du sollst nicht das Gefühl haben, daß du bleiben mußt. Ich bin in ein paar Tagen wieder in New York.«

Kastler erschrak; ob sie es wohl vergessen hatte? So abrupt. So völlig. Er hielt ihre Hand, wollte nicht, daß sie sie ihm entzog. »Aber da ist doch das Haus in Maryland. Man ist in das Haus eingebrochen und —«

»O Gott! Laß es doch! Er ist tot. Die haben bewiesen, was sie beweisen wollten.«

»Wir sprechen später darüber«, sagte er.

»Meinetwegen«, sagte sie.

»Meinetwegen.« Peter verstand. Peter hatte dem Tod ihres Vaters ins Auge gesehen und dem Leid, das es bedeutete, diesen Tod näher zu untersuchen. Bei der Beerdigung hatte sie den Männern gegenüber gestanden, die versucht hatten, ihn zu zerstören. Die Zeremonie in Arlington war für sie ein Symbol gewesen: der gordische Knoten war durchtrennt worden; sie war jetzt frei und konnte sich ihre eigene Welt suchen. Und jetzt forderte er sie auf, zurückzukehren.

Das mußte er. Weil es noch nicht vorbei war. Das wußte er, und sie wußte es auch.

Und Kastler wußte noch etwas. Alison hatte gesagt, Ramirez sei nicht wichtig.

Doch das war er.

20

Wieder trafen die Limousinen vor dem Hause in Georgetown zu verschiedenen Zeiten und von verschiedenen Punkten ein. Wieder hatten stumme Fahrer ihre Passagiere aufgenommen, ohne sie zu sehen. Inver Brass trat zusammen.

Unter den älteren — Bravo, Venice und Christopher — hatte es seit vielen Wochen die unausgesprochene Übereinkunft gegeben, daß die Wahl eines neuen Genesis sich auf die zwei verbleibenden jüngeren Männer beschränken würde: Banner und Paris.

Jeder war ohne Zweifel qualifiziert, jeder brillant, und jeder in einigen Bereichen außergewöhnlich tüchtig.

Banner war vor sechs Jahren zu Inver Brass gekommen. Er war der jüngste Präsident gewesen, den eine größere Universität des Nordostens in ihrer ganzen Geschichte gehabt hatte, hatte diesen Posten aber aufgegeben, um Vorsitzender der internationalen Roxton-Stiftung zu werden. Er hieß Frederick Wells, und sein Spezialgebiet war die Weltfinanz. Aber Wells hatte trotz der weltweiten Auswirkungen seiner Entscheidungen nie das fundamentale menschliche Bedürfnis für Würde, Respekt und die Freiheit der Wahl und des Ausdrucks aus den Augen verloren. Wells empfand einen tiefen Glauben an den Menschen, mit all seinen Fehlern, und all jene, die versuchten, menschliche Wesen zu unterdrücken, oder sie zu formen oder zu dominieren, verspürten seinen Groll.

So wie John Edgar Hoover ihn verspürt hatte, ohne es zu wissen.

Paris war das jüngste Mitglied ihres Kreises; er war erst vor vier Jahren Inver Brass beigetreten. Er war ein Gelehrter. Seine Vorfahren stammten aus Kastilien, aber seine eigenen Wurzeln saßen fest in amerikanischem Boden, wohin seine Familie geflohen war, um den Falangisten zu entkommen. Sein Name war Carlos Montelán. Im Augenblick war er Inhaber des Lehrstuhls für internationale Beziehungen in Harvard und galt als bester Analytiker für die geopolitischen Überlegungen des 20. Jahrhunderts, den das Land besaß. Ein gutes Dutzend Jahre lang hatte eine Administration nach der anderen versucht, Montelán ins State Department zu ziehen, aber er hatte das immer wieder abgelehnt. Er war Wissenschaftler, nicht Aktivist. Er kannte die Gefahren, die sich verbreiteten, wenn Theoretiker in die schnellebige Welt pragmatischer Verhandlungen traten.

Und doch hatte Montelán nie aufgehört zu suchen, zu tasten, hatte seine Fragen, die er Menschen und ihren Motiven stellte, nie eingeschränkt — ob diese Motive nun persönlicher Natur waren oder einer größeren Sache galten. Wenn er fand, daß solche Motive in der einen oder anderen Beziehung ohne Wert oder gar zerstörerisch waren, so zögerte er nicht, eine aktive Entscheidung zu treffen.

So, wie er im Fall von John Edgar Hoover nicht gezögert hatte.

Bravo hatte trotz Christophers Drängen die Wahl zwischen den beiden Bewerbern aufgeschoben. Christopher war Jacob Dreyfus, ein Bankier, der letzte einer Linie jüdischer Patriarchen, deren Haus mit den Baruchs und den Lehmans rivalisierte. Christopher war achtzig Jahre alt und wußte, daß er nur noch wenig Zeit hatte; ihm war es wichtig, daß Inver Brass seinen Führer einsetzte. Ein Haus ohne einen Mann, der ihm sein Ziel setzte, war kein Haus. Und für Jacob Dreyfus gab es in diesem geliebten Land kein ›Haus‹, das so wichtig war, wie das, bei dessen Gründung er mitgeholfen hatte — Inver Brass.

Das hatte er Bravo gesagt, und Munro St. Claire wußte, daß niemand dies besser zu sagen vermochte als Jacob. St. Claire war auch von Anfang an dabei gewesen, ebenso wie Daniel Sutherland, der schwarze Riese, dessen außergewöhnliche Intelligenz ihn von den Baumwollfeldern von Alabama zum höchsten Richteramt im Lande geführt hatte. Aber weder Bravo noch Venice verfügten über die Worte, die Inver Brass so gut definierten, wie Christopher das konnte.

So wie Jacob Dreyfus das ausdrückte, war Inver Brass im Chaos geboren worden, zu einer Zeit, als die Nation in Stücke gerissen wurde und am Rand der Selbstvernichtung stand. Der Aktienmarkt war zusammengebrochen, die Geschäfte zum Stillstand gekommen; man hatte Fabriken geschlossen, Ladengeschäfte vernagelt, zugelassen, daß Farmen verkümmerten, ihr Vieh verendete und die Maschinen verrosteten. Die unvermeidlichen Explosionen der Gewalt hatten angefangen, Platz zu greifen.

In Washington waren unfähige Führer außerstande gewesen, das nötige zu tun. So war in den letzten Monaten des Jahres 1929 Inver Brass gebildet worden. Der erste Genesis war ein Schotte gewesen, ein Aktienmakler, der dem Rat von Baruch Dreyfus gefolgt war und aus dem Aktienmarkt ausgestiegen war. Er war es gewesen, der der Gruppe ihren Namen gegeben hatte, nach einem kleinen See in den Marschen im schottischen Hochland, den man auf keiner Landkarte finden konnte. Denn Inver Brass mußte im geheimen existieren. Es operierte außerhalb der Regierungsbürokratie, weil es schnell operieren mußte, ohne irgendeine Behinderung.

Beträchtliche Summen Geldes waren in zahllose gefährdete Bereiche übertragen worden, wo Gewalt — geboren aus der Not — ausgebrochen war. Im ganzen Land hatte der Wohlstand von Inver Brass die scharfen Kanten jener Gewalttätigkeit abgestumpft; die Feuer waren gedämpft und innerhalb akzeptabler Grenzen eingedämmt worden.

Aber es waren Fehler begangen worden, auch wenn man sie, sobald man sie erkannt hatte, korrigiert hatte. Manche waren nicht mehr zu korrigieren gewesen. Die Depression war weltweit gewesen; auch jenseits der Gestade der Nation hatte es sich als notwendig erwiesen, Kapital in notleidende Volkswirtschaften zu pumpen.

Da war Deutschland. Die wirtschaftlichen Verwüstungen des Versailler Vertrags, die Unzulänglichkeit des Locarno-Paktes, die Undurchführbarkeit des Dawes-Plans — sie alle wurden mißverstanden, hatten die Männer von Inver Brass geglaubt. Und das war ihr folgenschwerster Fehler gewesen. Ein Fehler, den fünfunddreißig Jahre später ein junger Student namens Peter Kastler als das zu erkennen begann, das es *nicht* gewesen war — eine Verschwörung von weltweitem Ausmaß.

Man hatte ihn aufhalten müssen, diesen jungen Mann Kastler. Inver Brass befand sich im Schatten seiner Fantasie, und er wußte es nicht.

Aber der erkannte Fehler hatte die Männer von Inver Brass in ein neues Gebiet geführt. Sie hatten den Bereich der internationalen Politik betreten. Zuerst war dies geschehen, um zu versuchen, die gemachten Fehler zu beheben. Später einfach nur, weil sie imstande waren, ihren Beitrag zu leisten. Inver Brass verfügte über den Weitblick und die Mittel. Es konnte schnell agieren und reagieren, ohne daß jemand sich einmischen konnte, und war niemand verantwortlich als dem eigenen kollektiven Gewissen.

Munro St. Claire und Daniel Sutherland hatten sich Jacobs leidenschaftliches Plädoyer zur Ernennung eines neuen Genesis angehört. Beide antworteten ohne jegliche Leidenschaft. Jeder von beiden hatte ohne Überzeugung zugestimmt, im wesentlichen jedoch nichts gesagt. St. Claire wußte, daß Sutherland nicht wissen konnte, was er wußte — es bestand die Möglichkeit, daß Inver Brass einen Verräter beherbergte. So mußten Sutherlands Zweifel anderswo liegen. St. Claire glaubte zu wissen, worin diese Zweifel bestanden. Die Tage von Inver Brass neigten sich dem Ende zu. Vielleicht würden sie gleichzeitig mit den Alten ihr Ende finden, und vielleicht war es besser so. Die Zeit verlangt den Wandel; sie stammten aus einer anderen Zeit.

St. Claires Zweifel waren viel spezieller. Sie waren der Grund, daß er nicht zulassen konnte, daß ein neuer Genesis bestimmt wurde. Zumindest durfte es keiner der beiden Bewerber sein. Denn wenn es einen Verräter in Inver Brass gab, dann war das entweder Banner oder Paris.

Sie saßen um den kreisrunden Tisch, und der leere Stuhl von Genesis erinnerte sie an ihre Vergänglichkeit. Es war nicht nötig, in dem Franklin-Ofen ein Feuer zu entfachen. Es würde keine Papiere zu verbrennen geben; es lagen keine auf dem Tisch, und es würde auch keine geben. Es waren keine verschlüsselten Berichte ausgeteilt worden, denn es gab keine Entscheidungen zu treffen, Informationen zu vermitteln oder Bemerkungen anzuhören.

Eine Falle sollte gestellt werden. Zuerst mußte die Entwicklung so beschrieben werden, daß St. Claire die Reaktion aller am Tisch Anwesenden beobachten konnte. Und dann würden zwei Namen ausgesprochen werden: Phyllis Maxwell, Journalistin. Paul Bromley — Codebezeichnung Viper — der verschwundene Kritiker des Pentagon. Verschwunden, aber leicht durch jeden am Tisch Sitzenden zu verfolgen.

»Unsere Zusammenkunft heute abend wird kurz sein«, sagte Bravo. »Ihr Zweck besteht darin, Sie alle auf den neuesten Wissensstand zu bringen und alles zu hören, was Sie vielleicht hinsichtlich der neuen Entwicklung zu sagen haben.«

»Ich nehme an, das gilt auch für Kommentare zu den jüngsten Entscheidungen«, sagte Paris.

»Das schließt alles ein, was Sie wollen.«

»Gut«, fuhr Paris fort. »Ich habe mir seit dem letzten Abend zwei Bücher von Peter Kastler besorgt. Ich weiß nicht, warum Sie ihn gewählt haben. Zugegeben, er hat einen scharfen Verstand und schreibt eine gute Prosa, aber er ist keineswegs ein Schriftsteller von bleibender Bedeutung.«

»Wir haben auch nicht auf literarische Leistung gesetzt.«

»Das tue ich auch nicht. Und ich habe auch nichts gegen populäre Romane. Ich beziehe mich damit nur auf diesen speziellen

Schriftsteller. Ist er ebenso fähig wie vielleicht ein Dutzend andere? Warum gerade er?«

»Weil wir ihn kennen«, warf Christopher ein. »Ein Dutzend andere kennen wir nicht.«

»Wie bitte?« Paris beugte sich vor.

»Ich weiß schon, was Christopher meint«, sagte Bravo. »Wir wissen ziemlich viel über Kastler. Vor sechs Jahren hatten wir Anlaß, uns um ihn zu kümmern. Sie kennen ja beide die Geschichte von Inver Brass; wir haben nichts vor Ihnen geheimgehalten. Unsere Beiträge, unsere Irrtümer. Ende der sechziger Jahre schrieb Kastler ...« Bravo hielt inne und sah Paris an. »... eine analytische Dissertation über den Zusammenbruch von Weimar und die Entwicklung eines militanten Deutschland. Er hätte beinahe Inver Brass identifiziert. Er mußte daran gehindert werden.«

Rings um den Tisch herrschte Schweigen. St. Chlaire wußte, daß der Neger und in ganz besonderem Maß der Jude an jene Tage zurückdachten. Jeder in seiner eigenen Pein.

»Und aus dieser Dissertation«, erklärte Banner und starrte Paris an, »wurde der Roman *Reichstag!*«

»War das nicht gefährlich?« fragte Paris.

»Es war fair«, erwiderte Venice.

»Es war auch ein Roman«, fügte Christopher, nicht besonders freundlich, hinzu.

»Das beantwortet meine Frage«, sagte Paris. »Es war ebenso eine Frage der Vertrautheit. Besser eine bekannte Person mit ihren Grenzen als eine unbekannte mit mehr Aussicht.«

»Warum bestehen Sie darauf, Kastler schlecht zu machen?« fragte Venice. »Wir sind hinter Hoovers Akten her, nicht hinter literarischer Anerkennung.«

»Subjektive Vergleiche«, antwortete der Gelehrte. »Er ist die Art von Schriftsteller, die mir auf die Nerven geht. Ich weiß einiges über die Ereignisse von Sarajevo und die damals herrschenden Zustände. Ich habe sein Buch gelesen. Seine Schlüsse basieren auf absichtlich falsch interpretierten Fakten und übertriebenen Assoziationen. Und doch bin ich sicher, daß Tausende von Lesern das, was er schreibt, als authentische Geschichte akzeptieren.«

Bravo lehnte sich in seinem Sessel zurück. »Ich habe das Buch auch gelesen, und weiß einiges über die Ereignisse, die zu Sarajevo führten. Würden Sie sagen, daß es ein Irrtum war, die industrielle Verschwörung mit einzubauen, wie Kastler das getan hat?«

»Natürlich nicht. Das ist gesichert.«

»Dann hatte er doch recht, gleichgültig wie er zu dem Schluß kam.«

Paris lächelte. »Wenn Sie mir verzeihen, ich bin wirklich erleichtert, daß Sie nicht Geschichte lehren. Aber, wie gesagt, meine Frage ist beantwortet. Was für neue Entwicklungen gibt es?«

»Die Entwicklungen können als Fortschritt gesehen werden; als nichts anderes.« Bravo beschrieb Kastlers Fahrt mit Alison zum Kennedy Airport, ihr Zusammentreffen mit der Militäreskorte und die Ankunft der Maschine mit dem Sarg des Generals. Wie Varak vorgeschlagen hatte, sprach St. Claire langsam und achtete auf jede Reaktion, die vielleicht darauf hindeuten könnte, daß jemand am Tisch seine Worte vorhersah, weil ihm die Ereignisse bekannt waren. Sie müssen auf die Augen achten, hatte Varak gesagt. Ein kurzes Sich-Umwölken reicht schon aus. Gewisse chemische Veränderungen ließen sich nicht verbergen; die Augen waren da wie ein Mikroskop.

St. Claire entdeckte keine Reaktionen. Nur völlige Konzentration eines jeden der am Tisch Sitzenden.

Er fuhr fort, das zu beschreiben, was er auf dem Band gehört hatte, was er auf Film gesehen hatte.

»Ohne Varaks Vorbereitungen hätten wir nichts von den außergewöhnlichen Aktionen erfahren, die man gegen Kastler ergriffen hat. Und es galt Kastler, nicht MacAndrews Tochter. Wir halten das für einen Versuch, ihn aus der Bahn zu werfen; ihn zu überzeugen, daß MacAndrews Rücktritt die Folge einer Kommando-Entscheidung war, die vor Jahren in Korea an einem Ort namens Chasŏng getroffen wurde.«

Die Augen von Paris weiteten sich, er reagierte sichtbar. Dann sagte er: »Die Killer von Chasŏng ...«

Ein scharfer Schmerz schoß durch St. Claires Brust; der Atem stockte ihm. Er riß sich zusammen und sah Carlos Montelán scharf an.

Die Worte, die Paris jetzt sprach, liefen ihm eisig über den Rücken. Paris konnte das unmöglich gewußt haben! Auf den Bändern war der Satz nie gebraucht worden, und St. Claire hatte ihn auch nicht benutzt!

»Was bedeutet das?« fragte Venice.

»Jeder Militärhistoriker wird Ihnen sagen, daß dieser Begriff zur Charakterisierung der Offiziere der Schlacht von Chasŏng gebraucht wurde«, sagte Paris. »Es war selbstmörderischer Wahnsinn. Die Truppen haben überall revoltiert; viele sind von ihren eigenen Offizieren erschossen worden. Es war eine katastrophale Strategie. In mancher Hinsicht der politische Wendepunkt des

Krieges. Wenn MacAndrew dort war, ist es durchaus möglich, daß ein lange verborgenes Opfer an die Oberfläche gekommen ist. Das *könnte* das Motiv für seinen Rücktritt gewesen sein.«

St. Claire musterte Paris scharf; die Erklärung des Akademikers hatte ihn erleichtert.

»Könnte eine Verbindung zu seinem Tod in Hawaii bestehen?« fragte Christopher, und seine knorrigen Hände zitterten dabei.

»Nein«, antwortete Bravo langsam. »MacAndrew ist von Longworth erschossen worden.«

»Sie meinen Varak?« fragte Wells ungläubig.

»Nein«, sagte Bravo. »Den wirklichen Longworth. In Hawaii.«

Es war, als hätte eine Peitsche laut geknallt. Alle Augen waren auf St. Claire gerichtet.

»Wie? *Warum?*« Venices Stimme klang verärgert. Daniel Sutherland war wütend.

»Es war unvorhersehbar und daher auch unvermeidbar. Wie Sie wissen, hat Varak bei Kastler den Namen Longworth benutzt. Das war eine Quelle, die er überprüfen konnte, ein Sprungbrett. Kastler hat den Namen MacAndrew gegeben und ihm gesagt, Longworth habe Zugang zu den Archiven. Nachdem seine Frau gestorben war, flog der General um die halbe Welt, um Longworth zu finden. Er fand ihn.«

»Dann nahm MacAndrew an, daß nur Longworth wußte, was in Chasŏng geschehen war«, sagte Frederick Wells nachdenklich. »Daß die Information in Hoovers Archiven steckte und sonst nirgends.«

»Und *das* führt uns nicht weiter. Nur zurück zu den Archiven.« Wieder klang Christophers Stimme unfreundlich.

»Es hilft«, fügte Banner hinzu und sah zu Bravo hinüber. »Es bestätigt das, was Sie sagen. Chasŏng ist ein Ablenkungsmanöver.«

»Warum?« fragte Venice.

Wells wandte sich zu dem Richter. »Weil es keinen Grund dafür gab. Warum hat man es überhaupt benutzt?«

»Da bin ich anderer Meinung.« St. Claire lehnte sich vor und wirkte wieder ganz gefaßt. Der erste Teil von Varaks Falle hatte ihm nichts eingebracht. Jetzt war der Zeitpunkt für den zweiten Teil, für die beiden Namen. »Wie ich Ihnen schon neulich sagte, hat Kastler mit seinem Roman einige Fortschritte gemacht. Varak hat das Manuskript gelesen. Es gibt zwei ziemlich verblüffende Entwicklungen. Ich sollte sagen, zwei Leute sind an die Oberfläche gekommen, die wir beide früher nicht in Betracht gezogen haben.

Wir wissen nicht, weshalb. Eine ist eine nur wenig getarnte Person in dem Buch, der andere ein Mann in Kastlers Notizen — ein Mann, den er zu finden versucht. Die erste Person ist die Zeitungskolumnistin Phyllis Maxwell. Der zweite ist ein Buchhalter namens Bromley, Paul Bromley. Er war früher bei der GSA. Hat jemand von Ihnen besondere Einzelheiten über diese Leute?«

Das war nicht der Fall. Aber die Saat war gelegt, die zweite Falle aufgebaut. Welcher der beiden würde wohl in die Falle gehen, fragte sich St. Claire — sofern an Varaks Schlüssen was dran war. Banner oder Paris? Frederick Wells oder Carlos Montelán?

Das Gespräch zerrann. Bravo ließ erkennen, daß die Sitzung für ihn beendet war. Er schob seinen Sessel zurück, wurde aber von Wells aufgehalten.

»Ist Varak draußen im Flur?«

»Ja, natürlich«, antwortete der Diplomat. »Er hat die üblichen Vorbereitungen für Ihre Abfahrt getroffen.«

»Ich möchte ihm gern eine Frage stellen. Aber zuerst stelle ich sie Ihnen allen. In dem Haus in Rockville waren Mikrofone. Sie schildern die Geräusche von Einbrechern, die MacAndrews Arbeitszimmer durchstöbern, aber keinerlei Worte, die diese Geräusche begleiteten. Draußen wird eine Kamera ausgelöst, zeigt aber nichts, weil die Eindringlinge außer Reichweite sind. Es ist gerade, als hätten sie von den Geräten gewußt.«

»Wie lautet Ihre Frage?« fragte Montelán mit scharfer Stimme. »Ich glaube nicht, daß mir diese Andeutungen gefallen.«

Banner sah Paris an. Es war unverkennbar, dachte St. Claire. Hier wurden Grenzen gezogen. Grenzen? Die Jungen, die sich gegen die Alten aufbäumten und gleichzeitig gegeneinander in Stellung gingen und den Kampf um die Führung begannen?

»Mir kommt das seltsam vor. Die Archive wurden in einer Art und Weise entfernt — und zu einem Zeitpunkt — die darauf hindeuten, daß die Diebe mit Hoovers Tod rechneten. Monate intensiver Ermittlungen führten nicht weiter; einer der besten Abwehrspezialisten im ganzen Land meldet, daß er keine Fortschritte gemacht hat. Bravo kommt auf die Idee, diesen Schriftsteller Kastler einzusetzen. Unsere Abwehrspezialisten unterstützen den Plan; der Schriftsteller wird programmiert und beginnt seine Arbeit. Wie erwartet, führt das zu einer Störung. Die Besitzer von Hoovers Archiven erschrecken und greifen ihn an. Ein Angriff, wie ich behaupte, bei dem sie eigentlich in die Falle hätten gehen müssen. Aber wir haben niemanden auf dem Film und keinerlei Stimmen auf dem Band.«

Montelán lehnte sich in seinem Sessel vor. »Wollen Sie andeuten ...?«

»Ich will andeuten«, unterbrach Banner, »daß unser Spezialist zwar wegen seiner Gründlichkeit bekannt ist, diese Gründlichkeit aber gestern auffällig wenig zum Tragen kam.«

»Wenig? Zuviel!« platzte Christopher heraus. Seine hageren Züge wirkten verkniffen, seine knochigen Finger zitterten. »Haben Sie denn eine Ahnung, wer Varak *ist*? Was er in seinem Leben alles *gesehen* hat? Was ihn *antreibt*?«

»Ich weiß, daß er von Haß erfüllt ist«, erwiderte Banner mit leiser Stimme. »Und das macht mir Angst.«

Am Tisch herrschte Schweigen. Die Wahrheit von Frederick Wells' Aussage hatte ihre Wirkung. Es war möglich, daß Stefan Varak auf einer ganz anderen Ebene als sie alle wirkte, von einem Haß getrieben, der allen anderen im Raum völlig fremd war.

St. Claire erinnerte sich an Varaks Worte: *Ich suche die Nazis in jeder Form, in der sie wieder auferstanden sind, und mache Jagd auf sie. Und wenn Sie glauben, daß es einen Unterschied zwischen dem gibt, wofür diese Archive stehen, und den Zielen des Dritten Reiches, dann irren Sie sich gewaltig.*

Sobald dieser Nazi gefunden und vernichtet war, welche bessere Methode gab es denn dann, seine Jünger unter Kontrolle zu halten, als die Kontrolle über die Archive zu haben?

Bravo schob den Sessel zurück und stand auf. Er ging an einen in die Wand eingelassenen Schrank, sperrte ihn auf und entnahm ihm eine kurzläufige Pistole vom Kaliber 38. Er verschloß den Schrank wieder, ging zu seinem Stuhl zurück und setzte sich. Er hielt die Waffe in der Hand, so daß man sie nicht sehen konnte.

»Würden Sie Mr. Varak bitten, hereinzukommen?«

Stefan Varak stand hinter dem leeren Stuhl von Genesis und studierte die Mitglieder von Inver Brass. St. Claire beobachtete ihn scharf, bis Varaks Blick dem seinen begegnete.

»Mr. Varak. Wir müssen Ihnen eine Frage stellen. Wir wären Ihnen verbunden, wenn Sie uns kurz und präzise darauf antworten könnten. Fragen Sie bitte, Banner.«

Das tat Wells. »Mr. Varak, durch Kastler haben Sie ein Ereignis vorhergesehen, das uns zu Hoovers Archiven hätte führen können«, schloß er. »Eine Identifizierung visuell oder durch Stimmabdruck. Sie stellten die Falle, woraus geschlossen werden kann, daß Sie auch ihre Bedeutung verstanden. Und doch war von Ihrer bekannten Gründlichkeit, Ihrer professionellen Arbeitsweise nichts zu bemerken. Ich frage mich, weshalb. Es wäre doch sehr einfach gewesen, zwei, drei oder sechs Kameras, wenn nötig, aufzustellen. Wenn Sie das getan hätten, wäre die Jagd jetzt vorüber gewesen, und wir hätten die Archive in unserem Besitz gehabt. Warum, Mr. Varak? Oder warum nicht?«

Das Blut schoß Varak ins Gesicht; es rötete sich verärgert. All die Anzeichen, auf die er Bravo aufmerksam gemacht hatte, waren jetzt am Lehrer zu sehen. Erzeugte Ärger ebenso wie Angst diese unkontrollierbaren chemischen Veränderungen, von denen Varak gesprochen hatte? St. Claire bewegte die Pistole, die er im Schoß hielt, und schob den Zeigefinger über den Abzug.

Und dann war der Augenblick vorüber. Varak hatte sich wieder unter Kontrolle. »Die Frage ist berechtigt«, sagte er ruhig. »Ich werde sie so präzise beantworten, wie ich kann. Wie Sie wissen, arbeite ich allein, abgesehen von seltenen Fällen, bei denen ich andere einsetzen kann, die meine Identität nicht aufspüren können. Im vorliegenden Fall war das ein Taxifahrer in New York. Er fuhr Kastler und das Mädchen zum Flughafen; ihr Gespräch wurde auf Band aufgezeichnet. Der Fahrer erreichte mich in Washington und spielte mir das Gespräch über Telefon vor. Das war das erste Mal, daß ich davon hörte, daß sie in Rockville bleiben wollten. Ich hatte sehr wenig Zeit, meine Geräte zu beschaffen, zu dem Haus zu fahren und sie aufzustellen. Ich konnte von Glück reden, daß ich auch nur eine Kamera mit dem richtigen Infrarotfilm aufbauen konnte. Das ist meine Antwort.«

Wieder herrschte Schweigen, während die Mitglieder von Inver Brass Varak studierten. Unter dem Tisch nahm St. Claire den Finger vom Abzug. Er hatte ein ganzes Leben lang damit verbracht, die Wahrheit zu erkennen, wenn er sie hörte. Nach seiner Ansicht hatte er gerade die Wahrheit gehört.

Er hoffte bei Gott, daß er recht hatte.

21

Die Gewohnheit veranlaßte Peter, um halb fünf Uhr morgens aufzuwachen. Gewohnheit war es auch, die ihn dazu trieb, aufzustehen und zu seinem Aktenkoffer zu gehen, der auf einem Schlafzimmerstuhl stand, und seine lederne Schreibmappe hervorzuholen.

Sie befanden sich in einer Suite im Hay-Adams, und Alison erlebte jetzt zum erstenmal seine seltsamen Arbeitsstunden.

Sie hörte ihn und schoß im Bett in die Höhe. »Brennt es?«

»Es tut mir leid. Ich hatte nicht gedacht, daß du mich hören würdest.«

»Ich weiß, daß ich dich nicht sehen kann. Draußen ist es finster. Was ist passiert?«

»Nichts ist passiert. Es ist Morgen. Um die Zeit arbeite ich am liebsten. Geh wieder schlafen. Ich gehe ins Nebenzimmer.«

Alison ließ sich ins Kissen zurückfallen und schüttelte den Kopf. Peter lächelte und trug seine Schreibmappe ins Wohnzimmer. Zu der Couch und dem niedrigen Tisch davor.

Drei Stunden später hatte er sein achtes Kapitel abgeschlossen. Er hatte keinen einzigen Blick auf das Exposé geworfen; das war nicht notwendig. Er kannte die Gefühle, die er jetzt für Alexander Meredith schilderte. Er selbst war von Furcht gepackt gewesen; er war in Panik geraten. Er wußte, wie es war, Gegenstand einer wilden Jagd zu sein; er selbst hatte hastige Schritte in der Finsternis gehört.

Alison erwachte kurz vor acht Uhr. Er schlüpfte zu ihr ins Bett, und sie liebten sich. Langsam, ineinander versunken, jede neu erwachende Reaktion war schöner und erregender als die letzte, bis der verzweifelte Rhythmus ihres vereinten Hungers sie erfaßte, und keiner dem anderen erlaubte, in dessen Intensität nachzulassen.

Und sie schliefen in den Armen des anderen ein, und jeder fand im anderen die Erleichterung, die er suchte.

Sie wachten um halb elf auf, frühstückten im Zimmer und begannen, über den Rest des Tages nachzudenken. Peter hatte ihr einen Tag ›herrlichen Nichtstuns‹ versprochen; den wollte er ihr bieten. Sie verdiente es. Als er sie über den Frühstückstisch hinweg ansah, fiel ihm etwas auf, das er schon vorher hätte bemerken müssen. Trotz der Belastung und ihrer Trauer war an Alison eine ganz besondere Art von stillem Humor; einem Humor, der sie nie ganz losließ.

Cathy hatte diese Eigenschaft auch gehabt.

Peter griff über den Tisch nach ihrer Hand. Sie nahm sie und lächelte, und ihre Augen suchten die seinen.

Das Telefon klingelte. Es war der Anwalt ihres Vaters. Es gab verschiedene Papiere zu unterschreiben, Formulare auszufüllen und gewisse Rechte zu begreifen. Das Testament des Generals war einfach, was man von den bürokratischen Vorschriften nicht sagen konnte. Ob Alison um zwei Uhr in sein Büro kommen könnte? Wenn es keine Komplikationen gab, würde sie bis fünf fertig sein.

Kastler versprach ihr, daß der Tag des herrlichen Nichtstuns dann eben morgen sein würde. Tatsächlich würden sie um eine Minute nach fünf damit beginnen.

Denn am nächsten Tag, dachte Peter bei sich, würde er das Thema des Hauses in Rockville aufs Tapet bringen.

Alison ging um halb zwei weg, um den Anwalt aufzusuchen. Kastler holte sich wieder seine lederne Schreibmappe.

Kapitel 9 — Exposé
Zweck dieses Kapitels ist das Zusammentreffen von Alex Meredith und dem Senator. Es wird nach einer anstrengenden Jagd im Hotelzimmer stattfinden in deren Verlauf Alex jenen entkommen muß, die ihn verfolgen. Bei seinem Zusammentreffen mit dem Senator erkennt Alex, daß es eine Gruppe mächtiger Männer gibt, die bereit und willens ist, Hoover zu bekämpfen. Er ist nicht allein. Das ist der Anfang seiner Reise zurück in die Vernunft.

Jetzt akzeptiert er die Gefahren, die ihm bevorstehen, weil es Leute gibt, an die er sich halten kann; seine Abhängigkeit von ihnen wird sofort erkennbar. Als der Senator die Identität seiner beiden engsten Kollegen preisgibt, verstärkt das seine Erleichterung — es sind der ehemalige Kabinettsangehörige und die Journalistin. Auch sie wollen mit Meredith zusammentreffen.

Es gibt einen Plan. Alex weiß nicht, worin dieser Plan besteht, aber allein schon die Tatsache, daß einer existiert, reicht aus. Er ist mit von der Partie, ohne ganz zu begreifen, in welchem Umfang das der Fall ist.

Die Stunden verstrichen; die Worte sprudelten immer noch aus ihm heraus, wie ein Zwang war das. Er hatte den Punkt erreicht, an dem der Senator erklärt, wie Hoovers Bote auf ihre Seite gezogen wurde. Kastler las befriedigt die Worte, die er später in dem eigentlichen Kapitel benutzen würde. »Aus Gründen des Überlebens hat Alan Longworth erkannt, wo er Fehler begangen hat. Seine Vergangenheit ist ebensowenig vor Nachforschungen gefeit wie die von anderen Menschen. Eine isolierte Tatsache kann verdreht oder aus dem Zusammenhang genommen werden. Nur die Quelle ist es, auf die es ankommt. Das alles verdammende Imprimatur — wie die Buchstaben FBI. Long ist im Begriff, seinen Abschied vom Bureau zu nehmen, weil er todkrank ist. Ein entsprechender Bericht ist an den Direktor gesandt worden. In Wahrheit aber wird Long für uns arbeiten. Obwohl man nicht gerade sagen könnte, daß er mit dem Blut des Lammes gewaschen worden ist, neigt er weniger dem Erzengel der Finsternis zu. Er hat Angst. Und Furcht ist eine Waffe, die er gut kennt.«

Keine schlechte Arbeit für einen Tag, dachte Peter und sah auf die Uhr. Es war beinahe halb fünf. Die späte Nachmittagssonne erzeugte auf den Häusern vor dem Hotelfenster Schattenblöcke. Der Dezemberwind war eisig kalt; hin und wieder wirbelte ein Blatt am Fenster vorbei.

Alison würde bald zurückkommen. Er würde mit ihr in ein kleines Restaurant in Georgetown gehen, das er kannte, und sie würden dort still zu Abend essen und einander ansehen und einander berühren. In ihren Augen und in ihrer Stimme würde Gelächter sein, und er würde für ihre Nähe dankbar sein. Und dann würden sie zum Hotel zurückkommen und sich lieben. So schön war das. So voll Bedeutung. Und in seinem Bett war so lange keine Bedeutung gewesen.

Peter erhob sich von der Couch und streckte sich, drehte den Hals. Das war eine Angewohnheit; wenn sich der bohrende Schmerz in seinen Schläfen einstellte, half es, den Kopf im Kreis zu drehen. Und doch war da jetzt gar kein Schmerz. Trotz der Anspannung der letzten achtundvierzig Stunden hatte es nur ein paar kurze Augenblicke gegeben, in denen er die Alarmsignale verspürt hatte. Alison MacAndrew war in sein Leben getreten. Es war wirklich so einfach.

Das Telefon klingelte. Er lächelte, reagierte wie ein junger Mann. Das mußte Alison sein; sonst wußte niemand, daß er hier war. Er nahm den Hörer ab und rechnete damit, daß sie ihm mit ihrem ganz besonderen Lachen mitteilen würde, daß sämtliche Taxis in Washington ihr aus dem Weg gingen; sie irgendwo in einem Betonzoo gestrandet war, und die Tiere sie anfauchten.

Es war eine Frauenstimme, aber nicht die von Alison. Nur der harte, angespannte Klang eines erschreckten menschlichen Wesens. »Was, in Gottes Namen, haben Sie getan? Wie konnten Sie mich in Ihr Buch aufnehmen? Wer hat Ihnen das Recht dazu gegeben?«

Es war Phyllis Maxwell.

So fing der Wahnsinn an.

Er hinterließ einen Zettel für Alison und einen zweiten an der Rezeption, für den Fall, daß ihr der im Zimmer nicht auffiel. Er hatte keine Zeit für Erklärungen; dies war ein Notfall, und er mußte auf eine Stunde weg. Er würde sie bei der ersten sich bietenden Gelegenheit anrufen. Und er liebte sie.

Phyllis Maxwell. Das war verrückt! Was sie gesagt hatte, war völliger Wahnsinn. Und Peter hatte ihr ganz schnell eine Menge erklären müssen. Ja. Es gab eine Person in seinem Buch, die einen möglicherweise — ja, möglicherweise — unter Umständen an sie erinnern konnte! Aber ebensogut konnte sie einen auch an ein Dutzend andere Journalistinnen erinnern!

Nein! Er hatte sich nicht vorgenommen, sie zu vernichten. Sie nicht, und auch sonst niemanden! Nur den Ruf von J. Edgar Hoover wollte er zerstören, und dafür beabsichtigte er auch nicht, sich zu entschuldigen! Um Himmels willen, *nein!* Er arbeitete allein! All seine Recherchen, all seine Quellen, die er benutzte — nichts hatte auch nur das Geringste mit ihr zu tun!

Oder ... Paula Mingus ... Wer auch immer das war.

Doch die Stimme am anderen Ende der Leitung war Vernunftgründen nicht zugänglich — im einen Augenblick war sie schwach, kaum hörbar, im nächsten schrill und hysterisch. Phyllis Maxwell war dabei, den Verstand zu verlieren. Und irgendwie war er dafür verantwortlich.

Er versuchte, ganz ruhig und vernünftig zu ihr zu reden; es hatte keinen Sinn. Er versuchte sie anzuschreien; das führte zu Chaos. Schließlich rang er ihr das Versprechen ab, sich mit ihm zu treffen.

Sie wollte nicht zum Hay-Adams kommen. Sie war mit ihm im Hay-Adams zusammengewesen. Ob er sich nicht daran erinnerte? War es so widerlich gewesen?

Herrgott! Hören Sie auf!

Sie war nicht bereit, sich an irgendeinem Ort seiner Wahl mit ihm zu treffen. Sie hatte kein Vertrauen zu ihm; um Himmels willen, wie konnte sie das auch? Und sie war auch nicht bereit, sich an irgendeinem Ort mit ihm zu treffen, wo man sie zusammen sehen könnte. Es gab ein Haus an der Fünfunddreißigsten Straße, in der Nähe der Ecke der Wisconsin Avenue hinter Dumbarton Oaks. Es gehörte Freunden, die außer Landes waren; sie hatte einen Schlüssel. Die Nummer wußte sie nicht genau; doch das war nicht wichtig, das Haus hatte eine weiße Veranda und ein Mosaikglasfenster über der Tür. Sie würde in einer halben Stunde dort sein.

Als sie auflegte, sagte sie: »Sie haben die ganze Zeit mit denen zusammengearbeitet, nicht wahr? Sie müssen sehr stolz auf sich sein.«

Ein Taxi rollte heran; Kastler sprang hinein, gab dem Fahrer die Adresse und versuchte, Ordnung in seine Gedanken zu bekommen.

Jemand hatte sein Manuskript gelesen; soviel war klar. Aber wer? *Wie?* Das *Wie* war es, das ihn besonders beunruhigte, weil es bedeutete, daß der Betreffende sich ziemliche Mühe gegeben hatte, an das Manuskript zu kommen. Er kannte die Vorsichtsmaßnahmen, die das Schreibbüro anwandte; diese Vorsichtsmaßnahmen waren Teil ihres Service, ein Teil ihrer Empfehlungen. Das Schreibbüro kam also nicht in Frage.

Morgan! Weder mit Absicht noch mit seiner Erlaubnis, sondern zufällig! Tony hatte die typische Gleichgültigkeit des Aristokraten an sich. Sein Verstand polterte stets herum, überwachte Dutzende von Projekten gleichzeitig. Es war durchaus möglich, daß Morgan das Manuskript geistesabwesend auf irgendeinem Schreibtisch hatte liegen lassen. Oder, der Himmel bewahre, auf der Toilette.

Das Taxi erreichte die Kreuzung der Pennsylvania Avenue und der Zwanzigsten Straße. Er sah eine leere Telefonzelle an der Ecke. Peter sah auf die Uhr. Es war zehn Minuten vor fünf. Tony würde bestimmt noch im Büro sein.

»Halten Sie an der Telefonzelle, bitte«, sagte er. »Ich muß telefonieren. Es dauert nicht lange.«

»Lassen Sie sich ruhig Zeit, Mister. Die Uhr läuft.«

Peter schloß die Tür der Zelle und wählte Morgans Nummer. »Hier ist Peter, Tony. Ich muß dich etwas fragen.«

»Wo, zum Teufel, steckst du? Ich habe heute morgen mit Mrs. Alcott gesprochen. Sie sagte, du seist in der Stadt. Ich habe in der Wohnung angerufen, aber da war nur dein Anrufbeantworter.«

»Ich bin in Washington. Ich habe keine Zeit für Erklärungen. Hör mal zu. Jemand hat das Hoover-Manuskript gelesen. Wer auch immer es war, er hat etwas Schreckliches getan, einen furchtbaren Fehler begangen . . .«

»He, Augenblick«, unterbrach Morgan. »Das ist unmöglich. Eines nach dem anderen. Was hat er Schreckliches getan? Was für ein Fehler?«

»Er hat jemandem gesagt, daß sie — er — in dem Buch vorkommt.«

»Er oder sie?«

»Welchen Unterschied macht das eigentlich? Worauf ich hinaus will, ist, daß jemand es gelesen hat, und die Information dazu benutzt, jemand anderen in Angst und Schrecken zu jagen!«

»War es ein Fehler? Gibt es eine solche Person?«

»In Wirklichkeit nicht. Es könnten ein halbes Dutzend verschiedener Leute sein, aber das hat nichts zu besagen.« Für Morgans Fragen war jetzt keine Zeit.

»Ich meinte nur, daß einige deiner Personen im weitesten Sinne auf Leuten basieren, die dort unten leben. Dieser General zum Beispiel.«

»O Gott ...« In dem verwickelten Prozeß, eine Person zu erfinden, hatte er einen Aspekt von Phyllis Maxwells Leben — ihre Laufbahn als Journalistin — genommen und eine andere Person darauf aufgebaut. Eine *andere* Person nicht *sie*! Nicht Phyllis. Die Person, die er geschaffen hatte, war ein Erpresseropfer; das war gar nicht Phyllis! Das Ganze war reine Erfindung! Aber die Stimme am Telefon im Hay-Adams war keine Erfindung. »Hast du irgend jemanden das Manuskript lesen lassen?«

»Natürlich nicht. Meinst du denn, ich möchte, daß die Leute erfahren, wie absolut unverlegbar du bist, ehe meine redaktionelle Bearbeitung sich ausgewirkt hat?«

Das war ein alter Witz zwischen ihnen, aber Kastler lachte nicht. »Wo ist denn deine Kopie?«

»Wo? Nun, in der Schublade meines Nachttischs, und wir sind seit mehr als sechs Monaten nicht mehr beraubt worden. Ich glaube, das ist ein Rekord.«

»Wann hast du zum letztenmal nachgesehen?«

Morgan hielt inne. Seine Stimme klang plötzlich ernst, er schien zu begreifen, wie beunruhigt Peter war. »Neulich abends. Die Schublade ist abgeschlossen.«

»Hast du eine Kopie für Joshua gemacht?«

»Nein, er bekommt eine, wenn ich mit der Bearbeitung fertig bin. Könnte es sein, daß sonst jemand deine Kopie gelesen hat?«

»Nein. Sie liegt in meinem Koffer.« Kastler hielt inne. Der Koffer. Seine Aktentasche lag mit dem Koffer zusammen im Wagen. Die Nacht in Rockville! Der frühe Morgen, die rennenden Schritte; die scheußlichen abgeschnittenen Beine eines Tiers; der blutbefleckte Koffer. Dort und dann hätte es passieren können. »Schon gut, Tony. Ich rufe dich in ein oder zwei Tagen an.«

»Was machst du in Washington?«

»Ich weiß nicht genau. Ich bin hierhergekommen, um etwas zu erfahren. Jetzt weiß ich nicht ...« Er legte auf, ehe Morgan etwas sagen konnte.

Er sah die weiße Veranda und das schwache Licht, das durch das Mosaikglasfenster über der Milchglastür schien. Die ganze Straße war von alten Häusern gesäumt, die einmal stattlich gewesen sein mochten, jetzt aber so aussahen, als gehörten sie einer anderen Zeit an.

»Das ist das Haus«, sagte er zu dem Fahrer. »Vielen Dank, und behalten Sie ruhig das Wechselgeld.«

Der Fahrer zögerte. »He, Mister«, sagte er. »Mag sein, daß ich mich irre, und es geht mich auch nichts an. Vielleicht haben Sie das erwartet, vielleicht haben Sie sogar deshalb telefoniert. Aber ich glaube, man ist Ihnen hierher gefolgt.«

»Was? Wo ist der Wagen?« Peter fuhr herum und blickte zum Heckfenster des Taxis hinaus.

»Sie brauchen sich gar nicht umzusehen. Er hat gewartet, bis wir die Fahrt verlangsamten; dann bog er dort hinten an der linken Ecke ein. Er hat das übrigens recht gut gemacht. Wahrscheinlich, um zu sehen, wo Sie anhielten.«

»Sind Sie sicher?«

»Ich sagte ja, es kann schon sein, daß ich mich irre. Scheinwerfer in der Nacht — die sehen alle ein wenig anders aus. Man kann das nie genau sagen.«

»Ich weiß schon, was Sie meinen.« Peter überlegte einen Augenblick lang. »Wollen Sie hier auf mich warten? Ich zahle dafür.«

»He, nein, vielen Dank. Diese Fahrt hat mich mächtig weit nach hier draußen gebracht. Meine Alte wird ohnehin schon stöhnen. Die Wisconsin ist gleich dort vorn. Dort finden Sie leicht ein Taxi.«

Kastler stieg aus und schloß die Tür. Der Wagen jagte davon. Peter wandte sich dem Haus zu. Abgesehen von dem schwachen Licht im Flur waren keine weiteren Lampen eingeschaltet. Und doch war beinahe eine Stunde verstrichen, seit er mit Phyllis Maxwell gesprochen hatte. Sie sollte inzwischen hier sein. Er fragte sich, ob sie genügend klar denken konnte, um ihren eigenen Anweisungen zu folgen. Er ging über den Plattenweg zur Veranda.

Er erreichte die oberste Stufe und hörte das metallische Klicken eines Schlosses. Vor ihm öffnete sich die Tür, aber niemand ließ sich blicken.

»Phyllis?«

»Kommen Sie schnell herein«, kam im Flüsterton die Antwort.

Sie stand an der Wand zur linken Seite der Tür, den Rücken

gegen die verblaßte Tapete gedrückt. In dem schwachen Licht sah sie viel älter aus, als sie im Kerzenschein im Speisesaal des Hay-Adams gewirkt hatte. Ihr Gesicht war vor Angst bleich. Tief eingegrabene Falten um die Mundwinkel signalisierten den Druck, der auf ihr lastete. Ihre Augen waren durchdringend, aber der Glanz, an den er sich erinnerte, war nicht mehr da; in ihnen war jetzt keine Neugierde mehr, nur Furcht. Er schloß die Tür.

»Sie brauchen keine Angst zu haben. Die hatten Sie doch nie. Das ist mir ganz ernst, Phyllis.«

»Oh, junger Mann, Sie sind einer von den schlimmsten«, sagte sie, und ihr Flüstern war mit Trauer und Verachtung angefüllt. »Sie bringen einen auf die süße Tour um.«

»Das ist völliger Unsinn. Ich möchte mit Ihnen sprechen. Aber dabei möchte ich nicht an einer Stelle stehen, von der aus ich Sie nicht sehen kann.«

»Sie werden kein Licht einschalten!«

»Zumindest kann ich Sie jetzt hören.« Plötzlich schweiften Peters Gedanken zu der erschreckenden Information des Taxifahrers ab. Draußen auf der Straße war ein Wagen. Beobachtete sie, wartete. »Okay, also kein Licht. Können wir uns setzen?«

Ihre Antwort war ein durchdringender Blick und dann eine plötzliche Bewegung, weg von der Wand. Er ging hinter ihr, trat durch einen Bogen in ein dunkles Wohnzimmer. Im Schein der Flurbeleuchtung konnte er üppige Polstersessel und ein großes Sofa sehen. Sie ging geradewegs auf den Sessel zu, der dem Sofa gegenüberstand. Das Rascheln ihres Rockes war das einzige Geräusch im Raum. Er zog den Mantel aus, warf ihn auf die Armlehne der Couch und nahm ihr gegenüber Platz. Die Flurbeleuchtung erhellte ihr Gesicht besser, als wenn sie neben ihm gesessen hätte.

»Ich werde Ihnen jetzt etwas sagen«, begann er. »Wenn ich das etwas ungeschickt anpacke, dann, weil ich noch nie so etwas erklären mußte; vielleicht habe ich das, was man etwas irreführend als den kreativen Prozeß bezeichnet, noch nie analysiert.« Er zuckte die Achseln, als wäre ihm dieser Begriff unsympathisch. »Ich war sehr von Ihnen beeindruckt«, sagte er.

»Sie sind sehr freundlich.«

»Bitte. Sie wissen, was ich meine. Mein Vater ist sein ganzes Leben lang Zeitungsmann gewesen. Als wir uns begegneten, da bin ich ganz sicher, war ich mehr beeindruckt als Sie. Die Tatsache, daß Sie mich interviewen wollten, kam mir irgendwie verrückt vor. Mir tat das gut, und es hatte gar nichts mit meinen

Büchern zu tun. Sie sind Teil von etwas sehr Wichtigem und besitzen eine Bedeutung, die ich nicht habe. Ich war verdammt beeindruckt. Und es war ein prima Abend. Ich habe zuviel getrunken und Sie auch, aber was soll's schon?«

»Sie töten mich auf die süße Tour, junger Mann«, flüsterte sie.

Peter hielt den Atem an, blieb bemüht, nicht aus der Rolle zu fallen. »Ich bin mit einer großen Lady ins Bett gegangen. Wenn das mein Verbrechen ist, muß ich mich schuldig bekennen.«

»Nur weiter.« Phyllis schloß die Augen.

»Ich habe Ihnen in jener Nacht viele Fragen über Hoover gestellt. Sie haben mir Antworten gegeben, mir Dinge gesagt, die ich nicht wußte. Ihre Intensität hat mich elektrisiert. Ihr Moralbegriff war tief verletzt worden, und Sie zeigten mir eine personifizierte Wut, die ich noch nie in irgend etwas aus Ihrer Feder gelesen hatte.«

»Worauf wollen Sie hinaus?«

»Das ist alles Teil meiner ungeschickten Erklärung. Ich war in Washington, um mir Hintergrundinformationen zu beschaffen; ein paar Tage später fing ich mit der Arbeit an. Ihre Wut hatte mich sehr beeindruckt. Außerdem war es die Wut einer Frau. Einer erfolgreichen Frau, die sich artikulieren konnte. Also war es doch ein ganz logischer Schritt, eine Variation jener Frau zu erfinden, jemanden, der dieselben Eigenschaften besaß. Das war es, was ich getan habe. Das ist meine Erklärung. Sie haben mir die Idee für die Person verschafft, aber Sie sind nicht diese Person. Sie ist nur eine Erfindung.«

»Haben Sie auch einen General erfunden, den man gestern in Arlington beerdigt hat?«

Kastler saß reglos und wie benommen. Ihre toten Augen starrten ihn in dem schwachen Licht an. »Nein, den habe ich nicht erfunden«, antwortete er mit leiser Stimme. »Wer hat Ihnen von ihm erzählt?«

»Das wissen Sie doch ganz sicher. Eine schreckliche, ausdruckslose, hohe Flüsterstimme am Telefon. Für etwas so Grundlegendes ist das erschreckend wirksam. Das wissen Sie doch ganz sicher.« Phyllis sprach langsam, mit großen Abständen zwischen den Worten, als hätte sie Angst davor, sie zu hören.

»Ich weiß nicht«, antwortete Peter, der es wirklich nicht wußte, der aber anfing zu begreifen, wie sich etwas Schreckliches ausbreitete. Er gab sich Mühe, ruhig zu bleiben, vernünftig zu klingen, aber er wußte, daß seine Wut sichtbar war. »Ich glaube, das alles ist jetzt weit genug gegangen. Flüsterstimmen am Telefon. Worte, die man auf Wände geschmiert hat! Häuser, in die man eingebrochen ist. Zerschnittene Tierkadaver! Genug!« Er stand auf und drehte sich herum. »Das wird jetzt aufhören.« Er sah, was er suchte: eine große Stehlampe auf dem Tisch. Er ging auf sie zu, schob die Hand unter den Schirm und zog an der Kette. Das Licht flammte auf. »Jetzt wird es kein Versteckspiel mehr geben, keine dunklen Räume. Jemand versucht, Sie in den Wahnsinn zu treiben, Alison in den Wahnsinn zu treiben, mich dazu zu bringen, daß ich den Verstand verliere! Mir reicht es jetzt. Ich werde nicht zulassen ...«

Weiter kam er nicht. Eine Scheibe in einem der Fenster explodierte. Gleichzeitig war das Splittern von Holz zu hören; eine Kugel bohrte sich irgendwo in die Vertäfelung. Dann zersplitterte die nächste Scheibe; Glassplitter flogen durch die Luft, und der Verputz platzte von den Wänden, es sah aus wie die ausgefransten Ränder eines schwarzen Blitzes.

Peters Hand schoß instinktiv nach vorn, fegte die Lampe vom Tisch auf den Boden. Sie landete auf der Seite, eine Birne brannte weiter, warf gespenstisches Licht auf den Boden.

»Hinlegen!« schrie Phyllis.

Während Kastler sich zu Boden warf, erkannte er, daß da zwar Kugeln, aber keine Schüsse waren! Plötzlich drängten sich ihm schreckenerregende Bilder auf.

Die Morgendämmerung bei den Cloisters! Ein Mann, der vor seinen Augen getötet wurde; ein Kreis aus Blut, der sich ganz abrupt und ohne Warnung auf einer weißen Stirn gebildet hatte. Ein Körper, verzerrt und sich aufbäumend, ehe er stürzte. *Damals hatte es auch keine Schüsse gegeben!* Nur Geräusche, wie wenn jemand ausspuckt, hatten die Stille gestört und sie mit dem Tod gefüllt.

Du mußt dich bewegen! Um Himmels willen, du mußt dich bewegen! In seiner Panik hatte er sich auf Phyllis gestürzt und sie mit sich zu Boden gerissen.

Wieder explodierte eine Fensterscheibe, eine weitere Kugel ließ den Verputz aufplatzen. Dann noch eine, sie prallte irgendwo von Stein ab und zerschmetterte das Glas einer Fotografie an der Wand.

Bewege dich! Das ist der Tod!

Er mußte an die Lampe herankommen. Solange sie brannte, waren sie Ziele. Er stieß Phyllis weg, drückte sie zu Boden, hörte ihr verängstigtes Klagen. Seine Augen huschten nach rechts, dann nach links. Stein! Da mußte irgendwo ein offener Kamin sein! Er war direkt hinter ihm, und er sah auch, was er brauchte. Ein Feuerhaken, der an der Ziegelmauer lehnte. Er taumelte darauf zu.

Wieder splitterte Glas; zwei Sprünge erschienen an den Wänden, die zum Teil im Schatten lagen. Phyllis schrie auf, und einen Augenblick lang dachte Peter, man könne sie hören, erinnerte sich dann aber, daß das Haus an der Ecke lag, und daß das nächste Haus wenigstens dreißig Meter entfernt war. Die Nacht war kalt; Fenster und Türen waren daher geschlossen. Ihre Schreie würden keine Hilfe herbeiholen.

Er kroch auf die Lampe zu, hob den Schürhaken und schmetterte ihn auf den Lampenschirm herunter, als tötete er ein gefährliches Tier.

Doch da war immer noch das Flurlicht! Es wirkte jetzt so hell wie ein Scheinwerfer, und der Lichtschein kroch in Ecken und erfüllte den Raum mit einer Helligkeit, die er nie für möglich gehalten hatte. Er richtete sich auf, rannte auf den Türbogen zu und schleuderte seinen Haken nach dem Beleuchtungskörper an der Decke. Der Feuerhaken wirbelte durch die Luft und schmetterte gegen die Tränentropfen aus Glas. Plötzlich war es dunkel.

Er warf sich wieder auf den Boden, kroch auf Phyllis zu. »Wo ist das Telefon?« flüsterte er.

Er konnte ihr Zittern spüren; sie konnte nicht antworten.

»Das Telefon? *Wo ist es?*«

Jetzt verstand sie. In den dunklen Schatten, welche die Straßenlaternen in der Tiefe erzeugten, konnte er sehen, wie ihre Augen aufnahmen, was er sagte. Unter ihrem Schluchzen war das, was sie sagte, kaum zu hören. »Nicht hier. Dort ist nur eine Steckdose, kein Telefon.«

»*Was?*« Was versuchte sie ihm da zu sagen? Eine Steckdose? Kein Telefon?

Wieder erfüllte das Zersplittern von Glas den Raum. Die Kugel traf einige Zentimeter über ihren Köpfen, bohrte sich über ihnen in die Mauer. Plötzlich war draußen ein lauter Gewehrschuß zu hören — eine Art Kontrapunkt zu dem spuckenden Feuer — dem kurz darauf ein gutturaler Schrei folgte, der schnell verstummte. Dann waren quietschende Reifen und der Aufprall von Metall auf Metall zu hören. Wieder das Brüllen einer wütenden Stimme. Eine Wagentür öffnete sich und schloß sich wieder.

»Küche«, flüsterte Phyllis und deutete in der Dunkelheit nach rechts.

»Das Telefon ist in der Küche? *Wo?*«

»Dort durch.«

»Unten bleiben!« Peter kroch wie ein in Panik geratenes Insekt über den Boden, durch einen Mauerbogen zu einer Türnische. Er verspürte unter sich Küchenkacheln. Das Telefon! Wo war es? Er versuchte, seine Augen an die neue Dunkelheit zu gewöhnen.

Jetzt scharrten seine Hände, von Panik erfüllt, an den Wänden entlang. Küchentelefone waren gewöhnlich an der Wand befestigt und hatten lange Kabel für die Hörer, die bis zum Boden reichten ... Er fand es! Seine Hand schoß in die Höhe; er riß den Hörer von der Gabel und führte ihn an sein Ohr, wobei seine freie Hand nach der Wählscheibe tastete. Der letzte Kreis. Null.

Das Telefon war tot.

Ein betäubendes Krachen war zu hören. Auf der gegenüberliegenden Seite der stockdunklen Küche zersplitterte Glas. Der obere Teil der Außentür war eingeschlagen worden; ein Ziegelstein prallte von der Mauer ab. Jemand hatte einen Ziegelstein durch das Glas geworfen.

Ein Ziegelstein! Der Kamin! Er hatte ihn an der Ecke der Schieferplatte gesehen, rechts vom Gitter. Dessen war er ganz sicher. Das war die Antwort! Die einzige, die ihm blieb.

Er stürzte auf allen vieren — halb kriechend, halb springend — in die Dunkelheit des Wohnzimmers zurück. Phyllis kauerte neben dem Sofa, vom Schreck erstarrt.

Das war es! Hoffentlich war es keine Attrappe!

Einige Leute nannten ihn einen New-England-Feueranzünder; im Mittleren Westen bezeichnete man ihn als einen Eriesee-Starter. Ein runder, poröser Stein am Ende eines Messingrohrs, das in einen Kerosinbehälter führte. Wenn man es unter Holzscheite hielt, half es, ein Feuer zu entfachen.

Er griff nach dem Behälter und nahm den Metalldeckel ab. Der Behälter enthielt Flüssigkeit. Kerosin!

Wieder ertönten einige dieser spuckenden Geräusche, die Schüsse verrieten. Kugeln pfiffen durch die Luft, einige zerschmetterten weitere Glasscheiben, andere fanden freie Bahn durch bereits zerbrochene Scheiben. Die Wände und die Decke nahmen sie auf; er konnte das *Ping* hören, wenn die tödlichen Geschosse von Metallgegenständen abprallten und von ihrer Bahn abgelenkt wurden.

Der Schweiß rann Peter über das Gesicht. Er war sicher, daß er die Lösung hatte, aber er wußte noch nicht, wie er sie konstruieren sollte.

Und dann erinnerte er sich an die Worte, sie wurzelten in einem

Roman, den er selbst geschrieben hatte. Er hatte die Antwort schon einmal *erfunden.*

Dobric riß sich das Hemd herunter und tauchte es in das Benzinfaß. Die Ernte war beendet; auf dem Feld standen die Heustapel. Der nächste würde in Flammen hochgehen, und der Wind würde das Feuer weitertragen. Bald würde das ganze Feld in Flammen stehen, und einige Züge Soldaten würden von ihrer Suche abkommandiert werden . . .

Sarajevo! Ein solcher Zwischenfall hatte sich nach der Ermordung des Erzherzogs Ferdinand ereignet.

Peter riß sein Jackett und das Hemd herunter. Er kroch auf den Tisch zu, auf dem die Lampe gestanden hatte. Er riß das Tischtuch herunter und kehrte zum Kamin zurück. Dort breitete er sein Hemd auf dem Boden aus, legte das Tischtuch darüber und goß das Kerosin über beide, ließ nur etwas von der Flüssigkeit übrig. Dann sprang er zur Couch hinüber und schnappte sich ein Kissen —, goß das verbleibende Kerosin darüber.

Wieder waren Schüsse von draußen zu hören, wieder zerklirrte Glas; Kastler dachte, er müsse sich gleich vor Angst übergeben. Der stechende Schmerz an seinen Schläfen war mit solcher Gewalt zurückgekehrt, daß er Mühe hatte, klar zu sehen. Er schloß die Augen kurz, hätte am liebsten geschrien, wußte aber, daß er das nicht durfte.

Er stellte den leeren Eisentopf mitten auf die Tischdecke und begann, diese Decke und das Hemd um den Topf zu wickeln. Er verknotete die Ärmel, bis der Topf sicher eingebettet war und nur noch ein Ärmel heraushing. Er griff in die Hosentasche und holte ein Streichholzbriefchen heraus.

Jetzt war er bereit. Er kroch auf die Fenster zur Linken zu, zur Wand, zog den Topf hinter sich her, vor sich das Kissen. Langsam richtete er sich auf, hielt mit einer Hand den ausgestreckten Ärmel und mit der anderen des kerosingetränkte Kissen auf dem Boden. Mit einiger Mühe brach er ein Streichholz aus dem Heft und riß es an. Er ließ die Flamme auf den kerosingetränkten Stoff fallen; er explodierte sofort in grellem Flammenschein.

Mit einer fließenden Bewegung schwang er den Ärmel hinter sich und riß ihn dann mit aller Gewalt nach vorn und ließ ihn im letzten Augenblick los. Der flammende Topf krachte durch das verbleibende Glas, wirbelte wie ein Feuerball über den Rasen. Der

Luftstrom draußen verstärkte die Flammen; heruntertropfende Flüssigkeit fing Feuer und hinterließ eine gelbe, tanzende Spur.

Peter hörte Schritte, dann unverständliche Schreie. Und noch mehr Schritte neben dem Haus. Männer versuchten, den Feuerball zu löschen. Dies war der Augenblick, in dem er seine zweite Waffe einsetzen mußte. Er riß das nächste Streichholz an und hielt die Flamme in der linken Hand. Mit der rechten hob er das Kissen auf und hielt das brennende Streichholz darunter.

Wieder sprang die Flamme hoch und versengte ihm die Haare am Arm. Er rannte an das äußerste rechte Fenster und schleuderte das brennende Kissen durchs Glas. Es landete dort, wo er gehofft hatte: am Fuß der weißen Veranda. Das alte Holz und das vom Wind geschürte Kerosinfeuer vertrugen sich gut. Die Veranda begann zu brennen.

Wieder waren Schreie zu hören, Worte in einer unbekannten Sprache. Was für eine Sprache war das? Er hatte sie noch nie gehört.

Eine letzte Salve kaum zu hörender Schüsse wurde auf die Fenster gerichtet, ziellos, für das Haus bestimmt. Er hörte einen schweren Motor aufheulen. Wagentüren wurden aufgerissen und zugeknallt, Reifen quietschten, drehten auf der Straße durch. Der Wagen jagte davon.

Peter rannte zu Phyllis zurück. Er zog sie in die Höhe, hielt sie an sich gedrückt, spürte den zitternden Körper in seinen Armen.

»Es ist vorbei. Alles ist vorbei. Es ist schon gut. Wir müssen hinaus. Durch die Hintertür. Dieses Haus wird brennen — wie ein Heuhaufen.«

»O Gott! O mein Gott ...« Sie vergrub ihr Gesicht an seiner nackten Brust; ihre Tränen wollten nicht aufhören.

»Kommen Sie, gehen wir! Wir warten draußen auf die Polizei. Jemand wird das Feuer sehen und sie rufen. Kommen Sie!«

Langsam blickte Phyllis zu ihm auf, und in ihren Augen war eine seltsame, klägliche Panik zu sehen, ganz deutlich konnte man sie im Licht der sich immer weiter ausbreitenden Flammen vor den Fenstern erkennen. »Nein«, sagte sie in dem heiseren Flüsterton, den sie schon vorher gebraucht hatte. »Nein. Nicht die Polizei!«

»Um Himmels willen! Die haben versucht, uns zu *töten*! Wir müssen mit der Polizei sprechen!«

Sie stieß ihn von sich. Plötzlich schien sie von einer seltsamen Passivität erfaßt; sie versuchte, einen Augenblick der Klarheit zu finden, dachte er. »Sie haben kein Hemd ...«

»Aber eine Jacke und einen Mantel. Kommen Sie.«

»Ja, ich verstehe ... Meine Handtasche. Können Sie meine Handtasche holen? Sie ist im Flur.«

Kastler sah zum Flur hinüber. Rauch quoll durch die Ritzen der Haustür herein; die Veranda stand in Flammen, aber bis jetzt war das Feuer noch nicht ins Haus eingedrungen.

»Sicher.« Er ließ sie los und bückte sich, um sein Jackett aufzuheben, das neben dem offenen Kamin lag.

»Sie liegt auf der Treppe, denke ich. Vielleicht habe ich sie auch im Kleiderschrank gelassen. Ich bin nicht sicher.«

»Schon gut. Ich hole sie. Gehen Sie hinaus. Durch die Küche.«

Phyllis drehte sich um und ging hinaus. Peter zog sein Jackett an und ging schnell in den Flur, nahm dabei seinen Mantel von der Couch.

Es war vorbei. Es würde Gespräche mit der Polizei geben, mit den Behörden, mit jedem, der zuhören wollte. Aber heute nacht war das alles zu Ende. Um diesen Preis würde es kein Buch geben.

Die Handtasche lag nicht auf der Treppe. Er ging halb ins nächste Stockwerk; sie war nirgends zu sehen. Der Rauch wurde jetzt dichter. Er mußte sich beeilen; die Haustür hatte Feuer gefangen. Er rannte die Treppe hinunter und bog unten nach links, suchte den Kleiderschrank. Er befand sich in der äußersten rechten Ecke des Flurs. Er ging schnell darauf zu und öffnete die Tür. An den Haken und Stangen hingen Mäntel, zwei Hüte und ein paar Tücher, aber keine Handtasche. Er mußte hinaus. Der Rauch war nahezu undurchdringlich geworden. Er fing zu husten an. Seine Augen tränten. Er rannte durchs Wohnzimmer zurück, durch den Bogen ins Speisezimmer, in die Küche und zur offenen Tür hinaus.

In der Ferne hörte er das Heulen von Sirenen.

»Phyllis?«

Er rannte am Haus entlang nach vorn. Da war sie nicht. Er eilte weiter, zur anderen Seite, die Einfahrt hinunter, wieder in den Hinterhof.

»Phyllis! *Phyllis!*«

Sie war nirgends. Und dann begriff er. Es gab keine Handtasche auf der Treppe oder im Kleiderschrank. Sie war geflohen.

Die Sirenen waren jetzt lauter, höchstens noch ein paar Straßen weit entfernt. Das alte Haus brannte lichterloh. Die ganze Vorderpartie stand in Flammen, und das Feuer breitete sich schnell im Inneren aus.

Peter wußte nicht genau, weshalb, aber er wußte jedenfalls, daß er nicht allein mit der Polizei sprechen konnte. Nicht jetzt, noch nicht.

Er rannte davon, eilte in die Nacht hinein.

22

Der bohrende Schmerz in seinen Schläfen war so stark, daß er am liebsten zu Boden gefallen wäre und seinen Schädel gegen den Bordstein gestoßen hätte, aber er wußte, daß es nichts geholfen hätte.

Statt dessen ging er weiter, den Blick auf den in die Innenstadt von Washington rollenden Verkehr gewandt. Er suchte ein Taxi.

Er hätte in dem brennenden Haus an der Fünfunddreißigsten Straße bleiben und der Polizei die unglaubliche Geschichte erzählen sollen. Aber ohne Phyllis hätte das zu Fragen geführt, auf die er keine Antwort geben konnte. Eine Antwort, welche die Vernichtung von Phyllis Maxwell ausschloß. Die Schatten der Verantwortung legten sich über seine Gedanken; es gab Dinge, die er nicht wußte und doch wissen *mußte*. So viel schuldete er ihr. Vielleicht nicht mehr als das, aber wenigstens so viel.

Endlich kam ein Taxi; das gelbe, leuchtende Zeichen auf dem Wagendach war für ihn wie ein Leuchtturm für einen Schiffbrüchigen. Er trat vom Bürgersteig und schwenkte die Arme. Das Taxi verlangsamte seine Fahrt; der Fahrer spähte vorsichtig zum Fenster hinaus, ehe er anhielt.

»Zum Hay-Adams-Hotel bitte«, sagte Kastler.

»Du lieber Gott! Was ist passiert?« fragte Alison erschrocken, als sie die Tür öffnete.

»In meinem Koffer ist ein Fläschchen mit Pillen. In der Innentasche. Hol sie mir schnell, bitte.«

»Peter, Liebster, was ist denn?« Alison hielt ihn fest, während er sich gegen die Tür lehnte. »Ich rufe einen Arzt.«

»Nein! Tu, was ich dir sage. Ich weiß genau, was es ist. Bloß die Pillen, schnell.« Er spürte, wie er zu fallen drohte, packte ihre Arme und taumelte mit ihrer Hilfe ins Schlafzimmer. Dort legte er sich aufs Bett und deutete auf den Koffer, der immer noch auf dem Gepäckständer in der Ecke lag. Sie rannte auf ihn zu.

Er tat etwas, was er nur selten tat — er nahm zwei Tabletten.

Sie rannte ins Badezimmer und kam Sekunden später wieder

mit einem Glas Wasser heraus. Sie setzte sich neben ihn und hielt ihm beim Trinken den Kopf. »Bitte, Peter. Einen Arzt!«

Er schüttelte den Kopf. »Nein«, antwortete er mit schwacher Stimme und versuchte zu lächeln, um sie damit zu beruhigen. »Er könnte auch nichts machen. Das ist in ein paar Minuten vorbei.« Die Dunkelheit schloß sich jetzt um ihn, und seine Lider wurden schrecklich schwer. Er durfte nicht zulassen, daß die Dunkelheit ihn ganz umschloß, bevor er sie beruhigt hatte. Und sie auf das vorbereitet hatte, was vielleicht geschehen würde, wenn die Dunkelheit vollständig war. »Es kann sein, daß ich eine Weile schlafe. Nicht lang; lang ist das nie. Vielleicht rede ich sogar im Schlaf oder schreie ein wenig. Mach dir keine Sorgen. Es hat nichts zu bedeuten.«

Die Dunkelheit erfüllte sein Bewußtsein; seine persönliche Nacht war herabgesunken. Um ihn war das Nichts, und er schwebte, getragen von ruhigen, sanften Brisen.

Er schlug die Augen auf, wußte nicht, wie lange er im Bett gelegen hatte. Alisons liebliches Gesicht blickte auf ihn herab, und die Tränen, die ihre Augen erfüllten, machten sie noch schöner.

»He«, sagte er und griff nach oben, um ihre feuchte Wange zu berühren. »Es ist schon alles gut.«

Sie nahm seine Hand, hielt sie gegen die Lippen. »Sie hieß Cathy, nicht wahr?«

Er hatte das getan, wovor er sich am meisten gefürchtet hatte. Er hatte gesagt, was er nicht hatte sagen wollen. Er nickte.

»Sie ist gestorben, nicht wahr?«

»Ja.«

»Mein Liebling. Soviel Schmerz, soviel Liebe . . .«

»Es tut mir leid.«

»Das braucht es nicht.«

»Es kann nicht sehr schön für dich gewesen sein.«

Sie beugte sich über ihn und berührte seine Augen, dann seine Wange und seine Lippen. »Es war ein Geschenk«, sagte sie. »Ein schönes Geschenk.«

»Ich verstehe nicht.«

»Nachdem du ihren Namen ausgesprochen hattest, hast du nach mir gerufen.«

Er berichtete Alison, was in dem Haus an der Fünfunddreißigsten Straße geschehen war. Die physische Gefahr, in der er sich befunden hatte, spielte er herunter und bezeichnete die Schüsse als eine Strategie der Angst, dazu bestimmt zu erschrecken, nicht zu verletzen oder zu töten.

Es war offensichtlich, daß sie ihm nicht glaubte, aber sie war eine Soldatentochter. In der einen oder anderen Form hatte sie solch falsche Beteuerungen schon einmal gehört. Sie akzeptierte die verwässerte Erklärung ohne Kommentar, nur ihre Augen zeigten, daß sie ihm kein Wort glaubte.

Als er geendet hatte, stand er am Fenster und blickte auf die Weihnachtsdekorationen auf der Sechzehnten Straße hinunter. Auf der anderen Straßenseite klimperten Kirchenglocken die ewig gleichen Lieder. Weihnachten war nur noch Tage entfernt, er hatte überhaupt nicht daran gedacht. Auch jetzt dachte er eigentlich nicht daran. Seine einzigen Gedanken galten dem, was er tun mußte: er mußte zum Federal Bureau of Investigation gehen, der Quelle all des Wahnsinns, mußte veranlassen, daß dort dem Wahnsinn ein Ende gemacht wurde. Aber privates Eigentum war zerstört, tödliche Waffen abgefeuert worden. Phyllis Maxwell mußte mitkommen.

»Ich muß sie erreichen«, sagte er leise. »Ich muß ihr klarmachen, daß sie mitkommen muß.«

»Ich suche dir die Nummer.« Alison nahm das Telefonbuch vom Nachttisch. Peter starrte immer noch zum Fenster hinaus. »Ich finde sie nicht. Sie ist nicht eingetragen.«

Kastler erinnerte sich, daß auch Alisons Vater nicht im Telefonbuch gestanden hatte. Ob es ihm wohl gelingen würde, die Nummer ebenso leicht ausfindig zu machen wie die von MacAndrew? Er würde denselben Trick einsetzen, den Reportertrick. Ein alter Kollege, der auf einen Tag in der Stadt war und sie unbedingt sprechen wollte.

Aber diesmal funktionierte der Trick nicht; der Mann in der Redaktion hatte ihn vermutlich selbst schon zu oft gebraucht. Die Zeitung war nicht bereit, ihm die Nummer zu nennen.

»Laß es mich versuchen«, sagte Alison. »Im Pentagon ist Tag und Nacht ein Presseoffizier eingesetzt. Schlechte Nachrichten und Katastrophen halten sich nicht an Bürozeiten. Rang hat immer noch seine Privilegien. Ich werde schon jemanden kennen, oder mich kennt jemand.«

Das Pentagon besaß zwei Nummern für Phyllis Maxwell. Die eine war ihre Privatleitung in der Redaktion, die andere die Vermittlung des Apartmenthauses, in dem sie wohnte.

An ihrer Privatleitung meldete sich niemand. Die Vermittlung des Hauses war nicht bereit, Informationen über die Mieter herauszugeben, nur dazu, eine Nachricht entgegenzunehmen. Aber weil der Anrufer die korrekte Adresse nicht genau kannte, gab die Vermittlung sie heraus.

»Ich möchte mitkommen«, sagte Alison.

»Ich glaube nicht, daß du das solltest«, erwiderte Peter. »Sie hat deinen Vater erwähnt, nicht namentlich, aber sie sprach von einem Begräbnis gestern in Arlington. Sie hat schreckliche Angst. Ich will sie nur davon überzeugen, daß sie mit mir kommen soll. Wenn sie dich sehen würde, könnte sie das daran hindern.«

»Also gut«, nickte Alison. Die Soldatentochter verstand. »Aber ich mache mir um dich Sorgen. Was ist, wenn du wieder einen Anfall hast?«

»Den werde ich nicht haben.« Er hielt einen Augenblick inne und zog sie dann an sich. »Da ist noch etwas«, sagte er und sah ihr in die Augen. »Ich will dich da nicht hineinziehen. Das ist vorbei, erledigt. Das hast du selbst gesagt, erinnerst du dich? Damals war ich nicht mit dir einig. Jetzt bin ich es.«

»Dafür danke ich dir. Ich will, glaube ich, damit sagen, daß, was auch immer er getan hat, vorbei ist und nicht mehr geändert werden kann. Er hat sich für etwas eingesetzt, was auch immer es war. Ich will nicht, daß das Schaden erleidet.«

»Ich habe auch etwas Wichtiges im Sinn und will auch nicht, daß sich daran etwas ändert. Oder daß es Schaden erleidet. Wir nämlich.« Er küßte sie leicht. »Wenn der heutige Tag vorbei ist, können wir anfangen, unser eigenes Leben zu leben. Die Aussicht darauf ist für mich sehr aufregend.«

Sie lächelte und erwiderte seinen Kuß. »Ich war schamlos. Ich habe dich in einer schwachen Stunde erwischt und dich verführt. Ich gehörte gebrandmarkt.« Und dann verblaßte ihr Lächeln. Sie hielt seinem Blick stand, und man spürte die Verletzlichkeit in ihren eigenen Augen. »Alles ist so schnell gegangen. Ich verlange nicht, daß du dich festlegst, Peter.«

»Ich will mich aber festlegen«, antwortete er.

»Wenn Sie in der Halle Platz nehmen, Sir, komme ich gleich zu Ihnen«, sagte der Portier von Phyllis Maxwells Apartmenthaus. Der Mann zögerte keinen Augenblick. Als hätte er ihn erwartet.

Peter nahm auf einem grünen, plastikbezogenen Sessel Platz und wartete. Der Portier blieb einfach draußen stehen und wippte auf den Absätzen, die behandschuhten Hände hinter dem Uniformmantel verschränkt.

Das Ganze war sehr seltsam.

Fünf Minuten verstrichen. Der Türsteher machte keine Anstalten, in die Halle zu kommen. Ob er ihn vergessen hatte? Kastler stand auf und sah sich um. Er hatte mit einer Telefonistin gesprochen; wo war die Telefonvermittlung bloß?

Am hinteren Ende der Lobby war eine kleine Glasscheibe, eingezwängt zwischen Reihen von Briefkästen und ein paar Aufzügen. Er ging auf die Scheibe zu und spähte hinein. Die Telefonistin sprach in ein Mikrofon, das an ihren Kopfhörern befestigt war. Sie sprach schnell und engagiert; ein Gespräch zwischen Freunden, nicht zwischen Telefonvermittlung und einem fremden Anrufer. Peter klopfte ans Glas; die junge Frau unterbrach ihr Gespräch und zog die Glasscheibe auf.

»Ja, Sir?«

»Ich versuche, Phyllis Maxwell zu erreichen. Würden Sie bitte ihre Wohnung anrufen und mich mit ihr sprechen lassen? Es ist dringend.«

Die Reaktion der Telefonistin war ebenso eigenartig wie die des Türstehers. Anders, aber seltsam. Sie zögerte, man spürte ihre Verlegenheit. »Ich glaube nicht, daß Miß Maxwell zu Hause ist«, sagte sie.

»Das wissen Sie doch erst, wenn Sie angerufen haben, oder?«

»Haben Sie schon mit dem Portier gesprochen?«

»Was, zum Teufel, soll das?« Peter begriff. Diese Leute befolgten Anweisungen, die man ihnen erteilt hatte. »Rufen Sie die Wohnung an!«

Wie er hätte vorhersagen können, meldete sich niemand, und es hatte keinen Sinn, noch mehr Zeit zu vergeuden. Er ging schnell wieder hinaus und baute sich vor dem Portier auf.

»Wollen Sie jetzt mit dem Unsinn aufhören? Sie haben mir doch etwas zu sagen. Was denn?«

»Das ist etwas kompliziert.«

»Was ist kompliziert?«

»Sie hat Sie beschrieben und gesagt, Ihr Name sei Kastler. Wenn Sie, sagen wir, vor einer Stunde, gekommen wären, hätte ich sagen sollen, Sie sollen gegen elf noch einmal kommen. Miß Maxwell hätte angerufen und gesagt, sie sei bis elf zurück.«

Peter sah auf die Uhr. »Also gut, es ist beinahe elf. Was passiert dann?«

»Nur noch ein paar Minuten, okay?«

»Nicht okay, jetzt. Oder Sie können das, was Sie zu sagen haben, mir und der Polizei sagen.«

»Okay, okay. Was soll's auch. Es sind ja nur noch ein paar Minuten.« Der Türsteher griff in die Manteltasche und holte einen Umschlag heraus. Er gab ihn Kastler.

Peter sah den Mann an, dann den Umschlag. Sein Name stand darauf. Er trat ins Licht zurück, riß den Umschlag auf und entnahm ihm den Brief.

Mein lieber Peter,
es tut mir leid, daß ich weggelaufen bin, aber ich wußte, daß Sie mir folgen würden. Sie haben mir das Leben gerettet — und in gewissem Maß auch den Verstand — und Sie haben Anspruch auf eine Erklärung. Ich fürchte nur, diese Erklärung wird nicht vollständig sein.

Wenn Sie dies lesen, werde ich bereits im Flugzeug sitzen. Versuchen Sie nicht, mich ausfindig zu machen. Es wäre unmöglich. Ich hatte schon seit einigen Tagen einen falschen Paß und wußte, daß ich ihn eines Tages brauchen würde. Anscheinend ist die Zeit dafür jetzt gekommen.

Heute nachmittag, nach diesem schrecklichen Anruf, in dem man mir eröffnet hatte, ich sei eine Person in Ihrem Roman, habe ich meine Zeitung informiert, daß ich aus gesundheitlichen Gründen einen längeren Urlaub antreten müsse. Um die Wahrheit zu sagen, mein Chefredakteur hat mir keine großen Schwierigkeiten gemacht. Meine Arbeit war in den letzten Monaten nicht gerade überwältigend.

Die Entscheidung, hier wegzugehen, kommt nicht plötzlich. Ich habe schon eine ganze Weile darüber nachgedacht. Das, was heute abend passiert ist, hat diese Entscheidung einfach unumstößlich gemacht. Womit auch immer ich mich schuldig gemacht habe, es rechtfertigt nicht, daß ich mein Leben dafür verliere. Das meine, das Ihre, oder das von sonst jemanden. Und es sollte auch die berufliche Verantwortung, die ich trage, nicht beeinträchtigen.

Letzteres ist geschehen. Meine Arbeit wird beeinträchtigt. Wahrheiten werden zurückgehalten, obwohl sie an die Öffentlichkeit getragen werden müßten. Daß ein Leben gefährlich wurde, konnte vermieden werden — wer weiß, wie lange? — und dafür muß ich Ihnen danken. Länger ertrage ich das nicht.

Ich danke Ihnen für mein Leben. Und bitte Sie von ganzem Herzen um Nachsicht dafür, daß ich geglaubt habe, Sie seien Teil von etwas, mit dem Sie nichts zu tun haben.

Etwas in mir sagt, geben Sie um Gottes willen Ihr Buch auf!

Aber eine andere Stimme, die sagt, daß Sie das nicht tun dürfen, *spricht dagegen!*

Sie werden nie wieder von mir hören, mein lieber, junger, junger Mann, aber ein Teil meiner Liebe wird immer Ihnen gehören. Und meine Dankbarkeit.

Phyllis.

Peter las den Brief ein zweites Mal, versuchte zu erfassen, was hinter den Worten stand. Phyllis hatte ihre Worte mit einer Sorgfalt gewählt, die einer außergewöhnlichen Furcht entsprang. Aber Furcht wovor? Womit hatte sie sich »schuldig« gemacht? Was konnte sie getan — oder nicht getan — haben, das sie dazu veranlassen konnte, ein ganzes Berufsleben in den Wind zu schlagen? Das war doch Wahnsinn!

Alles war Wahnsinn, alles! Und dieser Wahnsinn würde aufhören! Er ging auf die Tür zu. Von irgendwoher hörte er ein langgezogenes Summen. Als seine Hand den gläsernen Türknopf berührte, hörte es auf. Und dann hörte er die Worte, begleitet von dem Geräusch einer sich öffnenden Glasplatte.

»Mr. *Kastler?*« Die Telefonistin rief ihm, hatte den Kopf halb durch die Öffnung gesteckt. »Ein Anruf für Sie.«

Phyllis? Vielleicht hatte sie es sich anders überlegt! Er rannte quer durch den Raum und nahm den Hörer entgegen.

Es war nicht Phyllis Maxwell. Es war Alison.

»Etwas Schreckliches ist passiert. Ein Anruf von einem Mann aus Indianapolis ist gekommen. Er war völlig außer sich. Er war am Flughafen, wo er eine Maschine nach Washington . . .«

»Wer war es denn?«

»Ein Mann namens Bromley. Er hat gesagt, er würde dich töten.«

Carroll Quinlan O'Brien nahm die Logbücher von dem Wachmann entgegen und dankte ihm. Die Türen an der Pennsylvania Avenue waren geschlossen; die Liste mit den Namen derjenigen Leute, die durch diese Türen gekommen oder gegangen waren, würden bearbeitet und in die Zentrale geschickt werden. Jede Person im FBI-Komplex stand unter hundertprozentiger Überwachung; es durfte nie jemand das Gebäude betreten oder verlassen, ohne seinen Ausweis zu zeigen.

Mit einer Eintragung in diesen Logbüchern hatte vor vier Monaten alles angefangen, dachte O'Brien. Sein schneller Abstieg in den Augen des Bureaus hatte damit angefangen. Vor vier Monaten hatte er drei Namen gefunden, die in den Nachmittagslisten des 1. Mai eingetragen waren: Salter, Krepps und Longworth. Zwei Namen waren nicht zugeteilte Decknamen, der dritte gehörte einem pensionierten Agenten, der auf der Insel Maui im Pazifik lebte. Diese drei unbekannten Männer hatten sich in jener Nacht Zutritt verschafft. Am Morgen darauf war Hoover tot, und alle Spuren der Akten des Direktors waren verschwunden. Die Dossiers selbst waren ein schnell vergessenes Vermächtnis aus der Hölle gewesen, die niemand exhumieren oder untersuchen wollte.

Also hatte Quinn O'Brien Fragen gestellt, hatte mit leiser Stimme den Rat jener gesucht, von denen er wußte, daß sie ihm zuhören würden, weil es ihnen wichtig war. Männern wie er selbst im Bureau, deren Empfindlichkeit in den letzten Jahren verletzt worden war — ihre mehr als seine meistenteils. Zumindest über einen längeren Zeitraum. Er war erst vor viereinhalb Jahren dazugestoßen. Der Kriegsheld aus Sacramento, der vierzigjährige Anwalt, der einem Gefangenenlager der Vietcong entkommen war, und dem man später in Kalifornien Paraden gewidmet hatte. Washington hatte ihn gerufen, der Präsident hatte ihn dekoriert, Hoover hatte ihn eingestellt. Das machte sich gut in den Medien. Er verlieh dem Bureau eine dringend benötigte Aura der Würde. Quinn hätte eine große Zukunft im Justizministerium haben können.

Hätte haben können. Jetzt nicht mehr. Weil er Fragen gestellt hatte. Eine Flüsterstimme im Telefon hatte ihm befohlen, damit aufzuhören. Eine ausdruckslose, schreckliche, hohe Flüsterstimme, die ihm gesagt hatte, daß sie Bescheid wußten. Sie besaßen ein Schriftstück, verfaßt von einem gefangenen Oberstleutnant, der mit sieben anderen Männern auf die Exekution gewartet hatte — wegen der Handlungen eines gewissen Major Carroll Quinlan O'Brien. Der Major hatte einem direkten Befehl nicht Gehorsam geleistet. Demzufolge waren acht amerikanische Soldaten exekutiert worden.

Natürlich war das nur die Hälfte der Geschichte. Es gab noch eine andere Hälfte. Diese Hälfte befaßte sich mit demselben Major, der sich mit viel größerer Sorge als der exekutierte Oberstleutnant um die Kranken und die Verwundeten des Gefangenenlagers gekümmert hatte. Dieser Teil der Geschichte berichtete auch, wie der Major die Arbeit anderer übernommen hatte, um den anderen Männern zu helfen, und wie er in letzter Konsequenz, ebenso um der anderen Gefangenen willen wie um seiner selbst willen, geflohen war.

Er war Anwalt, kein Soldat. Die Logik des Anwalts war es, die ihn geleitet hatte, nicht die Strategie eines Soldaten. Nicht die Bereitschaft eines Soldaten, die unerträglichen Grausamkeiten des Krieges zu akzeptieren — und darin, das erkannte er, lag die Schwäche seiner Position. Hatte er das, was er getan hatte, für alle getan? Oder hatte er das, was er getan hatte, nur für sich allein getan?

O'Brien war nicht sicher, daß es eine klare Antwort darauf gab. Die Frage selbst war es, die ihn vernichten konnte. Ein ›Kriegsheld‹, der keiner war, den man aller Heldenhaftigkeit entkleidete, war der verächtlichste aller Bürger. Man hatte die Leute getäuscht, das war ihnen peinlich — und das würde sie wütend machen.

Das waren die Dinge, welche die schreckliche Flüsterstimme ihm klargemacht hatte. Und alles nur, weil er Fragen gestellt hatte. Drei unbekannte Männer, für die es keinen Nachweis gab, hatten sich in der Nacht vor Hoovers Tod Zugang verschafft. Und am Morgen darauf waren Hoovers Archive verschwunden gewesen.

Wenn O'Brien einen Beweis seines Abstiegs im Bureau brauchte, so brauchte er sich nur die Aufträge anzusehen, die man ihm erteilt hatte. Man hatte ihn aus einigen Ausschüssen entfernt; er erhielt keine klassifizierten Berichte mehr, die sich mit den neu hergestellten Verbindungen zum NSA und CIA befaßten. Und plötzlich wurde er sogar zum Nachtdienst eingeteilt. Nachtdienst! Das war dasselbe wie eine Versetzung zu einer Außenstelle nach Omaha. So etwas zwang einen Agenten dazu, viele Dinge neu zu bewerten, insbesondere seine eigene Zukunft.

Und außerdem zwang es O'Brien, darüber nachzudenken, wer im Bureau hinter ihm her war. Wer auch immer es war, er wußte etwas über drei unidentifizierte Männer, die sich unautorisierter Decknamen bedient hatten, um sich in der Nacht vor Hoovers Tod in das Gebäude einzuschleichen. Und wer auch immer es war, wußte wahrscheinlich eine ganze Menge mehr über Hunderte und Aberhunderte von Dossiers, die in Hoovers Privatarchiv gewesen waren.

Und noch eine weitere Überlegung wurde Quin O'Brien aufgezwungen. Nicht daß es ihm Vergnügen bereitete, darüber nachzudenken. Seit jenen geflüsterten Worten am Telefon vor vier Monaten hatte ihn der Wille zum Widerstand, der Wille zum Kämpfen, völlig verlassen. Es war durchaus möglich, daß er sich seinen Niedergang im Bureau selbst zuzuschreiben hatte, seinen eigenen Leistungen.

Das Klingeln des Telefons riß ihn aus seinen Gedanken, zwang ihn in die niederen Realitäten des Nachtdienstes zurück. Er sah auf den Leuchtknopf. Es war ein Hausgespräch von einer der beiden Eingangskontrollen.

»Hier Portier Zehnte Straße. Wir haben ein Problem. Hier unten ist ein Mann, der darauf besteht, einen maßgebenden Herrn zu sprechen, gleichgültig wer im Dienst ist. Wir haben ihm gesagt, er soll morgen früh wieder kommen, aber er weigert sich.«

»Ist er betrunken? Oder verrückt?«

»Das könnte ich nicht sagen. Ich weiß sogar, wer er ist. Ich habe ein Buch gelesen, das er geschrieben hat. *Gegenschlag!* heißt es. Er nennt sich Kastler. Peter Kastler.«

»Ich habe von ihm gehört. Was will er denn?«

»Das sagt er nicht. Nur, daß es sehr wichtig sei.«

»Was meinen Sie?«

»Ich glaube, er wird hier die ganze Nacht nicht weggehen, bis jemand ihn empfängt. Ich glaube, das werden Sie sein.«

»Also gut. Überprüfen Sie ihn auf Waffen, weisen Sie ihm einen Begleiter zu und schicken Sie ihn herauf.«

Peter betrat das Büro, nickte dem uniformierten Wächter zu, der die Tür hinter ihm schloß und ging. Hinter dem Schreibtisch stand ein kräftig gebauter Mann mit rötlich-braunem Haar auf und streckte ihm die Hand hin. Kastler ging auf ihn zu und griff nach der Hand; die Berührung fühlte sich seltsam an. Die Hand des anderen war kalt, physisch kalt, und seine Bewegung wirkte irgendwie abrupt.

»Ich bin Senioragent O'Brien, Mr. Kastler. Ich brauche Ihnen sicherlich nicht zu sagen, daß es höchst ungewöhnlich ist, daß Sie um diese Stunde hierher kommen.«

»Die Begleitumstände sind ungewöhnlich.«

»Sind Sie sicher, daß Sie nicht zur Polizei wollen? Unsere Befugnisse sind beschränkt.«

»Ich will zu Ihnen.«

»Und das hat auch nicht Zeit bis morgen?« fragte O'Brien, der immer noch stand.

»Nein.«

»Aha. Setzen Sie sich bitte.« Der Agent wies auf einen der beiden Stühle, die vor dem Tisch standen.

Peter zögerte. »Ich würde es vorziehen, stehen zu bleiben, wenigstens für den Augenblick. Ehrlich gesagt, ich bin sehr nervös.«

»Wie Sie wünschen.« O'Brien setzte sich wieder. »Ziehen Sie wenigstens den Mantel aus. Das heißt, wenn Sie vorhaben, längere Zeit hier zu bleiben.«

»Kann sein, daß ich den Rest der Nacht hier bleibe«, sagte Kastler und zog den Mantel aus und legte ihn über den Stuhl.

»Darauf würde ich mich nicht verlassen«, sagte O'Brien und beobachtete ihn.

»Die Entscheidung überlasse ich Ihnen. Ist das fair?«

»Ich bin Anwalt, Mr. Kastler. Elliptische Antworten, besonders, wenn sie als Fragen formuliert sind, sind sinnlos und reizen mich nur. Außerdem langweilen sie mich.«

Peter sah den Mann an. »Anwalt? Ich dachte, Sie wären Agent. Senioragent.«

»Das bin ich auch. Die meisten von uns sind Anwälte. Oder Buchprüfer.«

»Das hatte ich vergessen.«

»Dann habe ich Sie jetzt erinnert. Aber ich kann mir nicht vorstellen, daß es wesentlich ist.«

»Nein, das ist es nicht«, erwiderte Kastler und zwang sich dazu, sich wieder auf sein Thema zu konzentrieren. »Ich habe Ihnen eine Geschichte zu erzählen, Mr. O'Brien. Wenn ich fertig bin, gehe ich mit Ihnen zu der Person, die sie Ihrer Ansicht nach hören sollte, und werde sie wiederholen. Aber ich muß ganz zu Anfang beginnen. Sonst ergibt die Geschichte keinen Sinn. Ehe ich das aber tue, möchte ich Sie bitten, einen Anruf zu tätigen.«

»Augenblick«, unterbrach der Agent. »Sie sind aus freien Stükken hierhergekommen und haben unseren Vorschlag abgelehnt, morgen früh zurückzukommen und sich einen offiziellen Termin geben zu lassen. Ich bin nicht bereit, irgendwelche Vorbedingungen zu akzeptieren und werde keine Telefongespräche tätigen.«

»Ich habe guten Grund, Sie darum zu bitten.«

»Wenn das eine Vorbedingung ist, interessiert sie mich nicht. Kommen Sie morgen früh zurück.«

»Das kann ich nicht. Es gibt dafür einige Gründe, darunter den, daß gerade ein Mann aus Indianapolis hierher fliegt — er will mich töten.«

»Gehen Sie zur Polizei.«

»Ist das alles, was Sie sagen können? Das und ›Kommen Sie morgen früh zurück‹?«

Der Agent lehnte sich in seinem Sessel zurück; seine Augen ließen seinen wachsenden Argwohn erkennen. »Sie haben ein Buch mit dem Titel *Gegenschlag!* geschrieben, nicht wahr?«

»Ja, aber das ist nicht . . .«

»Ich erinnere mich jetzt«, unterbrach O'Brien. »Es ist letztes Jahr herausgekommen. Eine Menge Leute hielten es für wahr, eine Menge anderer Leute waren darüber verstimmt. Sie sagten, die CIA sei im Inland tätig.«

»Ich bin zufällig der Ansicht, daß das der Wahrheit entspricht.«

»Ich verstehe«, fuhr der Agent mit leiser Stimme fort und nickte langsam. »Letztes Jahr war es die Agency. Ist es dieses Jahr das FBI? Sie kommen mitten in der Nacht herein und versuchen uns dazu provozieren, etwas zu tun, worüber Sie schreiben können?«

Peter stützte sich auf den Stuhlrücken. »Ich will nicht leugnen, daß es mit einem Buch anfing. Mit der *Idee* zu einem Buch. Aber es ist weit darüber hinausgegangen. Leute sind getötet worden. Heute nacht wäre beinahe *ich* getötet worden; ebenso ist es der Person in meiner Gesellschaft gegangen. Es steht alles miteinander in Verbindung.«

»Ich wiederhole noch mal mit allem Nachdruck: Gehen Sie zur Polizei.«

»Ich möchte, daß *Sie* die Polizei anrufen.«

»Warum?«

»Damit Sie mir glauben. Weil es Leute hier im Federal Bureau of Investigation betrifft. Ich glaube, daß Sie die einzigen sind, die dem ein Ende machen können.«

O'Brien beugte sich vor, er wirkte immer noch vorsichtig, zeigte aber die ersten Anzeichen von Interesse. »Wem ein Ende machen?«

Kastler zögerte. Er mußte in diesem argwöhnischen Mann den Eindruck der Rationalität erwecken. Wenn der Agent ihn für verrückt — auch nur teilweise verrückt — hielt, würde er ihn der Polizei übergeben. Peter lehnte die Polizei nicht ab; sie bot Schutz, und den begrüßte er. Aber die Lösung lag nicht bei der Polizei. Sie lag beim Bureau. Er sprach, so ruhig er konnte.

»Dem Töten ein Ende machen. Das kommt natürlich an erster Stelle. Und dann den Terrortaktiken ein Ende machen, der Erpressung. Leute werden zerstört.«

»Von wem?«

»Von anderen, die glauben, Informationen zu besitzen, die dem FBI unreparierbaren Schaden zufügen könnten.«

O'Brien blieb scheinbar unbeeindruckt. »Worin besteht dieser ›unreparierbare Schaden‹?«

»In der Theorie, daß Hoover ermordet worden ist.«

O'Brien erstarrte. »Ich verstehe. Und dieser Telefonanruf bei der Polizei. Worum geht der?«

»Ein altes Haus an der Fünfunddreißigsten Straße, in der Nähe der Wisconsin, hinter Dumbarton Oaks. Es brannte, als ich vor einigen Stunden wegging. Ich habe es in Brand gesteckt.«

Die Augen des Agenten weiteten sich, und seine Stimme klang jetzt eindringlich. »Das ist ein beachtliches Geständnis. Als Anwalt glaube ich, Sie sollten . . .«

»Wenn die Polizei nachsieht«, fuhr Peter fort und brachte O'Brien damit zum Schweigen, »wird sie im Vordergarten Patronenhülsen finden, Kugeleinschläge in den Wänden und der Vertäfelung sowie dem Mobiliar, und die obere Hälfte der Küchentür ist eingeschlagen. Außerdem sind die Telefonleitungen abgeschnitten worden.«

Der FBI-Mann starrte Kastler an. »Wovon, zum Teufel, reden Sie?«

»Es war ein Überfall.«

»Inmitten einer Wohngegend sind Schüsse abgefeuert worden?«

»Sie haben Schalldämpfer benutzt. Niemand hat etwas gehört. Es gab auch ruhige Perioden — wahrscheinlich, wenn Wagen vorbeifuhren. Deshalb habe ich an das Feuer gedacht. Man muß die Flammen gesehen haben.«

»Sie haben den Schauplatz des Geschehens verlassen?«

»Ich bin weggerannt. Jetzt bedaure ich, daß ich das getan habe.«

»Warum haben Sie das getan?«

Wieder zögerte Peter. »Ich war verwirrt, ich hatte Angst.«

»Die Person, die sich in Ihrer Gesellschaft befand?«

»Das ist ein Teil davon, stelle ich mir vor.« Kastler zögerte, sah die offensichtliche Frage in den Augen des Agenten. Aus hundert Gründen konnte er sie nicht schützen. So, wie Phyllis das ausgedrückt hatte, worin auch immer das Unrecht bestand, das sie begangen hatte, es rechtfertigte nicht, daß jemand das Leben dafür verlor. »Ihr Name ist Phyllis Maxwell.«

»Die Journalistin?«

»Ja. Sie ist vor mir weggerannt. Ich habe versucht, sie zu finden. Das ging nicht.«

»Sie sagten, das alles sei vor einigen Stunden geschehen. Wissen Sie, wo sie jetzt ist?«

»Ja. In einem Flugzeug.« Peter griff in die Jackentasche und holte Phyllis' Brief heraus. Widerstrebend, aber im Wissen, daß er das mußte, gab er ihn O'Brien.

Während O'Brien den Brief las, hatte Peter den deutlichen Eindruck, daß mit dem FBI-Mann etwas geschah. Einen Augenblick lang schien sein Gesicht alle Farbe zu verlieren. An einer Stelle hob er den Blick und starrte Peter an; Peter wußte, was dieser Blick bedeuten sollte, verstand ihn aber von diesem Fremden nicht. Es war ein Blick der Angst.

Als er fertig war, legte der Agent den Brief mit der beschriebenen Seite nach unten auf den Tisch und griff nach einem kleinen Buch, klappte es auf und nahm den Telefonhörer ab. Er drückte einen Knopf und wählte.

»Hier spricht das FBI, einer der Nachtdienstbeamten. Notcode Sieben Fünf Sperling. In einem Haus an der Fünfunddreißigsten Nordwest nahe Wisconsin war ein Feuer. Haben Sie jemanden dort? Können Sie mich mit dem diensthabenden Beamten verbinden? Danke.« O'Brien blickte zu Peter auf. Seine Stimme klang jetzt abgehackt; was er sagte, war keine Bitte, sondern ein Befehl. »Setzen Sie sich.«

Kastler kam der Aufforderung nach und hatte irgendwie das Gefühl, daß trotz des Befehlstons des Agenten die seltsame Angst, die er in O'Briens Augen gesehen hatte, jetzt auch in seiner Stimme lag.

»Sergeant, hier spricht das FBI.« Der Agent wechselte den Telefonhörer von der linken in die rechte Hand. Verblüfft sah Peter, daß O'Briens linke Handfläche, die Hand, die das Telefon gehalten hatte, mit Schweiß bedeckt war. »Sie haben meine Freigabe gehört. Ich möchte Ihnen ein paar Fragen stellen. Gibt es irgendwelche Hinweise darauf, wie das Feuer angefangen hat, und sind irgendwelche Spuren von Schüssen zu sehen? Patronenhülsen im Vorgarten oder Kugeleinschläge im Haus?«

Der Agent lauschte, die Augen auf die Schreibtischplatte gerichtet, ins Leere starrend. Kastler beobachtete ihn wie hypnotisiert. Auf O'Briens Stirn traten winzige Schweißtropfen hervor. Dann hob der FBI-Mann geistesabwesend die linke Hand und wischte sich den Schweiß weg. Als er schließlich wieder redete, war seine Stimme kaum zu hören.

»Danke, Sergeant. Nein, wir sind nicht eingeschaltet. Wir wissen nichts, gehen nur einem anonymen Hinweis nach. Es hat nichts mit uns zu tun.«

O'Brien legte auf. Er war höchst verwirrt; seine Augen wirkten plötzlich wie von tiefer Trauer erfüllt. »Soweit festgestellt werden kann«, sagte O'Brien, »wurde das Feuer absichtlich gelegt. Man hat Überreste von Stoff, die mit Kerosin getränkt waren, gefunden. Auf dem Rasen lagen Patronenhülsen, einige Fenster sind eingeschossen worden; es gibt allen Anlaß anzunehmen, daß im Hausinneren eine ganze Anzahl Kugeleinschläge zu finden sind — in dem, was von dem Haus übrig geblieben ist. Alles wird in die Labors geschickt werden.«

Peter beugte sich vor. Etwas stimmte hier nicht. »Warum haben Sie dem Agenten gesagt, daß Sie nichts wüßten?«

Der Agent schluckte. »Weil ich hören möchte, was Sie zu sagen haben. Sie haben gesagt, es betreffe das Bureau; irgendeine verrückte Theorie, wonach Hoover ermordet worden sei. Das genügt mir. Ich bin Laufbahnbeamter. Ich möchte das zuerst hören. Ich kann immer noch den Hörer abheben und das Revier noch einmal anrufen.«

O'Brien gab seine Erklärung mit ausdrucksloser, leiser Stimme ab. Das war vernünftig, dachte Kastler. Alles, was er über das Bureau erfahren hatte, deutete darauf hin, daß man großen Wert auf das richtige Bild in der Öffentlichkeit legte. Um jeden Preis Unruhe vermeiden. Den Sitz der Regierung schützen. Phyllis Maxwells Worte kamen ihm in den Sinn.

Niemand hat je darüber berichtet. Ich glaube auch nicht, daß es je dazu kommen wird ... Das Bureau wird ihn schützen. Seine Kronprinzen werden nicht zulassen, daß ein Makel auf sein Bild fällt. Davor haben sie Angst und dazu auch allen Anlaß.

Ja, überlegte Kastler. O'Brien paßte dazu. Die Last, die er trug, war die schwerste, weil er der erste war, der diese ungewöhnliche Geschichte hörte. Etwas im Bureau war sehr faul. Dieser Agent würde die Nachricht von der Fäulnis zu seinen Vorgesetzten tragen müssen. Sein Dilemma war verständlich: oft gab man den Überbringern von Nachrichten die Schuld für die Katastrophen, die sie berichteten; es konnte weh tun. Kein Wunder, daß dieser Mann schwitzte.

Aber auch seine kühnste Fantasie hatte Peter nicht auf das vorbereitet, was nun kam.

»Um am Anfang zu beginnen«, sagte Kastler, »ich war vor vier oder fünf Monaten an der Westküste und wohnte in Malibu. Es war später Nachmittag; ein Mann stand am Strand und starrte zu meinem Haus herauf. Ich ging hinaus und fragte ihn, warum er das tat. Er kannte mich; er sagte, sein Name sei Longworth.«

O'Brien schoß in seinem Stuhl nach vorn. Seine Augen bohrten sich in die Peters. Seine Lippen formten den Namen, brachten aber nur die Andeutung eines Lautes zuwege. »Longworth!«

»Ja, Longworth. Sie wissen also, wer er ist.«

»Weiter«, flüsterte der Agent.

Peter ahnte die Ursache von O'Briens Schock. Alan Longworth hatte Hoover verraten, war dem Bureau abtrünnig geworden. Irgendwie hatte sich das herumgesprochen. Aber Hoover war tot, der Abtrünnige eine halbe Welt weit entfernt — der Makel getilgt. Jetzt mußte Senioragent O'Brien die Nachricht überbringen, daß der verschwundene Longworth wieder ans Licht getreten war. Kastler tat dieser Mann in eigenartiger Weise leid.

»Longworth sagte, er wolle mit mir sprechen, weil er mein Buch gelesen hatte. Er hatte mir eine Geschichte zu erzählen und dachte, ich sei der richtige Mann, um diese Geschichte zu schreiben. Ich sagte ihm, daß ich keinen Stoff suchte. Dann machte er jene außergewöhnliche Aussage über Hoovers Tod und stellte eine Verbindung mit irgendwelchen Privatarchiven Hoovers her, die verschwunden waren. Er sagte mir, ich solle seinen Namen überprüfen; mir stünden dazu Mittel und Wege zur Verfügung, und das wußte er auch. Ich weiß, daß das verrückt klingt, aber ich habe angebissen. Ich habe ihm, weiß Gott, nicht geglaubt; Hoover war ein alter Mann und jeder wußte, daß er ein krankes Herz hatte. Aber die Idee faszinierte mich. Und die Tatsache, daß dieser Longworth sich die Mühe machte ...«

»O'Brien stand auf. Er stand jetzt hinter dem Schreibtisch und blickte mit brennenden Augen auf Peter herunter. »Longworth. Die Archive. Wer hat Sie zu mir geschickt? Wer sind Sie? Wer, zum Teufel, bin ich für Sie?«

»Was?«

»Sie erwarten, daß ich das glaube? Sie kommen mitten in der Nacht her und erzählen mir so etwas! Um Himmels willen, was wollen Sie von mir? Was wollen Sie denn noch?«

»Ich weiß nicht, wovon Sie reden«, sagte Kastler verstört. »Ich sehe Sie heute zum erstenmal in meinem Leben.«

»Salter und Krepps! Nur zu, sagen Sie es doch! *Salter und Krepps!* Sie waren auch dort!«

»Wer sind Salter und Krepps? Wer waren sie?«

O'Brien wandte sich ab. Sein Atem ging schnell. »Sie wissen, wo sie waren. Nicht zugeteilte Decknamen. Und Longworth in Hawaii.«

»Er lebt auf Maui«, nickte Peter. »Auf die Weise hat man ihn bezahlt. Die anderen beiden Namen kenne ich nicht; er hat sie nicht erwähnt. Haben sie mit Longworth zusammengearbeitet?«

O'Brien stand wie erstarrt da. Langsam wandte er sich wieder Kastler zu, und seine Augen verengten sich. »Mit Longworth zusammengearbeitet?« fragte er, und wieder war seine Stimme nur ein Flüstern. »Was soll das heißen ›mit Longworth zusammengearbeitet‹?«

»Nur das. Longworth wurde aus dem Bureau versetzt. Man gab ihm zum Schein einen Auftrag beim State Department. Aber das war gelogen. Das war nur Tarnung. Soviel habe ich erfahren. Was mich erstaunt, ist, daß Sie hier über Longworth Bescheid wissen.«

Der Senioragent starrte ihn immer noch an. Seine verängstigten Augen weiteten sich. »Sie sind sauber ...«

»Was?«

»Sie sind *sauber*. Sie kommen einfach von der Straße hierher, und Sie sind sauber!«

»Was soll das heißen, ich bin sauber?«

»Weil Sie mir das, was Sie gerade gesagt haben, sonst nicht erzählt hätten. Sie wären ja verrückt, das zu tun. Eine falsche Tarnung. Beim State Department ... O Gott.« O'Brien wirkte wie ein Mann in Trance, der sich seines Zustandes bewußt ist, aber nicht imstande ist, sich aus ihm zu lösen. Er stützte sich auf den Schreibtisch, und beide Hände krampften sich um das Holz. Er schloß die Augen.

Peter begann jetzt, unruhig zu werden. »Vielleicht sollten Sie mich besser zu jemand anderem bringen.«

»Nein, warten Sie einen Augenblick. Bitte.«

»Ich glaube nicht, daß ich das will.« Er stand auf. »Sie sagten ja, daß Sie nicht zuständig sind. Ich möchte mit einem der anderen diensthabenden Beamten sprechen.«

»Es gibt keine anderen.«

»Sie sagten doch am Telefon ...«

»Ich weiß, was ich gesagt habe! Versuchen Sie zu begreifen. Sie *müssen* mit mir sprechen. Sie müssen mir alles sagen, was Sie wissen, jede Einzelheit!«

Niemals, dachte Peter. Er würde Alison nicht erwähnen; niemand würde sie berühren dürfen. Er war sich auch nicht sicher, ob er weiter mit diesem seltsam verstörten Mann reden wollte. »Ich möchte, daß andere das hören, was ich zu sagen habe.«

O'Brien blinzelte ein paarmal. Die Trance war gebrochen; er trat schnell an ein Regal auf der anderen Seite des Zimmers, holte einen Kassettenrecorder und ging zum Schreibtisch zurück. Er setzte sich hin und zog eine Schublade auf. Als seine Hand wieder zum Vorschein kam, hielt sie eine kleine Plastikschachtel, die eine Bandkassette enthielt.

»Sie sehen, daß die Schachtel noch fabrikfrisch ist; das Band ist unbenutzt. Wenn Sie wollen, spiele ich es ab.« Der Agent öffnete die Box, entnahm ihr die Kassette und legte sie ein. »Sie haben mein Wort. Andere werden das hören, was Sie zu sagen haben.«

»Ein Band reicht nicht.«

»Sie müssen mir vertrauen«, sagte O'Brien. »Was auch immer Sie von meinem Verhalten in den letzten paar Minuten denken, Sie müssen mir vertrauen. Sie können Ihre Geschichte nur auf Band sprechen, und identifizieren Sie sich nicht. Stellen Sie sich als Schriftsteller vor, das genügt. Benutzen Sie sämtliche anderen Namen, die in die Geschichte verwickelt sind, nur die nicht, die persönlich oder beruflich mit Ihnen in Verbindung stehen. Wenn Ihnen das unmöglich wird, wenn jene Leute für den Gang der Ereignisse wichtig sind, dann heben Sie die Hand; ich werde dann das Band anhalten, und wir können darüber sprechen. Haben Sie das verstanden?«

»Nein!« sträubte sich Kastler. »Jetzt warten *Sie* einen Augenblick. Darum bin ich nicht hierhergekommen.«

»Sie sind hierhergekommen, um dem ein Ende zu machen! Das haben Sie mir gesagt. Dem Töten ein Ende machen, dem Schrecken, der Erpressung. Nun, ich will dasselbe! Sie sind nicht der einzige, den man gegen die Wand gepreßt, gedrückt hat! Auch diese Maxwell nicht oder sonst jemand. Herrgott, ich habe auch Frau und Kinder!«

Peter fuhr zurück, O'Briens Worte hatten ihn erschreckt. »Was haben Sie gesagt?«

Der FBI-Mann senkte verlegen die Stimme. »Ich habe Frau und Kinder. Das ist nicht wichtig, vergessen Sie es.«

»Ich glaube, daß das sehr wichtig ist«, sagte Peter. »Ich glaube nicht, daß ich Ihnen je sagen kann, wie wichtig mir das im Augenblick ist.«

»Lassen Sie nur«, unterbrach O'Brien. Plötzlich war er wieder ganz geschäftsmäßig. »Jetzt rede ich nämlich. Denken Sie an das, was ich gesagt habe. Identifizieren Sie sich nicht. Aber verwenden Sie die Namen von allen anderen, die an Sie herangetreten sind, oder die man Ihnen geschickt hat — Leute, die Sie bisher *nicht* kannten. Die anderen Namen können Sie mir später geben, nicht auf dem Band. Ich möchte nicht, daß man Sie auffinden kann. Sprechen Sie langsam; überlegen Sie sich, was

Sie sagen. Wenn Sie irgendwelche Zweifel haben, brauchen Sie mich bloß anzusehen; ich werde das dann wissen. Ich fange jetzt an. Lassen Sie mir einen Augenblick Zeit, um mich selbst und die Umstände darzulegen.

O'Brien drückte zwei Knöpfe auf dem kleinen Recorder und sprach dann mit abgehackter, harter Stimme. »Dieses Band wird von Senioragent C. Quinlan O'Brien vorbereitet. Identfreigabe Siebzehn Zwölf, in der Nacht des achtzehnten Dezember um etwa dreiundzwanzig Uhr. Der Mann, den Sie hören werden, ist ins Nachtdienstbüro gebracht worden. Ich habe seinen Namen aus den Sicherheitslogbüchern entfernt und den Agenten von der Pforte gebeten, mir jegliche Anfragen gemäß der vorerwähnten Siebzehn-Zwölf-Freigabe zu berichten.« O'Brien hielt inne, griff nach einem Bleistift und kritzelte sich eine Notiz. »Nach meiner Ansicht unterliegen die Informationen auf diesem Band der höchsten Geheimhaltungspriorität, und ich kann aus Sicherheitsgründen keinen Einspruch dulden. Mir ist völlig bewußt, daß die von mir angewandten Methoden höchst ungewöhnlich sind, und übernehme dafür — aus persönlichen Gründen — die volle Verantwortung.«

Der Agent hielt das Gerät an und sah zu Peter hinüber. »Fertig? Beginnen Sie im letzten Sommer. In Malibu, bei Ihrem Zusammentreffen mit Longworth.« Er drückte den Knopf, und das Band setzte sich in Bewegung.

Wie durch einen Nebel begann Kastler langsam zu sprechen und versuchte, den Instruktionen dieses Mannes zu folgen, den er plötzlich auf so seltsame Weise so gut kannte. C. Quinlan O'Brien. *Alexander Meredith.* Rechtsanwalt. *Rechtsanwalt.* Das Buch. *Das Bureau.* Frau und Kinder ... *Frau und Kinder ...*

Männer in Angst.

O'Brien war sichtlich erschüttert, als die Geschichte sich langsam entwickelte, von den Ereignissen, die Peter beschrieb, gleichzeitig schockiert und verstört. Jedesmal, wenn er Hoovers Privatarchive erwähnte, konnte man sehen, wie sich in dem Agenten etwas spannte, wie seine Hände zitterten.

Als Peter zu Phyllis Beschreibung der schrecklichen, ausdruckslosen, hohen Flüsterstimme am Telefon kam, konnte O'Brien seine Reaktion nicht verbergen. Er stöhnte, sein Kopf fuhr zurück, und seine Augen schlossen sich.

Peter hielt inne; das Band drehte sich weiter. Im Raum herrschte Schweigen. O'Brien schlug die Augen auf, starrte zur Decke. Langsam wandte er sich Kastler zu.

»Weiter«, sagte er.

»Sehr viel mehr gibt es nicht. Sie haben ihren Brief gelesen.«

»Ja. Ja, ich habe den Brief gelesen. Schildern Sie mir, was geschehen ist. Die Schüsse, das Feuer. Weshalb Sie weggelaufen sind.«

Das tat Peter. Und dann war es vorbei. Er hatte alles gesagt. Oder beinahe alles. Er hatte Alison nicht erwähnt.

O'Brien hielt das Band an, ließ es ein paar Sekunden zurücklaufen und spielte die letzten paar Wörter ab, um sich zu vergewissern, daß sie gut aufgezeichnet waren. Dann schaltete er befriedigt ab. »Okay. Jetzt haben Sie aufgezeichnet, was Sie wollten. Jetzt sagen Sie mir das übrige.«

»Was?«

»Ich habe Sie aufgefordert, mir zu vertrauen. Aber Sie haben nicht alles berichtet. Sie befanden sich in Pennsylvania und schrieben dort; dann sind Sie plötzlich nach Washington gekommen. Warum? Nach dem, was Sie sagten, weil Ihre Recherchen abgeschlossen waren. Sie sind vor beinahe fünf Stunden aus einem brennenden Haus an der Fünfunddreißigsten Straße gelaufen. Hierher sind Sie vor zwei Stunden gekommen. Wo waren Sie in den fehlenden drei Stunden? Bei wem? Füllen Sie die Lücken aus, Kastler. Sie sind wichtig.«

»Nein. Das schließt unser Handel nicht ein.«

»Was für ein Handel? Schutz?« O'Brien stand verärgert auf. »Sie verdammter Narr. Wie kann ich denn Schutz anbieten, wenn ich nicht weiß, wen ich beschützen soll? Und machen Sie sich bloß nichts vor. Schutz *ist* der Handel, den ich Ihnen anbiete. Außerdem würde es mich — oder jeden sonst, der das wirklich wollte — ungefähr eine Stunde beschäftigen, wenn wir jeden Schritt überprüfen wollten, den Sie seit dem Verlassen Pennsylvanias gemacht haben.«

Die Logik des Agenten war nicht zu widerlegen. Kastler hatte das Gefühl, als armseliger Amateur einem ausgebufften Profi gegenüber zu stehen. »Ich will nicht, daß sie da hineingezogen wird. Darauf möchte ich Ihr Wort. Sie hat genug mitgemacht.«

»Das haben wir alle«, erwiderte O'Brien. »Hat sie einen Telefonanruf erhalten?«

»Nein, aber Sie haben das, nicht wahr?«

»Ich stelle die Fragen.« Der Agent setzte sich wieder. »Erzählen Sie mir von ihr.«

Peter erzählte die dunkle, traurige Geschichte von Generalleutnant Bruce MacAndrew, seiner Frau und der Tochter, die in so jungen Jahren hatte erwachsen werden müssen. Er beschrieb das einsam stehende Haus an der Landstraße in Maryland. Und die Worte, die jemand mit blutroter Farbe auf seine Wand geschmiert hatte: *Mac The Knife. Killer von Chasŏng.*

O'Brien schloß die Augen und sagte mit leiser Stimme: »Han Chow.«

»Ist das Korea?«

»Ein anderer Krieg. Aber dieselbe Erpressermethode: Militärakten, die nie das Pentagon erreichten. Oder wenn sie es erreichten, entfernt wurden. Und jetzt hat sie jemand anderer.«

Peter hielt den Atem an. »Sprechen Sie von Hoovers Akten?«

O'Brien starrte ihn an, ohne Antwort zu geben. Kastler kam sich vor, als hätte man ihn in Stücke gerissen; der Wahnsinn war jetzt vollständig.

»Man hat sie durch den Aktenwolf gedreht«, flüsterte Peter, der nicht mehr wußte, ob er seinem eigenen Verstand trauen durfte. »Man hat sie zerstört! Was, zum Teufel, versuchen Sie mir da zu sagen? Es geht hier um ein Buch! Nichts davon ist Wirklichkeit! Sie müssen Ihr gottverdammtes Bureau schützen. Aber doch nicht *das*! Nicht die *Archive*!«

O'Brien stand auf und drehte die Handflächen nach oben. Es war eine beruhigende Geste, wie ein Vater, der ein plötzlich hysterisch gewordenes Kind beruhigt. »Ganz ruhig bleiben. Ich habe überhaupt nichts über Hoovers Archive gesagt. Sie haben in dieser Nacht eine Menge durchgemacht und stellen jetzt Vermutungen an. Eine Sekunde lang habe ich das auch getan. Aber das ist falsch. Zwei isolierte Ereignisse, die in Verbindung mit Militärakten stehen, reichen noch lange nicht aus, um daraus konsequentes Handeln zu konstruieren. Diese Archive sind zerstört worden. Das wissen wir.«

»Was ist mit Han Chow?«

»Das hat hier nichts zu sagen.«

»Vor einer Minute dachten Sie das aber noch.«

»Vor einer Minute sind mir eine ganze Menge Gedanken durch den Kopf gegangen. Aber jetzt sind die Dinge klar. Sie haben recht. Jemand benutzt Sie. Und mich auch. Und wahrscheinlich noch ein Dutzend andere, und wir alle sollen mithelfen, das Bureau in Stücke zu reißen. Jemand, der uns kennt, jemand der die Organisation hier kennt. Höchstwahrscheinlich einer von uns. Das wäre nicht das erste Mal.«

Peter studierte den FBI-Mann. Seit Hoovers Tod hatte es Gerüchte gegeben — viele davon hatten auch ihren Weg in die

Zeitungen gefunden —, daß es Parteien innerhalb des Bureaus gab, die gegeneinander kämpften. Und O'Briens Intelligenz und Aufrichtigkeit wirkten überzeugend.

»Es tut mir leid«, sagte er. »Sie haben mir ganz schön Angst gemacht.«

»Sie haben jedes Recht darauf, Angst zu haben, viel mehr als ich. Niemand hat eine Waffe auf mich abgefeuert.« O'Brien lächelte beruhigend. »Aber das alles ist vorbei. Ich werde Leute finden, die rund um die Uhr bei Ihnen bleiben.«

Kastler erwiderte das Lächeln schwach. »Wer auch immer diese Leute sind, ich hoffe nur, daß es die besten sind, die Sie haben. Ich muß Ihnen gestehen, daß ich in meinem ganzen Leben noch keine solche Angst hatte.«

Das Lächeln wich aus O'Briens Gesicht. »Wer auch immer sie sind, sie werden nicht dem Bureau angehören.«

»Oh? Warum nicht?«

»Ich weiß nicht, wem ich vertrauen soll.«

»Dann wissen Sie offenbar, daß es Leute gibt, denen Sie nicht vertrauen können. Meinen Sie damit jemand bestimmten?«

»Mehr als einen. Es gibt hier eine ganze Gruppe von Extremisten. Einige von ihnen kennen wir, aber nicht alle. Man nennt sie die Hoover-Gruppe. Als Hoover starb, dachten sie, sie könnten die Führung übernehmen. Doch das gelang ihnen nicht, und deshalb sind sie verärgert. Manche haben den gleichen Verfolgungswahn, wie Hoover ihn hatte.«

Wieder erschrak Kastler über O'Briens Worte; das bestätigte seine ursprünglichen Gedanken. Alles, was geschehen war — von Malibu bis Rockville, bis zu dem alten Haus an der Fünfunddreißigsten Straße — war das Resultat heftiger Richtungskämpfe innerhalb des FBI. Und Longworth war wieder aufgetaucht.

»Wir sind uns einig«, sagte er. »Ich will Schutz. Für das Mädchen und mich.«

»Den sollen Sie haben.«

»Von wo? Wer?«

»Sie erwähnten Richter Sutherland. Vor einigen Jahren hat er einen wesentlichen Beitrag dazu geleistet, die abgerissene Verbindung zwischen dem Bureau und dem Rest der Abwehrinstitutionen wieder herzustellen. Hoover hatte den Informationsfluß zum CIA und dem Nationalen Sicherheitsrat abgeschnitten.«

»Das weiß ich«, unterbrach Kastler leise. »Ich habe ein Buch darüber geschrieben.«

»Das war *Gegenschlag!*, nicht wahr? Ich glaube, ich sollte es lesen.«

»Ich werde Ihnen ein Exemplar schicken. Sie werden mich also beschützen lassen. Ich wiederhole: Wer wird es tun, und woher wird er kommen?«

»Es gibt einen Mann namens Varak. Sutherlands Mann. Er ist mir verpflichtet.«

O'Brien sank in seinem Sessel zusammen. Sein Kopf fiel nach hinten, und sein Atem ging schnell und unregelmäßig, als könnte er nicht genügend Luft in seine Lungen bekommen. Er legte das Gesicht in die Hände; er konnte das Zittern mit den Fingern spüren.

Er war nicht sicher gewesen, ob er es durchstehen würde. Einige Male im Lauf der letzten zwei Stunden hatte er geglaubt, er würde zerbrechen.

Die Panik des Schriftstellers war es, die ihn die letzten Minuten aufrecht erhalten hatte. Die Erkenntnis, daß Kastler unter Kontrolle gebracht werden mußte; man durfte nicht zulassen, daß er die Wahrheit erfuhr.

Hoovers Archive waren nicht vernichtet worden, weil O'Brien *wußte*, daß das nicht der Fall war. Soviel schien sicher. Und jetzt wußte es noch jemand. Wie viele? Wie viele Anrufe hatte es gegeben? An wie viele andere war jene schreckliche, hohe Flüsterstimme herangetreten? Ein toter General, ein ermordeter Kongreßabgeordneter, eine verschwundene Journalistin — wie viele noch?

Nichts war mehr so, wie es vor zwei Stunden gewesen war. Peter Kastlers Bericht bedeutete, daß es Arbeit gab, Arbeit, die schnell getan werden mußte. Und O'Brien begann jetzt zu seiner großen Erleichterung zu glauben, daß er wieder imstande war, diese Arbeit zu leisten.

Er griff nach dem Telefon und wählte die Nummer des Nationalen Sicherheitsrats. Aber Stefan Varak war nicht zu erreichen.

Wo war Varak? Welche Art von Auftrag konnte dazu führen, daß die Verbindung zwischen dem NSC-Agenten und dem Bureau abriß? Ganz besonders die Verbindung zu *ihm*? Varak und er waren Freunde. Vor zwei Jahren hatte O'Brien ein ungeheures Risiko für Varak auf sich genommen. Er hatte ihm Profildaten geliefert, deren Weitergabe Hoover verboten hatte; das hätte ihn seine Stellung kosten können.

Jetzt brauchte er Varak. Von allen Leuten bei sämtlichen Abwehrorganisationen war Varak der beste. Das Ausmaß seiner Erfahrung und die bloße Zahl seiner Kontaktpersonen war außergewöhnlich. Er war der Mann, dem Quinn Kastlers Band als erstem vorspielen mußte. Varak würde wissen, was zu tun war.

Unterdessen genoß der Schriftsteller Schutz. Sein Name war aus den Sicherheitslogbüchern getilgt, alle Anfragen würden zu O'Brien wandern. Es gab einige Männer beim CIA, denen er während Hoovers Embargo Informationen geliefert hatte. Als O'Brien ihnen sagte, daß das zu bewachende Subjekt der Autor von *Gegenschlag!* war, hätten sie sich am liebsten geweigert. Aber das taten sie natürlich nicht. Vernünftige Männer im unvernünftigsten aller Berufe mußten einander helfen. Sonst bestand die Gefahr, daß unvernünftige Männer an die Schalthebel der Macht gelangten, und das war der sichere Weg zur Katastrophe.

Aber vielleicht war es dazu bereits gekommen. Vielleicht war die Katastrophe bereits hereingebrochen.

24

Der FBI-Begleiter tätigte seine Lieferung in der Lobby des Hay-Adams. Kastler war das Paket. Ein Kopfnicken und ein »Okay ... Gute Nacht«, begleitet von einem höflichen Lächeln des Mannes von der Central Intelligence Agency war die Quittung.

Im Lift versuchte Peter mit dem Fremden, der sich bereit erklärt hatte, ihn zu beschützen, Konversation zu machen. »Mein Name ist Kastler«, sagte er linkisch.

»Ich weiß«, erwiderte der Mann. »Ich habe Ihr Buch gelesen. Sie haben uns ganz schön durch die Mangel gedreht.«

Das war nicht gerade eine vielversprechende Begrüßung. »So war es nicht gemeint. Ich habe einige Freunde beim CIA.«

»Wollen Sie darauf wetten?«

Ganz und gar nicht vielversprechend. »Es gibt einen Mann namens Bromley, der mit dem Flugzeug aus Indianapolis kommt.«

»Das ist uns bekannt. Er ist fünfundsechzig Jahre alt und nicht besonders gesund. Auf dem Flughafen von Indy hatte er eine Waffe bei sich. Er hat einen Waffenschein, also müßte sie ihm am National Airport hier zurückgegeben werden, aber dazu wird es nicht kommen. Sie wird verlorengehen.«

»Er könnte sich eine andere beschaffen.«

»Unwahrscheinlich. O'Brien hat einen Mann auf ihn angesetzt.«

Sie erreichten Kastlers Stockwerk; die Lifttür öffnete sich. Der CIA-Mann versperrte Peter mit dem Arm den Weg und ging als erster hinaus, die rechte Hand in der Manteltasche. Er blickte nach links und dann nach rechts, drehte sich um und nickte Kastler zu.

»Und was ist morgen früh?« fragte Peter, als er die Kabine verließ. »Bromley könnte in irgendein Waffengeschäft gehen ...«

»Mit einem Waffenschein aus Indianapolis? Kein Händler würde ihm eine Feuerwaffe verkaufen.«

»Mancher schon. Es gibt da Mittel und Wege.«

»Und noch bessere Mittel und Wege, um das zu verhindern.«

Jetzt hatten sie die Tür seiner Zimmersuite erreicht. Der CIA-Mann zog die rechte Hand aus der Jackentasche — sie hielt eine kleine Automatic. Mit der linken Hand knöpfte er die beiden mittleren Mantelknöpfe auf und steckte die Waffe weg. Peter klopfte.

Er konnte Alisons schnelle Schritte hören. Sie öffnete die Tür und machte eine Bewegung, um ihn zu umarmen, hielt aber inne, als sie den Fremden sah. »Alison, das ist — es tut mir leid, ich kenne Ihren Namen nicht.«

»Heute nacht habe ich keinen«, sagte der CIA-Mann und nickte Alison zu. »Guten Abend, Miß MacAndrew.«

»Hallo?« Alison war begreiflicherweise verwirrt. »Bitte kommen Sie herein.«

»Nein, danke.« Der Agent sah Kastler an. »Ich werde die ganze Zeit hier draußen im Korridor sein. Meine Ablösung kommt um acht Uhr früh. Ich muß Sie daher dann wecken, damit Sie wissen, wer er ist.«

»Ich werde auf sein.«

»Sehr gut. Gute Nacht.«

»Einen Augenblick ...« Peter kam eine Idee. »Wenn Bromley auftaucht und Sie sicher sind, daß er nicht bewaffnet ist, sollte ich vielleicht mit ihm sprechen. Ich kenne ihn nicht. Ich weiß nicht, weshalb er hinter mir her ist.«

»Das liegt bei Ihnen. Wir wollen es so spielen, wie es kommt.« Er schloß die Tür.

»Du warst so lange weg!« Alison umarmte ihn, ihr Gesicht war ganz nahe bei dem seinen. »Ich hatte schon Angst, ich würde den Verstand verlieren!«

Er hielt sie fest. »Das ist jetzt vorbei. Niemand wird den Verstand verlieren. Nie mehr.«

»Hast du ihnen alles gesagt?«

»Ja.« Er schob sie zurück, damit er ihr Gesicht sehen konnte. »Alles. Auch über deinen Vater. Das mußte ich. Der Mann, mit dem ich sprach, wußte, daß ich etwas zurückhielt. Er machte mir klar, daß er jeden Schritt überprüfen könnte, den wir gemacht haben. Sehr weit hätten sie dazu nicht zu gehen brauchen, bloß auf die andere Seite des Flusses, ins Pentagon.«

Sie nickte und nahm seinen Arm, führte ihn von der Tür weg ins Wohnzimmer. »Wie fühlst du dich?«

»Gut. Erleichtert. Wie wär's mit einem Drink?«

»Mein Mann hat gearbeitet. Drinks mache ich«, sagte sie und ging zu der Bar, die der Zimmerservice des Hotels ausstaffiert hatte. Peter ließ sich in einen Sessel fallen. Er kam sich ausgepumpt vor. »Ich hatte dich schon fragen wollen«, sagte Alison und schenkte ihm Whisky ein und öffnete dann den Eiskübel. »Läßt du dir immer eine Bar aufstellen, wenn du in ein Hotel ziehst? Du trinkst doch nicht so viel.«

»Vor ein paar Monaten habe ich soviel getrunken.« Kastler lachte; es war gut, sich zu erinnern, zu wissen, daß die Dinge sich verändert hatten, dachte er. »Um deine Frage zu beantworten, das ist ein Luxus, den ich mir seit der ersten großen Vorauszahlung für eines meiner Bücher leiste. Ich hatte mich an all diese Filme erinnert. Schriftsteller in Hotelzimmern hatten immer riesige Bars und trugen Smokingjacketts. Ich habe kein Smokingjackett.«

Jetzt mußte Alison lachen. Sie brachte ihm seinen Drink und setzte sich ihm gegenüber in den Sessel. »Ich kauf dir zu Weihnachten eines.«

»Nächstes Weihnachten«, sagte er und sah ihr in die Augen. »Diesmal hätte ich gern einen ganz gewöhnlichen Goldring. Ich werde ihn am Ringfinger meiner linken Hand tragen. So wie du deinen.«

Alison trank und wich seinem Blick aus. »Was ich vor ein paar Stunden gesagt habe, war mir ernst. Ich brauche keine Verpflichtungen.«

Kastler sah sie erschrocken an. Er stellte sein Glas weg und ging zu ihr. Er kniete neben ihrem Sessel nieder und legte die Hand an ihre Wange. »Was soll ich jetzt sagen? ›Danke, Miß MacAndrew. Es war eine hübsche Episode.‹ Das werde ich nicht sagen. Ich kann es auch nicht denken. Ich glaube auch nicht, daß du das kannst.«

Sie starrte ihn an und ihre Augen wirkten verletzbar. »Es gibt viel, was du nicht über mich weißt.«

Peter lächelte. »Was denn? Daß du die Tochter des Regiments bist? Die Hure des Zwölften Bataillons? Eine Jungfrau bist du nicht, aber das andere paßt auch nicht. Du bist nicht der Typ dazu. Dazu bist du viel zu unabhängig.«

»Du urteilst zu schnell.«

»Gut! Ich bin froh, daß du so denkst. Ich pflege mich sehr schnell zu entscheiden, das ist eine Eigenschaft von mir, die ich auf lange Zeit aufgegeben hatte ... ehe ich dir begegnete.«

»Du warst dabei, dich von etwas sehr Schmerzlichem zu erholen. Ich war da. Und hatte selbst Ärger.«

»Danke, Madame Freud. Aber sieh mal, ich *habe* mich erholt, und ich *bin* entschlußkräftig. Probier's doch mal mit dieser Entscheidung. Mir ist schon klar, daß Heiraten zur Zeit nicht in ist, das riecht so nach Mittelstand.« Er schob sich näher an sie. »Aber siehst du, mir war das, was ich vorhin gesagt habe, ernst. Ich brauche eine Bindung. Ich glaube an die Ehe, und ich möchte den Rest meines Lebens mit dir leben.«

Ihre Augen füllten sich mit Tränen. Sie schüttelte den Kopf und hielt sein Gesicht mit beiden Händen. »O Peter. Wo warst du so viele Jahre?«

»In einem anderen Leben.«

»Ich auch. Wie heißt dieses dumme Gedicht? ›Komm, leb mit mir, sei meine Liebe ...‹«

»Marlowe. Das ist gar nicht so dumm.«

»Und ich werde kommen und mit dir leben, Peter. Und deine Liebe sein. Solange es für uns beide einen Sinn abgibt. Aber heiraten werde ich dich nicht.«

Er entzog sich ihr, erschrak. »Ich möchte mehr als das.«

»Ich kann dir nicht mehr geben. Es tut mir leid.«

»Ich weiß, daß du es kannst! Ich fühle es! Fühle es so vollkommen, so wie ...« Er hielt inne.

»Wie sie? Wie deine Cathy?«

»Ja! Das kann ich nicht einfach begraben.«

»Ich würde nie wollen, daß du es begräbst. Vielleicht können wir etwas haben, das genauso schön ist. Aber keine Ehe.«

»Warum?«

Tränen rollten ihr über die Wangen. »Weil eine Ehe bedeutet — ich werde keine Kinder haben, Peter.«

Damit sagte sie versteckt mehr, und Kastler wußte es. Er war nur nicht sicher, was es war. »Jetzt machst du einen Sprung. Ich hatte noch überhaupt nicht an ...« Plötzlich war es ihm klar. »Es ist deine Mutter. Ihre Krankheit.«

Alison schloß die Augen. Ihr Gesicht war von Tränen überströmt. »Mein Liebster, versuche mich zu verstehen.«

Peter rührte sich nicht von der Stelle; er blieb an ihrer Seite und zwang sie, ihn anzusehen. »Hör mir zu. Ich verstehe noch etwas. Du hast nie geglaubt, was man dir gesagt hat. Was dein Vater dir gesagt hat. Daß die Krankheit deiner Mutter daher kam, daß sie beinahe ertrunken wäre. Du hast das nie akzeptiert. Warum nicht?«

Ihr Blick war kläglich. »Ich konnte nicht sicher sein. Ich weiß nicht, warum. Das ist das Schreckliche.«

»Warum konntest du nicht sicher sein? Warum hätte dein Vater dich denn angelogen?«

»Ich weiß nicht! Ich kannte ihn so gut, jede Nuance seiner Stimme, jede Geste. Er muß mir diese Geschichte fünfzigmal erzählt haben. Immer unter einem Drang, als wollte er, daß ich sie liebte, so wie er sie einmal geliebt hatte. Aber daran war immer irgend etwas Falsches, etwas fehlte. Schließlich begriff ich. Sie war einfach nur eine verrückte Frau. Sie war das ganz natürlich geworden. Natürlich. Und er wollte nicht, daß ich das wußte. Verstehst du jetzt?«

Kastler griff nach ihrer Hand. »Vielleicht hat er etwas anderes vor dir verborgen.«

»Was? Warum sollte ...?«

Das Telefon klingelte. Peter sah auf die Uhr. Es war nach drei Uhr morgens. Wer, zum Teufel, rief um diese Zeit an? Es mußte O'Brien sein. Er nahm den Hörer ab.

»Sie glauben wohl, Sie haben mich aufgehalten, aber das haben Sie nicht!« Die Stimme am anderen Ende der Leitung klang eindringlich, ihr Atem ging schwer.

»Bromley?«

»Sie sind ein Tier. Schmutziger, verkommener Abschaum!« Aus der Stimme war jetzt das Alter zu hören. Die hysterische Stimme gehörte einem alten Mann.

»Bromley, wer sind Sie? Was habe ich Ihnen denn jemals getan? Ich bin Ihnen in meinem ganzen Leben noch nicht begegnet!«

»Das war gar nicht nötig, oder? Sie brauchen einen Menschen gar nicht zu kennen, um ihn zu zerstören. Ob er ein Erwachsener ist oder ein Kind. Ein Kind zerstören! Und ihre Kinder!«

Phyllis Maxwell hatte dasselbe Wort gebraucht! *Zerstören.* Meinte Bromley Phyllis? Sprach er von *ihr*? Das konnte nicht sein. Sie hatte keine Kinder.

»Ich schwöre, daß ich nicht weiß, wovon Sie reden. Jemand hat Sie angelogen. Die haben auch andere angelogen.«

»Niemand hat gelogen. Die haben es mir vorgelesen! Sie haben die Gerichtsniederschriften ausgegraben, die vertraulichen Niederschriften, die psychiatrischen Berichte. Alles haben Sie niedergeschrieben, jede schmutzige Einzelheit. Sie haben unsere Namen benutzt, wo wir leben, wo *sie* lebt!«

»Nichts davon ist wahr! Ich habe keine Gerichtsniederschriften oder psychiatrischen Berichte benutzt! In dem Manuskript steht nichts von der Art! Ich habe nicht die leiseste Ahnung, was das alles bedeutet!«

»Abschaum, Lügner.« Der alte Mann dehnte die Worte haßerfüllt. »Glauben Sie, daß ich ein Narr bin? Glauben Sie, daß die mir keine Beweise geliefert haben? Ich war für den Druck von Tausenden von Jahresberichten verantwortlich.« Die Stimme explodierte förmlich. »Sie haben mir eine Nummer gegeben, und ich habe diese Nummer überprüft und sie dann angerufen! Druckerei Bedford! Ich habe mit dem Hersteller gesprochen. Er hat mir vorgelesen, was Sie geschrieben haben! Was er vor einer Woche abgesetzt hat!«

Peter war verblüfft. Bedford war die Druckerei, die sein Verlag für seine Bücher benutzte. »Das ist unmöglich! Das Manuskript ist nicht bei Bedford. Dort kann es gar nicht sein. Es ist bei weitem noch nicht fertig!«

Einen Augenblick lang herrschte Schweigen. Kastler konnte nur hoffen, daß der alte Mann zuhörte.

Aber Bromleys nächste Worte verrieten ihm, daß das nicht der Fall war.

»Sie geben sich solche Mühe zu lügen! Das Veröffentlichungsdatum ist für den April festgesetzt. Ihre Bücher erscheinen immer im April.«

»Nicht jedes Jahr.«

»Ihr Buch ist gedruckt. Und mir ist es jetzt gleichgültig. Es hat Ihnen nicht genügt, mich zu zerstören. Jetzt sind Sie hinter *ihr* her. Aber ich werde Sie aufhalten, Kastler. Sie können sich nicht vor mir verstecken. Ich werde Sie finden und Sie töten. Weil mir alles gleichgültig ist. Mein Leben ist vorbei.«

Peter überlegte fieberhaft. »Hören Sie mir zu! Das was Ihnen passiert ist, ist anderen auch passiert. Lassen Sie mich eine Frage stellen: Hat jemand Sie angerufen, am Telefon geflüstert? Eine hohe Flüsterstimme ...?«

Die Leitung war plötzlich tot. Kastler sah den Hörer an und

wandte sich dann zu Alison, deren Gesicht immer noch von Tränen feucht war.

»Er ist wahnsinnig.«

»Das sind im Augenblick viele.«

»Das will ich nicht hören«, sagte er und griff in die Tasche, um den Zettel mit O'Briens Telefonnummer herauszuholen. Er wählte. »Hier ist Kastler. Bromley hat mich angerufen. Er ist verzweifelt. Er glaubt, mein Buch erscheine im April. Ebenso wie Phyllis Maxwell ist er überzeugt, daß in dem Buch schädliche Informationen enthalten sind.«

»Sind Sie das?« fragte O'Brien.

»Nein. Ich habe mein ganzes Leben lang noch nichts von ihm gehört.«

»Das überrascht mich. Er ist der Buchprüfer von GSA, der sich das Verteidigungsministerium wegen der C-Vierzig Frachtmaschine vorgenommen hat. Er sagte, die Verträge seien nicht sauber gewesen, jemand habe sich bereichert.«

»Ich erinnere mich ...« Peters Gedanken flogen, vergegenwärtigten sich die Zeitungsberichte. »Es hat Anhörungen im Senat gegeben. Soweit ich mich erinnere, stand er ziemlich allein. Die Superpatrioten haben einen Kommunisten aus ihm gemacht und ihn in die Enge getrieben.«

»Das ist er. Seine Code-Bezeichnung hier war Viper.«

»Das paßt. Was ist denn mit ihm passiert?«

»Man hat ihn von ›empfindlichen‹ Vertragsprüfungen abgezogen — so haben die das genannt. Dann versuchte irgendein Narr in seiner Abteilung, sich bei der Administration Liebkind zu machen und hat ein Schriftstück einbehalten. Er hat einen Zivilprozeß angestrengt.«

»Und?«

»Mehr wissen wir nicht. Der Prozeß wurde niedergeschlagen, und er verschwand.«

»Aber wir wissen doch, wie das geht, oder?« sagte Kastler. »Er erhielt einen Telefonanruf, und am anderen Ende war jemand mit einer hohen Flüsterstimme. Und dann bekam er noch einen. Mit genügend Bruchstücken von exakten Informationen, um ihn zu überzeugen, daß er die Wahrheit hörte.«

»Ganz ruhig. Er kann nicht an Sie heran. Was auch immer er glaubt, daß Sie ihm angetan haben ...«

»Nicht ihm«, unterbrach Peter. »Er hat von ›ihr‹ gesprochen, ›einem Kind‹, ›ihren Kindern‹.«

O'Brien schwieg einen Augenblick. Kastler wußte, was der

FBI-Mann in diesem Augenblick dachte: *Ich habe eine Frau und Kinder.*

Alexander Meredith.

»Ich werde versuchen, mehr herauszufinden«, sagte der Agent schließlich. »Er hat sich in einem Hotel in der Innenstadt eingetragen. Ich lasse ihn überwachen.«

»Weiß Ihr Mann, warum? Könnte es nicht sein, daß ...«

»Natürlich nicht«, unterbrach Quinn. »Codebezeichnung Viper genügte. Die Tatsache, daß man ihm in Indianapolis eine Waffe abgenommen hat, war mehr als genug. Legen Sie sich schlafen.«

»O'Brien?«

»Was?«

»Sagen Sie mir etwas. Warum er? Warum ein kranker, alter Mann?«

Wieder gab es eine kurze Pause, ehe der Agent antwortete. Als er dann sprach, breitete sich in Peters Magen kalter Schmerz aus. »Alte Männer können sich frei bewegen. Nur wenige Leute halten sie auf oder beargwöhnen sie; man mißt ihnen nicht viel Bedeutung bei. Ich könnte mir vorstellen, daß man einen alten Mann, der wirklich verzweifelt ist, leicht zum Killer programmieren kann.«

»Weil ihm nichts mehr wichtig ist?«

»Das ist wohl ein Teil davon. Aber keine Sorge. Er kommt Ihnen nicht nahe.«

Kastler legte auf. Er brauchte Schlaf. Es gab viele Dinge zu bedenken, aber im Augenblick war er außerstande, etwas zu überlegen. Die Anspannung der letzten Stunde hatte ihn schließlich eingeholt; die Pillen wirkten nicht mehr.

Er fühlte, daß Alison ihn beobachtete, darauf wartete, daß er etwas sagte. Er drehte sich herum, und ihre Blicke begegneten sich. Und dann ging er langsam auf sie zu, wurde mit jedem Schritt, den er tat, seiner sicherer. Er sprach ganz ruhig, und in seiner Stimme klang tiefe Sorge mit. »Ich nehme jede Bedingung an, die du mir stellen willst, jede Art zu leben, die du auswählst, solange wir nur zusammenbleiben. Ich möchte dich nie wieder verlieren. Aber auf einer Bedingung muß ich bestehen. Ich werde nicht zulassen, daß du dich mit etwas quälst, das vielleicht gar nicht existiert. Ich glaube, daß deiner Mutter etwas zugestoßen ist, das sie wahnsinnig machte. Ich habe noch nie von einem Menschen gehört, der in einer Minute normal und in der nächsten geistesgestört war, sofern man den Betreffenden nicht dazu getrieben hat. Ich will herausfinden, was geschehen ist. Vielleicht wird es schmerzhaft sein, aber ich glaube, du mußt das wissen. Nimmst du die Bedingung an?« Peter hielt den Atem an.

Alison nickte. Ein kleines Lächeln huschte über ihr Gesicht. »Vielleicht müssen wir es beide wissen.«

»Gut.« Peter atmete wieder. »Jetzt, da die Entscheidung getroffen ist, möchte ich eine Weile nicht darüber reden. Wir brauchen das nicht zu tun, wir haben soviel Zeit, wie wir nur wollen. Genauer gesagt, ich möchte einige Tage lang über nichts sprechen, was auch nur andeutungsweise unangenehm ist.«

Alison blieb im Stuhl sitzen und blickte zu ihm auf. »Ist dein Roman unangenehm?«

»Schwärzer als schwarz. Warum?«

»Wirst du aufhören, ihn zu schreiben?«

Er hielt inne. Seltsam, aber seit er die Entscheidung getroffen hatte, tatsächlich zum Bureau gegangen war und seine Geschichte erzählt hatte, hatte der Druck nachgelassen, und seine Gedanken waren wieder klar. Der Schriftsteller in ihm kam wieder an die Oberfläche. »Es wird jetzt ein anderes Buch werden. Ich werde Leute herausnehmen, neue einbauen, die Umstände ändern. Aber eine Menge werde ich beibehalten.«

»Kannst du das?«

»So wird es sein. Die Grundlage ist immer noch stark genug. Ich werde schon eine Möglichkeit finden. Eine Weile werde ich langsam tun, dann kommt es von selbst.«

Alison lächelte. »Ich bin froh.«

»Das ist die letzte Entscheidung für diese Nacht. Außerdem möchte ich zu der ersten Entscheidung zurückkehren.«

»Und was für eine Entscheidung ist das?«

Er lächelte. »Du. Komm, leb mit mir, sei meine Liebe.«

Durch die Nebel des Schlafes hörte er ein schnelles Klopfen. Alison bewegte sich neben ihm, vergrub den Kopf tiefer ins Kissen. Er glitt aus dem Bett und griff nach seiner Hose, die er auf den Stuhl gelegt hatte. Nackt ging er ins Wohnzimmer, schloß die Schlafzimmertür hinter sich. Dann schlüpfte er unsicher in die Hose und tappte zur Tür.

»Wer ist da?« fragte er.

»Es ist acht Uhr«, sagte die Stimme des CIA-Mannes vor der Tür.

Peter erinnerte sich. Um acht Uhr wechselte seine Wache, es war Zeit für die Identifizierung, seine und die des neuen Postens.

Er hatte Mühe, seinen Schock zu verbergen. Er blinzelte, unterdrückte ein Gähnen und rieb sich dann die Augen, um sein Staunen zu verbergen. Der neue Mann war der CIA-Mann, der Peter Material für *Gegenschlag!* gegeben hatte. Freiwillig gegeben hatte. Im Zorn gegeben hatte. Tief betroffen über illegale Handlungen, welche die Agency vollbringen mußte.

»Namen sind nicht notwendig«, sagte der Agent, der ursprünglich Kastler zugewiesen war. »Er übernimmt jetzt.«

Peter nickte. »Okay. Keine Namen. Kein Händedruck. Ich möchte nicht, daß Sie sich irgendwo anstecken.«

»Sie sind nervös«, sagte der zweite Mann leise und ebenso feindselig wie sein Kollege. Er wandte sich dem ersten Agenten zu. »Er bleibt im Hotel, ja?«

»Darauf hatten wir uns geeinigt. Keine Außentätigkeit.«

Beide Männer drehten sich um, entließen ihn aus ihrer Betrachtung und gingen zum Lift. Peter ging hinein und schloß die Tür. Er lauschte auf das schwache Geräusch des Lifts. Als er es hörte, wartete er weitere zehn Sekunden, ehe er die Tür wieder öffnete.

Der CIA-Mann schob sich an Kastler vorbei in den kleinen Vorraum der Zimmersuite. Peter schloß die Tür. »Herrgott!« sagte der Agent. »Als ich den Anruf gestern nacht bekam, bekam ich beinahe einen Herzanfall.«

»Sie? Ich wäre beinahe umgekippt, als ich Sie dort stehen sah!«

»Sie haben das prima hingekriegt. Tut mir leid. Ich konnte nicht riskieren, Sie anzurufen.«

»Wie ist das gekommen?«

»O'Brien. Er ist einer unserer Kontaktleute im Bureau. Als Hoover die Verbindung abbrach, arbeiteten O'Brien und einige andere mit uns und lieferten uns Informationen, die wir haben mußten. Für ihn wäre es unlogisch gewesen, jemand anderen anzurufen; wahrscheinlich hätten die das sogar abgelehnt. Er wußte, daß wir das nicht tun würden.«

»Sie standen in seiner Schuld«, sagte Kastler.

»Mehr als Sie ahnen. O'Brien und seine Freunde haben Kopf und Kragen für uns riskiert — und ihre Zukunft. Wenn man sie entdeckt hätte, wäre Hoover zum Berserker geworden. Er hätte dafür gesorgt, daß man jeden von ihnen auf zehn oder zwanzig Jahre ins Gefängnis gesteckt hätte.«

Peter zuckte zusammen. »Dazu wäre er imstande gewesen, wie?«

»Er hat es oft genug getan. Selbst heute gibt es noch ein paar Kadaver, die irgendwo in Gefängniszellen in Mississippi verfaulen. Das war für ihn so etwas wie Sibirien. Wir stehen in O'Briens Schuld, das dürfen wir nicht vergessen.«

»Aber Hoover ist tot.«

»Vielleicht versucht jemand, ihn zurückzubringen. Geht es nicht um das? Warum hätte O'Brien uns sonst gerufen?«

Kastler überlegte. Die Möglichkeit bestand natürlich. O'Brien sprach von der Hoover-Gruppe — einige bekannt, andere unbekannt, aber keinem war zu trauen. Hatten sie Hoovers Archive? Versuchten sie, die Kontrolle über das Bureau an sich zu ziehen? Wenn ja, so mußten Männer wie Quinn O'Brien vernichtet werden, um das zu ermöglichen. »Könnte sein, daß Sie recht haben«, sagte er.

Der Mann nickte. »Alles fängt von vorn an. Nicht daß es je wirklich aufgehört hätte. Als ich letzte Nacht Ihren Namen hörte, fragte ich mich, weshalb Sie eigentlich so lange gewartet haben.«

»Was wollen Sie damit sagen?« Peter war verwirrt.

»Die Information, die ich Ihnen gab. Sie haben sie ziemlich ausschließlich gegen uns eingesetzt. Warum? Es gab eine Menge Leute mit Dreck am Stecken, nicht nur uns.«

»Ich sage jetzt wieder, was ich vor zwei Jahren sagte. Die Agency hat die Schwächen anderer Leute als Vorwand gebraucht. Zu schnell und mit zuviel Begeisterung. Ich dachte, darüber wären wir uns einig gewesen. Ich dachte, das sei der Grund, daß Sie mir die Informationen gegeben haben.«

Der Mann schüttelte den Kopf. »Ich dachte, Sie würden die Schuld etwas weiter verbreiten. Dann dachte ich, Sie würden sich alles für ein weiteres Buch aufheben. *Darum* geht das doch, oder? Sie schreiben ein Buch über das Bureau.«

Kastler sah ihn verblüfft an. »Wo haben Sie das gehört?«

»Das habe ich nicht gehört. Das habe ich gelesen. In der heutigen Morgenzeitung. In Phyllis Maxwells Kolumne.«

25

Sie hatte es also getan. Die Spalte war kurz. Nach Inhalt und Kürze geradezu drohend und, um diesen Eindruck noch zu verstärken, auf der redaktionellen Seite mit einem schwarzen Rand umgeben. Jeder, der die Zeitung in die Hand bekam, würde sie lesen, und dann würde es zu unangenehmen Fragen und nicht weniger unangenehmen Antworten kommen. Kastler konnte sich die verstörte Phyllis Maxwell am Flughafen vorstellen, wie sie sich mit Gewalt an ihrer Vernunft festklammerte, zu der unausweichlichen Entscheidung kam und ihre Redaktion anrief. Kein Redakteur würde irgendwelche Streichungen an ihrem Text vornehmen; ihr ging der sichere Ruf voraus, alle ihre Fakten zu dokumentieren. Aber darüber hinaus war dies eine letzte Geste, ein Testament, und als solches war es auch erkennbar. Das war sie ihrem Beruf schuldig, und dieser Beruf würde ihr nicht den Rücken kehren.

Washington, 19. Dezember *Informationen aus sicherer Quelle lassen erwarten, daß das Federal Bureau of Investigation bald mit außergewöhnlichen Beschuldigungen des Amtsmißbrauchs, der Erpressung, der Zurückhaltung von Beweismaterial in Strafsachen und der illegalen Überwachung von Bürgern in flagranter Verletzung deren verfassungsmäßiger Rechte konfrontiert werden wird. Diese Beschuldigungen werden in einem in Kürze erscheinenden Roman von Peter Kastler, Verfasser von* Gegenschlag! *und* Sarajevo! *enthalten sein. Obwohl das Werk als Roman geschrieben wurde, hat Kastler sein Material aus Fakten entwickelt. Er hat Opfer aufgespürt und ihre Lähmung beobachtet. Nur seinem eigenen Moralgefühl verpflichtet, hat er die Namen dieser Personen für sich behalten und die Ereignisse romanhaft geschildert. Dieses Buch ist seit langer Zeit überfällig. In dieser ganzen großartigen Stadt mit ihren allgegenwärtigen Symbolen des einmaligen Kampfes eines Volkes um die Freiheit haben Männer und Frauen Angst. Angst um sich selbst, um die, die sie lieben, ihre Gedanken und häufig sogar um ihre Vernunft. Sie leben mit ihren Ängsten, weil eine Riesenkrake ihre Tentakel in jede Ecke geschoben hat und Terror verbreitet. Der Kopf dieses Monstrums befindet sich irgendwo im Inneren des FBI.*

Auch die Schreiberin dieser Zeilen ist von dieser Taktik berührt worden. Deshalb zwingt mich mein Gewissen, mich auf unbestimmte Zeit diesen Seiten fernzuhalten. Ich hoffe, eines Tages zurückzukehren, aber das wird erst dann geschehen, wenn ich mich meinen Verpflichtungen auf eine Art und

Weise entledigen kann, auf die Sie als Leser ein Anrecht haben.

Ein letztes Wort noch. Zu viele gute und mächtige Männer in der Regierung sind mit den Arbeitsmethoden des Federal Bureau of Investigation kompromittiert worden. Diese Angriffe müssen ein Ende nehmen. Vielleicht wird Mr. Kastlers Roman jene Realität herbeiführen. Wenn ja, wird ein Teil unseres Systems wieder sauber sein.

Das schlug ein wie eine Bombe, und der Bombenkrater brodelte noch. Peter sah auf die Uhr; es war zwanzig Minuten nach acht. Er war überrascht, daß O'Brien ihn nicht angerufen hatte. Sicher hatte er die Zeitung gelesen, sicher herrschte im FBI Chaos. Vielleicht war der Agent außergewöhnlich vorsichtig. Plötzlich war ein Telefon ein Instrument der Gefahr.

Und dann, gerade als hätten seine Gedanken es dazu gebracht, klingelte das Telefon, und O'Brien war am Apparat.

»Ich wußte, daß die Sie um acht Uhr wecken würden«, sagte O'Brien. »Haben Sie die Zeitung gesehen?«

»Ja. Ich habe mich schon gefragt, wann Sie anrufen würden.«

»Ich bin in einer Telefonzelle. Ich wollte nicht von zu Hause aus anrufen. Ich bin um vier Uhr heute morgen weggegangen und eine Weile nur herumgefahren und habe nachgedacht, und dann fand ich noch ein paar Stunden Schlaf. Haben Sie erwartet, daß sie das tun würde?«

»Das ist das letzte, was ich erwartet habe. Aber ich kann sie verstehen. Vielleicht war es das einzige, das sie glaubte, tun zu können.«

»Es ist eine unnötige Komplikation, das ist alles. Jetzt wird man sie suchen. Gott möge ihr beistehen, wenn man sie findet. Die eine Seite wird ihr nach dem Leben trachten, die andere nach ihrer Zeugenaussage.«

Peter überlegte einen Augenblick. »Wenn sie damit gerechnet hätte, daß man sie finden würde, hätte sie das nicht getan. Ihr ist es mit dem, was sie in dem Brief geschrieben hat, ernst. Sie hat das schon lange geplant.«

»Das bedeutet, daß sie untergetaucht ist. Ich verstehe etwas vom Untertauchen. Häufig tauchen solche Leute für immer unter. Am Ende liegt eine Leiche. Aber das ist ihr Problem; wir haben genug eigene Probleme.«

»Ihr Mitgefühl ist wirklich rührend. Haben Sie diesen Varak erreicht?«

»Ich habe eine Codebotschaft nach ihm ausgeschickt, einen Notcode, wie man ihn bei Leuten einsetzt, die man verdächtigt, die Seiten gewechselt zu haben. Er wird reagieren müssen. Das ist seine Spezialität.«

»Was tun wir bis dann?«

»Bleiben Sie, wo Sie sind. Wir werden Sie später verlegen. Varak wird wissen, wohin.«

»*Ich* weiß wohin«, sagte Peter ärgerlich. O'Brien behandelte sie wie Flüchtlinge. »Mein Haus in Pennsylvania. Wir werden dorthin fahren. Sie brauchen uns bloß ...«

»Nein«, unterbrach der FBI-Mann mit fester Stimme. »Für den Augenblick halten Sie sich fern von dem Haus und auch von Ihrer Wohnung. Sie gehen dorthin, wo ich Ihnen sage. Ich möchte, daß Sie am Leben bleiben, Kastler. Sie sind für mich sehr wichtig.«

Die Worte zeitigten ihre Wirkung; die Erinnerung an die Schüsse kam zurück. »Also gut. Wir bleiben hier und warten.«

»Weiß jemand in New York oder Pennsylvania, wo Sie sind?«

»Nicht genau. Die wissen nur, daß ich in Washington bin.«

»Würden diese Leute wissen, wo sie suchen müssen?«

»Wahrscheinlich in diesem Hotel. Ich wohne oft hier.«

»Sie sind bereits nicht mehr dort registriert«, sagte O'Brien. »Sie sind gestern nacht abgereist; der Geschäftsführer hat das der Rezeption klargemacht.«

Bei dieser Information lief es ihm kalt über den Rücken. Daß es sich so leicht bewerkstelligen ließ, daß es nach Ansicht des Agenten überhaupt notwendig war, ließ Peter unwillkürlich schlucken. Dann erinnerte er sich. »Ich habe den Zimmerservice angerufen. Ich habe meinen Namen und die Zimmernummer angegeben und die Rechnung habe ich auch unterschrieben.«

»Verdammt!« explodierte O'Brien. »Daran hatte ich nicht gedacht.«

»Ich bin froh, daß Sie nicht vollkommen sind.«

»Das bin ich allerdings nicht. Varak würde einen solchen Fehler nicht machen. Aber wir kommen schon klar. Es geht nur um ein paar Stunden. Sie wollen einfach inkognito bleiben.«

»Wie heiße ich denn jetzt?«

»Peters. Charles Peters. Nicht sehr originell, aber das macht nichts. Ich werde der einzige sein, der Sie anruft. Und jetzt rufen Sie, sobald Sie können, jeden in New York an, der weiß, daß Sie in Washington sind. Sagen Sie ihnen, Sie und Miß MacAndrew hätten beschlossen, sich ein paar Tage Urlaub zu nehmen. Sie fahren durch Virginia auf der Fredericksburg-Route zum Shenandoah. Haben Sie das?«

»Ja, das habe ich, aber ich weiß nicht, was ich habe. Warum?«

»Es gibt nur eine begrenzte Zahl von Hotels und Motels, in denen Sie übernachten können. Ich möchte sehen, wer dort auftaucht.«

Kastler spürte, wie sein Magen sich verkrampfte. Einen Augenblick lang war er sprachlos. »Was, zum Teufel, sagen Sie da?« flüsterte er. »Sie glauben, Tony Morgan und Joshua Harris hätten damit zu tun? Sie haben den Verstand verloren.«

»Ich habe es Ihnen doch gesagt«, erwiderte O'Brien. »Ich bin letzte Nacht herumgefahren und habe bloß nachgedacht. Alles, was Ihnen passiert ist, ist wegen dieses Buches passiert, das Sie schreiben. Die meisten Orte, an denen Sie waren — nicht alle, aber die meisten — waren jenen Männern bekannt, weil Sie ihnen davon erzählt haben.«

»Ich will das nicht hören! Sie sind meine Freunde!«

»Vielleicht haben sie gar keine Wahl«, sagte O'Brien. »Ich kenne die Rekrutierungsmethoden besser als Sie. Und ich sage ja nicht, daß sie in die Sache verstrickt sind. Ich sage nur, daß sie es sein könnten. Eigentlich rate ich Ihnen ja nur, niemandem zu trauen. Für den Augenblick wenigstens nicht; nicht solange wir nicht mehr erfahren haben.« O'Brien senkte die Stimme. »Vielleicht nicht einmal mir. Ich sage, ich bin bereit, mich prüfen zu lassen. Ich glaube auch, daß ich das bin. Aber noch bin ich nicht geprüft. Ich kann Ihnen nur mein Wort geben, daß ich mir verdammte Mühe geben werde. Ich melde mich wieder.«

Quinn legte abrupt auf, als brächte er es nicht fertig, auch nur noch eine Sekunde länger zu reden. Die Tatsache, daß er imstande war, seine eigenen Selbstzweifel auszudrücken, war bemerkenswert. Er war ein tapferer Mann, weil er so offensichtlich Angst hatte und seine Angst in einer Einsamkeit akzeptierte, die Kastler nicht zu kennen brauchte.

Peter setzte sich zum Frühstück. Er trank seinen Saft und aß Eier, Schinken und Toast, ohne sich ganz bewußt zu werden, daß er aß. Seine Gedanken kreisten immer wieder um das, was O'Brien zu ihm gesagt hatte: *Eigentlich rate ich Ihnen ja nur, niemandem zu trauen.*

Der Satz hatte ein unwirkliches Echo. Das klang so melodramatisch, daß es einfach nicht ins normale Leben paßte. Es war unnormal, falsch.

Wie ein Roman.

Ohne darüber nachzudenken, schweiften seine Augen an der Kaffeekanne vorbei zu seinem Schreibblock auf dem Tisch vor der Couch. Er stand auf, nahm seinen Kaffee mit und setzte sich auf die Couch. Er klappte die Schreibmappe auf und starrte an, was er gestern geschrieben hatte, ehe der Wahnsinn angefangen hatte. Der Wahnsinn, der ihn zu Quinn O'Brien geführt hatte.

Der Drang war da. Er erkannte ihn sofort als das, was er war: ein Bedürfnis, den Wahnsinn, den er erlebt hatte, in eine Realität zu übersetzen, die er mitteilen konnte. Weil er sie erlebt hatte. Er hatte sich immer ausgemalt, wie es sein würde, gejagt zu werden, in eine Falle gelockt zu werden, verwirrt zu sein, Angst zu haben und dem Tod ins Auge zu sehen — jede Faser, jede Zelle seines Gehirns anzuspannen auf der Suche nach Flucht und Überleben. Er hatte jene Gefühle noch nie gelebt, bis jetzt nicht. Die Änderungen in dem Buch würden später kommen. Für den Augenblick würde er der Handlungslinie folgen, die er entwickelt hatte, und das Kapitel morgen fertigstellen. Er mußte es niederschreiben, diesen neuen Wahnsinn aus erster Hand.

Kapitel 10 — Exposé
Meredith hat sich dem Kern angeschlossen. Er bekommt den Auftrag, unwiderlegbares Beweismaterial zu entwickeln, daß es innerhalb des FBI eine Gruppe ganz bestimmter Männer gibt, die in hochgradig illegale Aktivitäten verwickelt sind. Nicht Worte auf Papier, sondern Stimmen auf Band.

Er soll sie in eine Falle locken und wird dazu durch Alan Long unterwiesen. Der konvertierte Hoover-Revolvermann erklärt Meredith, die einzige Möglichkeit sei die, gegenüber den Fanatikern im Bureau völlige Kapitulation vorzugeben. Er hat auch das Motiv: er erträgt die Belastung nicht länger.

Die Falle wird die Form eines Miniaturtonbandgerätes annehmen, das er in der Brusttasche trägt, und das sich durch Berührung einschalten läßt.

Es kommt zu einer Folge kurzer, emotioneller Konfrontationen, in denen man sieht, wie Alex sich den Hooverleuten ›ergibt‹. Es fällt ihm nicht schwer, überzeugend zu wirken, denn er reflektiert einen Geisteszustand, den er bereits erlebt hat.

Es gibt eine Nachtszene, in der Meredith — in allen Einzelheiten — einen Plan belauscht, einen FBI-Informanten zu ›eliminieren‹, der gedroht hat, die Mitwirkung des Bureaus an der Ermordung schwarzer Radikaler in Chicago an die Öffentlichkeit zu tragen.

Das Massaker war die direkte Folge einer Provokation durch das FBI. Der Informant ist dem Tod geweiht; als Methode soll eine nicht weiter verfolgbare Waffe in einer überfüllten U-Bahn-Station eingesetzt werden.

Alex hat das Miniaturgerät eingeschaltet. Er hat die Stimmen auf Band. Das Beweismaterial ist jetzt unwiderlegbar: Verschwörung zum Mord.

Die Ungeheuerlichkeit der Anklage reicht aus, um Hoover aus dem Amt zu jagen. Sie wird zur Offenlegung weiterer mißbräuchlicher Verhaltensweisen führen, denn es handelt sich nur um einen einzigen kleinen Fall in einem ganzen Netz von Verschwörungen. Hoover ist erledigt.

Man sieht, wie Alex weggeht. Die Hooverleute ahnen seine List.

Meredith rast aus seinem Büro zu seinem Wagen. Man hat ihm eine Adresse in McLean, Virginia, gegeben, an die er sich in Notfällen wenden soll. Es hat noch nie einen Notfall wie diesen gegeben; er trägt das Beweismaterial in seiner Tasche, das den Mann und die Männer vernichten wird, die das Land in ihren eigenen, persönlichen Polizeistaat verwandeln wollen.

Als er den Parkplatz verläßt, entdeckt er einen Wagen hinter sich, den er für ein FBI-Fahrzeug hält.

Eine wilde Jagd durch die Straßen Washingtons schließt sich an. An einer Verkehrsampel kurbelt der Mann neben dem Fahrer des FBI-Wagens die Fensterscheiben herunter und schreit: »Dort!« Dann springt er aus dem Wagen und rennt auf Meredith' Tür zu. Alex rast weiter, achtet nicht auf die Ampel, jagt die Straße hinunter, hupt, weicht anderen Wagen aus. Er erinnert sich an eine Taktik, von der er einmal gelesen hat: man muß sich von seinem Wagen trennen, um die Überwacher abzuschütteln. Er hält vor einem Regierungsgebäude an, läßt den Motor laufen, springt aus dem Wagen und rennt die Treppe hinauf.

Nur ein uniformierter Wachmann ist da. Meredith zeigt ihm seine FBI-Plakette und rennt über den Marmorboden, vorbei an Reihen von Lifts, drückt Knöpfe, sucht einen anderen Ausgang. Er sieht eine Glastür, die ins Freie führt, zu einem zweiten Gebäude. Er rennt hinaus; hinter einer Säule tritt ein Mann hervor. Es ist einer der beiden Verfolger. Er hält eine Waffe in der Hand. Alex berührt das Tonbandgerät, schaltet es ein.

»Das ist ein alter Trick, Meredith. Sie verstehen sich nicht besonders gut darauf.«

»Ihr seid Henker! Hoovers Henker!« schreit Alex in seiner Panik. Die Schreie reichen aus, den Mann abzulenken; Schreie

kann man hören. In diesem kurzen Augenblick tut Meredith das, wozu er sich nie für fähig gehalten hätte. Er springt den Mann mit der Waffe an.

Ein wütender Kampf folgt; zwei Schüsse werden abgegeben.

Der erste verwundet Alex an der Schulter, der zweite tötet den FBI-Fanatiker.

Meredith taumelt durch den Korridor, hält sich seine Wunde. Man sieht den zweiten FBI-Mann auf die Glastür am anderen Ende zurennen.

Er erreicht das andere Gebäude, rennt hinaus auf die Straße. Dort winkt er ein Taxi herbei, fällt auf den Sitz und gibt dem Fahrer die Adresse in McLean.

Er erreicht McLean fast bewußtlos. Er taumelt den Weg zur Tür hinauf und drückt den Klingelknopf. Der ehemalige Kabinettsangehörige kommt zur Tür; es ist sein Haus.

»Man hat mich angeschossen. In meiner Tasche. Das Tonband. Es ist alles darauf.«

Er verliert die Besinnung.

Er erwacht in einem verdunkelten Zimmer. Er liegt auf einer Couch mit Verbänden um die Brust und die Schultern. Er hört Stimmen hinter verschlossenen Türen; er steht auf und schiebt sich an der Wand entlang zur Tür und öffnet sie ein wenig. Draußen an einem Tisch sitzen das Kabinettsmitglied, die Journalistin und Alan Long. Der Senator ist nicht da.

Das ehemalige Mitglied des Kabinetts hält Alex' Tonband in der Hand, spricht zu Long. »Wußten Sie von diesen ... Exekutionskommandos?«

»Es gab Gerüchte«, erwidert Long vorsichtig. »Ich hatte nie damit zu tun.«

»Sie versuchen doch nicht etwa, den eigenen Hals zu retten?«

»Was gibt es da zu retten?« fragt Long. »Wenn jemand herausfindet, was ich getan habe — was ich tue — bin ich ein toter Mann.«

»Das bringt uns wieder zu diesen Kommandos«, sagt die Frau. »Was haben Sie gehört?«

»Nichts Genaues«, antwortet Long. »Keine Beweise. Hoover teilt alles in Abteilungen und Gruppen auf. Alle. Er macht das im geheimen; niemand weiß wirklich, was der Mann im nächsten Büro tut. Auf die Weise parieren alle.«

»Gestapo!« sagt die Frau.

»Was haben Sie also gehört?« Das Kabinettsmitglied.

»Nur, daß es Endlösungen gab, wenn alles in einem Projekt schiefging.«

Die Frau starrt Long an und schließt dann kurz die Augen. »End ... mein Gott!«

»Wenn wir je eine letzte, überwältigende Berechtigung brauchten«, sagt der Mann mit dem schütteren Haar, »dann haben wir sie, glaube ich. Hoover wird kommenden Montag in zwei Wochen getötet werden, und man wird die Archive wegnehmen.«

»Nein!« Alex hat die Tür mit solcher Gewalt aufgerissen, daß sie gegen die Wand kracht. »Das dürfen Sie nicht tun! Sie haben alles, was Sie brauchen. Bringen Sie ihn vor Gericht! Soll er sich doch dem Urteil der Gerichte stellen! Dem des ganzen Landes!«

»Sie verstehen nicht«, sagt das Kabinettsmitglied. »Es gibt kein Gericht im ganzen Land, keinen Richter, kein Mitglied des Repräsentantenhauses oder des Senats, ja, nicht einmal den Präsidenten oder ein Mitglied seines Kabinetts, der ihn vor Gericht stellen könnte. Das ist vorbei.«

»Nein, das ist es nicht! Es gibt Gesetze!«

»Es gibt die Archive«, sagt die Journalistin leise. »Man würde Leute erpressen ... andere, die überleben müssen, würden es tun.«

Meredith sieht die Augen, die ihn anstarren, die Augen sind kalt, ohne Mitgefühl. »Dann sind Sie nicht besser als er«, sagt Alex und weiß, daß er, wenn er jenes Haus je verläßt, wieder gejagt wird.

Kastler ließ den Bleistift fallen. Plötzlich merkte er, daß Alison unter der Tür stand. Sie stand in ihrem blauen Morgenrock da und blickte auf ihn herunter. Er war für die Wärme in ihren Augen und das Lächeln um ihre Lippen dankbar.

»Weißt du, daß ich fast drei Minuten hier stehe, und du mich nicht gesehen hast?«

»Tut mir leid.«

»Das braucht es nicht. Ich war fasziniert. Du warst so weit weg.«

»Ich war in McLean, Virginia.«

»Das ist nicht so weit.«

»Hoffentlich nicht.« Peter stand von der Couch auf und nahm sie in die Arme. »Du bist anbetungswürdig, und ich liebe dich. Laß uns ins Bett gehen.«

»Ich bin gerade aufgestanden. Laß mich etwas Kaffee trinken, das wird mich aufwecken.«

»Warum dich aufwecken?«

»Damit ich Freude an dir habe. Ist das zu lüstern?« Sie küßte ihn.

»Der Kaffee ist kalt«, sagte er. »Ich werde frischen bestellen.«

»Schon gut. Mir macht das nichts.«

»Ich möchte ohnehin etwas zur Post bringen.«

»Was?«

»Die Arbeit der letzten paar Tage. Ich sollte das zum Schreiben schicken.«

»Jetzt?«

Peter nickte. »Ich sollte es noch einmal lesen und dann kopieren lassen und per Boten wegschicken. Aber ich will es eine Weile nicht ansehen. Ich will es bloß loswerden. In meinem Aktenkoffer sind ein paar Umschläge.« Er ging ans Telefon und erinnerte sich an O'Briens Instruktionen. »Vermittlung? Hier ist Mr. Peters auf Zimmer 511. Ich hätte gern den Zimmerservice, aber ich möchte auch einen Einschreibebrief aufgeben. Kann ich ihn dem Zimmerkellner geben, damit er ihn zur Rezeption bringt?«

»Selbstverständlich, Mr. Peters.« Er hatte den Eindruck, als lächelte das Mädchen von der Vermittlung.

Sie lagen sich nackt in den Armen, gewärmt von dem Augenblick und dem Begehren, das jeder in dem anderen spürte.

Unsichtbare Fenster draußen spiegelten die Nachmittagssonne. Von irgendwo unten auf der Straße hallten die Klänge eines Weihnachtslieds zu ihnen herauf. Peter wurde bewußt, daß der Tag fast vorüber war.

Das Telefon klingelte. Kastler griff nach dem Hörer.

»Mr. Peters?« Es war die Vermittlung, er erkannte die Stimme.

»Ja?«

»Mr. Peters. Ich weiß, daß das sehr ungehörig ist. Ich weiß, daß Sie nicht möchten, daß man erfährt, daß Sie hier eingetragen sind, und ich kann Ihnen versichern, daß ich nichts Gegenteiliges gesagt habe ...«

»Was ist denn?« unterbrach Peter, und sein Herzschlag beschleunigte sich.

»Es ist ein Mann am Apparat. Er sagt, es sei ungeheuer wichtig, und er müßte mit einem Mr. Kastler sprechen. Es klingt so, als wäre er sehr krank, Sir.«

»Wer ist es?«

»Er sagt, sein Name sei Longworth. Alan Longworth.«

Der Schmerz in Peters Schläfen war so bohrend, daß er die Augen schließen mußte.

»Verschwinden Sie aus meinem Leben, Longworth! Das ist jetzt vorbei! Ich war beim Bureau und habe denen alles gesagt!«

»Sie verdammter Narr. Sie wissen ja nicht, was Sie getan haben.«

Es war Longworth' Stimme, und doch klang sie gutturaler, als Peter sie in Erinnerung hatte. Der mitteleuropäische Akzent war ausgeprägter.

»Ich weiß genau, was ich getan habe, und ich weiß auch, was Sie zu tun versuchen. Sie und Ihre Freunde wollen die Kontrolle über das FBI. Sie glauben, es gehörte Ihnen, Sie hätten irgendeine Art Erbanspruch darauf. Nun, den haben Sie nicht. Und jetzt wird man Sie aufhalten.«

»Sie haben unrecht, völlig unrecht. Wir sind es, die damit Schluß machen wollen. *Wir.*« Longworth hustete; ein schreckliches Geräusch. »Ich kann nicht am Telefon darüber sprechen. Wir müssen uns sehen.«

Wieder jenes seltsame Echo eines Akzents. »Warum? Damit Sie wieder ein Erschießungskommando aufstellen können wie an der Fünfunddreißigsten Straße?«

»Ich war dort. Ich habe versucht, es zu verhindern.«

»Ich glaube Ihnen nicht.«

»Hören Sie mir zu.« Wieder hatte Longworth einen Hustenanfall. »Es sind Schalldämpfer benutzt worden. Überall. Waffen mit Schalldämpfern. Wie seinerzeit in Fort Tryon.«

»Daran erinnere ich mich. Ich werde das nie vergessen.«

»Aber ein Schuß gestern nacht ist *nicht* mit einem Schalldämpfer abgefeuert worden! Erinnern Sie sich daran?«

Longworth' Worte lösten eine Erinnerung in ihm aus. Es hatte tatsächlich einen Schuß gegeben, eine laute Explosion, einen Kontrapunkt zu all den anderen spuckenden Geräuschen. Und einen wütenden Schrei. Er hatte zuerst nicht darauf geachtet; dazu hatte sich zu viel ereignet. Aber jetzt wurde es ihm klar. Einer der Revolvermänner hatte vergessen, einen Schalldämpfer einzusetzen.

»Erinnern Sie sich?« fuhr Longworth fort.

»Ja. Worauf wollen Sie hinaus?«

»Das war ich!« Da war wieder dieser Akzent.

»Sie?«

»Ja. Ich bin Ihnen gefolgt. Ich bin immer in Ihrer Nähe. Als jene Männer auftauchten, war ich auf das, was geschah, nicht vorbereitet. Ich tat, was ich konnte. Offen gestanden, ich weiß immer noch nicht, wie Sie es geschafft haben, lebend da herauszukommen ...« Wieder hustete Longworth.

Kastler hatte noch nie eine Stimme aus dem Jenseits gehört, aber in seiner Vorstellung malte er sich aus, jetzt eine solche zu hören. Und wenn das der Fall war, dann sprach Longworth die Wahrheit. »Ich habe eine Frage«, sagte er. »Vielleicht ist es sogar eine Anklage, das weiß ich nicht. Sie sagen, Sie seien immer in meiner Nähe. Ich weiß, daß Sie einen silbernen Continental fahren, darauf komme ich später ...«

»Schnell!«

»Wenn Sie immer in meiner Nähe sind, so bedeutet das, daß Sie darauf gewartet haben, daß jemand mit mir Verbindung aufnimmt.«

»Ja.«

»Wer?«

»Nicht am Telefon! Ganz besonders nicht jetzt.«

»Ich bin also ein *Köder* gewesen!«

»Es war vereinbart, daß Ihnen nichts geschehen darf«, sagte Longworth.

»Aber das ist es dann doch, nicht wahr? Ich wäre beinahe umgebracht worden. Sie sagen, Sie seien nicht vorbereitet gewesen. In New York und hier unten auch. Warum nicht?«

Longworth schien einen Augenblick zu überlegen. »Weil das, was geschah, allem widersprach, was wir wußten, allem, was wir vorhergesagt hatten.«

»Unvorstellbar?« fragte Peter sarkastisch.

»Ja. Daß jemand ein solches Risiko eingehen würde — es ist keine Zeit mehr. Ich bin sehr schwach, und Anrufe kann man überwachen. Sie müssen um Ihrer eigenen Sicherheit willen zu mir kommen. Um der Sicherheit des Mädchens willen.«

»Im Korridor ist ein CIA-Mann. Er wird hierbleiben. Ich werde mit der Polizei kommen.«

»Wenn Sie das tun, dann töten die Sie, sobald sie Sie sehen. Und dann ist das Mädchen an der Reihe.« Kastler wußte, daß der andere recht hatte. Das konnte man aus Longworth' Stimme heraushören. Der Stimme eines Sterbenden. »Was ist passiert? Wo sind Sie?«

»Ich bin entkommen. Hören Sie mir zu; tun Sie, was ich Ihnen sage. Ich gebe Ihnen jetzt drei Telefonnummern. Haben Sie einen Bleistift?«

Peter drehte sich um. »Da ist Papier und Bleistift ...« Er

brauchte den Satz nicht zu Ende zu sprechen. Alison stieg aus dem Bett und brachte sie ihm schnell. »Sprechen Sie.«

Longworth nannte drei Telefonnummern und wiederholte jede. »Nehmen Sie sich Kleingeld mit. In genau dreißig Minuten rufen Sie jede dieser Nummern von einer Telefonzelle aus an. Bei einem der Anrufe werden Sie etwas wiedererkennen, das Sie geschrieben haben. Sie werden wissen, wo Sie mich finden können. Sie verstehen dann schon. Es wird keine Fragen geben.«

»Fragen? Etwas, das ich geschrieben habe? Ich habe drei Bücher geschrieben!«

»Es ist nur ein kurzer Absatz, aber ich glaube, Sie haben lange darüber nachgedacht, als Sie ihn schrieben. Rechnen Sie damit, daß man Ihnen folgt. Nehmen Sie den Mann im Korridor mit. Sie haben jetzt dreißig Minuten. Schütteln Sie Ihre Verfolger ab. Der Agent im Korridor wird wissen, was er tun muß.«

»Nein«, sagte Peter mit fester Stimme. »Er bleibt hier. Bei MacAndrews Tochter. Es sei denn, daß er durch einen anderen Mann abgelöst wird.«

»Dafür ist keine Zeit!«

»Dann werden Sie sich wohl oder übel darauf verlassen müssen, daß ich weiß, was ich tue.«

»Das wissen Sie nicht.«

»Wir werden sehen. Ich rufe in einer halben Stunde an.«

Kastler legte den Hörer auf und starrte ihn an.

Alison berührte ihn am Arm. »Wer soll bei mir bleiben, und wohin willst du gehen?«

»Der CIA-Mann. Ich gehe jetzt.«

»Warum?«

»Weil ich muß.«

»Das ist keine Antwort. Ich dachte, du hättest gesagt, es sei vorbei!«

»Da hatte ich unrecht. Aber das wird es bald sein, das verspreche ich dir.« Er stieg aus dem Bett und fing an, sich anzuziehen.

»Was hast du vor? Du kannst nicht einfach weggehen, ohne mir das zu sagen.« Ihre Stimme klang schrill.

Kastler drehte sich herum und knöpfte sein Hemd zu. »Longworth ist verletzt, ich glaube, es ist ziemlich ernst.«

»Was interessiert *dich* das? Schau doch, was er dir angetan hat? Was er uns angetan hat.«

»Das verstehst du nicht. Ich will ihn so haben, nur in diesem Zustand kann ich ihn zwingen, mit mir zu kommen.« Peter holte einen dunkelbraunen Pullover aus dem Koffer und zog ihn an.

»Wohin willst du gehen?«

»Zu O'Brien. Mir ist völlig gleichgültig, was Longworth sagt. Ich vertraue ihm. Quinn wird mir nichts sagen, aber er weiß, was hier vor sich geht. Ich habe ihn auf einem Band gehört. Er riskiert seine Karriere, vielleicht sogar sein Leben. Diese ganze verdammte Geschichte hatte ihren Anfang im Bureau, und dort wird sie auch enden. Longworth ist der Schlüssel zu allem. Ich werde ihn jetzt an O'Brien ausliefern. Soll doch O'Brien alles entwirren.«

Alison hielt ihn mit beiden Händen am Arm fest. Ihr Griff war fest. »Warum ihn ausliefern? Warum rufst du nicht O'Brien an? Soll *er* ihn doch finden.«

»Das würde nicht gehen; Longworth ist ein Experte — das habe ich gesehen. Er wird auf der Hut sein. Wenn er auch nur vermutet, daß ich das vorhabe, würde er sofort untertauchen.« Den Gedanken, daß Longworth auch sterben könnte, ehe O'Brien etwas aus ihm herausbrachte, ließ Kastler unausgesprochen. Wenn es dazu kam, würde der ganze Wahnsinn weitergehen.

»Warum hat er dir drei Telefonnummern genannt?«

»An einer davon wird er sein. Es ist Teil seiner Vorsichtsmaßregeln; er geht nicht das geringste Risiko ein.«

»Als du mit ihm sprachst, hast du deine Bücher erwähnt ...«

»Das gehört auch dazu«, unterbrach Peter und ging zum Schrank, um sein Jackett herauszuholen. »Er wird etwas zitieren und sagt, ich würde es erkennen. Daraus soll ich angeblich genau entnehmen können, wo er ist. Das ist ein weiterer Grund, weshalb O'Brien im Augenblick keinen Sinn hätte.«

»Peter!« Alison trat ihm jetzt gegenüber, und ihre Augen blickten gleichzeitig besorgt und verärgert. »Er wollte, daß dieser Mann im Korridor mitkommt, nicht wahr?«

»Was er will, hat überhaupt nichts zu bedeuten.« Kastler ging ins Wohnzimmer. Er trat an den Kaffeetisch, riß ein paar leere Blätter vom Notizbuch und nahm einen Bleistift auf. Alison folgte ihm.

»Nimm ihn mit«, sagte sie.

»Nein«, antwortete er ruhig, aber bestimmt. »Dafür ist keine Zeit.«

»Wofür?«

Er drehte sich herum und sah sie an. »Um weiter zu reden. Ich muß jetzt gehen.«

Aber sie wollte ihn nicht gehen lassen. »Du hast ihm gesagt, du würdest die Polizei rufen und sie mitbringen. Warum willst du das nicht tun?«

Er hatte gehofft, daß sie diese Frage nicht stellen würde. Die Antwort darauf war nur in Todesdrohungen zu finden, Drohungen, von denen er wußte, daß sie auf Wahrheit beruhten. »Aus demselben Grund, aus dem ich auch O'Brien nicht anrufen kann. Longworth würde fliehen, untertauchen. Ich muß ihn finden, ihn in meine Gewalt bringen und ihn ausliefern. Ich darf nicht zulassen, daß er entkommt.« Er hielt sie an den Schultern fest. »Mir passiert schon nichts. Hab Vertrauen zu mir, ich weiß, was ich tue.«

Er küßte sie und ging, ohne sich noch einmal umzusehen, in den Vorraum und trat in den Korridor hinaus. Der Mann von der Agency fuhr erschrocken herum.

»Ich muß ausgehen«, sagte Peter.

»Kommt nicht in Frage«, erwiderte der CIA-Mann. »So steht's nicht in den Regeln.«

»Es gibt keine Regeln. Sie und ich haben beispielsweise eine Übereinkunft. Vor zwei Jahren brauchte ich Informationen, und die haben Sie mir gegeben. Ich habe Ihnen geschworen, daß ich nie sagen würde, wo die Information herstammt. Aber das ändere ich jetzt. Wenn Sie mir nicht helfen, dann gehe ich wieder in dieses Zimmer, nehme den Hörer ab, rufe die Agency an und gebe sämtliche Quellen bekannt, die ich für *Gegenschlag!* hatte. Drücke ich mich klar aus?«

»Sie dreckiger Schweinehund ...«

»Das können Sie ruhig glauben.« Kastlers Stimme blieb ruhig. »So, es gibt Männer, die dieses Hotel beobachten, und die versuchen werden, mir zu folgen. Wenn ich hinauskomme, ohne daß die mich sehen, habe ich eine Chance. Ich will diese Chance. Und Sie werden mir sagen, wie ich sie bekommen kann; und ich hoffe nur, daß Sie gut sind. Wenn man mich erwischt, sind Sie auch dran. Aber Sie werden diesen Korridor nicht verlassen. Wenn Sie das nämlich tun, wenn diesem Mädchen irgend etwas passiert, dann sind Sie erledigt.«

Der Mann vom CIA sagte nichts. Er preßte nur den Knopf an der Wand; der Lift ganz rechts kam als erster, aber in ihm waren Leute. Er ließ ihn weiterfahren. Die zweite Kabine kam aus der Lobby; sie war leer. Der CIA-Mann trat ein, drückte den Halteknopf und hob den Hörer des Nottelefons ab. Als der Mann von der Hausverwaltung sich meldete, identifizierte er sich als Gebäudeinspektor und machte mit dem Mann an der anderen Seite der Leitung ein paar Witze. Er brauche Hilfe, sagte er. Ob sein neuer Freund ihm wohl den Reparaturmechaniker schicken würde? Er hatte den Schaltkasten beschädigt und keine Werkzeuge mit. Dann legte er auf und wandte sich zu Kastler.

»Haben Sie Geld?«

»Etwas.«

»Geben Sie mir zwanzig Dollar.«

Peter gab sie ihm. »Was werden Sie tun?«

»Sie hier hinausschaffen.«

In weniger als einer Minute öffnete sich die Tür des Lifts zur Linken, und der Mechaniker stieg aus. Er trug einen Overall und einen breiten Gürtel, an dem verschiedene Werkzeuge hingen. Der Mann von der Agency begrüßte ihn, zeigte ihm seinen CIA-Ausweis und bat ihn, wieder in die Kabine zu treten. Sie sprachen so leise miteinander, daß Kastler sie nicht hören konnte, aber er konnte sehen, wie der Agent dem Mann die zwanzig Dollar gab. Dann kam er wieder heraus und winkte Peter, einzusteigen.

»Tun Sie, was er sagt. Er glaubt, das sei eine Agency-Übung.«

Kastler trat in die Kabine. Der Mechaniker entledigte sich gerade seines Overalls. Peter beobachtete ihn erstaunt. Unter dem Arbeitsanzug trug der Mechaniker ein schmutziges Unterhemd und weiße Unterhosen mit blauen und roten Punkten.

»Den Werkzeuggürtel kann ich Ihnen nicht geben, das müssen Sie verstehen. Er gehört mir persönlich.«

»Ich verstehe«, sagte Kastler. Er schlüpfte in den Overall und setzte sich die Kappe des Mechanikers auf.

Sie fuhren mit dem Lift direkt ins Kellergeschoß. Der Mechaniker führte Kastler um eine Ecke und ein paar Betonstufen hinauf in einen Raum mit ein paar Garderobeschränken aus Blech.

Zwei Hotelangestellte waren dort, die sich gerade umgezogen hatten und zum Gehen bereit waren. Der Mechaniker unterhielt sich leise mit ihnen.

»Kommen Sie schon, Mister«, sagte der Mann zur Rechten. »Sie haben ja praktisch einen Gewerkschaftsausweis.«

»Was wissen Sie denn?« sagte sein Begleiter. »Der Superspion treibt mal wieder Spielchen.«

Die Tür des Kellergeschosses führte in eine Seitengasse, die ihrerseits zur Straße hinausführte. Die Gasse war schmal und von Mülltonnen gesäumt. Peter konnte die Gestalt eines mit einem Regenmantel bekleideten Mannes vorn an der Straße erkennen; sie zeichnete sich deutlich vor dem schwachen, gelblichen Licht dahinter ab. In den Straßen würde es bald dunkel sein. Er würde die Finsternis und die Menschenmenge ausnutzen, dachte Kastler. Aber zuerst mußte er an dem Mann im Regenmantel vorbei. Es war kein Zufall, daß der Mann dort stand.

Er ging zwischen den beiden Hotelangestellten und deutete mit einer Kopfbewegung auf die Gestalt vorn an der Straße; die beiden Männer begriffen. Sie ließen sich auf das Spiel ein, hatten Spaß daran. Beide fingen gleichzeitig an zu reden und wandten sich dabei an Peter, während sie an dem Mann vorbeigingen.

»*Sie*« sagte der Mann im Regenmantel.

Kastler erstarrte. Die Hand des Mannes krallte sich um seine Schulter. Er wischte sie mit einer ärgerlichen Bewegung weg. Der Mann drehte Peter herum und riß ihm die Mechanikermütze vom Kopf.

Kastler sprang den Mann an, trieb ihn in die Seitengasse. Die beiden Hotelangestellten musterten einander, schienen plötzlich beunruhigt.

»Ziemlich wild spielt ihr, das muß man euch lassen«, sagte der Mann zur Linken.

»Ich glaube nicht, daß das ein Spiel ist«, sagte sein Begleiter und entfernte sich.

Mehr hörte Peter nicht. Er rannte davon, wich den Fußgängern auf dem Bürgersteig aus. Jetzt hatte er die Straßenkreuzung erreicht; die Ampel hatte auf Rot geschaltet und die Straße wimmelte von Fahrzeugen. Er bog nach rechts, war sich der rennenden Gestalten hinter sich bewußt und rannte weiter. Er hetzte auf die Straße hinaus, wich gerade noch dem Kotflügel eines Wagens aus und erreichte die andere Seite. Vor einem Schaufenster drängte sich eine Menschenmenge. Hinter dem Glas lief eine Marionettenszene ab, die Sankt Nikolaus mit seinen Gehilfen darstellte. Kastler zwängte sich wie ein Besessener zwischen den Leuten hindurch. Dann sah er sich über die Köpfe der Menge hinweg um.

Der Mann im Regenmantel war auf der anderen Straßenseite, machte aber keine Anstalten, die Straße zu überqueren. Statt dessen hielt er sich einen rechteckigen Kasten vors Gesicht, schräg von der Wange zum Mund. Er sprach in ein Funkgerät.

Peter schob sich an der Gebäudefront entlang, entfernte sich von der Menge. Ehe es ihm bewußt wurde, stand er vor einem anderen Schaufenster, diesmal dem eines Juweliers. Plötzlich zersplitterte das Glas. Er hatte noch nie ein solches Gräusch gehört.

Ein Alarm schrillte, ein ohrenbetäubender Lärm. Leute drehten sich um, um ihn anzustarren. Wie versteinert blickte er ins Fenster. Nur wenige Zentimeter von ihm entfernt, war ein kleines, kreisrundes Loch im Glas zu sehen, ein Einschuß! *Eine unsichtbare Hand feuerte auf ihn!*

Die Menschen am Bürgersteig begannen zu schreien, er rannte zur Straßenecke; ein Mann rannte hinter ihm her.

»Halt! Ich bin Polizeibeamter!«

Peter warf sich in die Menge — falls der Polizist die Pistole schußbereit hatte, wagte er jedenfalls nicht, sie abzufeuern. Er zwängte sich durch, arbeitete sich bis zum Bürgersteig, wo er an der Straße entlangzurennen begann. Die Kreuzung war verstopft; der Verkehr war praktisch zum Stillstand gekommen.

Etwas weiter oben war ein Taxi am halben Weg zur nächsten Straßenecke, Kastler rannte darauf zu, hoffte, daß niemand den Wagen vor ihm erreichte. Es war mehr als nur ein Fortbewegungsmittel; für den Augenblick war das Taxi für ihn ein Zufluchtsort.

»Ich bin außer Dienst, Kumpel. Ich nehme niemanden mehr.«

»Sie haben aber Ihr Licht eingeschaltet.«

»Irrtum vom Amt. Jetzt ist es ausgeschaltet.« Der Fahrer sah ihn an und schüttelte angewidert den Kopf.

Peter merkte plötzlich, daß der Overall aufgerissen war; er wirkte ungepflegt, vielleicht sogar noch schlimmer. Ohne nachzudenken, begann er den Overall mitten auf der Straße auszuziehen.

»Ein hüb-sches Määädchen ... ist wie ... ein kleines Lied ...«

Ein Betrunkener am Bürgersteig beobachtete ihn und klatschte im Rhythmus zu seinem Striptease in die Hände. Der Verkehr setzte sich in Bewegung; das Taxi fuhr an. Kastler stieg aus dem Overall und warf ihn nach dem Betrunkenen.

Die Wagen auf der Straße kamen ruckartig zum Stillstand. Peter sprang zwischen die Stoßstangen hinein und rannte mitten in die Menge. Er sah auf die Uhr. Seit er mit Longworth gesprochen hatte, waren siebenundzwanzig Minuten vergangen. Er mußte jetzt schleunigst an ein Telefon.

Im nächsten Block schräg über der Straße konnte er die Lichtreflexe in den gläsernen Wänden einer Telefonzelle sehen. Die Dämmerung war jetzt vorbei, es war Abend. Der Himmel über Washington war dunkel. Er bahnte sich den Weg durch den

Verkehr. Die Zelle war besetzt. Ein halbwüchsiges Mädchen in Jeans und einem roten Flanellhemd redete angeregt. Peter sah auf die Uhr; neunundzwanzig Minuten waren verstrichen. Longworth hatte gesagt, er solle in genau dreißig Minuten anrufen. Wie wichtig war das? Ob ein oder zwei Minuten etwas ausmachten?

Kastler klopfte gegen das Glas. Das Mädchen warf ihm einen feindseligen Blick zu. Er stieß gegen die Türe und rief: »Ich bin Polizeibeamter! Ich brauche das Telefon.« Das war das einzige, was ihm in den Sinn kam.

Es reichte. Das Mädchen ließ den Hörer fallen. »Sicher.« Sie schickte sich an, die Zelle zu verlassen, beugte sich dann noch einmal zu dem Hörer herunter, der an seiner Schnur baumelte. »Ich rufe dich wieder an, Jenny!« Sie rannte hinaus.

Peter legte den Hörer auf, holte den Zettel mit der Nummer heraus, schob eine Münze ein und wählte.

»Manfriedie's«, meldete sich die Stimme am anderen Ende. Im Hintergrund war Musik zu hören; es handelte sich also um ein Restaurant.

»Peter Kastler. Ich sollte diese Nummer anrufen.« Das war sicher eine Tarnadresse, daran hatte Peter keinen Zweifel.

»Im Jahr 1923 ereignete sich in München etwas Seltsames. Es war ein Vorbote der Dinge, die sich später ereignen sollten, aber niemand erkannte das. Was war das, beschreiben Sie das Ereignis und benennen Sie das Buch, in dem es sich findet.«

»Es fand auf dem Marienplatz statt. Tausende von Männern hielten eine politische Versammlung ab. Sie trugen identische Uniformen, und jeder hatte einen Spaten bei sich. Sie nannten sich die Spatenarmee. Die *Schutzstaffel*. So fing es mit den Nazis an. Das Buch heißt *Reichstag!*«

Einen Augenblick lang herrschte Schweigen, dann meldete sich die Stimme erneut. »Die nächste Telefonnummer, die man Ihnen gab, stimmt nicht. Nehmen Sie dasselbe Amt, aber die letzten vier Ziffern sind jetzt Fünf Eins Sieben Sieben. Einundfünfzig, siebenundsiebzig. Haben Sie das?«

»Ja. Fünf Eins Sieben Sieben. Und dasselbe Amt.«

Der Mann legte auf. Peter wählte die neue Nummer.

»Industrievermittlung«, sagte eine Frauenstimme.

»Mein Name ist Kastler. Haben Sie eine Frage für mich?«

»Ja«, antwortete die Frau freundlich. »Es gab eine Organisation in Serbien, die während der zweiten Dekade des Jahrhunderts gegründet wurde, und an deren Spitze ein Mann namens... «

»Ich will Ihnen Zeit sparen«, unterbrach Peter. »Die Organisation hieß ›Einheit des Todes‹. Sie wurde 1911 gegründet, und ihr Anführer war unter dem Namen Apis bekannt. Sein wirklicher Name war Dragutin, und er war der Leiter der Serbischen Militärabwehr. Das Buch hieß *Sarajewo!*«

»Sehr gut, Mr. Kastler.« Die Stimme der Frau klang, als befände sie sich in einem Klassenzimmer und lobte einen gut vorbereiteten Schüler. »Ich habe jetzt eine neue Telefonnummer für Sie.«

Sie gab sie ihm; er wählte. Wieder dasselbe Amt.

»Historische Abteilung, Labor.« Eine männliche Stimme diesmal. Peter gab sich zu erkennen und wurde aufgefordert, einen Augenblick zu warten. Eine andere Stimme meldete sich, diesmal die einer Frau. Sie sprach mit ausländischem Akzent.

»Ich möchte gern von Ihnen erfahren, was einen Menschen dazu bewegen kann, sich von allem zu lösen, was er kennt und akzeptiert, und das Risiko einzugehen, in den Augen seiner Mitmenschen zum Ausgestoßenen zu werden. Denn jenes Risiko abzulehnen, so weiterzuleben wie bisher, das hieße, sich selbst aufzugeben, als denkendes, empfindendes Wesen zu sterben.«

Kastler starrte das weiße Gehäuse des Telefons an. Das waren seine Worte aus *Gegenschlag!* Ein kurzer Absatz unter Tausenden, aber für Peter war er der Schlüssel zu dem ganzen Buch. Wenn Longworth über die Fähigkeit verfügte, das zu erkennen, dann war an dem Mann vielleicht mehr, als er bisher in Betracht gezogen hatte.

»Das Wissen, daß die Verwaltung und Gerechtigkeit und Fairneß aufgehört hatten, für die führenden Persönlichkeiten des Landes eine Bedeutung zu haben. Man muß dies den Leuten zeigen, muß die Führer damit konfrontieren.« Kastler kam sich vor wie ein Narr, er zitierte sich selbst.

»Danke, Mr. Kastler«, sagte die Frau mit dem ausländischen Akzent. »Bitte, analysieren Sie Ihre Antwort und die Anrufe, die Sie gerade getätigt haben. Sie werden daraus erkennen, was Sie wissen wollen.«

Peter war verwirrt. »Gar nichts erkenne ich! Ich muß Longworth sprechen! Sagen Sie mir, wo er ist!«

»Ich kenne keinen Mr. Longworth; ich lese nur etwas am Telefon vor, was mir ein alter Freund gegeben hat.« Ein Klicken ertönte, dann der Wählton. Peter schlug die Hand auf die Gabel des Telefons. Es war verrückt! Drei nicht miteinander in Verbindung stehende Telefonanrufe, die sich um Bücher drehten, die er geschrieben hatte — nicht miteinander in Verbindung stehend? Nein, das stimmte nicht. Es war dasselbe Amt. Das bedeutete — wo war das Telefonbuch?

Es hing an einer Kette in der Zelle. Er fand Manfriedie's Restaurant. Es lag an der Zwölften Straße, Nordwest. Beim zweitenmal hatte sich eine Frau mit *Industrievermittlungen* gemeldet. Beim drittenmal mit *Historische Abteilung*. Wo war die Verbindung?

Plötzlich war es ihm klar. Es handelte sich um Gebäude im Komplex des Smithsonian Museums. Manfriedie's lag in der Nähe der Fußgängerzone dort. In der Nähe des Smithsonian! Wahrscheinlich das einzige Restaurant in dieser Gegend.

Aber wo im Smithsonian? Der Gebäudekomplex war riesig.

Analysieren Sie Ihre Antwort.

Das Wissen, daß die Verwaltung und Gerechtigkeit und Fairneß ...

Verwaltung!

Das Verwaltungsgebäude des Smithsonian! Eine der Landmarken Washingtons.

Das war es! Dort war Longworth!

Peter ließ die Telefongabel los und riß die Tür auf.

Er blieb stehen. Vor ihm stand der Mann im Regenmantel. In der Dunkelheit stand er da, von den blitzenden Farben der weihnachtlichen Lichter beleuchtet. Kastler sah die Waffe in der Hand des Mannes. Auf ihrem Lauf steckte das dicke Rohr eines Schalldämpfers. Die Waffe war auf seine Magenpartie gerichtet.

27

Zum Nachdenken war keine Zeit. Also schrie Peter. So laut und so schrill er konnte.

Seine linke Hand schwang nach unten auf den obszönen, perforierten Zylinder zu. Es gab zwei Vibrationen, Schüsse; ein Stück Zement explodierte. Nur wenige Meter entfernt schrien ein Mann und eine Frau hysterisch auf. Die Frau griff sich an den Leib, brach auf dem Bürgersteig zusammen, wand sich vor Schmerz; der Mann taumelte, hielt sich das Gesicht, Blut quoll ihm durch die Finger.

Chaos herrschte. Der Mann im Regenmantel drückte erneut ab. Kastler hörte das spuckende Geräusch. Seine Hand spürte die weißglühende Hitze des Zylinders, und das Glas hinter ihm zersplitterte. Peter ließ das tödliche Ding nicht los; er trat nach den Beinen des Mannes, trieb ihm das Knie in den Unterleib und stieß ihn nach rückwärts, auf die Straße zu. Der Verkehr bewegte sich; der Mann krachte gegen den Kotflügel eines heranrasenden Wagens, und der Aufprall schleuderte ihn wieder auf den Bürgersteig zurück.

Peters Hand war verbrannt, die Haut in Blasen, aber seine Finger hielten immer noch den Zylinder umkrampft, klebten daran. Die Waffe gehörte ihm.

Mit aus Panik geborener Kraft arbeitete sich der Mann im Regenmantel hoch; er hielt ein Messer in der Hand, die lange blitzende Klinge schoß aus dem Heft. Er warf sich auf Kastler.

Peter fiel gegen die Telefonzelle, wich dem Messer aus. Er zog den Zylinder von der linken Hand; die blasige Haut seiner Handfläche löste sich teilweise. Er richtete den Lauf auf den Mann im Regenmantel.

Er konnte den Abzug nicht betätigen! Er konnte die Waffe nicht abfeuern!

Der Mann stieß mit dem Messer nach oben, ein Stoß, der dazu bestimmt war, Kastler die Kehle zu zerschneiden. Peter taumelte zurück, und die Spitze des Messers fuhr in seinen Pullover. Sein rechter Fuß schoß in die Höhe, traf den Mann an der Brust und schleuderte ihn nach hinten. Der Mann fiel auf die Schulter. Einen Augenblick lang lag er benommen da.

In der Ferne heulten jetzt Sirenen. Polizeipfeifen schrillten. Kastler folgte ganz seinem Instinkt. Mit der Pistole in der Hand sprang er den halb betäubten Angreifer an und schmetterte dem Mann den Lauf gegen den Schädel.

Dann rannte er durch die hysterische Menge zur Kreuzung, auf die Straße hinaus, gegen den Verkehr. Er rannte immer weiter.

Jetzt bog er in eine schmale Seitenstraße; die Sirenen und Schreie blieben hinter ihm zurück. Die Straße war dunkler als die anderen Straßen des Einkaufsviertels; kleine Büros in alten zwei- und dreistöckigen Ziegelbauten befanden sich in ihr.

Peter fiel in das Halbdunkel einer Türnische. Seine Brust und seine Beine schmerzten ebenso wie seine Schläfen. Er war so ausgepumpt, daß er glaubte, sich jeden Augenblick übergeben zu müssen; also ließ er alle Muskeln locker, bis die Luft seine Lungen gefüllt hatte.

Irgendwie mußte er zum Smithsonian Museum. Zu Alan

Longworth. Er wollte nicht daran denken, nicht einmal ein paar Minuten lang. Er mußte einen Augenblick der Stille finden, eine Leere, bis das Pochen in seinem Schädel aufhörte, denn es würde kein ...

O Jesus! Am Eingang der schmalen Straße, im schwachen Schein der Straßenlaterne hielten zwei Männer Fußgänger auf, stellten ihnen Fragen. Sie waren ihm gefolgt. Die Witterung, die er hinterlassen hatte, war wie die eines Flüchtlings, den die Bluthunde verfolgten.

Kastler kroch aus den Schatten in andere Schatten am Bürgersteig. Er konnte nicht laufen; man würde ihn zu leicht sehen. Jetzt duckte er sich hinter das eiserne Gitter eines Geländers, das eine steinerne Treppe zierte, und spähte zwischen den Gitterstäben hinaus. Die Männer redeten jetzt miteinander. Der Mann zur Rechten hielt sich ein Walkie-Talkie ans Ohr.

Eine Hupe war zu hören. Ein Wagen bog in die Straße ein, und die beiden Männer waren ihm im Weg. Sie bewegten sich nach links, um das Automobil vorbeizulassen; jetzt waren sie seinen Blicken entrückt. Aber wenn er sie nicht sehen konnte, konnten sie ihn auch nicht sehen! Aber das würde nur ein paar Sekunden lang gelten — höchstens zwei oder drei.

Kastler trat hinter dem Gitter hervor und fing an, nach rechts den Bürgersteig hinunterzurennen. Wenn es ihm gelang, irgendwie sein Tempo mit dem des herannahenden Wagens zu synchronisieren, konnte er die Zeitspanne verlängern, in der man ihn nicht sehen konnte; drei oder vier zusätzliche Sekunden würden genügen. Er lauschte auf den Motor hinter ihm. Es klappte! Er war an der Ecke. Er duckte sich hinter den Gebäudevorsprung und preßte den Rücken gegen die Mauer. Dann schob er vorsichtig sein Gesicht etwas vor und blickte in die schmale Gasse hinaus. Die beiden Männer arbeiteten sich vorsichtig von einer Tür zur nächsten, und ihre Vorsicht an sich war für ihn sehr beunruhigend. Dann begriff er. In seiner Panik hatte er es vergessen, aber jetzt erinnerte ihn das Gewicht in seiner Jackentasche: er hatte die Pistole. Die Pistole, die er nicht abfeuern konnte.

Passanten sahen ihn an; ein Ehepaar eilte an ihm vorbei; eine Mutter mit ihrem Kind trat ganz außen an den Bürgersteig, um ihm auszuweichen. Kastler blickte nach oben, auf das Straßenschild. New Hampshire Avenue, schräg gegenüber lag die Kreuzung mit der T-Street. Er war in dem Einkaufsviertel nördlich vom Lafayette Square; er war zwischen fünfzehn und zwanzig

Häuserblocks weit gerannt, vielleicht sogar mehr, wenn man die verschiedenen Gassen dazwischen auch mitzählte. Irgendwie mußte er zurück und sich in südöstlicher Richtung auf das Smithsonian zuarbeiten.

Die beiden Männer waren jetzt höchstens noch fünfzig Meter entfernt. Rechts von ihm, einen halben Block im Norden, wechselte die Ampel auf Grün. Kastler fing wieder zu rennen an. Er erreichte die Ecke, überquerte die Straße, bog nach links und blieb stehen. Ein uniformierter Polizeibeamter stand unter der Verkehrsampel; er sah Peter an.

Das war vielleicht die einzige Möglichkeit, die sich Kastler bot. Er konnte zu dem Beamten gehen, sich identifizieren, und sagen, daß Männer ihn jagten. Der Beamte würde sein Revier anrufen und von dem Chaos zwanzig Blocks weiter unten erfahren, hören, daß jemand eine Waffe abgefeuert und harmlose Passanten verletzt hatte. All dies konnte er dem Beamten sagen und ihn um Unterstützung bitten.

Aber während er noch über die Idee nachdachte, wurde ihm klar, daß das zu Fragen führen würde, zu Formularen, die er ausfüllen mußte, zu Erklärungen. Longworth würde nicht so lange warten. Und dann gab es Männer mit Funkgeräten, die ihn suchten; im Hotel war Allison allein und hatte nur einen Mann, um sie zu beschützen. Wenn er zur Polizei ging, hielt das den Wahnsinn nicht auf. Es verlängerte ihn nur.

Die Ampel schaltete um. Peter ging schnell über die Kreuzung, vorbei an dem Polizeibeamten, und trat in die T-Street. Er trat in eine Türnische in den Schatten und sah sich um. Anderthalb Blocks südlich von ihm war eine schwarze Limousine, die in nördlicher Richtung dahinrollte, und an der Ecke der schmalen Straße und der New Hampshire Avenue stehenblieb. Unmittelbar vor dem Wagen stand eine Straßenlaterne. Er konnte die beiden Männer auf den Wagen zugehen sehen; ein Hinterfenster öffnete sich lautlos.

Ein Taxi rollte in südlicher Richtung auf die New Hampshire. Die Ampel war rot; das Taxi hielt an. Kastler rannte aus der schützenden Türnische heraus auf den Wagen zu. Auf dem Hintersitz saß ein älterer, gut gekleideter Mann. Peter öffnete die Tür.

»He!« schrie der Fahrer. »Ich hab' einen Fahrgast!«

Kastler wandte sich an den Passagier. Er bemühte sich, ganz vernünftig zu klingen, ein Mann eben, der sich in einer Krise große Mühe gab, ruhig zu bleiben. »Bitte, entschuldigen Sie, aber etwas Schreckliches ist passiert. Ich muß in die Stadt. Meine — meine Frau ist sehr krank. Ich habe gerade gehört ...«

»Steigen Sie ein, bitte«, sagte der ältere Mann, ohne zu zögern. »Ich fahre nur bis zum Dupont Circle. Paßt Ihnen das? Ich kann ...«

»Das geht sehr gut, Sir. Ich bin Ihnen sehr dankbar.«

Peter stieg ein, während die Ampel umschaltete. Er knallte die Tür zu; das Taxi schoß davon.

Ob es nun das Krachen der Tür oder die laute Stimme des Fahrers war, würde Kastler nie erfahren. Jedenfalls konnte er sehen, als sie die Limousine auf der anderen Seite der New Hampshire passierten, daß die beiden Männer ihn entdeckten. Peter sah zum Hinterfenster hinaus. Der Mann auf der rechten Seite hielt sich sein Walkie-Talkie an den Mund.

Sie erreichten den Dupont Circle; der ältere Mann stieg aus. Kastler wies den Fahrer an, in südlicher Richtung auf der Connecticut Avenue weiterzufahren. Der Verkehr war jetzt dichter, versprach, noch schlimmer zu werden, während sie auf das Zentrum von Washington zurollten. Das war gleichzeitig günstig und ungünstig. Die überfüllten Straßen erlaubten es ihm, sorgfältig nach allen Richtungen Ausschau zu halten, ob jemand seine Spur aufgenommen hatte. Andererseits erlaubte der dichte Verkehr auch anderen, ihn zu finden, ihn wenn nötig sogar zu Fuß einzuholen.

Sie erreichten die K-Street. Rechts lag die Siebzehnte. Peter versuchte, sich eine Karte von Washington vorzustellen. Die Hauptstraßen südlich der Ellipse.

Constitution Avenue! Er konnte den Fahrer anweisen, links in die Constitution einzubiegen und durch den Eingang der Fußgängerzone dort ins Smithsonian zu fahren. Gab es dort eine Einfahrt?

Das mußte es einfach. In dem Exposé des Kapitels, das er am Morgen geschrieben hatte, hatte er sich ausgemalt, wie Alexander Meredith aus der Fußgängerzone fuhr — raste. Hatte er das geschrieben? Oder war das nur ...?

Kastler sah es durch das Hinterfenster. Ein grauer Wagen hatte sich aus dem Verkehrsstrom gelöst und schoß jetzt auf der linken Abbiegespur nach vorn. Er zog mit dem Taxi gleich; plötzlich schoß ein Lichtstrahl durch das Fenster, kreuzte sich mit den Scheinwerferbalken dahinter. Peter schob sich nach vorn und verbarg sein Gesicht, so gut er konnte, und blickte erst dann hinaus. Er konnte deutlich sehen, daß ein Mann neben dem Fahrer das Fenster heruntergekurbelt hatte. Seine Taschenlampe war auf die Registriernummer des Taxis auf der Tür gerichtet. Kastler hörte ihn reden.

»Dort! Das ist es!«

Es war ein Wahnsinn innerhalb des Wahnsinns. In seiner Fantasie waren an jenem Morgen zwei Männer durch die Straßen von Washington hinter Alexander Meredith hergerast. Ein Automobil war neben dem von Alexander Meredith gefahren; ein Fenster war heruntergekurbelt worden, und eine Stimme hatte gerufen: »Dort!«

Der Mann stieg aus dem Wagen. Er sprang mit einem Satz auf das Taxi zu, griff mit der einen Hand nach der Taxitür. Die Verkehrsampel schaltete wieder um, und Kastler schrie den Fahrer an.

»Die Siebzehnte hinunter! Schnell!«

Das Taxi ruckte nach vorn, und dem Fahrer war nur undeutlich bewußt, daß hier ein Problem vorlag, mit dem er nichts zu tun haben wollte. Hinter ihnen heulten die Sirenen. Peter sah zum Fenster hinaus. Der Mann war immer noch auf der Straße — verwirrt, verärgert, blockierte den Verkehr.

Das Taxi jagte auf der Siebzehnten Straße nach Süden, vorbei am Executive-Bürogebäude, zur New York Avenue und der Corcoran Gallery. Einmal stand eine Ampel auf Rot; das Taxi hielt an. In der Galerie brannte noch Licht; irgendwo in der Zeitung hatte er gelesen, daß es hier eine neue Ausstellung von einem Museum in Brüssel gab.

Die Verkehrsampel brauchte zu lange! Der graue Wagen würde sie jetzt jeden Augenblick eingeholt haben. Peter griff in die Tasche nach seinem Geld. Er fand eine Anzahl Ein-Dollar-Scheine und zwei Zehn-Dollar-Noten. Er holte sie alle heraus und beugte sich nach vorn.

»Ich möchte, daß Sie etwas für mich tun. Ich muß in die Corcoran Galerie, aber ich möchte, daß Sie vor der Tür auf mich warten und den Motor laufen und das Deckenlicht eingeschaltet lassen. Wenn ich mich um mehr als zehn Minuten verspäte, dann vergessen Sie das Ganze, ich zahle im voraus.«

Der Fahrer sah die Zehner und nahm sie entgegen. »Ich dachte Ihre Frau ist krank. Wer, zum Teufel, war das dort hinten? Sie haben versucht, die Tür ...«

»Das hat jetzt nichts zu sagen«, unterbrach Kastler. »Die Ampel schaltet um; bitte tun Sie, was ich Ihnen gesagt habe.«

»Ist ja Ihr Geld. Sie haben Ihre zehn Minuten.«

»Zehn Minuten«, nickte Peter. Er stieg aus. Über der kurzen Treppe war die Glastür geschlossen. Hinter ihr stand ein uniformierter Wachmann locker neben einem kleinen Tisch. Kastler eilte die Treppe hinauf und öffnete die Tür. Der Wachmann sah ihn an, machte aber keine Anstalten, ihn aufzuhalten.

»Kann ich Ihre Einladung sehen, Sir?«

»Für die Ausstellung?«

»Ja, Sir.«

»Das ist mir jetzt richtig peinlich, Officer«, sagte Peter schnell und griff nach seiner Brieftasche. »Ich komme von der *New York Times.* Ich soll einen Bericht über die Ausstellung für die nächste Sonntagsausgabe schreiben. Ich hatte vor ein paar Minuten einen Verkehrsunfall und kann die Einladung nicht ...«

Hoffentlich hatte er ihn in der Brieftasche. Vor einem Jahr hatte er ein paar Artikel für das *Times Magazine* geschrieben und die Redaktion hatte ihm einen provisorischen Presseausweis ausgestellt.

Er fand ihn zwischen seinen Kreditkarten. Er hielt ihn dem Wachmann hin, deckte das Ablaufdatum mit dem Daumen zu. Seine Hand zitterte; ob der Mann das wohl bemerkte?

»Schon gut, schon gut«, sagte der Wachmann. »Geht schon in Ordnung. Sie brauchen sich nur einzutragen.«

Kastler lehnte sich über den Tisch, nahm den Kugelschreiber entgegen, der an einer Kette hing und kritzelte seinen Namen hin. »Wo ist die Ausstellung?«

»Nehmen Sie einen der Lifts dort hinten und fahren Sie in den ersten Stock.«

Er ging mit schnellen Schritten zu den Liftkabinen und drückte auf den Knopf. Dann sah er sich zu dem Wachmann um; aber der achtete nicht auf ihn. Eine Lifttür öffnete sich, aber Peter hatte nicht vor, einzusteigen. Er wollte, daß das Geräusch seine Schritte übertönte, während er zu dem Ausgang auf der anderen Gebäudeseite rannte.

Ein anderes Geräusch war zu hören. Hinter ihm öffneten sich die Glastüren. Kastler sah den Mann aus dem grauen Wagen. Damit war die Entscheidung für ihn getroffen. Er stieg schnell in die leere Liftkabine und drückte sämtliche Knöpfe, die er mit einer Hand erreichen konnte. Die Tür schloß sich; die Liftkabine setzte sich in Bewegung.

Er trat in eine quirlende Menge hinaus. Kellner in roten Jacketts, mit silbernen Tabletts, gingen zwischen den Gästen auf und ab. Überall waren Gemälde und Skulpturen zu sehen, die von Scheinwerfern beleuchtet wurden. Die Gäste rekrutierten sich aus dem diplomatischen Korps und seinem Gefolge, darunter auch den Mitgliedern der Washingtoner Presse. Einige von ihnen erkannte er.

Peter hielt einen Kellner an und ließ sich ein Glas Champagner geben. Er leerte es schnell, um das leere Glas hochzuheben und damit teilweise sein Gesicht verbergen und sich umsehen zu können.

»Sie sind Peter Kastler! Ich habe Sie sofort erkannt!«

Die Frau, die ihn angesprochen hatte, war eine wahre Brunhilde und ihr Walkürenhelm ein mit Blumen beladener Hut, der ihr Wagnergesicht krönte. »Wann erscheint denn Ihr nächster Roman?«

»Im Augenblick arbeite ich an nichts.«

»Warum sind Sie in Washington?«

Peter blickte zur Wand. »Ich mag flämische Kunst.«

Brunhilde hielt einen kleinen Notizblock in der linken und einen Bleistift in der rechten Hand. Während sie redete, schrieb sie: »Von der belgischen Botschaft eingeladen ... Ein Kenner flämischer Kunst.«

»Das habe ich nicht gesagt«, protestierte Kastler. »Das stimmt nicht.«

Er sah, wie sich hinter der Menge die Lifttür öffnete. Der Mann, der vor wenigen Augenblicken durch die Glastür in der Lobby gekommen war, entstieg dem Lift.

Brunhilde sagte etwas, aber er hatte nicht zugehört. »Mir wäre viel lieber, wenn Sie ein Verhältnis mit irgendeiner der Botschafterfrauen hätten. Mit irgendeiner.«

»Gibt es hier oben eine Treppe?«

»Was?«

»Eine *Treppe*. Einen Ausgang!« Kastler nahm ihren Arm und schob sie zur Seite, so daß sie ihn vor den Blicken des Mannes verbarg.

»Ich habe mir doch *gedacht*, daß ich Sie kenne!« Die dünne, schrill klingende Frauenstimme gehörte einer blonden Kolumnistin, die Peter irgendwie bekannt vorkam. »Sie sind Paul Kastler, der Schriftsteller.«

»Das kommt der Sache nahe. Wissen Sie, wo hier ein Ausgang ist? Ich muß ganz schnell hinunter.«

»Nehmen Sie doch den Lift«, sagte die Kolumnistin. »Schauen Sie, da ist schon einer.« Sie trat zurück und wies in die entsprechende Richtung.

Die Bewegung zog die Aufmerksamkeit des Mannes auf sich. Er setzte sich in Richtung auf Peter in Bewegung. Kastler wich aus.

Der Mann arbeitete sich durch die Menge. In einer Ecke des Raumes, hinter einem Tisch mit Hors d'œuvre, trat ein Kellner durch eine Pendeltür. Kastler ließ sein Glas fallen und packte die Arme der zwei verblüfften Journalistinnen und stieß sie zur Tür hin.

Der Mann war jetzt nur noch wenige Schritte hinter ihm, die Pendeltür auf der anderen Seite des Tisches. Peter taumelte zur Seite, ließ die beiden Frauen immer noch nicht los. Als der Mann sich aus der Menge löste, drehte Kastler die zwei Frauen herum und stieß sie, so heftig er konnte, dem Herannahenden entgegen. Der Mann schrie; der Bleistift der korpulenten Frau stach ihn in die Unterlippe. Blut rann ihm aus dem Mund. Peter griff mit beiden Händen unter den breiten, mit Hors d'œuvre und zwei mächtigen Punschbowlen gefüllten Tisch und stemmte ihn hoch, ließ die ganze Masse aus Silber, Glas, Flüssigkeit und Essen zu Boden krachen.

Aus den Rufen wurden Schreie. Jemand pfiff schrill. Kastler rannte durch die Pendeltür in einen Vorratsraum.

An der linken Wand sah er die rote Leuchtschrift EXIT. Er packte einen Servierwagen und riß mit solcher Kraft daran, daß sich ein Rad löste. Schüsseln mit Salat krachten vor der Pendeltür zu Boden. Er rannte zum Ausgang und stieß die Tür mit der Schulter auf. Er sah sich um. Am Eingang herrschte Chaos, von einem Verfolger war keine Spur zu sehen.

Das Treppenhaus war leer. Er nahm drei Stufen auf einmal, bis er den ersten Treppenabsatz erreichte, und schwang sich am Geländer herum.

Dann kam er zum Stillstand, sein linkes Knie stieß gegen die Eisenstange. Unter ihm, vor der Lobbytür, stand der Mann, den er zuletzt auf der Connecticut Avenue gesehen hatte. Der Mann, der aus dem Wagen gesprungen war. Das war jetzt keine Figur in einem Roman; er war echt. Ebenso echt wie die Pistole, die er in der Hand hielt.

Wahnsinn! Peter kam plötzlich der verrückte Gedanke, daß er ein Tonbandgerät in der Innentasche tragen mußte. Er hob unwillkürlich den linken Arm, um den Schalter zu betätigen. Um das Tonbandgerät einzuschalten. Ein nicht existierendes Tonbandgerät! All das passierte *ihm*!

»Was wollen Sie von mir? Warum verfolgen Sie mich?« flüsterte er und war selbst nicht mehr sicher, was die Wirklichkeit war.

»Wir wollen bloß mit Ihnen reden. Sicherstellen, daß Sie verstehen ...«

»Nein!« Irgend etwas explodierte in ihm. Er sprang von dem Treppenabsatz, war sich nur der Leere bewußt, die ihn umgab. Irgendwo, tief im Inneren dieser Leere, hörte er ein Geräusch, als ob jemand ausspuckt, ein Schuß, aber der betraf ihn nicht; er verstand jetzt überhaupt nichts mehr.

Plötzlich berührten seine Hände Haut und Haare. Er schmetterte den Kopf des Mannes gegen die Metalltür.

Und der echte Mann mit der echten Pistole brach zusammen, Kopf und Gesicht mit Blut bedeckt. Peter richtete sich auf und stand einen Augenblick benommen da, versuchte Fantasie und Wirklichkeit voneinander zu trennen.

Er mußte fliehen. Flucht war jetzt das einzige, was ihm noch blieb. Er trat die Tür auf und rannte über die Marmorfliesen. Der Wachmann stand am Straßeneingang, die Hand am Holster, ein Funksprechgerät am Ohr.

Als Peter auf ihn zukam, sagte der Mann: »Ärger dort droben, wie?«

»Ja. Zwei Betrunkene, denke ich.«

»Haben die zwei Sie erreicht? Die haben mir gesagt, daß Sie für das Bureau arbeiten.«

Peter blieb stehen, packte die Eingangstür mit der Hand. »*Was*?«

»Ihre Kollegen? Die zwei anderen Männer. Sie sind gleich nach Ihnen hereingekommen. Die haben mir ihre Ausweise gezeigt. Die sind auch vom FBI.«

Mehr wollte Kastler nicht hören. Jetzt war der Wahnsinn vollkommen. Das FBI! Er rannte die paar Stufen hinunter, die Augen glasig, atemlos.

»Sie haben noch ein paar Minuten Zeit, Mister.«

Das Taxi stand keine drei Meter von ihm entfernt am Randstein. Er rannte zur Tür und stieg ein.

»Fahren Sie zur Ellipse Road hinunter! Schnell, um Gottes willen! Dann zum Smithsonian Park. Ich sage Ihnen, wo Sie mich aussteigen lassen sollen.«

Das Taxi rollte an. »Ist immer noch Ihr Geld.«

Peter drehte sich um und blickte durchs Hinterfenster hinaus. Ein Mann kam die Treppen heruntergestürmt, er hielt sich mit einer Hand das Gesicht, mit der anderen ein Walkie-Talkie. Es war der Mann aus dem Obergeschoß, der Mann, dessen Lippe vom Bleistift der Kolumnistin durchbohrt worden war. Er hatte das Taxi gesehen. Andere würden irgendwo warten.

Sie bogen in die Kurve, die zur Ellipse führte, ein. Im Süden lag das Washington Monument, seine Alabasternadel wurde von Scheinwerfern angestrahlt. »Langsam«, befahl Peter, »fahren Sie mich an den Rasenrand. Aber halten Sie nicht an. Ich werde jetzt hinausspringen, aber ich möchte nicht ...« Peters Stimme wurde leiser, er wußte nicht, wie er es sagen sollte.

Der Fahrer war ihm behilflich. »Aber Sie möchten nicht, daß jemand, der mein Taxi beobachten könnte, Sie springen sieht, ist es das?«

»Ja.«

»Haben Sie Ärger?«

»Ja.«

»Die Bullen?«

»Herrgott, nein! Es ist ... etwas Persönliches.«

»Mir scheint, daß Sie okay sind. Sie sind anständig zu mir gewesen; ich bin zu Ihnen auch anständig.« Der Fahrer verlangsamte seine Fahrt. »Etwa fünfzig Meter weiter vorn, am fernsten Punkt der Kurve, ehe die Straße wieder gerade wird, können Sie abspringen. Und ich werde dann losrasen, als wäre der Teufel hinter mir her, ein paar Straßen weit. Niemand wird Sie sehen. Ist das klar?«

»Ja, das geht klar. Danke.«

»Jetzt!«

Das Taxi hatte seine Fahrt verlangsamt. Kastler öffnete die Tür und sprang hinaus, und die Wucht seines Sprunges und die Krümmung der Straße schleuderte ihn auf den Rasen.

Der Fahrer drückte die Hupe, ließ sie nicht los, so daß ihr Heulen alle erschreckte. Andere Fahrzeuge wichen nach rechts aus und ließen das Taxi vorbei. Das Geräusch klang nach einem Notfall; irgend jemand hatte Schwierigkeiten.

Peter beobachtete die Szene von einem Versteck im Gras aus. Ein Wagen hielt nicht an, zögerte auch nicht, die Panikgeräusche schienen es überhaupt nicht zu beeindrucken. Vielmehr schloß es sich dem Taxi an und raste hinter ihm her.

Es war die schwarze Limousine, die er auf der New Hampshire Avenue gesehen hatte.

Peter blieb einen Augenblick lang bewegungslos liegen. In der Ferne kreischten Reifen. Auf der anderen Seite der Ellipse Road, in der Richtung der Continental Hall, jagte ein anderer Wagen in die kreisförmige Fahrbahn. Ob der ihn suchte? Er stand auf und rannte davon.

Jetzt spürte er Asphalt unter den Füßen; er hatte die Straße erreicht. Vor ihm waren Häuser, neben ihm Wagen, die langsam dahinrollten. Er rannte weiter und wußte, daß hinter den dunklen Gebäuden und den vereinzelt stehenden Bäumen das Smithsonian aufragte.

Plötzlich stürzte er, überschlug sich auf dem Pflaster. Hinter sich hörte er die unverkennbaren Geräusche schneller Schritte. Sie hatten ihn gefunden!

Er rappelte sich auf, taumelte nach vorn, wie ein übereifriger Sprinter, der den Start verpatzt. Er rannte weiter, dorthin, wo sein Instinkt ihn leitete. Und plötzlich sah er es! Seine Zinnen zeichneten sich silhouettenhaft vor dem Himmel ab! Die Umrisse des Smithsonian! Er rannte, so schnell er konnte, über den endlosen Rasen, sprang über niedrig durchhängende Ketten, welche die Wege abgrenzten, bis er atemlos vor dem mächtigen Gebäude stand.

Er war da, aber wo war Longworth?

Einen Augenblick lang glaubte er, Geräusche hinter sich zu hören. Er drehte sich um; aber da war niemand.

Plötzlich blitzten von irgendwo in der Finsternis zwei winzige Lichtpunkte auf, jenseits der Stufen, die zu der Straße vor dem Eingang führten. Sie kamen von der linken Seite der Statue, welche die Treppe krönte, irgendwo in Augenhöhe. Jetzt blitzten sie wieder auf, als wären die Lichter auf ihn gerichtet! Er ging schnell auf die Lichtquelle zu. Näher, immer näher; zehn Meter, fünf Meter. Er ging auf eine dunkle Ecke des mächtigen Museums zu; vor den Steinquadern standen Büsche.

»Kastler! Runter!«

Peter warf sich zu Boden. Aus der Dunkelheit blitzte es zweimal auf: gedämpfte Pistolenschüsse. Hinter sich hörte er einen Körper fallen. Im dunklen Grau der Nacht sah er die Pistole in der Hand des Erschossenen. Sie war auf ihn gerichtet gewesen.

»Zerren Sie ihn hierher!« Ein geflüsterter Befehl aus der Dunkelheit.

Wie benommen tat Kastler, was man ihm aufgetragen hatte. Er zog die Leiche über das Gras in den Schatten und kroch dann auf Alan Longworth zu.

Der Mann hatte nicht mehr lange zu leben. Sein Rücken lehnte an der steinernen Mauer des Smithsonian. In der rechten Hand hielt er die Waffe, die Peters Leben gerettet hatte; die linke war auf seinen Leib gepreßt. Seine Finger waren mit Blut bedeckt.

»Ich habe keine Zeit, Ihnen zu danken«, sagte Kastler, der kaum seine eigene Stimme hören konnte. »Vielleicht sollte ich das auch gar nicht. Er war einer von Ihren Männern.«

»Ich habe überhaupt keine Männer«, erwiderte der blondhaarige Killer.

»Darüber sprechen wir später. Sie kommen jetzt mit mir. *Jetzt gleich.*« Peter arbeitete sich verärgert hoch.

»Ich gehe nirgendwohin, Kastler. Wenn ich mich ruhig halte und mich nicht bewege, habe ich noch ein paar Minuten. Nicht, wenn ich mich bewege.«

Da war wieder jenes fremdartige, gutturale Geräusch in Longworth' Stimme. »Dann werde ich jemanden suchen!« sagte Peter, in dessen Antwort sich jetzt die Furcht mischte. Er durfte Longworth nicht sterben lassen. Nicht *jetzt.* »Ich hole eine Ambulanz!«

»Eine Ambulanz kann mir nicht helfen. Glauben Sie mir das. Aber Ihnen muß man es sagen. Sie müssen verstehen.«

»Ich verstehe alles. Eine Gruppe von Fanatikern versucht, das FBI in Stücke zu reißen, um selbst die Kontrolle übernehmen zu können. Und Sie sind einer dieser Fanatiker.«

»Das ist nicht richtig. Das geht weit über das Bureau hinaus. Wir versuchen, sie aufzuhalten; ich habe es versucht. Und jetzt sind Sie der einzige, der es noch kann. Sie sind am weitesten vorgedrungen; keiner sonst hat solche Vorteile wie Sie.«

»Warum?«

Longworth schien die Frage zu ignorieren. Er atmete tief. »Die verschwundenen Archive. Hoovers Privatakten ...«

»Es gibt keine verschwundenen Archive!« unterbrach ihn Peter wütend. »Es gibt nur Männer wie Sie und den Mann, den sie gerade getötet haben. Sie haben einen Fehler gemacht, Longworth. Er war dabei, mich zu verfolgen, mich zu jagen. Er hat einen Ausweis gezeigt; er ist vom FBI! Er ist einer von Ihren Leuten!«

Longworth starrte die Leiche des Mannes an, den er getötet hatte. »Diese Wahnsinnigen haben also das von den Archiven erfahren. Ich kann mir vorstellen, daß das nicht zu vermeiden war. Derjenige, der sie hat, kann sie einsetzen. Und ihm wird man dann die Schuld für alles geben.«

Kastler hörte nicht zu. Das einzige, worauf es jetzt ankam, war, Longworth zu Quinn O'Brien zu bringen. »Ihre Feststellungen interessieren mich nicht mehr.«

»Sie sagen, daß Sie dieses Mädchen lieben«, sagte Longworth, dessen Atem jetzt stockend ging. »Wenn das wahr ist, dann hören Sie mir zu.«

»Sie sind ein Bastard! Lassen Sie das Mädchen hier heraus!«

»Ihre Mutter, ihr Vater ... die sind es. Der Mutter ist etwas widerfahren.«

Peter kniete nieder und beugte sich über Longworth. »Was wissen Sie über ihre Mutter?«

»Nicht genug. Aber Sie können das erfahren. Haben Sie Geduld mit mir. Zunächst einmal, mein Name ist nicht Longworth.«

Kastler starrte den anderen ungläubig an und wußte doch, daß er die Wahrheit hörte. Kreise innerhalb der Kreise, Realität und Fantasie, aber was war was? Am grauen Nachthimmel kam der Mond heraus. Zum erstenmal konnte er Longworth' Gesicht deutlich erkennen. Der Sterbende besaß keine Augenbrauen, keine Augenlider. Rings um seine Augen war nur nacktes, geschundenes Fleisch zu sehen. Man hatte ihn geschlagen, ihn gefoltert.

28

»Mein Name ist Stefan Varak. Ich bin Codespezialist für den Nationalen Sicherheitsrat, aber daneben erfülle ich gewisse Funktionen für eine Gruppe von ...«

»Varak?« Es dauerte ein paar Sekunden, bis ihm der Name bewußt wurde, aber als das dann der Fall war, war der Schock für Peter um so größer. »Sie sind der Mann, den O'Brien sucht!«

»Quinn O'Brien?« fragte Varak und zuckte schmerzhaft zusammen.

»Ja. Er ist der Mann, mit dem ich gesprochen habe, der, dem ich die Geschichte erzählt habe. Er versucht seit einiger Zeit, Sie zu erreichen!«

»Ich hatte keine Möglichkeit, Nachrichten zu übermitteln. Sie hatten Glück. Quinn ist einer der schnellsten und saubersten Männer dort drüben. Vertrauen Sie ihm.« Varak hustete. Man konnte den Schmerz, den er empfand, an seinem Gesicht ablesen. »Wenn diese Wahnsinnigen sich nach vorn gespielt haben, wird O'Brien sie aufhalten.«

»Was haben Sie mir zu sagen? Was wissen Sie über MacAndrews Frau?«

Varak hob die blutige Hand. »Ich muß das erklären. So

schnell wie möglich. Sie müssen verstehen ... Sie waren von Anfang an programmiert. Zum Teil mit der Wahrheit, zum Teil mit Lügen. Wir mußten Sie hereinziehen, dafür sorgen, daß Sie begannen, mußten den Feind zwingen zu reagieren, sich zu zeigen.« Ein Krampf ließ Varak erzittern.

Kastler wartete, bis der Krampf vorüber war, dann fragte er: »Zum Teil mit Lügen, zum Teil mit der Wahrheit. Was war Lüge, was Wahrheit?«

»Das habe ich Ihnen ja gesagt. Die Archive. Sie sind verschwunden.«

»Es hat also keinen Mord gegeben?«

»Unvorstellbar.« Varak starrte Peter an, sein Atem ging schnell. »Die Männer, die Hoover bekämpften, waren ehrenwerte Männer. Der Schutz, den sie Hoovers Opfern angedeihen ließen, lag innerhalb der Gesetze, nicht außerhalb.«

»Aber die Archive sind entwendet worden.«

»Ja. Der Teil stimmt. Die Akten mit den Buchstaben M bis Z. Merken Sie sich das.« Wieder schüttelte ein Krampf Varak. Peter hielt seine Schultern; das war alles, was ihm einfiel. Das Zittern ließ nach, und Varak fuhr fort: »Und jetzt muß ich auf Einzelheiten eingehen. Ich gebrauche Ihre Worte.«

Seine Worte? Varaks Augen wirkten jetzt glasig; da war der Akzent wieder. »Meine Worte? Was meinen Sie damit?«

»In Ihrem vierten Kapitel ...«

»Meinem was?«

»Ihrem Manuskript.«

»Sie haben es gelesen?«

»Ja.«

»Wie?«

»Das tut nichts zur Sache. Dafür ist keine Zeit ... Ihr Kern. Sie konzentrieren sich auf drei Leute. Einen Senator, eine Journalistin, ein Kabinettsmitglied ...« Varaks Augen blickten plötzlich ziellos; seine Stimme wurde leiser.

»Was ist mit Ihnen?« drängte Kastler, ohne zu begreifen. »Benutzt die Archive für den guten Zweck ...« Der Sterbende atmete plötzlich ein. »Das haben Sie gesagt.«

Peter erinnerte sich. Die *Akten*. In seinem Manuskript hatte er dem ehemaligen Kabinettsmitglied die Worte in den Mund gelegt. *Wenn Sie so gebraucht werden, wie Hoover sie gebraucht, dann kann man sie auch umdrehen. Man kann sie für einen guten Zweck benutzen!* Das war die falsche Logik, die zur Katastrophe führen würde, zur Tragödie.

»Und wenn ich das gesagt habe? Wovon sprechen Sie?«

»Das ist es, was geschehen ist ...« Varaks Blick wurde ein paar Sekunden lang wieder klar. Seine Konzentration mußte die Kraft eines alles verzehrenden Feuers haben. »Ein Mann wurde zum Killer. Einem Killer, der andere Killer einsetzt.«

»*Was?*«

»Fünf Männer. Einer von vier ... Nicht Bravo. Niemals Bravo ...«

»Was haben Sie gesagt? Wer ist Bravo?«

»Eine glänzende Versuchung. Die Archive für einen guten Zweck einzusetzen.«

»*Glänzend?* Daran ist nichts glänzend ... Das ist Erpressung!«

»Das ist ja die Tragödie.«

O Gott! Seine Worte! »Was für fünf Männer? Was meinen Sie?«

»Venice kennen Sie ... Bravo auch, aber *nicht* Bravo! Niemals Bravo!« Varaks blutige rechte Hand versuchte, sich zu bewegen; sie kroch von der Wunde an seinem Leib weg auf eine Jackentasche zu. Er holte ein Stück Papier heraus, weißes, mit Blut besudeltes Papier. »Einer von vier Männern. Ich dachte, es sei Banner oder Paris. Jetzt bin ich nicht mehr so sicher.« Er schob Kastler das Papier in die Hand. »Codenamen. Venice, Christopher, Banner, Paris. Einer von ihnen. Nicht Bravo.«

»Venice ... Bravo ... wer ist das?«

»Die Gruppe. Das, was Sie Kern nennen.« Varaks Hand fuhr wieder an seine Wunde. »Einer von ihnen weiß es.«

»Weiß was?«

»Was *Chasŏng* bedeutet. Die Mutter.«

»MacAndrew? Seine Frau?«

»Nicht er. *Sie!* Er ist nur die Tarnung.«

»Tarnung? Sie müssen deutlicher werden.«

»Das Massaker. Das, was hinter dem Massaker von Chasŏng stand!«

Peter sah das blutbesudelte Papier an, das er in der Hand hielt. Namen standen darauf. »Einer dieser Männer?« fragte er den sterbenden Mann, ohne sich sicher zu sein, was er mit seiner Frage meinte.

»Ja.«

»Warum?«

»Sie und die Tochter. *Sie!* Es sollte Sie von der Spur ablenken. Sie zu der Ansicht bringen, es wäre die Antwort. Aber das ist es nicht.«

»*Welche* Antwort?«

»Chasŏng. Etwas, das weit darüber hinausgeht.«

»Hören Sie auf! Was wollen Sie damit sagen?«

»Nicht Bravo ...« Varaks Augen schienen in ihren Höhlen zu schwimmen.

»Wer *ist* dieser Bravo? Ist er einer von ihnen?«

»Nein. *Niemals* Bravo.«

»Varak, was ist geschehen? Warum sind Sie in bezug auf Chasŏng so sicher?«

»Es gibt andere, die helfen werden ...«

»Was ist mit *Chasŏng*?«

»Fünfunddreißigste Straße. Das Haus. Die haben mich überwältigt und meine Augen, mein Gesicht mit Heftpflastern verklebt. Ich habe sie nie gesehen. Sie brauchten eine Geisel. Sie wissen, was ich getan habe ... Ich habe sie nicht gesehen, aber gehört habe ich sie. Sie unterhielten sich in einer Sprache, die ich nicht kannte, und das bedeutet, daß sie das wußten. Aber den Namen *Chasŏng* haben sie gebraucht. Jedesmal ... Es klang fanatisch. Es hat eine andere Bedeutung. Finden Sie heraus, was hinter dem Massaker von Chasŏng stand. Das wird Sie zu den Archiven führen.«

Varak fiel nach vorn. Kastler packte ihn und zog ihn zurück. »Da muß doch noch mehr sein!«

»Sehr wenig.« Varaks Flüstern wurde leiser. Peter mußte sein Ohr an die Lippen des Agenten legen, um ihn hören zu können. »Sie fuhren mich durch eine Stadt; sie hielten mich für bewußtlos. Ich hörte Autos. Ich warf mich mit den Heftpflastern im Gesicht durch die Tür. Sie feuerten auf mich, fuhren aber weg. Ich mußte *Sie* allein erreichen. Ich konnte am Telefon nicht sprechen. Ich hatte recht. Die zwei falschen Nummern, die ich Ihnen gab, wurden angerufen. Wenn ich Ihnen das, was ich Ihnen jetzt sage, am Telefon gesagt hätte, hätte man Sie getötet. Schützen Sie das Mädchen. Finden Sie heraus, was das Massaker von Chasŏng bedeutet.«

Kastler fühlte, wie die Panik in ihm aufwallte; ihm war, als müßte sein Kopf jeden Augenblick zerplatzen. Varak war fast tot. Nur noch wenige Augenblicke, dann würde er nicht mehr leben! Sekunden! »Sie sagten, es gebe noch andere! An wen kann ich mich wenden? Wer wird helfen?«

»O'Brien«, flüsterte Varak. Dann starrte er Peter an, und ein seltsames Lächeln spielte um seine blutlosen Lippen. »Sehen Sie sich Ihr Manuskript an. Dort gibt es einen Senator. Vielleicht war er ... Gehen Sie zu ihm, er hat keine Angst.«

Varaks Augen schlossen sich. Er war tot.

Und Kastlers Bewußtsein war mit weißem Licht und Donner angefüllt. Die Detonationen erschütterten die Erde; jede Vernunft war dahin. Ein Senator ... Er hatte eine Grenze überschritten, die niemand überschreiten sollte. Er ließ Varaks Kopf auf den Stein zurückfallen und erhob sich langsam, entfernte sich rückwärts, angefüllt mit einem Schrecken, der so persönlich, so absolut war, daß er nicht mehr denken konnte.

Aber rennen konnte er. Und das tat er, blindlings.

Er war in der Nähe von Wasser. Die Lichtreflexe schimmerten auf seiner Oberfläche wie Tausende winziger Kerzen, die im Wind flackerten. Er wußte nicht, wie lange er gerannt war. Langsam kam wieder Klarheit in seine Gedanken, und er dachte einen Augenblick lang, er sei wieder in New York, am frühen Morgen, in den Mauern von Fort Tryon, wo ein blondhaariger Mann namens Longworth gerade sein Leben gerettet hatte.

Aber sein Name war nicht Longworth. Er war Varak, und er war tot.

Peter schloß die Augen. Die Leere, die er so lange gesucht hatte, umfing ihn. Langsam ließ er sich auf den Boden sinken; seine Knie berührten das Gras, und er zitterte.

Er hörte das Geräusch eines näherkommenden Motors. Jetzt knirschte der Kies unter den Rädern. Er schlug die Augen auf und sah sich um.

Ein Motorroller parkte, der Scheinwerferbalken stach schräg nach unten. Ein Polizeibeamter stieg aus dem Sattel. Seine Taschenlampe erfaßte Peter.

»Alles in Ordnung, Mister?«

»Ja. Ja, bei mir ist alles in Ordnung.«

Der Beamte kam näher. Kastler erhob sich unsicher und stellte fest, daß die Hand des Mannes hinter dem Lichtbalken das Pistolenholster aufgeknöpft hatte. »Was machen Sie denn hier unten?«

»Ich ... ich weiß nicht genau. Ehrlich gesagt, ich habe etwas zuviel getrunken, also bin ich spazierengegangen. Ich tue das immer; das ist besser, als in den Wagen zu steigen.«

»Und ob es das ist«, antwortete der Beamte. »Sie haben doch nicht etwa irgendwelche Dummheiten im Sinn, oder?«

»Was? Was meinen Sie?«

»Nun, zum Beispiel, ins Wasser zu springen, nicht mehr wieder heraussteigen wollen?«

»Was?«

Der Beamte stand vor ihm und musterte ihn. »Sie sehen ja ziemlich übel aus.«

»Ich bin hingefallen. Ich sag Ihnen ja, ich hatte ...«

»Ich weiß. Einen über den Durst getrunken. Komisch, daß ich nichts rieche.«

»Wodka.«

»Haben Sie irgendwelchen Kummer? Familienprobleme? Schwierigkeiten? Wollen Sie einen Priester oder einen Rabbi aufsuchen? Oder einen Rechtsanwalt?«

Peter begriff. »Jetzt verstehe ich. Sie glauben, ich möchte mich ertränken.«

»Ist alles schon vorgekommen. Wir haben schon Leichen aus dem Becken gezogen.«

»Sind wir am Gezeitenbecken?« fragte Kastler.

»An der Südwestecke.« Der Beamte deutete nach rechts. »Das dort drüben ist der Ohio-Drive. Auf der anderen Seite ist das Jefferson Memorial.«

Peter sah auf die Uhr, auf das Leuchtzifferblatt. Es war kurz nach halb zehn. Er hatte fast zwei Stunden verloren. *Zwei Stunden*, die wie ausgelöscht waren. Und es gab soviel zu tun. Zuallererst mußte er einen besorgten Polizisten besänftigen. Er bemühte sich, die richtigen Worte zu finden.

»Schauen Sie, mir fehlt gar nichts, Officer. Wirklich. Ich möchte jetzt nur telefonieren. Ist hier eine Zelle in der Nähe?«

Der Beamte griff an seinen Gürtel und knöpfte das Holster wieder zu. »Drüben am Ohio-Drive, vielleicht hundert Meter in südlicher Richtung, kann auch sein, etwas weniger. Wahrscheinlich können Sie dort auch ein Taxi kriegen. Aber, wenn man Sie noch einmal aufhält, dann passen Sie auf. Der nächste Kollege könnte etwas härter zupacken als ich.«

»Danke für die Warnung.« Peter lächelte. »Und vielen Dank auch, daß Sie so besorgt um mich sind.«

»Das gehört mit zu meinem Job. Passen Sie jetzt auf.«

Kastler nickte und ging quer über den Rasen zum Ohio-Drive hinüber. Jemand hatte sein Hoteltelefon angezapft; er konnte Alison zwar anrufen, aber nichts sagen. Vielmehr mußte er Quinn O'Brien erreichen.

»Wo, zum Teufel, stecken Sie? Ich hatte doch Anweisung gegeben, daß Sie im Hotel bleiben sollen! Verdammt noch mal, Sie ...«

»Die Wahnsinnigen haben versucht, mich zu töten«, unterbrach ihn Kastler schnell und erinnerte sich an Varaks Schilderung.

»Die *Wahnsinnigen*?« Es war, als hätte jemand O'Brien einen Schlag versetzt. »Wo haben Sie diesen Ausdruck gehört?«

»Darüber werden wir uns unterhalten. Darüber, und auch über andere Dinge. Ich habe gerade die Corcoran Galerie verlassen.«

»Die *Corcoran* ... *Sie* waren dort?«

»Ja.«

»Mein Gott!« O'Briens Stimme klang plötzlich verängstigt.

»Ich bin jetzt unten bei ...«

»Still!« schrie der FBI-Mann ihn plötzlich an. »Kein Wort mehr! Augenblick ... bleiben Sie in der Leitung.« Peter konnte O'Briens Atem hören; der Agent überlegte. »Unser Gespräch gestern nacht. Denken Sie jetzt gründlich nach. Sie sagten mir, Sie hätten drei Gespräche nach New York von Telefonzellen aus geführt. Sie haben Ihre Kreditkarte benutzt.«

»Aber ich ...«

»Still, habe ich gesagt! Denken Sie nach. Diese Anrufe fanden vor und nach dem Feuer an der Fünfunddreißigsten Straße statt.«

»Ich ...«

»Sie sollen mir zuhören! Ganz besonders ein Anruf — ich glaube, das war nachher, aber ich bin nicht sicher. Gehen Sie zu der Zelle, von der aus Sie telefoniert haben. Verstehen Sie mich jetzt? Antworten Sie nicht gleich. Denken Sie zuerst nach.«

Peter versuchte zu verstehen, was O'Brien ihm sagen wollte. Da waren keine drei Telefongespräche gewesen, nur eines. Er hatte Tony Morgan vor dem Wahnsinn an der Fünfunddreißigsten Straße angerufen. Nachher hatte er nicht mehr telefoniert.

Nachdenken. Filtern. Eliminieren. Das war alles! Der Agent meinte nur diesen einen Anruf, diese eine Zelle. »Ich verstehe«, sagte er.

»Gut. Das war nachher, nicht wahr? Nach der Fünfunddreißigsten Straße.«

»Ja«, sagte Kastler und wußte, daß es eine Lüge war.

»Irgendwo an der Wisconsin Avenue, denke ich.«

»Ja.« Wieder die Täuschung.

»Gut. Gehen Sie dorthin. Ich rufe alle zehn Minuten an. Suchen Sie sich aus unserem Gespräch einen Satz heraus, an den ich mich mutmaßlich erinnern werde, und sagen Sie ihn dann, wenn ich mich melde. Ist das klar?«

»Ja.«

Peter legte den Hörer auf und verließ die Zelle. Er ging weiter in südlicher Richtung, auf die Brückenlichter zu, die den Potomac überspannten, und sah sich nach einem Taxi um. Während er so dahinschritt, versuchte er sich an den genauen Standort der Telefonzelle zu erinnern, von der aus er Morgan angerufen hatte. Sie stand in der Nähe der George-Washington-Universität.

Ein Taxi kam. Sie fanden die Telefonzelle ohne Mühe. Da waren wieder die vielen Menschen und die bunten Lichter und die Weihnachtslieder aus unsichtbaren Lautsprechern. Er bat den Fahrer zu warten; das einzige Geld, das ihm im Augenblick zur Verfügung stand, waren zwei Fünfzig-Dollar-Noten aus seiner Brieftasche. Er würde sie wechseln müssen, und er würde das Taxi brauchen.

Er wußte genau, was er jetzt tun würde.

Finden Sie heraus, was das Massaker von Chasŏng bedeutet.

Er schloß die Tür der Telefonzelle, nahm den Hörer von der Gabel und hielt die Gabel fest. Es hatte gerade zu klingeln angefangen, als er losließ und sprach: »›Kann sein, daß ich den Rest der Nacht hier bin ... Das werde ich Ihrer Entscheidung überlassen ..‹« Das war einer der ersten Sätze, die er dem Agenten gegenüber gesprochen hatte, als sie sich das erste Mal begegnet waren.

»Ja, das geht«, sagte O'Brien. »Ich bin zehn Blocks von Ihnen entfernt an der Zwanzigsten Straße. Kann sein, daß man mir gefolgt ist, also können wir uns nicht treffen. Jetzt sagen Sie mir, was geschehen ist. Wo haben Sie den Ausdruck *Wahnsinnige* gehört?«

»Warum? Ist der so besonders?«

»Machen Sie keine Witze, wir haben keine Zeit.«

»Ich mache keine Witze. Ich bin nur vorsichtig. Wenn ich jemanden sehe, der mich beobachtet, oder einen Wagen, der anhält, werde ich wegrennen. Ich glaube, Sie sind sauber, O'Brien; das hat man mir wenigstens gesagt. So, und jetzt sagen Sie *mir*, was dieser Ausdruck bedeutet. Wer sind die Wahnsinnigen?«

O'Brien atmete hörbar aus. »Fünf oder sechs Spezialagenten, die im Geheimauftrag tätig waren und eng mit Hoover zusammenarbeiteten. Sie genossen sein volles Vertrauen. Sie wollen das alte Regime zurückhaben, wollen die Kontrolle über das Bureau. Das habe ich ja im Gespräch gestern nacht Ihnen gegenüber angedeutet. Trotzdem habe ich das Wort *Wahnsinnige* nicht gebraucht.«

»Aber sie haben doch damit nichts zu tun, oder? Sie haben doch die verschwundenen Archive nicht?«

O'Brien verstummte; Peter verspürte den Schock, den er dem anderen versetzt hatte, selbst über das Telefon. »Sie wissen also Bescheid?«

»Ja. Sie sagten, jene Akten seien vernichtet worden, es gebe keine sichtbare Verwendung, aber Sie haben gelogen. Es gibt eine sichtbare Verwendung. Sie sind *nicht* vernichtet worden. Wer auch immer sie jetzt hat, ist der Ansicht, ich stünde dicht davor, seine Identität zu erfahren ... seine oder, falls es mehrere sind, ihre. Das war die ganze Idee, die hinter allem steckte. Ich war der Köder in der Falle. Beinahe hätte es funktioniert, aber der Mann, der mich programmiert hat, ist in seiner eigenen Falle getötet worden. Jetzt sagen Sie mir, was Sie wissen, und bitte keine Umschweife!«

O'Briens Antwort kam ganz ruhig, er hatte seinen Ärger unter Kontrolle. »Ich glaube, daß die Wahnsinnigen *tatsächlich* jene Akten besitzen. Sie haben mit ihnen gearbeitet; sie hatten Zugang. Deshalb konnte ich nicht von meinem Büro aus mit Ihnen sprechen; meine Leitung ist angezapft. Das mußten sie. Und jetzt sagen Sie mir, um Himmels willen, was geschehen ist.«

»Einverstanden. Ich habe ihren Varak gefunden.«

»Was?«

»Ich kannte ihn unter dem Namen Longworth.«

»*Longworth?* Der 1. Mai ... Die Logbücher der Sicherheitsabteilung! Er hat die *Akten*!« O'Brien schrie unwillkürlich in die Sprechmuschel seines Telefons.

»Das gibt doch keinen *Sinn*!« sagte Peter verwirrt. »Er ist tot. Er hat sein Leben aufs Spiel gesetzt, um jene Akten zu finden.« Kastler berichtete dem Agenten alles, was geschehen war, angefangen bei Varaks Telefonanruf über Varaks Tod und die Überzeugung des Sterbenden, daß O'Brien die Wahnsinnigen aufhalten werde. Aber Chasŏng erwähnte er nicht. Für den Augenblick wollte er das für sich behalten.

»Varak ist also weg«, sagte O'Brien leise. »Ich kann es immer noch nicht glauben. Er war einer von denen, auf die wir gebaut hatten. Es sind nicht mehr viele übrig.«

»Dieser CIA-Mann — wir kannten einander. Er sagte, eine Anzahl von Ihnen würde zusammenarbeiten. In ganz Washington. Sie hätten gar keine andere Wahl.«

»Doch, die haben wir. Das Verteufelte daran ist nur, daß es niemanden gibt, bei dem man sich juristischen Rat holen kann.

Im ganzen Justizministerium gibt es keinen einzigen Staatsanwalt, dem ich vertrauen würde.«

»Vielleicht gibt es doch jemanden. Einen Senator. Varak hat davon gesprochen. Aber noch nicht jetzt. *Noch* nicht ... Sie verstehen sich darauf, Befehle zu geben, O'Brien. Können Sie auch welche annehmen?«

»Das ist nicht gerade meine Stärke. Sie müssen schon Hand und Fuß haben.«

»Reichen diese Archive?«

»Eine dumme Frage.«

»Dann bitte ich Sie um zwei Dinge. Holen Sie Alison MacAndrew aus dem Hay-Adams heraus, bleiben Sie bei ihr und schaffen Sie sie irgendwohin, wo sie sicher ist. Die wollen mich haben. Sie würden sie dazu benutzen, um an mich heranzukommen.«

»Okay, das kann ich machen. Und was noch?«

»Ich brauche die Adresse eines Majors namens Pablo Ramirez. Er ist im Pentagon stationiert.«

»Augenblick.«

Plötzlich erschrak Peter. Er konnte durch das Telefon das Rascheln von Papier hören. *Papier!* Seine Hand griff nach der Telefongabel, er würde gleich die Verbindung unterbrechen und wegrennen. »O'Brien. Ich dachte, Sie hätten gesagt, Sie seien zehn Blocks entfernt in einer Telefonzelle!«

»Das bin ich auch. Ich sehe im Telefonbuch nach.«

»O Gott ...« Kastler schluckte.

»Da ist es. Ramirez, P. Er wohnt in Bethesda.« Der Agent las die Adresse vor; Peter prägte sie sich ein. »Ist das alles?«

»Nein. Ich will Alison im Lauf des Abends oder spätestens morgen sehen. Wie erfahre ich, wo Sie sind, wo Sie sie hingebracht haben? Haben Sie irgendeine Vorstellung.«

Schweigen. Fünf Sekunden später sagte O'Brien: »Kennen Sie Quantico?«

»Den Marinestützpunkt?«

»Ja, aber ich meine nicht das Camp. An der Bucht ist ein Motel. Es nennt sich The Pines. Dort bringe ich sie hin.«

»Ich werde einen Wagen mieten.«

»Tun Sie das nicht. Mietagenturen lassen sich zu leicht überprüfen. Es gibt da einen Zentralcomputer, an den sämtliche Agenturen in der Stadt angeschlossen sind. Die würden Sie sofort finden. Das gilt übrigens auch für die Taxigesellschaften; niemand hält die Zielorte geheim. Sie würden wissen, wohin Sie gefahren sind.«

»Was, zum Teufel, soll ich denn tun? Zu Fuß gehen?«

»Ungefähr jede Stunde fährt ein Zug nach Quantico. Das ist die beste Lösung für Sie.«

»Also gut. Bis später.«

»Augenblick noch.« O'Briens Stimme klang eindringlich, aber der Agent hatte sich wieder völlig unter Kontrolle. »Sie verschweigen mir da etwas, Kastler. Es ist MacAndrew.«

Peters Kopf fuhr zurück; er starrte die Menschenmenge an, die sich an der Telefonzelle vorbeischob. »Das sind Vermutungen.«

»Reden Sie doch keinen Unsinn. Dazu gehört wirklich nicht viel Fantasie. Ramirez arbeitet im Pentagon; das tat MacAndrew auch.«

»Setzen Sie mich nicht unter Druck, O'Brien. *Bitte.*«

»Warum sollte ich das eigentlich nicht? Sie haben mir das Wichtigste verschwiegen, das Varak Ihnen gesagt hat, warum er Sie sprechen mußte.«

»Das habe ich *nicht.* Er hat mir seine Strategie erklärt. Wie man mich programmiert hat.«

»Das wäre doch Zeitverschwendung gewesen; er wußte doch, daß er nicht mehr lange zu leben hatte. Er hat etwas erfahren, und das hat er Ihnen gesagt.«

Kastler schüttelte den Kopf; Schweißperlen rannen ihm über die Stirn. O'Brien durfte nicht erfahren, wie wichtig Chasŏng war — solange Peter nicht selbst herausgefunden hatte, was das alles zu bedeuten hatte. Denn je tiefer er einstieg, desto ausgeprägter wurde seine Überzeugung, daß Alisons Leben auf dem Spiel stand.

»Lassen Sie mir bis morgen Zeit«, sagte er.

»Warum?«

»Weil ich das Mädchen liebe.«

Bromley sah in den zersprungenen Spiegel über der Kommode, an deren mittleren Schubladen die Knöpfe fehlten. Was er sah, erfüllte ihn mit Betrübnis: das bleiche Gesicht eines kranken, alten Mannes. Seine grauen Bartstoppeln waren nicht zu übersehen; er hatte sich seit mehr als achtundvierzig Stunden nicht mehr rasiert. Und der viele Platz zwischen dem schmutzigen, gestärkten Kragen und seinem Hals war ein weiterer Beweis seiner Krankheit. Er hatte nur noch sehr wenig Zeit, aber es mußte reichen. Unbedingt.

Er wandte sich vom Spiegel ab und ging zum Bett hinüber.

Die Steppdecke war schmutzig. Er musterte Wände und Decke. Überall waren Sprünge, und die Farbe blätterte ab.

Die bildeten sich ein, sie hätten ihn jetzt in der Falle, aber ihre Arroganz war nicht berechtigt. Man schuldete ihm ein paar Gefälligkeiten. Wenn man ein Leben lang in Washington damit verbracht hat, erhebliche Ausgaben zu tätigen, dann gab es genug Leute, denen man einmal gefällig gewesen war. Alles war ein einziges Geben und Nehmen — wenn Sie mir das geben, dürfen Sie das tun. Die meiste Zeit funktionierte das sehr gut. Im großen und ganzen war er auf das, was er in Washington geleistet hatte, stolz; er hatte viele gute Dinge getan.

Und dann gab es einige Dinge, auf die er nicht sehr stolz war. Eines ganz besonders, da war er einem Schurken gefällig gewesen, der ihm dafür die Unterlagen geliefert hatte, die er brauchte, um an die Diebe im Verteidigungsministerium heranzukommen. Das war die Gefälligkeit, für die er jetzt seine Gegenleistung fordern würde. Wenn der Mann sich weigerte, würde er bei der *Washington Post* anrufen. Der Mann würde sich nicht weigern.

Bromley nahm sein Jackett vom Bett, zog es an und ging zur Tür hinaus, in den schmutzigen Korridor und dann die Treppe in die Lobby. Der FBI-Agent, den man ihm zugewiesen hatte, stand etwas verlegen in der Ecke, eine blankgeputzte Schaufensterpuppe inmitten von menschlichem Abfall. Zumindest brauchte der Mann nicht im Korridor oben zu warten. Der einzige Ausgang des Hotels führte durch die Vordertür — ein Beweis für das Vertrauen, das man den Gästen entgegenbrachte.

Bromley ging auf den Telefonautomaten an der Wand zu, schob die Münze ein und wählte.

»Hallo?« Die Stimme klang nasal und unsympathisch.

»Hier spricht Paul Bromley.«

»Wer?«

»Vor drei Jahren. Detroit. Das Projekt.«

Es dauerte eine Weile, bis die Stimme antwortete: »Was wollen Sie?«

»Was Sie mir schulden. Sofern Sie nicht vorziehen, daß ich Freunde bei der *Post* anrufe. Die hätten Sie vor drei Jahren ja fast erwischt. Das könnten die jetzt immer noch. Ich habe auch einen Brief vorbereitet. Wenn ich nicht nach Hause zurückkomme, wird er zur Post gehen.«

Wieder herrschte am anderen Ende Schweigen. »Was wollen Sie?«

»Sie schicken mir einen Wagen. Ich sag Ihnen, wohin. Und

wenn Sie das tun, schicken Sie einen von Ihren Gorillas mit. Hier ist ein Bundesagent, der mich beobachtet. Ich möchte, daß er abgelenkt wird. Auf so etwas verstehen Sie sich doch.«

Bromley wartete auf dem Bürgersteig vor dem Hay-Adams. Wenn nötig, konnte er die ganze Nacht warten. Und wenn es hell wurde, konnte er sich in dem Kircheneingang auf der anderen Straßenseite verbergen. Über kurz oder lang würde Kastler herauskommen. Und dann würde Bromley ihn töten.

Die Pistole in seiner Tasche hatte ihn fünfhundert Dollar gekostet. Er bezweifelte, daß sie mehr als zwanzig wert war. Aber er hatte seinen Kontaktmann nur um Hilfe gebeten, nicht um eine milde Gabe.

Bromley sah immer wieder zu der Fensterreihe im fünften Stock des Hotels hinauf. Das waren Kastlers Zimmer. Teure Zimmer. Letzte Nacht hatte er eine zu der Zeit noch arglose Telefonistin nach der Nummer der Suite gefragt, ehe er den Schriftsteller angerufen hatte. Der verabscheuungswürdige Schreiberling lebte gut.

Er würde nicht lange leben.

Bromley hörte einen Wagen auf der Sechzehnten Straße nach Süden rasen. Jetzt bog er in die Hoteleinfahrt ein. Ein rothaariger Mann stieg aus, sagte etwas zu dem Portier und ging in die Lobby.

Der ehemalige Buchprüfer erkannte den unauffälligen Wagen. Er hatte routinemäßig Dutzende solcher Anschaffungen bewilligt. Es war das FBI; gar kein Zweifel, sie kamen Kastler holen!

Bromley ging über die Straße zurück auf die Einfahrt zu und hielt sich im Schatten rechts vom Eingang, neben dem FBI-Wagen. Der Portier war den Fußweg hinuntergegangen, um nach einem Taxi zu pfeifen. Ein Mann und eine Frau folgten ihm bis zum Randstein, da die Einfahrt verstellt war.

Alles war perfekt. Kastler würde sterben!

Augenblicke darauf kam eine Frau mit dem rothaarigen Mann heraus. Kein Kastler zu sehen!

Er mußte da sein!

»Sind Sie sicher?« fragte die Frau besorgt.

»Er wird im Lauf des Abends den Zug nehmen«, sagte der Rothaarige. »Oder morgen früh. Keine Sorge.«

Ein Zug.

Bromley klappte den Mantelkragen hoch und machte sich auf den Weg zur Union Station.

Peter saß in einem Taxi, das zu Ramirez' Wohnung fuhr, und hielt das mit Blut besudelte Papier mit der Schrift des toten Varak in der Hand. Wieder war er von den Namen beeindruckt. Beeindruckt und von Furcht erfüllt. Denn es handelte sich um außergewöhnliche Männer — jeder bekannt, geradezu berühmt und ungemein mächtig. Und einer von ihnen besaß Hoovers Archive.

Warum, um Himmels willen, warum? Peter ließ die Namen vor sich Revue passieren. Jeder beschwor ein Bild in ihm herauf.

Der hagere Frederick Wells mit den scharf geschnittenen Gesichtszügen — Codebezeichnung: Banner. Universitätspräsident mit Verfügungsgewalt über Millionen in Gestalt der mächtigen Roxton-Stiftung, eine der Persönlichkeiten, welche die Kennedy-Jahre wesentlich mitgeprägt hatten. Ein Mann, in dessen Prinzipien für Kompromisse kein Platz war, selbst dann nicht, wenn es den Groll Washingtons bedeutete.

Daniel Sutherland — Venice — vielleicht der am höchsten geachtete Neger des ganzen Landes. Geachtet nicht nur wegen seiner Leistungen, sondern auch um der Weisheit seiner richterlichen Entscheidungen willen. Peter hatte das tiefe Mitgefühl des Richters in seiner kurzen, halbstündigen Unterredung vor Monaten gespürt. Man konnte sie von seinen Augen ablesen.

Jacob Dreyfus — Christopher. Dreyfus' Gesicht zeichnete sich vor Peters geistigem Auge weniger deutlich ab als das der anderen. Der Bankier mied die Öffentlichkeit, aber die Finanzwelt, und das bedeutete die Finanzpresse, konnte ihn nicht ignorieren. Sein Einfluß prägte häufig die monetäre Politik der Nation, und nur selten traf die Bundesbank Entscheidungen, ohne ihn zu konsultieren. Seine wohltätige Einstellung war der ganzen Welt bekannt, seine Großzügigkeit beispielhaft.

Carlos Montelán — Paris — hatte mehr als einem Präsidenten mit seinem Rat gedient. Er war ein Machtfaktor im State Department, ein wahrer Gigant der akademischen Welt, und seine Analysen der Weltpolitik waren ebenso scharfsinnig wie wagemutig. Montelán war naturalisierter Amerikaner, seine Familie stammte aus Spanien, intellektuelle Kastilier, die ebenso gegen eine zu kompromißbereite Kirche wie gegen Franco gekämpft hatten. Er war ein Erzfeind der Unterdrückung in jeder Form.

Einer dieser vier außergewöhnlichen Männer hatte Verrat an

den Glaubensgrundsätzen begangen, für die er sich in der Öffentlichkeit aussprach. War das die ›glänzende Versuchung‹, von der Varak gesprochen hatte? Um idealistischer Gründe willen Schreckliches zu tun? Unvorstellbar. Für geringere Männer vielleicht, aber nicht für diese. Es sei denn, einer der vier war nicht, was er zu sein schien. Und das war das Erschreckendste von allem. Daß man einen Menschen in solche Höhen erheben und dabei derart fundamentale Korruption verbergen konnte.

Chasŏng.

Varak wußte, daß er sterben würde, und hatte deshalb seine Worte sorgfältig gewählt. Zunächst hatte er die Option auf Wells und Montelán — Banner und Paris — beschränkt, dann aber eine Kehrtwendung vollführt und die Möglichkeiten so ausgedehnt, daß sie auch Sutherland und Dreyfus — Venice und Christopher — einschlossen. Dieser Meinungswandel bezog sich auf eine Sprache, die er nicht beherrschte, und die mehrfache Wiederholung des Namens Chasŏng. Aber warum? Was hatte Varak dazu veranlaßt, eine fremde Sprache und ein mehrfach wiederholtes Wort als so bedeutsam zu empfinden? Welche Gründe hatte er gehabt? Er hatte keine Zeit mehr gehabt, sie ihm zu erklären.

Finden Sie heraus, was das Massaker von Chasŏng bedeutet. Das Massaker! Peter erinnerte sich an den Ausdruck eisigen Abscheus, den Ramirez bei MacAndrews Beerdigung gezeigt hatte. Ramirez haßte MacAndrew. Aber stand dieser Haß in Verbindung mit Chasŏng? Oder war es nur leidenschaftliche Eifersucht, die selbst im Tod eines Rivalen keine Erleichterung findet? Es war möglich, aber wer wie an jenem Tag Ramirez' Blick gesehen hatte, wußte, daß es nicht so war.

Bald würde er mehr wissen; das Taxi rollte bereits durch die Straßen von Bethesda, und wenn *dort* die Verbindung lag — zu welchem der vier außergewöhnlichen Männer würde Chasŏng ihn führen? Und wie?

Peter faltete Varaks Papier zusammen und steckte es in die Jackentasche. Es gab noch einen fünften Mann, der unidentifiziert geblieben war — Codebezeichnung: Bravo. Wer war er? Und hatte Varak ihn unberechtigterweise geschützt? War es möglich, daß der unbekannte Bravo die Archive besaß? Plötzlich erinnerte Peter sich an etwas anderes. *Venice kennen Sie ... Bravo auch ...* Wie konnte es sein, daß er einen solchen Mann kannte, überlegte Peter. Wer *war* Bravo?

All das waren zu viele Fragen, zu wenige Antworten. Nur eine hob sich von allen anderen ab: Alison MacAndrew. Sie war für ihn die Antwort auf so vieles.

Das Haus war klein und aus Ziegeln gebaut. Es stand in einer der vielem Mittelstandssiedlungen, die man rings um Washington aus dem Boden gestampft hatte — gleichgroße Grundstücke, identische Vorgärten. Kastler sagte dem Fahrer die Wahrheit — er hatte keine Ahnung, wie lange er brauchen würde. Er wußte nicht einmal, ob Ramirez zu Hause war, oder ob er verheiratet war, Kinder hatte. Es war durchaus möglich, daß er umsonst nach Bethesda gefahren war. Wenn er vorher angerufen hätte, hätte sich Major Ramirez ohne Zweifel geweigert, ihn zu empfangen.

Die Tür ging auf. Zu Peters großer Erleichterung war es Pablo Ramirez selbst, der öffnete, und ihn fragend ansah.

»Major Ramirez?«

»Ja. Kennen wir uns?«

»Nein. Aber wir waren neulich beide auf dem Arlington-Friedhof. Mein Name ...«

»Sie waren mit dem Mädchen zusammen«, unterbrach der Major. »Seiner Tochter. Sie sind der Schriftsteller.«

»Ja. Mein Name ist Peter Kastler. Ich würde mich gern mit Ihnen unterhalten.«

»Worüber?«

»MacAndrew.«

Ramirez ließ sich mit der Antwort etwas Zeit und musterte Peters Gesicht. Dann sprach er mit leiser Stimme, mit einem ganz leichten Akzent, aber zu Kastlers Überraschung ohne jede Feindseligkeit. »Ich habe wirklich nichts über den General zu sagen. Er ist tot. Lassen Sie ihn in Frieden ruhen.«

»Bei dem Begräbnis haben Sie anders gedacht. Wenn man die Toten noch einmal töten könnte, dann hätten Sie das mit Ihrem Blick zuwege gebracht.«

»Dafür entschuldige ich mich.«

»Ist das alles, was Sie zu sagen haben?«

»Ich glaube, es genügt. Und jetzt, wenn es Ihnen nichts ausmacht, habe ich zu arbeiten.«

Ramirez trat zurück, die Hand an der Tür. Peter sagte schnell: »Chasŏng. Das Massaker von Chasŏng.«

Der Major blieb stehen und wirkte plötzlich starr. Das *war* die Verbindung. »Das geht weit zurück. Das ›Massaker‹, wie Sie es nennen, ist gründlich vom Generalinspekteur untersucht worden. Die schweren Verluste gingen auf unerwartete und überwältigende Feuerkraft der chinesischen Kommunisten zurück.«

»Vielleicht auch auf eine zu ehrgeizige Führung auf amerikanischer Seite«, fügte Peter schnell hinzu. »Zum Beispiel in Gestalt von Mac the Knife, dem Killer von Chasŏng.«

Der Major blieb unbeweglich stehen, die Augen in jener eigenartigen unverbindlichen Art umwölkt, die so vielen Militärs zu eigen ist. »Ich glaube, Sie sollten besser doch hereinkommen, Mr. Kastler.«

Peter hatte ein Gefühl des *déjà vu*. Wieder war er an die Tür eines Fremden getreten — diesmal war dieser Fremde ein Armeeoffizier — und hatte sich durch den Gebrauch einer Information, die er eigentlich nicht besitzen dürfte, Gehör erzwungen. Es gab sogar eine gewisse Ähnlichkeit zwischen dem Arbeitszimmer von Ramirez und von MacAndrew. Die Wände waren mit Fotografien und Erinnerungsstücken seiner militärischen Laufbahn behängt. Kastler warf einen Blick auf die offene Tür des Arbeitszimmers, und seine Gedanken wanderten einen Augenblick lang zu dem allein stehenden Haus auf dem Land zurück. Ramirez deutete seinen Blick falsch.

»Hier ist sonst niemand«, sagte er kurz angebunden — ebenso kurz angebunden, wie MacAndrew vor Monaten gesprochen hatte. »Ich bin Junggeselle.«

»Das wußte ich nicht. Ich weiß sehr wenig über Sie, Major. Nur, daß Sie etwa zur selben Zeit wie MacAndrew Westpoint besucht haben. Und daß Sie mit ihm in Nordafrika und später in Korea gedient haben.«

»Ich bin sicher, daß Sie auch noch andere Dinge erfahren haben. Selbst das, was Sie wissen, könnten Sie nicht wissen, wenn man Ihnen nicht mehr gesagt hätte.«

»Was, zum Beispiel?«

Ramirez setzte sich Peter gegenüber. »Daß ich unzufrieden bin, sozusagen aktenkundig unzufrieden. Ein Querulant aus Puerto Rico, der das Gefühl hat, wegen seiner Rasse bei der Beförderung übergangen worden zu sein.«

»Ich hörte einen geschmacklosen Marine-Witz, der mir nicht gefiel.«

»Oh, die Geschichte mit der Cocktail-Party? Die, auf der sie mir einen Kellnerfrack angezogen haben?« Ein mechanisches Lächeln verzog die Lippen des Majors. Kastler nickte. »Der ist nicht schlecht, den hab' ich mir selbst ausgedacht.«

»Was?«

»Ich bin in einer sehr spezialisierten, höchst empfindlichen Abteilung des Pentagon; aber sie hat nichts mit Abwehr im üblichen Sinn zu tun. Wollen wir sie doch in Ermangelung eines besseren Begriffs als ›Beziehungen zu Minoritäten‹ bezeichnen.«

»Major, was wollen Sie damit sagen? ...«

»Ich bin nicht Major. Mein permanenter Rang ist Brigadegeneral. Ich werde ohne Zweifel meinen zweiten Stern im Juni bekommen. Sehen Sie, ein Major — ganz besonders einer meines Alters — hat zu vielen Bereichen Zugang und kann sich viel leichter mit den Männern unterhalten als ein Oberst oder ein General.«

»Ist das wirklich nötig?« fragte Peter.

»Nun, die Militärstreitkräfte haben es heute mit einem außergewöhnlichen Problem zu tun. Niemand spricht es gern aus, aber ungeschehen kann man es auch nicht machen. Die unteren Dienstgrade bestehen mehr und mehr aus Leuten, die sonst keine Arbeit finden, aus Ausgestoßenen. Wissen Sie, wozu so etwas führen kann?«

»Natürlich. Die Qualität läßt nach.«

»Das ist die erste Stufe. Dann passieren solche Dinge wie My Lai, oder es gibt Soldaten, welche die ganze Zeit high sind und mit Narkotika handeln wie früher mit Schokolade und Zigaretten. Und dann kommt die nächste Stufe, und die ist auch nicht mehr weit entfernt. Durch Auszehrung, weil einfach kein vernünftiger Nachwuchs mehr kommt und die Zahl immer größer wird, läßt auch die Qualität des Führungspersonals nach. Historisch betrachtet, kann einem dabei Angst werden. Vergessen Sie einmal Dschinghis Khan und seine Nachfolger; die lebten in einer barbarischen Umgebung. Es gibt ein viel jüngeres Beispiel. Die Verbrecher hatten die Kontrolle über die deutsche Armee übernommen, und das Resultat war die Nazi-Wehrmacht. Fangen Sie jetzt an zu begreifen?«

Peter schüttelte langsam den Kopf. Die Schlüsse, die der Offizier zog, kamen ihm übertrieben vor; es gab zu viele Sicherheitsvorkehrungen, die so etwas verhinderten. »Ich will einfach nicht glauben, daß es da so etwas wie eine schwarze Terroristenjunta geben soll.«

»Das wollen wir auch nicht. Statistiken — demographische Aufzeichnungen, um es genau zu sagen — bestätigen, was wir seit langer Zeit befürchtet haben. Der durchschnittliche Neger, der sich zum Militärdienst berufen fühlt, ist in der Regel in höherem Maße und besser motiviert als sein weißer Kamerad.

Die Nicht-Motivierbaren treiben sich sowieso bloß herum. Das Ganze ist ein sehr demokratisches Filtersystem: Abfall zieht Abfall an. Und dann sind da die Minderheiten: Puertoricaner aus Harlem, Slowaken aus Chicago und Mexikaner aus Los Angeles, und hinter all dem stehen Arbeitslosigkeit, Armut und Ignoranz.«

»Und Sie sind die Lösung, welche die Armee dafür anzubieten hat?«

»Nicht die Lösung, ein Anfang. Wir versuchen, an sie heranzukommen, sie in die Höhe zu ziehen, sie besser zu machen, als sie sind. Erziehungsprogramme, Abbau von Ressentiments, und am Ende soll dabei so etwas wie Selbstrespekt entstehen. All die Konzeptionen, von denen die Linken immer behaupten, daß sie uns völlig fremd seien.«

Irgend etwas fehlte hier, etwas, das keinen Sinn ergab. »Das ist ja alles hochinteressant«, sagte Peter, »aber was hat das alles mit General MacAndrew zu tun? Mit dem, was ich in Arlington gesehen habe?«

»Was ist denn Ihr Grund dafür, Chasǒng aufzugreifen?« konterte Ramirez.

Peter wandte den Blick ab und betrachtete die Fotografien und Dekorationsstücke, die ihn so an MacAndrews Arbeitszimmer erinnerten. »Ich werde Ihnen nicht sagen, warum das so ist, aber der Name Chasǒng kam nach MacAndrews Ausscheiden aus dem aktiven Dienst an die Oberfläche. Ich glaube, es hatte etwas mit seinem Rücktritt zu tun.«

»Höchst unwahrscheinlich.«

»Und dann habe ich Sie in Arlington gesehen«, fuhr Kastler fort, ohne auf Ramirez Bemerkung einzugehen. »Ich weiß nicht genau, weshalb, aber ich dachte jedenfalls, daß da eine Verbindung bestehen müßte. Ich hatte recht, es bestand eine. Vor ein paar Minuten wollten Sie mir die Tür vor der Nase zuschlagen, und ich erwähnte Chasǒng, und Sie bitten mich herein.«

»Ich war neugierig«, sagte der Soldat. »Das Thema wurde damals ziemlich hochgespielt.«

»Aber ehe wir darüber sprechen«, sagte Peter und ignorierte die Unterbrechung erneut, »sorgen Sie dafür, daß ich auch ja weiß, in was für einer wichtigen Abteilung Sie arbeiten. Sie bereiten mich auf etwas vor. Auf was? Warum haben Sie MacAndrew gehaßt?«

»Also gut.« Der Brigadegeneral setzte sich in seinem Sessel zurecht. Peter wußte, daß er Zeit gewinnen wollte, daß er den kurzen Augenblick dazu benutzte, noch einmal nachzudenken, wieviel er verbergen mußte. Er würde also einen Teil Wahrheit und einen Teil Lüge hören. Peter hatte in seinen Romanen viele Personen beschrieben, die eben das taten. »Ich bin nicht dem Wesen nach unzufrieden. Aber ich habe das Gefühl, schlecht behandelt worden zu sein. Das war während meiner ganzen Laufbahn so. Ich war immer verärgert. Und in vieler Hinsicht verkörperte MacAndrew die Ursache meines Ärgers. Er war ein Angehöriger der Elite, ein Rassist. Seltsamerweise war er ein ausgezeichneter Kommandeur, weil er sich wirklich für überlegen hielt und alle anderen als minderwertig ansah. Alle Fehler, die in dem mittleren Befehlsbereich begangen wurden, waren das Ergebnis minderwertigen Menschenmaterials, dem man Verantwortung aufgebürdet hatte, die seine Fähigkeiten überstieg. Er pflegte Einsatzlisten zu studieren und aus den Familiennamen Schlüsse auf die ethnische Herkunft zu ziehen; und diese Feststellungen bildeten dann nur zu oft die Grundlage seiner Entscheidungen.«

Ramirez hielt inne. Peter blieb einen Augenblick lang stumm. Er war zu unruhig, zu verstört, um etwas sagen zu wollen. Die Erklärung des anderen klang echt und doch zugleich falsch. Sie war teils Wahrheit, teils Lüge. »Sie haben ihn also sehr gut gekannt«, sagte er schließlich.

»Nun, jedenfalls gut genug, um das Heimtückische an ihm zu begreifen.«

»Kannten Sie seine Frau?«

Da war es wieder. Die Starre in Ramirez' Haltung. Aber ebenso schnell, wie es aufgetaucht war, ging es auch schon wieder vorüber.

»Ein trauriger Fall. Unglücklich, unstabil. Eine Frau ohne Inhalt mit zuviel Dienstboten, zuwenig Arbeit, zuviel zu trinken. Damit wurde sie nicht fertig.«

»Ich wußte nicht, daß sie Alkoholikerin war.«

»Begriffe sind unwichtig.«

»Gab es einen Unfall? Wäre sie einmal beinahe ertrunken?«

»Sie war in eine ganze Anzahl von ›Unfällen‹ verwickelt. Einige davon ziemlich unappetitlich, soweit mir zu Ohren gekommen ist. Aber nach meiner Ansicht bestand der größere Unfall darin, daß sie nichts zu tun hatte. Ich weiß wirklich sehr wenig über sie.«

Wieder spürte Peter die Lüge in Ramirez' Worten. Dieser Major/Brigadier wußte eine ganze Menge über Alisons Mutter, war aber entschlossen, nichts zu sagen. Meinetwegen, dachte Kastler. *Nicht er, sie! Er ist nur die Tarnung.* Das waren Varaks Worte gewesen. »Sonst nichts?« fragte Peter.

»Nein. Also, jetzt bin ich ehrlich zu Ihnen gewesen. Was haben Sie über Chasŏng gehört?«

»Daß es dort ein unnötiges Massaker gegeben hatte, und daß Tausende von Männern verletzt oder verstümmelt wurden.«

»Chasŏng ist nur eine von vielen Schlachten, deren Opfer in Dutzenden von Veteranenhospitälern zu finden sind. Ich wiederhole, alles ist gründlich untersucht worden.«

Kastler beugte sich vor. »Okay, General. Ich will ehrlich zu Ihnen sein. Ich glaube nicht, daß es auch nur annähernd gründlich genug untersucht worden ist. Und wenn doch, dann hat man die Ergebnisse so schnell unter den Teppich gekehrt, daß der Staub flog. Es gibt eine Menge Dinge, die ich nicht weiß, aber das Bild wird mir immer klarer. Sie haben MacAndrew gehaßt; Sie erstarren, wenn der Name Chasŏng erwähnt wird. Sie halten mir eine Predigt und erklären mir, was für ein großartiger Bursche Sie doch sind, und dann erstarren Sie wieder, wenn ich MacAndrews Frau erwähne, und sagen mir, daß Sie nicht viel über sie wissen. Eine Lüge — Sie sind voll von Lügen und Ausflüchten. Ich werde Ihnen sagen, was ich denke. Ich denke, daß Chasŏng mit MacAndrew in Verbindung steht, mit seinem Rücktritt, seiner Ermordung, der Lücke in seinen Dienstakten und den verschwundenen Akten aus dem Federal Bureau of Investigation. Und irgendwo in diesem ganzen Schlamassel steckt MacAndrews Frau. Wieviel da sonst noch verborgen ist, weiß ich nicht, ich habe nicht die entfernteste Ahnung, aber es wäre besser, wenn sie es mir sagen würden. Ich werde es nämlich so oder so herausfinden. Eine Frau ist in die Sache verwickelt, und diese Frau liebe ich, und ich werde nicht zulassen, daß irgend jemand von Ihnen sie weiter belästigt. Schluß jetzt mit dem Unfug, Ramirez! Die Wahrheit will ich hören!«

Der Brigadier reagierte, als hätte man plötzlich das Feuer auf ihn eröffnet. Sein Körper spannte sich; plötzlich sprach er im Flüsterton. »Die Lücke in seinen Dienstakten. Woher wußten Sie das? Das haben Sie nicht erwähnt. Sie hatten kein Recht — Sie haben mich hereingelegt.« Er fing an zu schreien. »Sie hatten kein Recht, das zu tun! Sie begreifen das nicht! Nur wir haben das begriffen. Wir haben es *versucht*!«

»Was geschah in Chasŏng?«

Ramirez schloß die Augen. »Nur das, was Sie glauben. Das

Massaker war überflüssig, die Entscheidung falsch ... Das liegt so lange zurück. Lassen Sie es sein!«

Kastler stand auf und blickte auf den Brigadier herab. »Nein. Ich beginne jetzt nämlich zu begreifen. Ich glaube, Chasŏng war das größte Vertuschungsmanöver in der Militärgeschichte dieses Landes. Und irgendwo, irgendwie, steht das in diesen Archiven. Ich glaube, MacAndrew konnte nach all den Jahren nicht mehr damit leben. Er war endlich so weit, daß er darüber reden mußte. Also taten Sie sich alle zusammen und machten Jagd auf ihn, weil Sie nicht *damit* leben konnten!«

Ramirez schlug die Augen wieder auf. »Das stimmt nicht. Um Himmels willen, lassen Sie es doch ruhen!«

»Das stimmt nicht?« sagte Peter leise. »Ich bin nicht sicher, daß Sie überhaupt wissen, was stimmt oder nicht. Sie sind schuldig, man spürt das förmlich. Ihre Selbstgerechtigkeit ist sehr verdächtig, General. In Arlington haben Sie mir besser gefallen; da war Ihr Ärger echt. Sie verstecken etwas — vielleicht vor sich selbst, das weiß ich nicht. Aber eines weiß ich, ich werde herausfinden, was Chasŏng bedeutet.«

»Dann möge Gott Mitleid mit Ihrer Seele haben«, flüsterte Brigadegeneral Pablo Ramirez.

Kastler rannte durch die Union Station auf den Amtrak-Bahnsteig zu. Es war kurz nach zwei Uhr morgens; die riesige kuppelüberdachte Bahnhofshalle war fast verlassen. Auf den Bänken kauerten ein paar alte Männer, wärmten sich dort und suchten Zuflucht vor der Dezemberkälte Washingtons. Ein alter Mann schien sich aufzurichten und Peter zu beobachten, als er an ihm vorbeirannte. Vielleicht war er aus einem einsamen Traum gerissen worden.

Er mußte sich beeilen. Der Zug nach Quantico war der letzte — der nächste würde erst um sechs Uhr gehen. Er wollte zu Alison, er mußte mit ihr sprechen, sie dazu bringen, daß sie sich erinnerte. Und dann mußte er auch schlafen. Es gab so viel zu tun, daß er sich einfach nicht leisten konnte, unausgeruht zu sein. Ein Plan begann Gestalt anzunehmen. Der Anfang dazu war in Ramirez' beiläufig hingeworfenen Worten zu finden: *Chasŏng ... Die Opfer findet man in Dutzenden von Veteranenhospitälern.*

Peter setzte sich in der Mitte eines verlassenen Waggons ans Fenster und betrachtete im schmutzigen Glas sein Spiegelbild. Sein abgehärmter Gesichtsausdruck war nicht zu übersehen. Irgenwo draußen hallte eine metallische Stimme schrill aus einem Lautsprecher. Kastler schloß die Augen und sank müde in die Polster, als die Räder sich in Bewegung setzten, und der Rhythmus des fahrenden Zuges schnell hypnotischen Charakter annahm.

Er hörte leise Schritte hinter sich im Gang, hörte sie trotz des Polterns der Räder. Er vermutete, daß es der Schaffner war, also ließ er die Augen geschlossen und wartete darauf, daß man ihn nach seiner Fahrkarte fragte.

Aber die Aufforderung kam nicht. Die Schritte waren verstummt. Peter schlug die Augen auf und drehte sich im Sitz herum.

Alles ging so schnell. Das kranke, bleiche, verzerrte Gesicht hinter ihm, der gedämpfte Knall, die Explosion von Stoff neben ihm.

Der Sitz war in Stücke geschossen worden! Der Mann, der keinen Meter von ihm entfernt war, hatte versucht, ihn zu töten! Kastler sprang auf, die Hände gekrümmt, warf sich auf die knochigen, weißen Finger, welche die Waffe hielten. Der alte Mann versuchte, aufzustehen, versuchte, den Lauf der Waffe auf Peters Leib zu richten. Kastler schmetterte das dünne Handgelenk gegen die Armlehne seines Sitzes; die Waffe fiel zu Boden, und Peter wirbelte herum, warf sich zwischen die Sitze, schirmte die Waffe ab, bückte sich, bis er sie in der Hand hielt. Jetzt richtete er sich wieder auf. Der alte Mann fing zu rennen an, auf das Ende des Waggons zu. Kastler sprang hinter ihm her, packte ihn mit einer Hand. Er zwang ihn, stehenzubleiben, drückte ihn gegen eine Bank.

»Bromley!«

»Kindermörder!«

»Sie sind verrückt, ein verdammter Irrer!« Peter drehte sich herum und drückte Bromley mit aller Kraft gegen die Bank in dem leeren Waggon. Wo war der Schaffner? Der Schaffner würde den Zug anhalten und die Polizei rufen. Jetzt zögerte Kastler; wollte er die Polizei?

»Wie konnte er das tun?« Der alte Mann wimmerte, Tränen standen ihm in den Augen. »Wie konnte er Ihnen das sagen?«

»Wovon reden Sie denn?«

»Nur ein Mann wußte Bescheid. St. Claire ... Munro St. Claire. Und ich dachte, an ihm wäre nur Größe und Ehre.« Bromley verlor jede Fassung und weinte unkontrolliert.

Peter ließ ihn los. Er konnte seinen eigenen Schock kaum verbergen. *Munro St. Claire!* Ein Name aus der Vergangenheit, aber stets ein Teil der Gegenwart. Der Mann, der für alles, was geschehen war, verantwortlich war, seit damals in Park Forest, wo man ihn abgelehnt hatte.

Alles?

Mein Gott ...

Venice kennen Sie ... Bravo auch, aber nicht Bravo! Niemals Bravo! Varak, Stefan Varak.

Solche Größe, solche Ehre. Paul Bromley.

Der fünfte Mann. Bravo.

Munro St. Claire.

Wolken kreisten durch Kastlers Bewußtsein; plötzlich war da wieder der Schmerz in seinen Schläfen. Er sah hilflos zu, unfähig, sich zu bewegen, unfähig, ihn aufzuhalten, wie der alte Mann auf die Metalltür zwischen den Waggons zurannte und sie öffnete. Und dann war das Krachen einer anderen Tür zu hören, und ein schreckliches Windgeräusch über den verstärkten Geräuschen der Räder, die über die Gleise polterten.

Jetzt war ein Schrei zu hören — war das Angst oder Mut? — was auch immer, jedenfalls war es der Tod. Bromley hatte sich in die Nacht gestürzt.

Und für Peter Kastler war kein Frieden.

Munro St. Claire.

Bravo.

30

Das Taxi bog von der Hauptstraße und fuhr durch das steinerne Portal des Pines Motel. Es stand abseits von allen anderen Gebäuden in jenem Abschnitt der Bucht. Zu beiden Seiten waren keinerlei Bauten — nur hohe Ziegelmauern — das Motel selbst schien direkt am Wasser zu stehen.

Peter stieg aus und bezahlte den Fahrer im hellen Licht des Moteleingangs. Überall waren Scheinwerfer eingeschaltet. Das Taxi fegte davon; Kastler drehte sich um und ging auf die großen, im Kolonialstil gehaltenen Türen zu.

»Bleiben Sie stehen! Keine Handbewegung!«

Kastler erstarrte; der schroffe Befehl war aus der Finsternis hinter den Scheinwerfern gekommen, links vom Eingang.

»Was wollen Sie?«

»Drehen Sie sich herum«, befahl der Mann im Schatten. »Langsam! Ja, das sind Sie. Ich war nicht sicher.«

»Wer sind Sie?«

»Keiner der Wahnsinnigen. Gehen Sie hinein und fragen Sie nach Mr. Morgan.«

»Morgan?«

»Mr. Anthony Morgan. Man wird Sie zu seinem Zimmer bringen.«

Wieder der Wahnsinn. *Anthony Morgan!* Benommen kam er der ihm unverständlichen Anweisung nach und ging in die Lobby. Er trat an das Empfangspult; ein hochgewachsener, muskulöser Angestellter sprang hinter der Theke auf. Verwirrt erkundigte Kastler sich nach Mr. Anthony Morgan.

Der Angestellte nickte. Hinter den klaren Augen des Mannes war mehr Intelligenz zu verspüren; sie blitzten verschwörerisch. Er schlug auf eine Glocke, die an der Theke befestigt war. Sekunden später erschien ein uniformierter Page; auch er war hochgewachsen und kräftig gebaut.

»Führen Sie diesen Herrn bitte zu Zimmer sieben.«

Peter folgte dem uniformierten Mann durch einen mit Spannteppich belegten Korridor. Ein Fenster am anderen Ende des Flurs bot Ausblick auf die Bucht. Kastler hatte das Gefühl, als könnte er hinter dem Glas ein eisernes Gitter erkennen. Sie erreichten eine Tür, auf der die Nummer 7 stand; der Page klopfte leise.

»Ja?« sagte die Stimme hinter der Tür.

»Nadel eins«, sagte der hochgewachsene Page mit leiser Stimme.

»Vier«, erwiderte die Stimme hinter der Tür.

»Elf.«

»Dreizehn.«

»Zehn.«

»Ende«, sagte der unsichtbare Mann. Ein Riegel wurde zurückgezogen, die Tür öffnete sich. O'Brien war im schwachen Licht eines komfortabel eingerichteten Wohnzimmers als Silhouette zu sehen. Er nickte dem Pagen zu und bedeutete Kastler einzutreten. Peter sah, wie er eine Pistole in ein Holster zurückschob.

»Wo ist sie?« fragte Peter sofort.

»Schsch.« Der FBI-Mann schloß die Tür und hielt den Finger an die Lippen. »Sie ist vor etwa zwanzig Minuten eingeschlafen. Vorher konnte sie nicht schlafen, sie hat sich solche Sorgen gemacht.«

»Wo ist sie?«

»Im Schlafzimmer. Keine Sorge. Die Fenster an der Wasserseite sind elektronisch gesichert und haben Gitter und kugelsicheres Glas. Niemand kann an sie heran. Lassen Sie sie nur. Wir können jetzt miteinander sprechen.«

»Ich will sie sehen!«

O'Brien nickte. »Sicher. Nur zu. Aber seien Sie leise.«

Kastler öffnete die Tür einen Spalt breit. Eine Lampe war eingeschaltet. Alison lag auf dem Bett, mit einer Decke zugedeckt. Der Kopf war nach hinten gedreht, ihr Gesicht war vom Licht beschienen. Sie atmete tief. Sie hatte zwanzig Minuten geschlafen. Er würde sie nur noch kurze Zeit ruhen lassen. Was er jetzt tun mußte, geschah am besten dann, wenn Alison der Erschöpfung nahe war.

Er schloß die Tür. »Hier hinten ist eine Frühstücksnische«, sagte O'Brien.

Das Wohnzimmer war größer, als Peter zuerst wahrnahm. Am östlichen Ende, hinter einem gitterartig angeordneten Raumteil, stand ein runder Tisch vor einem Fenster, das den Blick aufs Wasser freigab. Peter konnte jetzt das Gitterwerk hinter dem Glas deutlich sehen. Und dann war da noch eine kleine Küche. Auf der Heizplatte stand Kaffee; O'Brien nahm zwei Tassen von einem Regal und füllte sie.

Peter setzte sich. »Nicht gerade ein gewöhnliches Motel, oder?«

O'Brien lächelte. »Aber ein gutes Restaurant. Die besseren Leute hier in der Gegend schwören darauf.«

»CIA-Eigentum?«

»Könnte man sagen. Aber es gehört nicht der CIA, sondern der Marineabwehr.«

»Diese Männer draußen. Der Mann am Empfang, der Page. Was sind das für Leute?«

»Das hat Varak Ihnen doch gesagt. Wir sind nicht viele, aber wir wissen, wer wir sind. Wir helfen einander.« O'Brien trank aus seiner Tasse. »Tut mir leid, daß ich Sie mit Morgans Namen erschrecken mußte. Ich hatte einen Grund dafür.«

»Und was war das für ein Grund?«

»Sie und das Mädchen werden morgen hier weg sein. Aber Morgan wird noch eingetragen sein. Wenn jemand Ihre Spur aufnimmt, diese Spur den Betreffenden hierherführt, wird der Name Morgan im Hotelregister etwas bedeuten. Sie werden nach Zimmer 7 kommen. Dann wissen wir, wer sie sind.«

»Ich dachte, Sie wüßten, wer die Wahnsinnigen sind.« Peter trank seinen Kaffee und beobachtete O'Brien sorgfältig.

»Nur einige von ihnen«, erwiderte der Agent. »Wollen Sie jetzt reden?«

»Gleich.« Der Schmerz in seinem Schädel ließ nach, war aber noch nicht verflogen. Er brauchte ein paar Augenblicke; er wollte klar denken. »Danke, daß Sie sich um sie gekümmert haben.«

»Gern geschehen. Ich habe eine Nichte etwa in ihrem Alter — die Tochter meines Bruders. Die beiden ähneln sich sehr. Starke, gute Gesichter. Nicht bloß hübsch, verstehen Sie?«

»Ja, ich verstehe.« Der Schmerz war beinahe verflogen. »Was sollten denn diese Nummern an der Tür?«

Der FBI-Mann lächelte. »Abgedroschen, aber wirksam. So ziemlich das gleiche, was man immer in Spionageromanen liest: es geht um die Progression und das Timing. Darüber scheinen Sie und Ihre Schriftstellerkollegen nicht besonders gut informiert zu sein.«

»Was sollen diese Nummern?«

»Ein Basiscode mit einer Nummer. Wenn ich antworte, füge ich eine Nummer hinzu, und die Kontaktperson ist darauf gedrillt, diese Nummer mit einer anderen Ziffer in Verbindung zu bringen — plus oder minus. Er muß verdammt schnell antworten.«

»Und was geschieht, wenn er das nicht tut?«

»Sie haben ja gesehen, daß ich die Pistole bereit hatte. Ich habe sie noch nie so eingesetzt, aber ich hätte nicht gezögert. Ich hätte ihn durch die Tür erschossen.«

Kastler stellte die Kaffeetasse auf den Tisch. »Jetzt können wir reden.«

»Gut. Was ist geschehen?«

»Bromley ist mir im Zug gefolgt. Er hat versucht, mich zu töten. Ich hatte Glück, er nicht. Er ist vor mir weggerannt und warf sich aus dem Zug.«

»Bromley? Das ist unmöglich!«

Peter griff in die Tasche und zog den Revolver heraus, den er im Zug an sich genommen hatte. »Diese Waffe ist im Zwei-Uhr-Zug aus Washington durch einen Sitz in der Mitte des dritten oder vierten Waggons abgefeuert worden. Ich habe sie nicht abgefeuert.«

O'Brien stand auf und ging an ein Telefon im Alkoven. Während er wählte, sprach er: »Der Mann, den wir auf Bromley angesetzt haben, hatte offiziellen Auftrag. Wir können das sofort überprüfen.« Dann wurde aus dem Agenten plötzlich der Vorgesetzte. »Sicherheit. Überwachung, DC-Bereich, diensthabender Beamter O'Brien ... Ja, Chet, ich bin es. Danke. Bitte durchstellen ... Hier O'Brien. Ein Spezialagent überwacht ein Subjekt namens Bromley. Das Olympic-Hotel in der Innenstadt. Nehmen Sie bitte mit ihm Verbindung auf. Sofort.« O'Brien hielt die Hand über die Sprechmuschel und drehte sich zu Kastler herum. »Sind Sie zum Hotel zurückgegangen? Haben Sie irgend jemandem — Ramirez, *irgend jemandem* — gesagt, daß Sie den Zug nehmen würden?«

»Nein.«

»Taxifahrer?«

»Ich habe seit halb zehn ein Taxi genommen. Er fuhr mich nach Bethesda und wartete dort auf mich. Er wußte nicht, daß ich zur Union Station fahren würde.«

»Herrgott, das kann — Ja, ja, was ist? Sie bekommen keine Verbindung?« Der Agent kniff die Augen zusammen, während er telefonierte. »Überhaupt keine Antwort? Schicken Sie sofort einen Einsatztrupp zum Olympic. Stimmen Sie das mit der DC-Polizei ab und lassen Sie sich von denen helfen. Dieser Mann kann Schwierigkeiten haben. Ich melde mich später noch einmal.« O'Brien legte auf; er war sichtlich beunruhigt.

»Was glauben Sie, ist geschehen?« fragte Peter.

»Ich weiß nicht. Nur zwei Leute wußten Bescheid. Das Mädchen und ich.« Der Agent starrte Kastler an.

»He, warten Sie mal. Wenn Sie ...«

»Nein«, unterbrach ihn O'Brien. »Sie ist die ganze Zeit bei mir gewesen. Sie hat nicht telefoniert — sie hätte hier die Vermittlung benutzen müssen.«

»Und was ist mit den Männern draußen? Den Männern, die so gut mit Zahlenreihen sind?«

»Nein. Ich habe bis zum letzten Zug gewartet, ehe ich denen Bescheid sagte, daß Sie auftauchen könnten. Und selbst dann habe ich nicht erwähnt, welches Verkehrsmittel Sie benutzen würden. Damit wir uns nicht falsch verstehen, ich würde denen mein Leben anvertrauen. Es war nur einfacher und zog weniger Leute in die Verantwortung.« Der Agent ging langsam zum Tisch zurück und schlug sich dann plötzlich mit der Hand gegen die Stirn. »Mutter Gottes! Vielleicht bin ich es gewesen! Vor dem Hay-Adams, als wir sie in den Wagen setzten. Sie war erregt; deshalb habe ich es ihr gesagt. Vielleicht hat er an der Mauer in der Einfahrt gewartet. Im Schatten.«

»Wovon sprechen Sie?«

O'Brien setzte sich, er wirkte niedergeschlagen und müde. »Bromley wußte, wo Sie waren; er hätte vor dem Hotel auf Sie warten und hoffen können, Sie dort aus nächster Nähe zu erwischen. Wenn das stimmt, kann es sein, daß er mich gehört hat. Ich glaube, ich muß mich bei Ihnen dafür entschuldigen, daß Sie fast ums Leben gekommen sind.«

»Eine richtig beruhigende Entschuldigung.«

»Das kann ich Ihnen nicht verübeln. Was ist mit diesem Ramirez? Warum haben Sie ihn aufgesucht?«

Der Übergang von Bromley zu Ramirez kam Peter zu schnell. Er brauchte ein paar Augenblicke, um das Bild des kranken, alten Mannes aus seinem Bewußtsein zu verdrängen, aber er hatte sich entschieden. Er würde dem FBI-Mann alles sagen. Er griff in die Tasche und zog den blutbeschmierten Papierfetzen, auf dem die Namen standen, heraus.

»Varak hatte recht. Er sagte, Chasŏng sei der Schlüssel zu allem.«

»Das haben Sie mir am Telefon verschwiegen, nicht wahr?« fragte O'Brien. »Wegen MacAndrew und seiner Tochter. Ramirez war in Chasŏng?«

Kastler nickte. »Dessen bin ich ganz sicher. Die halten alle etwas verborgen. Ich glaube, es handelt sich um ein Täuschungsmanöver von ungeheurem Ausmaß. Selbst heute noch, nach zweiundzwanzig Jahren, bringt die Angst sie fast um ihren Verstand. Aber das ist nur der Anfang. Was auch immer hinter Chasŏng stecken mag, führt zu einem dieser vier Männer.« Kastler reichte O'Brien den Papierfetzen. »Und wer auch immer es ist — er hat Hoovers Privatarchiv.«

Der Agent las die Namen; sein Gesicht wurde kreidebleich. »Mein Gott! Haben Sie denn eine Ahnung, wer diese Leute sind?«

»Natürlich. Es gibt noch einen fünften Mann, aber Varak wollte ihn nicht identifizieren. Er hielt sehr viel von ihm und wollte nicht, daß ihm etwas passierte. Varak war überzeugt, daß man diesen fünften Mann benutzt hatte, daß er nicht in die Sache verwickelt war.«

»Ich frage mich, wer er wohl sein mag.«

»Ich weiß, wer er ist.«

»Sie stecken voll Überraschungen.«

»Ich habe es durch Bromley herausgefunden. Aber er wußte nicht, daß er es mir gesagt hat. Sehen Sie, ich kannte diesen Mann nämlich. Vor Jahren. Er hat für mich damals ein persönliches Dilemma gelöst, in dem ich mich befand. Ich schulde ihm sehr viel. Wenn Sie darauf bestehen, gebe ich Ihnen seinen Namen, aber ich würde ihn lieber zuerst selbst aufsuchen.«

O'Brien überlegte. »Also gut. Meinetwegen. Aber nur, wenn Sie mir eine Hilfsoption geben.«

»Drücken Sie sich deutlich aus.«

»Schreiben Sie den Namen auf und geben Sie ihn einem anderen, der ihn mir nach einer vernünftig kurzen Zeitspanne übergeben kann.«

»Warum?«

»Für den Fall, daß dieser fünfte Mann Sie tötet.«

Kastler musterte die Augen des Agenten prüfend. O'Brien meinte es mit jedem Wort, das er sagte, bitterernst. »Einverstanden.«

»Lassen Sie uns über Ramirez sprechen. Berichten Sie mir alles, was er gesagt hat. Beschreiben Sie jede Reaktion, an die Sie sich erinnern. Wie war seine Beziehung zu MacAndrew? Zu Chasŏng? Wie sind Sie darauf gekommen? Was hat Sie zu ihm geführt?«

»Etwas, das ich auf dem Friedhof von Arlington sah, und etwas, das Varak sagte. Ich habe eine Verbindung zwischen den beiden Dingen hergestellt; Sie können es eine Vermutung nennen ... vielleicht paßte es auch zu etwas, das ich geschrieben haben könnte. Ich weiß nicht. Ich konnte mir einfach nicht vorstellen, daß ich mich irrte. Ich habe mich auch nicht geirrt.«

Kastler brauchte weniger als zehn Minuten dazu, um alles zu berichten. Während seiner Erzählung konnte Peter sehen, wie Quinn O'Brien gewisse Punkte seiner Darstellung seinem Gedächtnis einprägte, so wie er das in der letzten Nacht in Washington getan hatte. »Stellen wir doch Ramirez einmal auf Sparflamme. Wenden wir uns einen Augenblick noch einmal Varak zu. Er hat seine Verbindung zwischen Chasŏng und einem dieser vier Männer auf der Liste darauf aufgebaut, daß eine bestimmte Information durchgesickert ist, die von niemand anderem als einem dieser vier Männer kommen konnte. Stimmt das?«

»Ja. Er hat für sie gearbeitet. Er hat ihnen die Informationen geliefert.«

»Und dann ist da die Tatsache, daß eine Sprache gesprochen wurde, die er nicht kannte.«

»Er beherrschte offenbar einige.«

»Sechs oder sieben, könnte ich mir vorstellen«, nickte O'Brien.

»Worauf er abhob, war, daß die Männer, die ihn zu dem Haus an der Fünfunddreißigsten Straße brachten, wissen mußten, daß er das, was Sie sagten, nicht verstehen würde. Sie mußten *ihn* kennen. Wieder einer dieser vier Männer. Sie kannten ihn alle, kannten seine Herkunft, seine Ausbildung.«

»Ein weiteres Glied in der Kette. Konnte er zumindest identifizieren, um was für eine Sprach*familie* es sich handelte? Ich meine, eine orientalische Sprache oder eine aus dem Mittleren Osten?«

»Das hat er nicht gesagt. Er sagte nur, daß der Name Chasǒng, wenn er ausgesprochen wurde, jedesmal einen fanatischen Klang hatte und fanatisch wiederholt wurde.«

»Damit könnte er gemeint haben, daß Chasǒng eine Art Kult geworden ist.«

»Ein Kult?«

»Wir wollen uns wieder Ramirez zuwenden. Er hat das Massaker bestätigt, zugegeben, daß es sich um eine militärische Fehlentscheidung handelte?«

»Ja.«

»Aber er hatte Ihnen doch bereits gesagt, daß Chasǒng vom Generalinspekteur untersucht worden war, daß man Verluste unerwartet starken feindlichen Kräften zuschrieb, die an Zahl und Feuerkraft überlegen waren.«

»Er log.«

»In bezug auf die Untersuchung des G.I.? Das bezweifle ich.« O'Brien stand auf und füllte seine Tasse nach.

»Dann eben in bezug auf die Ermittlungsergebnisse«, sagte Peter.

»Auch das bezweifle ich. Die ließen sich zu leicht untersuchen.«

»Worauf wollen Sie hinaus?«

»Die Reihenfolge. Ich bin Rechtsanwalt, vergessen Sie das nicht.« Der Agent stellte die Kaffeekanne auf die Wärmeplatte zurück und kehrte zum Tisch zurück. »Ramirez hat Ihnen ohne zu zögern von der Untersuchung durch den G.I. berichtet. Er hat einfach angenommen, daß Sie die Ermittlungsergebnisse akzeptieren würden, wenn Sie sie überprüften. Und dann, wenige Augenblicke später, macht er eine Kehrtwendung. Er ist plötzlich nicht mehr sicher, ob Sie die Ergebnisse akzeptieren. Das beunruhigt ihn. Er bittet Sie förmlich, die Finger von der Sache zu lassen. Sie müssen ihm also einen Grund gegeben haben, seine Meinung zu ändern. Irgend etwas, was Sie sagten.«

»Ich habe ihn angegriffen. Ich habe ihm gesagt, das Ganze sei ein Vertuschungsmanöver.«

»In welcher Hinsicht angegriffen? Was vertuschen sie? Das haben Sie nicht gesagt, weil Sie es nicht wissen. Zum Teufel, solche Angriffe sind ja der Anlaß, daß der G.I. sich einschaltet. Davor konnte er keine Angst haben. Es muß etwas anderes gewesen sein. Denken Sie nach.«

Kastler versuchte es. »Ich habe ihm gesagt, daß er MacAndrew haßte, daß er bei der Erwähnung des Namens Chasŏng erstarrt sei, daß zwischen Chasŏng und MacAndrews Rücktritt eine Verbindung bestand, und auch mit der Lücke in seinen Dienstakten, mit den verschwundenen Archiven. Daß er — Ramirez, meine ich — voll Lügen und Ausflüchten sei. Daß er und die anderen sich zusammengetan hätten, weil sie Angst hatten —«

»Angst vor Chasŏng«, fügte Quinn O'Brien hinzu. »Jetzt noch einmal zurück. Was genau haben Sie über Chasŏng gesagt?«

»Daß zwischen Chasŏng und MacAndrew eine Verbindung bestand! Daß dies der Grund seines Rücktritts gewesen sei, weil er im Begriff war, das an die Öffentlichkeit zu bringen. Daß die Information, das was man vertuscht hatte, in verschwundenen FBI-Akten zu finden sei. Daß dies der Grund gewesen sei, daß man ihn ermordet hatte.«

»Ist das alles? *Alles*, was Sie gesagt haben?«

»Herrgott, ich gebe mir doch Mühe.«

»Beruhigen Sie sich.« Er legte Peter die Hand auf den Arm. »Manchmal liegen die wichtigsten Beweise vor unserer Nase, und wir sehen sie nicht. Wir graben so heftig nach Einzelheiten, daß uns das Offensichtliche dabei entgeht.«

Das Offensichtliche. Worte — immer waren es Worte. Die geradezu unheimliche Art, wie sie einen Gedanken auslösen, ein Bild hervorrufen, eine Erinnerung anstoßen — die Erinnerung an ein kurzes Aufblitzen des Erkennens in den Augen eines angsterfüllten Generals. Die Worte eines Sterbenden: *Nicht er. Sie! Er ist nur die Tarnung.* Peter blickte durch die dünnen Schindeln des Raumteilers. Seine Augen waren auf die Tür zu Alisons Zimmer gerichtet. Jetzt wandte er sich zu O'Brien.

»Mein Gott, das ist es«, sagte er mit leiser Stimme.

»Was?«

»MacAndrews Frau.«

31

Senioragent Carroll Quinlan O'Brien erklärte sich bereit, wegzugehen. Er verstand. Hinter jener Tür würden Dinge ausgesprochen werden, die nur einen Menschen angingen.

Und er hatte auch Arbeit. Es galt, sich über vier prominente Männer und über ein Stück Hügelland in Korea zu informieren, das vor zwei Jahrzehnten Schauplatz eines Massakers gewesen war. Räder mußten in Bewegung gesetzt, Wissen aufgedeckt werden.

Peter betrat das Schlafzimmer und wußte noch nicht, wie er beginnen sollte, wußte nur, daß er es tun mußte. Als Alison ihn hörte, regte sie sich, drehte den Knopf zur Seite. Sie schlug die Augen auf, als wäre sie erschrocken. Einen Augenblick lang starrte sie zur Decke.

»Hallo«, sagte Kastler mit leiser Stimme.

Alison riß den Mund auf und setzte sich auf. »Peter! Du bist hier!«

Er trat schnell ans Bett und setzte sich auf die Kante, umarmte sie. »Alles ist gut«, sagte er. Und dann dachte er an ihren Vater und ihre Mutter. Wie oft hatte Alison gehört, wie ihr Vater jene Worte zu der Wahnsinnigen gesagt hatte, die ihre Mutter war?

»Ich hatte Angst.« Alison hielt sein Gesicht mit beiden Händen. Ihre großen, braunen Augen suchten in den seinen Spuren von Schmerz. Ihr ganzes Gesicht war lebendig und besorgt. Sie war die schönste Frau, die er je gekannt hatte, und ein Großteil jener Schönheit kam aus ihrem Inneren.

»Es gibt nichts, worüber du dich zu ängstigen brauchst«, sagte er und wußte, wie albern seine Lüge war, und fühlte, daß auch sie das wußte. »Es ist fast vorbei. Ich muß dir nur noch ein paar Fragen stellen.«

»Fragen?« Langsam nahm sie die Hände von seinem Gesicht.

»Fragen über deine Mutter.«

Alison blinzelte. Einen Augenblick lang spürte er, daß ihr die Frage unangenehm war. Das war immer so, wenn ihre Mutter erwähnt wurde.

»Ich habe dir alles gesagt, was ich kann. Sie wurde krank, als ich noch sehr jung war.«

»Und doch blieb sie im gleichen Haus mit dir. Du mußt sie gekannt haben, selbst in ihrer Krankheit.«

Alison lehnte sich gegen das Kopfende ihres Bettes. Aber in ihr entspannte sich nichts; sie war aufmerksam, wachsam, als hätte sie vor dem Gespräch Angst. »Das stimmt nicht ganz. Es gab immer irgend jemanden, der sich um sie kümmerte, und ich lernte schon früh, mich fernzuhalten. Und von meinem zehnten Lebensjahr an war ich in Internaten. Jedesmal, wenn mein Vater versetzt wurde, suchte er als allererstes eine Schule für mich. Die zwei Jahre, die wir in Deutschland waren, besuchte ich eine Schule in der Schweiz. Als er in London war, war ich auf der Gateshead Academy für Mädchen, das ist im Norden, in der Nähe von Schottland. Du siehst also, ich war die meiste Zeit nicht im gleichen Haus.«

»Erzähl mir von deiner Mutter. Nicht nachdem sie krank wurde, sondern vorher.«

»Wie kann ich das? Ich war ein Kind.«

»Was du über sie weißt. Deine Großeltern, ihr Haus, wo sie lebte. Wie sie deinen Vater kennenlernte.«

»Ist das nötig?« Sie griff nach einem Päckchen Zigaretten auf dem Nachttisch.

Kastler sah sie an, und seine Augen blickten ernst. »Ich habe gestern abend deine Bedingung akzeptiert. Du hast gesagt, du würdest meine auch akzeptieren. Erinnerst du dich?« Er nahm ihr die Streichhölzer weg und zündete ihre Zigarette an; die Flamme stand zwischen ihnen.

Sie erwiderte seinen Blick und nickte. »Ich erinnere mich. Also gut. Meine Mutter, so wie sie war, ehe ich sie kannte. Sie wurde in Tulsa, Oklahoma, geboren. Ihr Vater war Bischof in der Kirche des Himmlischen Christus. Das ist eine Baptistensekte, sehr reich und sehr streng. Um es genau zu sagen, ihre Eltern waren Missionare. Sie reisten in ihrer Jugend fast soviel wie ich. Ferne Orte. Indien, Burma, Ceylon, Po-Hai-Golf.«

»Wo ist sie erzogen worden?«

»Hauptsächlich Missionsschulen. Das war Teil ihrer Erziehung. In Jesu Augen waren alle Kinder Gottes gleich. Das war auch ein Schwindel. Man ging mit ihnen zur Schule — vermutlich, weil es den Lehrern half — aber mit ihnen essen oder mit ihnen spielen konnte man nicht.«

»Ich verstehe etwas nicht.« Peter lehnte sich zur Seite über ihre von der Decke bedeckten Beine, stützte den Ellbogen aufs Bett und legte den Kopf auf die Hand.

»Was?«

»Diese Küche in Rockville. Die Dekoration vom Anfang des 19. Jahrhunderts. Selbst den verdammten Kaffeetopf verstehe ich nicht. Du hast gesagt, dein Vater habe das alles so entwerfen lassen, um sie an ihre Kindheit zu erinnern.«

»An die glücklicheren Augenblicke, habe ich gesagt. Oder hätte ich sagen sollen. Als Kind war meine Mutter immer dann am glücklichsten, wenn sie wieder in Tulsa war. Wenn ihre Eltern dorthin zurückkehrten, zu einer Art spirituellen Erholung. Es geschah nicht oft genug. Sie haßte den Fernen Osten, haßte das Reisen.«

»Seltsam, daß sie dann gerade einen Mann aus der Armee geheiratet hat.«

»Eine Ironie des Schicksals vielleicht — aber nicht so seltsam. Ihr Vater war Bischof; ihr Mann wurde General. Sie waren starke, entschlossene Männer und besaßen große Überredungskunst.« Alison wich seinen Augen aus, und er machte nicht den Versuch, sie wieder einzufangen.

»Wann ist sie deinem Vater zum erstenmal begegnet?«

Alison zog an ihrer Zigarette. »Laß mich nachdenken. Er hat es mir, weiß Gott, oft genug gesagt, aber es gab jedesmal kleine Variationen. So, als würde er dauernd und absichtlich übertreiben oder ausschmücken.«

»Oder etwas weglassen?«

Sie hatte die ganze Zeit die Wand angesehen. Jetzt wanderte ihr Blick schnell zu ihm herüber. »Ja. Das auch. Jedenfalls begegneten sie sich während des Zweiten Weltkriegs hier in Washington. Dad wurde nach dem nordafrikanischen Feldzug zurückgezogen. Man versetzte ihn in den Pazifik, und das bedeutete Kurzausbildung, Training in D.C. und Benning. Er begegnete ihr bei einem dieser Empfänge, wie die Armee sie gibt.«

»Was hatte die Tochter eines Baptistenbischofs auf einem Armee-Empfang in Washington, noch dazu in Kriegszeiten, verloren?«

»Sie arbeitete als Dolmetscherin für das Militär. Nichts Aufregendes — Prospekte, Bedienungsanleitungen. ›Ich bin ein amerikanischer Pilot, der mit dem Fallschirm in Ihr schönes Land abgesprungen ist, und ich bin Ihr Verbündeter‹ — das Zeug. Sie konnte einige fernöstliche Sprachen lesen und schreiben. Selbst mit den Grundbegriffen von Mandarin kam sie zurecht.«

Kastler setzte sich auf. »Chinesisch?«

»Ja.«

»Sie war in China?«

»Das habe ich dir doch gesagt. In den Provinzen am Po-Hai-Golf. Sie verbrachte dort vier Jahre, denke ich. Ihr Vater operierte — wenn das das richtige Wort ist — zwischen Tientsin und Tsingtao.«

Peter sah weg und versuchte, seinen plötzlichen Argwohn zu verbergen. Eine Saite war in ihm angeschlagen worden, deren Klang mit den anderen keine Harmonie bildete; irgendwie war er beunruhigt. Er ließ den Augenblick so schnell wie möglich verstreichen und wandte sich wieder Alison zu. »Hast du deine Großeltern gekannt?«

»Nein. Ich erinnere mich undeutlich an Dads Mutter, aber sein Vater ...«

»Die Eltern deiner Mutter?«

»Nein.« Alison griff über ihn hinweg und drückte ihre Zigarette aus. »Sie starben während ihrer Missionsarbeit.«

»Wo?«

Alison hielt die ausgelöschte Zigarette vor das Glas des Aschenbechers und erwiderte dann mit leiser Stimme, ohne Peter anzusehen: »In China.«

Ein paar Augenblicke lang waren beide stumm. Alison lehnte sich zurück. Kastler blieb reglos sitzen und wich ihrem Blick nicht aus. »Ich glaube, wir wissen beide, wovon wir reden. Willst du darüber sprechen?«

»Worüber?«

»Tokio. Vor zweiundzwanzig Jahren. Der Unfall deiner Mutter.«

»Ich erinnere mich nicht.«

»Ich denke doch.«

»Ich war so jung.«

»So jung nicht. Du hast gesagt, du warst fünf oder sechs, aber da stimmt eine Kleinigkeit nicht. Du warst neun. Journalisten sind gewöhnlich ziemlich exakt, wenn es um das Alter geht; das läßt sich so leicht überprüfen. In diesem Artikel über deinen Vater stand dein richtiges Alter ...«

»Bitte ...«

»Alison, ich liebe dich. Ich will dir helfen, uns helfen. Zuerst galt es nur, mich aufzuhalten, jetzt hat es dich auch hineingezogen, weil du ein Teil der Wahrheit bist. Chasŏng ist ein Teil davon.«

»Von was für einer Wahrheit sprichst du denn?«

»Hoovers Archive. Sie sind gestohlen worden.«

»Nein! Das ist in deinem Buch so. Das ist doch nicht die Wirklichkeit.«

»Es ist von Anfang an die Wirklichkeit gewesen. Sie sind weggeholt worden, ehe er starb. Sie werden in diesem Augenblick benützt. Und die neuen Besitzer stehen in irgendeiner Verbindung zu Chasŏng. Das ist alles, was wir wissen. Deine Mutter steht auch damit in Verbindung. Und dein Vater hat diese Verbindung geschützt, solange sie lebte. Jetzt müssen wir herausfinden, was das für eine Verbindung war. Nur das wird uns zu dem Mann führen, der diese Archive jetzt in seinem Besitz hat. Und wir müssen ihn finden.«

»Aber das gibt doch keinen Sinn! Sie war doch nur eine kranke Frau, deren Zustand sich laufend verschlechterte. Sie war nicht wichtig!«

»Doch, es gab schon jemanden, für den sie wichtig war. Für den sie es immer noch ist. Um Gottes willen, hör auf, davor wegzulaufen! Du konntest mich nicht anlügen, also bist du darüber hinweggegangen. Dann hast du einen Bogen darum geschlagen, und schließlich hast du es ausgesprochen: *China.* Diese Po-Hai-Provinzen sind *China.* Die Eltern deiner Mutter sind in *China* gestorben. In Chasŏng kämpften wir gegen *China*!«

»Was hat das zu bedeuten?«

»Das weiß ich nicht! Mag sein, daß ich völlig falsch liege, aber ich kann einfach nicht anders denken. 1950 ... Tokio, Korea. Die chinesischen Nationalisten vom Festland vertrieben; sie haben sich damals ziemlich frei bewegt, möchte ich meinen, und wenn ja, dann ist es auch möglich, daß man sie infiltriert hat. Orientalen sind in der Lage, sich voneinander zu unterscheiden, Leute aus dem Westen können das nicht. Ist es möglich, daß man an deine Mutter herangetreten ist? Daß man an die Frau eines der wichtigsten Kommandeure in Korea herangetreten ist und sie irgendwie erpreßt hat — weil sie Eltern in China hatte. Bis etwas zerbrach. Was ist vor zweiundzwanzig Jahren geschehen?«

Man konnte spüren, daß das, was sie sagte, Alison Schmerz bereitete. »Es fing schon einige Monate vorher an, glaube ich. Als wir das erste Mal nach Tokio kamen. Sie begann einfach, langsam wegzurutschen.«

»Was meinst du damit ... ›wegzurutschen‹?«

»Nun, ich sagte irgend etwas zu ihr, und sie starrte mich einfach an, hörte nichts. Und dann drehte sie sich manchmal um, ohne Antwort zu geben, und verließ das Zimmer, sang irgendwelche Bruchstücke von Liedern oder Melodien.«

»In dem Haus in Rockville habe ich das gehört. Sie hat eine uralte Weise gesungen. ›Es fällt der Schnee.‹«

»Das kam später. Irgendein Lied gefiel ihr dann, und es dauerte Monate. Sie sang es immer wieder.«

»War deine Mutter Alkoholikerin?«

»Sie hat getrunken, aber ich glaube nicht, daß sie Alkoholikerin war. Zumindest damals nicht.«

»Du erinnerst dich recht gut an sie«, sagte Peter mit leiser Stimme.

Alison sah ihn an. »Besser, als mein Vater wußte, und weniger als du glaubst.«

Er widersprach nicht. »Weiter«, sagte er leise. »Sie begann wegzurutschen. Wußte das jemand? Hat man etwas für sie getan?«

Alison griff nervös nach einer Zigarette. »Ich nehme an, der Hauptgrund, daß etwas geschah, war ich. Siehst du, es gab da niemanden, mit dem man reden konnte. Die Hausangestellten waren alle Japaner. Die wenigen Besucher, die wir hatten, waren die Frauen von irgendwelchen Offizieren; mit den Frauen von Offizieren spricht man nicht über seine Mutter.«

»Dann warst du also allein. Ein Kind.«

»Ich war allein. Ich wurde einfach nicht damit fertig. Und dann kamen spätabends diese Telefonanrufe. Sie zog sich dann immer an und ging aus. Manchmal mit diesem benommenen Blick, und ich wußte dann nicht, ob sie je zurückkommen würde. Eines Abends rief mein Vater aus Korea an. Sie war immer zu Hause, wenn er anrief; er schrieb ihr vorher immer genau, wann er anrufen würde. Aber in dieser Nacht war sie nicht da, also sagte ich ihm alles. Wahrscheinlich ist es einfach aus mir herausgeplatzt. Ein paar Tage später flog er nach Tokio zurück.«

»Wie hat er reagiert?«

»Daran erinnere ich mich nicht. Ich war so froh, ihn zu sehen. Ich wußte einfach, daß alles wieder gut werden würde.«

»Wurde es das?«

»Eine Weile hat es sich stabilisiert; das ist ein Wort, das ich heute gebrauchen würde. Ein Militärarzt kam öfter ins Haus. Dann brachte er andere mit, und sie holten sie alle paar Tage auf einige Stunden weg. Die Telefonanrufe hörten auf, und sie hörte auf, abends wegzugehen.«

»Warum sagst du ›eine Weile stabilisiert‹? Ging es dann wieder in die Brüche?«

Tränen traten ihr in die Augen. »Es geschah ganz ohne Warnung. Sie war plötzlich weg. Es geschah an einem hellen, sonnigen Tag, ziemlich spät; ich war gerade von der Schule nach Hause gekommen. Sie schrie. Sie jagte die Angestellten aus dem

Haus; sie wütete, zerschlug alles mögliche. Und dann starrte sie mich an. Ich habe noch nie einen solchen Blick gesehen. So, als liebte und haßte sie mich und war dann plötzlich von mir zu Tode erschreckt.« Alison fuhr sich mit der Hand an den Mund; die Hand zitterte. Sie starrte auf die Bettdecke hinunter, und ihre Augen blickten verstört. Den Rest sprach sie im Flüsterton. »Und dann ging Mutter auf mich los. Es war schrecklich. Sie hatte ein Küchenmesser in der Hand. Sie packte mich am Hals, versuchte, mir das Messer in den Leib zu stoßen. Immer wieder versuchte sie, nach mir zu stechen. Ich hielt ihr Handgelenk fest und schrie und schrie. Sie wollte mich töten! O Gott! Sie wollte mich töten!«

Alison fiel nach vorn, ihr ganzer Körper wurde von Krämpfen geschüttelt. Ihr Gesicht war aschfahl. Peter beugte sich über sie, hielt sie an den Schultern fest, wiegte sie hin und her.

Er durfte nicht zulassen, daß sie jetzt aufhörte. »Bitte, versuche dich zu erinnern. Als du ins Haus kamst, als du sie sahst, was hat sie da geschrien? Was hat sie gesagt?«

Alison schob ihn von sich und lehnte sich gegen das Kopfende des Bettes, die Augen geschlossen, das Gesicht von Tränen feucht. Aber sie hatte aufgehört zu weinen. »Ich weiß nicht.«

»Du mußt dich erinnern!«

»Ich *kann nicht*! Ich habe sie nicht *verstanden*!« Ihre Augen öffneten sich, und sie starrte ihn an. Sie verstanden beide.

»Weil sie eine fremde Sprache sprach.« Er sagte das mit fester Stimme, stellte keine Frage. »Sie schrie in Chinesisch. Deine Mutter, die vier Jahre in den Po-Hai-Provinzen verbracht hat, die fließend Mandarin sprach, schrie dich in Chinesisch an.«

Alison nickte. »Ja«.

Die eigentliche Frage wurde nicht beantwortet; das verstand Kastler. Warum griff eine Mutter ihre Tochter an? Ein paar Sekunden lang ließ Peter seinen Gedanken freien Lauf, erinnerte sich vage der Hunderte von Seiten, die er geschrieben hatte, in denen irrationale Konflikte zu schrecklichen Gewalttaten führten. Es war kein Psychologe; er mußte in einfacheren Begriffen denken. Schizophrener Kindermord, Medeakomplex — das waren nicht die Bereiche, die er sondieren mußte, selbst wenn er dazu imstande gewesen wäre. Die Antwort mußte woanders liegen. In augenfälligeren Beschreibungen ... Beschreibungen? Eine Irre in Wut, aus dem Gleichgewicht geraten, mit verwirrtem Blick. *Verwirrtem Blick.* Später Nachmittag. Heller Sonnenschein. Die meisten Häuser in Japan waren hell und luftig. Sonne, die durch die Fenster hereinströmt. Ein Kind tritt durch die Tür. Peter griff nach der Hand des Kindes.

»Du mußt dir jetzt große Mühe geben, dich an das zu erinnern, was du angehabt hast.«

»Das ist nicht schwer. Wir haben jeden Tag dasselbe getragen. Kleider galten als unbescheiden. Wir trugen helle, weite Hosen und Jacken. Das war die Schuluniform.«

Peter wandte den Blick ab. Eine *Uniform.* Dann drehte er sich wieder um. »Hast du das Haar damals lang oder kurz getragen?«

»In jener Zeit?«

»An jenem Tag. Als deine Mutter dich an jenem Nachmittag durch die Tür kommen sah.«

»Ich trug eine Kappe. Wir trugen alle Kappen. Und hatten das Haar normalerweise kurz geschnitten.«

Das war es, dachte Peter. Eine aus dem Gleichgewicht geratene Frau in Wut, Sonne, die durch die Fenster strömte, vielleicht durch die Tür; eine Gestalt, die eintritt und eine *Uniform* trug.

Er griff nach Alisons anderer Hand. »Sie hat dich nie gesehen.«

»Was?«

»Deine Mutter hat dich nie gesehen. Darum geht es mit Chasŏng. Das erklärt das zerbrochene Glas, das alte Nachthemd unter den Worten an der Wand im Arbeitszimmer deines Vaters, den Blick in Ramirez' Augen, als deine Mutter erwähnt wurde.«

»Was willst du damit sagen? Sie hat mich nie gesehen? Ich war doch da!«

»Aber sie hat nicht *dich* gesehen. Nur eine Uniform. Das ist *alles,* was sie gesehen hat.«

Alison fuhr mit der Hand an den Mund, und in ihren Blick mischten sich Neugierde und Furcht. »Eine Uniform? Ramirez? Du bist zu Ramirez gegangen?«

»Es gibt vieles, das ich dir nicht sagen kann, weil ich es selbst nicht weiß, aber wir kommen der Sache näher. Offiziere wurden die ganze Zeit aus den Kampfgebieten in Korea nach Tokio versetzt — und wieder zurück. Das ist allgemein bekannt. Du sagst, deine Mutter sei häufig abends weggegangen. Dahinter steckt ein System, Alison.«

»Du sagst, sie sei eine Hure gewesen. Sie habe Hurerei getrieben, um Informationen zu beschaffen!«

»Ich sage, daß es möglich ist, daß sie zu Handlungen gezwungen wurde, die sie zerrissen. Ehemann und Vater. Auf der einen

Seite ihr Mann, ein brillanter Frontkommandant, auf der anderen Seite ein von ihr angebeteter Vater, der in China gefangengehalten wurde. Was konnte sie tun?«

Alison hob den Blick zur Decke. Wieder verstand sie; das war ein Konflikt, mit dem sie sich identifizieren konnte. »Ich will nicht weitermachen. Ich will nicht noch mehr wissen.«

»Doch, das müssen wir. Was geschah nach dem Angriff?«

»Ich rannte hinaus. Einer der Hausangestellten war dort; er hatte die Polizei aus dem Nachbarhaus angerufen. Er brachte mich hin, und ich wartete ... wartete, während die japanische Familie mich anstarrte, als hätte ich eine ansteckende Krankheit. Dann kam ein Militärpolizist und brachte mich zum Stützpunkt. Ich blieb ein paar Tage bei der Frau eines Colonels, bis mein Vater zurückkam.«

»Und was dann? Hast du deine Mutter gesehen?«

»Etwa eine Woche später, glaube ich. Es ist schwer, sich genau daran zu erinnern. Als ich nach Hause kam, hatte sie eine Pflegeschwester bei sich. Von diesem Tag an hatte sie immer eine Schwester oder eine Begleiterin.«

»Und wie war sie?«

»Verschlossen. Irgendwie in sich zurückgezogen.«

»Ein dauerhafter Schaden?«

»Das ist schwer zu sagen. Es war mehr als nur ein Zusammenbruch. Das ist für mich heute klar. Aber damals hätte sie sich hinreichend erholen können, um wieder normal zu funktionieren.«

»Damals?«

»Als sie das erste Mal aus dem Krankenhaus nach Hause zurückkam. Mit der Pflegeschwester. Nicht nach dem zweiten Mal.«

»Erzähl mir davon. Von dem zweiten Mal.«

Alisons Augen schlossen sich und öffneten sich wieder. Die Erinnerung war für sie offensichtlich ebenso schmerzhaft wie das Bild ihrer Mutter, die sie mit dem Messer angegriffen hatte. »Man hatte für mich arrangiert, daß ich in die Staaten zurückfuhr, zu Dads Eltern. Wie gesagt, Mutter war still, in sich zurückgezogen. Sie hatte drei Pflegeschwestern, die sie in Acht-Stunden-Schichten rund um die Uhr betreuten; sie war nie allein. Mein Vater wurde in Korea gebraucht. Er war abgereist, hatte geglaubt, alles sei unter Kontrolle. Die Frauen anderer Offiziere sollten zum Haus kommen und sich um Mutter kümmern, mit uns Picknicks veranstalten, mit ihr nachmittags einkaufen gehen — all diese Dinge. Alle waren sehr freundlich. In Wirklichkeit zu freundlich. Siehst du, geistesgestörte Menschen sind wie Alkoholiker. Wenn sie unter einem Zwang stehen, wenn sie ausbrechen wollen, geben sie sich plötzlich ganz normal; sie lächeln und lachen und lügen überzeugend. Und dann, wenn man es am wenigsten erwartet, sind sie plötzlich verschwunden. Und das ist es, glaube ich, was geschah.«

»Du glaubst? Du weißt es nicht?«

»Nein. Man sagte mir, man habe sie aus der Brandung gezogen. Sie sei so lange unter Wasser gewesen, daß sie glaubten, sie sei tot. Ich war ein Kind, und das war eine Erklärung, die ich akzeptieren konnte. Sie war einleuchtend; jemand war an jenem Nachmittag mit Mutter zum Funabashi-Strand gefahren. Es war Sonntag. Aber ich war erkältet, also blieb ich zu Hause. Und dann fing irgendwann am Nachmittag das Telefon zu klingeln an. Ob meine Mutter da sei? Ob sie zurückgekommen sei? Die ersten paar Anrufe stammten von den Frauen, die sie mit nach Funabashi genommen hatten. Aber sie wollten nicht, daß ich das bemerkte. Sie taten so, als wären sie andere Leute, um mich nicht zu erschrecken, denke ich. Zwei Offiziere kamen. Sie waren nervös und erregt, aber wollten auch nicht, daß ich das merkte. Ich ging auf mein Zimmer; ich wußte, daß etwas nicht stimmte, und konnte die ganze Zeit nur denken, daß ich meinen Vater um mich wollte.«

Wieder kamen die Tränen. Peter hielt ihre beiden Hände; er sprach mit ganz weicher Stimme zu ihr. »Weiter.«

»Es war schrecklich. Nachts, ziemlich spät, hörte ich Schreie. Dann Rufe und Leute, die draußen herumrannten. Dann konnte man das Geräusch von Autos und Sirenen hören. Qietschende Reifen auf der Straße. Ich stieg aus dem Bett und ging zur Tür und öffnete sie. Mein Zimmer war im ersten Stock in der Galerie über der Eingangshalle. Unten schien das Haus sich mit Amerikanern zu füllen — hauptsächlich Militär, aber auch Zivilisten. Wahrscheinlich waren es nicht mehr als zehn Mann, aber alle liefen schnell herum, telefonierten, benutzten Funkgeräte. Dann ging die Haustür auf, und sie wurde hereingebracht. Auf einer Tragbahre. Sie war mit einem Laken bedeckt, aber das Laken war mit Blut befleckt. Und ihr Gesicht — es war ganz weiß. Ihre Augen waren geweitet und blickten leer, als wäre sie tot. In den Mundwinkeln war Blut, das ihr über das Kinn auf den Hals gelaufen war. Und als die Bahre unter einem Licht hindurchgetragen wurde, fuhr sie plötzlich in die Höhe und schrie, warf den Kopf hin und her, versuchte, sich zu befreien, konnte es aber nicht, weil sie festgeschnallt war. Ich schrie auf und rannte die Treppe hinunter, aber ein Major — ein gutaussehender, schwarzer Major, den ich nie vergessen werde — hielt mich auf und hob mich in die Höhe und hielt mich fest und sagte, alles werde gut. Er wollte nicht, daß ich zu ihr ging, nicht in diesem Augenblick. Und er hatte recht — sie hatte einen hysterischen Anfall; sie hätte mich nicht erkannt. Sie stellten die Bahre ab, schnallten sie los und hielten sie fest. Ein Arzt riß Stoff weg. Er hielt eine Spritze in der Hand; er gab sie ihr, und in ein paar Sekunden war sie still. Ich weinte. Ich versuchte, Fragen zu stellen, aber niemand hörte auf mich. Der Major trug mich in mein Zimmer zurück und legte mich ins Bett. Er blieb lange Zeit bei mir, versuchte mich zu beruhigen, sagte mir, es habe einen Unfall gegeben, und mit meiner Mutter werde alles wieder gut. Aber ich wußte, daß das nicht wahr war. Man brachte mich zum Stützpunkt, und dort blieb ich, bis Dad zurückkam. Das war das vorletzte Mal, ehe man uns nach Hause, nach Amerika, zurückflog. Sein Einsatz dauerte nur noch ein paar Monate.«

Kastler zog sie an sich. »Das einzige, was mir klar ist, ist, daß dieser Unfall nichts mit der Brandung zu tun hatte, oder damit, daß sie ins Meer hinausgespült wurde. Zum einen brachte man sie ins Haus, nicht ins Krankenhaus. Das Ganze war ein kompliziertes Täuschungsmanöver, das du zu glauben vorgabst, in Wirklichkeit aber nie geglaubt hast. Du glaubst es jetzt auch nicht. Warum hast du das all die Jahre vorgegeben?«

Alison flüsterte: »Weil es leichter war, denke ich.«

»Weil du dachtest, sie habe versucht, dich zu töten? Weil sie dich in Chinesisch angeschrien hat, und du nicht darüber nachdenken wolltest? Du wolltest die Alternativen nicht wahrhaben.«

Alisons Lippen zitterten. »Ja.«

»Aber jetzt mußt du ihnen ins Auge sehen — das ist dir doch klar, oder? Du kannst nicht mehr davor fliehen. Das ist es, was in Hoovers Archiven steht. Deine Mutter hat für die Chinesen gearbeitet. Sie war für das Massaker von Chasŏng verantwortlich.«

»O Gott ...«

»Sie hat nichts *freiwillig* getan. Vielleicht wußte sie nicht einmal, was sie tat. Vor einigen Monaten, als ich bei deinem Vater war, und deine Mutter die Treppe herunterkam, sah sie mich und fing zu schreien an. Ich wollte ins Arbeitszimmer zurück, aber dein Vater schrie mich an, ich solle mich neben eine Lampe stellen. Er wollte, daß sie mein Gesicht, meine Gesichtszüge sah. Sie starrte mich an und dann beruhigte sie sich und schluchzte nur noch. Ich nehme an, dein Vater wollte, daß sie erkannte, daß ich kein Orientale war. Ich denke, daß der Unfall an jenem Sonntagnachmittag gar kein Unfall war. Ich glaube, die Leute, die sie benutzt haben, haben sie eingefangen und gefoltert, sie gezwungen, für sie zu arbeiten. Es ist möglich, daß deine Mutter eine viel tapferere Frau war, als irgend jemand ihr zubilligte. Sie hat sich ihnen vielleicht am Ende entgegengestellt und die Konsequenzen auf sich genommen. Das ist keine krankhafte Geistesgestörtheit, Alison. Das ist ein Mensch, den man in den Wahnsinn getrieben hat.«

Er blieb noch beinahe eine Stunde bei ihr, bis die Erschöpfung sie schließlich die Augen schließen ließ. Es war nach fünf; der Himmel vor dem Fenster begann heller zu werden. Bald würde es Morgen sein. In ein paar Stunden würde Quinn O'Brien sie an einen anderen sicheren Ort verlegen. Peter wußte, daß auch er schlafen mußte.

Aber ehe er sich erlauben konnte zu schlafen, mußte er wissen, ob das, was er annahm, die Wahrheit war. Es mußte bestätigt werden, und nur ein Mann konnte das tun. Ramirez.

Er verließ das Schlafzimmer und ging ans Telefon. Er wühlte in seinen Taschen herum, bis er den Zettel fand, auf dem er sich Ramirez' Nummer notiert hatte. Ohne Zweifel würde O'Brien das Gespräch in der Zentrale abhören, aber das machte nichts aus. Nichts machte mehr etwas aus, nur die Wahrheit.

Er wählte. Am anderen Ende wurde fast sofort abgehoben.

»Ja, was ist?« Die Stimme klang schlaftrunken. Oder war es Alkohol?

»Ramirez?«

»Wer sind Sie?«

»Kastler. Jetzt habe ich die Antwort. Und Sie werden Sie mir bestätigen. Wenn Sie zögern, wenn Sie lügen, gehe ich sofort zu meinem Verleger. Er wird wissen, was zu tun ist.«

»Ich habe Ihnen gesagt, Sie sollen sich heraushalten!« Die Worte klangen undeutlich, schwer; der Soldat war betrunken.

»MacAndrews Frau. Es hat eine chinesische Verbindung gegeben, nicht wahr? Sie hat vor zweiundzwanzig Jahren den Chinesen Informationen geliefert. Sie war für Chasŏng verantwortlich!«

»Nein! Ja. Sie verstehen das nicht. Lassen Sie die Finger davon!«

»Ich will die Wahrheit!«

Ramirez war einen Augenblick lang still. »Sie sind beide tot.«

»Ramirez!«

»Man hatte sie unter Drogen gesetzt. Sie war völlig abhängig; sie hielt es keine zwei Tage ohne Spritze aus. Wir fanden das heraus. Wir halfen ihr. Wir haben unser Bestes für sie getan. Es stand schlimm um sie. Es war richtig ... das zu tun, was wir taten. Alle haben zugestimmt!«

Peters Augen verengten sich. Da war wieder der Mißklang, lauter und auffälliger als zuvor. »Sie haben ihr *geholfen*, weil es richtig war? Es stand schlimm, also war es auf irgendeine gottverdammte Art *richtig*?«

»Alle haben zugestimmt.« Die Stimme des Soldaten war kaum hörbar.

»Mein Gott! Sie haben ihr nicht geholfen, sie haben sie *benutzt*! Sie haben ihr Drogen verschafft, damit sie die Information übermitteln konnte, die Information, von der Sie wollten, daß sie zur anderen Seite gelangte.«

»Es stand schlecht. Der Yalu war ...«

»Augenblick! Wollen Sie mir sagen, daß MacAndrew davon wußte? Daß er zuließ, daß seine Frau so mißbraucht wurde?«

»MacAndrew hat nie etwas gewußt.«

Kastler wurde übel. »Und doch, trotz allem, was Sie ihr angetan haben, kam es zu Chasŏng«, sagte er. »Und all die Jahre dachte MacAndrew, seine Frau trage die Verantwortung dafür. Unter Drogen gesetzt, gefoltert, fast zu Tode geprügelt, von einem Feind, der ihre Eltern gefangenhielt, zur Verräterin gemacht. Ihr Schweine!«

Und Ramirez schrie ins Telefon. »Er war auch ein Schwein! Das dürfen Sie nie vergessen! Ein *Killer* war er!«

32

Er war auch ein Schwein! Vergessen Sie das nie! Ein Killer war er! Er war auch ein Schwein! ... Ein Killer! Die Worte hallten in Kastlers Ohren. Er sah auf die schnell vorüberziehende Landschaft hinaus. Neben ihm saß Alison auf dem Rücksitz des schweren Wagens. Er versuchte zu begreifen.

Er war auch ein Schwein! Es gab einfach keinen Sinn ab.

MacAndrew und seine Frau waren Opfer. Sie waren von *beiden* Gegnern manipuliert worden — und die Frau dabei vernichtet worden, während der General sein Leben mit der schrecklichen Angst hatte leben müssen, das Ganze würde entdeckt werden.

Er war auch ein Schwein! ... Ein Killer! Wenn Ramirez meinte, daß MacAndrew seinen logischen Verstand verloren hatte, zu einem Kommandeur geworden war, der nicht mehr überlegte, was es *kostete*, einen Feind zu vernichten, der seine Frau vernichtet hatte, dann war *Schwein* kaum der richtige Ausdruck. Mac the Knife hatte Hunderte, vielleicht Tausende in den Tod gejagt, nur um persönliche Rache zu nehmen. Die Vernunft hatte ihn verlassen; Rache war für ihn alles.

Wenn dies die Dinge waren, die Ramirez veranlaßten, MacAndrew für ein Schwein zu halten, nun gut. Aber was Peter beunruhigte, und zwar sehr beunruhigte, war das unklare Bild dieses neuen MacAndrew, dieses Schweins, dieses Killers. Es stand im Widerspruch zu dem Mann, den Kastler kennengelernt hatte. Dem Soldaten, der den Krieg wahrhaft haßte, weil er ihn so gut kannte. Oder war Alisons Vater einfach nur einen Augenblick lang — ein paar Monate, gemessen an einem ganzen Leben — in einen Wahnsinn eigener Art abgesunken?

Das Geheimnis von Chasŏng war also nun bekannt. Aber wohin führte es sie? Wie konnte MacAndrews betrogene, manipulierte Frau ihn zu einem der vier Männer auf Varaks Liste führen? Varak war überzeugt, daß, was auch immer hinter Chasŏng stand, sie unmittelbar zu dem Mann führen würde, der Hoovers Archive besaß? Aber wie? Vielleicht hatte Varak unrecht. Das Geheimnis war nun bekannt, aber es brachte sie nicht weiter.

Die Limousine erreichte eine Kreuzung. Rechts stand eine einsame Tankstelle. An der Pumpe parkte ein einzelner Wagen. Der Fahrer neben O'Brien drehte das Steuer herum und fuhr auf den Wagen zu. Er nickte O'Brien zu und stieg aus; der FBI-Mann schob sich hinter das Steuer. Der Fahrer ging auf den parkenden Wagen zu, begrüßte den Mann, der in ihm saß und setzte sich auf den Vordersitz.

»Die bleiben jetzt bei uns, bis wir Saint Michael's erreicht haben«, sagte Quinn hinter dem Steuer.

Eine Minute darauf befanden sie sich wieder auf der Straße, der Wagen hinter ihnen folgte ihnen in diskretem Abstand.

»Wo ist Saint Michael's?« fragte Alison.

»Südlich von Anapolis, an der Chesapeake-Bay. Wir können

ein Haus dort benutzen. Es ist steril. Wollen Sie jetzt sprechen? Das Radio ist ausgeschaltet; es gibt kein Tonband. Wir sind allein.«

Peter wußte, was Quinn meinte. »Ist von meinem Gespräch mit Ramirez ein Tonband angefertigt worden?«

»Nein. Nur ein stenografisches Protokoll. Ein Original ohne Kopie; ich habe es in der Tasche.«

»Ich hatte noch nicht die Zeit, Alison alles zu erklären, aber einiges davon weiß sie.« Er wandte sich zu ihr. »Deine Mutter ist von den Chinesen mit Rauschgift erpreßt worden — wahrscheinlich Heroin. Sie war süchtig. Das war das ›Wegrutschen‹, das du geschildert hast. Man hat sie dazu benutzt, Informationen zu beschaffen, einzelne Stücke. Truppenbewegungen, Kampfstärke, Nachschubrouten — hundert Dinge, die sie vielleicht von den Offizieren hören konnte, mit denen sie sich des Nachts traf. Zu dem Rauschgift kam noch, daß ihre Mutter und ihr Vater in einem chinesischen Gefängnis festgehalten wurden. Die Kombination war erdrückend.«

»Wie schrecklich ...« Alison sah zum Fenster hinaus.

»Ich bezweifle, daß sie die einzige war«, sagte Peter. »Ich bin sicher, daß es noch andere gab.«

»Ich weiß verdammt gut, daß es so war«, fügte O'Brien hinzu.

»Ich fürchte, das hilft nichts«, sagte Alison. »Wußte es mein Vater? Es muß ihn umgebracht haben ...«

»Dein Vater wußte nur, was die Armee ihn wissen lassen wollte. Das war nur ein Teil der Wahrheit, der chinesische Teil. Den Rest hat man ihm nie gesagt.«

Alison wandte sich vom Fenster ab. »Was für einen Rest?«

Peter ergriff ihre Hand. »Es gab noch eine andere Verbindung. Die der Armee. Man hat sie manipuliert, sie dazu benutzt, ausgewählte, irreführende Informationen an die Chinesen zurück zu übermitteln.«

Alison erstarrte plötzlich, und ihre Augen bohrten sich in seine. »Wie?«

»Es gibt eine ganze Anzahl Methoden dafür. Zum Beispiel, sie dauernd unter Rauschgift zu halten oder ihr chemische Mittel einzuflößen, welche die Entzugsschmerzen verstärken. Das war es wahrscheinlich; die Agonie trieb sie dann zu der ursprünglichen Verbindung zurück. Mit den Informationen, welche die Armee übermitteln wollte.«

Alison zog ihm verärgert die Hand weg. Sie schloß die Augen. Ihr Atem ging tief. Kastler ahnte, welche Agonie sie jetzt empfand und berührte sie nicht; der Augenblick gehörte ganz allein ihr.

Sie wandte sich wieder Peter zu. »Sorge dafür, daß sie dafür bezahlen«, sagte sie.

»Wir wissen jetzt, was Chasŏng bedeutet«, sagte Quinn O'Brien vom Vordersitz. »Aber wohin führt es uns?«

»Zu einem von vier Männern, glaubte Varak.« Kastler sah, wie O'Briens Kopf in die Höhe fuhr, seine Augen suchten die Peters im Rückspiegel. »Ich habe ihr gesagt, daß es vier Männer gibt«, erklärte er. »Ich habe keine Namen gebraucht.«

»Warum nicht?« fragte Alison.

»Zu Ihrem eigenen Schutz, Miß MacAndrew«, antwortete der FBI-Mann. »Ich weiß noch nicht genau, wonach ich suchen soll.«

»Etwas, das mit China zu tun hat«, sagte Peter. »Irgend etwas Chinesisches.«

»Sie erwähnten, daß Sie an einen fünften Mann herantreten wollten. Wann soll das sein?«

»Noch ehe der Tag um ist.«

Quinn saß stumm hinter dem Steuer. Einige Augenblicke verstrichen, bis er wieder sprach. »Sie hatten sich bereit erklärt, den Namen bei einem Anwalt zu hinterlegen.«

»Ich brauche keinen Anwalt, ich werde ihn Morgan in New York geben. Bringen Sie mich zu einem Telefon. Da müßte doch irgendwo eines an der Straße sein.«

O'Brien runzelte die Stirn. »Sie haben keine Erfahrung darin, wie man diese Art von Kontakten herstellt. Ich möchte nicht, daß Sie unnötige Risiken eingehen. Sie wissen nicht, was Sie tun.«

»Sie würden sich wundern, wie viele Geheimtreffs ich erfunden habe. Sie brauchen mir bloß einen unauffälligen Wagen zu beschaffen und mir ein paar Stunden Zeit zu lassen. Und daß Sie mir auch ja Wort halten. Ich würde es merken, wenn Sie mich beschatten ließen. Glauben Sie mir.«

»Das muß ich wohl. Du großer Gott. Ein *Schriftsteller*.«

»Verdammt noch mal, wo bist du?« Tony schrie die Frage hinaus, und seine nächsten Worte klangen kaum weniger erregt. »Das Hotel sagt, du habest dein Zimmer aufgegeben, und der Empfangsportier von der Nachtschicht sagte mir, du seist ins Shenandoah Valley unterwegs! Und dann hat mich dein Arzt angerufen und gefragt, ob ich dich in New York erwarten würde. Würdest du mir bitte erklären ...?«

»Dafür ist jetzt keine Zeit. Nur daß das nicht der Nachtportier war. Das war ein FBI-Mann. Und ich bezweifle, daß mein Arzt dich angerufen hat. Das war jemand anderer, der mich suchte.«

»Du lieber Gott, was machst du denn?«

»Ich versuche, den Mann zu finden, der Hoovers Archive hat.«

»Hör damit auf! Darüber haben wir doch schon vor ein paar Monaten gesprochen. Jetzt fängt das schon wieder an; du bist keine Person in einem deiner verdammten Bücher!«

»Aber die Archive *sind* verschwunden. Sie waren von Anfang an verschwunden; darum geht es ja. Ich werde nach New York zurückkommen, das verspreche ich dir. Aber zuerst möchte ich, daß du jemanden für mich anrufst. Ich möchte, daß du ihn bittest, sich mit mir an einem Ort, den ich dir genau nennen werde, zu einem ganz bestimmten Zeitpunkt in einem Wagen mit mir zu treffen. Er ist in Washington, und es wird wahrscheinlich sehr schwierig sein, ihn zu erreichen. Aber du wirst es schaffen, wenn du sagst, dein Name sei Varak. Stefan Varak. Schreib dir das auf; du darfst unter keinen Umständen deinen eigenen Namen gebrauchen.«

»Und außerdem«, sagte Morgan sarkastisch, »soll ich wahrscheinlich von einer Telefonzelle aus anrufen.«

»Genau. Von der Straße, nicht einer in deinem Gebäude.«

»Komm schon. Das ist ja ...«

»Der Mann, den du anrufen sollst, ist Munro St. Claire.«

Der Name zeitigte seine Wirkung; Morgan verstummte einen Augenblick. »Du machst doch keine Witze, oder.« Aber das war keine Frage.

»Ich mache keine Witze. Wenn du St. Claire erreichst, dann sag ihm, du seist eine Kontaktperson für mich. Sag ihm, daß Varak tot ist. Vielleicht weiß er das inzwischen schon, aber vielleicht auch nicht. Hast du einen Bleistift?«

»Ja.«

»Dann schreib auf. St. Claire benutzt den Namen Bravo ...«

Peter wartete in dem Privatwagen auf der Nebenstraße, die zum Chesapeake führte; es war eine Sackgasse, die am Wasser endete. Die Ufer waren Marschland, und die wild wachsenden Binsen bewegten sich im Dezemberwind. Es war kurz nach zwei Uhr nachmittags; der Himmel war bedeckt, die Luft kalt, und die Feuchtigkeit war selbst im Inneren des Wagens zu spüren.

Alison und O'Brien befanden sich einige Meilen nördlich von ihm in dem sterilen Haus in St. Michael's. Der FBI-Mann hatte sich bereit erklärt, ihm drei Stunden Zeit zu lassen — bis fünf Uhr — ehe er Morgan anrief und ihn nach Bravos Identität fragte. Wenn Kastler bis dahin nicht zurückgekehrt sein sollte, das hatte Quinn ganz deutlich erklärt, würde er Peter für tot halten und die entsprechenden Maßnahmen einleiten.

Kastler erinnerte sich an Varaks Worte. Es gab da einen Senator. Einen Mann, der keine Angst hatte, den einzigen in ganz Washington, an den man herantreten, und den man um Hilfe bitten konnte. Für Peter war das ein weiteres Stück von dem Wahnsinn gewesen. Er hatte einen Senator für seinen ›Kern‹ erfunden. Wieder war die Parallele zu nahe; die Person in seinem Manuskript hatte ihre Basis in einem lebenden Menschen.

Er gab Quinn den Namen des Senators, für den Fall, daß er nicht zurückkommen sollte.

In der Ferne war eine schwarze Limousine um eine Straßenbiegung gerollt, näherte sich jetzt langsam. Er öffnete die Tür seines Wagens und stieg aus. Die Limousine kam sieben Meter von ihm entfernt zum Stillstand. Das Fenster des Chauffeurs öffnete sich.

»Mr. Peter Kastler?« fragte der Mann.

»Ja«, antwortete Peter erschrocken. Auf dem Rücksitz des Wagens war niemand. »Wo ist Botschafter St. Claire?«

»Wenn Sie einsteigen wollen, Sir, bringe ich Sie zu ihm.«

»Meine Instruktionen lauteten anders.«

»Es muß aber so geschehen.«

»Nein, das muß es nicht!«

»Der Botschafter hat mir aufgetragen, Ihnen zu sagen, es geschehe zu Ihrem eigenen Schutz. Er hat mich gebeten, Sie an ein Gespräch vor viereinhalb Jahren zu erinnern. Er hat Ihnen damals auch die Wahrheit gesagt.«

Peters Atem stockte einen Augenblick lang. Munro St. Claire hatte vor viereinhalb Jahren wahrhaftig die Wahrheit gesprochen, ihn gut beraten. Er hatte ihm sein Leben zurückgegeben. Kastler nickte und stieg in die Limousine.

Die riesige viktorianische Villa stand dicht am Wasser. Ein langer Steg stach von der breiten Rasenfläche in die Bucht hinaus. Das Haus selbst hatte vier Stockwerke. Im Erdgeschoß gab es eine breite, halb verkleidete Veranda, die über die ganze Breite des Hauses reichte und zur Chesapeake Bay blickte.

Der Chauffeur ging Kastler voraus über die Eingangstreppe. Er schloß die Tür auf und winkte Peter einzutreten. »Gehen Sie nach rechts durch den Bogen und dann ins Wohnzimmer. Der Botschafter erwartet sie.«

Kastler trat in die Halle. Er war allein. Er ging durch einen Bogen in einen Raum mit hoher Decke und wartete, bis seine Augen sich dem Licht angepaßt hatten. Am anderen Ende stand eine einsame Gestalt von einer zweiflügeligen Glastür, die den Blick auf die Veranda und die Wellen der Chesapeake Bay freigab. Er wandte Kastler den Rücken; er blickte auf die sich beständig ändernde Oberfläche der Bucht hinaus.

»Willkommen«, sagte Munro St. Claire und drehte sich um, um Peter anzusehen. »Dieses Haus hat einem Mann namens Genesis gehört. Er war Bravos Freund.«

»Ich habe von Banner und Paris, Venice und Christopher gehört. Und natürlich von Bravo. Von Genesis habe ich nicht gehört.«

St. Claire hatte ihn offenbar geprüft. »Dazu gab es für Sie auch keinen Anlaß. Er ist tot. Ich finde es unglaublich, daß Varak Ihnen meinen Namen genannt hat.«

»Das hat er nicht. Genauer gesagt, er hat sich sogar geweigert, es zu tun. Ein Mann namens Bromley hat das getan, aber er wußte das nicht. Seine Codebezeichnung im Bureau war Viper. Aus dem B wird ein V und damit eine der verschwundenen Akten. Halb Wahrheit, halb Lüge. So hat man mich programmiert.«

St. Claires Augen verengten sich, als er sich von der Glastür abwandte und auf Kastler zuging. »›Halb Wahrheit, halb Lüge‹; hat Varak das gesagt?«

»Ja. Er ist vor meinen Augen gestorben. Aber vorher hat er mir alles gesagt.«

»Alles?«

»Von Anfang an. Begonnen bei Malibu bis Washington. Wie man mich dazu provoziert hat, mich einzuschalten. Wie ich der Köder war, der andere dazu provozieren sollte, sich zu zeigen. Er hat das nicht ausdrücklich gesagt — aber eigentlich war es nicht wichtig, ob ich lebte oder starb, nicht wahr? Wie konnten Sie so etwas tun?«

»Setzen Sie sich.«

»Ich bleibe lieber stehen.«

»Wie Sie meinen. Sind wir zwei Gladiatoren, die einander umkreisen?«

»Vielleicht.«

»Wenn ja, dann haben Sie die Schlacht verloren. Mein Chauffeur beobachtet uns von der Veranda aus.«

Kastler wandte sich zum Fenster. Der Chauffeur stand reglos draußen und hielt eine Pistole in der Hand. »Sie glauben, ich sei gekommen, um Sie zu töten?« fragte Peter.

»Ich weiß nicht, was ich glauben soll. Ich weiß nur, daß nichts der Wiederbeschaffung dieser Archive im Weg stehen darf. Ich würde bereitwillig mein Leben geben, wenn es sich dadurch bewirken ließe.«

»Die Buchstaben M bis Z. Der Mann, der sie jetzt hat, flüstert am Telefon, bedroht seine Opfer. Und er ist einer der vier folgenden Männer: Banner, Paris, Venice oder Christopher. Oder vielleicht auch Bravo; das ist auch möglich, denke ich. Er hat sich an Phyllis Maxwell, Paul Bromley und Lieutenant General Bruce MacAndrew herangemacht. Der General war im Begriff, etwas zu offenbaren, das vor zweiundzwanzig Jahren vertuscht wurde, und mit dem er nicht mehr leben konnte, als man ihn zwang, seinen Abschied zu nehmen. Wie viele andere dieser Mann noch erpreßt hat, weiß niemand. Aber wenn man ihn nicht findet, wenn die Archive nicht gefunden und vernichtet werden, wird er die entscheidenden Stellen der Regierung unter Kontrolle bekommen.«

Peter sprach ohne Ausdruck, aber was er sagte, verfehlte seine Wirkung nicht. »Sie wissen Dinge, die Sie das Leben kosten könnten«, sagte St. Claire.

»Da ich es schon einige Male fast verloren habe, wofür ich wahrscheinlich Ihnen zu danken habe, überrascht mich das nicht. Es macht mir nur Angst. Ich möchte, daß das aufhört.«

»Ich wollte, ich könnte bewirken, daß es aufhört. Ich wünsche bei Gott, daß das vorüber wäre und die Akten zurückgebracht würden. Ich wünschte von ganzem Herzen, ich könnte überzeugt sein, daß es so enden wird.«

»Es gibt eine Möglichkeit, das zu bewirken. Sicherzustellen, um es genau zu sagen.«

»Wie?«

»Veröffentlichen Sie die Namen Ihrer Gruppe. Bestätigen Sie, daß Hoovers Archive verschwunden sind. Erzwingen Sie eine Entscheidung.«

»Sie sind von Sinnen.«

»Warum?«

»Die Situation ist viel komplizierter, als Sie zu begreifen scheinen.« St. Claire trat an einen Ledersessel. Er legte die Hände auf die Rückenlehne, seine langen Finger strichen über den Polsterstoff. Seine Hände zitterten. »Sie sagen, Bromley hätte Ihnen meinen Namen genannt«, sagte er. »Wie?«

»Er hat mich in einem Zug gestellt und versucht, mich zu töten. Man hatte ihm gesagt, mein Manuskript sei fertiggestellt und enthielte Informationen über seine Familie. Ich vermute, daß diese Information nur von Ihnen gekommen sein kann. Er hat Ihren Namen benutzt; plötzlich war mir alles klar. Von Anfang an, ganz von Anfang. Das geht zurück bis Park Forest. Ich stand in Ihrer Schuld, und Sie haben die Zahlung entgegengenommen. Die Schuld ist gelöscht.«

St. Claire blickte auf. »Ihre Schuld an mich? Sie schuldeten mir nie etwas. Aber ich behaupte, daß Sie Ihrem Land etwas schulden.«

»Das akzeptiere ich. Ich möchte nur wissen, wie ich bezahle.« Peter hob die Stimme. »Veröffentlichen Sie die Namen Ihrer Gruppe! Sagen Sie dem Land — wenn es schon Schulden gibt — daß Hoovers Privatarchive verschwunden sind!«

»Bitte!« St. Claire hob die Hand. »Versuchen Sie doch zu begreifen. Wir sind unter außergewöhnlichen Umständen zusammengekommen ...«

»Um einen Wahnsinnigen aufzuhalten«, unterbrach Kastler.

Bravo nickte. »Um den Versuch zu machen, einen Wahnsinnigen aufzuhalten. Und dabei sind wir in einigen Bereichen über die Grenze unserer Vollmachten hinausgegangen. Wir haben den Mechanismus der Regierung verbogen, weil wir dachten, es sei gerechtfertigt. Wir hätten ruiniert werden können, das war uns klar. Unser einziges Motiv war die Fairneß, unser einziger Schutz die Anonymität.«

»Dann ändern Sie die Regeln! Einer von Ihnen hat das bereits getan!«

»Dann muß man ihn finden. Aber es darf nicht sein, daß die anderen dafür zahlen müssen!«

»Sie scheinen mich nicht zu verstehen. Die Schuld ist gelöscht, Mr. St. Claire. Sie haben mich benutzt. Man hat mich manipuliert, hat mich aus dem Gleichgewicht gebracht, bis ich beinahe den Verstand verlor. Wozu? Damit *Sie*, das Pentagon, das Federal Bureau of Investigation — was, weiß ich, vielleicht das Weiße Haus, das Justizministerium, der Kongreß ... die halbe verdammte Regierung — weiterlügen können? Um den Leuten sagen zu können, jene Archive seien vernichtet worden, wo sie das doch gar nicht waren? Was ich hier vorbringe, ist keine Bitte — ich verlange das! Entweder gehen Sie an die Öffentlichkeit, oder ich tue es!«

St. Claire konnte sein Zittern unter Kontrolle halten, aber nicht verbergen. Seine langen, dünnen Finger preßten sich in den Sessel. »Erzählen Sie mir von Varak«, sagte er mit leiser Stimme. »Darauf habe ich Anspruch; er war mein Freund.«

Kastler berichtete ihm und ließ nur Varaks Schluß aus, daß der Schlüssel Chasŏng war. Die Verbindung zwischen Alison und jenem Schlüssel war zu eng; er wollte nicht, daß St. Claire ihren Namen erfuhr, so weit reichte sein Vertrauen nicht.

»Er starb«, sagte Peter, »überzeugt, daß es nicht Sie, sondern einer der vier anderen war. ›Niemals Bravo.‹ Das hat er immer wieder gesagt.«

»Und wie steht es mit Ihnen? Sind Sie überzeugt?«

»Noch nicht, aber Sie können mich überzeugen. Treten Sie an die Öffentlichkeit.«

»Ich verstehe.« St. Claire wandte sich von dem Sessel ab und blickte über die Wasser der Chesapeake Bay hinaus. »Varak hat Ihnen gesagt daß man Sie programmiert hat, teils mit Wahrheit, teils mit Lügen. Hat er das erklärt?«

»Natürlich. Die verschwundenen Archive waren die Wahrheit; der Mord die Lüge. Ich habe ohnehin nie daran geglaubt. Das war nur ein Konzept für ein Buch ... Wir haben lange genug gesprochen. Ich will jetzt Ihre Antwort. Werden Sie an die Öffentlichkeit treten, oder muß ich das tun?«

St. Claire drehte sich langsam um. Die Angst von vor ein paar Sekunden war verschwunden. An ihre Stelle war ein so eiskalter Blick getreten, daß Peter plötzlich Furcht empfand. »Bedrohen Sie mich nicht. Sie haben nichts in der Hand.«

»Da wäre ich an Ihrer Stelle nicht so sicher. Sie wissen nicht, was für Vorsichtsmaßregeln ich getroffen habe.«

»Glauben Sie, Sie sind einer der Helden in einem Ihrer Bücher? Seien Sie kein Narr.« Bravo blickte zum Fenster. Der Chauffeur beobachtete sie scharf und hielt die Pistole fest in der Hand. »Sie sind nicht wichtig, und ich bin es auch nicht.«

Kastler spürte die kalte Panik. »Es gibt einen Mann in New York, der weiß, daß ich Sie aufgesucht habe. Wenn mir etwas passieren sollte, würde er Sie identifizieren. Sie haben mit ihm gesprochen.«

»Ich habe ihn mir angehört«, erwiderte St. Claire. »Ich habe mich zu gar nichts verpflichtet. Sie sind mit Ihrem Wagen in eine Sackgasse gefahren, am Ufer des Chesapeake. In den Logbüchern des State Department steht, daß ich in diesem Augenblick eine Besprechung mit einem Undersecretary führe, der notfalls beeiden wird, daß ich mit ihm zusammen war. Aber ein Alibi ist gar nicht erforderlich. Wir könnten Sie jederzeit töten. Heute nacht, morgen, nächste Woche, nächsten Monat. Aber niemand will das tun. Das war nie Bestandteil unseres Planes. Vor viereinhalb Jahren habe ich Sie in die Welt der Fantasie gelenkt. Kehren Sie in jene Welt zurück; überlassen Sie diese anderen.«

Peter war benommen. Ihre Rollen waren vertauscht worden. St. Claires Angst war verflogen, als wären die Nachrichten, die ein wütender junger Mann ihm überbracht hatte, plötzlich nicht mehr wichtig. Er verstand das nicht. Was hatte die Änderung ausgelöst? Seine Augen schweiften zum Fenster. Der Chauffeur schien die Spannung im Raum zu spüren; er war jetzt näher an das Glas getreten. St. Claire erkannte Peters Sorge und lächelte.

»Ich habe Ihnen gesagt, daß Sie zurückkehren können. Dieser Mann ist nur zu meinem Schutz da. Ich wußte nicht, in welchem Zustand Sie zu mir kommen würden.«

»Das wissen Sie immer noch nicht. Wie können Sie so sicher sein, daß ich nicht hier weggehe und alles berichte?«

»Weil wir beide wissen, daß das nicht der richtige Weg ist. Zu viele Menschen könnten ihr Leben verlieren; keiner von uns beiden will, daß das geschieht.«

»Ich sollte Ihnen sagen, daß ich weiß, wer Banner, Paris, Venice und Christopher sind! Varak hat mir ihre Namen aufgeschrieben!«

»Das hatte ich vermutet. Und Sie müssen tun, was Sie tun müssen.«

»Verdammt noch mal, ich *werde* diese Geschichte an die große Glocke hängen! Dieses Töten muß aufhören! Das Lügen muß aufhören!«

»Nach meiner Ansicht«, sagte St. Claire mit eisiger Stimme, »wird Alison MacAndrew sterben, wenn Sie das tun — noch bevor der Tag vorüber ist.«

Peters Muskeln spannten sich, dann trat er einen Schritt auf Bravo zu. Glas klirrte, als eine einzelne Fensterscheibe eingeschlagen wurde; die Pistole des Chauffeurs starrte ihn an.

»Gehen Sie nach Hause, Mr. Kastler. Tun Sie, was Sie tun müssen.«

Peter drehte sich um und rannte aus dem Zimmer.

Munro St. Claire öffnete die Glastür und trat auf die Veranda hinaus. Die Luft war kalt, der Wind von der Bucht hatte sich verstärkt. Der Himmel war jetzt dunkel. Es würde bald regnen.

Erstaunlich, dachte St. Claire. Selbst im Tod noch zog Varak an Fäden und bewegte Dinge. Er begriff, daß ihm nur noch eine Wahl blieb: Peter Kastler mußte an Varaks Stelle treten. Der Schriftsteller war jetzt der Provokateur. Er hatte keine Wahl, er mußte Banner, Paris, Venice und Christopher aufsuchen.

Kastler hatte gesagt, man habe ihn manipuliert. Was er nicht wußte, war, daß die Manipulation noch nicht aufgehört hatte. Jetzt kam es nur darauf an, den Schriftsteller sehr genau zu beobachten, jede seiner Bewegungen im Auge zu behalten, bis er sie zu dem führte, der die Archive besaß.

Am Ende würde es eine Tragödie geben, und man konnte sie ebensowenig wie die Ermordung J. Edgar Hoovers vermeiden. Zwei Menschen würden sterben. Der Verräter von Inver Brass und ohne Zweifel Peter Kastler.

Stefan Varak war bis zum letzten Atemzug ein Meister seines Faches gewesen. Mit Kastlers Tod würden sich alle Türen wieder schließen. Dann konnte man Inver Brass auflösen, ohne daß je jemand davon erfuhr.

33

»Sie wollen mir immer noch nicht sagen, wer es ist?« fragte O'Brien, der Peter am Küchentisch gegenüber saß. Jeder hatte ein halbleeres Whiskyglas vor sich stehen.

»Nein. Varak hatte recht. Er hat die Archive nicht.«

»Wissen Sie das so genau?«

»Wenn es anders wäre, würde ich jetzt nicht mehr leben.«

»Also gut. Ich will nicht länger in Sie dringen. Ich glaube zwar, daß Sie verrückt sind, aber ich frage Sie jetzt nicht mehr.«

Kastler lächelte. »Das würde Ihnen auch nichts nützen. Was haben Sie denn über Ihre vier Kandidaten in Erfahrung gebracht? Gibt es eine China-Verbindung? Irgendeine entfernte Möglichkeit?«

»Ja. Zwei kommen in Frage. Die zwei anderen sind vorwiegend negativ. Eine der Möglichkeiten ist ziemlich dramatisch. Ich würde sagen, dort handelt es sich nicht nur um eine Möglichkeit, sondern eine Wahrscheinlichkeit.«

»Wer ist das?«

»Jacob Dreyfus. Christopher.«

»Sprechen Sie weiter.«

»Geld. Er hat umfangreiche Finanzierungsprojekte für einige multinationale Gesellschaften arrangiert, die von Taiwan aus tätig sind.«

»Offen?«

»Ja. Nach außenhin hat er es so dargestellt, als wirkte er an der Errichtung einer konkurrenzfähigen Wirtschaftsstruktur auf Formosa mit. Er mußte sich mit ziemlichen Widerständen auseinandersetzen; die meisten Banken dachten, Taiwan würde fallen, aber Dreyfus gab nicht nach. Allem Anschein nach hatte er Zusicherungen von Eisenhower und Kennedy. Er hat sich mächtig ins Zeug gelegt und auf eigene Faust neue Industrien nach Taiwan gebracht.«

Peter hatte Zweifel. Das Ganze war zu offensichtlich. Ein Mann wie Dreyfus würde nicht so auffällig handeln. »Keine geheimen Aktivitäten? Keine versteckten Arrangements oder dergleichen?«

»Nichts, das wir finden konnten. Warum sind solche Arrangements notwendig? Das Geld spricht doch eine klare Sprache. Das ist es, was wir gesucht haben.«

»Wenn es wirklich nur um Geld ginge, ja. Aber davon bin ich noch nicht überzeugt. Wer kommt sonst noch in Frage?«

»Frederick Wells — Banner.«

»Und in welcher Beziehung steht er zu den Nationalchinesen?«

»Zu China, nicht notwendigerweise der chinesischen Regierung. Er ist sinophil. Sein Hobby ist die Frühgeschichte des Orients. Er besitzt eine der umfangreichsten chinesischen Kunstsammlungen in der ganzen Welt. Die meisten Stücke sind die ganze Zeit an Museen ausgeliehen.«

»Eine Kunstsammlung? Was hat das denn damit zu tun?«

»Ich weiß nicht. Wir suchen eine Verbindung. Das ist eine Verbindung.«

Kastler runzelte die Stirn. Eigentlich war Wells als Verdächtiger viel logischer als Dreyfus, überlegte er. Ein Mann, der sich eingehend für die Kultur einer Nation interessiert, würde sich viel leichter in irgendwelche mystischen Bereiche jener Kultur hineinziehen lassen als jemand, dessen einziges Interesse Geld war. War es möglich, daß unter der pragmatischen Haltung von Frederick Wells ein orientalischer Mystiker steckte, der sich im Widerstreit mit seiner westlichen Fassade befand? Oder war das lächerlich?

Alles war möglich. Sie durften nichts übersehen.

»Sie sagten, die zwei anderen wären vorwiegend negativ. Was meinten Sie damit?«

»Wir konnten keinem irgendwelche greifbaren Sympathien für China nachweisen. Trotzdem hat Sutherland — Venice — in einem Prozeß, den drei New Yorker Journalisten anstrengten, denen das State Department Pässe für das chinesische Festland verweigerte, gegen die Regierung entschieden. Seine Argumentation war, so lange Peking bereit sei, sie ins Land zu lassen, stände es im Widerspruch zur Ersten Novelle der Verfassung, ihnen die Reise zu verbieten.«

»Das klingt logisch.«

»Das war es auch. Es hat auch keinen Einspruch gegen sein Urteil gegeben.«

»Was ist mit Montelán?«

»Paris ist seit langer Zeit aktiver Antinationalist gewesen. Er bezeichnete Tschiang Kai-schek vor Jahren als korrupten Kriegstreiber. Er hat sich eindeutig für die Aufnahme Rotchinas in die UNO ausgesprochen.«

»Das haben eine ganze Menge Leute getan.«

»Das meine ich ja, indem ich sage, vorwiegend negativ. Sowohl Venice als auch Paris haben eine unpopuläre Haltung eingenommen, aber das war nichts Ungewöhnliches.«

»Es sei denn, es gab für ihre Haltung noch andere Gründe.«

»Es sei denn alles mögliche. Ich gehe an diesem Punkt nur noch von der Wahrscheinlichkeit aus. Ich finde, wir sollten uns auf Dreyfus und Wells konzentrieren.«

»Vielleicht zunächst, aber ich will mir alle vier ansehen. Jeden konfrontieren.« Peter leerte sein Glas.

O'Brien lehnte sich in seinen Stuhl zurück. »Würden Sie das bitte wiederholen?«

Peter stand auf und trug sein Glas zur Theke, auf der eine Flasche Scotch stand. Sie hatten jeder ein Glas getrunken; Kastler zögerte und füllte dann das zweite. »Auf wie viele Männer können Sie sich verlassen? Wie zum Beispiel die in dem Motel in Quantico und jene, die uns hierher gefolgt sind?«

»Ich hatte Sie gebeten, Ihren letzten Satz zu wiederholen.«

»Sie sollen nicht gegen mich kämpfen«, sagte Peter. »Sie sollen mir helfen, aber nicht gegen mich kämpfen. Ich bin das Verbindungsglied zwischen allen vier Männern. Jeder weiß, wie man mich manipuliert hat. Einer weiß — oder wird zumindest *glauben*, daß er es weiß — daß ich ihn ausfindig gemacht habe.«

»Und dann?«

Kastler schenkte sich ein. »Er wird versuchen, mich zu töten.«

»Das ist mir auch in den Sinn gekommen«, sagte O'Brien. »Glauben Sie, ich werde die Verantwortung dafür auf mich nehmen? Das können Sie vergessen.«

»Sie können mich nicht hindern. Sie können mir nur helfen.«

»Den Teufel kann ich nicht! Ich kann ein Dutzend Anklagen gegen Sie formulieren, die Sie sofort hinter Schloß und Riegel bringen!«

»Und was dann? *Sie* können sie nicht konfrontieren.«

»Warum nicht?«

Kastler ging zum Tisch zurück und setzte sich. »Weil man bereits mit Ihnen Verbindung aufgenommen hat. Han Chow, erinnern Sie sich?«

O'Brien blieb unbewegt sitzen und erwiderte Peters starren Blick. »Was wissen Sie über Han Chow?«

»Nichts, Quinn. Ich will es auch gar nicht wissen. Aber ich kann es vermuten. In jener ersten Nacht, als wir uns unterhielten, als ich Longworth' Namen erwähnte, als ich Ihnen sagte, was Phyllis Maxwell passiert war ... als ich das Wort Chasŏng aussprach. Ihr Gesicht, Ihre Augen, Sie hatten Angst. Sie sprachen den Namen *Han Chow* aus, als würde er Sie das Leben kosten. Sie sahen mich genauso an, wie Sie mich jetzt ansehen; Sie fingen an, mir alles mögliche vorzuwerfen, das ich überhaupt nicht verstehen konnte. Vielleicht wollen Sie das nicht glauben, aber ich habe Sie erfunden, ehe ich Sie kennenlernte.«

»Was soll das jetzt wieder für ein Unfug sein?« fragte O'Brien mit etwas gequälter Stimme.

Peter trank einen Schluck. Er wandte den Blick von Quinn ab und sah das Glas an. »Sie waren mein Säuberungsprozeß. Meine positive Person, die sich überlegen muß, wo sie verletzbar ist, und die dann ihre Probleme überwinden muß.«

»Ich verstehe immer noch nicht.«

»Jede Story, die sich mit Korruption befaßt, muß irgendwo eine Spur haben. Die Person, die auf der Seite der Engel steht. Ich glaube, der Unterschied zwischen einem vernünftigen Roman und einem Schmöker besteht darin, daß in einem Roman niemand als Held beginnt. Wenn er einer wird, dann nur, weil er sich dazu zwingt, seine eigene Angst zu überwinden. Ich bin nicht gut genug, eine Tragödie zu schreiben, man kann das also nicht Angst oder einen tragischen Fehler nennen. Aber eine Schwäche können Sie es nennen. Han Chow war Ihre Schwäche, nicht wahr? Sie sind in den Archiven auch erwähnt?«

Quinn schluckte unwillkürlich. Sein Blick hatte Kastler nicht losgelassen. »Wollen Sie es hören?«

»Nein. Wirklich nicht. Aber ich möchte wissen, warum man mit Ihnen Verbindung aufgenommen hat. Das muß gewesen sein, ehe ich Sie aufgesucht habe.«

O'Briens Worte klangen abgehackt, als hätte er Angst vor ihnen. »In der Nacht vor Hoovers Tod wurden die Namen von drei Männern in den Sicherheitslisten im Bureau aufgezeichnet. Longworth, Krepps und Salter.«

»Longworth war *Varak*!« unterbrach ihn Peter.

»War er das wirklich?« fragte Quinn zurück. »*Sie* haben mir gesagt, daß Varak bei dem Versuch, die Archive zurückzuholen, starb. Ein Mann tötet sich nicht bei dem Versuch, etwas zu finden, was er bereits besitzt. Es war jemand anderer.«

»Sprechen Sie weiter.«

»Der echte Longworth konnte unmöglich dort gewesen sein. Krepps und Salter waren freie Decknamen. Ich konnte keine Identitäten feststellen. Mit anderen Worten, drei unbekannte Männer haben sich in jener Nacht Zugang zu Hoovers Büro verschafft. Ich begann Fragen zu stellen. Ich erhielt einen Telefonanruf ...«

»Eine hohe Stimme, die im Flüsterton sprach?« fragte Peter.

»Eine Flüsterstimme. Sehr höflich. Sehr präzise. Man forderte mich auf, aufzuhören. Der Hebel war Han Chow.«

Kastler beugte sich vor. Vor zwei Nächten war O'Brien es gewesen, der ihn verhört hatte. Heute war es umgekehrt. Der Amateur führte den Profi. Weil der Profi Angst hatte.

»Was ist ein freier Deckname?«

»Eine Identität, die im voraus für Notfälle vorbereitet ist. Biografische Einzelheiten. Eltern, Schulen, Freunde, Beruf, Militärakten — solche Dinge.«

»Jemand bekommt in zehn Minuten eine persönliche Geschichte verpaßt?«

»Sagen wir, in ein oder zwei Stunden. Er muß sich eine ganze Anzahl Dinge einprägen.«

»Was hat Sie denn ursprünglich zu den Sicherheitslisten geführt?«

»Die Archive«, sagte O'Brien. »Einige von uns fragten sich, was aus ihnen geworden sein mochte; wir sprachen darüber. Ganz leise, nur unter uns.«

»Aber warum die Sicherheitslisten?«

»Das weiß ich auch nicht genau. Ein Ausleseprozeß, denke

ich. Ich habe die Aktenwölfe, die Öfen und die Computerinputs überprüft — aber an keiner der Anlagen ist in nennenswertem Maß gearbeitet worden. Ich erkundigte mich sogar nach den Kartons mit persönlichen Habseligkeiten, die aus dem Flaggenraum geholt wurden.«

»Flaggenraum?«

»Hoovers Büro. Er mochte den Namen nicht. Er wurde in seiner Gegenwart nie benutzt.«

»Waren es viele Kartons?«

»Bei weitem nicht genug, als daß die Akten in ihnen hätten sein können. Für mich hieß das, daß man sie entfernt hatte. Und das jagte mir eine Heidenangst ein. Denken Sie daran, ich hatte ihren Einsatz erlebt.«

»Alexander Meredith ... alles schon einmal dagewesen.«

»Wer ist dieser Meredith?«

»Jemand, den Sie kennenlernen sollten. Nur daß es ihn nicht gibt.«

»Ihr Buch?«

»Ja. Fahren Sie fort.«

»Da es durchaus möglich war, daß man sie entfernt hatte, begann ich, die Listen zu überprüfen. Jeder wußte, daß Hoover nicht mehr lange zu leben hatte; es war sogar eine Codebezeichnung für seinen Tod festgelegt worden: ›Offenes Territorium.‹ Die Bedeutung ist ja wohl klar. Wer würde nach dem Direktor kommen?«

»Oder was?«

»Richtig. Ich saß stundenlang über den Aufzeichnungen, habe sie einige Monate vor seinen Todestag zurückverfolgt und mich auf die Nachtzeiten konzentriert. Schließlich wären Aktenkarren mit Kartons aus Hoovers Büro untertags aufgefallen. Aber da war nichts, was nicht seine Richtigkeit hatte — jede Eintragung stimmte, ließ sich überprüfen — bis mir die Aufzeichnungen für die Nacht vom 1. Mai auffielen. Dort fand ich die drei Namen. Zwei davon waren bedeutungslos, ohne Identität.« Quinn machte eine Pause und nippte an seinem Whisky.

»Und was für eine Theorie haben Sie sich dann aufgebaut? Als Sie erkannten, daß es keine Identitäten gab.«

»Ich dachte damals und tue das teilweise auch heute noch«, meinte O'Brien und zündete sich eine Zigarette an, »daß Hoover einen Tag früher starb, als allgemein bekanntgegeben wurde.« Der Agent inhalierte tief.

»Das ist aber eine sehr gewagte Behauptung.«

»Aber sie ist logisch.«

»Wieso?«

»Die freien Decknamen. Wer auch immer sie sich angeeignet hatte, mußte mit der Geheimdienstarbeit vertraut sein, mußte imstande sein, authentische ID-Karten bereitzustellen. Der Agent, der in jener Nacht Wachdienst hatte, ein gewisser Parke, ist nicht bereit, über die Ereignisse zu sprechen. Er behauptet nur, daß die drei Männer persönlich über Hoovers Zerhacker freigegeben wurden. Das stimmt auch; der Zerhacker wurde benutzt. Aber ich glaube nicht, daß er mit Hoover sprach. Er sprach mit jemand anderem in Hoovers Haus. Das genügte ihm. Jenes Telefon galt als heilig.«

»Er hat also mit jemandem in Hoovers Haus gesprochen. Und?«

»Jemand, dessen Autorität er nicht anzweifelte. Jemand, der Hoover tot vorfand und wollte, daß die Archive entfernt wurden, ehe sich herumsprach, daß Hoover gestorben war, und alles dichtgemacht wurde. Ich glaube, daß die Archive in der Nacht des 1. Mai weggeschafft wurden.«

»Und haben Sie einen Verdacht?«

»Den hatte ich bis vor zwei Stunden. Ich dachte, es sei Hoovers Stellvertreter, Tolson, und die Wahnsinnigen. Aber dank Ihnen stimmt das jetzt nicht mehr.«

»Dank mir?«

»Ja. Sie hätten beinahe einen Mann in der Corcoran Galerie getötet. Er wurde in einem Treppenschacht aufgefunden — einer der Wahnsinnigen. Man hat ihn im Krankenhaus vor die Alternative gestellt, die anderen namhaft zu machen und eine entsprechende Aussage zu unterzeichnen oder den Dienst zu quittieren, sich den Prozeß machen zu lassen, möglicherweise den Pensionsanspruch zu verlieren und eine lange Zeit hinter Gitter zu wandern. Er hat sich natürlich für ersteres entschieden. Vor zwei Stunden erhielt ich die Nachricht von einem unserer Leute. Sämtliche Wahnsinnigen haben den Dienst quittiert. Das hätten sie nicht getan, wenn sie die Archive besäßen.«

Kastler musterte O'Brien scharf. »Und das führt uns wieder zu unseren ursprünglichen vier Kandidaten zurück. Banner, Paris, Venice und Christopher.«

»Und Bravo«, fügte O'Brien hinzu. »Ich möchte, daß Sie tun, was Sie vorgeschlagen haben — bringen Sie ihn dazu, daß er Druck ausübt. Wenn er der Mann ist, für den Sie ihn halten — oder für den Varak ihn hielt — wird er sich auch nicht widersetzen. Gehen Sie zu ihm zurück.«

Kastler schüttelte langsam den Kopf. »Jetzt machen Sie einen Fehler. Er ist müde; er schafft das nicht mehr. Varak wußte das. Deshalb ist er ja zu mir gekommen. Alles hängt jetzt von uns beiden ab, O'Brien, von Ihnen und mir. Sie sollten sich auf niemand anderen verlassen.«

»Dann werden wir eben Druck ausüben! Wir werden die Vier bekanntmachen!«

»Warum? Was auch immer wir sagen, wird geleugnet werden. Man wird es als den Versuch eines Bücherschmierers abtun, der Reklame für sein nächstes Werk machen möchte. Und was noch schlimmer ist, Sie müßten dann mit Han Chow leben.« Peter schob sein Glas zurück. »Und damit wäre es noch nicht zu Ende. Bravo war in diesem Punkt sehr deutlich. Über kurz oder lang würde es einige Unfälle geben. Dem müssen wir ins Auge sehen. Wir sind entbehrlich.«

»Verdammt noch mal, die können doch nicht einfach leugnen, daß die Archive verschwunden sind!«

Kastler musterte den verärgerten, enttäuschten Agenten. Alex Meredith lebte in Quinn O'Brien. Peter beschloß, es ihm zu sagen.

»Ich fürchte, die könnten es sehr erfolgreich leugnen. Es fehlt nämlich nur die Hälfte der Archive. Die Buchstaben M bis Z. Der Rest ist wieder aufgefunden worden.«

Das verblüffte O'Brien. »Wieder aufgefunden? Von wem?«

»Das wußte Varak nicht.«

Quinn drückte seine Zigarette aus. »Oder wollte es nicht sagen!«

»Peter! Quinn!«

Das war Alison, die aus dem Wohnzimmer rief. O'Brien erreichte die Tür als erster. Alles war finster. Alison stand am Fenster, die Hand an den Gardinen.

»Was ist denn?« fragte Kastler und ging zu ihr. »Etwas nicht in Ordnung?«

»Dort an der Straße«, antwortete sie ausdruckslos. »Zwischen den Torflügeln. Ich habe jemanden gesehen, das weiß ich ganz genau. Er stand dort und beobachtete das Haus. Dann hat er sich wieder zurückgezogen.«

Quinn trat schnell an ein an der Wand befestigtes Brett, das die Gardinen teilweise verbargen. Auf dem Brett waren zwei Reihen mit konvexen weißen Scheiben angebracht, die man im Halbdunkel kaum erkennen konnte. Sie sahen wie zwei Reihen starr blickender Augen aus. »Aber keine der Fotozellen hat angesprochen«, sagte er, als spräche er über das Wetter.

Peter fragte sich, was eigentlich ein »steriles« Haus von anderen abhob, sah man einmal von den Radiogeräten, dem Panzerglas und den überall angebrachten Gittern ab. »Sind draußen überall Lichtschranken? Ich nehme an, darum handelt es sich bei diesen Lichtern.«

»Ja. Ringsum, Infrarot, kreuz und quer. Und außerdem haben wir unterirdische Generatoren für den Fall, daß der Strom ausfällt; sie werden jede Woche überprüft.«

»Dieses Haus ist also wie das Motel in Quantico?«

»Derselbe Architekt hat es entworfen und dieselbe Baufirma gebaut. Alles aus Stahl, selbst die Türen.«

»Die Eingangstür ist aber aus Holz«, unterbrach Kastler.

»Vertäfelt«, erwiderte Quinn ruhig.

»Könnte es ein Nachbar gewesen sein, der nur einen Spaziergang machte?« fragte Alison.

»Möglich, aber unwahrscheinlich. Die Häuser hier stehen auf Grundstücken von drei Acres. Die Nachbarhäuser links und rechts gehören Mitarbeitern des State Departments, ziemlich weit oben auf der Hierarchieleiter. Man hat sie aufgefordert, sich hier etwas fernzuhalten.«

»Einfach so?«

»Das ist nicht ungewöhnlich. Dieses Haus wird häufig dazu benutzt, Überläufer unterzubringen, die verhört werden.«

»Da ist er!« Alison zog die Gardine zur Seite. Zwischen den steinernen Torpfosten zeichnete sich deutlich die Gestalt eines Mannes im Mantel ab. »Er steht bloß dort«, sagte Peter.

»Er macht keinerlei Anstalten, durch das Tor zu gehen«, fügte Quinn hinzu. »Er weiß, daß dort Lichtschranken sind. Und er will uns zeigen, daß er es weiß.«

»Da«, flüsterte Alison. »Jetzt bewegt er sich!«

Die Gestalt trat einen Schritt vor und hob den rechten Arm. Dann senkte er ihn langsam, als handle es sich um eine rituelle Bewegung, senkte den Arm, als durchschnitte er damit die Luft. Im gleichen Augenblick war ein Summen von der Wand zu hören. Eine weiße Scheibe leuchtete rot auf.

Der Mann bewegte sich nach links und tauchte in der Finsternis unter.

»Was sollte das jetzt?« fragte O'Brien mehr sich als die anderen.

»Sie haben es ja gerade ausgesprochen«, antwortete Kastler. »Er möchte, daß wir wissen, daß er weiß, daß das Haus geschützt ist.«

»Das ist aber nicht so beeindruckend. Die meisten dieser Häuser haben Alarmanlagen.«

Ein zweites Summen ertönte plötzlich; eine zweite weiße Scheibe wurde rot.

Und dann folgte schnell hintereinander ein Summen dem anderen, ein rotes Licht dem anderen. Die Kakophonie umfaßte alles, die Alarmgeräusche taten förmlich weh. Binnen dreißig Sekunden war jede Scheibe hellrot, ertönte jeder Summer. Der ganze Raum war in rötliches Licht gehüllt.

O'Brien starrte die Übersichtstafel an. »Die kennen jeden Vektor! Jeden einzelnen!« Er rannte durch das Zimmer auf ein in die Wand eingelassenes Schränkchen zu. Es enthielt ein Radiogerät. O'Brien drückte einen Knopf und sprach; das Drängen in seiner Stimme war unverkennbar.

»Hier St. Michael's One, bitte kommen! Ich wiederhole, St. Michael's One, Notfall!«

Aber aus dem Gerät war nur gleichmäßiges Summen zu hören.

»Bitte kommen! Hier St. Michael's One, Notfall!«

Nichts. Nur das Summen, das lauter zu werden schien. Peter sah sich im Zimmer um, seine Augen hatten sich inzwischen dem roten Leuchten und der Finsternis angepaßt. »Das Telefon!« sagte er.

»Sparen Sie sich die Mühe.« O'Brien trat von dem Radio zurück. »Das haben die uns bestimmt auch nicht gelassen. Die haben bestimmt die Drähte abgeschnitten. Es ist tot.«

Das war es auch.

»Was ist mit dem Funkgerät?« fragte Alison, bemüht, ruhig zu klingen. »Warum kommen Sie nicht durch?«

Quinn sah sie beide an. »Die haben die Frequenz gestört. Und das bedeutet, daß sie wußten, welche Frequenz wir benutzen. Dabei wird die täglich gewechselt.«

»Versuchen Sie doch eine andere Frequenz!« sagte Kastler.

»Das nützt nichts. Irgendwo draußen in einer Distanz von fünfzig oder hundert Metern ist ein Computertaster. Bis ich mit jemandem Verbindung habe, ehe ich unsere Nachricht durchgeben könnte, würden die mich wieder stören.«

»Verdammt noch mal, versuchen Sie es doch!«

»Nein«, antwortete O'Brien und sah wieder auf die Tafel an der Wand. »Genau das wollen die jetzt doch. Die wollen, daß wir in Panik geraten; damit rechnen sie jetzt.«

»Warum sollten wir nicht in Panik geraten? Welchen Unterschied macht das schon? Sie sagten, niemand könne uns hierher verfolgen. Nun, jemand hat uns verfolgt, und das Funkgerät ist unbrauchbar. Ich habe keine Lust, mich auf Ihre Stahlkonstruktionen und Ihr dickes Glas zu verlassen! Die sind ein paar Schweißbrennern und einem Vorschlaghammer nicht gewachsen! Herrgott, tun Sie doch etwas.«

»Ich tue nichts, und damit rechnen die nicht. In zwei oder drei Minuten werde ich diese Frequenz noch einmal versuchen und eine zweite Nachricht durchgeben.« Quinn sah zu Alison hinüber. »Gehen Sie nach oben und überprüfen Sie die vorderen und die hinteren Fenster. Rufen Sie herunter, wenn Sie etwas sehen. Kastler, gehen Sie ins Eßzimmer zurück. Tun Sie das gleiche.«

Peter rührte sich nicht von der Stelle. »Und was werden Sie tun?«

»Ich habe jetzt keine Zeit, Ihnen das zu erklären.« Er ging ans vordere Fenster und spähte hinaus. Peter trat neben ihn. Zwischen den Torpfosten zeichnete sich erneut die Gestalt silhouettenhaft vor dem Nachthimmel ab. Er stand reglos zehn oder fünfzehn Sekunden da, und dann schien es, als höbe er beide Hände vor sich.

Und jetzt leuchtete plötzlich grell ein Scheinwerferbalken auf, zerschnitt die Finsternis.

»Vorn!« schrie Alison von oben. »Dort ist ein ...«

»Das sehen wir!« brüllte O'Brien. Er drehte sich zu Kastler herum. »Sehen Sie nach, ob hinten etwas ist!«

Peter rannte auf den kleinen Bogen zu, der ins Eßzimmer führte. Ein zweiter blendender Scheinwerferstrahl traf die paar kleineren Fenster in der hinteren Wand des Eßzimmers. Er wandte sich ab, schloß die Augen; das Licht verursachte ihm Kopfschmerzen. »Hier hinten ist noch einer!« schrie er.

»Und *hier*!« schrie O'Brien, dessen Stimme jetzt aus einem Alkoven am anderen Ende des Wohnzimmers kam. »Sehen Sie in der Küche nach! An der Nordseite!«

Peter rannte in die Küche. Wie Quinn vermutet hatte, stach dort ein vierter Scheinwerferbalken durch die vergitterten Fenster am Nordende des Hauses. Wieder bedeckte Peter die Augen. Es war ein Alptraum! Wo auch immer sie nach draußen sahen, blendete sie das heiße, weiße Licht. Sie wurden von blendend weißem Licht angegriffen!

»Kastler!« schrie O'Brien von irgendwo. »Gehen Sie hinauf! Holen Sie Alison von den Fenstern weg! Gehen Sie in die Hausmitte. *Schnell!«*

Peter konnte nicht nachdenken, er konnte nur gehorchen. Er rannte zur Treppe, packte das Geländer und schwang sich herum. Während er hinaufrannte, hörte er O'Briens Stimme. Sie klang kontrolliert, präzise. Er war wieder am Funkgerät.

»Falls ich durchkomme, der Notfall ist abgesagt. St. Michael's One. Wiederhole. Notfall erledigt. Wir haben Chesapeake auf dem Nebengerät erreicht. Sie sind unterwegs. Sie sind in drei oder vier Minuten hier. Wiederhole. Bleiben Sie draußen. Notfall erledigt.«

»Was machen Sie?« schrie Kastler.

»Verdammt, hinauf mit Ihnen! Holen Sie das Mädchen von den Fenstern weg. Sehen Sie zu, daß Sie in die Mitte kommen!«

»Auf wessen Seite stehen Sie denn?«

»Diese Teufel versuchen uns hereinzulegen! Sie ziehen uns an die Fenster und blenden uns!«

»Was sagen Sie da . . .?«

»Das ist unsere einzige Hoffnung!« brüllte der Agent. »Und jetzt gehen Sie zu Alison und tun, was ich sage!« Er wandte sich wieder der Radioanlage zu und drückte den Mikrofonknopf.

Peter wartete nicht ab, was O'Brien sagte; er sah nur, daß der Agent unter dem Kasten hinter einem Stuhl kauerte, so nahe wie möglich am Boden, die Hand nach oben zum Funkgerät ausgestreckt. Kastler raste die Treppe hinauf. »Alison!«

»Hier bin ich! Im vorderen Zimmer.«

Peter rannte durch die Halle im Obergeschoß ins Schlafzimmer. Alison war am Fenster, was sie draußen sah, schien sie förmlich zu hypnotisieren. »Da läuft jemand!«

»Weg mit dir!« Er zerrte sie aus dem Zimmer, in die Halle hinaus.

Das erste, was er hörte, war ein metallisches Geräusch — ein Gegenstand, der gegen das Glas oder das Gitterwerk am Schlafzimmerfenster knallte. Und dann passierte es.

Die Explosion war ohrenbetäubend, die Gewalt der Schwingungen warf sie zu Boden. Das dicke Glas des Schlafzimmerfensters flog nach allen Richtungen davon, einzelne Splitter bohrten sich in die Wände und den Boden; Bruchstücke des Gitters kollidierten pfeifend mit massiven Gegenständen.

Das ganze Haus erzitterte in seinen Grundfesten; der Verputz platzte von Decken und Wänden. Und während Peter Alison fest an sich gedrückt hielt, wurde ihm klar, daß es sich um zwei oder drei Explosionen handeln mußte, so dicht hintereinander, daß man sie nicht voneinander unterscheiden konnte.

Nein, es waren *vier* Explosionen gewesen. An jeder Ecke des Hauses eine, von den vier Punkten aus, von denen die Scheinwerferbündel kamen. O'Brien hatte recht gehabt. Das Ganze war darauf abgestimmt gewesen, sie an die Fenster zu locken und dann Sprengkörper zu werfen. Wenn sie hinter den Fenstern gestanden hätten, dann wären sie von den scharfen Glassplittern zerfleischt worden, so wie vor so vielen Monaten auf dem Pennsylvania Turnpike. Die Ähnlichkeit war zu schmerzvoll. Selbst der heruntergefallene Verputz erinnerte ihn an den Schmutz und den Schlamm, in den sich überschlagenden Automobilen; nur daß die Frau in seinen Armen eine andere gewesen war.

»Kastler! Sind Sie verletzt? Antworten Sie doch!«

Das war Quinn, seine Stimme klang eindringlich, so als hätte er Schmerzen, sie kam von irgendwo unten. Peter konnte in der Ferne das Geräusch davonrasender Fahrzeuge hören.

»Ja.«

»Die sind jetzt weg.« O'Briens Stimme klang jetzt schwächer. »Wir müssen hier raus! Schnell!«

Peter kroch an den Rand der Treppe und griff nach dem Lichtschalter. Er knipste das Licht an. O'Brien stand über die unterste Stufe gebeugt, die Hand am Geländer. Er blickte zu Kastler auf.

Sein Gesicht war mit Blut bedeckt.

Kastler fuhr; Alison saß auf dem Rücksitz und hielt O'Brien in den Armen. Der FBI-Mann hatte Glassplitter im rechten Arm und der Schulter, und sein Gesicht und der Hals wiesen zahllose Schnittwunden auf, aber es waren keine gefährlichen Wunden, nur schmerzhaft waren sie.

»Ich glaube, wir sollten Sie nach Hause bringen«, sagte Peter, dessen Atem immer noch unruhig war, von der Angst beschleunigt. »Zu Ihrer Frau und Ihrem Hausarzt.«

»Tun Sie, was ich Ihnen gesagt habe«, erwiderte Quinn und unterdrückte seine Schmerzen. »Meine Frau glaubt, daß ich in Philadelphia bin. Mein Arzt würde Fragen stellen. Wir benutzen in solchen Fällen einen anderen Mann.«

»Ich glaube, Fragen sind jetzt angebracht!«

»Niemand würde die Antworten hören.«

»Das dürfen Sie nicht tun«, sagte Alison und wischte O'Briens Gesicht mit dem Taschentuch ab. »Peter hat recht.«

»Nein, das hat er nicht«, sagte Quinn und zuckte zusammen. »Wir sind jetzt diesen Archiven näher, als wir das je waren. Wir müssen sie finden. Sie an uns bringen. Das ist die einzige Antwort für uns.«

»Warum?« fragte Peter.

»Das St. Michael's ist verbotenes Territorium. Ein Anwesen im Wert von vier Millionen Dollar, an das keiner herankommt.«

»Sie sind herangekommen«, unterbrach Kastler.

»Seltsamerweise bin ich das nicht.« Quinn atmete hörbar ein. Der Schmerz ließ nach, und dann fuhr er fort: »Wenn das State Department oder das Bureau je herausfinden sollte, wie ich gelogen habe, oder was ich preisgegeben habe, steckt man mich zwanzig Jahre in ein Bundesgefängnis. Ich habe jeden einzelnen Eid verletzt, den ich je abgelegt habe.«

Peter spürte, wie ihn eine Welle von Zuneigung für den Mann überflutete. »Was ist geschehen?« fragte er.

»Ich habe Varaks Namen beim State Department gebraucht. Er war ein Spezialist für Überläufer, und ich wußte, wie man ein steriles Haus freibekommt. Das Bureau hat immer wieder einmal mit Überläufern zu tun. Ich sagte, es handle sich um eine gemeinsame Aktion, an der mein Büro und der Nationale Sicherheitsrat beteiligt seien. Varaks Name stellte sicher, daß mein Antrag genehmigt wurde. Mein Büro hätte man fragen können, Varak nicht.«

Kastler steuerte den Wagen durch eine lange Rechtskurve. Selbst im Tod noch war Varak in alles verstrickt. »War es nicht gefährlich, Varak zu benutzen? Er war doch tot. Man hat doch sicher bereits seine Leiche gefunden.«

»Aber man hat ihm schon vor Jahren die Fingerabdrücke weggebrannt. Ich vermute, daß er bei Zahnärzten immer falsche Namen benutzt hat. Bei den vielen Morden, die es in dieser Stadt gibt, all den Vorschriften, welche die Polizei befolgen muß, kann es gut eine Woche dauern, bis seine Identität bekannt ist.«

»Worauf wollen Sie hinaus? Sie haben Varaks Namen benutzt, um Zugang zu St. Michael's zu bekommen. Und? Warum sind wir damit den Archiven nähergekommen?«

»Sie würden nie einen Rechtsanwalt abgeben. Wer auch immer es war, der uns heute nacht angegriffen hat, mußte zwei Dinge kennen. Erstens: den Freigabevorgang im State Department, der nötig war, um dieses Haus benutzen zu dürfen. Zweitens: daß Varak tot war. Jene vier Männer, die Sie aufsuchen wollen, Banner, Paris, Venice oder Christopher. Einer von ihnen wußte beides.«

Peters Hände krampften sich um das Steuer. Er erinnerte sich an die Worte, die er erst vor wenigen Stunden gehört hatte.

In den Logbüchern des State Department steht, daß ich in diesem Augenblick eine Besprechung mit einem Undersecretary führe ...

Munro St. Claire, Sonderbotschafter mit Zugang zu den Geheimnissen der Nation, wußte, daß Varak tot war.

»Oder Bravo«, sagte Kastler ärgerlich. »Der fünfte Mann.«

34

Weitere sterile Punkte, die O'Brien zur Verfügung gestanden hätten, gab es nicht. Er war am Ende. Keiner seiner Kollegen war, auch bei größtem Mitgefühl, mehr bereit, ihm zu helfen. St. Michael's One war zerstört worden; Regierungseigentum im Wert von vier Millionen Dollar war in die Luft geflogen.

Vielleicht hätte es Erklärungen für die Katastrophe geben können, Erklärungen, die sogar zu O'Briens Gunsten gelautet hätten. Aber in der ganzen Welt der Geheimdienste gab es keine Erklärung, die für die erschütternde Entdeckung eines ganz bestimmten Mordes ausreichte.

Man hatte Varaks Leiche auf dem Schauplatz des Geschehens gefunden. Und sein Körper war von Kugeln förmlich durchsiebt. *Außerhalb* des sterilen Hauses. Man konnte die Möglichkeit des Verrates nicht ganz von der Hand weisen.

Peter verstand das, aber sein Verständnis war ohne Belang. Varaks Leiche war von den Männern gefunden worden, die ihn verfolgt hatten, die ihn über die Rasenfläche des Smithsonian gejagt hatten, und man hatte sie zu St. Michael's One gebracht, um auf heimtückische Weise Verdacht zu säen und die Dinge weiter zu komplizieren.

Ohne Belang. Wer hätte ihm auch zugehört?

Es hatte sich herumgesprochen. Ein Senioragent, Carroll Quinlan O'Brien war verschwunden. Ein dringendes Ersuchen, St. Michael's One benutzen zu dürfen, war von O'Briens Büro an das State Department gelangt. Varaks Name hatte bei der Genehmigung eine Rolle gespielt, ebenso wie die Erklärung, daß es sich um eine gemeinsame Aktion zwischen dem FBI und dem NSC handelte. Diese Erklärung war unrichtig, und O'Brien war nirgends zu finden.

Und ein geheimes Verhörzentrum war vernichtet worden.

Anrufe, die O'Brien von Telefonzellen am Straßenrand gemacht hatte, ließen erkennen, daß sich das Netz mit erstaunlicher, ja erschreckender Schnelligkeit, schloß. Quinns Frau war hochgradig erregt. Man hatte sie aufgesucht, schreckliche Dinge gesagt — Leute, die noch vor wenigen Tagen ihre Freunde gewesen waren. O'Brien konnte nur versuchen, sie zu beruhigen. Und zwar schnell. Aber er konnte nichts von Belang sagen. Ihr Telefon wurde ohne Zweifel abgehört. Außerdem mußten er und Alison nach jedem Telefonat die Umgebung des Anrufs schnellstens verlassen. Es bereitete überhaupt kein Problem, Telefonzellen ausfindig zu machen, von denen aus telefoniert worden war.

Kastler rief Tony Morgan in New York an. Der Herausgeber hatte Angst: Regierungsstellen waren mit ihm in Verbindung getreten. Und mit Joshua Harris. Sie hatten verblüffende Anschuldigungen erhoben. Peter hatte einem Nachtdienstbeamten des Federal Bureau of Investigation gegenüber falsche Aussagen gemacht, die zum Tod von Personal des Justizministeriums geführt haben. Außerdem hatte er in der Corcoran-Galerie einen FBI-Agenten körperlich angegriffen. Der Mann befand sich in kritischem Zustand; sollte er sterben, würde Kastler unter Mordanklage gestellt werden. Und über diese Anschuldigungen hinaus gab es Beweismaterial, das eine Verbindung zwischen ihm und der Zerstörung von Regierungseigentum der höchsten Geheimhaltungsstufe herstellte. Der Wert dieses Regierungseigentums belief sich auf vier Millionen Dollar.

»Lügen, alles Lügen!« rief Peter aus. »Der Mann, den ich körperlich angriff, wie es so schön heißt, hat versucht, mich zu töten! Er war ein Wahnsinniger; man hat ihn dazu gezwungen, den Dienst beim FBI zu quittieren. Hat man dir das auch gesagt?«

»Nein. Wer hat es *dir* denn gesagt? Ein Agent namens O'Brien?«

»Ja!«

»Dem darfst du nicht glauben. O'Brien ist ein verbitterter Laufbahnbeamter, er ist unfähig. Das haben die Leute, die bei mir waren, ganz eindeutig erklärt. Man war gerade im Begriff, ihn aus seiner Behörde zu entfernen, als du in Erscheinung tratest.«

»Er hat mir das Leben gerettet!«

»Vielleicht wollte er nur, daß du das glaubtest. Komm zurück,

Peter. Wir besorgen dir die besten Anwälte, die es gibt. Es gibt ganz vernünftige und legitime Erklärungen. Das ist den Leuten von der Regierung auch klar. Mein Gott, du standest unter einer schrecklichen Spannung; letztes Jahr hättest du beinahe dein Leben verloren. Man hat dir den Kopf halb abgerissen; keiner weiß, welches Ausmaß die Schäden damals hatten.«

»Das ist alles Quatsch, und das weißt du auch ganz genau!«

»Ich weiß es nicht ganz genau. Ich versuche, Gründe zu finden.« Morgans Stimme klang plötzlich beinahe schrill. Er machte sich echte Sorgen um Peter.

»Tony, hör mir zu, ich hab' nicht viel Zeit. Siehst du denn nicht, was die machen? Sie können die Wahrheit nicht zugeben. Sie werden versuchen, die Lage zu korrigieren, aber sie können nicht zugeben, daß es diese Lage überhaupt gibt! Hoovers Archive sind verschwunden!«

»Sieh zu, daß du von dem Lagerfeuer wegkommst! Du bringst dich selbst um!« Morgans Ausbruch kam aus seinen innersten Tiefen.

Kastler begriff. Jetzt wurde Tony benutzt, ebenfalls manipuliert. »Hast du die Archive erwähnt?«

»Ja ...« Morgan konnte kaum mehr sprechen.

»Haben sie abgeleugnet, daß die Archive verschwunden sind?«

»Natürlich. Sie waren nie verschwunden, weil man sie vernichtet hat. Hoover selbst hat die Anweisung dazu gegeben.«

Die Lüge war vollständig. Peter erinnerte sich an Phyllis Maxwells Worte. *Sie werden nicht zulassen, daß ein Makel auf sein Bild fällt.* Hatte Phyllis das gesagt? Oder hatte er den Satz erfunden? Er war nicht mehr sicher. Tatsachen und Fantasie hatten sich ineinander vermischt, waren eins geworden. Das einzig sichere war O'Briens Schluß:

Man mußte die Archive finden und ans Tageslicht bringen. Es gab keine andere Möglichkeit. Und bis dahin befanden sie sich alle drei auf der Flucht.

»Man hat dich angelogen, Tony. Ich wünschte, bei Gott, daß es nicht so wäre, aber es ist so.« Er legte den Hörer auf und rannte aus der Telefonzelle zum Wagen.

Sie fanden ein fast verlassenes Hotel am Strand in Ocean City. Es war Winter, zwei Tage vor Weihnachten; es gab kaum Reservierungen. Ein Arzt kümmerte sich um Quinn, nahm das Geld, zeigte aber sonst keinerlei Interesse. Ein ihm unbekannter Patient war in eine Glastür gestürzt. Das war Erklärung genug.

Am Weihnachtsabend hätte nicht mehr viel gefehlt, und der Agent wäre zerbrochen. Quinns Frau und Kinder waren weniger als zwei Stunden entfernt, aber ebensogut hätten sie sich auf der anderen Seite der Weltkugel hinter einem Stacheldrahtzaun befinden können. Er konnte nicht mit ihnen in Verbindung treten, sie nicht beruhigen, ihnen nicht einmal Hoffnung einflößen. Für ihn gab es nur die Trennung und das Wissen um den Schmerz, den diese Trennung erzeugte. Peter beobachtete O'Brien, wie er mit seiner Angst und seinen Schuldgefühlen und seiner Einsamkeit kämpfte, wohl wissend, daß eines Tages seine Worte und seine Gefühle an einen anderen weitergeleitet werden würden. Auf dem Papier. Peter beobachtete einen Mann von widerstrebendem Mut, den die Panik verzehrte, und dessen Herz am Zerbrechen war, und beides rührte an ihm, ebenso wie es ihn wütend machte.

Ein Profi. Zwei Amateure. Drei Flüchtlinge. Alles hing jetzt von ihnen ab. Es gab sonst niemanden. Sie konnten Alison nicht länger ausschließen; man brauchte sie. Sie mußten das Rätsel gemeinsam lösen, oder die Vernichtung würde anhalten. Sie selbst würden dabei zerstört werden. Es war erschütternd, wie ungerecht das alles war.

Es wurde ein schmerzliches Weihnachten. Sie teilten sich zu dritt das, was der Hotelgeschäftsführer eine Südsuite nannte. Es handelte sich dabei um einen Komplex im Obergeschoß mit Fenstern, die ebenso auf das Nachbargebäude wie auf den Strand hinausblickten. Der Eingang lag unter ihnen, deutlich sichtbar. Ihr Domizil bestand aus einem Schlafzimmer und einem Wohnzimmer mit einem Sofabett sowie einer kleinen Kochnische. Die ganze Dekoration bestand aus Kunststoff.

Sie warteten, weil sie wußten, daß es notwendig war zu warten. Radio und Fernsehgerät waren die ganze Zeit eingeschaltet, falls es irgendwelche interessanten Nachrichten geben sollte, einen Hinweis zum Beispiel, daß hundert Meilen von ihnen entfernt in Washington jemand beschlossen hatte, ihr Verschwinden zu bestätigen. Sie kauften Zeitungen aus dem Automaten in der Lobby und lasen sie gründlich. Ein Artikel zog ihre Aufmerksamkeit auf sich.

St. Michael's, Md. — *Eine Explosion, die durch einen Defekt in einer Gasheizung ausgelöst wurde, hat in einer Villa in einem exklusiven Chesapeake-Viertel beträchtlichen Schaden angerichtet. Zum Glück war das Haus zum Augenblick der Explosion nicht bewohnt. Die Besitzer, Mr. und Mrs. Kastler O'Brien befinden sich im Ausland. Man bemüht sich, mit ihnen Verbindung aufzunehmen ...*

»Was bedeutet das?« fragte Peter.

»Sie wollen, daß wir wissen, daß sie Beweise unserer Anwesenheit besitzen«, antwortete Quinn. »Recht subtil, diese Burschen, nicht wahr?«

»Woher wissen die etwas?«

»Einfach. Fingerabdrücke. Sie waren beim Militär, die meinen sind in einer ganzen Anzahl von Akten registriert.«

»Aber von Alison wissen sie nichts.« Kastler spürte eine Aufwallung von Erleichterung. Doch das sollte nicht lange dauern.

»Ich fürchte doch«, sagte O'Brien. »Deshalb haben sie von ›Mr. und Mrs.‹ gesprochen!«

»Das ist mir gleichgültig!« Alison war wütend. »Ich *möchte*, daß sie es wissen! Die bilden sich ein, sie könnten jeden bedrohen. Mich werden sie nicht bedrohen. Ich habe eine ganze Menge zu sagen.«

»Die werden Ihnen sagen, daß sie das auch haben«, sagte Quinn mit leiser Stimme und trat an das Fenster mit dem Blick auf Strand und Ozean. »Ich vermute, daß sie Ihnen die Wahl lassen werden — aus Gründen der nationalen Sicherheit. Bewahren Sie Stillschweigen über alles, was Sie gesehen oder gehört haben, oder finden Sie sich damit ab, daß die Aktivitäten Ihrer Mutter von vor zweiundzwanzig Jahren an die Öffentlichkeit gezerrt werden. Aktivitäten, die erst kürzlich ans Licht gekommen sind, und an einem einzigen Tag mehr als tausend Amerikanern das Leben gekostet haben. Das wird unzweifelhaft zu Fragen bezüglich Ihres Vaters führen.«

»Das würden die nie wagen!« rief Alison.

»Es ist ziemlich weit hergeholt«, sagte Kastler. »Sie würden sich da auf gefährliches Terrain begeben. Der Schuß könnte sich nach hinten lösen.«

»Eröffnungen dieser Art«, sagte O'Brien aus einer plötzlichen Überzeugung heraus, von der Peter ahnte, daß sie ungemein persönlicher Natur waren, »sind stets die gefährlichsten. Die geraten auf Seite 1. Später erscheinen irgendwelche nachgereichte Erklärungen bei weitem nicht mehr so wichtig. Der Schaden ist dann getan; ungeschehen läßt er sich so leicht nicht mehr machen.«

»Das glaube ich nicht«, konterte Alison nervös. »Ich will es nicht glauben.«

»Ich gebe Ihnen mein Wort darauf. Es ist die Story von Hoovers Archiven.«

»Dann lassen Sie mich die Archive holen«, sagte Peter und faltete die Zeitung zusammen. »Wir fangen mit Jacob Dreyfus an.«

»Er ist Christopher, nicht wahr?« fragte Alison.

»Ja.«

»Das paßt«, sagte sie und drehte den Kopf halb herum, um O'Brien anzusehen. »Ich kann einfach nicht glauben, daß es sonst niemanden gibt, an den wir uns wenden können.«

»Es gibt einen Senator«, unterbrach Peter. »Wir können zu ihm gehen.«

»Aber selbst er wird mehr verlangen, als ich vorgeschlagen habe«, sagte Quinn. »Vielleicht nicht vor zwei Tagen, aber jetzt wird er es tun.«

»Was meinen Sie damit?« Kastler erschrak. Am vergangenen Abend war O'Brien sich seiner selbst so sicher gewesen. Die Archive waren verschwunden; Quinn besaß die Beweise dafür. Sie durften jetzt keine Zeit mehr verlieren.

»Ich meine, daß wir nicht zu ihm gehen können.«

»Warum nicht?«

»Inzwischen ist das in St. Michael's geschehen. Regierungseigentum ist zerstört worden. Die Sicherheitsvorschriften sind verletzt worden. Er ist durch Eid verpflichtet, Meldung zu machen, wenn wir mit ihm in Verbindung treten. Wenn er das nicht tut, ist das Behinderung der Justizbehörden.«

»Blödsinn! Das sind doch nur Worte.«

»Nein, das ist das Gesetz. Vielleicht bietet er uns Hilfe an; wenn Varak recht hatte, ist es sogar wahrscheinlich, daß er das tut. Aber zuerst wird er darauf bestehen, daß wir uns den Behörden stellen. Er kann gar keine andere Haltung einnehmen.«

»Und wenn wir uns stellen, dann tun wir genau das, was sie von uns wollen! Das geht nicht!«

Alison tippte ihn an. »Wer sind diese ›sie‹, Peter?«

Kastler sah sie nachdenklich an. Die Antwort auf ihre Frage war ebenso erschütternd wie die Lage, in der sie sich befanden. »Jeder. Der Mann, der die Archive hat, will uns töten; das wissen wir jetzt. Die Leute, die wissen, daß die Archive verschwunden sind, weigern sich, das zu bestätigen, und wollen, daß wir uns ruhig verhalten. Sie sind bereit, uns zu opfern, um sich dieses Schweigen zu verschaffen, und doch wollen sie das gleiche wie wir.« Peter ging langsam an O'Brien vorbei zum

Fenster. Er blickte aufs Meer hinaus. Dann meinte er, ohne damit jemand bestimmten anzusprechen: »Bravo hat etwas zu mir gesagt, was mir nicht aus dem Kopf geht. Er sagte, er habe mich vor viereinhalb Jahren in eine Welt geführt, an die ich nicht gedacht hatte. Er sagte mir, ich solle in jene Welt zurückkehren, und die wirkliche Welt anderen überlassen. Ihm und Menschen wie ihm.« Er wandte sich vom Fenster ab. »Aber dafür sind die nicht gut genug. Ich weiß nicht, ob wir das sind. Aber ich weiß, daß sie es *nicht* sind.«

Jacob Dreyfus stand vom Frühstückstisch auf. Er war verstimmt. Der Butler hatte gesagt, das Weiße Haus sei am Apparat. Dieser verdammte Narr rief jetzt wahrscheinlich an, um ihm frohe Weihnachten zu wünschen. *Frohe Weihnachten!* Es wäre dem Präsidenten sicher nicht in den Sinn gekommen, am ersten Tage von Chanukah anzurufen. Das war der fünfundzwanzigste Tag von Kislev und nicht gerade ein Datum, das an die Geburt Christi erinnerte.

Es hieß, der Mann sei zu einem starken Trinker geworden. Kein Wunder. In der ganzen Geschichte der Republik hatte es noch keine Administration wie diese gegeben. Die Korruption regierte, und die Machtgier war unübertroffen. Natürlich trank der Mann. Das war sein Balsam des Gilead.

Jacob überlegte, ob er das Gespräch ablehnen sollte, aber der Respekt für das Amt verlangte, daß er es annahm.

»Guten Morgen, Mr. Pres ...«

»Ich bin nicht der Präsident«, sagte eine Stimme. »Ich bin ein anderer. Ebenso wie Sie ein anderer sind, Christopher.«

Alles Blut schoß aus Jacobs Gesicht. Plötzlich fiel ihm das Atmen schwer. Seine Beine drohten, ihm den Dienst zu versagen; er hatte Angst, er würde zu Boden stürzen. Das Geheimnis seines ganzen Lebens war bekannt. Unglaublich. »Wer sind Sie?«

»Ein Mann, der für Sie gearbeitet hat. Mein Name ist Peter Kastler, und ich habe meine Arbeit zu gut getan. Ich habe Dinge erfahren, von denen Sie sicher nicht wollten, daß ich sie erfahre. Und deswegen müssen wir zusammenkommen. Heute. Am frühen Nachmittag.«

»Heute nachmittag?« Dreyfuß kam sich völlig kraftlos vor. Peter Kastler, der Schriftsteller? Wie in aller Welt konnte der Schriftsteller das getan haben? »Ich treffe keine solch kurzfristigen Verabredungen.«

»Diesmal werden Sie es aber tun«, sagte Kastler.

Der Schriftsteller war nervös; Jacob konnte das spüren. »Ich nehme keine Befehle an. Ich habe auch nie von einem Christopher gehört. Sie haben es sehr geschickt angestellt, mich zu erreichen. Aber Ihre kleinen Unterhaltungsstücke machen mir Spaß. Wenn Sie mit mir in der nächsten Woche einmal zu Mittag essen möchten ...«

»Heute nachmittag. Kein Mittagessen.«

»Sie haben mir nicht zugehört ...«

»Das brauche ich auch nicht. Möglicherweise sind meine ›kleinen Unterhaltungsstücke‹ nicht mehr wichtig. Vielleicht interessiere ich mich für andere Dinge. Vielleicht können wir zu einer Übereinkunft kommen, Sie und ich.«

»Ich kann mir nicht vorstellen, daß es eine Übereinkunft zwischen uns gibt.«

»Wenn Sie mit den anderen sprechen, wird es die auch nicht geben. Mit irgendeinem von ihnen.«

»Den anderen?«

»Banner, Paris, Venice oder Bravo. Sprechen Sie nicht mit ihnen.«

Jacob zitterte am ganzen Leib. »Wovon reden Sie da?«

»Ich rede davon, daß die Sie nicht verstehen. Ich glaube schon, daß ich Sie verstehe. Das ist die Aufgabe eines Schriftstellers — zu versuchen, die Menschen zu verstehen. Deshalb haben Sie und Ihr Kreis mich ja benutzt, nicht wahr? Ich glaube, Sie zu verstehen. Die anderen können das nicht.«

»Wovon sprechen Sie?« Dreyfuß konnte das Zittern seiner Hände nicht mehr unter Kontrolle halten.

»Wir wollen es einmal eine einmalige Versuchung nennen. Jeder, der mit Chasǒng vertraut ist, würde die Logik erkennen, die dahintersteckt, aber die anderen würden Sie dafür töten.«

»Chasǒng? Mich töten?« Jacobs Augen wurden trüb. Irgendwo war da ein schrecklicher Fehler begangen worden! »Wo wollen Sie sich mit mir treffen?«

»Es gibt da ein Stück Strand nördlich von Ocean City in Maryland; jeder Taxifahrer kann es finden. Also nehmen Sie ein Taxi und kommen Sie allein. Holen Sie sich einen Bleistift, Christopher. Ich beschreibe es Ihnen jetzt. Seien Sie um halb zwei dort.«

Der Schweiß strömte über Peters Stirn. Er lehnte sich gegen die Glasscheibe der Telefonzelle. Er hatte es geschafft; er hatte es tatsächlich *geschafft*: Eine Idee, die ihren Ursprung in einem Roman hatte, funktionierte im wahren Leben!

Seine Strategie war es, Christopher Optionen anzubieten — so wie er sie auch den anderen anbieten würde. Wenn Christopher die Archive besaß, konnte er nur einen Schluß ziehen: er war durchschaut. Wenn ja, dann würde er dem Treffen zu dem einzigen Zweck zustimmen, um den Mann zu töten, der ihn entdeckt hatte. In diesem Fall war es zweifelhaft, daß er allein kommen würde.

Wenn Christopher die Archive nicht besaß, gab es zwei Alternativen. Er konnte ablehnen und sich weigern, sich mit ihm zu treffen. Oder im Hinblick auf die schreckliche Möglichkeit zustimmen, daß einer oder mehr von den anderen ihre Sache verraten hatte. In diesem Fall würde er allein kommen.

Nur die zweite Option — Ablehnung — sprach den Kandidaten von Schuld frei. Und Christopher hatte sie nicht gewählt. Peter fragte sich, ob irgendeiner sie wählen würde.

Alison klopfte an die Tür. Einen Augenblick lang sah er sie nur durch die Glasscheibe an, dachte erneut, wie schön sie doch war, und wie intelligent ihre Augen blickten, die selbst in der Mitte dieser schrecklichen Angst ihre Liebe ausstrahlten.

Er zog die Tür auf. »Das war der erste.«

»Wie ist es gegangen?«

»Das kommt darauf an, wie du es siehst. Er wird kommen.«

Die Liebe und die Angst blieben in Alisons Augen. Aber jetzt kam noch ein weiteres Element dazu.

Die Furcht.

35

Frederick Wells blickte vom weihnachtlichen Frühstückstisch auf. Er war erstaunt. Er war nicht sicher, ob er bei dem Geschrei der Kinder richtig gehört hatte, was das Mädchen sagte.

»Still!« befahl er, und es zog Stille ein. »Was haben Sie gesagt?«

»Das weiße Haus ist am Telefon, Sir«, antwortete das Mädchen.

Das Geschrei, das diese Aussage begleitete, erinnerte Wells aufs neue, daß er zu spät geheiratet hatte, schon zu alt gewesen war. Zumindest zu alt, um junge Kinder zu haben. Wenn er ehrlich war, mochte er Kinder eigentlich nicht; sie waren im Wesen uninteressant.

Er stand auf, und sein Blick begegnete kurz dem seiner Frau. Sie schien seine Gedanken zu lesen.

Um Himmels willen, warum sollte das Weiße Haus anrufen? Frederick Wells hatte zwar den Präsidenten und seinen Stab von unfähigen Mitarbeitern nicht gerade beleidigt, aber nie ein Hehl daraus gemacht, daß er nichts von dem Mann im Weißen Haus hielt.

War es möglich, daß der Präsident den Vorwand von Weihnachtsglückwünschen dazu benutzte, um seinen Feinden den Ölzweig anzubieten? Aber es gab wohl nichts, was dieser Mann tat, was nicht peinlich war.

Wells schloß die Tür seines Arbeitszimmers und ging an seinen Schreibtisch, wobei sein Blick auf eine Reihe von Yüan- und Ming-Vasen fiel, die in der Vitrine standen. Es waren exquisite Stücke, er wurde es nie müde, sie anzusehen. Sie erinnerten ihn daran, daß es auch inmitten von Häßlichkeit Frieden und Schönheit gab.

Er nahm den Hörer ab.

»Mr. Frederick Wells?«

Sechzig Sekunden darauf war seine persönliche Welt zerbrochen. Der Schriftsteller hatte es geschafft! Das Wie war unwesentlich, die Tatsache war alles!

Inver Brass konnte sich schützen. Sofortige Auflösung, nicht existierende Akten ... Wenn nötig, ein zweiter berechtigter Mord, der Peter Kastler von dieser Welt entfernte.

Aber er *selbst*? Banner besaß alle Waffen, mit Ausnahme einer. Und diese eine letzte Waffe war die Öffentlichkeit. Ein Name konnte an die Öffentlichkeit gelangen, ohne daß er etwas dagegen tun konnte. Und für Wells war das gleichbedeutend mit der Vernichtung.

Ein ganzes Leben verschwendet!

Trotzdem konnte er kämpfen. Diesmal an einer Landstraße, westlich von Baltimore. Eine Übereinkunft mußte geschlossen werden, zu aller Nutzen.

Wieder fiel sein Blick auf die chinesischen Vasen hinter den Glasscheiben. Doch diesmal ließen sie ihn kalt.

Carlos Montelán lehnte sich in dem Betstuhl zurück und sah dem Priester mit einer gewissen Feindseligkeit zu, wie er sich durch die Weihnachtsmesse arbeitete. Er kniete nicht; die Heuchelei, der er sich für seine Frau und seine Familie unterzog, hatte ihre Grenzen.

Boston war nicht Madrid, aber die Erinnerungen waren doch

ganz deutlich. Die spanische Kirche war ein eingeschworener Begleiter der politischen Wende gewesen, und hatte sich ohne Mitgefühl für ihre brutal geknechtete Herde ganz auf ihr eigenes Überleben konzentriert.

Montelán verspürte das Vibrieren einen Augenblick bevor er das Summen hörte. Die Gläubigen in seiner unmittelbaren Umgebung erschraken; einige wandten sich ärgerlich zu ihm. Ein fremdes Geräusch war in das Haus des Herrn eingedrungen, aber der Empfänger des Anrufs war ein großer Mann, ein Berater vom Präsidenten. Das Haus des Herrn war für die Belange der Welt dieses Mannes nicht immun.

Carlos schob die Hand in die Jacke und schaltete das Geräusch ab. Seine Frau und die Kinder drehten sich um; er nickte ihnen zu, verließ den Betstuhl und ging den mit Marmorplatten belegten Mittelgang zurück, vorbei an flackernden Kerzen. Er ging hinaus, fand eine Telefonzelle und rief seinen Auftragsdienst an.

Das Weiße Haus versuchte, ihn zu erreichen, aber er brauchte nicht zurückzurufen. Er sollte eine Nummer hinterlassen, unter der man ihn erreichen konnte.

Die Verschwörungen von *Idiotas!* — dachte Montelán. Er nannte die Nummer der Telefonzelle. Der Apparat klingelte, der schrille Ton hallte böse von den Wänden der Zelle wider. Carlos nahm schnell den Hörer ab und hielt ihn sich ans Ohr.

Die Worte wirkten wie scharfe Messer, die sich in seinen Leib bohrten; der Schmerz war eiskalt. Der Schriftsteller hatte ihn entdeckt! Alles, was er getan hatte, alles, worauf er sich eingelassen hatte, explodierte jetzt förmlich in den Anklagen Peter Kastlers.

Die Übereinkunft, sein Pakt, sie waren notwendig gewesen! Nur sie konnten die Unversehrtheit von Inver Brass bewahren! Es gab keinen anderen Weg!

Man mußte den Schriftsteller dazu bringen, das zu verstehen! Ja, natürlich, er würde sich mit ihm treffen. Ein Golfplatz östlich von Annapolis, am zehnten Grün. Ja, er würde es finden. Die Stunde war gleichgültig; er würde kurz nach Mitternacht hinkommen.

Mit zitternder Hand legte Montelán den Hörer auf. Einige Augenblicke lang stand er in der Kälte da und starrte das Instrument an. Ob er Jacob Dreyfus anrufen sollte?

Nein, das konnte er nicht tun. Christopher war ein alter Mann. Sehr alt. Ein Infarkt kam nicht in Frage.

Daniel Sutherland trank seinen Sherry und hörte dem Gespräch seines Sohnes Aaron mit seinen zwei Schwestern und deren Männern zu. Die zwei Ehepaare waren von Cleveland hergeflogen, um mit ihnen Weihnachten zu feiern; die Kinder waren mit ihrer Großmutter und Aarons Frau im Sonnenzimmer und damit beschäftigt, Geschenke einzupacken. Wie üblich zog Aaron seine Zuhörer in seinen Bann.

Der Richter beobachtete seinen Sohn mit zutiefst gemischten Gefühlen. An erster Stelle stand natürlich seine Liebe, aber ganz nahe dabei war auch Mißbilligung. Die Zeitungen nannten Aaron einen Fanatiker, den brillanten Anwalt der schwarzen Linken. Doch Daniel wollte, daß er nicht so fanatisch, nicht so davon überzeugt war, daß nur *er* die Lösung der Rassenprobleme kannte.

In den Augen seines Sohnes stand solcher Haß, und Haß war keine Lösung; Haß hatte keine wesentliche Kraft. Eines Tages würde sein Sohn das lernen. Und eines Tages würde er auch lernen, daß sein Haß, den er für alle Weißen empfand, nicht nur fruchtlos, sondern häufig sogar fehlgerichtet war.

Sein Name drückte das zum Teil aus. Daniels liebster Freund hatte ihn ihm gegeben. Jacob Dreyfus.

Sein Name muß Aaron sein, hatte Jacob gesagt. *Der ältere Bruder von Moses, der erste Priester der Hebräer. Es ist ein schöner Name, Daniel. Und er ist ein schöner Sohn.*

Das Telefon klingelte.

Aarons Frau, Abby, kam durch die Tür. Wie stets, sah Daniel sie liebevoll und nicht ohne gewisse Ehrfurcht an. Alberta Wright Sutherland war vielleicht die beste schwarze Schauspielerin im ganzen Land, hochgewachsen, aufrecht, mit einer ausdrucksvollen Persönlichkeit, die — wenn nötig — sogar ihren eigenen Mann in den Hintergrund schieben konnte. Unglücklicherweise hinderte ihr Geschmack sie daran, ihre Kunst ganz zum Ausdruck zu bringen. Sie war nicht bereit, Rollen anzunehmen, in denen ihr Geschlecht oder ihre Rasse ausgebeutet wurden.

»Ich werde mir Mühe geben, den Satz mit unbewegter Miene vorzutragen, ja?« sagte sie.

»Gut, meine Liebe.«

»Das Weiße Haus ist am Telefon.«

»Verblüffend, gelinde gesprochen«, sagte Daniel und stand auf. »Ich gehe ins Eßzimmer.«

Es war verblüffend. Seine letzten vier Berufungsentscheidungen hatten die Administration wütend gemacht, und sie hatte ihre Mißbilligung in gedruckter Form zum Ausdruck gebracht.

»Hier spricht Richter Sutherland.«

»Sie heißen auch Venice«, sagte die ausdruckslose, harte Stimme im Hörer.

Der Schriftsteller hatte es geschafft! Plötzlich war die Verpflichtung eines ganzen Lebens auf schreckliche Art aufgehoben. Wenn sie zerstört war, gab es nichts, denn nichts war den Verlust wert. Die Lüge würde die Welt erben.

Daniel hörte aufmerksam zu, wog jedes Wort, das der Schriftsteller sprach, jede Betonung sorgfältig ab.

Vielleicht gab es einen Weg. Es war eine verzweifelte Strategie, und er war nicht sicher, ob er sie überleben, geschweige denn durchführen konnte. Aber man mußte es versuchen. Täuschung.

»Morgen früh, Mr. Kastler. Bei Sonnenaufgang. Die kleine Bucht östlich von Deal Island, die Trawlerstege. Ich werde sie finden. Und Sie werde ich auch finden.«

Sutherlands Blick konzentrierte sich geistesabwesend auf eine Stelle über dem Telefon, jenseits des Bogens der Halle im Wohnzimmer. Seine Schwiegertochter war dort aufgetaucht. Sie stand aufrecht und stolz da.

Eine großartige Medea war sie gewesen. Daniel erinnerte sich gut. Er erinnerte sich ihrer letzten Worte im letzten Akt, erinnerte sich an ihren Schrei zum Himmel.

Hier sind meine Kinder, blutbedeckt und um die Liebe eines Gottes namens Jason willen hingeschlachtet!

Sutherland fragte sich, warum er sich jener Worte erinnerte. Und dann wußte er es.

Sie waren ihm vor wenigen Sekunden in den Sinn gekommen.

36

Der eisige Winterwind fegte in Böen vom Wasser herein und beugte das wilde Gras auf den Dünen. Die Sonne brach immer wieder durch die schnell dahinziehenden Wolken am Himmel, jedesmal von intensiver Helligkeit, aber ohne eine Spur von Wärme in den Strahlen. Es war früher Nachmittag am Weihnachtstag, und es war kalt am Strand.

Kastler blickte auf seine Fußstapfen hinunter. Er war zwischen den Grenzen, die Quinn O'Brien ihm vorgeschrieben hatte, auf und ab gegangen. Die zehn Meter lange Strecke bot ihm einen klaren Ausblick auf die Büsche über den Dünen links von dem mit Planken belegten Weg, der von der Straße herüberführte. O'Brien hatte dort Station bezogen, so daß nur Peter ihn sehen konnte.

O'Brien hatte ihm erklärt, daß es sich um eine ganz grundlegende Taktik handelte. Er würde in dem wild wachsenden Gebüsch warten, wenn Jacob Dreyfus kam. Er würde sich vergewissern, daß Dreyfus das Taxi wegschickte, wie es vereinbart war; wenn Christopher sie betrog — entweder, indem er das Taxi nicht wegschickte oder seine eigenen Leute in eigenen Fahrzeugen mitbrachte — würde Quinn Peter ein Signal geben, und dann würden sie beide zu einem versteckten Punkt an einem anderen Strandstück laufen, wo Alison mit dem Wagen auf sie wartete.

Diesen Aspekt des Selbstschutzes nannte Quinn ›Vorausschutz‹. Der unmittelbare und weniger kontrollierbare Schutz oblag Peter. In seiner Jackentasche steckte der kurzläufige 38er Revolver, den er Paul Bromley im Zug abgenommen hatte. Die Waffe, die dazu bestimmt gewesen war, ihn zu töten. Wenn nötig, sollte er sie benutzen.

Peter hörte einen kurzen, durchdringenden Pfiff — das erste Signal. Das Taxi war in Sichtweite.

Er konnte nicht sagen, wie viele Minuten verstrichen, bis die hagere Gestalt auftauchte. Jede Sekunde schien ihm endlos und das Pochen in seiner Brust unerträglich. Er sah zu, wie der kleine, gebrechliche Dreyfus sich unsicher über die Planken auf den freien Strand nach vorn arbeitete. Er war soviel älter, als Peter ihn sich vorgestellt hatte, älter und um ein Vielfaches gebrechlicher. Der Wind, der vom Meer hereinblies, zerrte an ihm; Sand peitschte ihm entgegen und veranlaßte ihn, den Kopf zu senken und etwas zur Seite zu drehen; sein Stock glitt immer wieder auf den Planken aus.

Jetzt hatte er das Ende des Bretterweges erreicht und stocherte mit dem Stock im Sand herum, ehe er die Planken verließ. Kastler konnte die Frage in den Augen hinter der dicken Brille ahnen. Der alte Mann wollte den Rest des Weges nicht gehen; konnte der jüngere Mann nicht zu ihm kommen?

Aber Quinn war in dem Punkt sehr bestimmt gewesen. Alles kam auf die richtige Position an; eine schnelle Fluchtmöglichkeit war wichtig. Peter blieb, wo er war, und Dreyfus arbeitete sich mühsam über den windgepeitschten Strand.

Dreyfus fiel hin. Kastler wollte sich schon in Bewegung setzen, aber O'Brien winkte und hielt ihn auf. Der FBI-Agent blieb entschieden, seine Botschaft war klar.

Dreyfus war jetzt nur noch zehn Meter von ihm entfernt, man konnte sein Gesicht ganz deutlich sehen. Irgendwie begriff der Bankier; sein Gesichtsausdruck war jetzt entschlossen. Mit Hilfe seines Stockes arbeitete er sich wieder in die Höhe. Unsicher, die Augen gegen den Wind und den Sand zusammengekniffen, ging er auf Kastler zu, ohne ihm die Hand anzubieten.

»Wir treffen uns«, sagte Dreyfus einfach. »Ich habe Ihnen Dinge zu sagen, und Sie haben mir Dinge zu sagen. Wer von uns soll beginnen?«

»Haben Sie meine Anweisungen befolgt?« fragte Peter, wie man ihn instruiert hatte.

»Natürlich habe ich das. Wir haben Informationen auszutauschen; wir wollen beide wissen, was der andere weiß. Warum das noch weiter komplizieren? Sie werden gesucht, das wissen Sie doch.«

»Ja. Aber die Gründe stimmen nicht.«

»Die Leute, die Sie jagen, denken da anders. Aber das ist jetzt ohne Bedeutung. Wenn Sie nicht schuldig sind, läßt sich Ihre Unschuld ja beweisen.«

»Das einzige, dessen ich mich schuldig bekenne, ist, daß ich ein verdammter Narr bin! Außerdem sind wir nicht hier, um über mich zu sprechen.«

»Wir sind hier, um über gewisse Ereignisse zu sprechen, die uns beide betreffen.« Dreyfus hob die Hand, um sein Gesicht vor einem plötzlichen Windstoß zu schützen. »Wir müssen zu einer Übereinkunft kommen.«

»Ich brauche mit Ihnen zu gar nichts zu kommen! Man hat mich manipuliert, belogen, auf mich geschossen. Vier Menschen sind getötet worden — vier, von denen ich weiß. Drei habe ich sterben sehen. Nur Gott allein weiß, wie viele Leute von einer Flüsterstimme am Telefon gequält worden sind, sie hat sie gequält, bis sie den Verstand verloren.« Peter blickte kurz aufs Wasser hinaus und wandte sich dann wieder Dreyfus zu. »Ich habe alles niedergeschrieben. Das sollte ich nicht schreiben, aber ich habe es geschrieben. Und jetzt werden Sie entweder eine Übereinkunft mit mir treffen, oder die Welt erfährt von mir, wer Sie wirklich sind.«

Dreyfus starrte ihn ein paar Augenblicke schweigend an, nur der Wind war zu hören. Seine Augen waren frei von jeder

Furcht. »Und wer glauben Sie, daß ich bin? *Was* glauben Sie, daß ich bin?«

»Sie sind Jacob Dreyfus, bekannt unter dem Namen Christopher.«

»Das räume ich ein. Ich weiß nicht, wie Sie das herausgebracht haben, aber es ist ein Name, den ich mit Stolz trage.«

»Vielleicht haben Sie ihn verdient, bis Sie sich gegen sie wandten.«

»Gegen wen wandte?«

»Die anderen. Banner, Paris, Venice, Bravo. Sie haben Sie verraten.«

»Sie verraten? Paris verraten? Venice? Sie wissen nicht, wovon Sie reden.«

»Chasŏng! Chasŏng ist in Hoovers Archiven, und Sie haben sie!«

Jacob Dreyfus stand reglos da, und sein an einen Totenschädel erinnerndes Gesicht spiegelte den Schock wider, den er empfand. »Allmächtiger Gott, das glauben Sie?«

»Sie haben mit dem State Department zusammengearbeitet.«

»Ja, sehr häufig.«

»Sie könnten leicht einen sterilen Punkt ausfindig machen, wenn Sie wüßten, wo Sie nachsehen müßten!«

»Vielleicht. Wenn ich wüßte, wo er ist.«

»Sie wußten, daß Varak tot war!«

»Varak tot? Das kann nicht sein!«

»Sie lügen!«

»Sie sind ein Wahnsinniger. Und gefährlich. Was auch immer sie niedergeschrieben haben, muß vernichtet werden. Sie wissen nicht, was Sie getan haben. Über vierzig Jahre Dienst an unserem Land, zahllose Millionen, die ausgegeben wurden. Sie müssen verstehen. Ich muß Sie dazu *bringen*, daß Sie verstehen!«

Das Unglaubliche geschah! Dreyfus griff in seine Manteltasche. Seine knochige Hand zitterte. Peter wußte, daß er nach einer Waffe griff.

»Tun Sie es nicht! Um Himmels willen, *nicht*!«

»Ich habe keine Wahl.«

Kastler konnte sehen, wie die Gestalt von O'Brien plötzlich auf dem Sandberg hinter den Büschen aufstand. Er sah, was Peter sah: der alte Mann war im Begriff, eine Waffe herauszuholen. Er war allein gekommen, aber er war bewaffnet gekommen. Im letzten Augenblick war er bereit zu töten.

Kastlers Hand spannte sich um die Waffe, die er selbst in der Tasche hielt, den Finger am Abzug. Er konnte ihn nicht drücken! Er konnte den Abzug nicht drücken!

Ein Schuß übertönte den Wind. Dreyfus' Kopf fuhr nach hinten, seine Kehle war plötzlich eine Masse von Blut und zerschmetterten Knochen. Sein Körper krümmte sich und fiel dann zur Seite, fiel in den Sand. O'Brien ließ die Waffe sinken und rannte über die Dünen.

Christopher war tot.

Und dann sah Peter, was er in der Hand hielt.

Es war ein zusammengefaltetes Blatt Papier, keine Waffe. Ein Brief.

Er kniete nieder, von einem Gefühl des Ekels überwältigt, und nahm ihm das Papier weg. Er richtete sich auf, sein Atem ging ruckartig. Und der Schmerz in seinen Schläfen hinderte ihn am Denken. O'Brien war jetzt neben ihm; der FBI-Mann nahm ihm das Papier weg und faltete es auseinander. Kastler starrte es an, und dann lasen sie gemeinsam. Es handelte sich um die Kopie eines handgeschriebenen Briefes. Der Adressat war ein einzelner Name: Paris.

IB muß aufgelöst werden. Venice und Bravo stimmen mit diesem Schluß überein. Ich sehe das in ihren Augen, obwohl wir nicht darüber gesprochen haben. Wir alle werden von Erinnerungen verzehrt. Aber wir sind alt, und uns bleibt nur noch wenig Zeit. Was mich sehr beunruhigt, ist, daß für einen oder alle von uns das Ende kommen könnte, ohne daß wir die richtigen Mittel zur Auflösung haben. Oder noch schlimmer, daß unsere Fähigkeiten uns im Stich lassen, und unsere alten Zungen sich lockern. Das dürfen wir nicht zulassen. Deshalb bitte ich Euch, für einen oder alle von uns, das zu tun, was wir nicht für uns selbst tun können, sollte das Alter die Vernunft zerstören. Die Tabletten sind durch Boten separat an Euch unterwegs. Legt sie in alte Männermünder und betet für uns.

Wenn Euch das unmöglich ist, zeigt Varak diesen Brief. Er wird verstehen und das tun, was getan werden muß.

Zuletzt zu Banner, dessen Schwäche seine Verpflichtung an seine außergewöhnlichen Fähigkeiten ist. Er wird versucht sein, IB fortzuführen. Auch das darf nicht zugelassen werden. Unsere Zeit ist abgelaufen. Wenn er beharrt, wird Varak wiederum wissen, was zu tun ist.

Das Obenstehende ist unser Vertrag.

Christopher

»Er sagte, er wisse nicht, was ein steriler Ort sei«, sagte Peter mit schwacher Stimme.

»Er wußte nicht, daß Varak tot war«, fügte O'Brien leise hinzu und las den Brief ein zweites Mal. »Er war es nicht.«

Kastler wandte sich ab und wanderte ziellos aufs Wasser zu. Dann fiel er in den an Land schlagenden Wellen auf die Knie und übergab sich.

Sie begruben die Leiche von Jacob Dreyfus im Sand unter den Dünen. Über die Frage der Verantwortung dachten sie nicht nach; es galt jetzt, keine Zeit zu verlieren. Die Verantwortung würde später kommen.

Das Zusammentreffen mit Frederick Wells war nicht auf einem verlassenen Stück Strand geplant. Statt dessen sollte der Mann, der unter dem Namen Banner bekannt war, südlich von einem Straßenstück, das westlich von Baltimore von der Route 40 wegführte, in ein Feld gehen. O'Brien hatte vor weniger als sechs Monaten den Punkt als Briefkasten für einen Informanten benutzt. Er kannte die Stelle gut.

Es handelte sich um ein etwas gebogenes Stück Straße, abseits von auch nachts geöffneten Speiselokalen und Tankstellen; es war ringsum von Feldern umgeben, die in der Dunkelheit wie Marschland aussahen.

Peter wartete auf dem Feld, hundert Meter jenseits des Randstreifens, auf dem Wells seinen Wagen parken sollte. Er blickte zu den Scheinwerferpaaren, die über den Highway rasten, und die der Regen flackern ließ, der das Feld durchtränkte und eisige Schauer durch seinen Körper jagte. O'Brien hatte sich ein Stück entfernt am Randstreifen versteckt, die Waffe schußbereit. Er wartete. Wieder hatte Kastler seine Instruktionen. Sollte irgend etwas Unerwartetes geschehen, so mußte er Frederick Wells mit seiner Waffe bewegungsunfähig machen. Wenn nötig, schießen.

Als zusätzliche Vorsichtsmaßnahme hatte O'Brien eine Taschenlampe. Für den Fall, daß Wells andere mitbrachte, würde Quinn die Lampe einschalten und die Linse mit den Fingern bedecken und sie im Kreis bewegen. Das war das Signal für Peter, über das Feld zur Straße zu laufen, wo Alison mit dem Wagen wartete.

Von der Straße waren zwei ungeduldige Hupsignale zu hören. Ein Automobil verlangsamte seine Fahrt und rollte an den Rand; der Wagen dahinter bog um es herum und beschleunigte verärgert.

Das Automobil blieb am Seitenstreifen stehen, eine einsame Gestalt entstieg ihm. Es war Frederick Wells; er ging auf das Geländer zu, das den Straßenkörper von den Feldern trennte und spähte durch den Regen.

Der Lichtstrahl zuckte kurz vom anderen Ende des Seitenstreifens herüber. Das war O'Briens erstes Signal. Wells war allein; es gab keine offenkundigen Spuren einer Waffe. Peter bewegte sich nicht von der Stelle; es war Banners Sache, zu ihm zu kommen.

Wells kletterte über das Geländer und arbeitete sich den Hang hinunter. Kastler kauerte im nassen Gras und zog die 38 heraus.

»Nehmen Sie die Hände aus den Taschen!« rief er, wie man ihn instruiert hatte. »Kommen Sie langsam mit den Händen an den Seiten auf mich zu.«

Wells blieb stehen und stand ein paar Augenblicke reglos im Regen. Dann tat er, was man ihm aufgetragen hatte. Die bloßen Hände an den Seiten, ging er in die Finsternis des Feldes hinein. Als er nur noch einen Meter von ihm entfernt war, erhob sich Peter vom Boden.

»Bleiben Sie stehen!«

Wells riß den Mund auf, seine Augen waren geweitet. »Kastler?« Er atmete einige Male tief durch und blinzelte ein paarmal, weil der Regen ihm ins Gesicht tropfte, sagte aber nichts, bis sein Atem wieder gleichmäßig ging — eine orientalische Übung, um die Gedanken anzuhalten und ganz ruhig zu werden.

»Hören Sie mir zu, Kastler«, sagte Wells schließlich. »Sie haben sich da zuviel vorgenommen. Sie haben sich mit den falschen Leuten angefreundet. Ich kann nur an den Rest der Gefühle appellieren, die Sie vielleicht für dieses Land besitzen, und Sie auffordern, mir ihre Namen zu nennen. Einen kenne ich natürlich. Geben Sie mir die anderen auch.«

Peter war verblüfft. Wells hatte die Initiative ergriffen. »Wovon reden Sie?«

»Die Archive! Die Akten M bis Z. Die haben Sie und nutzen sie aus. Ich weiß nicht, was man Ihnen versprochen hat, was *er* Ihnen versprochen hat. Wenn es Ihr Leben ist, dann kann ich das viel besser garantieren als er. Das des Mädchens auch.«

Kastler starrte das nasse Gesicht von Frederick Wells im Schatten an. »Sie glauben, jemand habe mich geschickt. Sie halten mich für einen Boten. Ich habe Ihnen gegenüber die Akten kein einziges Mal am Telefon erwähnt.«

»Glauben Sie, das mußten Sie? Um Himmels willen, hören Sie

doch auf! Inver Brass zu zerstören, ist nicht die Antwort! Lassen Sie nicht zu, daß die das tun!«

»Inver Brass?« Peter dachte an den handgeschriebenen Brief in der Hand eines Toten, den Vertrag zwischen Christopher und Paris. *IB muß aufgelöst werden ... IB* ... Inver Brass.

»Sie können sich da nicht einschalten, Kastler! Sehen Sie denn nicht, was er getan hat? Er hat Sie zu gut programmiert; Sie haben zuviel und zu schnell erfahren. Sie sind *ihm* nahegerückt! Er kann Sie jetzt nicht töten; er weiß, daß wir das sofort erfahren würden. Also stopft er sie mit Lügen voll, erzählt Ihnen von Inver Brass und will Sie dazu bringen, daß Sie uns gegeneinander aufhetzen.«

»Wer?«

»Der Mann, der die Archive hat. Varak!«

»O *Herrgott* ...« Peters Magen verkrampfte sich.

Es war nicht Frederick Wells.

»Ich habe die Lösung.« Wells sprach mit scharfer, nasaler Stimme; Peter hörte kaum hin, so unwesentlich schien ihm plötzlich alles. »Ich werde dafür sorgen, daß Sie rehabilitiert werden, und die Archive zurückholen. Man *muß* sie zurückholen! Sie sagen Varak, daß es keine Möglichkeit gibt, Inver Brass mit den Ereignissen des letzten Mai in Verbindung zu bringen. Varak war der Killer, nicht Inver Brass. Er hat seinen Auftrag zu gut erfüllt; es gibt keine Verbindung. Aber ich kann und werde unangenehme Fragen stellen, die das betreffen, was er vom 10. April bis zum 1. Mai getan hat. Ich werde es auf eine Art und Weise tun, daß keine Zweifel zurückbleiben; er wird sich als der Täter erweisen. Und wir bleiben unbekannt. Überbringen Sie ihm diese Nachricht.«

Das war alles zuviel für Peter. Wahrheiten, Halbwahrheiten und Lügen, die alle auf Abstraktionen aufbauten; Daten, die in ein Geflecht von Anklagen verwoben waren. »Sie glauben, daß Varak die anderen verraten hat?«

»Ich glaube es nicht, ich weiß es! Das ist auch der Grund, weshalb Sie mit mir zusammenarbeiten müssen. Dieses Land braucht mich jetzt. Varak hat die Archive!«

Es regnete jetzt in Strömen. »Verschwinden Sie hier«, sagte Peter.

»Nicht, solange ich nicht Ihr Wort habe.«

»Verschwinden Sie hier!«

»Sie *verstehen* nicht!« Wells konnte es nicht ertragen, einfach so weggeschickt zu werden. Seine Arroganz wich der Verzweiflung. »Dieses Land braucht mich! Ich muß Inver Brass anführen. Die anderen sind alt, schwach! Ihre Zeit ist abgelaufen. Ich bin derjenige, der jetzt diese Archive haben muß. Ich stehe darin!«

Kastler hob den Revolver. »Verschwinden Sie hier, ehe ich Sie töte.«

»Sie brauchen doch einen Grund, oder? Das ist es, was Sie *wirklich* wollen!« Banners Worte überstürzten sich. Seine Stimme klang jetzt wieder eindringlich, panikerfüllt. »Varak hat Ihnen gesagt, daß *ich* es bin, nicht wahr? Ich hatte damit nichts zu tun! *Er* war es! Ich hatte ihn gebeten, bei Bravo zu intervenieren. Das ist alles, worum ich ihn gebeten habe! Er stand St. Claire am nächsten, alle wußten das. Er hatte einen Eid geleistet, uns alle zu schützen, jeden einzelnen von uns. Sie wollten nach Nürnberg zurück! Wir konnten nicht zulassen, daß Sie das taten! Varak hat das verstanden!«

»Nürnberg ...« Peter spürte den Regen auf seiner Haut. In der Nacht, in der er mit seinem silbernen Continental den Unfall erlitten hatte, hatte es auch geregnet, in der Nacht, in der Cathy gestorben war. In der Ferne gab es jetzt auch einen Highway, so wie damals, und einen Randstreifen. Und den Regen.

»Aber ... du lieber Gott! Ich wollte doch niemals, daß er Sie tötete! Oder das Mädchen! Das war *seine* Entscheidung; er hatte nie Angst vor dem Handeln.«

Varak. Longworth. Die schreckliche Maske eines Gesichts hinter dem Steuer. Ein Fahrer in der Nacht, der sich einfach nicht um den Sturm kümmerte und gerade vor sich hinblickte, während er tötete.

Varak, der Profi, der Fahrzeuge als Waffen benutzte.

Der Schmerz, der in seinen Schläfen pulste, war unerträglich. Peter hob die Waffe, richtete sie auf Banners Kopf. Er drückte ab.

Banners Leben wurde durch die Unerfahrenheit eines Amateurs gerettet. Der Sicherheitshebel hinderte den Hammer daran, die Patrone zur Explosion zu bringen.

Frederick Wells rannte durch den Regen zur Straße zurück.

Östlich von Annapolis, ein paar Meilen vom Severn River entfernt, lagen die sanft geschwungenen Hügel des Chanticlaire. Es handelte sich dabei um einen elitären Golfclub, der in den dreißiger Jahren von den entsprechenden Aristokraten gegründet worden war und zur Exklusivität neigte. Demzufolge war es ein Versammlungsplatz für die leitenden Persönlichkeiten der Central Intelligence Agency, einer Organisation, die sich ganz den Segnungen alter Schultraditionen verschrieben hatte.

Während der Zeiten, in denen J. Edgar Hoover den Datenfluß zwischen dem FBI und der CIA angehalten hatte, hatte er auch als Umschlagplatz für Informationen zwischen ersteren und letzteren gedient. O'Brien kannte ihn gut; der Club sollte als Treffpunkt für Carlos Montelán dienen. Paris sollte nicht vor Mitternacht und nicht später als um halb eins dort eintreffen. Am zehnten Grün; die Anweisungen waren in diesem Punkt ganz klar.

Quinn setzte sich ans Steuer. Er kannte die Nebenstraßen von der Route 40 zum Chanticlaire. Alison und Peter nahmen auf dem Rücksitz Platz. Kastler gab sich große Mühe, sich abzutrocknen, aber seine Gedanken waren von dem Schock, den Banners Enthüllung ihm versetzt hatte, noch völlig benommen.

»Er hat sie getötet«, sagte Peter, der völlig ausgepumpt wirkte und geistesabwesend die Scheinwerferbalken im Regen beobachtete. »Varak hat Cathy getötet. Was für ein Mann war er?«

Alison griff nach seiner Hand.

O'Brien meinte, ohne sich umzudrehen: »Darauf kann ich keine Antwort geben. Aber ich glaube nicht, daß Begriffe wie Leben und Tod für ihn einen Sinn hatten. In gewissen Situationen ging es für ihn nur darum, Probleme zu eliminieren.«

»Er war kein Mensch.«

»Er war ein Spezialist.«

»Das ist das Kälteste, das ich je gehört habe.«

O'Brien fand einen abgelegenen Landgasthof. Sie gingen hinein, um Wärme in sich aufzunehmen und Kaffee zu trinken.

»Inver Brass«, sagte Quinn an dem Tisch in dem schwach beleuchteten Speisesaal. »Was ist das?«

»Frederick Wells nahm an, daß ich es wußte«, erwiderte Peter. »Ebenso wie er annahm, daß Varak mich zu ihm geschickt hatte.«

»Sind Sie sicher, daß er Ihnen keine falschen Informationen zuspielte? Um zu versuchen, Sie von der richtigen Spur abzulenken?«

»Ja, ich bin sicher. Die Panik, die er empfand, war echt. Er ist in den Archiven enthalten. Und was auch immer dort steht, könnte ihn ruinieren.«

»Inver Brass«, wiederholte O'Brien leise. »Das *Inver* ist schottisch, das *Brass* könnte alles Mögliche bedeuten. Was bedeutet die Verbindung?«

»Ich glaube, Sie komplizieren die Dinge zu sehr«, sagte Peter. »Es handelt sich einfach um den Namen, den sie ihrem Kern gegeben haben.«

»Ihrem was?«

»Entschuldigung. *Meinem* ›Kern‹.«

»Dein Buch?« fragte Alison.

»Ja.«

»Ich sollte wohl besser dieses verdammte Manuskript lesen«, sagte O'Brien.

»Gibt es irgendeine Möglichkeit, Varaks Bewegungen vom 10. April bis zum 2. Mai dieses Jahres zu verfolgen?« erkundigte sich Kastler.

»Nein. Jetzt nicht mehr«, antwortete O'Brien.

»Wir wissen, daß Hoover am 2. Mai starb«, fuhr Peter fort. »Das deutet ...«

»Auf gar nichts deutet das«, unterbrach Quinn. »Der Verdacht würde keiner genaueren Untersuchung standhalten. Hoover starb an Herzversagen. Das ist festgehalten worden.«

»Wo?«

»In den ärztlichen Aufzeichnungen. Sie waren fragmentarisch, aber vollständig genug.«

»Damit stehen wir wieder am Anfang«, schloß Peter müde daraus.

»Nein, das tun wir nicht«, sagte Quinn und sah auf die Armbanduhr. »Wir haben zwei Kandidaten eliminiert. Jetzt ist Zeit für den dritten.«

Es war der sicherste Kontaktort, den der FBI-Mann je verabredet hatte, und gerade aus diesem Grund war er besonders vorsichtig. Sie trafen eine Stunde, bevor Montelán auftauchen sollte, am Chanticlaire ein; der Agent untersuchte das Terrain gründlich. Als er fertig war, forderte er Peter auf, zum zehnten Grün hinauszugehen, während Alison am anderen Ende der Einfahrt, nahe bei den Toren, im Wagen blieb, und er selbst im hohen Gras Schutz suchte.

Der Boden war feucht, aber es hatte aufgehört zu regnen. Der Mond gab sich redliche Mühe, wenigstens ein paar Strahlen durch die vorüberziehenden Wolken zu schicken, und sein Licht wurde zusehends heller. Kastler wartete im Schatten eines überhängenden Baumes. Jetzt hörte er das Geräusch eines Wagens, der durch das offene Tor fuhr. Er sah auf das Leuchtzifferblatt seiner Armbanduhr. Es war fünf Minuten nach Mitternacht;

Montelán mußte Angst haben — und doch auch nicht mehr als er selbst, überlegte Peter. Er betastete den Kolben seiner Waffe in der Jackettasche.

Weniger als eine Minute darauf sah er die Gestalt von Carlos Montelán schnell um die Ecke des Clubhauses gehen. Der Spanier ging zu schnell, dachte Peter. Ein verängstigter Mann war ein vorsichtiger Mann; die Gestalt, die auf ihn zukam, war nicht verängstigt.

»Mr. Kastler?« begann Paris, noch fünfzig Meter vom Grün entfernt, zu rufen. Er blieb stehen und schob die linke Hand in die Manteltasche. Peter nahm seine 38er heraus und richtete sie vor sich auf den Boden.

Montelán zog die Hand aus der Tasche. Kastler ließ die Waffe sinken. Paris hielt eine Taschenlampe; er knipste sie an und ließ den Strahl nach einigen Richtungen wandern. Dann traf der Lichtkegel Peter.

»Schalten Sie das Licht aus!« schrie Kastler niedergeduckt.

»Wie Sie wünschen.« Der Lichtbalken verschwand.

Peter erinnerte sich an die Instruktionen, die O'Brien ihm gegeben hatte, und rannte ein paar Meter von seinem ehemaligen Standort weg, ließ dabei aber Montelán nicht aus den Augen. Der Spanier bewegte sich nicht, er hatte keine Waffe. Kastler richtete sich auf, er wußte, daß man ihn im Mondlicht sehen konnte.

»Hier bin ich«, sagte er.

Montelán drehte sich herum, paßte sich dem schwachen Licht an. »Das mit dem Licht tut mir leid, ich tue es nicht mehr.« Er ging auf Peter zu. »Ich hatte keine Schwierigkeiten, hierherzufinden. Ihre Erklärung war ausgezeichnet.«

In dem schwachen gelblichen Lichtschein konnte Peter Monteláns Gesicht erkennen. Es war ein starkes Gesicht mit südlichen Zügen, und die dunklen Augen blickten forschend. Peter erkannte, daß in dem Mann keine Furcht war. Trotz der Tatsache, daß man ihm befohlen hatte, sich mit einem Fremden zu treffen, den er nur dem Namen nach kannte, auf einem isoliert liegenden Golfplatz, mitten in der Nacht — ein Fremder — er mußte das zumindest in Betracht ziehen, konnte ihm Gewalt antun — verhielt sich Paris, als wäre ihr Zusammentreffen nicht mehr als ein beiderseits willkommenes geschäftliches Gespräch.

»Was ich da in meiner Hand halte, ist eine Pistole«, sagte Kastler und hob den Lauf.

Montelán kniff die Augen zusammen. »Warum?«

»Nach allem, was Sie mir angetan haben — was Inver Brass mir angetan hat — müssen Sie da wirklich fragen?«

»Ich weiß nicht, was Ihnen widerfahren ist.«

»Sie lügen.«

»Hören Sie, wir wollen es einmal so betrachten. Ich weiß, daß man Ihnen eine ganze Menge falscher Informationen geliefert hat, wobei man davon ausging, daß Sie ein Buch schreiben könnten, das auf diesen falschen Informationen basiert. Man hoffte, dies würde gewisse Individuen erschrecken, die Teil einer Verschwörung sind, und könnte sie dazu zwingen, sich zu offenbaren. Um ganz ehrlich zu Ihnen zu sein, habe ich daran gezweifelt, daß was jetzt geschieht, klug ist — und zwar seit ich das erste Mal davon hörte.«

»Ist das alles, was Sie gelernt haben?«

»Ich vermute, daß es irgend etwas Unangenehmes gegeben hat, aber man hat uns versichert, daß Ihnen kein Leid geschehen würde.«

»Wer sind diese ›gewissen Individuen‹? Worin besteht ihre Verschwörung?«

Paris hielt einen Augenblick lang inne, als müßte er zuerst in sich einen Konflikt austragen. »Wenn Ihnen das niemand gesagt hat, ist vielleicht die Zeit gekommen, daß es jemand tut. Es *gibt* eine Verschwörung. Eine sehr gefährliche und wichtige. Ein ganzer Abschnitt von J. Edgar Hoovers Privatarchiven ist verschwunden. Sie sind einfach weg, als hätten sie sich in Luft aufgelöst.«

»Woher wissen Sie das?«

Wieder schwieg Montelán eine Weile und fuhr dann, nachdem er sich entschieden hatte, fort: »Details kann ich Ihnen nicht nennen. Aber da Sie den Namen erwähnten und heute morgen — was noch wesentlicher ist — in Ihrem Telefonanruf auf die anderen Bezug nahmen, muß ich annehmen, daß Sie mehr erfahren haben, als beabsichtigt war. Es hat nichts zu sagen; schließlich geht das ganze ja zu Ende. Inver Brass hat sich in den Besitz der übrigen Archive setzen können.«

»Wie?«

»Das kann ich Ihnen nicht sagen.«

»Sie können nicht, oder Sie wollen nicht?«

»Etwas von beidem vielleicht.«

»Das reicht nicht.«

»Kennen Sie einen Mann namens Varak?« fragte Paris mit leiser Stimme.

»Ja.«

»Fragen Sie ihn. Vielleicht sagt er es Ihnen, vielleicht auch nicht.«

Peter musterte das Gesicht des Spaniers im Mondlicht. Montelán log nicht. Er wußte nichts von Varaks Tod. Kastler verspürte ein leeres Gefühl im Magen; damit war der dritte ausgeschieden. Es gab noch Fragen, aber das Wichtigste war geklärt. Paris hatte die Archive nicht.

»Was sollte das bedeuten, als Sie sagten, es sei unwesentlich, was ich erfahren habe? Daß es zu Ende ginge?«

»Die Tage von Inver Brass sind vorüber.«

»Was genau ist Inver Brass?«

»Ich nahm an, Sie wüßten es.«

»Sie sollen nichts annehmen!«

Wieder wartete der Spanier eine Weile, ehe er weitersprach. »Eine Gruppe von Männern, die dem Wohlergehen dieser Nation ergeben ist.«

»Ein Kern«, sagte Peter.

»Ja, so könnte man es nennen«, antwortete Montelán. »Die Gruppe besteht aus hervorragenden Männern, Männern von außergewöhnlichem Charakter, die von großer Liebe für ihr Land erfüllt sind.«

»Sind Sie einer von diesen Männern?«

»Mir ist das Privileg zuteil geworden, dazu aufgefordert zu werden.«

»Ist dies die Gruppe, die ins Leben gerufen wurde, um Hoovers Opfer zu warnen?«

»Sie hat viele Funktionen gehabt.«

»Vor wie vielen Wochen hat man Sie aufgefordert, sich der Gruppe anzuschließen? Oder waren es Monate?«

Zum erstenmal schien Paris verblüfft. »Wochen? Monate? Ich bin seit vier Jahren Mitglied.«

»Vier Jahre?!« Da war wieder dieser Mißklang. Soweit Peter bekannt war, war die Gruppe — St. Claires Kern, dieses Inver Brass — gebildet worden, um Hoovers letzte und bösartigste Taktik zu bekämpfen; die Erpressung mit der Angst vermittels seiner Privatarchive. Es war eine späte Defensive, die aus der Notwendigkeit entstanden war. Ein Jahr, anderthalb Jahre, allerhöchstens zwei Jahre, hatte sie existiert. Und doch sprach Paris von vier Jahren ...

Und Jacob Dreyfus hatte den Satz »vierzig Jahre im Dienst unseres Landes« gebraucht, und daran anschließend hatte er dann etwas von »zahllosen Millionen« erwähnt. Damals während des Gesprächs am Strand, der Panik, hatte Kastler gedacht, Dreyfus meine damit irgendwie sich selbst. Aber jetzt ... *vierzig Jahre ... zahllose Millionen.*

Plötzlich erinnerte Peter sich Frederick Wells' beißender Worte. *Dieses Land braucht mich. Ich muß Inver Brass anführen. Die anderen sind alt, schwach! Ihre Zeit ist abgelaufen. Ich bin derjenige.*

Vier Jahre ... *Vierzig* Jahre! Zahllose *Millionen.*

Und endlich erinnerte sich Peter an den Brief, den Dreyfus an Montelán geschrieben hatte. Den Pakt zwischen Christopher und Paris.

Wir werden von unseren Erinnerungen verzehrt ...

Erinnerungen woran?

»Wer sind Sie, Sie und diese Gruppe?« fragte er und starrte Montelán an.

»Ich werde nichts sagen, was über das hinausgeht, was ich bereits gesagt habe. Sie hatten recht, Mr. Kastler. Ich hatte angenommen. Jedenfalls bin ich nicht hier, um über solche Dinge zu diskutieren. Ich bin hierhergekommen, weil ich versuchen wollte, Sie davon zu überzeugen, daß Sie sich nicht mehr einmischen sollen. Daß man Sie überhaupt hereingezogen hat, war eine Fehlentscheidung seitens eines brillanten, aber enttäuschten Mannes. Sie konnten keinen Schaden anrichten, solange Sie im Hintergrund blieben und in Ruinen herumstocherten. Aber wenn Sie ans Licht getreten wären und in der Öffentlichkeit Fragen gestellt hätten, wäre das eine Katastrophe gewesen.«

»Sie haben Angst«, sagte Kastler überrascht. »Sie geben sich ganz kühl, aber tief im Inneren haben Sie panische Angst.«

»Die habe ich ohne jeden Zweifel. Für Sie ebenso wie für uns alle.«

»Bedeutet ›uns‹ Inver Brass?«

»Und viele andere. In diesem Land gibt es eine Kluft zwischen dem Volk und seinen Führern. In den höchsten Bereichen der Regierung herrscht die Korruption; das geht weit über bloße Machtpolitik hinaus. Man hat die Verfassung ernsthaft angegriffen, unsere ganze Art zu leben ist bedroht. Ich will nicht melodramatisch sein. Ich sage Ihnen die Wahrheit. Vielleicht versteht jemand, der nicht hier geboren wurde, der solches andernorts miterlebt hat, besser, was diese Dinge bedeuten.«

»Und die Antwort? Oder gibt es keine?«

»Doch, die gibt es. Der ganz leidenschaftslose Einsatz der

Gesetze. Ich wiederhole, leidenschaftslos. Man muß die Leute aufwecken, ihnen vor Augen führen, welche Gefahr in diesem Mißbrauch liegt. Klar und vernünftig, nicht von emotionellen Klagen und Forderungen getrieben. Das System wird funktionieren, wenn man ihm die Chance dazu gibt. Der Vorgang hat schon angefangen. Jetzt ist nicht die Zeit für irgendwelche explosive Enthüllungen. Jetzt ist die Zeit für intensive Untersuchungen. Und dafür, daß man nachdenkt.«

»Ich verstehe«, sagte Peter langsam. »Und jetzt ist auch nicht die Zeit dafür, Inver Brass an die Öffentlichkeit zu ziehen, oder?«

»Nein«, sagte Montelán entschieden.

»Vielleicht wird diese Zeit nie kommen.«

»Vielleicht. Ich sagte Ihnen ja — seine Zeit ist abgelaufen.«

»Haben Sie deshalb Ihren Pakt mit Jacob Dreyfus geschlossen? Mit Christopher?«

Es war gerade, als hätte jemand Paris ins Gesicht geschlagen. »Darüber hatte ich nachgedacht«, sagte er leise. »Beinahe hätte ich ihn angerufen, aber dann habe ich es mir anders überlegt. Sie waren also mit ihm in Verbindung.«

»Ja, das war ich.«

»Ich bin sicher, daß er das gleiche wie ich gesagt hat. Die Liebe, die er für dieses Land empfindet, ist grenzenlos. Er versteht.«

»Aber ich verstehe nicht. Ich verstehe keinen von Ihnen.«

»Weil Ihr Wissen beschränkt ist. Und Sie werden auch von mir nicht mehr erfahren. Ich kann Sie nur noch einmal inständig bitten, gehen Sie weg. Wenn Sie so weitermachen, wird man Sie, glaube ich, töten.«

»Das ist schon angedeutet worden. Eine letzte Frage noch: Was ist in Chasŏng passiert?«

»Chasŏng? Die Schlacht von Chasŏng?«

»Ja.«

»Eine schreckliche Verschwendung. Tausende, die ihr Leben lassen mußten, und zwar nur für ein belangloses Stück völlig kahles Territorium. Der Größenwahn hat den Sieg über die Zivilautorität davongetragen. Es steht in den Akten.«

Peter bemerkte plötzlich, daß er immer noch die Waffe in der Hand hielt. Sie war sinnlos; er steckte sie in die Tasche zurück. »Fahren Sie nach Boston zurück«, sagte er.

»Sie werden sich alles, was ich gesagt habe, gründlich überlegen?«

»Ja.« Aber gleichzeitig wußte er, daß er fortfahren mußte.

Für Daniel Sutherland hatte sich O'Brien eine kleine Bucht östlich von Deal Island und der Chesapeake-Bay ausgesucht. Das Zusammentreffen sollte an einem öffentlichen Anlegeplatz stattfinden, wo Fischerboote lagen, in erster Linie Austernfischer, die notwendigerweise noch ein oder zwei Wochen dort bleiben würden. Die Betten waren schlecht; das Meer war um diese Zeit im Dezember alles andere als gastfreundlich.

Die Wellen schlugen unablässig gegen die Docks. Das Ächzen der Boote in den Bojen klang wie gleichmäßiger Trommelwirbel, während die Möwen im Licht des frühen Morgen am Himmel schrien.

Venice. Der letzte Kandidat, dachte Peter, der auf dem öligen Geländer eines Trawlers am Ende des Docks saß. Der letzte, sofern das nicht Bravo war, verbesserte er sich. Es schien sicher, daß Peter zu Munro St. Claire zurückkehren würde. Die Möglichkeit, daß Sutherland Inver Brass verraten hatte, daß er der flüsternde Mörder war, der die Archive besaß, war weithergeholt. Aber schließlich war nichts so, wie es zu sein schien. Alles war vorstellbar.

Sutherland hatte ihm gesagt, der Ausschuß, den man ins Leben gerufen hatte, um gegen Hoovers Bösartigkeit zu Feld zu ziehen, sei aufgelöst worden. Außerdem hatte Sutherland behauptet, die Akten seien vernichtet worden. Als Angehöriger von Inver Brass wußte er, daß beides gelogen war.

Aber welches Interesse konnte Sutherland an den Archiven haben? Warum sollte er töten? Warum sich an dem Gesetz versündigen, das für ihn das Höchste war?

Peter konnte kaum den Eingang zum Dock hinter den Auslegerkränen und den Maschinenwinschen ausmachen. Sie bildeten einen seltsamen, silhouettenartigen Bogen, mit scharfen, schwarzen Linien vor einem grauen Hintergrund. Er blickte über die kurze Strecke Wassers zu seiner Rechten, wo er O'Brien auf dem Deck eines Bootes wußte. Er drehte den Kopf nach links und versuchte, einen Blick auf den Wagen zu erhaschen, der sich zwischen Austernbooten in Trockendocks eingezwängt hatte, die man zu Reparaturzwecken aus dem Wasser geholt hatte. Alison saß im Wagen. Sie hielt ein Streichholzbriefchen in der Hand und hatte ein einzelnes Streichholz abgerissen, war bereit, es anzureißen. Wenn irgend jemand außer dem Richter in Sutherlands Wagen sitzen sollte, war vereinbart, daß sie es anriß, und es ins Fenster hielt und dabei die Flamme mit der Hand bedeckte.

Plötzlich hörte Peter das leise Summen eines schweren Motors eines sich nähernden Wagens. Wenige Augenblicke später schossen doppelte Scheinwerferbündel durch den von einem Zaun geschützten Eingang in das Dock, spiegelten sich in den Schiffsrümpfen. Das Automobil rollte weiter und bog in eine breite Gasse, die zwischen den Booten zum Wasser führte.

Die Scheinwerfer wurden ausgeschaltet und hinterließen in Kastlers Augen ein schwaches Nachleuchten. Er kauerte sich hinter die Bordwand des Trawlers und fuhr fort, zu dem Dock hinüberzublicken. Wellen klatschten in unregelmäßigem Rhythmus gegen die Poller; das Ächzen der Boote hielt an.

Eine Wagentür öffnete sich und schloß sich wieder, wenige Augenblicke darauf tauchte Sutherlands hünenhafte Gestalt aus der Dunkelheit. Sie füllte einen großen Teil des Raumes zwischen dem stählernen Bogen und den straff gespannten Tauen. Er trat auf das Dock hinaus auf Peter zu. Seine Schritte hallten schwer und vorsichtig, aber ohne Zögern.

Er erreichte das Ende des Docks und stand reglos da, blickte über die Bucht hinaus. Ein hünenhafter schwarzer Mann in der Dämmerung. Daniel Sutherland sah aus, als wäre er der letzte Mensch auf der Erde, der das Ende des Universums betrachtete. Oder ein Sklave, der darauf wartete, daß ein Leichter anlegte, und jemand ihm befahl, mit dem Ausladen zu beginnen.

Peter stand auf, stieß sich von der Reling des Trawlers ab, hielt die Hand in der Tasche, wo sie die Pistole umfaßte. »Guten Morgen, Richter. Oder sollte ich Sie Venice nennen?«

Sutherland drehte sich um und blickte zu Kastler hinüber, der auf der schmalen Gangway stand. Er sagte nichts.

»Ich sagte guten Morgen«, fuhr Kastler mit leiser Stimme fort, höflich, außerstande, den Respekt wegzulassen, den er für diesen Mann empfand, der in einem Leben soviel erreicht hatte.

»Ich habe Sie gehört«, erwiderte Sutherland in seiner sonoren Stimme, die in sich selbst eine Waffe war. »Sie haben mich Venice genannt.«

»Das ist doch der Name, unter dem man Sie kennt. Der Name, den Inver Brass Ihnen gegeben hat.«

»Das ist nur teilweise richtig. Es ist ein Name, den ich mir selbst gegeben habe.«

»Wann? Vor vierzig Jahren?«

Sutherland gab nicht gleich Antwort. Er schien Peters Frage mit einer Mischung aus Zorn und Verblüffung in sich aufzunehmen, blieb aber ganz ruhig. »Es ist nicht wichtig, wann das geschah. Und der Name ist auch nicht wichtig.«

»Ich glaube schon. Hat Venice etwas mit Venedig zu tun?«

»Ja. Der Mohr.«

»Othello war ein Mörder.«

»Aber dieser Mohr ist keiner.«

»Um das herauszufinden, bin ich hier. Sie haben mich belogen.«

»Ich habe Sie zu Ihrem Nutzen in die Irre geführt. Sie hätten von Anfang an nicht eingeschaltet werden dürfen.«

»Ich bin es leid, das zu hören. Warum hat man mich denn eingeschaltet?«

»Weil andere Lösungen nicht funktionierten. Sie schienen einen Versuch wert. Wir standen vor einer nationalen Katastrophe.«

»Hoovers verschwundene Archive?«

Sutherland gab nicht gleich Antwort. Seine großen, dunklen Augen bohrten sich in die Kastlers. »Sie haben es also erfahren«, sagte er. »Es stimmt. Diese Archive mußten gefunden und vernichtet werden, aber bis dahin waren alle Versuche, sie ausfindig zu machen, gescheitert. Bravo war verzweifelt und griff daher zu verzweifelten Maßnahmen. Eine davon waren Sie.«

»Warum hatten Sie mir dann gesagt, daß die Archive vernichtet worden waren?«

»Man hatte mich gebeten, gewisse Einzelheiten von dem, was man Ihnen gesagt hatte, zu bestätigen. Aber ich wollte nicht, daß Sie sich zu ernst nahmen. Sie sind Romanschriftsteller, kein Historiker. Ihnen noch mehr Bewegungsspielraum einzuräumen, hätte Sie in große Gefahr gebracht. Das konnte ich nicht zulassen.«

»Sie wollten also einen Köder für mich auslegen, aber nicht, daß ich ihn wirklich schluckte, war es das?«

»So könnte man es ausdrücken.«

»Nein, das kann man nicht. Da ist noch mehr. Sie schützten eine Gruppe von Männern, die sich Inver Brass nennen. Sie sind ein Mitglied dieser Gruppe. Sie sagten mir, einige wenige verantwortungsbewußte, besorgte Männer und Frauen hätten sich zusammengeschlossen, um Hoover zu bekämpfen, und sich nach seinem Tod wieder getrennt. Auch darin haben Sie gelogen. Diese Gruppe reicht vierzig Jahre zurück.«

»Sie haben Ihrer Fantasie zu viel Spielraum gelassen.« Der Atem des Richters ging jetzt schwer.

»Nein, das habe ich nicht. Ich habe mit den anderen gesprochen.«

»Sie haben was?« Die ganze Selbstkontrolle war dahin, das Gefühl richterlicher Gemessenheit, das aus jedem Satz geklungen hatte. Sutherlands Lippen zitterten. »Was in Gottes Namen haben Sie getan?«

»Ich habe die Worte eines Sterbenden gehört. Und ich glaube, Sie wissen, wer dieser Mann war.«

»O Gott! *Longworth!*« Der schwarze Hüne erstarrte.

»Sie haben es *gewußt*!« Der Schock war so groß, daß Peter der Atem stockte. Seine Muskeln spannten sich, er drohte, das Gleichgewicht zu verlieren und richtete sich wieder auf. Es war also Sutherland. Keiner der anderen hatte diese Verbindung hergestellt. Sutherland! Und er hätte das unmöglich wissen können, ohne Varak zu folgen, ohne das Telefon des Hay-Adams anzuzapfen!

»Ich weiß es jetzt«, sagte der Richter mit ausdrucksloser, gefährlich klingender Monotonie. »Sie haben ihn in Hawaii gefunden, ihn zurückgeholt und ihn zerbrochen. Vielleicht haben Sie damit eine Kette von Ereignissen ausgelöst, welche die Fanatiker zum Handeln veranlaßt! Das könnte dazu führen, daß sie schreiend an die Öffentlichkeit treten und ihre Anklagen von Verschwörung und noch Schlimmerem hinausbrüllen! Was Longworth getan hat, war notwendig. Es war *richtig*!«

»Wovon, zum Teufel, reden Sie denn? Longworth war Varak, und das wissen Sie verdammt gut! Er hat *mich* gefunden! Er hat mir das Leben gerettet und ich habe ihn sterben gesehen.«

Um Sutherlands Gleichmut schien es geschehen. Sein Atem stockte, und sein mächtiger Körper zitterte, als würde er jeden Augenblick hinfallen. Seine Simme klang leise, von tiefem Schmerz erfüllt. »Varak war es also. Das hatte ich in Betracht gezogen, wollte es aber nicht glauben. Er hat mit anderen zusammengearbeitet; ich dachte, es sei einer von ihnen. Nicht Varak. Die Wunden seiner Kindheit heilten nie; er konnte der Versuchung nicht widerstehen. Er mußte alle Waffen haben.«

»Wollen Sie mir damit sagen, daß er die Archive genommen hat? Das paßt nicht zusammen. Er hatte sie nicht.«

»Er hat sie jemand anderem ausgeliefert.«

»Er hat was?« Kastler trat einen Schritt vor. Sutherlands Worte hatten ihn erschreckt.

»Sein Haß ging zu tief. Sein Gerechtigkeitsgefühl war verdreht; alles was er wollte, war Rache. Und die sollten ihm die Archive verschaffen.«

»Was auch immer Sie damit sagen wollen, es stimmt nicht!

Varak hat sein Leben dafür gegeben, jene Akten zu finden! Sie lügen! Er hat mir die Wahrheit gesagt! Er sagte, es sei einer von vier Männern!«

»Es ist ...« Sutherland blickte auf das Wasser hinaus. Nur das Klatschen der Wellen durchbrach das lastende Schweigen. »Allmächtiger Gott«, sagte er dann und wandte sich wieder Peter zu. »Wenn er nur zu mir gekommen wäre. Ich hätte ihn vielleicht überzeugen können, daß es einen besseren Weg gab. Wenn er nur zu mir gekommen ...«

»Warum sollte er? Sie waren auch nicht über jeden Verdacht erhaben. Ich habe mit den anderen gesprochen; Sie sind es immer noch nicht. Sie sind einer der vier!«

»Sie arroganter, junger Narr!« donnerte Daniel Sutherland, und seine Stimme hallte über die Bucht. Und dann wurde sie wieder ganz leise, ungeheuer eindringlich. »Sie sagen, ich lüge. Sie sagen, Sie hätten mit den anderen gesprochen. Nun, dann lassen Sie mich Ihnen sagen, daß jemand anderer Sie viel emsiger belogen hat.«

»Was soll das bedeuten?«

»Das soll bedeuten, daß ich weiß, wer die Archive hat! Ich weiß es seit Wochen! Es ist tatsächlich einer von vier Männern, aber nicht ich. Diese Entdeckung war gar nicht so schwer zu machen. Schwer ist es vielmehr, sie zurückzuholen! Einen Mann, der wahnsinnig geworden ist, dahin zu bringen, Hilfe zu suchen. Sie und Varak haben das vielleicht unmöglich gemacht!«

Peter starrte den schwarzen Hünen an. »Sie haben nie etwas zu jemandem gesagt ...«

»Das konnte ich nicht!« unterbrach ihn der Richter. »Es mußte geheim bleiben; die Risiken waren zu groß. Er kann Mörder in seinen Dienst stellen, er hat tausend Geiseln in jenen Archiven.« Sutherland trat einen Schritt auf Kastler zu. »Haben Sie irgend jemandem gesagt, daß Sie hierher kommen würden? Haben Sie sich vergewissert, daß man Ihnen nicht gefolgt ist?«

Kastler schüttelte den Kopf. »Ich habe meinen eigenen Schutz. Niemand ist mir gefolgt.«

»Sie haben was?«

»Ich bin nicht allein«, sagte Peter leise.

»Sie haben andere bei sich?«

»Das ist richtig«, sagte Kastler, dem die plötzliche Furcht des alten Mannes Angst machte. »Er ist bei uns.«

»O'Brien?«

»Ja.«

»Mein Gott.«

Plötzlich war im Wasser ein lautes Klatschen zu hören, aber das war kein Fisch, dafür war das Geräusch zu laut. Unter dem Dock war ein menschliches Wesen. Peter rannte in der Dunkelheit an den Rand.

Hinter ihm peitschten zwei Explosionen. Aus der Richtung, wo Quinns Boot war! Kastler warf sich hin, preßte sich gegen die Planken. Und plötzlich peitschten rings um ihn Schüsse, von der Wasserfläche, von den anderen Booten. Auch die spuckenden Geräusche, wie sie mit Schalldämpfern ausgestattete Pistolen erzeugen, waren zu hören. Peter rollte sich nach links und suchte instinktiv hinter einem Holzstapel Schutz. Vor seinem Gesicht splitterte Holz auf. Er bedeckte seine Augen, öffnete sie dann wieder, gerade rechtzeitig, um vom gegenüberliegenden Dock einen Lichtblitz zu sehen. Er riß die eigene Waffe heraus und feuerte sie, von Panik erfüllt, ab.

Ein Schrei hallte über das Wasser. Dann konnte man hören, wie etwas Schweres stürzte, mit unsichtbaren Gegenständen kollidierte und über das Dock ins Wasser rollte.

Kastler hörte ein grunzendes Geräusch zu seiner Linken. Er drehte sich um. Ein Mann in einem schwarzen Neoprenanzug kletterte auf die Pier. Peter zielte und feuerte; das schwarze Monstrum krümmte den Rücken und fiel dann in einem letzten Versuche, nach ihm zu greifen, nach vorn.

Alison! Er mußte zu ihr! Er warf sich nach hinten und stieß überraschend gegen einen menschlichen Körper. Sutherland! Sein Gesicht war mit Blut bedeckt, der Oberteil seines Mantels besudelt. Überall waren rote Flecken.

Der schwarze Hüne war tot.

»Kastler!« O'Brien rief nach ihm, seine Stimme übertönte die Schüsse. Wozu? Um ihn zu töten? Wer war O'Brien? Was war O'Brien?

Er würde nicht antworten; er würde sich nicht zur Zielscheibe machen. Der Drang zu überleben zwang ihn, sich zu bewegen. Er arbeitete sich über Daniel Sutherlands Leiche zu dem Gewirr von Maschinenanlagen am Fuß des Docks. Auf allen vieren kroch er, duckte sich, huschte so schnell er konnte über die schmutzigen Planken.

Ganz in seiner Nähe prallte eine Kugel ab und zog pfeifend davon. Man hatte ihn *gesehen*! Er hatte keine Wahl; er richtete sich teilweise auf und rannte auf die schwarzen Silhouetten zu. Jetzt war er vor ihnen, warf sich zwischen die Taurollen und zwängte sich dann nach rechts hinter eine Stahlplatte, die Schutz bot.

»Kastler! *Kastler!*« O'Briens Rufe übertönten immer noch die Schüsse. Aber Peter ging nicht auf ihn ein. Es gab nur eine Erklärung. Der Mann, den er bedauert, bewundert hatte, dem er sein Leben anvertraut hatte, hatte ihn in die Falle gelockt!

Eine ganze Folge von Schüssen hallte zu ihm herüber, dicht gefolgt von einer Explosion. Flammen zuckten vom Heck eines Trawlers in die Höhe, der zwei Docks von ihm entfernt lag. Dann eine zweite Detonation; wieder brach ein Boot in Flammen aus. Rufe ertönten, Befehle; Männer rannten über die Docks und sprangen ins Wasser. Die Schüsse schienen jetzt weniger zu werden. Dann war ein lauter Knall zu hören, und ein drittes Boot platzte auseinander. Wieder ein Schuß; ein Mann schrie. Er schrie Worte.

Was er schrie, war nicht zu verstehen. Nur ein Wort: Chasŏng. *Chasŏng!*

Ein Mann war getroffen worden, und seine letzten Worte waren seine Auflehnung gegen den Tod gewesen; es gab kein anderes Motiv für diese wilden Schreie. Es war die Sprache, die Varak nicht verstanden hatte! Kastler hörte sie jetzt selbst; sie glich keiner anderen Sprache, die er je gehört hatte.

Der Lärm ließ nach. Zwei Männer in Neoprenanzügen kletterten auf die Pier, wo Daniel Sutherland lag. Von dem gegenüberliegenden Dock hallten schnell hintereinander drei Schüsse herüber; ein Querschläger pfiff über Peter hinweg und bohrte sich neben ihm ins Holz. Eine Gestalt rannte aufs Ufer zu, setzte über Geländer, sprang von Boot zu Boot, an den Aufbauten vorbei. Wieder Schüsse; Kastler duckte sich hinter seiner stählernen Schutzwand. Die rennende Gestalt erreichte das schlammige Ufer und duckte sich hinter ein langgezogenes Ruderboot. Er blieb nur Sekunden dort, dann erhob er sich wieder und rannte in die Finsternis.

Es war *O'Brien*! Peter sah ungläubig zu, wie er in dem Gebüsch untertauchte, das bis an das Bootsbecken reichte.

Die Schüsse verstummten. Hinter den Docks war das Geräusch eines Motorboots zu hören. Kastler konnte nicht länger warten. Er kroch aus seinem Zufluchtsort heraus, stand auf und rannte zwischen den Booten auf den Wagen zu.

Alison lag flach auf dem Boden neben dem Automobil. Ihre Augen waren glasig. Sie zitterte am ganzen Körper. Peter sank neben ihr herunter und hielt sie in den Armen.

»Ich hatte nie gedacht, daß ich dich lebend wiedersehen würde!« flüsterte sie, und ihre Finger bohrten sich ihm ins Fleisch, und ihre feuchte Wange drückte sich an die seine.

»Komm. Schnell!« Er zog sie in die Höhe, riß die Wagentür auf, schob Alison hinein.

Auf dem Dock war Bewegung. Das Motorboot, das er in der Ferne gehört hatte, war längsseits gegangen. Worte hallten zu ihm herüber; Männer drehten sich um. Einige setzten sich in Richtung auf das Ufer in Bewegung.

Das war der Augenblick, um zu handeln. In wenigen Sekunden würde es zu spät sein. Er blickte durch die Windschutzscheibe und drehte den Zündschlüssel. Der Motor ächzte, sprang aber nicht an.

Die Feuchtigkeit des Morgens! Der Wagen war seit Stunden nicht mehr gelaufen!

Er hörte vom Dock Rufe. Auch Alison hörte sie; sie griff nach seiner Pistole, die er auf den Sitz hatte fallen lassen. Automatisch, mit einer Fingerfertigkeit, hinter der Erfahrung stand, klappte sie das Magazin heraus.

»Du hast nur noch zwei Patronen! Hast du noch welche?«

»Kugeln? Nein!« Peter drehte erneut den Zündschlüssel und trat das Gaspedal nieder.

Die Gestalt eines Mannes in einem Gummianzug ragte zwischen den Trawlerrümpfen auf. Er setzte sich in Richtung auf sie in Bewegung.

»Paß auf deine Augen auf!« schrie Alison.

Sie feuerte die Waffe ab, und die Explosion hallte dröhnend durch das Wageninnere. Das Seitenfenster zersplitterte. Der Motor sprang an.

Kastler riß den Schalthebel durch und trat auf das Gaspedal. Der Wagen machte einen Satz nach vorn, er riß das Steuer nach rechts, der Wagen rutschte durch, Schlamm spritzte auf. Er drehte das Rad wieder gerade und raste auf die Ausfahrt zu.

Sie konnten hinter sich Schüsse hören; das Heckfenster explodierte.

Kastler drückte Alison auf den Wagenboden und riß gleichzeitig das Steuerrad nach links. Sie blieb nicht unten, sondern kam wieder hoch, feuerte die zweite und damit letzte Kugel ab. Einen Augenblick lang verstummten die Schüsse hinter ihnen.

Dann setzte das Feuer wieder ein, aber die Kugeln trafen sie nicht. Peter erreichte den Eingang des Bootsbeckens und raste die Straße hinunter, die zum Highway führte.

Sie waren allein. Vor einer Stunde waren sie noch drei Flüchtlinge gewesen, jetzt waren es zwei.

Sie hatten Quinn O'Brien vertraut; er hatte sie verraten.

Zu wem konnten sie jetzt noch Vertrauen haben?

Sie hatten nur einander. Häuser und Bürogebäude wurden bewacht. Freunde und Bekannte standen unter Beobachtung. Telefone waren angezapft, ihr Wagen bekannt. Bald würde es Streifenwagen auf den Highways und auf den Nebenstraßen geben.

Peter begann einen seltsamen Wandel in sich zu versprüren. Einen Augenblick lang fragte er sich, ob das die Wirklichkeit war oder wieder nur etwas, das er sich einbildete; doch was auch immer es war, jedenfalls würde er dankbar dafür sein, entschied er für sich.

An die Stelle der Furcht — jenen Gefühls völliger Hilflosigkeit — trat zusehends Wut.

Er packte das Steuer und fuhr weiter, und der Todesschrei, den er noch vor wenigen Minuten gehört hatte, hallte in seinen Ohren nach.

Chasŏng!

Nachdem alles gesagt war, war das immer noch der Schlüssel.

37

Der Durchschnittsbürger erfuhr nichts von ihrer Flucht. Es gab keine Suchmeldungen im Radio, keine Bilder im Fernsehen oder den Zeitungen. Und doch flohen sie, denn am Ende würde es keinen Schutz für sie geben; Gesetze waren gebrochen, Männer getötet worden. Wenn sie sich stellten, würde das ein Dutzend Fallen bedeuten. Die unbekannten Männer waren überall, verstreut über die Behörden.

Hoovers Privatarchive waren ihr einziger Schutz, ihre einzige Hoffnung auf Überleben.

Der Tod hatte sie der Antwort nähergebracht. Varak hatte gesagt, es sei einer von vier Männern. Peter hatte einen fünften hinzugefügt. Jetzt war Sutherland tot, und Dreyfus war tot, und somit blieben drei, Banner, Paris und Bravo.

Frederick Wells, Carlos Montelán, Munro St. Claire.

Jemand anderer hat Sie viel emsiger belogen.

Aber dort lag der Schlüssel. *Chasŏng.* Es war keine Lüge. Eines der drei übriggebliebenen Mitglieder von Inver Brass war irgendwie tief und unwiderruflich mit dem Massaker von Chasŏng vor zweiundzwanzig Jahren verbunden. Wer auch immer es war, er besaß die Archive. Peter erinnerte sich an das, was Ramirez gesagt hatte. *Chasŏng ist ... in Dutzenden von Veteranenhospitälern zu finden.*

Die Wahrscheinlichkeit, etwas von den Überlebenden zu erfahren, war nur gering. Ihre Erinnerung würde lückenhaft sein, aber das war der einzige Schritt, der ihm einfiel. Vielleicht der letzte.

Seine Gedanken wandten sich Alison zu. Die Wut, die sie erfüllte, kam der seinen gleich, und in dieser Wut lag ein bemerkenswerter Sinn erfinderischer Entschlossenheit. Die Tochter des Generals hatte ihre Möglichkeiten und setzte sie ein; ihr Vater war während seiner Dienstzeit vielen gefällig gewesen. Sie trat nun an diejenigen heran, von denen sie wußte, daß sie weit abseits der Zentren des Einflusses und der Lenkung des Pentagons angesiedelt waren. Männer, mit denen sie seit Jahren nicht gesprochen hatte, erhielten Telefonanrufe mit Bitten um Hilfe — taktvolle Unterstützung, die versteckt und ohne Fragen zu stellen, benötigt wurde.

Und sie teilte ihre Bitten auf, damit man sie nicht zu einem zentralen Ort zurückverfolgen konnte.

Ein Air-Force-Colonel, der für die NASA tätig war, traf sich mit ihnen jenseits der Staatsgrenze von Delaware in Laurel und überließ ihnen seinen Wagen. O'Briens Fahrzeug wurde im Wald am Ufer des Naticoke Rivers versteckt.

Ein Captain der Artillerie in Fort Benning reservierte unter seinem Namen Zimmer für sie in einem Holiday Inn außerhalb von Arundel Village.

Ein Kapitänleutnant im Third Naval District, er hatte bei Omaha Beach ein Landungsfahrzeug gesteuert, fuhr nach Arundel und brachte ihnen dreitausend Dollar auf ihr Zimmer. Er akzeptierte — ohne Fragen zu stellen — einen von Kastler an Joshua Harris adressierten Brief, in dem der Literaturagent aufgefordert wurde, die geliehene Summe zurückzuzahlen.

Was jetzt noch fehlte, war am schwersten zu bekommen: die Verletztenlisten von Chasŏng. Genauer gesagt, die Adressen der schwerverletzten Überlebenden. Wenn es einen Brennpunkt gab, der möglicherweise rund um die Uhr überwacht wurde, so war das Chasŏng. Sie mußten bei ihren Ermittlungen von der Annahme ausgehen, daß sie von Unsichtbaren beobachtet wurden, die nur darauf warteten, daß jemand Interesse zeigte.

Es war beinahe acht Uhr abends. Der Kapitänleutnant hatte

sie vor wenigen Minuten verlassen und die dreitausend Dollar auf den Nachttisch gelegt. Peter saß auf dem Bett, den Kopf müde gegen die Kopfstütze gelehnt. Alison saß am Schreibtisch. Vor ihr lagen ihre Notizen. Dutzende von Namen, die meisten aus dem einen oder anderen Grund durchgestrichen. Sie lächelte.

»Gehst du immer so gleichgültig mit Geld um?«

»Gehst du immer so geschickt mit einer Pistole um?« erwiderte er.

»Ich habe fast mein ganzes Leben lang Waffen um mich gehabt. Das bedeutet nicht, daß ich sie mag.«

»Ich habe etwa dreieinhalb Jahre Geld um mich gehabt. Ich mag es sehr.«

»Mein Vater ging mit mir ein paarmal im Monat auf den Schießplatz. Natürlich, wenn niemand dort war. Wußtest du, daß ich schon als Dreizehnjährige blind einen Karabiner oder eine 45er zerlegen konnte? Herrgott, wie muß er sich doch gewünscht haben, daß ich ein Junge wäre!«

»Herrgott, wie verrückt er doch gewesen sein muß«, sagte Kastler und ahmte ihre Stimme nach. »Was machen wir jetzt mit den Verletztenlisten? Hast du noch irgendwo Fäden, an denen du ziehen kannst?«

»Vielleicht. Es gibt da einen Arzt im Walter Reed Hospital. Phil Brown. Er war Sanitäter in Korea, als mein Vater ihn entdeckte. Er flog mit dem Helikopter in die vordersten Linien und behandelte die Verwundeten, wenn die Ärzte schon abwinkten. Später setzte Dad ihn auf die richtige Spur und kümmerte sich darum, daß er auf Kosten der Armee eine medizinische Ausbildung bekam. Er stammte aus einer armen Familie; anders wäre das nicht möglich gewesen.«

»Das liegt weit zurück.«

»Ja. Aber sie sind miteinander in Verbindung geblieben. Wir auch. Es ist den Versuch wert. Sonst fällt mir niemand ein.«

»Kannst du ihn hierher bekommen? Ich möchte nicht am Telefon sprechen.«

»Fragen kann ich ihn«, sagte Alison.

Binnen einer Sekunde kam ein schlanker, dreiundvierzigjähriger Militärarzt durch die Tür und umarmte Alison. Der Mann hatte etwas Sympathisches an sich, dachte Kastler; er mochte ihn, obwohl er das Gefühl hatte, daß Alison mit ›in Verbindung geblieben‹ genau das gemeint hatte. Sie waren gute Freunde; früher einmal mochten sie bessere Freunde gewesen sein.

»Schön, dich zu sehen, Phil!«

»Tut mir leid, daß ich nicht zu Macs Begräbnis kommen konnte«, sagte der Arzt, der Alison immer noch an der Schulter hielt. »Ich dachte, du würdest das verstehen. All die scheinheiligen Reden von diesen Schweinen, die am liebsten seine Sterne beschlagnahmt hätten.«

»Du bist immer noch so direkt, Charlie Brown.«

Der Major küßte sie auf die Stirn. »Den Namen habe ich seit Jahren nicht mehr gehört.« Er wandte sich an Peter. »Wissen Sie, die ist nämlich ein *Peanuts*-Fan. Wir warteten immer gemeinsam auf die Sonntagszeitungen ...«

»Das ist Peter Kastler, Phil«, unterbrach Alison.

Der Arzt sah Peter zum erstenmal genauer an und streckte ihm die Hand hin. »Du legst dir ja prominente Freunde zu, Ali. Ich bin wirklich beeindruckt. Ihre Bücher gefallen mir, Peter. Darf ich Sie Peter nennen?«

»Nur, wenn ich Sie Charlie nennen darf.«

»Aber nicht im Büro. Die würden mich sonst für einen Intellektuellen halten, und das ist nicht gern gesehen ... Aber was ist los? Ali klang ja, als wäre die Rauschgiftpolizei hinter ihr her.«

»Stimmt teilweise«, sagte Alison. »Viel schlimmer als Rauschgift. Darf ich es ihm sagen, Peter?«

Kastler musterte den Major, sah die plötzliche Sorge in seinen Augen, die Stärke, die sich unter Freundlichkeit verbarg. »Ich glaube, du kannst ihm alles sagen.«

»Das denke ich auch«, sagte Brown. »Dieses Mädchen bedeutet mir eine ganze Menge. Ihr Vater war ein wichtiger Teil meines Lebens.«

Sie berichteten. Alles. Alison begann; Peter lieferte Einzelheiten. Es war ein kathartisches Erlebnis für sie; endlich jemand, dem sie vertrauen konnte. Alison begann die Ereignisse in Tokio vor zweiundzwanzig Jahren zu schildern. Als sie zu dem Angriff ihrer Mutter auf sie kam, hielt sie inne; die Worte fehlten ihr.

Der Arzt kniete vor ihr nieder. »Hör zu«, sagte er mit fast professionell klingender Stimme. »Ich will alles hören. Es tut mir leid, aber du mußt es mir sagen.«

Er berührte sie dabei nicht. Aber in seiner Stimme klang ein Befehl, der keinen Widerspruch duldete.

Als sie geendet hatte, nickte Brown Peter zu und stand auf, um sich einen Drink zu machen. Kastler trat neben Alison und legte den Arm um sie, während der Arzt ihm einschenkte.

»Diese Schweine«, sagte Brown und drehte das Glas zwischen den Händen. »Halluzinogene — das haben die ihr verpaßt.

Vielleicht ein Morphiumpräparat oder Kokain, aber die Halluzinogene führen zu visuellen Verschiebungen, das ist das Hauptsymptom. Beide Seiten haben damals daran intensiv herumexperimentiert. Diese *Schweine!*«

»Welchen Unterschied macht es denn, was für Narkotika eingesetzt wurden?« fragte Kastler, der immer noch den Arm um Alison hatte.

»Wahrscheinlich gar keinen«, antwortete Brown. »Aber möglicherweise doch. Diese Experimente waren streng geheim. Irgendwo gibt es Aufzeichnungen — Gott weiß wo — aber es muß sie geben. Sie könnten uns die Strategie verraten. Wir könnten Namen und Daten erfahren, herausbekommen, wie weit sich das Netz spannte.«

»Ich würde lieber mit den Männern sprechen, die in Chasŏng waren«, sagte Peter. »Einige der Überlebenden, je höher der Rang, desto besser. Die in den Veteranenhospitälern Aber wir haben nicht genug Zeit, sie im ganzen Land zu suchen.«

»Sie glauben, daß Sie dort die Antwort finden würden?«

»Ja. Chasŏng ist so etwas wie ein Kult geworden. Ich habe einen Sterbenden den Namen hinausschreien hören, als wäre sein Tod ein bereitwillig dargebrachtes Opfer. Ich kann mich nicht irren.«

»Gut.« Brown nickte. »Warum könnte das Opfer dann nicht auf Rache basieren? Vergeltung für das, was Macs Frau getan hat, ihre Mutter.« Der Arzt sah Alison an, seine Augen baten um Vergebung. »Dinge, die sie getan hat, über die sie keine Kontrolle hatte, aber jemand, der auf Rache aus ist, würde das ja nicht wissen.«

»Das ist es ja«, unterbrach Peter. »Die Art von Leuten sind Mitläufer, die zu sterben bereit sind — nicht solche, die etwas zu sagen haben. Sie würden nichts von ihrer Mutter wissen. Das haben Sie ja gerade gesagt. Ramirez hat es bestätigt. Jene Experimente waren sehr geheim. Nur wenige Leute wußten davon. Es gibt keine Verbindung.«

»*Sie* haben sie gefunden. Bei Ramirez.«

»Man *erwartete*, daß ich sie fand, erwartete, daß ich mich damit zufrieden geben würde. Aber in Chasŏng geschah noch etwas anderes. Varak hat es gespürt, aber er konnte es nicht ergründen, also nannte er es ein Täuschungsmanöver.«

»Ein Täuschungsmanöver?«

»Ja. Derselbe Tümpel, aber die falsche Ente. ›Mac The Knife‹ hatte nichts mit der Manipulation seiner Frau zu tun. Das zerrissene Nachthemd in dem Arbeitszimmer in Rockville, die zerschlagenen Gläser, das Parfüm — das alles waren Wegweiser, die in die falsche Richtung wiesen, die auf das Wrack einer Frau wiesen, die der Feind zerstört hatte. Und ich sollte darauf springen. Das habe ich auch getan, aber ich hatte unrecht. Es war etwas anderes.«

»Wie kommt es, daß Sie das alles wissen? Wie können Sie so sicher sein?«

»Weil, verdammt noch mal, ich so etwas selbst erfunden habe. In Büchern.«

»In *Büchern*? Kommen Sie schon, Peter, das ist die Wirklichkeit.«

»Darauf könnte ich antworten, aber dann würden Sie mich festbinden und unter Beobachtung stellen. Besorgen Sie mir einfach die Namen der Überlebenden von Chasŏng.«

Major Philip Brown, M.D., überflog den Aktenvermerk noch einmal, der das Ergebnis des Gesprächs jenes Morgens war. Er war mit sich zufrieden. Die Notiz klang gerade wichtigtuerisch genug, ohne irgendwo einen Alarm auszulösen, der vielleicht zu schrill sein könnte.

Es war die Art von Papier, mit der er sich Zugang zu jenen Tausenden mikroverfilmten Akten verschaffen konnte, welche die Adresse und kurze Krankheitsgeschichten der Versehrten enthielten, die in Veteranenhospitälern im ganzen Land verstreut lebten.

Das Memorandum stellte im Wesen die Theorie auf, daß sich in einer Anzahl älterer versehrter Soldaten gewisse innere Gewebe etwas schneller abbauten, als dem normalen Alterungsprozeß zuzuschreiben war. Diese Männer hatten in Korea gedient, und zwar alle in der Provinz Chagang oder deren näherer Umgebung. Es bestand die Möglichkeit, daß sie sich damals eine Virusinfektion zugezogen hatten, und daß dieser Virus, selbst wenn es den Anschein hatte, als hätte er sich verkapselt, tatsächlich doch auf der Molekularebene aktiv geblieben war. Der Aktenvermerk stellte die Theorie auf, daß es sich dabei um *Hynobius* handelte, ein mikroskopisches Antigen, das von Insekten verbreitet wurde, die in der Provinz Chagang beheimatet waren. Weitere Untersuchungen im Rahmen der sonstigen Prioritäten wurden empfohlen.

Das Ganze war völliger Unsinn. Der Major hatte keine Ahnung, ob es ein *Hynobius*-Antigen gab, aber wenn er es erfand, würde es wahrscheinlich niemanden geben, der widersprechen würde.

Mit dem Aktenvermerk in der Hand ging Brown in das Mikrofilmarchiv. Bei dem diensthabenden Sergeanten erwähnte er den Namen Chasŏng nicht, sondern überließ dem Sergeanten die Auswahl. Der Soldat nahm seine Dektektivarbeit ernst; er trat an die Stahlschränke und kehrte mit den Mikrofilmen zurück.

Drei Stunden und fünfundzwanzig Minuten später starrte Brown das letzte Projektionsbild auf dem Bildschirm an. Er hatte den Uniformrock schon lange ausgezogen und über eine Stuhllehne gelegt. Anschließend hatte er die Krawatte gelockert und den Kragen aufgeknöpft. Er lehnte sich etwas benommen zurück.

Auf den Hunderten von Metern Mikrofilm war Chasŏng kein einziges Mal erwähnt.

Kein einziges Mal.

Es war, als hätte Chasŏng nie existiert. Nach den Mikrofilmakten des Walter Reed Hospitals war nie etwas geschehen.

Er stand auf und trug die Spulen zu dem Sergeanten zurück. Brown wußte, daß er vorsichtig sein mußte. Aber er mußte das Risiko eingehen, auch wenn es riskant war. Er war in eine Sackgasse geraten.

»Ich habe mir eine Menge Notizen gemacht«, sagte er, »aber ich glaube, da ist noch mehr. *Hynobius* ist in den Ss-Untergruppen aufgetaucht, die in den mobilen Labors in der Gegend von P'yŏng-yang untersucht wurden. Einige dieser Akten enthalten Hinweise auf einen Distrikt oder eine Provinz Chasŏng. Ob Sie dazu ein Register haben?«

Der Sergeant reagierte sofort, in seinen Augen leuchtete es auf. »Chasŏng? Ja, Sir. Den Namen kenne ich. Ich habe ihn erst kürzlich gesehen. Lassen Sie mich nachdenken.«

Browns Puls ging schneller. »Das könnte wichtig sein, Sergeant. Bitte versuchen Sie, sich zu erinnern, dieser *Hynobius* ist ein widerlicher Bastard.«

Der Sergeant stand auf und kam, immer noch mit gefurchter Stirn, an den Tresen. »Ich glaube, es war eine Eintragung in einer anderen Schicht, in der rechten oberen Hälfte. Das ist immer ein wenig ungewöhnlich, also fällt es auf.«

»Warum ungewöhnlich?«

»Dort werden Akten eingetragen, die jemand mitnimmt. Man muß dafür unterschreiben. Gewöhnlich sehen sich die Leute die Filme hier an, so wie Sie es getan haben.«

»Läßt sich der Zeitpunkt ermitteln?«

»Das war höchstens vor ein oder zwei Tagen. Mal sehen.« Er holte ein in Metall gebundenes Buch von einem Regal. Da ist es. Gestern nachmittag. Zwölf Streifen wurden entfernt. Alle Chasŏng. Jetzt verstehe ich auch, warum er sie mitgenommen hat.«

»Warum?«

»Hier würde jemand zwei Tage brauchen, um sich das ganze Material anzusehen. Ich bin überrascht, daß man es so kollationiert hat.«

»Wie denn?«

»Codierte Indices. Sicherheitsklassifizierung. Man braucht den Hauptplan, um die Filme ausfindig zu machen. Selbst Sie als Arzt dürften sie nicht sehen.«

»Warum nicht?«

»Dafür reicht Ihr Rang nicht, Sir.«

»Wer hat sie denn mitgenommen?«

»Ein Brigadegeneral Ramirez.«

Browns TR 6 bog in die Einfahrt des riesigen Datenverarbeitungsgebäudes von McLean, Virginia. Links stand ein Wachhäuschen mit dem unvermeidlichen *Authorized Government Personnel Only-Schild.*

Er hatte nicht viel Druck auf den Sergeanten im Archiv ausüben müssen, um ihn davon zu überzeugen, daß man vielleicht ihn verantwortlich machen würde, wenn Menschen starben, weil ein General namens Ramirez einen wichtigen Hinweis auf *Hynobius* entfernt hatte.

Außerdem war Brown durchaus bereit, die volle Verantwortung zu übernehmen — seinem Rang nach und als Mediziner — und eine Unterschrift für die Mikrofilm-Archivnummern abzugeben. Der Sergeant gab ihm den Film nicht, nur die Nummern; die Sicherheitsabteilung von Walter Reed würde ihm in McLean die Freigabe für die Duplikate besorgen.

Der Arzt fand, daß er auch eine persönliche Rechnung mit Ramirez zu begleichen hatte. Der Brigadegeneral hatte General MacAndrew in den Tod getrieben, und MacAndrew hatte Phil Brown, einem Bauernjungen aus Gandy, Nebraska, eine einmalige Chance gegeben. Wenn Ramirez das nicht paßte, konnte er immer noch eine Beschwerde gegen ihn einlegen.

Aber Brown war irgendwie überzeugt, daß der andere das nicht tun würde.

Walter Reed bereitete keine großen Schwierigkeiten. Sein Memorandum reichte aus, um einen Sicherheitsbeamten davon zu überzeugen, daß er eine Freigabe für McLean brauchte.

Brown zeigte das Freigabeformular dem Zivilisten, der über den Zutritt zu McLean zu entscheiden hatte. Der Mann drückte ein paar Knöpfe auf einem Computer, dann tauchten kleine grüne Zahlen auf dem Miniaturbildschirm auf, und der Arzt erfuhr, welches Stockwerk er aufsuchen mußte.

Da er bereits die Seriennummern der von Ramirez entfernten Filmrollen hatte, überlegte Brown, während er zur Abteilung M, Datenverarbeitung, ging, brauchte er sonst nichts. Jeder Mikrofilmstreifen hatte seine eigene, individuelle Codierung. Sein Freigabeformular wurde akzeptiert; alle Hindernisse waren damit aus dem Weg geräumt, und zehn Minuten später saß er vor einer sehr komplizierten Maschine, die seltsamerweise nicht viel anders als eine neuere Ausgabe einer alten Juke-Box aussah.

Zehn Minuten darauf war ihm klar, daß der Sergeant in dem Archiv unrecht gehabt hatte, als er meinte, jemand würde zwei Tage brauchen, um sich diese Akten zu Gemüte zu führen. Weniger als eine Stunde würde er brauchen. Brown war nicht sicher, was er hier eigentlich gefunden hatte, aber was auch immer es war, veranlaßte ihn dazu, ungläubig die Informationen anzustarren, die vor ihm über den kleinen Bildschirm huschten.

Von den Hunderten von Männern, die an der Schlacht von Chasŏng teilgenommen hatten, hatten nur siebenunddreißig überlebt. Wenn das nicht schon verblüffend genug war, so war die Verteilung der siebenunddreißig erschütternd. Sie widersprach jeglicher psychologischen Praxis. Männer, die in ein und derselben Kampfhandlung schwere Verletzungen davongetragen hatten, wurden selten voneinander getrennt. Da sie den Rest ihres Lebens in Veteraneninstitutionen verbringen mußten, waren ihre Kameraden häufig das einzige, was ihnen blieb. Solche Männer pflegten immer seltener von Familien und Freunden besucht zu werden, bis diese zu undeutlichen, schemenhaften Schatten in grauer Vorzeit verblaßten.

Und doch hatte man die siebenunddreißig Überlebenden von Chasŏng minutiös voneinander isoliert. Genauer gesagt, einunddreißig waren voneinander getrennt worden und in einunddreißig verschiedenen Hospitälern von San Diego bis hinauf nach Bangor, Maine, verteilt worden.

Die restlichen sechs waren zusammen untergebracht, aber ihre Nähe war beinahe bedeutungslos. Sie befanden sich in einer psychiatrischen Abteilung, die zehn Meilen westlich von Richmond lag, und wurden dort unter den strengsten Sicherheitsvorkehrungen festgehalten. Brown kannte den Ort. Die Patienten waren unzweifelhaft geistesgestört — alle gefährlich, die meisten gewalttätig.

Und doch waren sie zusammen untergebracht. Es war keine angenehme Aussicht. Aber wenn Kastler glaubte, etwas erfahren zu können, dann waren hier die Namen von sechs Überlebenden von Chasŏng. Vom Standpunkt des Schriftstellers aus konnte man die Umstände sogar als vorteilhaft bezeichnen. Solange überhaupt ein Gespräch mit ihnen möglich war, waren diese Männer, deren Verstand in Chasŏng Schaden gelitten hatte, vielleicht imstande, ihm einiges mitzuteilen. Aus dem Unterbewußtsein heraus vielleicht, aber ohne die störenden Einflüsse, die vom rationalen Denken ausgingen. Auch Geistesgestörte verloren nur selten den Zugang zur Ursache ihrer geistigen Störung.

Etwas, das er nicht näher definieren konnte, beunruhigte den Arzt, aber er war zu verblüfft, um es zu analysieren. Das Unerklärliche hatte seine Gedanken gelähmt.

Und dann wollte er den Datenverarbeitungskomplex verlassen und wieder hinaus in die frische Luft.

Sie betraten kein Hospital, das fühlte Peter. Sie betraten ein Gefängnis. Ein keimfreies Konzentrationslager.

»Nicht vergessen, Sie heißen Conley und sind Spezialist für Mikrobiologie«, sagte Brown. »Das Reden überlassen Sie mir.«

Sie schritten durch den langen, weißen Korridor, der zu beiden Seiten von weißen Stahltüren gesäumt war. In den Wänden neben den Türen waren kleine, dicke Beobachtungsluken eingelassen, durch die Kastler die Insassen sehen konnte. Erwachsene Männer lagen zusammengekrümmt auf dem nackten Boden, manche in ihren Exkrementen. Andere schritten wie Tiere auf und ab, und wenn sie bemerkten, daß Fremde im Korridor waren, schoben sie verzerrte Gesichter gegen das Glas. Wieder andere standen an den Fenstern und starrten ausdruckslos auf das Licht draußen, in stummer Fantasie verloren.

»Daran gewöhnen Sie sich nie«, sagte der Psychiater, der sie begleitete. »Menschliche Wesen, die auf das Niveau der niedrigsten Primate zurückgeführt sind. Und doch waren sie einmal Männer, das dürfen wir nie vergessen.«

Peter brauchte ein paar Augenblicke, um zu begreifen, daß der Mann zu ihm gesprochen hatte. Im gleichen Augenblick wußte er, daß sein Gesicht die Emotionen widerspiegelte, die er empfand; eine Mischung aus Mitgefühl, Neugierde und Abscheu.

»Wir möchten mit den Überlebenden von Chasŏng sprechen«, sagte Brown und enthob Kastler damit der Antwort. »Könnten Sie das arrangieren, bitte.«

Der Mann im weißen Kittel schien überrascht, erhob aber keine Einwände. »Man hat mir gesagt, daß Sie Blutproben nehmen möchten.«

»Ja, das natürlich auch. Aber wir möchten auch mit ihnen sprechen.«

»Zwei können nicht sprechen, und zwei tun es gewöhnlich nicht. Die beiden erstgenannten sind Katatoniker, die anderen schizophren. Das sind sie schon seit Jahren.«

»Macht fünf«, sagte Brown. »Was ist mit dem sechsten? Meinen Sie, er erinnert sich an irgend etwas?«

»An nichts, das Sie hören wollen. Er ist gewalttätig. Und seine Wut kann von allem möglichen ausgelöst werden — eine Handbewegung, die sie machen, oder ein plötzliches Licht. Er trägt eine Zwangsjacke.«

Kastler wurde übel; Schmerz schoß durch seine Schläfen. Sie waren umsonst gekommen, würden nichts erfahren können. Er hörte Brown eine Frage stellen, auch sein Tonfall ließ seine Enttäuschung erkennen.

»Wo sind sie? Bringen wir es hinter uns.«

»Sie sind alle zusammen in einem der Labors im südlichen Flügel. Wir haben sie für Sie vorbereitet. Hier entlang.«

Sie erreichten das Ende des Korridors und bogen in einen anderen, breiteren Flur. Er war von einzelnen Kammern gesäumt, und in einigen standen Bänke an den Wänden, während andere Untersuchungstische in der Mitte hatten. Jede Kammer war von einem Beobachtungsfenster abgeschlossen, das aus demselben dicken Glas bestand wie in dem Korridor, den sie eben verlassen hatten. Der Psychiater führte sie zur letzten Kammer und deutete auf das Fenster.

Kastler starrte durch das Glas, hielt den Atem an. Seine Augen waren geweitet. Drinnen befanden sich sechs Männer in grünen Drillichanzügen ohne Knöpfe. Zwei saßen reglos mit leerem Blick auf Bänken. Drei lagen auf dem Boden und bewegten ihre Körper in schrecklichen, gequält wirkenden Bewegungen — wie riesige Insekten, die einander imitierten. Einer stand in der Ecke, und sein Hals und seine Schultern zuckten, während eine nicht endende Folge von schrecklichen Grimassen über sein

Gesicht zog. Seine gefangenen Arme kämpften gegen die Zwangsjacke, in der sein ganzer Oberkörper steckte.

Aber was Peters plötzlichen, tiefen Schrecken verursachte, war nicht nur der Anblick dieser jämmerlichen Halbmenschen hinter dem Glas, sondern ihre Hautfarbe.

Sie waren alle schwarz.

»Das ist es«, hörte er Brown flüstern. »Der Buchstabe *n*.«

»Was?« fragte Kastler so leise, daß man ihn kaum hören konnte, so groß war seine Furcht.

»Der war überall«, sagte der Major leise. »Er ist mir nicht aufgefallen, weil ich nach anderen Dingen Ausschau hielt. Der kleine Buchstabe *n* hinter den Namen. Hunderte von Namen. *Negro*. Alle Truppen in Chasŏng waren schwarz. Alles Neger.«

»Genozid«, sagte Peter leise, und seine Furcht war vollkommen, seine Übelkeit komplett.

38

Sie rasten schweigend auf dem Highway nach Norden, jeder mit seinen eigenen Gedanken beschäftigt, jeder von dem Schrecklichen verzehrt, einem Schrecken, wie ihn keiner von beiden zu zuvor erlebt hatte. Und doch wußten beide exakt, was getan werden mußte; der Mann, den sie konfrontieren mußten, war identifiziert worden: Brigadegeneral Pablo Ramirez.

»Dieser Schweinehund, ich will ihn haben«, hatte Brown gesagt, als sie das Hospital hinter sich gelassen hatten.

»Ich verstehe gar nichts mehr«, antwortete Peter und wußte, daß es keine Antwort war. »Sutherland war schwarz. Er war die einzige Verbindung, aber er ist tot.«

Schweigen.

»Ich werde anrufen«, sagte Brown schließlich. »Sie können das nicht, er würde Sie nie empfangen. Und es gibt auch viel zu viele Möglichkeiten für einen General, sich plötzlich auf die andere Seite der Welt versetzen zu lassen.«

Sie fuhren in eines jener Restaurants im Kolonialstil, die überall in Virginia aus dem Boden zu schießen schienen. Am Ende des schwach beleuchteten Korridors war eine Telefonzelle. Kastler wartete an der offenen Tür; der Arzt wählte die Nummer des Pentagon.

»Major Brown?« fragte Ramirez gereizt. »Was haben Sie denn

so Dringendes, daß Sie es meiner Sekretärin nicht sagen können?«

»Es ist mehr als dringend, General. Und Sie *sind* General, das weiß ich aus dem Mikrofilmarchiv vom Walter Reed. Ich würde sagen, daß es sich um einen Notfall handelt.«

Das Schweigen am anderen Ende der Leitung vermittelte den Schock, den Ramirez empfinden mußte. »Wovon sprechen Sie?« fragte er mit kaum hörbarer Stimme.

»Ein ärztlicher Unfall, glaube ich, Sir. Ich bin Arzt und habe den Auftrag, einen Virus ausfindig zu machen, der seinen Ursprung in Korea hat. Wir haben die Bezirke isoliert; einer davon war Chasŏng. Sämtliche Verletztenlisten sind unter Ihrem Namen entfernt worden.«

»Chasŏng ist Verschlußsache. Nationaler Sicherheitsrat«, sagte der Brigadier schnell.

»Nicht in bezug auf uns, General«, unterbrach Brown. »Wir haben Priorität. Ich habe mir eine Freigabe besorgt, um die Duplikate in der DV-Abteilung zu prüfen ...« Er sprach den Satz nicht zu Ende, so, als hätte er noch mehr zu sagen, wüßte aber nicht, wie er es sagen sollte.

Ramirez konnte die Spannung nicht ertragen. »Worauf wollen Sie hinaus?«

»Das ist es, Sir. Ich weiß nicht, aber als ein Soldat zum anderen, ich habe schreckliche Angst. Hunderte von Männern, die in Chasŏng getötet wurden; Hunderte vermißt. Alles Negertruppen. Siebenunddreißig Überlebende; mit Ausnahme von sechs Geistesgestörten. Einunddreißig in einunddreißig verschiedenen Hospitälern, alle schwarz und alle isoliert. Das spricht gegen jede übliche Praxis. Mir ist es gleichgültig, daß das zweiundzwanzig Jahre zurückliegt. Wenn das alles herauskommt ...«

»Wer weiß sonst noch von den Akten?« unterbrach Ramirez.

»Im Augenblick niemand außer mir. Ich habe Sie angerufen, weil Ihr Name ...«

»Lassen Sie es dabei!« sagte der Brigadier brüsk. »Das ist ein Befehl. Es ist jetzt siebzehn Uhr dreißig. Kommen Sie zu meinem Haus in Bethesda. Seien Sie um neunzehn Uhr da.« Ramirez gab ihm die Adresse und legte auf.

Brown verließ die Zelle. »Wir sind hier; wir haben Zeit. Wir sollten etwas essen.«

Sie aßen mechanisch, unterhielten sich kaum.

Als der Kaffee kam, beugte Brown sich vor: »Wie erklären Sie O'Brien?« fragte er.

»Das kann ich nicht. Ebensowenig wie ich einen Mann wie Varak nicht erklären kann. Sie nehmen das Leben anderer, sie riskieren ihr eigenes Leben. Und wozu? Sie leben in einer Welt, die ich nicht begreifen kann.« Kastler hielt inne, erinnerte sich. »Vielleicht hat O'Brien es selbst erklärt. Etwas, was er sagte, als ich ihn nach Varak fragte. Er sagte, es gebe Zeiten, in denen nicht Leben oder Tod das Entscheidende sind; Zeiten, in denen es nur darauf ankommt, ein Problem zu eliminieren.«

»Das ist unglaublich.«

»Das ist unmenschlich.«

»Das erklärt O'Brien immer noch nicht.«

»Vielleicht erklärt ihn etwas anderes. Er war Teil der Archive. Er sagte mir, er sei für die Prüfung bereit, aber er sei sich nicht sicher. Jetzt kennen wir die Antwort.«

Eine Bewegung am Fenster, das auf die Terrasse des Restaurants hinausblickte, zog Peters Auge an. Die Außenbeleuchtung war eingeschaltet worden, der Tag war gerade in den frühen Abend übergegangen. Plötzlich erstarrte er. Seine Hand blieb, wo sie war, das Glas an seinen Lippen, die Augen am Fenster klebend, an der Gestalt eines Mannes draußen auf der Terrasse.

Einen Augenblick lang fragte er sich, ob er im Begriff war, verrückt zu werden, ob sein Verstand unter der Anspannung der sich schnell auflösenden Grenze zwischen der Wirklichkeit und dem Nichtwirklichen zerbrochen war. Dann wußte er, daß er jemanden sah, den er schon einmal gesehen hatte. Vor einem anderen Fenster, auf einer anderen Terrasse. Ein Mann mit einer Waffe!

Derselbe Mann. Durch das Fenster auf der Veranda des alten viktorianischen Hauses an der Chesapeake-Bay: Munro St. Claires Chauffeur. Er wartete auf sie, vergewisserte sich, daß sie noch da waren!

»Man ist uns gefolgt«, sagte er zu Brown.

»Was?«

»Draußen auf der Terrasse ist ein Mann. Er sieht herein. Sehen Sie mich weiter an ... Jetzt geht er weg.«

»Sind Sie sicher?«

»Ganz sicher. Er ist St. Claires Mann. Und das bedeutet, wenn er uns hierher gefolgt ist, ist er uns die ganze Zeit gefolgt. Er weiß, daß Alison in Arundel ist!« Peter stand auf, gab sich große Mühe, seine Furcht zu verbergen. »Ich muß anrufen.«

Alison meldete sich.

»Gott sei Dank, du bist dort«, sagte er. »Jetzt hör mir zu und tu, was ich dir sage. Dieser Kapitänleutnant, der Mann, der uns das Geld gegeben hat, ruf ihn an und bitte ihn, zu dir zu kommen und bei dir zu bleiben. Sag ihm, er soll eine Waffe mitbringen. Bis er kommt, will ich, daß du den Hausdetektiv anrufst. Sag ihm, ich hätte angerufen und darauf bestanden, daß man dich in den Speisesaal bringt. Dort sind viele Menschen; bleib dort, bis er kommt. Jetzt tu, was ich dir gesagt habe.«

»Natürlich tue ich das«, sagte Alison, die seine Panik fühlte. »Jetzt sag mir weshalb.«

»Man ist uns gefolgt. Ich weiß nicht, wie lange.«

»Ich verstehe. Bei dir alles in Ordnung?«

»Ja. Und das bedeutet wahrscheinlich, daß sie uns folgen, um zu sehen, wohin wir sie führen. Nicht, um uns etwas anzutun.«

»Führst du sie wohin?«

»Ja. Aber das will ich nicht. Ich hab' jetzt keine Zeit, tu, was ich dir gesagt habe. Ich liebe dich.« Er legte auf und ging zum Tisch zurück.

»Ist sie dort?« fragte Brown. »Alles in Ordnung?«

»Ja. Jemand wird zu ihr kommen und bei ihr bleiben. Ein weiterer Freund des Generals.«

»Er hatte eine Menge Freunde. Jetzt ist mir wohler. Wie Sie richtig angenommen hatten, mag ich das Mädchen.«

»Das habe ich angenommen.«

»Sie sind ein glücklicher Mann. Mir hat sie den Laufpaß gegeben.«

»Das überrascht mich.«

»Mich hat es nicht überrascht. Sie wollte nichts Dauerhaftes mit einer Uniform. Das hat sie — was werden wir tun?«

Zu einer anderen Zeit hätte Peter der plötzliche Themawechsel amüsiert. »Wie stark sind Sie?«

»Das ist eine seltsame Frage. Was meinen Sie?«

»Können Sie kämpfen?«

»Ich tue es nicht gern. Sie müssen unseren Freund draußen meinen.«

»Vielleicht ist mehr als einer da.«

»Dann bin ich von der Aussicht noch weniger begeistert. Was haben Sie im Sinn?«

»Ich möchte nicht, daß die uns zu Ramirez folgen.«

»Ich auch nicht«, sagte Brown. »Sehen wir nach, ob er allein ist.«

Er war allein. Der Mann lehnte an einer Limousine am anderen Ende des Parkplatzes unter den Ästen eines Baumes. Sein

Blick war auf den Haupteingang gerichtet. Kastler und Brown waren zu einer Seitentür hinausgegangen; St. Claires Abgesandter sah sie nicht.

»Okay«, flüsterte Brown. »Er ist allein. Ich gehe wieder hinein und verlasse das Restaurant durch den Haupteingang. Sie sehen dann meinen Wagen. Viel Glück.«

»Ich hoffe, Sie wissen, was Sie tun.«

»Das ist besser, als uns mit ihm prügeln. Schließlich könnten wir verlieren. Warten Sie. Ich brauche nur ein paar Augenblicke.«

Peter blieb an der Nebentür stehen, bis er sah, wie der Mann sich von der Motorhaube der Limousine abstieß und schnell auf den Baum zuging, bis er ihn nicht mehr sehen konnte. Der Chauffeur mußte Brown gesehen haben, wie er zur Tür herauskam. Warum stieg der Mann nicht in den Wagen? Das war seltsam.

Einige Sekunden verstrichen. Brown schlenderte über den Parkplatz auf seinen Triumph zu.

Jetzt setzte Peter sich in Bewegung. Geduckt schlich er sich an der asphaltierten Fläche entlang, im Schutz der geparkten Wagen, immer näher auf St. Claires Chauffeur zu. Der Parkplatz war von Büschen und Gras gesäumt. Als Kastler nur noch zehn Meter von dem Chauffeur entfernt war, verließ er die Asphaltfläche und betrat den Rasen. So leise er konnte, kroch er näher und verließ sich darauf, daß das Motorengeräusch des Triumphs seine Schritte übertönte.

Brown lenkte inzwischen den Sportwagen rückwärts heraus und richtete seine Nase auf den Ausgang. Dann legte er plötzlich den Rückwärtsgang ein und ließ den Motor aufheulen. Der Triumph machte einen Satz auf den Baum zu.

Kastler war noch fünf Meter von St. Claires Chauffeur entfernt. Die Dunkelheit und die Büsche boten ihm Schutz. Der Mann war verwirrt, das konnte man deutlich an seinen Gesichtszügen sehen. Er duckte sich hinter die Limousine; er hatte keine andere Wahl. Brown hatte wenige Zentimeter vor der vorderen Stoßstange der Limousine auf die Bremsen getreten und stieg jetzt aus. Der Chauffeur trat zurück, konzentrierte sich völlig auf Brown.

Kastler sprang aus dem Schatten, die Hände ausgestreckt. Der Chauffeur hörte rechts von sich ein Geräusch. Er fuhr herum, reagierte sofort auf den Angriff. Peter packte ihn am Mantel und riß ihn herum, stieß ihn gegen die Limousine. Der Fuß des

Chauffeurs zuckte vor, traf Peters Kniescheibe. Ein scharfer Boxhieb erwischte Peter am Hals. Ein Ellbogen schmetterte ihm gegen die Brust, es tat schrecklich weh; im nächsten Augenblick bohrte sich ihm ein Knie in den Unterleib.

Kastler spürte, wie berserkerhafte Wut in ihm aufwallte. Jetzt erfüllte ihn nur noch Gewalt, brutale Wut, die er so verabscheute.

Peter ballte die rechte Faust; die linke Hand ließ er offen, wie eine Klaue, die danach lechzte, sich in fremdes Fleisch zu bohren. Er warf sich mit seinem ganzen Gewicht gegen den um sich schlagenden Mann, schmetterte ihn gegen die Seitenwand der Limousine. Seine Faust drosch auf den Leib des Chauffeurs ein, schmetterte ihm gegen die Hoden. Seine offene Hand fand das Gesicht des Chauffeurs; er grub ihm die Finger in die Augen, und sein Daumen riß an seiner Nase. Mit aller Kraft riß er zu, fegte seinen Schädel zur Seite, schmetterte ihn gegen das Wagendach. Blut schoß dem Mann aus Mund und Nase. Aber er hörte noch nicht auf; seine Wut glich der Kastlers.

Wieder riß Peter den Kopf des Mannes herum, wich den Knien des Chauffeurs aus. Erneut schmetterte er den Schädel gegen das Blech des Wagendachs; seine Hände waren jetzt schlüpfrig, mit Blut bedeckt. Er schmetterte den Chauffeur mit solcher Kraft gegen die Seitenscheibe, daß das Glas zerbrach.

»Um Himmels willen«, schrie Brown. »Halten Sie ihn fest!«

Aber Kastler hatte keine Kontrolle mehr über sich. Seine Wut hatte ein Ziel gefunden, brutal und befriedigend. Er mußte Rache für so viel nehmen!

Er riß an dem Hals des Chauffeurs, und seine Hand bewegte sich auf die Kehle zu. Und dann stieß er plötzlich nach oben, erfaßte das Kinn des Mannes, schmetterte seinen Schädel erneut gegen das Blech, und dann trieb er sein Knie gegen die dunklen Hosen der Chauffeursuniform und schmetterte seinen Schenkel mit aller Gewalt in den Unterleib des Mannes.

Der Chauffeur schrie auf und wurde plötzlich schlaff.

»Scheiße!« explodierte Brown.

»Was ist denn?« stöhnte Kastler, in dessen Lungen kein Atem mehr war.

»Die verdammte Nadel ist abgebrochen!«

Der Arzt hielt eine Spritze in der Hand; er hatte sie dem Chauffeur in die Schulter getrieben. Plötzlich fiel der Mann nach vorn, gegen Peter.

Brown trat zurück und sprach erneut. »Verdammte Scheiße ... aber sie ist weit genug durchgekommen.«

Auf der Restaurantterrasse hatte sich eine Gruppe von Gästen gesammelt. Jemand hatte den Chauffeur schreien hören und Hilfe geholt.

»Verschwinden wir hier!« sagte Brown und packte Kastler am Arm.

Peter reagierte nicht gleich; sein Bewußtsein war von Licht und Nebel erfüllt, und er konnte nicht denken.

Brown schien zu begreifen. Er zog Kastler von der Limousine weg und stieß ihn auf die Tür des Triumphs zu. Er öffnete sie, schob Kastler hinein und rannte dann um die Motorhaube herum und kletterte hinter das Steuer.

Sie rasten aus dem Parkplatz hinaus in die Finsternis des Highways und fuhren ein paar Minuten schweigend dahin. Brown griff hinter sich auf den Rücksitz und holte seine Arzttasche.

»Da ist eine Flasche Alkohol und etwas Gaze«, sagte er. »Machen Sie sich sauber.«

Immer noch benommen tat Kastler, was der andere gesagt hatte.

Jetzt meinte der Major: »Was, zum Teufel, waren Sie eigentlich? Ein Green Beret?«

»Nichts.«

»Da bin ich aber anderer Meinung. Sie müssen etwas gewesen sein! Ich hätte nie geglaubt, daß Sie zu so etwas fähig sind. Sie sind gar nicht der Typ dafür.«

»Bin ich auch nicht.«

»Nun, falls ich je etwas Unpassendes zu Ihnen sagen sollte, entschuldige ich mich im voraus. Außerdem kann ich verdammt schnell rennen. Sie sind der beste Straßenkämpfer, den ich je gesehen habe.«

Peter sah Brown an. »Reden Sie nicht so«, sagte er leise.

Dann verstummten sie wieder. Der Major verlangsamte die Fahrt, als sie an eine Kreuzung kamen, und lenkte den Triumph dann nach links, auf die Straße, die sie nach Bethesda führen würde.

Kastler berührte ihn am Arm. »Augenblick.« Die obskure Frage, die ihn beschäftigt hatte, als Brown das Restaurant verlassen hatte, hatte jetzt Gestalt angenommen. *Warum war der Chauffeur nicht in seinen Wagen gestiegen?*

Peters Gedanken bewegten sich fast zweieinhalb Jahre in die Vergangenheit, bis zu dem Punkt, an dem er seine Recherchen für *Gegenschlag!* angestellt hatte. Zu den unzufriedenen Männern, mit denen er gesprochen hatte, und der Technik, die sie ihm beschrieben hatten.

»Was ist denn?« fragte Brown.

»Wenn man uns gefolgt ist, wie kommt es dann, daß uns das nie aufgefallen ist? Wir haben doch schließlich aufgepaßt.«

»Wovon sprechen Sie?«

»Fahren Sie an den Rand!« unterbrach Kastler mit beunruhigter Stimme. »Haben Sie eine Taschenlampe?«

»Sicher. Im Handschuhfach.« Brown bog auf den Seitenstreifen hinaus.

Peter nahm die Taschenlampe, sprang aus dem Wagen und rannte zum Kofferraum, kauerte sich auf den Boden nieder. Er knipste die Lampe an und kroch unter das Chassis.

»Ich hab' sie!« schrie er. »Geben Sie mir Ihren Werkzeugkasten. Eine Zange!«

Brown gab sie ihm. Kastler blieb unter dem Wagen und arbeitete fieberhaft. Aus der Gegend der Hinterachse kamen scharrende Geräusche. Dann rutschte Peter heraus und hielt zwei kleine Metallgegenstände in der linken Hand.

»Sender«, sagte er. »Ein Hauptgerät und eines für alle Fälle. Deshalb haben wir nie einen gesehen. Die konnten sich drei bis fünf Meilen hinter uns halten und uns trotzdem folgen. Wohin auch immer wir fuhren, und mit wem wir uns getroffen haben, sie haben nur auf den richtigen Augenblick gewartet.« Er hielt einen Augenblick inne und blickte grimmig. »Aber ich hab' sie gefunden. Ich hab' sie abgeklemmt. Fahren wir nach Bethesda.«

»Ich habe es mir anders überlegt. Ich glaube, ich sollte mitkommen«, sagte Brown, als sie durch die von Bäumen gesäumte Straße fuhren.

»Nein«, antwortete Peter. »Lassen Sie mich an der nächsten Ecke raus. Ich gehe zu Fuß zurück.«

»Ist es Ihnen in den Sinn gekommen, daß er versuchen könnte, Sie zu töten? Ich trage dieselbe Uniform wie er.«

»Deshalb wird er mich nicht töten. Ich werde ihm die Wahrheit sagen. Ich werde ihm erklären, daß Sie auf mich warten. Ein Offizier wie er. Wenn ich nicht herauskomme, werden Sie woanders hingehen, und dann geht Chasŏng hoch und fliegt denen ins Gesicht.«

Sie näherten sich der Kreuzung; Brown verlangsamte die Fahrt. »Bei einer rational denkenden Person könnte das gehen. Aber nicht bei Ramirez. Wenn Chasŏng das ist, was wir annehmen ...«

»Was wir *wissen*«, unterbrach Kastler.

»Also gut, sagen wir, es stimmt. Vielleicht will er sich den Konsequenzen nicht stellen. Er ist Soldat, vergessen Sie das nicht. Vielleicht hat er beschlossen, Sie umzubringen und dann selbst Schluß zu machen!«

»Sich selbst töten?« fragte Peter ungläubig.

»Nun«, meinte der Arzt und hielt an, »man spricht nicht viel über die Selbstmordrate bei Militärs, aber sie ist sehr hoch. Manche sagen, das liegt an der Umgebung. Ich habe Sie bis jetzt nicht gefragt — haben Sie eine Waffe?«

»Nein. Ich hatte eine; dann ist mir die Munition ausgegangen. Ich habe mir keine mehr besorgt.«

Brown griff in seine Arzttasche, wühlte in ihr herum und entnahm ihr schließlich einen kleinen Revolver. »Da, nehmen Sie den. Die teilt man uns zu, weil wir Drogen befördern. Viel Glück. Ich werde warten.«

Kastler erreichte den Plattenweg. Ramirez stand am Fenster und starrte hinaus. Sein Gesicht spiegelte seine Überraschung, Peter zu sehen. Überraschung, aber nicht Schock, nicht Panik. Er ließ den Vorhang wieder herunterfallen und verschwand. Kastler ging die Treppe hinauf und klingelte.

Die Tür öffnete sich. Die Augen des Brigadiers musterten Peter unfreundlich.

»Guten Abend, General. Major Brown läßt sich entschuldigen. Die Chasŏng-Akten haben ihn so beunruhigt, daß er nicht mit Ihnen sprechen wollte. Aber er wartet weiter unten an der Straße auf mich.«

»Das dachte ich schon«, erwiderte Ramirez unbewegt. »Sein Gedächtnis ist nicht besonders gut. Er hält nicht viel vom Gedächtnis anderer. Der Soldat, der Sanitäter aus Korea, aus dem MacAndrew einen Arzt machte. Er hatte ein Verhältnis mit seiner Tochter.«

Er sah an Kastler vorbei, hob die Hand und senkte sie zweimal schnell hintereinander.

Ein Signal.

Hinter sich hörte Peter, wie ein Motor ansprang. Er drehte sich um. Die Scheinwerfer eines Militärpolizeiwagens wurden eingeschaltet. Er setzte sich in Bewegung, wurde schneller, raste zur Kreuzung und hielt mit quietschenden Bremsen unter einer Straßenlaterne. Zwei Soldaten sprangen heraus und rannten auf eine dritte Gestalt zu. Die Gestalt setzte ebenfalls an, wegzulaufen, war aber nicht schnell genug.

Kastler sah zu, wie Major Philip Brown festgenommen wurde, er war den Militärpolizisten nicht gewachsen. Er wurde zu dem Armeewagen zurückgeführt und hineingestoßen.

»Jetzt wartet niemand auf Sie«, sagte Ramirez.

Peter drehte sich wütend um, und seine Hand griff nach der Waffe. Dann erstarrte er mitten in der Bewegung. Eine 45er Automatic war auf seine Brust gerichtet. »Das können Sie nicht tun!«

»Ich denke schon«, sagte Ramirez. »Der Arzt wird isoliert werden, niemand wird ihn besuchen dürfen, keine Anrufe, keinerlei Verbindung nach draußen. Das ist für alle Offiziere üblich, welche die nationale Sicherheit gefährden. Kommen Sie herein, Mr. Kastler.«

39

Sie saßen in Ramirez' Arbeitszimmer. Die Augen des Brigadiers wurden weit, seine Lippen teilten sich, und er ließ langsam die Waffe sinken.

Du mußt wie in einem Roman denken, immer wie in einem Roman, dachte Peter. *Im Geschriebenen liegt die Wirklichkeit, und die Erfindungen der Fantasie sind mächtiger als jede Waffe.*

»Wo ist dieser Brief?« fragte der General.

Kastler hatte Ramirez angelogen, ihm gesagt, er habe einen Brief geschrieben, in dem das Geschehen von Chasŏng und sein rassischer Hintergrund in allen Einzelheiten geschildert worden sei. Er habe ihn nach New York geschickt, und Kopien sollten an die wichtigsten Zeitungen, den Militärausschuß des Senats und den Verteidigungsminister weitergeleitet werden, falls der General nicht das tue, was man von ihm verlange.

»Wo ich ihn nicht mehr erreichen kann«, erwiderte Peter. »Und Sie auch nicht. Sie haben keine Möglichkeit, an ihn heranzukommen. Wenn ich nicht bis morgen mittag in New York erscheine, wird man ihn öffnen. Dann wird ein sehr aggressiver Redakteur die Geschichte von Chasŏng lesen.«

»Er wird sie gegen Ihr Leben eintauschen«, sagte Ramirez vorsichtig. Doch seine Drohung war leer; seiner Stimme fehlte die Überzeugungskraft.

»Das glaube ich nicht. Er würde die Prioritäten abwägen. Ich glaube, daß er das Risiko eingehen würde.«

»Es gibt andere Prioritäten! Die gehen weit über uns hinaus!«

»Ich kann mir schon vorstellen, daß Sie sich das eingeredet haben.«

»Es ist die Wahrheit! Ein Zufall, ein Zusammentreffen von Umständen, das sich in tausend Jahren nicht wiederholen könnte. Man darf dem nicht einfach ein Etikett umhängen, das es nicht verdient!«

»Ich verstehe.« Kastler blickte auf die Waffe hinunter. Der Brigadier zögerte und legte sie dann neben sich auf den Tisch. Aber er entfernte sich nicht vom Tisch. Die Waffe lag so, daß er sie schnell mit der Hand erreichen konnte. Peter registrierte die Geste mit einem Kopfnicken. »Ich verstehe«, wiederholte er. »Das ist die offizielle Erklärung. Ein Zufall. Ein Zusammentreffen von Umständen. Es war reiner Zufall, daß sämtliche Truppen in Chasŏng schwarz waren. Über sechshundert Männer getötet, und Gott allein weiß, wie viele vermißt — alle schwarz.«

»So war es.«

»So war es *nicht*!« widersprach Kastler. »Damals gab es keine nach Rassen getrennten Bataillone.«

Ramirez' Gesichtsausdruck war verächtlich. »Wer hat Ihnen das gesagt?«

»Truman hat 48 den Befehl erteilt. Sämtliche Truppenteile wurden integriert.«

»So schnell es sich ermöglichen ließ«, sagte der General monoton und ausdruckslos. »Die Militärbehörden waren auch nicht schneller als die anderen.«

»Wollen Sie sagen, daß Sie ein Opfer Ihrer eigenen Verzögerungstaktik wurden? Ihr Widerstand gegen einen Befehl des Präsidenten führte dazu, daß schwarze Truppen in Massen hingeschlachtet wurden? Ist es das?«

»Ja.« Der Brigadier trat einen Schritt vor. »Widerstand gegen eine unmögliche Politik! Aber, Herrgott, Sie können sich doch ausmalen, wie die Radikalen dieses Landes diese Politik verdreht hätten! Und die außerhalb des Landes!«

»Das kann ich verstehen.« Peter sah, wie in Ramirez' Augen ein Hoffnungsfunke aufglomm. Der Soldat hatte nach einem Rettungsanker gegriffen, der sich ihm immer wieder entzog, und glaubte einen kurzen Augenblick lang, er habe ihn in Reichweite. Kastler änderte seinen Tonfall, gerade genug, um die falsche Hoffnung des Brigadiers auszunutzen. »Wir wollen die Opfer einen Augenblick außer acht lassen. Was ist mit MacAndrew? Wie paßt er zu Chasŏng?«

»Die Antwort darauf kennen Sie doch. Als Sie anriefen, habe ich Dinge gesagt, die ich Ihnen nie hätte sagen sollen.«

Es war alles so offensichtlich. Die Lüge ging ganz tief, dachte Peter. Die Angst vor der Entdeckung war zweifacher Natur und in einer Hinsicht für Ramirez erschreckender als in der anderen, so daß die kleinere — die Übermittlung falscher Geheimdienstdaten an einen Feind — in den Vordergrund geschoben wurde, um die gefährlichere zu vermeiden. Doch was war jene andere Furcht?

»MacAndrews Frau?«

Der General nickte schuldbewußt, als litte er darunter. »Wir haben damals getan, was wir für richtig hielten. Unser Ziel war es, das Leben von Amerikanern zu retten.«

»Sie wurde dazu benutzt, falsche Informationen zu übermitteln«, sagte Peter.

»Ja. Dafür eignete sie sich perfekt. Die Chinesen hatten umfangreiche Spionagenetze in Japan aufgebaut; einige japanische Fanatiker halfen ihnen. Für viele war es einfach eine Frage des Orients gegen die Weißen.«

»Das ist das erste Mal, daß ich so etwas höre.«

»Man hat nie viel darüber geschrieben. MacArthur belastete das beständig; man hat es heruntergespielt.«

»Was für Informationen haben Sie MacAndrews Frau zugespielt?«

»Das übliche. Truppenbewegungen, Nachschubrouten, Waffenkonzentration und taktische Operationen. In erster Linie natürlich Truppenbewegung und Taktik.«

»War sie diejenige, die die taktische Information bezüglich Chasŏng weiterleitete?«

Ramirez zögerte; seine Augen wanderten zum Boden. In der Reaktion des Brigadiers war etwas Künstliches, etwas Eingeübtes. »Ja«, sagte er widerstrebend.

»Aber jene Information war doch gar nicht falsch. Sie war nicht ungenau. Sie führte zu einem Massaker.«

»Niemand wußte, wie es geschah«, fuhr Ramirez fort. »Um das zu begreifen, müssen Sie zuerst wissen, wie diese umgedrehten Leitungen funktionieren. Wie man kompromittierte Leute wie MacAndrews Frau einsetzt. Man liefert ihnen keine offenkundigen Lügen; Fehlinformationen dieser Art würden abgelehnt werden, und damit würde man die betreffenden Personen verdächtigen. Man liefert ihnen Variationen der Wahrheit, subtile Änderungen des Möglichen. ›Das Sechste Pionierbataillon wird am

3. Juli den Sektor Baker betreten.‹ Nur daß es nicht die Sechsten Pioniere sind, sondern daß das Sechste Panzerbataillon den Sektor Baker am 5. Juli erreicht und damit den Feind in der Flanke trifft. Bei der Operation in Chasŏng hat man MacAndrews Frau überhaupt keine Variation geliefert. In ihrem Fall handelte es sich um die tatsächliche Strategie. Irgendwie sind die Befehle in G-Zwo durcheinander gebracht worden. Sie lieferte Informationen, die zu einem Massaker führten.« Der Soldat sah Peter in die Augen und richtete sich auf. »Jetzt kennen Sie die Wahrheit.«

»Kenne ich die?«

»Sie haben das Wort eines Generals.«

»Ich frage mich, ob es etwas wert ist.«

»Setzen Sie mich nicht unter Druck, Kastler. Ich habe Ihnen mehr erzählt, als Sie wissen dürften. Das habe ich getan, um Ihnen das Leid aufzuzeigen, das entsteht, wenn die Tragödie von Chasŏng an die Öffentlichkeit gerät. Man würde Tatsachen falsch interpretieren und die Erinnerung guter Leute durch den Schmutz ziehen.«

»Einen Augenblick«, unterbrach Peter. In seiner scheinheiligen Art hatte Ramirez es tatsächlich ausgesprochen. Die Erinnerungen von ... Alisons Erinnerungen. Die Eltern ihrer Mutter, die im Golf von Po Hai gefangengehalten wurden; das war die erste chinesische Verbindung, aber das war es gar nicht! Es war etwas, das Alison sagte, das sich *nach* der Nacht ereignet hatte, in der man ihre Mutter auf der Bahre ins Haus getragen hatte. Etwas, das ihren Vater betraf ... ihr Vater war zum vorletzten Mal nach Tokio geflogen. Das war es: das *vorletzte Mal*! Zwischen dem letzten Zusammenbruch seiner Frau und seiner Rückkehr in die Staaten war MacAndrew nach Korea zurückgegangen! *Damals* hatte die Schlacht von Chasŏng stattgefunden. Wochen, nachdem man Alisons Mutter ins Krankenhaus eingeliefert hatte. Sie konnte gar keine Informationen übermittelt haben, ob nun richtig oder falsch.

»Was ist denn?« fragte der Brigadier.

»Sie. Verdammt noch mal, *Sie*! Die *Daten*! Es könnte gar nicht so geschehen sein! Was haben Sie vor ein paar Minuten gesagt? Irgendein Bataillon wird am 3. Juli erwartet, kommt aber erst am 5. an, und außerdem handelt es sich um ein ganz anderes Bataillon. Wie haben Sie das genannt? So einen aufgeblasenen Satz ... ›Subtile Änderungen des Möglichen.‹ War es das nicht? Nun, General, jetzt sind Sie einen Schritt zu weit gegangen! Das Massaker von Chasŏng fand ein paar Wochen, nachdem Mac-

Andrews Frau ins Krankenhaus eingeliefert worden war, statt! Sie konnte diese Information an niemanden überbracht haben! Und jetzt, Sie Schweinehund, jetzt sagen Sie mir, was wirklich geschehen ist! Wenn Sie es nämlich nicht tun, werden wir gar nicht bis morgen warten. Dieser Brief, den ich nach New York geschickt habe, wird noch heute abend gelesen werden!«

Ramirez' Augen bohrten sich in die seinen; sein Mund zuckte. *»Nein!«* brüllte er. »Das werden Sie nicht tun! Das können Sie nicht! Ich werde das nicht zulassen!«

Er griff nach der Waffe.

Kastler warf sich vor, warf sich auf den General. Seine Schulter krachte gegen Ramirez' Rücken und trieb den Soldaten gegen die Mauer. Ramirez packte die Waffe am Lauf; er schlug zu. Der Kolben der Waffe traf Kastler an der Schläfe. Ihm war, als tanzten tausend weiße Sterne vor ihm.

Seine linke Hand krampfte sich in Ramirez Uniformrock, bauschte den Stoff an der Brust des Soldaten zusammen. Seine rechte Hand schoß vor und wieder zurück, versuchte, die schwere Waffe zu packen und festzuhalten.

Jetzt spürte er den Griff! Er trieb dem General das Knie in den Leib, schmetterte ihn gegen die Wand. Jetzt hatte er die Waffe in der Hand, würde sie nicht mehr loslassen! Ramirez schlug weiterhin hysterisch auf Peter ein, traf ihn an den Nieren. Kastler glaubte schon, er würde zusammenbrechen, so intensiv war der Schmerz.

Sein Finger war jetzt ganz nahe beim Abzug!

Aber er konnte nicht zulassen, daß die Waffe abgefeuert wurde! Eine Explosion würde die Nachbarn herbeirufen! Die Polizei! Wenn das geschah, würde er nichts erfahren!

Kastler trat einen halben Schritt zurück und stieß dann sein rechtes Bein mit aller Gewalt nach oben und riß gleichzeitig den Uniformrock des Soldaten nach unten. Sein Knie schmetterte Ramirez ins Gesicht, riß seinen Kopf nach hinten. Dem General wurde die Luft aus den Lungen gepreßt; die Waffe entfiel seiner Hand, seine Finger krümmten sich im Schmerz. Die Waffe flog quer durch das Zimmer, krachte gegen die Schreibgarnitur aus Marmor, die auf dem Schreibtisch stand. Peter ließ den Uniformrock los. Ramirez brach zusammen, er war bewußtlos. Das Blut tropfte ihm aus der Nase.

Peter brauchte eine Minute dazu, um seine Gedanken zu sammeln. Dann kniete er vor dem Soldaten nieder und wartete, bis sein Atem wieder regelmäßig ging, bis die weißen Flecken verschwanden und der Schmerz in seinen Schläfen nachließ. Dann hob er die Waffe auf.

Auf einem silbernen Tablett auf dem Bücherregal stand eine Flasche mit Evian-Wasser. Er öffnete sie und goß sich Wasser auf die Hand, spritzte es sich ins Gesicht. Das half. Langsam konnte er wieder klar denken.

Er goß dem Soldaten das restliche Wasser über das Gesicht. Es vermischte sich mit dem Blut, das dem General aus der Nase geflossen war, und bildete eine widerlich anzusehende rosa Pfütze auf dem Boden.

Langsam kehrte Ramirez das Bewußtsein zurück. Peter riß ein lose befestigtes Kissen aus einem Lehnsessel und warf es ihm hin. Der General wischte sich Gesicht und Hals mit dem Kissen ab und stand dann auf. Er stützte sich gegen die Wand.

»Setzen Sie sich hin«, befahl Peter und deutete mit der Pistole auf den Ledersessel.

Ramirez sank auf den Stuhl. Er ließ seinen Kopf nach hinten fallen. »Diese *Hure*«, flüsterte er.

»Wir machen Fortschritte«, sagte Kastler leise. »Vor ein paar Tagen war sie noch unglücklich, instabil ...«

»Das war sie auch.«

»War sie das, oder haben Sie sie dazu gemacht?«

»Die Anlage dazu muß vorhanden sein«, erwiderte der General. »Sie hat ihr Land verkauft.«

»Sie hatte eine Mutter und einen Vater in China.«

»Ich habe zwei Brüder, die nach Kuba ausgewandert sind. Glauben Sie, die *Fidelistas* haben nicht versucht, *mich* vor ihren Karren zu spannen? Im Augenblick sitzen sie beide im Gefängnis. Aber ich lasse mich nicht erpressen!«

»Sie sind stärker, als sie es war. Man hat Sie dazu ausgebildet, sich nicht erpressen zu lassen.«

»Sie war die Frau eines amerikanischen Frontoffiziers! Seine Armee war auch *ihre* Armee.«

»Dann war sie dem eben nicht gewachsen, nicht wahr? Und anstatt ihr zu helfen, haben Sie sie benutzt. Sie haben sie mit tödlichen Drogen vollgepumpt und sie in einen Kampf zurückgeschickt, den sie nicht gewinnen konnte. Brown hat das am allerbesten ausgedrückt. Ihr *Schweine*!«

»Es war eine optimale Strategie!«

»Hören Sie doch mit dem Scheiß auf! Wer hat Ihnen das Recht dazu gegeben?«

»Niemand! *Ich* habe die Taktik erkannt. *Ich* habe die Strategie ausgearbeitet. *Ich* habe alles gelenkt!« Ramirez wurde bleich. Er war zu weit gegangen.

»Sie?« Peter erinnerte sich an das, was Alison gesagt hatte; er hatte sie nach dem Begräbnis gefragt, was MacAndrew von Ramirez gehalten hatte. *Ein Leichtgewicht, hitzköpfig und zu leicht erregbar. Überhaupt nicht verläßlich. Dad hat es zweimal abgelehnt, Beförderungen für ihn zu befürworten.*

»Es gab viele solche Operationen. Andere waren natürlich auch beteiligt.« Jetzt befand sich Ramirez auf dem Rückzug.

»Nein, das waren sie nicht! Nicht hier!« unterbrach ihn Kastler. »Das waren alles nur Sie! Gab es denn eine bessere Chance, sich an dem Mann zu rächen, der Sie als das eingestuft hat, was Sie waren? Ein Hitzkopf! Ein Lügner! Dem Mann, der sich weigerte, Ihnen einen Rang zuzuerkennen, für den Sie nicht qualifiziert waren! Sie haben sich durch seine Frau an ihm gerächt!«

»Ich habe den Rang bekommen! Er konnte das nicht verhindern; diese Hure konnte mich nicht aufhalten!«

»Natürlich nicht! Sie haben ihm durch sie die Hände gebunden! Wie haben Sie denn angefangen? Indem Sie mit ihr schliefen?«

»Das war nicht schwer. Sie war eine Schlampe!«

»Und Sie hatten den Zucker! Oh, Sie sind ein richtiger Vollblütler! Und als Sie dann Ihren verdammten Rang hatten, waren Sie zu feige dafür, weil Sie wußten, wie Sie ihn sich verschafft hatten. Sie haben sich Gründe ausgedacht, wie Sie ihn am besten verstecken konnten, weil Sie wußten, daß Sie nicht dafür qualifiziert waren. Sie geben sich nicht als Major aus, um mit den Männern reden zu können. Die sind Ihnen alle gleichgültig! Sie haben Angst vor dem Rang! Ein Schwindler sind Sie!«

Ramirez sprang auf, sein Gesicht war feuerrot. Kastlers Fuß traf ihn in den Magen; der General fiel in den Sessel zurück.

»Sie dreckiger Lügner!« schrie der Soldat.

»Jetzt habe ich den Nerv getroffen, nicht wahr.« Das war keine Frage. Plötzlich hielt Peter inne. Schlampe? Das gab keinen Sinn, der Widerspruch war offensichtlich. »Augenblick. Sie hätten niemals MacAndrew auf diese Weise erpressen können. Er hätte Sie getötet! Er wußte ja nicht, daß seine Frau für die Nachrichtenübermittlung eingesetzt wurde, weil Sie es ihm nicht sagen konnten! Keiner von Ihnen. Sie mußten ihm etwas anderes sagen; er mußte etwas anderes glauben. Er wußte es überhaupt nicht!«

»Er wußte, daß seine Frau eine Hure war! Das wußte er!«

Plötzlich drängte sich Peter ganz deutlich ein Bild auf, das er gesehen hatte. Ein starker, aber gebrochener Mann, der eine geistesgestörte Frau in einem einsamen Haus in den Armen hielt. Sie liebevoll festhielt und ihr sagte, alles werde wieder gut werden. Das paßte einfach nicht. Gleichgültig, wieviel Leid eine Frau, die eine Hure war, auch MacAndrew zugefügt haben mochte.

»Ich glaube Ihnen nicht«, sagte Kastler.

»Er hat es selbst gesehen! Er *mußte* es wissen!«

»*Etwas* hat er selbst gesehen. Man hat ihm etwas gesagt! Vielleicht auch nur Andeutungen gemacht. Leute wie Sie verstehen sich prächtig darauf, etwas anzudeuten, aber nie wirklich damit herauszurücken. Ich glaube nicht, daß MacAndrew seine Frau für eine Hure hielt. Ich glaube nicht, daß er das auch nur eine Minute lang ertragen hätte!«

»Da waren alle Symptome! Die Mentalität einer Schlampe.«

Symptome. Peter starrte Ramirez an. Er kam jetzt der Lösung näher, das spürte er. *Symptome.* Alison hatte gesagt, ihre Mutter habe schon einige Monate vor der Explosion angefangen, wegzurutschen. Alisons Vater wußte nicht, weshalb, und so schrieb er es einer zunehmenden Verschlechterung ihres Allgemeinzustandes zu, sah den Grund für den letztendlichen Zusammenbruch in dem Unfall am Strand. Und das tat er so oft, daß er es am Ende selbst glaubte.

In den tiefsten Gründen seines Bewußtseins würde ein solcher Mann fortfahren, seine Frau zu lieben, fortfahren, sie zu schützen, weil sie keine Schuld trug. Gleichgültig, was sie tat. Im Widerstreit stehende Kräfte — Eltern in der Hand eines Feindes, ein Mann der jeden Tag eben diesen Feind bekämpfte — hatten jene Frau um ihren Verstand gebracht.

Und die ganze Zeit machten vertraute Freunde Andeutungen von Promiskuität, um damit das, was sie taten, zu tarnen.

Was jene Kollegen nicht begriffen, war, daß MacAndrew ein weit besserer Mann war, als sie sich vorstellen konnten. Weit besser und viel mitfühlender. Wie auch immer eine Krankheit sich manifestiert, die Krankheit war es, die es zu verachten galt, nicht die Handlungen des von ihr betroffenen Menschen.

Und diese Made mit dem blutigen Gesicht, der da vor ihm auf seinem Stuhl kauerte und schwitzte, dieser ›General‹, der den tödlichen Köder hingehalten hatte, bis er mit der Frau des Mannes geschlafen hatte, den er haßte, konnte nur die Worte *Hure* und *Schlampe* wiederholen.

Jene Worte waren die Fassade, welche die Wahrheit verbargen. »Worin besteht denn die ›Mentalität einer Schlampe‹, General?«

Ramirez' Augen blickten wach und aufmerksam; er vermutete, daß man ihm eine Falle stellte. »Auf der Ginza hat sie sich herumgetrieben«, sagte er. »In den Bars, die für Soldaten gesperrt waren. Männerbekanntschaften hat sie gesucht.«

»Die Bars im südwestlichen Distrikt der Ginza, nicht wahr? Ich bin auch in Tokio gewesen, es hat diese Bars 1967 immer noch gegeben.«

»Einige von ihnen, ja.«

»Dort wurde Rauschgift gehandelt.«

»Möglich. Aber im wesentlichen gab es dort Sex zu kaufen.«

»Wofür haben sie es denn verkauft, General?«

»Für das Übliche.«

»Geld?«

»Natürlich.«

»Nein, nicht natürlich. MacAndrews Frau brauchte kein Geld. Sie brauchte Drogen! Sie haben sie knapp gehalten, und da hat sie versucht, sich das Zeug selbst zu beschaffen! Ohne zu den Chinesen zu gehen! Das ist es, was Sie herausfanden! Und indem sie das tat, lief Ihre ganze Strategie Gefahr, Ihnen ins Gesicht zu fliegen! Bloß eine Verhaftung, ein einziges Mal, und eine Panne bei einem Verhör, und Sie wären erledigt gewesen! Dann wären Sie *dran gewesen*! Sie hatten am meisten zu verbergen, Sie Drecksack! Aber andere steckten mit Ihnen unter einer Decke. Was haben Sie vor ein paar Minuten gesagt? ›Es hat viele solcher Operationen gegeben.‹ Sie haben alle bloß versucht, sich zu decken, sich selbst zu schützen!« Wieder hielt Peter inne, begriff. »Und das bedeutet, daß Sie das, was geschah, unter Kontrolle halten mußten ...«

»Es ist passiert!« schrie Ramirez und unterbrach ihn. »Wir waren nicht verantwortlich! Man hat sie in einer Seitengasse der Ginza gefunden! Wir haben sie nicht dorthin geschafft! Man hat sie gefunden. Sie wäre gestorben!«

Die Bilder und die Sätze flogen in Kastlers Bewußtsein. Alisons Worte drängten sich ihm auf wie Paukenschläge. Man hatte ihre Mutter eines Nachmittags zum Strand von Funabashi gebracht. *Das Telefon fing zu klingeln an. Ob meine Mutter da sei? Zwei Offiziere fuhren zu dem Haus. Sie waren nervös und erregt ...*

Ob meine Mutter da sei? Ob meine Mutter da sei?

Nachts, es war schon ziemlich spät, hörte ich Schreie ... Im Erdgeschoß. Männer ... sie liefen schnell herum, benutzten tragbare Funkgeräte. Dann ging die Haustür auf, sie wurde hereingebracht. Auf einer Tragbahre ... Ihr Gesicht — es war weiß.

Ihre Augen waren geweitet, blickten leer ... Blut rann ihr über das Kinn auf den Hals. Sie trugen die Bahre unter einer Deckenlampe durch, und sie fuhr plötzlich in die Höhe und schrie ... krümmte sich auf der Bahre, sie war angeschnallt.

Herrgott, dachte Peter. Alisons nächste Worte!

Ich schrie auf und rannte die Treppe hinunter, aber ein ... schwarzer Major ... hielt mich auf und hob mich auf und hielt mich.

Ein schwarzer Major!

Der schwarze Major mußte am Fuß der Treppe gestanden haben, in der Nähe des Lichtkegels! *Ihn* hatte Alisons Mutter gesehen!

Kastler erinnerte sich an Worte, die ein anderer gesagt hatte. Ein Befehl, den zweiundzwanzig Jahre später ein von Schmerz zerfressener Mann ihm zugerufen hatte, der immer noch eine Frau schützte, die er liebte, eine Frau, die etwas so Schreckliches um den Verstand gebracht hatte, daß sie dieses Schreckliche nie vergessen konnte.

Gehen Sie ans Licht, halten Sie Ihr Gesicht so, daß sie es sehen kann. Das geschah nicht, um zu zeigen, daß er westliche Züge, keine orientalischen hatte. Das war es gar nicht! Das sollte nur zeigen, daß er kein *Schwarzer* war!

Alisons Mutter war *nicht* von chinesischen Agenten gefoltert worden, die damit eine Nachricht an die Abwehr zurückschickten. Man hatte sie vergewaltigt! In einer für Armeepersonal gesperrten Bar im schmutzigsten Viertel der Ginza, die sie aufgesucht hatte, um dort eine Verbindung herzustellen, hatte man sie in eine Gasse geschleppt und ihr Gewalt angetan!

»Mein Gott«, flüsterte Peter angeekelt. »Das ist es, was Sie ihm gesagt haben. Das haben Sie ihm immer wieder eingehämmert. Das haben Sie benutzt. Sie ist von Negern vergewaltigt worden. Sie hat versucht, in einer Bar einen Freier zu finden, und man hat sie vergewaltigt.«

»Es war die Wahrheit!«

»In einem Lokal wie diesem hätte das jeder sein können! *Jeder!* Aber das war es nicht, also haben Sie es benutzt. Den Schwarzen haben Sie die Schuld gegeben! Herrgott!« Kastler hatte Mühe, an sich zu halten. Er wollte töten, verletzen, so vollständig war die Abscheu, die er für diesen Mann empfand. »Den Rest brauchen Sie mir nicht zu erzählen. Es ist alles verdammt klar! Das ist die Information, die in MacAndrews Akten fehlt. Das steht in Hoovers Archiven! Nachdem man seine Frau in das Hospital gebracht hatte, stellten Sie sicher, daß man ihn nach Korea zurückschickte. Aber nicht zu seiner eigenen Einheit! Zu einer anderen! Einer, die aus Negern bestand! Und irgendwie brachten sie es fertig, die Einsatzpläne — die *echte* Strategie — den Chinesen durchzugeben! Es war so offensichtlich! Die Frau eines Offiziers wird vergewaltigt, wird in den Wahnsinn getrieben, und zwar von Schwarzen, also setzt er schwarze Soldaten einem mörderischen feindlichen Feuer aus und ist bereit, wenn nötig, mit ihnen zu sterben. Aber in allererster Linie sucht er Rache! Eine Falle, die Männer in seiner eigenen Truppe gestellt haben! Hunderte von Männern getötet, Hunderte vermißt, damit die Wahrheit über das, was Sie seiner Frau angetan haben, und wahrscheinlich noch Dutzenden anderer wie ihr, nie ans Licht kommen sollte! Damit Ihre Experimente verborgen blieben! Das ist es, womit Sie ihn erpreßten: Vergewaltigung und Genozid! Über ersteres war er nicht bereit zu reden. Das zweite verstand er nicht. Aber er sah die Verbindung zwischen den beiden Dingen! Das muß ihn paralysiert haben!«

»Alles Lügen!« Ramirez schüttelte den Kopf. »Es war gar nicht so. Sie haben da ein schreckliches Lügengebäude aufgebaut!«

Peter stand hoch aufgerichtet über dem Brigadier, konnte seine Abscheu kaum mehr unterdrücken. »Ja, Sie sehen *wirklich* wie ein Mann aus, der sich gerade Lügen angehört hat«, sagte er sarkastisch. »Nein, General. Sie haben gerade die Wahrheit gehört. Seit zweiundzwanzig Jahren sind Sie vor ihr davongelaufen.«

Ramirez Kopf bewegte sich jetzt noch schneller. Er wirkte wie eine Marionette, so eindringlich versuchte er, das zu verneinen, was der andere sagte.

»Sie haben keine Beweise!«

»Aber Fragen gibt es. Und diese Fragen führen zu anderen Fragen. So läuft das. Leute in hohen Positionen verraten uns andere, die sie dort hingebracht haben. Diese *Schweine*!« Kastlers linke Hand packte Ramirez am Hemd und zog ihn nach vorn, die Waffe war nur wenige Zentimeter von seinen Augen entfernt. »Ich will nicht mehr mit Ihnen sprechen. Sie ekeln mich an! Ich glaube, ich könnte jetzt abdrücken und Sie töten, und das macht mir Angst. Also tun Sie genau, was ich Ihnen sage, sonst überleben Sie nicht, um noch einmal etwas anderes zu tun. Sie gehen jetzt an das Telefon an Ihrem Schreibtisch und rufen an, wo Sie diesen Major haben hinbringen lassen. Sagen, die sollen ihn freigeben. Los jetzt!«

»Nein!«

Mit einer blitzschnellen Bewegung hieb Peter den Lauf der Automatic über Ramirez' Gesicht. Seine Haut platzte auf; ein Blutfaden rann dem Soldaten über die Wange. Kastler empfand nichts dabei. Dieses Fehlen jeglichen Gefühls machte ihm Angst. »Rufen Sie an.«

Ramirez stand langsam auf, die Augen starr auf die Waffe gerichtet. Er betastete mit der Hand sein Gesicht, dann nahm er den Hörer ab und wählte. »Hier spricht General Ramirez. Ich habe eine Sondereinheit um achtzehn Uhr zu meinem Haus bestellt, um eine Verhaftung durchzuführen. Der Gefangene ist ein gewisser Major Brown. Lassen Sie ihn frei.«

Ramirez hörte zu, was die Stimme am anderen Ende der Leitung sagte. Peter drückte ihm den Lauf der Automatic gegen die Schläfe.

»Tun Sie, was ich Ihnen gesagt habe«, sagte Ramirez. »Bringen Sie den Major zu seinem Fahrzeug zurück.« Er legte den Hörer auf die Gabel, ohne ihn loszulassen. »Er wird gleich hier sein. Die MP-Station ist zehn Minuten entfernt.«

»Ich habe gerade gesagt, ich wolle nicht mehr mit Ihnen reden, aber ich habe es mir anders überlegt. Wir werden auf Brown warten, und in der Zwischenzeit werden Sie mir alles sagen, was Sie über Hoovers Archive wissen.«

»Ich weiß nichts.«

»Den Teufel wissen Sie. Sie haben sich in diese Geschichte verbissen, Sie und Ihre Leute. Sie ersticken darin. Sie haben acht Monate Material aus MacAndrews Dienstakten entnommen.«

»Das ist alles, was wir getan haben.«

»Acht Monate! Und die Daten entsprechen genau den Ereignissen, die zu Chasŏng führten. Alles belastende Material. Und dann das Massaker, in dem MacAndrew Wellen von schwarzen Truppen in selbstmörderisches Feuer schickte. Alles außer der Wahrheit! Sie wußten, wohin dieses Material geriet!«

»Anfangs nicht.« Die Stimme des Generals war so leise, daß man sie kaum hören konnte. »Am Anfang war das reine Routine. Alles belastende Material, das Kandidaten für die Vereinigten Stabschefs betrifft, wird entfernt und in die Archive von G-Zwo verbracht. Jemand fand, das sei gefährlich. Da hat man es an PSA weitergeleitet.«

»Was ist das?«

»Psychiatric System Analyses. Bis vor kurzem hatten gewisse Leute im Bureau dazu Zugang. PSA befaßt sich mit Überläufern, potentieller Erpressung hoher Offiziere und Spionage. Mit vielen Dingen.«

»Dann wußten Sie, daß das Material in Hoovers Archiven lag!«

»Das haben wir in Erfahrung gebracht.«

»Wie?«

»Ein Mann namens Longworth. Ein pensionierter FBI-Agent, der in Hawaii lebte. Er kam zurück — nur auf einen Tag, vielleicht zwei, ich erinnere mich nicht — und warnte Hoover, daß man ihn töten wolle. Wegen seiner Archive. Hoover verlor fast den Verstand. Er hat sie durchkämmt und nach Hinweisen gesucht, die ihn zur Identität der Mörder führen könnten. Er stieß auf Chasŏng, und wir bekamen einen Anruf. Wir schworen, daß wir nichts damit zu tun hatten; wir boten Garantien, Schutz, *alles*. Hoover wollte nur, daß wir wußten, was er wußte. Und dann ist er natürlich getötet worden.«

Peter ließ die Pistole fallen. Das Geräusch, wie Metall auf Holz fiel, war laut und durchdringend, aber er hörte es nicht. Er hörte nur das Echo der letzten Worte des Brigadiers.

Und dann ist er natürlich getötet worden ... Und dann ist er natürlich getötet worden ... Und dann ist er natürlich getötet worden.

Gesprochen, als sei das Unglaubliche weder elektrisierend, ja nicht einmal schockierend, und auch nicht erschütternd, ja nicht einmal vielleicht ungewöhnlich. Nein, viel eher, als sei es Routine, allgemein bekannt — aufgezeichnete Daten, die jemand akzeptierte und in die Bücher eintrug.

Aber das war doch nicht *wirklich*. Andere Dinge waren wirklich, aber nicht das. Nicht der Mord. Das war die Fantasie, das Erdachte, das, was ihn in den Alptraum hineingetrieben hatte, aber es war das eine, das in Wirklichkeit nie geschehen war!

»Was haben Sie gesagt?«

»Nichts, was Sie nicht wußten«, sagte Ramirez und starrte auf die Waffe, die neben seinen Schuhen auf dem Boden lag.

»Hoover ist an Herzversagen gestorben. Und der Leichenbeschauer nannte es eine kardiovaskulare Erkrankung. So ist er gestorben! Er war ein alter Mann!« Kastler sprach ohne zu atmen.

Der Brigadier blickte auf, sah Peter in die Augen. »Ist das ein Spiel, das Sie mit mir treiben? Es hat kein Autopsie gegeben. Sie wissen, warum, und ich weiß das auch.«

»Sagen Sie es mir. Gehen Sie nicht davon aus, daß ich etwas weiß. Warum hat es keine Autopsie gegeben?«

»Befehl von 1600.«

»Von wem?«

»Dem Weißen Haus.«

»Warum?«

»Sie haben ihn getötet. Wenn sie das nicht getan haben, dann glauben sie, daß sie es getan haben. Sie glauben, daß jemand dort es getan hat. Oder es veranlaßt hat. Sie geben vage Befehle dort. Sehr weitschweifig. Entweder ist man Mitglied des Teams oder nicht; man lernt, wie man das verstehen muß, was gesagt wird. Er mußte getötet werden. Was für einen Unterschied macht es denn, wer die Tat begangen hat?«

»Wegen der Archive?«

»Teilweise. Aber das sind Akten; man kann sie verbrennen, vernichten. Nein, die Sondereinheiten. Sie waren zu weit gegangen.«

»Sondereinheiten? Wovon reden Sie?«

»Herrgott, Kastler! Sie wissen doch, wovon ich rede, sonst wären Sie nicht hier! Sonst hätten Sie doch das nicht getan, was Sie getan haben!«

Peter packte Ramirez am Hemd. »Was sind Sondereinheiten? Was waren Hoovers Sondereinheiten?«

Die Augen des Generals waren ohne Ausdruck. Es war gerade, als interessierte ihn nichts mehr, konnte ihn nichts mehr bewegen. »Mordteams«, sagte er. »Männer die den Auftrag hatten, Situationen zu gestalten, in denen bestimmte Leute getötet wurden. Entweder, indem sie Gewalttätigkeiten provozierten, die zu Aktivitäten der Lokalpolizei oder der Nationalgarde führten, oder indem sie Psychopathen, bekannte Killer oder potentielle Killer damit beauftragten, die Tat zu begehen, und sie anschließend selbst töteten. Alles geschah über Mittelsleute und wurde im Bureau insgeheim aufgeteilt. Niemand weiß, wie weit das ging. Wie weit es noch gehen würde. Welche Morde man Hoover zuschreiben konnte, oder wer als nächster als Feind bezeichnet werden würde.«

Kastler ließ den Brigadier langsam los. Er starrte ihn ungläubig an, und das Toben in seinen Schläfen nahm zu. Blendend weiße Flecken tanzten vor seinen Augen.

Sondereinheiten! *Exekutionskommandos!*

Seine eigenen Worte kamen ihm in den Sinn. Er sah das Blatt vor sich und las mit seinem geistigen Auge, was er geschrieben hatte. Schrecklicher Schmerz erfüllte ihn.

»Wußten Sie von diesen ... Exekutionskommandos?«

»Es gab Gerüchte«, erwidert Long vorsichtig. »Ich hatte nie damit zu tun.«

»Sie versuchen doch nicht etwa, den eigenen Hals zu retten?« fragt Long. »Wenn jemand herausfindet, was ich getan habe — was ich tue — bin ich ein toter Mann.«

»Das bringt uns wieder zu diesen Kommandos«, sagt die Frau. »Was haben Sie gehört?«

»Nichts Genaues«, antwortet Long. »Keine Beweise. Hoover teilt alles in Abteilungen und Gruppen auf. Alle. Er macht das im geheimen; niemand weiß wirklich, was der Mann im nächsten Büro tut. Auf die Weise parieren alle.«

»Gestapo!« sagt die Frau.

»Was haben Sie also gehört?« Das Kabinettsmitglied.

»Nur, daß es Endlösungen gab, wenn alles in einem Projekt schiefging.«

Die Frau starrt Long an und schließt dann kurz die Augen. »End ... mein Gott!«

»Wenn wir je eine letzte, überwältigende Berechtigung brauchten«, sagt der Mann mit dem schütteren Haar, »dann haben wir sie, glaube ich. Hoover wird kommenden Montag in zwei Wochen getötet werden, und man wird die Archive wegnehmen!«

Es war alles wahr. Es war von Anfang an wahr gewesen. Herrgott im Himmel, das Ganze war niemals nur ein Produkt seiner Fantasie gewesen! Nein, es war Wirklichkeit!

J. Edgar Hoover war nicht den natürlichen Tod eines kranken, alten Mannes gestorben. Er war ermordet worden.

Und mit plötzlicher Klarheit wußte Peter, wer jenen Mord veranlaßt hatte. Es war nicht das Weiße Haus gewesen. Nein, es war eine Gruppe von Männern gewesen, die jenseits von Gut und Böse stand, von Männern, die Entscheidungen von solcher Tragweite trafen, daß sie oft die unsichtbare, von niemandem gewählte Macht waren, die wirklich die Nation lenkte.

»Das dürfen Sie nicht tun! Sie haben alles, was Sie brauchen. Bringen Sie ihn vor Gericht! Soll er sich doch dem Urteil der Gerichte stellen! Dem des ganzen Landes!«

»Sie verstehen nicht«, sagt das Kabinettsmitglied. »Es gibt kein Gericht im ganzen Land, keinen Richter, kein Mitglied des Repräsentantenhauses oder des Senats, ja, nicht einmal den Präsi-

denten oder ein Mitglied seines Kabinetts, der ihn vor Gericht stellen könnte. Das ist vorbei.«

»Nein, das ist es nicht. Es gibt Gesetze!«

»Es gibt die Archive«, sagt die Journalistin leise. »Man würde an Leute herantreten ... andere würden das tun, die selbst überleben müssen.«

Meredith sieht die Augen, die ihn anstarren, die Augen sind kalt, ohne Mitgefühl.

»Dann sind Sie nicht besser als er.«

Alles war wahr.

Inver Brass hatte den Tod von J. Edgar Hoover verlangt, und der Befehl war ausgeführt worden.

Es geschah so schnell, daß Kastler nur mit einer Drehbewegung seines Körpers reagieren konnte. Er spürte Hände an seiner Brust und dann Ramirez' Schulter an seinen Rippen. Er stürzte, drehte sich im Fallen zur Seite, um dem zweiten Schlag auszuweichen, aber zu spät.

Der Brigadier hatte sich auf ein Knie fallen lassen, und seine rechte Hand griff nach der Waffe auf dem Boden. Er packte sie, drehte sie herum. Seine Finger legten sich, wie sie es tausendmal getan hatten, um den Kolben, sein Daumen zuckte instinktiv nach oben, um den Sicherungshebel zu überprüfen. Er schnippte ihn zur Seite.

Peter begriff, daß er, wenn er in diesem Augenblick sterben mußte, noch im Sterben versuchen mußte, jenem Tod auszuweichen. Er sprang auf, warf sich gegen den General. Aber wieder zu spät. Die dröhnende Explosion erfüllte den Raum. Blut und Hautfetzen bespritzten die Wand. Der Rauch aus dem Lauf der Waffe blähte sich zu einer beißenden Wolke.

Unter ihm der Soldat war tot. Brigadegeneral Ramirez, der Verantwortliche für Chasŏng, hatte mit einem Schuß den größten Teil seines Schädels zerschmettert.

Der Pistolenschuß — die Explosion — war so ohrenbetäubend, daß man sie bestimmt einige Straßen weit gehört hatte. Und das hieß, daß mit Sicherheit jemand die Polizei angerufen hatte. Man durfte ihn nicht sehen, wenn er das Haus verließ. Er mußte schnell durch den Hinterausgang hinaus in die Finsternis, in die Schatten.

Er rannte in blinder Panik durch einen schmalen Gang in eine winzige Küche. Dort taumelte er über den gefliesten Boden zur Hintertür, öffnete sie vorsichtig, preßte sich an die Wand, schob sich um den Türstock herum.

Das Haus, das hinten an das von Ramirez grenzte, lag hinter einer hohen Hecke; er konnte hinter der Garage eine Einfahrt erkennen. Peter sprang von der kleinen Küchenterrasse auf den Rasen und rannte auf die Hecke zu, bahnte sich mit den Schultern den Weg durch die dicken Zweige, bis er auf der anderen Seite war. Er rannte die Einfahrt hinunter auf die Straße, bog nach links und rannte weiter. Browns Triumph stand eine Querstraße weiter auf der Straße. An der Ecke bog er erneut nach links; in der Ferne war das Heulen einer Sirene zu hören, es kam näher. Er verlangsamte seinen Lauf und versuchte, ein Fußgängertempo einzuschlagen; einen laufenden Mann würde die Polizei nicht übersehen, sobald einmal ein Schuß gemeldet war.

Er erreichte den Triumph und stieg ein. Durch das Hinterfenster konnte er sehen, daß sich auf Ramirez' Rasen eine kleine, erregte Menschenmenge gesammelt hatte. Die sich nähernde Sirene war vom Blitzen des Blaulichts begleitet.

Er hörte die Geräusche eines weiteren Motors, diesmal aus der gegenüberliegenden Richtung. Er drehte sich um; es war das Militärpolizeifahrzeug. Es hielt neben dem Triumph an. Brown stieg aus und nahm von einem der Soldaten seine Schlüssel in Empfang.

Sie salutierten; er erwiderte den Gruß nicht. Das Militärfahrzeug setzte sich wieder in Bewegung.

»Gut. Sie sind zurück«, sagte Brown und öffnete die Tür.

»Wir müssen hier verschwinden! Sofort!«

»Was ist los? Was wollen die vielen . . .?«

»Ramirez ist tot.«

Brown sagte nichts. Er schob sich hinter das Steuer und ließ den Motor des Sportwagens an. Sie jagten die Straße hinunter, als plötzlich eine Limousine auf sie zukam; ihre Scheinwerfer waren aufgeblendet, und ihre Silhouette wirkte wie die eines riesigen Killerhais, der sich seinen Weg durch die dunklen Wellen bahnte. Peter konnte nicht anders, er mußte durch die Fenster des anderen Wagens starren, als dieser an ihnen vorbeischoß.

Der Fahrer war ganz darauf konzentriert, sein Ziel zu erreichen. Durch das Heckfenster sah Kastler, was dieses Ziel war: Ramirez' Haus.

Der Fahrer war ein Neger. Peter schloß die Augen und versuchte nachzudenken.

»Was ist passiert?« fragte Brown und lenkte den Triumph in westliche Richtung, auf den Highway zu. »Haben Sie ihn getötet?«

»Nein. Ich wäre dazu imstande gewesen, aber ich habe es nicht getan. Sie hatten recht; er hat sich erschossen. Er konnte Chasŏng nicht mehr ertragen. Er war für das Massaker verantwortlich. Man hatte es arrangiert, damit das, was sie MacAndrews Frau angetan hatten, nicht bekannt wurde.«

Brown schwieg eine Weile. Als er dann wieder sprach, klang ebensoviel Abscheu wie Unglaube aus seiner Stimme. »Diese *Schweine*!«

»Wenn das mit MacAndrews Frau bekannt geworden wäre«, fuhr Peter fort, »wären Dutzende ähnlicher Operationen bekanntgeworden. Andere Experimente. Sie wußten, was sie taten.«

»Ramirez hat es zugegeben?«

Peter blickte auf Brown. »Wir wollen sagen, daß es herauskam. Was einem wirklich den Verstand rauben kann, ist der Rest. Ich bin nicht sicher, daß ich die Worte über die Lippen bringe. So verrückt ist das.«

»Hoovers Archive?«

»Nein. Hoover. Er ist ermordet worden. Es war wirklich so — keine Lüge, niemals!«

»Beruhigen Sie sich. Ich dachte, Sie hätten gesagt, Varak habe Ihnen erklärt, das *sei* eine Lüge.«

»*Er* hat gelogen! Damit wollte er ...« Peter hielt inne. *Varak*. Der *Spezialist*. Der Mann der hundert Waffen, der Dutzend Gesichter ... der vielen Namen. Großer Gott! Die ganze Zeit hatte er es vor Augen gehabt und es nicht gesehen! *Longworth!* Varak hatte in jener Nacht des 1. Mai den Namen eines Agenten namens Longworth angenommen. Varak unter der Maske von Longworth war einer der drei Männer gewesen, die sich in der Nacht vor Hoovers Tod in das Bureau eingeschlichen hatten — und das bedeutete, daß sie gewußt hatten, daß sein Tod sicher gewesen war! Sie stellten fest, daß die Hälfte der Archive fehlte; jener Teil war richtig. Und Varak hatte sein Leben dafür gegeben, um sie aufzuspüren, und dann hatte er Bravo geschützt, hatte mit seinem Leben jenen außergewöhnlichen Diplomaten geschützt, den die Welt als Munro St. Claire kannte.

Varak war Hoovers Mörder! Was hatte Frederick Wells gesagt? *Varak war der Mörder, nicht Inver Brass ... Ich kann und werde unangenehme Fragen stellen ... vom 10. April bis zur Nacht des 1. Mai ... Varak hat die Archive!*

Und das bedeutete, daß Munro St. Claire die Archive hatte. Varak *selbst* war belogen worden, war manipuliert worden!

Von seinem Mentor Bravo.

Und jetzt hatte der Kult um Chasŏng in Ramirez sein Opfer gefunden. Der Kult, dem Munro St. Claire Einfluß und Macht verliehen hatte, Munro St. Claire, der Varak so benutzt hatte, wie er alle benutzt hatte. Darunter auch einen gewissen Peter Kastler.

Alles strebte jetzt einem Ende zu. Die einzelnen Kräfte kollidierten miteinander, so wie Carlos Montelán das vorhergesagt hatte. Noch in dieser Nacht würde alles enden, so oder so.

»Ich werde Ihnen alles sagen, was ich weiß«, meinte er. »Fahren Sie nach Arundel; die können uns nicht folgen. Ich werde Ihnen unterwegs berichten. Ich möchte, daß Sie bei Alison bleiben. Wenn wir ankommen, möchte ich Ihren Wagen nehmen. Ich möchte, daß Sie eine Weile warten und dann Munro St. Claire in Washington anrufen. Sagen Sie ihm, daß ich ihn im Haus von Genesis an der Bucht erwarten werde. Er soll allein kommen. Ich werde aufpassen; wenn er nicht allein ist, wird er mich nie finden.«

41

Das Geräusch der Wellen, die gegen die Felsen klatschten, drang vom Wasser zu ihm herauf. Peter lag im feuchten Gras. Die Luft war ebenso kalt wie der Boden. Von der Bucht wehte böig der Wind herein, pfiff durch die hohen Bäume, die den Winterrasen säumten. Ein Mann, der ihn verraten hatte, ein Mann, den er für seinen Freund gehalten hatte, hatte ihn inmitten jenes Verrates vieles gelehrt. Deshalb befand er sich an dieser Stelle, die Augen auf das steinerne Eingangsportal in fünfzig Meter Entfernung auf die Straße dahinter gerichtet.

Wenn man Kontakt herstellte, kam alles darauf an, sich an der richtigen Stelle zu befinden. Schützen Sie sich, indem Sie alle sich nähernden Fahrzeuge beobachten. Sorgen Sie dafür, daß Sie jederzeit schnell und unentdeckt entkommen können.

Freunde waren Feinde, und Feinde lehrten einen die Tricks, mit denen man sie bekämpfte. Das alles war Teil des Wahnsinns, der nur zu wirklich war.

Er sah die Scheinwerfer in der Ferne, vielleicht eine halbe Meile entfernt. Peter war sich nicht ganz sicher, aber er hatte den

Eindruck, als bewegten sich die Scheinwerfer hin und her. Und dann schien es wieder, als wären sie stationär, als hätte der Wagen angehalten, und dann bewegten sie sich wieder. Unter anderen Umständen, dachte Kastler, hätte er glauben können, dies sei ein betrunkener Fahrer, der versuchte, seinen Weg nach Hause zu finden. War es möglich, daß dieser mächtige Mann, der Männer und Regierungen manipulierte, getrunken hatte? Ramirez hatte sich eine Kugel in den Kopf gejagt, weil er mit Chasŏng nicht fertig werden konnte. Waren die Enthüllungen über Inver Brass mehr, als St. Claire bei klarem Bewußtsein hören wollte?

Der Wagen rollte durch das Eingangsportal. Peter hielt einen Augenblick lang den Atem an, und seine Augen klebten förmlich an dem schrecklichen Anblick. Es war der silberne Mark IV Continental! Daß St. Claire mit diesem Wagen zu ihrem Treffpunkt, zu ihrer Konfrontation kam, war für ihn die Bestätigung, daß der Mann ebenso wie das Fahrzeug ein Monstrum war.

Er sah zu, wie die silberne Obszönität über die kreisförmig angelegte Einfahrt zu den breiten Stufen der Eingangstreppe rollte; dann wandte er den Blick wieder auf die Straße, jenseits des Tores. Er spähte in die Finsternis, völlig konzentriert. Da waren keine Scheinwerfer auf der Straße, auch keine schwarzen Silhouetten vor grauer Dunkelheit, die ein Wagen mit abgeschalteten Scheinwerfern sein könnten.

Er blieb noch beinahe fünf Minuten im Gras und beobachtete St. Claire. Der Diplomat hatte den Wagen verlassen, war die Treppe hinaufgestiegen und ans Ende der Veranda gegangen. Jetzt stand er am Geländer und starrte auf die Wasserfläche hinaus.

Ein anderer Mann, ein Mann voll Mitgefühl, hatte vor zwölf Stunden auf einem von Fischern benutzten Dock gestanden und über eine andere Wasserfläche hinausgeblickt. In der Dämmerung. Jener Mann war tot. Von einem Feind in eine Falle gelockt, von Fanatikern abgeknallt, die den Anweisungen eines Monstrums gehorchten.

Kastler war zufrieden: Munro St. Claire war allein gekommen.

Peter erhob sich aus dem Gras und ging über den Rasen auf die viktorianische Veranda zu. St. Claire blieb am Geländer stehen; Kastler näherte sich ihm von hinten. Er griff mit beiden Händen in die Taschen und zog mit der Rechten Browns Automatic, mit der Linken die Taschenlampe heraus. Als er sich dem Diplomaten auf zwei Meter genähert hatte, richtete er beide auf ihn und schaltete das Licht ein.

»Lassen Sie den rechten Arm oben«, befahl er. »Mit der linken

Hand greifen Sie in die Tasche und werfen mir die Wagenschlüssel zu.«

Der Botschafter brauchte einige Sekunden, um zu reagieren. Er schien verwirrt. Das plötzliche Auftauchen Kastlers, der blendende Lichtstrahl, die abgehackten Befehle aus der Dunkelheit schienen ihn kurzzeitig zu lähmen. Peter war dankbar für die Ausbildung in solchen Dingen, die er einem Feind verdankte.

»Ich habe die Schlüssel nicht, junger Mann. Sie sind im Wagen.«

»Ich glaube Ihnen nicht«, sagte Kastler ärgerlich. »Geben Sie sie mir!«

»Ich schlage vor, wir gehen zum Wagen, dann können Sie sich selbst überzeugen. Wenn Sie es wünschen, kann ich beide Hände oben behalten.«

»Ich wünsche es.«

Die Schlüssel steckten im Zündschloß des Mark IV. Kastler drückte den alten Mann gegen die Motorhaube, während er seine Taschen durchsuchte. St. Claire trug keine Waffe bei sich. Die Erkenntnis war verblüffend, ebenso wie die Schlüssel im Zündschloß. Ein Wagen war ein Fluchtmittel; der Anführer von Inver Brass mußte das wissen.

Peter schaltete seine Taschenlampe ab und stieß St. Claire die Automatic in den Rücken. Sie gingen die Treppe hinauf auf die Veranda. Dort drehte er den alten Mann herum, so daß er den Rücken zum Geländer hatte, und sah ihn an.

»Verzeihen Sie, wenn ich mich verspätet habe«, sagte der Botschafter. »Ich bin schon beinahe zwölf Jahre nicht mehr selbst gefahren. Ich habe versucht, das Ihrem Freund am Telefon zu erklären, aber er wollte nicht auf mich hören.«

Was St. Claire gesagt hatte, leuchtete ein. Das erklärte die schwankenden Scheinwerfer. Es bewies auch, daß St. Claire Angst hatte. Er wäre nie ein solches Risiko auf nächtlichen Straßen und Wegen eingegangen, wenn es anders gewesen wäre. »Aber Sie sind trotzdem gekommen, nicht wahr?«

»Sie wußten, daß ich mich nicht weigern konnte. Sie haben meinen Mann gefunden. Sie haben die Sender entdeckt. Ich kann mir vorstellen, daß man sie zu mir zurückverfolgen konnte.«

»Konnte man das?«

»Ich verstehe mich nicht auf solche Dinge. Varak war da Fachmann, aber ich nicht. Ich weiß nicht einmal, wie man sie beschafft hat.«

»Das kann ich nicht akzeptieren. Der Mann, der Inver Brass leitet, muß sich dabei auskennen.«

St. Claire richtete sich in der Finsternis auf. Der Klang des Namens schien ihm Schmerzen zu bereiten. »Man hat es Ihnen also gesagt.«

»Überrascht Sie das? Ich sagte Ihnen doch, daß ich die Identität von Venice, Christopher, Paris und Banner kenne. Und Bravo. Warum nicht auch Inver Brass?«

»Wieviel haben Sie inzwischen erfahren?«

»Genug, um mir Todesangst einzujagen. Vierzig Jahre, unzählige Millionen. Unbekannte Männer, die das Land lenkten.«

»Sie übertreiben. Wir sind dem Land in Krisenperioden zu Hilfe gekommen. Das drückt es besser aus.«

»Und wer entschied, was eine Krise war? Sie?«

»Krisen haben es an sich, offenkundig zu werden.«

»Nicht immer. Nicht für jedermann.«

»Wir haten Zugang zu Informationen, die nicht ›jedermann‹ zugänglich waren.«

»Und aufgrund dieser Informationen haben Sie gehandelt, statt sie zu veröffentlichen.«

»Im wesentlichen handelte es sich um Akte der Wohltätigkeit. Am Ende zum Nutzen von ›jedermann‹, wie Sie es ausdrücken. Wir haben nie für uns gehandelt.« St. Claires Stimme war lauter geworden, und man spürte, daß ihm die Verteidigung von Inver Brass ein Anliegen war.

»Es gibt Mittel und Wege, um solche Akte der Wohltätigkeit auch öffentlich vorzunehmen. Warum haben Sie sich nicht dieser Mittel und Wege bedient?«

»Jene Art von Wohltätigkeit ist immer nur oberflächlicher Natur. Die tief verwurzelten Dinge betrifft das nicht.«

»Und jene tief verwurzelten Dinge kann man nicht dem Urteil jener überlassen, die vom Volk dafür gewählt sind, sie zu verstehen, ist es das?«

»Da stellen Sie unseren Standpunkt zu primitiv dar, Mr. Kastler, und das wissen Sie auch.«

»Ich weiß jedenfalls, daß ich mich lieber einem unvollkommenen System anvertraue, dem ich folgen kann, als einem, das ich nicht sehe.«

»Das ist Wortklauberei. Es ist keine Kunst, hier über Bürgertugenden zu argumentieren, aber während Sie das tun, gibt es Tausende Fälle von Enttäuschung und Frustration, die immer weitere Kreise ziehen. Und wenn sich diese Kreise berühren, dann wird es zu einem Ausbruch von Gewalttätigkeit kommen, der Ihr Vorstellungsvermögen übersteigt. Wenn das geschieht, wird die

Freiheit der Entscheidung ein Ende finden, um der ausreichenden Ernährung willen. So einfach ist das. Wir haben über die Jahre hinweg versucht, die Verbreitung solcher Ideen unter Kontrolle zu halten. Wollen Sie uns aufhalten?«

Peter mußte St. Claires Argumenten eine gewisse Logik zuerkennen und wußte zugleich, daß der brillante, fähige Mann unter der Maske von soviel Güte ihn in die Deffensive zwang, ihn vom Punkt ihrer Konfrontation ablenken wollte. Er mußte sich daran erinnern, daß St. Claire ein Monstrum war, daß an seinen Händen Blut klebte.

»Es gibt andere Wege«, sagte er. »Andere Lösungen.«

»Mag sein, aber ich bin nicht sicher, daß wir diese Wege zu unseren Lebzeiten finden können. Ganz bestimmt nicht zu meinen Lebzeiten. Vielleicht wird sich bei der Suche nach Lösungen auch das Mittel zur Verhinderung der Gewalt finden, auf das wir hoffen.«

Plötzlich griff Peter an. »Aber eine Lösung haben Sie ja gefunden, die in Gewalt wurzelte, nicht wahr? Schließlich war der Köder ja die Wahrheit.«

»Was?«

»Sie haben Hoover getötet! Inver Brass hat den Meuchelmord an ihm befohlen!«

Bei diesen Worten schien St. Claire zu erstarren, ein halb unterdrückter Schrei entrang sich seiner Kehle. Sein Selbstvertrauen schien wie weggewischt. Plötzlich war er nichts als ein alter Mann, den man eines schrecklichen Verbrechens beschuldigte.

»Wo haben Sie? Wer?« Er konnte die Frage nicht artikulieren.

»Das hat für den Augenblick nichts zu besagen. Wichtig ist nur, daß der Befehl erteilt und ausgeführt wurde. Sie haben einen Menschen ohne Prozeß hingerichtet, ohne das Urteil eines offenen Gerichts. Das ist es, was uns von einem großen Teil dieser Welt unterscheiden soll, Mr. Ambassador. Von der Gewalt, die Sie so hassen.«

»Es gab Gründe!«

»Weil Sie ihn für einen Mörder hielten? Weil Sie gehört hatten, daß er Mörderteams einsetzte, seine ›Sondereinheiten‹?«

»Im weiteren Sinne, ja!«

»Das reicht nicht. Wenn Sie es wußten, hätten Sie es sagen sollen! Sie alle.«

»So wäre es nicht gegangen! Ich sagte Ihnen doch, es gab Gründe.«

»*Andere* Gründe, meinen Sie?«

»Ja!«

»Die Archive?«

»Ja, um Himmels willen, ja! Die Archive!«

»Das dürfen Sie nicht tun! Sie haben alles, was Sie brauchen. Bringen Sie ihn vor Gericht! Soll er sich doch dem Urteil der Gerichte stellen! Dem des ganzen Landes! Es gibt Gesetze!«

»Es gibt die Archive . . . Man würde Leute erpressen, sie erpressen . . . andere, die überleben müssen, würden es tun.«

»Dann sind Sie nicht besser als er.«

»Sie sind besser, als er war«, sagte Kastler leise.

»Wir glaubten mit ganzem Herzen und ganzer Seele, daß wir das waren.« St. Claire begann, den Schock, den er erlitten hatte, zu überwinden; er fand zu der Selbstsicherheit, die er verloren hatte, zurück, teilweise wenigstens. »Ich kann das nicht glauben. Ich habe Varak so gründlich mißverstanden.«

»Versuchen Sie das nicht«, erwiderte Peter kalt. »Ich habe alles schon verachtet, was er war, aber Varak hat sein Leben für Sie gegeben. In Wahrheit sind Sie es, der ihn belogen hat.«

»Falsch! Niemals!«

»Die ganze Zeit! Varak war ›Longworth‹, und ›Longworth‹ hat sich in der Nacht, in der Hoover getötet wurde, Zugang zum Bureau verschafft. Varak hat jene Archive geholt! Er hat Sie *Ihnen* gegeben!«

»A bis L ja! Das haben wir nie geleugnet, sie sind vernichtet worden. Aber nicht M bis Z! Sie waren verschwunden. Sie *sind* verschwunden!«

»*Nein!* Varak dachte, sie seien verschwunden, weil Sie wollten, daß er das glaubte!«

»Sie sind wahnsinnig!« flüsterte St. Claire.

»In jener Nacht waren noch zwei Männer mit Varak zusammen! Einer von ihnen — vielleicht auch beide — hat die Aktenordner ausgeleert und vertauscht oder sie kombiniert oder einfach nur gelogen. Ich weiß nicht wie, aber dort ist es jedenfalls geschehen. Sie wußten, daß man Varak in bezug auf die Archive nicht erpressen konnte, also haben Sie ihn umgangen.«

St. Claire schüttelte den Kopf, sein Gesichtsausdruck wirkte gequält. »Nein. Sie haben unrecht. Die Theorie, die Sie hier aufstellen, ist plausibel, genial, das gebe ich zu. Aber sie ist einfach nicht wahr!«

»Jene zwei Männer sind verschwunden! Ihre Namen waren Decknamen, ihre Identität nicht auffindbar!«

»Aus einem anderen Grund! Hoover mußte eliminiert werden. Das Land hätte nicht einmal die Andeutung eines weiteren Mordes dieser Art ertragen. Es hätte Chaos gegeben; es wäre ein Ansporn für die Fanatiker gewesen, die diese Regierung in Verletzung aller verfassungsmäßigen Prinzipien führen wollen! Wir durften nicht zulassen, daß es irgendwelche Spuren gab. Das müssen Sie glauben!«

»Sie haben immer wieder gelogen und gelogen und gelogen! Sie können mich nicht dazu bringen, irgend etwas zu glauben, was Sie sagen.«

St. Claire überlegte. »Vielleicht doch. Indem ich Ihnen die Gründe erkläre und dann noch einen Schritt weitergehe: indem ich mein Leben und alles, was für mich in mehr als fünfzig Jahren des Dienstes an meinem Land wichtig war, in Ihre Hände legte.«

»Zuerst das Ziel«, sagte Peter heiser. »Warum ist Hoover ermordet worden?«

»Er war der absolute Herrscher einer Regierung für sich. Es gab keine klaren Kompetenzen. Seine Regierung war amorph, ohne Struktur; er wollte sie so haben. Er war weit über illegale Handlungen der schlimmsten Art hinausgegangen. Niemand wußte genau, wie weit, aber es gab genügend Beweise, die auf die Morde deuteten, von denen Sie sprachen; wir wußten über die Erpressungen Bescheid. Sie reichten bis in das Oval Office hinein. All das hätte für sich allein schon die Entscheidung rechtfertigen können, aber es gab noch eine weitere Überlegung, die uns förmlich dazu zwang. Wir hatten erfahren, daß sich eine neue Befehlsstruktur aufbaute; innerhalb und außerhalb des Bureaus. Völlig prinzipienlose Männer umkreisten Hoover, schmeichelten ihm, gaben vor, ihn zu verehren. Sie hatten nur ein einziges Ziel: seine Privatarchive. Mit ihnen hätten sie das Land beherrschen können. Er mußte ausgeschaltet werden, ehe irgendwelche Pakte geschlossen wurden.«

St. Claire hielt inne. Er begann, müde zu werden; seine Zweifel waren in seinen Zügen sichtbar.

»Ich bin nicht Ihrer Meinung«, sagte Peter, »aber die Dinge beginnen jetzt klarer zu werden. Wie werden Sie fünfzig Jahre Ihres Lebens in meine Hände legen?«

St. Claire atmete tief. »Ich glaube, daß der menschliche Instinkt in gewissen Augenblicken die Wahrheit erkennt, gleichgültig, wie die Umstände sein mögen. Ich glaube, daß dies einer jener Augenblicke ist. Nur zwei Männer auf der ganzen Welt kannten jeden Schritt bei der Ermordung Hoovers. Der Mann, der den Plan entwickelte, und ich. Jener Mann ist tot. Er ist vor Ihren Augen gestorben. Nur ich bin noch übriggeblieben. Dieser Plan ist Ihr letzter Beweis. Denn keine Strategie, die von menschlichen Wesen entwickelt wird, ist vollkommen; irgend etwas bleibt immer übrig, wenn andere wissen, wo sie nachsehen müssen. Indem ich Ihnen den Plan schildere, lege ich nicht nur mein Leben in Ihre Hände, sondern, was noch viel wichtiger ist, ich vertraue Ihnen das Werk eines ganzen Lebens an. Was Sie damit tun, bedeutet mir mehr, als die kurze Zeit, die mir noch bleibt. Werden Sie diesen Augenblick annehmen? Werden Sie mir den Versuch erlauben, Sie zu überzeugen?«

»Reden Sie.«

Während St. Claire sprach, begriff Peter die ungeheure Tragweite dessen, was ihm anvertraut wurde. Der Botschafter hatte in zwei Punkten recht. Kastler wußte instinktiv, daß das, was er hörte, die Wahrheit war, und darüber hinaus erkannte er, daß der Mord an Hoover möglicherweise bestätigt werden konnte. St. Claire gebrauchte keine Namen; abgesehen von dem Varaks — aber es würde möglich sein, die Identität des einen oder anderen Akteurs aufzudecken.

Eine Schauspielerin, deren Mann während der McCarthy-Zeit seine Existenz verloren hatte; zwei ehemalige Fernmeldespezialisten aus dem Marinekorps, beide mit Erfahrung in Elektronik und Telefonanlagen, der eine ein Scharfschütze; ein Mitarbeiter aus dem britischen M 16, von dem man wußte, daß er während der Berlinkrise mit dem Nationalen Sicherheitsrat zusammengearbeitet hatte; ein amerikanischer Arzt, der in Paris lebte, ein emigrierter Sozialist, dessen Frau und Sohn bei einem Unfall mit einem FBI-Fahrzeug ums Leben gekommen waren. Das war das Team gewesen. Die Fäden waren noch nicht zerschnitten; man konnte sie an ihren Ursprungsort zurückverfolgen. Der Plan selbst war das Werk eines Genies, das selbst daran gedacht hatte, einen Berater des Weißen Hauses mit einzubeziehen.

Das erklärte auch Ramirez' Ansicht: *Es gab keine Autopsie ... Befehl von 1600 ... Das Weiße Haus ... hat ihn getötet. Und wenn nicht, dann glauben sie jedenfalls, daß sie es getan haben. Sie glauben, jemand dort drüben hat es getan. Oder veranlaßt.*

Was für einen unglaublichen Verstand dieser Varak doch besessen hatte!

St. Claire schloß erschöpft. »Habe ich Ihnen die Wahrheit gesagt? Glauben Sie mir jetzt?«

»Soweit ja. Jetzt fehlt noch eine Stufe. Wenn ich eine Lüge spüre, ist alles gelogen. Ist das fair?«

»Es gibt keine Lügen mehr. Nicht, soweit es Sie betrifft. Es ist fair.«

»Was bedeutet Chasŏng?«

»Ich weiß nicht.«

»Es ist nicht wichtig?«

»Im Gegenteil. Varak hat es ein ›Täuschungsmanöver‹ genannt. Er glaubte, es sei der Schlüssel zu der Identität des Mannes von Inver Brass, der uns verraten hat.«

»Erklären Sie das.«

Wieder atmete St. Claire tief, und seine Erschöpfung war noch deutlicher sichtbar. »Es betraf MacAndrew. In Chasŏng geschah etwas, das seine Befehlsführung in Mißkredit brachte. Daher kam der Satz ›Mac The Knife, Killer von Chasŏng‹. In der Schlacht gab es eine ungeheure Zahl von Opfern; MacAndrew wurde dafür verantwortlich gemacht. Sobald seine Schuld feststand, nahm man an, es werde damit aufhören. Varak glaubte, es gebe noch etwas anderes, etwas, das MacAndrews Frau hineinzog.«

»Haben Sie je die Zusammensetzung der Truppen von Chasŏng erfahren?«

»Die Zusammensetzung?«

»Die rassische Zusammensetzung.« Kastler beobachtete den alten Mann scharf.

»Nein, ich wußte nicht, daß es so etwas wie eine ›rassische Zusammensetzung‹ gab.«

»Was wäre, wenn ich Ihnen jetzt sagte, daß die Gefallenenlisten von Chasŏng zu den bestgehüteten Geheimnissen in den Archiven der Armee gehören; Hunderte wurden getötet und Hunderte vermißt. Nur siebenunddreißig überlebten, von denen sechs nicht mehr imstande sind, mit ihrer Umwelt in Verbindung zu treten. Wenn ich Ihnen sagte, daß die einunddreißig Überlebenden sich in einunddreißig verschiedenen Hospitälern über das ganze Land verstreut befinden. Würde das alles für Sie etwas bedeuten?«

»Es wäre für mich eine weitere Bestätigung des Verfolgungswahns, der im Pentagon herrscht. Das ist ähnlich dem Hoover-Regime im Bureau.«

»Ist das alles?«

»Wir sprechen von vergeudeten Leben. Vielleicht ist *Verfolgungswahn* ein zu unbestimmter Ausdruck.«

»Das würde ich auch sagen. Es handelte sich nämlich gar nicht um unnötige Vergeudung von Leben, die man MacAndrew zur Last legen konnte. Es war eine Falle, die unsere eigene Armee aufgestellt hatte. Es war eine Verschwörung in höchsten Kommandokreisen. Jene Truppen — und zwar bis zum letzten Mann — waren schwarz. Es war Rassenmord.«

St. Claire klammerte sich an dem Geländer fest. Sein Gesichtsausdruck war wie erstarrt. Sekunden verstrichen; die einzigen Geräusche, die man hören konnte, waren der Schlag der Wellen gegen die Felsen und die Böen, die über das Wasser wehten. Dann fand der Botschafter seine Stimme wieder.

»Warum, in Gottes Namen, *warum*?«

Peter starrte den Diplomaten an und empfand gleichzeitig Erleichterung und Verblüffung. Der alte Mann log nicht; der Schock, den er empfand, war echt. An St. Claire waren viele Dinge, die man nicht verzeihen konnte, aber er war nicht der Verräter von Inver Brass. Er hatte die Archive nicht. Peter steckte die Pistole ein.

»Um eine Abwehroperation zu tarnen, die mit MacAndrews Frau zu tun hatte. Um MacAndrew daran zu hindern, Fragen zu stellen. Wenn das herausgekommen wäre, hätte es dazu geführt, daß Dutzende ähnlicher Operationen bekannt geworden wären. Männer und Frauen, die man unter Drogen gesetzt hatte. Mit Haluzinogenen. Experimente, welche die vernichtet hätten, die sie sich ausgedacht hatten. Und dann hätte wahrscheinlich der Mann, den sie in die Falle gelockt haben, einige von ihnen umgebracht: MacAndrew.«

»Und dafür haben sie geopfert — mein Gott!«

»Das bedeutet Chasŏng«, sagte Peter leise. »Alles andere war Varaks Tarnung.«

St. Claire trat einen Schritt vor, die Beine drohten, ihm den Dienst zu versagen, und seine Gesichtszüge waren verzerrt. »Ist Ihnen klar, was Sie damit sagen. Inver Brass — nur ein Mitglied von Inver Brass ist . . .«

»Er ist tot.«

St. Claire stieß den Atem aus, es klang wie eine Explosion. Einen Augenblick lang war sein ganzer Körper verkrampft.

Kastler fuhr leise fort. »Sutherland ist tot. Ebenso Jacob Dreyfus. Und Sie haben die Archive nicht. Bleiben zwei Männer. Wells und Montelán.«

Die Nachricht von Dreyfus' Tod war fast mehr, als St. Claire ertragen konnte. Seine Augen schienen in ihren Höhlen zu schweben. Er hielt sich am Geländer fest, packte es ungeschickt mit beiden Händen. »Tot. Sie sind tot.« Er flüsterte die Worte ganz leise.

Peter ging auf den alten Mann zu und empfand gleichzeitig Mitgefühl und Erleichterung. Endlich ein Verbündeter! Ein mächtiger Mann, der den Alptraum beenden konnte. »Mr. Ambassador?«

Als St. Claire den Titel hörte, blickte er zu Peter auf. In seinen Augen leuchtete unverkennbar etwas wie Dankbarkeit. »Ja?«

»Ich sollte Sie jetzt eine Weile allein lassen, aber das kann ich nicht. Man ist hinter mir her. Ich glaube, man weiß, was ich erfahren habe. MacAndrews Tochter hält sich verborgen; zwei Leute sind bei ihr, aber das ist keine Garantie für ihre Sicherheit. Ich kann mich nicht an die Polizei wenden, ich kann mir keinen Schutz beschaffen. Ich brauche Ihre Hilfe.«

Der Diplomat fand die kärglichen Reste seiner Kraft. »Die sollen Sie natürlich haben«, begann er. »Und Sie haben ganz recht, für Selbstvorwürfe ist jetzt keine Zeit. Darüber kann man später nachdenken. Nicht jetzt.«

»Was können wir tun?«

»Den Krebs wegschneiden, im vollen Wissen, daß der Patient dabei sterben kann. Und in diesem Fall ist der Patient bereits tot. Es gibt kein Inver Brass mehr.«

»Darf ich Sie zu meinen Freunden bringen? Zu MacAndrews Tochter?«

»Ja, natürlich.« St. Claire stieß sich von dem Geländer ab. »Nein, das wäre Zeitvergeudung. Das Telefon ist schneller. Trotz allem, was Sie denken, gibt es Leute in Washington, denen man vertrauen kann. Die große Mehrheit sogar. Sie werden Ihren Schutz bekommen.« St. Claire deutete auf den Hauseingang; er griff in die Tasche, um den Schlüssel herauszuholen.

Sie mußten schnell eintreten. Der Diplomat erklärte es ihm: Das Alarmsystem wurde auf zehn Sekunden durch den Schlüssel ausgeschaltet und wieder aktiviert, sobald sich die Türe schloß.

Drinnen trat St. Claire durch den Bogen in die weite Halle und schaltete das Licht ein. Er trat an ein Telefon, nahm den Hörer auf, hielt inne und legte ihn wieder auf die Gabel. Er wandte sich zu Kastler um. »Der beste Schutz«, sagte er, »liegt darin, die Angreifer aufzuhalten. Wells oder Montelán, einer von beiden oder beide.«

»Ich würde auf Wells tippen.«

»Warum? Was hat er zu Ihnen gesagt?«

»Daß das Land ihn brauche.«

»Er hat recht. Seine Arroganz beeinträchtigt seine Intelligenz in keiner Weise.«

»Die Archive haben ihm panische Angst eingeflößt. Er sagte, er sei in ihnen enthalten.«

»Das war er, das ist er.«

»Ich verstehe nicht.«

»Wells ist sein Mittelname, der seiner Mutter. Das geht klar aus den Archiven hervor. Er hat ihn nach der Scheidung seiner Eltern angenommen. Er war damals noch ein kleines Kind. Bei seiner Geburt war sein Name Reisler. Er steht in den verschwundenen Archiven M bis Z. Sagt Ihnen der Name etwas?«

»Ja.« Peter erinnerte sich. Der Name erinnerte ihn an eine bösartige, aufgeblasene Person vor fünfunddreißig Jahren. »Frederick Reisler. Einer der Führer des Deutsch-Amerikanischen Bundes. Ich habe ihn als Grundlage einer Person in *Reichstag!* benutzt. Er war Aktienmakler.«

»Ein Genie der Wall Street. Er hat Millionen für Hitler beschafft. Wells ist sein ganzes Leben vor diesem Makel geflohen. Und was wichtiger ist, er hat seinem Land selbstlos gedient, um zu sühnen. Er hat schreckliche Angst, daß die Archive ein Vermächtnis an die Öffentlichkeit bringen könnten, das ihn gequält hat.«

»Dann glaube ich, daß er es ist. Das mit dem Vermächtnis paßt.«

»Vielleicht, aber ich habe meine Zweifel. Wenn er nicht viel schlauer ist, als ich mir vorstellen kann, warum sollte er dann Angst haben, wenn er doch die Archive besitzt. Was hat der *Hidalgo* gesagt?«

»Wer?«

»Montelán. Paris. Viel attraktiver als Banner und doch unendlich arroganter. Generationen kastilianischen Reichtums, ungeheurer Familieneinfluß, von Falangisten bestohlen und beraubt. Carlos trägt in sich einen mächtigen Haß herum. Er verachtet jegliche Art absoluter Kontrolle. Manchmal glaube ich, daß er die Welt nach abgesetzten Aristokraten absucht ...«

»Was haben Sie gerade gesagt?« unterbrach Kastler. »Was verachtet er?«

»Absolutisten. Die faschistische Mentalität in jeder Ausprägung.«

»Nein. Sie sagten, *Kontrolle*. Jede Art von Kontrolle!«

»Ja, das habe ich gesagt.«

Ramirez, dachte Peter. Der Mann, der Chasŏng kontrolliert

hatte. War es das? War das die Verbindung? Ramirez. Montelán. Zwei Aristokraten desselben Blutes. Beide von Haß erfüllt. Die dieselben Minderheiten benutzen wollten, die sie so verachteten?

»Ich habe jetzt keine Zeit, es zu erklären«, sagte Peter, der sich plötzlich ganz sicher war. »Aber es ist Montelán! Können Sie ihn erreichen?«

»Natürlich. Jedes Mitglied von Inver Brass kann binnen Minuten erreicht werden. Es gibt Codes, die er nicht ignorieren kann.«

»Montelán würde das aber vielleicht tun.«

Der Botschafter hob die Brauen. »Er wird nicht wissen, weshalb ich anrufe. Seine Angst, entdeckt zu werden, wird ihn zwingen, mir zu antworten. Aber es genügt natürlich nicht, ihn an die Öffentlichkeit zu ziehen, nicht wahr?« St. Claire hielt inne; aber Kastler unterbrach ihn nicht. »Er muß getötet werden. Das letzte Leben, das Inver Brass fordert. Wie tragisch sich doch alles entwickelt hat.« St. Claire nahm den Hörer ab. Ich gleichen Augenblick hielt er inne, und sein fahles Gesicht wurde weiß. »Die Leitung ist tot.«

»Das kann nicht sein!«

»Gerade funktionierte sie noch.«

Ohne Warnung hallte plötzlich eine Glocke schrill durch den weiten Raum.

Kastler fuhr herum, seine rechte Hand griff in die Tasche, packte die kleine Automatic und zog sie heraus.

Ein Schuß hallte, eines der Fenster zersplitterte. Eisiger Schmerz breitete sich in Peters Arm und Schulter aus; ein Blutfleck zeichnete sich auf seiner Jacke ab. Er ließ die Waffe fallen. Aus dem Korridor war das Krachen von Holz auf Holz zu hören. Die Eingangstür wurde gegen die Wand geschmettert. Zwei schlanke Männer — schwarze Männer in enganliegenden Hosen und dunklen Hemden — rannten mit katzenhafter Geschwindigkeit in den Raum, duckten sich und richteten ihre Waffen auf Kastler.

Hinter ihnen trat eine hünenhafte Gestalt aus der Finsternis der Halle in das gespenstische Licht des Raums.

Es war Daniel Sutherland.

Er stand reglos da und starrte Peter an. Seine Augen blickten verächtlich. Er streckte seine mächtige Hand aus und öffnete sie. Sie hielt eine Kapsel. Er schloß die Faust und drehte die Hand nach unten; seine Finger preßten gegen seine Handfläche.

Eine dunkelrote Flüssigkeit quoll aus seiner Faust, bedeckte seine Haut und tropfte zu Boden.

»Das Theater, Mr. Kastler. Die Kunst der Täuschung.«

Alles vollzog sich in schnellen, abgezirkelten Bewegungen, die den Stempel des Professionellen trugen. Weitere Schwarze schoben sich ins Haus, es war umzingelt. Munro St. Claire wurde am Tisch festgehalten, jemand wand Peter einen Streifen Stoff um seine Schulterwunde.

Ein Mann wurde ans Tor geschickt, um die Lokalpolizei zu erwarten und ihr zu erklären, weshalb der Alarm ausgelöst worden war.

Daniel Sutherland nickte, drehte sich um und ging in die Finsternis des Korridors zurück. Wieder geschah ohne Warnung das Unvorstellbare. Der Mann, der Bravo hielt, ließ ihn los und trat ein paar Schritte zurück. Explosionen erfüllten den Raum.

Munro St. Claire wurde gegen die Wand geworfen, von Kugeln durchbohrt, eine ganze Salve traf ihn. Er sank zu Boden, die geweiteten Augen tot und ungläubig.

»Mein Gott ...« Kastler hörte die Worte, ohne zu bemerken, daß er sie gesprochen hatte. Nur den Schrecken bemerkte er, dessen Zeuge er soeben geworden war.

Binnen Sekunden kehrte Sutherland aus dem finsteren Korridor zurück. Seine Augen blickten traurig, und das Leid schien schwer auf seinen Schultern zu lasten.

Als er auf den zu Boden gesunkenen St. Claire hinunterblickte, sagte er mit weicher Stimme: »Du hättest das nie verstanden. Die anderen auch nicht. Die Archive dürfen nicht zerstört werden. Man muß sie einsetzen, um vieles Unrecht auszugleichen.« Der Richter hob die Augen und sah Peter an. »Wir haben Jacob ein angemesseneres Begräbnis gegeben, als Sie ihm zugedacht hatten. Sein Tod wird zu gegebener Zeit bekanntgemacht werden. So wie der der anderen.«

»Sie haben sie alle getötet«, flüsterte Kastler.

»Ja«, antwortete Sutherland. »Banner vor zwei Nächten und Paris gestern nacht.«

»Man wird Sie dafür zur Verantwortung ziehen.«

»Mrs. Montelán glaubt, daß das State Department ihren Mann in den Fernen Osten geschickt hat. Wir haben Leute im State Department; die entsprechenden Dokumente werden ausgefüllt werden, und dann wird eine Meldung eingehen, daß Montelán von Terroristen ermordet wurde. Das ist heutzutage nichts Ungewöhnliches. Wells hatte einen tödlichen Autounfall auf einer nassen Landstraße, abseits vom Highway. Sie waren uns in seinem Fall sehr hilfreich. Man hat seinen Wagen am Morgen gefunden.«

Sutherland sprach ganz selbstverständlich, als wären Mord und Gewalt völlig natürliche Phänomene, an denen nichts Ungewöhnliches war, und mit denen man sich nicht länger zu befassen brauchte.

»Sie haben Männer im State Department?« fragte Peter verwirrt. »Dann konnten Sie das sterile Haus in St. Michael's ausfindig machen.«

»Das konnten wir, und das haben wir auch getan.«

»Aber das brauchen Sie nicht zu tun. Sie hatten O'Brien.«

»Sie sollten, glaube ich, nicht versuchen, uns zu täuschen, Mr. Kastler. Wir sind keine Personen in einem Buch. Wir sind echte Menschen.«

»Was wollen Sie damit sagen?«

»Sie wissen genau, was ich sagen will. Wir hatten nie O'Brien. Wir hatten andere. Nicht ihn.«

»Nicht ihn . . .« Kastler konnte Sutherlands Worte nur wiederholen.

»Ein sehr erfinderischer Mann, Mr. O'Brien«, fuhr Sutherland fort. »Ein sehr tapferer Mann. Er hat auf die Treibstofftanks geschossen und die Boote in Brand gesteckt. Und dann sein Leben riskiert, um uns von ihrem Wagen wegzulocken. Mut und Findigkeit, eine sehr schätzenswerte Kombination.«

Peters Atem stockte, er konnte das Geräusch nicht unterdrükken. O'Brien hatte sie nicht verraten!

Sutherland redete, aber seine Worte hatten keine Bedeutung. Nichts hatte mehr Bedeutung.

»Was haben Sie gesagt?« fragte Peter und sah sich im Kreise der Neger mit ihren glatten, sauberen Gesichtern um. Es waren jetzt fünf Männer, und jeder hielt eine Waffe in der Hand.

»Ich habe so sanftmütig wie möglich gesagt, daß Ihr Tod nicht vermeidbar ist.«

»Warum haben Sie mich nicht schon früher getötet?«

»Am Anfang haben wir das versucht. Dann überlegte ich. Sie hatten Ihr Manuskript begonnen. Wir mußten beweisen, daß Sie von Sinnen waren. Leute haben gelesen, was Sie geschrieben haben. Wir wissen nicht, wie viele. Sie sind der Wahrheit erstaunlich nahegekommen. Das konnten wir nicht zulassen. Das Land mußte glauben, daß die Archive vernichtet worden waren. Sie hatten geschrieben, daß es nicht so war. Zum Glück hat man Ihr Verhalten in Frage gestellt, und es gibt Leute, die der Ansicht sind, Sie hätten den Verstand verloren. Sie haben sich bei einem Unfall, bei dem Sie beinahe das Leben verloren haben, Kopfverletzungen zugezogen. Sie haben eine Frau verloren, die Sie liebten, und Ihre Genesung hat ungewöhnlich lange gedauert. Ihr paranoider Sinn für Verschwörung zeigt sich in jedem Ihrer Bücher und prägt sich immer stärker aus. Der letzte Beweis Ihrer Instabilität ...«

»Der letzte Beweis?« unterbrach Peter, den Sutherlands Worte verblüfften.

»Ja«, fuhr der Richter fort. »Der letzte Beweis Ihrer Instabilität war Ihre Behauptung, ich sei tot. Ich brauche wohl nicht zu sagen, daß ich sehr amüsiert darauf reagieren würde. Ich bin Ihnen nur einmal begegnet, und die Erinnerung an jene Begegnung ist nur sehr vage. Es war kein besonders bemerkenswerter Anlaß. Man würde Sie als einen Wahnsinnigen abtun.«

»Einen Wahnsinnigen«, sagte Peter. »Im Bureau gab es ›Wahnsinnige‹. Hoovers Erben. Sie haben mit Ihnen zusammengearbeitet.«

»Drei haben das getan. Sie begriffen nicht, daß es nur eine Verbindung von kurzer Dauer sein sollte. Wir hatten dasselbe Ziel: Hoovers Archive. Was sie nicht wußten, daß wir die Hälfte der Archive besaßen, die Hälfte, die nicht vernichtet worden war. Wir wollten bekannte Fanatiker, die ertappt und getötet werden würden, und wollten es so hinstellen, als wären alle Archive bei ihrem Tod verschwunden. Ihre andere Funktion war es, Sie in den Abgrund zu treiben. Wenn sie Sie töteten, kam die Schuld ihnen zu. Sie waren ein harmloser Mann, der sich eingemischt hatte, aber diese Fanatiker haben Sie ernstgenommen.«

»Sie wollen mich *wirklich* töten. Wenn das nicht Ihre Absicht wäre, würden Sie mir diese Dinge nicht sagen.« Peter traf die Feststellung ruhig, mit fast klinischer Präzision.

»Ich bin nicht ohne Gefühle. Ich habe nicht den Wunsch, Ihr Leben zu nehmen. Es bereitet mir kein Vergnügen. Aber ich muß. Das mindeste, was ich tun kann, ist Ihre Neugierde zu befriedigen. Und ich habe Ihnen ein Angebot zu machen.«

»Was für ein Angebot?«

»Das Leben des Mädchens. Es gibt keinen Grund, Miß MacAndrew auch zu töten. Was auch immer sie zu wissen glaubt, wird von einem Schriftsteller stammen, der seinen Wahnsinn erkannte und sich selbst tötete. Für kreative Leute ist diese Pathologie klassisch. Wenn die Wirklichkeit anfängt, zu verschwimmen, setzt die Depression ein.«

Peter staunte über die Ruhe, die er empfand. »Danke. Sie bringen mich da in eine Gesellschaft, von der ich nicht sicher bin, ob ich sie verdiene. Was für einen Handel schlagen Sie mir vor? Ich tue alles, was Sie verlangen.«

»Wo ist O'Brien?«

»Was?« Kastler zog das Wort verblüfft in die Länge.

»Wo ist O'Brien? Haben Sie mit ihm gesprochen, während Sie mit Ramirez zusammen waren? Er kann nicht zum Bureau oder der Polizei gehen. Das würden wir erfahren. Wo ist er?«

Peter musterte Sutherlands Augen scharf. *Denk an die Romanwelt,* dachte er. Das war besser als gar nichts, so gering auch die Chance sein mochte. Und es gab eine Chance.

»Wenn ich es Ihnen sage — welche Garantie geben Sie mir dann, daß Sie sie leben lassen?«

»Am Ende keine. Nur mein Wort.«

»Ihr Wort? Sie sind der Verrückte! Das Wort eines Mannes glauben, der seine Freunde, der Inver Brass verraten hat?«

»Das ist nicht unlogisch. Inver Brass ist gegründet worden, um in Zeiten verzweifelter Not dem Land außergewöhnliche Hilfe zuteil werden zu lassen — *allen* Männern und Frauen dieses Landes. Jetzt ist offenbar geworden, daß das Land *nicht* für alle seine Leute da ist. Das wird es nie sein. Es muß dazu gezwungen werden, auch jene einzuschließen, die es lieber übersehen würde. Die Nation hat *mich* verraten, Mr. Kastler. Mich und Millionen Menschen wie mich. Doch diese Tatsache ändert nichts an dem, was ich bin. Es mag etwas an dem ändern, *was* ich bin, aber nicht meine Werte. Einer dieser Werte ist mein Wort. Sie haben es.«

Peters Gedanken rasten, erinnerten sich, wählten aus. O'Brien hatte nur einen Ort, an den er gehen konnte, einen Ort, an den man ihnen nicht gefolgt war. Das Motel in Ocean City. Dort würde er warten — mindestens einen Tag würde er warten, daß Alison und Peter mit ihm Kontakt aufnahmen. Quinn hatte keine andere Zuflucht.

Du mußt dir von der Welt deiner Romane helfen lassen, sonst bleibt dir nichts.

In *Gegenschlag!* wurde ein Telefongespräch geführt, um Hilfe für eine Flucht zu gewinnen. Die Methode war einfach: eine falsche Botschaft wurde weitergegeben, eine, die für diejenigen logisch war, die sie belauschten, aber für den Empfänger völlig bedeutungslos war. In dieser Botschaft verbarg sich ein Hinweis auf einen ganz bestimmten Ort. Es war dem Empfänger überlassen, diesen Ort herauszufinden.

»Also ein Handel«, sagte Peter. »O'Brien für MacAndrews Tochter.«

»Das schließt nicht Major Brown ein. Er ist nicht Teil dieses Tausches. Er gehört uns.«

»Sie wissen über ihn Bescheid?«

»Natürlich. Das Datenverarbeitungszentrum in McLean. Wenige Augenblicke, nachdem die Akten über Chasŏng entnommen worden waren, erfuhren wir es.«

»Ich verstehe. Sie werden ihn töten?«

»Das kommt darauf an. Wir kennen ihn nicht. Vielleicht versetzt man ihn in ein Stützpunktkrankenhaus, das Tausende von Meilen entfernt ist. Wir töten niemanden leichtfertig.«

Sie werden ihn töten, dachte Kastler. *Sobald Sie ihn kennen, werden Sie ihn töten.*

»Sie sagen, Sie wüßten, wo Brown und Alison sind«, sagte Peter.

»Ja. In Arundel Village. Wir haben dort einen Mann, außerhalb des Hotels.«

»Ich möchte, daß man sie nach Washington bringt, wo ich mit ihr sprechen kann.«

»Forderungen, Mr. Kastler?«

»Wenn Sie O'Brien wollen.«

»Man wird ihr nichts zuleide tun. Ich habe Ihnen mein Wort gegeben.«

»Nennen wir es den anfänglichen Beweis, daß Sie es halten werden. Um Gottes willen, setzen Sie mich nicht unter Druck. Ich will nicht sterben, ich habe Angst.« Peter sprach mit leiser Stimme; es war nicht schwierig, überzeugend zu wirken.

»Was für Garantien habe *ich*?« fragte der Richter. »Wie werden Sie O'Brien ausliefern?«

»Wir brauchen ein Telefon. Das hier ist tot. Aber das wissen Sie. Ich habe nur eine Telefonnummer und ein Zimmer. Ich habe keine Ahnung, wo.« Kastler hob den Arm, um auf die Uhr zu sehen. Die Bewegung ließ einen stechenden Schmerz durch seine Schulter fahren. »O'Brien sollte noch zwanzig oder dreißig Minuten dort sein. Anschließend müßte er mich anrufen.«

»Wie lautet die Telefonnummer?«

»Das bringt Ihnen nichts; er ist fünfzig Meilen entfernt. Er kennt meine Stimme. Wir haben einen Code vereinbart — und einige Treffpunkte für bestimmte Zeiten.« Peter überlegte fieberhaft, während er sprach. Vor einigen Tagen hatte O'Brien eine fiktive Telefonzelle an der Wisconsin Avenue als Deckadresse für einen zweiten Ort, eine zweite Telefonzelle, benutzt, die Peter aufsuchen sollte, um seinen Anruf entgegenzunehmen. Es gab eine Telefonzelle an einer Tankstelle außerhalb von Salisbury. Quinn und Alison waren dort mit ihm gewesen, als er Morgan in New York angerufen hatte. O'Brien würde sich an die Zelle erinnern.

»Es ist jetzt zwei Uhr fünfzehn. Wo könnten Sie sich um diese Zeit treffen?« Sutherland stand reglos da, und seine Stimme klang argwöhnisch.

»Eine Tankstelle in der Nähe von Salisbury; das soll ich bestätigen. Er wird verlangen, daß ich den Wagen beschreibe, den ich fahre. Ich glaube nicht, daß er sich zeigt, wenn er sieht, daß jemand neben mir im Wagen sitzt. Sie werden sich verstecken müssen.«

»Das ist kein Problem. Wie lautet der Code?« fragte der Richter. »Die genauen Worte.«

»Sie bedeuten nichts. Er las aus einer Zeitung.«

»Und wie lauten sie?«

»Der Senator hat in letzter Minute eine Abstimmung über die Verteidigungsausgaben verlangt.«

Kastler zuckte zusammen, und griff sich an die verletzte Schulter. Die Geste ließ den Code bedeutungslos werden. Es waren nur Worte, die willkürlich aus einem Zeitungsartikel gegriffen waren.

»Wir werden den Wagen des Botschafters benutzen«, sagte Sutherland schließlich. »Sie fahren die letzten paar Meilen. Bis dahin setzen Sie sich zu mir auf den Rücksitz. Zwei meiner Männer werden uns begleiten. Wenn Sie sich ans Steuer setzen, werden sie sich verbergen. Ich bin sicher, daß Sie mit uns kooperieren werden.«

»Ich erwarte ebenfalls Ihre Kooperation. Ich möchte, daß Ihr Mann Arundel verläßt. Ich möchte, daß man Alison nach Washington fährt. Brown kann das tun; Sie können ihn sich später holen. Wie weit ist es zum nächsten Telefon?«

»Es steht auf dem Tisch, Mr. Kastler. In ein paar Minuten.« Der Richter wandte sich dem muskulösen Neger zu seiner Linken zu und sprach leise in einer fremden Sprache zu ihm.

Es war die Sprache, die er an der Chesapeak Marina gehört hatte, die Sprache, in der der unbekannte seinen Todesschrei hinausgebrüllt hatte. Die Sprache, die Varak nicht verstanden hatte.

Der schlanke Neger nickte und eilte hinaus.

»Das Telefon wird wieder angeschlossen werden«, erklärte

Sutherland. »Die Drähte sind nicht abgeschnitten worden, nur auf einen Zwischenkreis geschaltet, damit die Leitung nicht unterbrochen war.« Der Richter hielt inne und fuhr dann fort: »Ich habe Aschanti gesprochen. Das war im 17. und 18. Jahrhundert die Sprache der afrikanischen Goldküste. Sie ist nicht leicht zu erlernen, es gibt keine ähnliche Sprache. Wir können überall miteinander sprechen, in jeder Umgebung; Anweisungen weitergeben und Befehle erteilen, ohne daß man uns versteht.«

Sutherland wandte sich den beiden Männern auf der anderen Seite des Raumes zu. Wieder sprach er die seltsam klingende Aschanti-Sprache. Die beiden Männer steckten die Waffen in den Gürtel und traten schnell neben St. Claires Leiche. Sie hoben sie auf und trugen sie hinaus.

Das Telefon klingelte einmal. »Jetzt funktioniert es wieder«, sagte Sutherland. »Rufen Sie O'Brien an. Unser Mann hört das Gespräch ab. Wenn Sie irgend etwas sagen, was er nicht akzeptieren kann, wird die Verbindung abgebrochen und die Frau getötet werden.«

Peter ging zu dem Telefon. St. Claires Blut klebte an der Wand. Er konnte es unter seinen Schuhsohlen spüren. Er nahm den Hörer ab. Er wählte die Nummer des Motels in Ocean City und verlangte bei der Zentrale die Südsuite. Das Telefon in dem Zimmer klingelte; das Warten war unerträglich; *O'Brien war nicht da!*

Dann hörte er ein Klicken und ein leises »Ja?«

»Quinn?«

»Peter! Mein Gott, wo sind Sie? Ich habe ...«

»Dafür ist jetzt keine Zeit!« unterbrach ihn Kastler in völlig uncharakteristischem Ärger, in der Hoffnung, O'Brien würde in seinen Worten eine Botschaft suchen. »Sie haben einen gottverdammten Code verlangt, also sollen Sie ihn haben. ›Der Senator hat in letzter Minute eine Abstimmung über die Verteidigungsausgaben verlangt.‹ War er das nicht? Wenn nicht, dann stimmt er immerhin annähernd.«

»Was, zum Teufel ...?«

»Ich möchte mich sobald wie möglich mit Ihnen treffen!« Wieder kam die Unterbrechung unfreundlich, unhöflich, beinahe verächtlich. *Sie paßte nicht zu ihm.* »Es ist zwischen zwei und drei Uhr früh. Nach Ihrem Plan wäre das die Tankstelle an der Straße nach Salisbury. Ich fahre einen hellen Continental. Einen silberfarbenen Mark IV. Und kommen Sie allein!«

Am anderen Ende der Leitung herrschte kurzes Schweigen.

Peter starrte die blutdurchtränkte Tapete an und schloß die Augen. Er wandte das Gesicht von Sutherland ab. Als er Quinns Stimme hörte, hätte er am liebsten geweint, Tränen der Erleichterung. »In Ordnung«, sagte O'Brien, und seine Stimme klang ebenso feindselig wie die Kastlers. »Ein Mark IV. Ich werde kommen. Und damit Sie es wissen, ein Code ist nicht dumm. Indem wir den Code benutzen, weiß ich, daß Sie nicht unter Druck stehen. Und bei Ihnen, Sie Drecksack, ist das nur selten der Fall. Bis in einer Stunde.« O'Brien legte auf. *Er hatte verstanden. Quinns letzte Worte bestätigten das. Sie paßten ebenso wenig zu ihm, wie das, was er, Kastler, gesagt hatte, seinem Wesen entsprach. Die falsche Nachricht hatte dem anderen das vermittelt, was er erfahren sollte.*

Peter sah den Richter an. »Jetzt sind Sie dran. Rufen Sie Arundel.«

Sutherland saß neben ihm auf der Rückbank des Continental. Vorn hatten die beiden Neger Platz genommen. Sie jagten über leere Landstraßen nach Süden, über den Choptank River, vorbei an Tafeln, welche die Ortschaften Bethlehem, Preston und Hurlock anzeigten, auf Salisbury zu. Der Richter hatte Wort gehalten. Alison war in Washington. Sie würde lange vor ihnen Salisbury erreichen, im Hay-Adams sein. Peter würde sie von einer Telefonzelle am Straßenrand aus anrufen, sobald O'Brien in Sutherlands Gewalt war. Das würde sein Lebewohl sein, und dann würde sein Tod kommen, barmherzig, schnell, in einem Augenblick, in dem er ihn nicht erwartete — auch das war Teil ihrer Vereinbarung.

Kastler wandte sich an den Richter. Sein mächtiger schwarzer Schädel reflektierte die vorbeihuschenden Licht- und Schattenstreifen. »Wie haben Sie die Archive an sich gebracht?« fragte Peter.

»M bis Z, Mr. Kastler«, sagte Sutherland. »Die haben wir. A bis L sind von Inver Brass vernichtet worden. Ich konnte nur die Hälfte an mich bringen.«

»Ich werde sterben; es fällt mir nicht leicht, das auszusprechen. Ich möchte gern wissen, wie Sie es angestellt haben.«

Der Richter sah Peter an, und seine dunklen Augen wirkten in dem schwachen Licht noch größer. »Es schadet nichts, wenn ich es Ihnen sage. Es war nicht schwierig. Wie Sie wissen, hat Varak sich Longworth' Namen zugelegt. Der echte Alan Longworth ist genau das, was ich Ihnen vor einigen Monaten in meinem Büro sagte: einer der engsten Mitarbeiter Hoovers, den man überredet hat, gegen Hoover zu arbeiten. Seine Belohnung bestand darin, daß er den Rest seines Lebens auf Hawaii verbringen durfte, wo man ihm alles lieferte, was er brauchte, und wo er dem Zugriff jener entzogen war, die ihn vielleicht töten wollten. Hoover sagte man, er sei eines natürlichen Todes gestorben: an einer Krankheit. Man hat sogar ein Begräbnis für Longworth abgehalten. Hoover selbst hat die Leichenrede gehalten.«

Kastler dachte an das Exposé für seinen Roman. Wieder waren Dichtung und Wahrheit eins.

Eine medizinische Täuschung wird vorbereitet. Der Mann beklagt sich über anhaltende Leibschmerzen und wird ins Walter-Reed-Hospital geschickt. Der ›Bericht‹ wird an Hoover weitergeleitet. Der Agent hat Mastdarmkrebs. Die Geschwüre haben sich bereits so weit ausgebreitet, daß er nicht mehr zu retten ist: seine Lebenserwartung beträgt höchstens noch einige Monate. Hoover hat keine Alternative. Er gibt den Mann frei in der Meinung, der Agent ginge nach Hause, um zu sterben ...

»Hoover hat nie Zweifel an Longworth' Tod geäußert?« fragte Peter.

»Dazu gab es keinen Anlaß«, erwiderte Sutherland. »Der ärztliche Bericht ist ihm zugeleitet worden. Er war so abgefaßt, daß keine Zweifel zurückblieben.«

Roman. Wahrheit.

Der Richter fuhr fort. »Ich habe Alan Longworth ins Leben zurückgerufen. Aus Hawaii. Auf einen Tag. Es war höchst dramatisch. Ein Mann, der nur auf einen Tag von den Toten auferstand, aber es war ein Tag, an dem J. Edgar Hoover fast das Räderwerk der Regierung angehalten hätte, so groß war seine Wut. Und seine Furcht.« Ein schwaches Lächeln spielte um Sutherlands Lippen, man konnte es in den huschenden Schatten erkennen. Dann fuhr er fort und blickte starr vor sich hin. »Longworth hat Hoover die Wahrheit gesagt, soweit er sie kannte, soweit wir sie ihm gesagt hatten. Er war psychologisch dazu bereit, das zu tun, so tief war sein eigenes Schuldgefühl. Hoover war sein Mentor gewesen — auf gewisse Weise sein Gott — und man hatte ihn gezwungen, ihn zu verraten. Es gab eine Verschwörung, ihn zu töten, sagte Longworth Hoover. Wegen seiner Privatarchive. Die Verschwörer waren unbekannte Männer innerhalb und außerhalb des Bureau. Männer mit Zugang zu jedem Code, jeder Freigabe für jeden beliebigen Safe zu jeder Tages- und Nachtzeit. Hoover geriet in Panik, wie wir vorhergesehen hatten. Die Telefondrähte in Washington liefen heiß, darunter übrigens auch ein Anruf bei Ramirez — und Hoover erfuhr nichts. Es gab nur einen Menschen, dem er glaubte, vertrauen zu können: sein engster Freund, Clyde Tolson. Er begann, systematisch die Archive zu entfernen und in Tolsons Haus zu schaffen — in seinen Keller, um es genau zu sagen. Aber er brauchte dazu länger, als wir angenommen hatten, nicht alle Archive wurden entfernt. Wir konnten ihn nicht bedrängen. Das Risiko war uns zu groß. Wir konnten uns Zugang zu Tolsons Haus verschaffen, wir hatten genug. Wir *haben* genug. Die Akten M bis Z werden uns die Hebel verschaffen, die wir nie zuvor hatten.«

»Wozu?«

»Um die Ziele der Regierung zu formen«, sagte Sutherland eindringlich.

»Was ist mit Longworth passiert?«

»Sie haben ihn getötet, Mr. Kastler. MacAndrew hat die Waffe abgedrückt, aber Sie haben ihn getötet. Sie haben MacAndrew hinter ihm her gehetzt.«

»Und Ihre Leute haben MacAndrew getötet.«

»Wir hatten keine andere Wahl. Er wußte zuviel. Er mußte in jedem Fall sterben. Obwohl er nicht dafür verantwortlich war, war doch er das Symbol von Chasöng. Hunderte schwarzer Soldaten ermordet, von ihren eigenen Befehlshabern in den Tod geführt. Das schrecklichste Verbrechen, dessen der Mensch fähig ist.«

»Rassenmord«, sagte Peter leise.

»Eine Form des Genozids. Die verabscheuungswürdigste Form«, sagte Sutherland, dessen Augen von Haß erfüllt waren. »Um der Bequemlichkeit willen. Um einen Mann daran zu hindern, die Wahrheit zu erfahren, weil diese Wahrheit ein Netz der Verbrechen offenbaren würde — Experimente — die zivilisierte Männer nie hätten dulden dürfen und doch geduldet haben.«

Kastler ließ den Augenblick verstreichen. In dem Schweigen lag eine elektrische Spannung. »Die Telefonanrufe. Der Mord. Warum? Was hatten Phyllis Maxwell oder Bromley oder Rawlins mit Chasöng zu tun? Oder O'Brien, was das betrifft? Warum haben Sie sie verfolgt?«

Der Richter antwortete schnell — die genannten Opfer waren für ihn ohne Bedeutung. »Das hatte nichts mit Chasöng zu tun. Phillis Maxwell hatte Informationen ausfindig gemacht, die wir selbst benutzen wollten; sie führten in das Oval Office. Bromley hat es verdient. Er hatte genügend Courage, sich mit dem Pantagon anzulegen, dafür aber ein Städtebauprojekt in Detroit auffliegen lassen, das Tausenden von Slumbewohnern genutzt hätte, Schwarzen, Mr. Kastler. Er hat sich an verbrecherische Elemente verkauft, die ihm Informationen lieferten, die seinem auf Schlagzeilen erpichten Kreuzzug gegen das militärische Establishment nützlich waren. Auf Kosten von Schwarzen! Rawlins war das gefährlichste Beispiel des falschen Neuen Südens. Er hat Lippenbekenntnisse für »neue Werte« abgelegt und insgeheim in den Ausschüssen jeden Versuch des Kongresses zum Scheitern gebracht, diesen Gesetzen auch Nachdruck zu verleihen. Und dann hat er schwarze Frauen mißbraucht, vergessen Sie das nicht. Die Eltern jener Kinder können es auch nicht vergessen.«

»Und was ist mit O'Brien?« fragte Peter. »Warum wollen Sie ihn?«

»Dafür sind wieder Sie verantwortlich. Er ist der einzige, der sich den Diebstahl der verbleibenden Archive zusammengereimt hat. Wenn das alles wäre, könnte man ihn vielleicht am Leben lassen. Man könnte mit seinem Schweigen rechnen; schließlich besaß er keine Beweise. Aber das geht jetzt nicht mehr. Er kennt die Identität von Venice. Sie haben sie ihm gegeben.«

Peter wandte den Blick ab. Er war von Tod umgeben; er war der Vorläufer des Todes.

»Warum Sie?« fragte Peter mit leiser Stimme. »Warum ausgerechnet *Sie*?«

»Weil ich kann«, erwiderte Sutherland, ohne den Blick von der Straße zu wenden.

»Das ist keine Antwort.«

»Ich habe ein ganzes Leben dazu gebraucht, um zu verstehen, was die Jungen jeden Tag ihres Lebens sehen. Ich war zu sehr von Zweifeln erfüllt; dabei ist es gar nicht kompliziert. Diese Nation hat ihre schwarzen Bürger aufgegeben. Der schwarze Mann soll sich aus allem heraushalten. Amerika langweilt sich mit seinen Träumen; was der Schwarze erreicht, erweckt Argwohn. Eine Zeitlang war es »in«, ihn zu unterstützen, solange er eine Ausnahmeerscheinung war, die gelegentlich etwas zuwege brachte, aber seit er eine Herausforderung geworden ist und in die weißen Wohnviertel einzieht, ist es das nicht mehr.«

»Sie hat man nicht vergessen.«

»Außergewöhnlichen Menschen widerfährt das nie. Ich sage

das ohne falschen Stolz. Mir hat Gott meine Talente verliehen, und es waren außergewöhnliche Talente. Doch was ist mit gewöhnlichen Menschen? Gewöhnlichen Frauen, gewöhnlichen Kindern, die heranwachsen und weniger als gewöhnlich werden, weil sie bei der Geburt schon das Kainsmal ihrer Farbe tragen? Kein Namenswechsel kann dieses Mal ändern; kein Diplom macht die Haut heller. Ich bin kein Revolutionär in dem Sinn, wie man dieses Wort heute versteht, Mr. Kastler. Ich weiß sehr wohl, daß, wollte ich diesen Kurs einschlagen, das zu einem Holocaust führen würde, wie ihn selbst die Juden nicht kannten. Die Zahlen und die Institutionen sprechen gegen uns. Ich benutze nur die Werkzeuge der Gesellschaft, in der wir leben. *Furcht.* Die gewöhnlichste Waffe, die der Mensch kennt. Sie kennt keine Vorurteile, sie respektiert keine Rassengrenzen. Das ist es, was jene Archive repräsentieren — nichts mehr und nichts weniger. Wir können soviel mit ihnen tun, so viele Gesetze beeinflussen und Durchführungsbestimmungen stärken, die jeden Tag verletzt werden. Das können jene Archive bewirken. Ich suche nicht die Gewalt, denn sie würde ohne Zweifel zu unserer Vernichtung führen. Damit will ich nichts zu tun haben. Ich suche nur das, was rechtmäßig uns gehört, was man uns vorenthalten hat. Und die Vorsehung hat mir die Waffe gegeben. Meine Absicht ist es, den gewöhnlichen schwarzen Mann aus seiner Sorge und seinem Leid herauszuführen.«

»Aber Sie verwenden doch Gewalt. Sie töten.«

»Nur diejenigen, die unser Leben nehmen wollen!« Sutherlands Stimme donnerte; sie erfüllte das Wageninnere. »So wie man unser Leben genommen hat! Nur diejenigen, die uns hindern!«

Sutherlands Ausbruch veranlaßte Peter zur Reaktion und seine eigene Wut platzte aus ihm heraus. »Auge um Auge? Wollen Sie das? Ist es das, was Ihnen nach einem Leben mit den Gesetzen übriggeblieben ist? Um Himmels willen, doch nicht *Sie*! *Warum?*«

Sutherland drehte sich auf dem Sitz herum, und seine Augen funkelten wütend. »Ich werde es Ihnen sagen! Das war nicht das Urteil eines Lebens. Das war das Ergebnis einer kurzen halben Stunde, vor fünf Jahren. Ich hatte eine Entscheidung getroffen, die im Justizministerium nicht sonderlich populär war. Sie verhinderte weiteren Mißbrauch der Mirandavorschrift und bestätigte das Urteil über einen bekannten Polizeisuperintendenten.«

»Ich kann mich erinnern«, sagte Peter. Die Entscheidung hatte die Bezeichnung Sutherland-Entscheidung bekommen und war all denen, die nach Law und Order riefen, verhaßt. Hätte ein anderer Richter als Sutherland sie getroffen, wäre man vor dem Obersten Gerichtshof in Revision gegangen.

»Ich erhielt einen Anruf von J. Edgar Hoover und wurde aufgefordert, in sein Büro zu kommen. Mehr aus Neugierde als aus einem anderen Grund, neigte ich mich seiner Arroganz und nahm die Einladung an. Und während jener Besprechung habe ich das Unglaubliche gehört. Auf dem Schreibtisch des höchsten Gesetzbeamten im Land lagen die Akten eines jeden wichtigen schwarzen Bürgerrechtsführers: King, Abernathy, Wilkins, Rowan, Farmer. Es waren ganze Bände voll Schmutz — Gerüchte, unbestätigter Klatsch, Aufzeichnungen von abgehörten Telefongesprächen, aus dem Zusammenhang gerissene Worte, die aufrührerisch wirkten — moralisch, sexuell und im juristischen und philosophischen Sinn! Ich war wütend, angewidert! Daß es in *jenem* Büro geschehen konnte! Erpressung! Aber Hoover hatte das schon viele Male hinter sich gebracht. Er wartete ab, bis meine Wut sich verzehrt hatte, und als ich schließlich am Ende war, erklärte er mit einem bösartigen Grinsen, daß jene Akten, wenn ich mich weiter als Störenfried betätigen sollte, benutzt werden würden. Man würde Menschen und ihre Familien vernichten! Würde die schwarze Bewegung zerbrechen! Und ganz am Ende sagte er zu mir ›Wir wollen doch nicht wieder ein Chasŏng, oder, Richter Sutherland?‹«

»Chasŏng«, sagte Peter und wiederholte den Namen mit leiser Stimme. »Damals haben Sie das Wort zum erstenmal gehört.«

»Ich brauchte fast zwei Jahre, um herauszubekommen, was in Chasŏng geschehen war. Als ich das tat, traf ich meine Entscheidung. Die Kinder hatten die ganze Zeit recht gehabt. In ihrer Einfachheit hatten sie gesehen, was ich nicht sah. Als Volk waren wir ersetzbar. Aber dann sah ich, was die Jungen nicht sahen. Die Antwort war nicht zielloser Protest und ebenso ziellose Gewalt. Nein, die Antwort lag darin, die Waffe zu gebrauchen, die Hoover gebrauchte; das System von innen heraus unter Druck zu setzen. Durch *Furcht*! Und jetzt wollen wir nicht mehr sprechen. Sie sollten Stille haben. Machen Sie Ihren Frieden mit Ihrem Gott.«

Der Mann neben dem Fahrer orientierte sich mit Hilfe einer dünnen Taschenlampe auf der Landkarte. Dann drehte er den Kopf halb herum und sagte auf Aschanti etwas zu dem Richter.

Sutherland nickte und antwortete in der fremdartigen afrikanischen Sprache. Dann sah er Peter an. »Wir sind jetzt anderthalb

Meilen von der Tankstelle entfernt. Wir werden eine Viertelmeile davor anhalten. Diese Männer sind erfahrene Kundschafter. Sie haben sich in Südostasien Erfahrung in nächtlichen Streifen erworben. Solche Streifen wurden üblicherweise von schwarzen Soldaten übernommen; sie hatten die größten Verluste. Wenn O'Brien jemanden mitgebracht hat, wenn auch nur die Andeutung einer Falle zu erkennen ist, werden sie zurückkommen, und dann fahren wir weg. Das Mädchen wird dann vor ihren Augen sterben.«

Kastlers Kehle wurde trocken. *Jetzt ist es vorbei.* Er hätte es wissen müssen. Sutherland würde sich nie mit Worten begnügen, die über eine Telefonleitung gesprochen worden waren. Peter hatte Alison zum Tode verurteilt. Er hatte in seinem Leben zwei Frauen geliebt und beide getötet.

Er dachte daran, Sutherland zu überwältigen, sobald sie allein waren. Das war etwas, das ihn vom Schreien abhielt.

»Wie könnte O'Brien so etwas tun?« fragte Peter. »Sie sagten, er könne sich an niemanden um Hilfe wenden, Sie würden das sofort erfahren.«

»Oberflächlich betrachtet scheint das in der Tat unmöglich. Er ist isoliert.«

»Warum halten wir dann an. Warum vergeuden wir Zeit?«

»Ich habe gesehen, was O'Brien gestern früh an der Bootsanliegestelle getan hat. Man muß seinen Mut und Einfallsreichtum bewundern. Es ist eine ganz einfache Vorsichtsmaßregel.«

Der Wagen hielt an. Alle Gedanken an einen Angriff auf Sutherland fanden schnell ihr Ende. Der Mann neben dem Fahrer sprang aus dem Wagen, riß die Tür neben Kastler auf und packte ihn am Arm. Ein Paar Handschellen schnappte an seinem Handgelenk und einer Metallöse unter dem Fenster ein. Die Bewegung ließ einen stechenden Schmerz durch seine Schulter zucken. Er fuhr zusammen und hielt den Atem an.

Der Richter stieg aus. »Ich will Sie jetzt Ihren Gedanken überlassen, Mr. Kastler.«

Die zwei jungen Schwarzen verschwanden in der Finsternis.

Es waren die längsten fünfundvierzig Minuten, die Kastler sich vorstellen konnte. Er versuchte, an die verschiedenen Taktiken zu denken, die O'Brien vielleicht eingefallen sein konnten. Aber je mehr er darüber nachdachte, um so finsterer wurden die Schlüsse, die er zog. Wenn Quinn es geschafft hatte, sich Hilfe zu besorgen, wie es ohne Zweifel der Fall war, würden Sutherlands Späher die zusätzlichen Männer sehen. Tod. Wenn O'Brien aus irgendeinem Grund beschlossen hatte, allein zu kommen, würde er sterben. Aber zumindest Alison würde leben. Darin lag einiger Trost.

Die Späher kehrten zurück, sie waren von Schweiß durchtränkt. Sie waren schnell gelaufen; sie hatten eine weite Strecke zurückgelegt.

Der Schwarze zur Linken öffnete die Tür, und Sutherland stieg ein. »Es scheint, daß Mr. O'Brien die Verabredung einhält. Er sitzt in einem Wagen mit laufendem Motor, mitten auf der Straße, wo er Überblick nach allen Seiten hat. Im Umkreis von drei Meilen rings um die Tankstelle ist sonst niemand.«

Kastler war zu benommen und zu krank, um klar zu denken. Seine letzte amateurhafte Geste hatte Quinn in die Falle gelockt.

Es ist vorbei.

Der Mark IV sprang an. Sie näherten sich der Kreuzung; der Fahrer bremste den Continental langsam ab, und sie kamen zum Stillstand. Der Schwarze an der Fahrerseite stieg aus und öffnete Kastlers Tür. Er schloß die Handschellen auf; Peter schüttelte sein Handgelenk in dem Versuch, den Kreislauf wieder herzustellen. Seine verletzte Schulter begann wieder zu schmerzen. Aber das machte nichts.

»Setzen Sie sich hinter das Steuer, Mr. Kastler. Sie werden jetzt fahren. Meine zwei Freunde ducken sich hinter Ihnen auf den Rücksitz, sie werden die Waffen bereithalten. Das Mädchen stirbt, wenn Sie die Anweisungen mißachten.«

Sutherland stieg mit Peter aus dem Wagen und sah ihn an.

»Sie haben unrecht. Das wissen Sie doch, nicht wahr?« sagte Kastler.

»Sie suchen das Absolute. Aber das ist — ebenso wie die Präzedenzfälle meines Berufes — häufig unvollkommen und gilt meistens auch nicht. Zwischen uns gibt es kein Falsch oder Richtig. Wir sind die Produkte einer uralten Krise, für die keiner von uns beiden verantwortlich ist, aber doch sind wir beide in ihren Strudel hineingezogen worden.«

»Ist das die Meinung eines Richters?«

»Nein, Mr. Kastler. Es ist die Meinung eines Negers. Ich war Neger, ehe ich Richter wurde.« Sutherland wandte sich ab und ging weg.

Peter blickte ihm nach, dann setzte er sich hinter das Steuer und schlug die Tür zu. *Es ist vorbei. Du lieber Gott, wenn es dich gibt, dann laß es schnell kommen. Ich habe keinen Mut.*

Peter bog an der Kreuzung nach rechts und fuhr die Straße

hinunter. Die Tankstelle lag zu seiner Linken und wurde von einer einzelnen, nackten Glühbirne über den Pumpen beleuchtet.

»Langsam«, kam leise der Befehl vom Rücksitz.

»Macht das einen Unterschied?« sagte Kastler.

»Langsam!«

Der Lauf einer Pistole berührte ihn am Genick. Er drückte die Bremse des Mark IV und rollte auf die Station zu. Er näherte sich jetzt dem Heck von O'Briens Wagen; es mußte der von Quinn sein. Der Auspuffdunst kräuselte sich in der Nachtluft, und die Scheinwerfer beleuchteten die Landstraße dahinter.

Peter erschrak. Die Scheinwerfer des Mark IV leuchteten direkt in den Rückspiegel von O'Briens Wagen. Er war leer.

»Er ist nicht da«, flüsterte Kastler.

»Er ist unter dem Sitz«, sagte die leise Stimme zu seiner Rechten.

»Steigen Sie aus und gehen Sie zu dem Wagen«, sagte der andere Mann.

Peter schaltete den Motor aus, öffnete die Tür und stieg aus. Er schloß kurz die Augen und fragte sich, ob der Schuß in dem Augenblick kommen würde, in dem Quinn auftauchte. Er hatte sich nicht täuschen lassen. Sutherland würde Alison schonen, aber es würde kein Telefongespräch geben. Dieses Risiko würde der Richter nicht eingehen.

Aber O'Brien stieg nicht aus dem Wagen.

»Quinn«, rief Kastler. Keine Antwort.

Was machen Sie, O'Brien? Es ist vorbei!

Nichts.

Peter ging auf den Wagen zu, und seine Schläfen pochten. Der Schmerz in seiner Kehle war erdrückend. Das Geräusch des im Leerlauf drehenden Motors mischte sich mit dem der Nacht; eine Brise fegte trockene Blätter über die Straße. Jeden Augenblick würde Quinn sich jetzt zeigen; dann würden Schüsse folgen. Würde er sie hören, wenn sein Leben endete? Er ging auf die Fahrerseite des Wagens zu.

Da war niemand.

»Kastler! Hinlegen!«

Der Schrei kam aus der Dunkelheit. Das plötzliche Aufbrüllen eines schweren Motors erfüllte die Nacht. Blendende Scheinwerfer schossen von links herüber, von der Tankstelle! Ein Wagen schoß aus der Düsternis, jagte geradewegs auf den silbernen Mark IV zu. Die Fahrertür flog auf. Eine Gestalt sprang heraus, überschlug sich auf dem Pflaster.

Dann kam der Aufprall. Eine donnernde Kollision, das Krachen von Metall, das Splittern von Glas, die Schreie der zwei Männer im Wagen ... alles gleichzeitig, und plötzlich wußte Peter, daß der letzte Schrecken, den er erhofft hatte, nun da war.

Schüsse folgten, wie er gewußt hatte. Er schloß die Augen und preßte sich gegen die harte Straßenfläche; gleich würde der brennende, eisige Schmerz kommen. Und dann die Dunkelheit.

Die Schüsse hörten auf; Kastler drehte sich zur Seite. Quinn O'Brien hatte geschossen!

Peter hob den Kopf. Rauch und Staub wallten auf. Er sah, wie O'Brien sich gegen den wartenden Wagen warf, er war nur wenige Meter von Kastler entfernt. Der Agent duckte sich, hielt beide Hände über dem Kofferraum, die Pistole ausgestreckt.

»Hierher!« brüllte er Peter an.

Peter warf sich nach vorn, Knie und Hände stießen gegen den Teer, bis er den Wagen erreichte.

Er sah O'Brien zögern, dann hob er den Kopf und zielte sorgfältig.

Die Explosion kam. Der Benzintank des Continental explodierte. Peter kauerte vor Quinn. Durch einen Flammenvorhang taumelte einer von Sutherlands Spähern aus dem brennenden Wagen und feuerte auf die Stelle, an der O'Briens Mündungsfeuer aufgeleuchtet war.

Aber der Mann war im Licht des sich ausbreitenden Feuers deutlich zu sehen; die Flammen hatten seine Kleider erfaßt. Wieder zielte O'Brien. Ein Schrei ertönte, dann fiel der Mann hinter dem brennenden Wagen zu Boden.

»Quinn!« schrie Peter. »Wie?«

»Ich habe Sie verstanden! Als Sie in Ihrem Code das Wort ›Senator‹ gebrauchten, meinten Sie, das sei unsere letzte Hoffnung. Sie meinten, daß es eine Krise gab. Sie sagten, ich müsse allein kommen; das bedeutete, daß Sie nicht allein sein würden. Aber Sie waren in einem Wagen, *jenem* Wagen, also brauchte ich zwei. Der eine diente als Tarnung!« O'Brien schrie das hinaus, während er sich Zentimeter für Zentimeter auf die Motorhaube seines Wagens zuschob.

»*Tarnung?*«

»Ein Ablenkungsmanöver! Ich habe einem Mann Geld gegeben, damit er mir folgte und mir seinen Wagen daließ. Wenn ich mit dem Continental kollidieren und dann wegrennen konnte, hatten wir eine Chance. Zum Teufel, sonst blieb doch nichts!« Er hob die Pistole über die Motorhaube und zielte.

»Sonst blieb doch nichts ...« Peter wiederholte den Satz und erkannte plötzlich, welch tiefe Wahrheit sich in ihm barg. Quinn gab schnell hintereinander drei Schüsse ab. Einen Augenblick lang war Kastlers Bewußtsein völlig leer, dann riß eine zweite Explosion ihn in die Wirklichkeit, in den Wahnsinn zurück.

O'Brien fuhr herum, auf Kastler zu. »Einsteigen!« schrie er. »Verschwinden wir hier!«

Peter erhob sich, packte O'Briens Jackett, hielt ihn auf. »Quinn! Quinn, warten Sie! Da sind keine anderen! Nur *er*! Weiter hinten auf der Straße. Er ist *allein*!«

»Wer?«

»Sutherland. Es ist Daniel Sutherland.«

O'Briens wilde Augen starrten Peter einen kurzen Augenblick lang an. »Einsteigen«, befahl er. Dann riß er den Wagen herum und jagte auf die Kreuzung zu.

In der Ferne zeichneten die Scheinwerferbündel die hünenhafte Gestalt von Daniel Sutherland ab, der mitten auf der Straße stand. Der schwarze Riese hatte gesehen, was geschehen war. Er hob die Hand an den Kopf.

Ein letzter Schuß peitschte.

Sutherland fiel.

Venice war tot. Inver Brass war nicht mehr.

EPILOG

Morgen. Peter stand an dem Klapptisch in seinem Arbeitszimmer und hielt das Telefon in der Hand und lauschte den Worten, die in kontrolliertem Ärger in Washington gesprochen wurden. Die Sonne strömte durch die Fenster. Der Schnee draußen war tief und von schierem Weiß; immer wieder tanzten scharfe Reflexe über das Glas. Ein Beweis dafür, daß die Erde sich bewegte. Ebenso wie die Stimme im Telefon ein Beweis für einen Aspekt des menschlichen Zustandes war; am Ende mußte man etwas Moralisches finden.

Der Anrufer war Daniel Sutherlands Sohn Aaron. Ein Wirbelwind, ein brillanter Anwalt für die schwarze Bewegung, ein Mann, den Kastler Freund nennen wollte. Dazu würde es nie kommen.

»Ich werde Sie *nicht* so bekämpfen! Ich werde nicht heruntersteigen und Ihre Waffen gebrauchen. Und ich werde nicht zulassen, daß andere sie benutzen. Ich habe die Archive gefunden. Ich habe sie *verbrannt*! Das müssen Sie mir glauben.«

»Ich war bereit, Ihrem Vater zu glauben, als ich dachte, ich müßte sterben. Ich habe ihm geglaubt. Ich glaube Ihnen.«

»Sie haben keine Wahl.« Der Anwalt legte auf.

Kastler ging zu seiner Couch zurück und setzte sich. Durch das Nordfenster konnte er Alison sehen, sie war in einen dicken Mantel gehüllt und lachte und hatte die Arme vor der Brust verschränkt, um die winterliche Kälte abzuwehren. Sie stand zwischen Mrs. Alcott und dem schweigsamen Hausmeister Burrows, der heute ausgesprochen geschwätzig schien. Mrs. Alcott lächelte Alison zu.

Mrs. Alcott mochte Alison. Die Dame des Hauses war gekommen. Das Haus brauchte die Dame.

Die Drei wandten sich der Scheune zu und gingen den geräumten Weg hinunter, den die Sträucher säumten. In der Ferne, auf der anderen Seite des Zauns, rannte ein Füllen und blieb dann stehen und legte den Kopf zur Seite, um sie zu betrachten. Dann sprang es auf sie zu, und seine Mähne flog.

Peter blickte auf die Seiten seines Manuskripts. Den Roman,

den er schrieb. Die Fantasie, die seine Wirklichkeit war. Er hatte seine Entscheidung getroffen.

Er würde ganz am Anfang beginnen, im Wissen, daß es jetzt viel besser werden würde. Die Erfindung würde da sein: Gedanken und Worte, die er anderen unterschob. Aber für sich brauchte er keine Erfindung. Das, was er erlebt hatte, bildete ein Ganzes, und er würde es nie vergessen.

Er würde die Geschichte als einen Roman schreiben.

Seine Realität. Sollten andere in dieser Realität andere Bedeutungen finden.

Er beugte sich vor und nahm einen Bleistift aus seinem Krug. Dann fing er auf einem frischen gelben Blatt an.

Der dunkelhaarige Mann starrte die Wand vor sich an. Sein Stuhl war ebenso wie der Rest des Mobiliars angenehm anzusehen. Aber keineswegs bequem. Der Stil war Early American, die Ausführung spartanisch, gerade als sollten jene, denen eine Audienz mit dem Bewohner des inneren Büros bevorstand, in strenger Umgebung über die beeindruckende Chance nachdenken, die ihnen gewährt werden sollte.

Der Mann war Ende der Zwanzig und hatte ein kantiges Gesicht mit scharfgeschnittenen Zügen, so als hätte ein Künstler sie geschnitzt, dem die Einzelheiten bewußter als das Ganze waren. Es war ein Gesicht, das in stillem Gegensatz zu sich stand . . .